lonely planet

Georgien, Armenien & Aserbaidschan

Tom Masters, Joel Balsam, Jenny Smith

REISEPLANUNG

ANDREW MONTGOMERY/LONELY PLANET ©

WEINPROBE, ALAVERDI (S. 135), GEORGIEN

JUSTIN FOULKES/LONELY PLANET ©

KLOSTER NORAWANK (S. 221), ARMENIEN

REISEZIELE

Inhalt

DIE LÄNDER VERSTEHEN

PRAKTISCHE INFORMATIONEN

FLAME TOWERS (S. 261), BAKU, ASERBAIDSCHAN

SPECIALS

Willkommen in Georgien, Armenien & Aserbaidschan

In diesem wild zerklüfteten Bergland mit herrlichen Landschaften und vielfältiger Kultur begegnen sich Asien und Europa – nicht selten mit überraschenden und faszinierenden Folgen.

Der Große Kaukasus

Die Gebirgskette bildet eine natürliche Grenze zwischen den Ländern des südlichen Kaukasus und Russland. Sie verläuft vom Schwarzen Meer zum Kaspischen Meer und formt eine erstaunliche Landschaft: Eine Kette spektakulärer Gipfel bildet die Kulisse für grüne Flusstäler und Dörfer. Durch die Bergregion zieht sich ein Netz aus Wanderwegen und Reitpfaden; unterwegs trifft man auf Burgruinen, alte Wachtürme und uralte Kirchen. Jedes der drei Länder bietet Strecken für Tageswanderungen, die lohnendsten Fernwanderwege findet man in den Höhen des Großen Kaukasus, in den georgischen Regionen Swanetien, Stepantsminda und Tuschetien.

Prächtige Landschaften

Verlässt man die Höhenlagen, trifft man auf idyllische Höfe, Weingüter und Wälder, aber auch auf aride Halbwüsten, Felsschluchten und sogar einige attraktive Strände. Jedes der drei Länder besitzt moderne Ski-Resorts; raften und paragliden kann man in Georgien, wo Könner zudem den Kasbek und andere Fünftausender besteigen. In Armenien kommen Höhlenforscher auf ihre Kosten, und in Aserbaidschan lockt das kaspische Hinterland mit Schlammvulkanen und sogar brennendem Wasser.

Europa trifft auf Asien

Der südliche Kaukasus ist relativ klein; er verteilt sich auf drei sehr unterschiedliche Länder, dazu kommen abtrünnige Republiken, eine isolierte Exklave und mindestens 16 verschiedene Sprachen. In diesem Grenzland treffen Europa und Asien aufeinander, die Kulturen aus Russland, dem Iran, der Türkei und Mittelasien sind im Laufe der Jahrhunderte miteinander verschmolzen und haben markante Regionalkulturen hervorgebracht. Das Leben verläuft entlang fester Traditionen, und die Familie steht über allem – trotz aller Wandlungen drei Jahrzehnte nach dem Ende der Sowjetunion.

Facettenreiche Kulturen

Die Region ist übersät mit alten Festungen, Klöstern, Kirchen und Ruinen, die größeren Städte besitzen einige hervorragende Museen und Kunstgalerien und eine traditionsreiche Theaterlandschaft. Dazu kommen die tief verankerte Gastfreundschaft, die Küche mit ihren frischen Zutaten und Wein aus jener Gegend, die einst den Weinbau erfunden hat. Die wachsende Tourismusbranche im Südkaukasus erreicht zwar nicht europäische Standards – aber genau deshalb sollte man möglichst bald kommen, bevor diese alten Länder ihre Ecken und Kanten abgeschliffen haben.

Warum ich Georgien, Armenien & Aserbaidschan liebe

Von Tom Masters, Autor

20 Jahre reise ich nun schon durch diese Region; und trotz der einschneidenden Umwälzungen in den drei Ländern, deren Zeuge ich wurde, hat sich all das, was ich so liebe, kaum verändert. Die Berge ragen immer noch so majestätisch und geheimnisvoll auf, trotz deutlich verbesserter Straßen. Die würzigen Speisen sind noch die gleichen, sobald man die Oasen der drei Hauptstädte verlässt. Und vor allem sind die Menschen im Südkaukasus immer noch so freundlich, zugewandt, heiter und voneinander verschieden wie eh und je.

Mehr über unsere Autoren steht auf S. 398

Kathedrale von Swartnoz (S. 189), Armenien

Georgien, Armenien & Aserbaidschan

N
0
200 km
RUSSLAND
Grozny
Khasavyurt
Makhachkala
Davit Gareja
Unwirkliche Höhlenklöster und viel Natur (S. 140)
Xınalıq
Abgelegene Schäfersiedlung im Kaukasus (S. 291)
Şəki
Alte Karawanenstadt, heute Unesco-Kulturerbe (S. 303)
Bakus Architektur des 21. Jhs.
Wolkenkratzer dank Erdöl-Boom (S. 252)
Tebulos (4492 m)
Diklos (4285 m)
CHECHNYA
TUSCHETIEN
KASPISCHES MEER
Derbent
Lagodekhi Protected Areas
Alazani
Telavi
Lagodekhi
Gurjaani
Balakən
KACHETIEN
BALAKƏN
Zaqatala
Tsnori
Xaçmaz
ZAQATALA
Davit Gareja
Qax
Bazardüzü Dağ (4467 m)
Laza
Quba
Şabran
Şəki
Şahdağ (4243 m)
Xınalıq
Siyəzən
Qazax
Schutzgebiet Vashlovani
Agrichay
Xaçmaz
Qəbələ
Babadağ (3629 m)
Kür
Tovuz
Mingəçevir-Stausee
XIZI
TAVUSH
Karasu
Sumqayıt
Şəmkir
Gəncə
Mingəçevir
Ağdaş
Göyçay
Şamaxı
Maştağa
Dzhangichay
Halbinsel Abşeron
Goranboy
Kür
Saratovka
Yevlax
Ağsu
Ucar
ASERBAIDSCHAN
Zirə
BAKU
KLEINER KAUKASUS
Bərdə
Kürdəmir
Sewansee
Terter
Waffenstillstandlinie
BAKI
Zərdab
Vardenis
Ağdərə
Hacıqabul
GEGARKUNIK
Sabirabad
Ağcabədi
Ələt
Ağdam
Şirvan
VAYOTS DZOR
BERG-KARABACH
Karkar
İmişli
Aras
Jermuk
Yeghegnadzor
Laçin (Berdzor)
Stepanakert (Xankəndi)
Parsabad
Salyan
Mets Ishkhanasar (3548 m)
Goris
NAXÇIVAN
SYUNIK
Neftçala
Bilesevar
ASERBAIDSCHAN
IRAN
Naxçıvan (Stadt)
Kapan
Cəlilabad
Kaputjugh (3904 m)
Masallı
Zharskiy
Culfa
Ordubad
Jolfa
Meghri
Agarak
Yardımlı
Lerik
Lənkəran
TALIS-BERGE
Toradi
Hirkan-Nationalpark
Astara (Aserbaidschan)
Astara (Iran)
Marand
Ahar
Meshgin Shahr
Sabalan (4811 m)
Ardabil
Tabriz

Georgiens, Armeniens & Aserbaidschans

Top 10

Tbilisi (Tiflis)

1 Nirgends sind die romantische Vergangenheit und die Zukunft Georgiens besser vereint als in der magischen und chaotischen Hauptstadt Tiflis (S. 44). Die Altstadt ist teils prachtvoll restauriert, aber teils immer noch völlig verfallen. Mit ihren Gässchen, alten Kirchen und schattigen Plätzen strahlt sie eine wunderbare Atmosphäre aus. In den anderen Teilen der Stadt geht es rasant zu; hier zeigt sich alles, was das moderne Georgien zu bieten hat: Weltklasse-Restaurants, fabelhafte Weinlokale, einheimische Modemarken, eine Techno-Szene und jede Menge Architektur aus Vergangenheit und Gegenwart. Oben: Altstadt (S. 44)

Swanetien

2 Die geheimnisvollen Bergtäler in Swanetien (S. 113) liegen hoch oben im Kaukasus und werden von schneebedeckten Gipfeln, Bergwiesen und dichten Wäldern umgeben; im Sommer ein Paradies für Wanderer. Da die Region Swanetien lange isoliert war, hat sie ihre eigene Sprache und ihre traditionelle Kultur bewahrt, wie sie etwa in den 175 Jahrhunderte alten *koshkebi* (Verteidigungstürme), die stolz in den Dörfern aufragen, zum Ausdruck kommt. Auch in den Fresken ihrer Kirchen manifestiert sich diese Kultur. Bis vor Kurzem war Swanetien nur im Rahmen einer langwierigen Autofahrt erreichbar, heute gibt es Flüge ab Tiflis.

1

BORIS STROUJKO/SHUTTERSTOCK ©

2

KAPULYA/GETTY IMAGES ©

3

ET1972/SHUTTERSTOCK ©

4

DMITRIY GUTKOVSKIY/SHUTTERSTOCK ©

Baku im 21. Jh.

3 Die aserbaidschanische Hauptstadt Baku (S. 252) ist mit ihrer kühnen Architektur dem arabischen Dubai eng auf den Fersen. Neben dem mittelalterlichen Altstadtkern ragen drei 190 m hohe Wolkenkratzer empor, die wie Glasflammen wirken und nachts, wenn die Lichtershow beginnt, regelrecht zu lodern scheinen. Die geschwungene Form des Heydar Aliyev Center bildet einen ähnlich aufregenden Anblick, und am Ufer des Kaspischen Meeres wird gerade ein Hotelkomplex gebaut, dessen Form an einen Halbmond erinnert.

Oben: Heydar Aliyev Center (S. 262)

Nationalpark Dilidschan

4 Rund 90 km nordöstlich von Jerewan liegt der Nationalpark Dilidschan (S. 213), eine Oase mit wildblumenbedeckten Tälern und dichten Wäldern, die die Kulisse für mittelalterliche Kirchen und malerische Vieh- und Schafherden bilden. Dank des Transkaukasischen Trails, der in Zukunft das Schwarze und das Kaspische Meer miteinander verbinden soll, und der App *HIKEArmenia* trifft man hier auf viele Wanderer. Im netten Städtchen Dilijan befinden sich einige der besten Restaurants Armeniens außerhalb Jerewans; außerdem auch einige hervorragende B&Bs.

Stepantsminda

5 Nur einige Autostunden von Tiflis entfernt liegt die kleine Stadt Stepantsminda (S. 109), ein wichtiger Verkehrsknotenpunkt innerhalb einer der spektakulärsten Hochgebirgsregionen des Südkaukasus. Die Silhouette der Tsminda-Sameba-Kirche vor dem schneebedeckten Kegel des Bergs Kazbek gilt als eines der Wahrzeichen Georgiens. Zahlreiche Wander-, Reit- und Mountainbiketrails führen durch steile Seitentäler und hinauf zu Gletschern, Wasserfällen, Bergpässen und einsamen Dörfern. Oben: Tsminda-Sameba-Kirche (S. 109)

Jerewan

6 Bei einem Kaffee, einem Bier oder einem Glas regionalen Weins saugt man die Atmosphäre einer der liebenswertesten Städte der Region in sich auf. Die armenische Hauptstadt (S. 160) hat in den letzten Jahren einen Bauboom erlebt: So gibt es nun neue Bars und Restaurants, die direkt neben Geschäften aus sowjetischer Zeit eröffnen. Wenn man in einen *dalan* (Bogengang) schlüpft, tritt man durch das Tor in eine neue Welt; dort findet man vielleicht einen bezaubernden Balkon aus dem 19. Jh. oder ein Restaurant, in dem armenische Küche serviert wird.

JUSTIN FOULKES/LONELY PLANET ©

GRISHA BRUEV/SHUTTERSTOCK ©

Kloster Norawank

7 Armenien ist die älteste christliche Nation der Welt und daher reich mit Kirchen gesegnet, aber keine ist so schön wie die Kirchen des Klosters Norawank (S. 221) aus dem 13. Jh. Wer bei Sonnenuntergang vor einer der drei mittelalterlichen Kirchen steht, sieht sie in herrlichen Rot- und Goldtönen schimmern, und die umliegenden Klippen liefern eine atemberaubende Kulisse. Das sonnendurchflutete Areal rund um das Kloster ist voller Höhlen, darunter Areni-1, in der Archäologen erst kürzlich Spuren der ältesten Weinkellerei der Welt fanden: Sie ist 6100 Jahre alt.

Davit Gareja

8 Die Höhlenklöster liegen in einer trockenen Region Georgiens an der Grenze zu Aserbaidschan und wurden von Missionaren im 6. Jh. aus einem Felsen herausgemeißelt. Sie gelten als Wiege mittelalterlicher Klosterkultur und Freskenmalerei. Heiligengräber, Wandmalereien, eine jenseitige Landschaft und die Vorstellung, dass Menschen sich bis heute für ein Leben in diesen Wüstenhöhlen entscheiden, machen Davit Gareja (S. 140) zu einem aufregenden Erlebnis. Trotz der Lage ist das Kloster gut von Tiflis, Telawi oder Sighnaghi erreichbar. Oben rechts: Fresken (S. 140)

Şəki

9 Das kleine Städtchen Şəki (Scheki; S. 303) in Aserbaidschan liegt inmitten reich bewaldeter Hügel, hinter denen sich schneebedeckte Berggipfel erheben. Sein alter Ortskern gehört seit 2019 zum Unesco-Welterbe und besteht aus mächtigen Festungsbastionen, zwei von Mauern umgebenen Palästen und mehreren Moscheen. Die Stadt ist berühmt für ihre Backwaren; man übernachtet in Boutiquehotels. Eines dieser Hotels befindet sich in einer Karawanserei aus der Zeit der Seidenstraße und bietet einfache Zimmer. Oben rechts: Xan Sarayı (Khanspalast) (S. 303)

ALEXMARKHOVETS/SHUTTERSTOCK ©

Xınalıq

10 Jenseits des Landstädtchens Quba führen Waldlichtungen und Hügel hinauf in die Ausläufer des Großen Kaukasus. Hier liegen einige Hirtendörfer, die durch spektakuläre Schluchten und wilde Flusstäler voneinander getrennt sind. In manchen dieser Dörfer wird noch eine eigene Sprache gesprochen. Das bekannteste ist Xınalıq (S. 291). Die grauen Steinhäuser sehen aus wie aufgestapelt. Hier stellt sich schnell ein Gefühl der Einsamkeit ein. In den Privatunterkünften mit Familienanschluss bekommt der Gast einen Einblick in das Leben eines Schafhirten.

TENKL/SHUTTERSTOCK ©

Gut zu wissen

Weitere Hinweise unter „Allgemeine Informationen" (S. 364)

Währung

Armenien: Armenischer Dram (AMD); Aserbaidschan: Aserbaidschan-Manat (AZN);Georgien: Georgischer Lari (GEL)

Sprachen

Armenisch, Aserbaidschanisch, Georgisch

Visa

Für Georgien und Armenien nicht nötig. Für Aserbaidschan notwendig; mindestens 24 Stunden Wartezeit.

Geld

Geldautomaten, Büros von Western Union und Geldwechselmöglichkeiten sind verbreitet. Kredikarten werden außerhalb von Großstädten nur wenig genommen. Bargeld ist die bessere Wahl.

Mobiltelefone

Alle drei Länder nutzen den GSM-Standard. Ist das Handy für den Auslands einsatz entsperrt, lohnt eine regionale SIM-Karte.

Zeit

Drei Stunden vor der MEZ; kein Unterschied zwischen Sommer- und Winterzeit.

Reisezeit

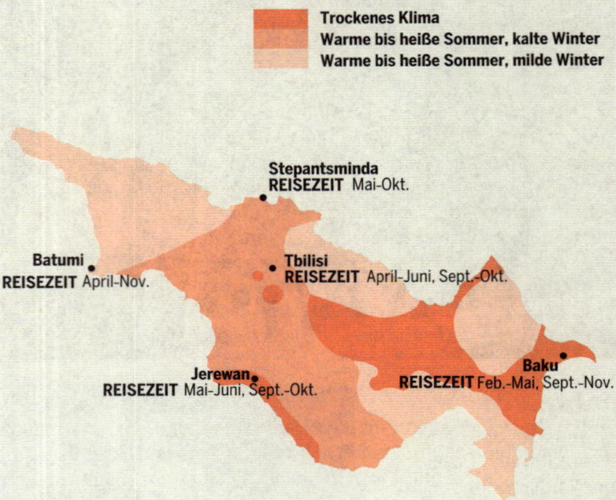

Hauptsaison (Juli & Aug.)

- Urlaubszeit der Einheimischen; die Unterkünfte sind voll.
- Ideal für Besuche in den Bergregionen; es ist warm, und die Wege im Hohen Kaukasus sind trocken.
- Die Hauptstädte und andere flache Regionen sind unangenehm heiß und feucht.

Zwischensaison (Mai, Juni, Sept. & Okt.)

- Im Mai und Oktober herrschen angenehme Temperaturen im Flachland.
- Von Ende September bis Anfang Juni kann in höheren Regionen Schnee liegen.
- Im Mai regnet es viel, aber die Blumen leuchten zwischen den Schauern schön.

Nachsaison (Nov.–Apr.)

- Januar bis März ist Wintersportsaison.
- Von Dezember bis Februar liegen die Temperaturen im Inland oft unter dem Gefrierpunkt.
- Tiflis: nass und matschig; Jerewan: eisig; Baku: bis März kalt.
- Bis April ist das Wetter oft winterlich.

Websites

Armenia Travel (www.armenia.travel) Offizielle Website.

Azerbaijan Travel (www.azebaijan.travel) Offizielle Website.

Caravanistan (www.carvnistan.com) Visums- und Grenzübergangsgeschichten.

Caucasian Knot (www.eng.kavkaz-uzel.eu) Nachrichten aus dem Nord- und Südkaukasus.

Eurasianet (www.eurasianet.org) Regionale Nachrichten.

Georgia Starts Here (www.georgiastartshere.com) Reiseinformationen von Einheimischen.

Georgia Travel (www.georgia.travel) Offizielle Website.

Hike Armenia (www.hikearmenia.org) Wanderführer zu Trails und Wanderungen in Armenien.

Thorn Tree (www.lonelyplanet.com/thorntree/forums/europe-eastern-europe-the-caucasus) Lonely Planets Reiseforum.

Visions of Azerbaijan (www.visions.az) Geschichte und Kultur.

Wichtige Telefonnummern

Vorwahl Armenien	☎ +374
Vorwahl Aserbaidschan	☎ +994
Vorwahl Georgien	☎ +995
Notruf	☎ 103 (Georgien ☎ 112)

Tagesbudget

Preiswert: unter 50 US$

- Hostelbett: 5–20 US$
- Imbiss: ab 2,50 US$
- Museumseintritt: 2–10 US$
- Preiswertes Bier vom Fass: 0,50–3 US$
- Fernbus-/Zugfahrt: 5 US$

Mittelteuer: 50–100 US$

- DZ im Mittelklassehotel: pro Pers. 25–60 US$
- Essen im Mittelklasserestaurant: 6–15 US$
- Getränk mit Gebäck im Café: 3–6 US$
- Sammeltaxi (Fernstrecke): 10 US$

Teuer: über 100 US$

- DZ im Luxushotel pro Pers.: ab 100 US$
- Gutes Essen: 15–35 US$
- Bier in Expat-Kneipe: 3–6 US$
- Mietwagen pro Tag: ab 50 US$

Öffnungszeiten

Büros Montag bis Freitag 9 oder 10–17 oder 18 Uhr; Mittagspause eine Stunde oder mehr

Geschäfte 10–19 Uhr, oft auch viel länger

Museen 10–17 Uhr oder länger; viele haben Montag geschlossen

Restaurants auf dem Lande 8–19 Uhr, in Großstädten 11–23 Uhr oder noch länger

Theater Aufführungen beginnen oft gegen 18 Uhr; viele Theater sind von Juni bis Anfang September geschlossen

Ankunft in der Region

David the Builder Kutaisi International Airport (Internationaler Flughafen Kopitnari bzw. Flughafen Dawit-der-Erbauer Kutaisi) Plätze im Minibus sind zu reservieren (georgianbus.com): nach Kutaisi (5 GEL, 30 Min.), Tiflis (20 GEL, 4 Std.) oder Batumi (15 GEL, 2 Std.).

Heydar Əliyev International Airport (Internationaler Flughafen Heydar Əliyev) Busse (aeroexpress.az) fahren den ganzen Tag/die ganze Nacht ein- oder zweistündlich zum Bahnhof von Baku (1,30 AZN, 40 Min.). Keine Reservierung erforderlich. Taxis ab 25 AZN.

Tbilisi International Airport Bus 37 fährt rund um die Uhr meist halbstündlich (0,50 GEL); etwa eine Stunde bis zur Endstation am Bahnhofsplatz und fährt über den Freiheitsplatz und die Flaniermeile Rustaveli gamziri. Um einen guten Taxipreis zu bekommen, sollte man verhandeln (ab 50 GEL).

Zvartnots Airport (Internationaler Flughafen Swartnoz) (Jerewan) Minibus 18 (300 AMD, 3-mal stdl., 8–20 Uhr) fährt zur Abovyan-Straße über die U-Bahnstation Sasuntsi Davit und Rossiya-Mall. Wer die App Yandex oder GG nutzt, kann bei Taxifahrten Geld sparen (20 Min.) (ab 2000 AMD).

Etikette

Privathäuser Wer einen Einheimischen besucht, sollte ein Geschenk mitbringen und anbieten, die Schuhe auszuziehen.

Essen Die heimische Gastfreundschaft kann sehr überschwänglich sein: Man sollte sich nicht schämen zu sagen, dass man einfach nicht mehr essen oder trinken kann.

Finanzielle Beteiligung Wer zu einem Essen oder einer Übernachtung eingeladen wird, sollte taktvoll etwas Geld anbieten. Bei einer Hochzeit wird erwartet, dass man einen (recht hohen) Geldbetrag gibt.

Begrüßung Unter Männern gibt man sich normalerweise zur Begrüßung die Hand. Frauen schütteln sich nicht die Hände. Wenn Ausländer das dennoch tun, ist es allerdings auch keine Beleidigung. Unter Freunden küsst man sich auf die Wange.

Mehr zum Thema **Unterwegs vor Ort** auf S. 374

Was gibt's Neues?

Im Südkaukasus ist alles im Wandel begriffen. Georgien hat seine Angebote für Reisende erheblich erweitert. Dazu gehören wunderbare neue Hotels, Hostels und Gestaltungsmöglichkeiten des Nachtlebens. In Aserbaidschan wurde Şəki zum Unesco-Welterbe erklärt, und in Armenien werden weitere Wanderwege erschlossen und Aktivitäten für Touristen ausgeweitet. Auch die Herstellung himmlischer Weine blüht weiter auf.

Nachtleben in Tiflis

Nachdem in Tiflis (S. 65) in den letzten Jahren einige erstklassige Nachtclubs eröffnet haben, hat die Stadt zu Recht den Ruf gewonnen, die absolut coolste Stadt im Südkaukasus zu sein. Zusätzlich ist sie zweifelsfrei das Epizentrum der Techno-Szene.

Unesco-Welterbe Şəki

Der bemerkenswerte Charme des historischen Altstadtkerns von Şəki (S. 303) wurde 2019 zum Unesco-Welterbe erklärt. Ein neuer Touristen-Shuttleservice ab dem Azerbaijan House im Zentrum von Tiflis sorgt dafür, dass der Ort einen festen Platz auf der Rundreiseroute von Touristen bekommt.

Höhle Areni-1 wird geöffnet

Im Jahre 2007 entdeckten Archäologen in der Höhle Areni-1 (S. 219) die Überreste einer 6100 Jahre alten Weinkellerei. Im darauffolgenden Jahr fanden sie in derselben Höhle einen 5500 Jahre alten Lederschuh. Areni-1 wurde nun schließlich für

INSIDERWISSEN

WAS PASSIERT GERADE IN GEORGIEN, ARMENIEN & ASERBAIDSCHAN?

Tom Masters, Autor bei Lonely Planet

Die drei Länder im Südkaukasus sind seit ihrer überraschenden Unabhängigkeit im Zuge der Auflösung der Sowjetunion völlig verschiedene Wege gegangen. 2016 flammte der ständig schwelende Konflikt zwischen Aserbaidschan und Armenien wieder auf. Vier Tage lang herrschten Kämpfe entlang der Waffenstillstandslinie in der umstrittenen Region Bergkarabach. Etwa 350 Menschen mussten dabei ihr Leben lassen, und Aserbaidschan konnte drei ehemals besetzte Dörfer zurückgewinnen. Internationale Beobachter hielten dieses Aufflammen der Kämpfe für ein Probemanöver, um die Verteidigungskapazitäten der Region Bergkarabach mit Blick auf zukünftige Angriffe zu testen.

Seit sich die Spannungen jedoch gelegt haben, wurde das Hauptaugenmerk auf die Wiederbelebung der Wirtschaft gelegt. Im Jahre 2018 erlebte Armenien eine sanfte Revolution, als Präsident Serzh Sargsyan aufgrund allgemeiner Forderungen zugunsten von Nikol Pashinyan aus dem Amt gejagt wurde, Im darauffolgenden Jahr war Georgien an der Reihe: Im Sommer 2019 richteten sich massive Proteste in Tiflis sowohl gegen die eigene Regierung als auch gegen Russland, das die meisten Georgier wegen der russisichen Militärpräsenz in Abchasien und Südossetien als Besatzungsmacht wahrnehmen.

Besucher geöffnet, die dort einige der alten Utensilien zur Weinherstellung anschauen können.

Gəncə Filarmoniya

Die zweitgrößte Stadt Aserbaidschans befindet sich mit diesem bemerkenswert verzierten neoklassizistischen Konzerthaus (S. 316) weiter auf dem Weg ihres Neuerfindungsprozesses. Mit seinen Türmchen und Statuen stellt es einen starken Kontrast zur äußerst modernen Shopping Mall am zentral gelegenen Platz dar.

Trekkingtour zum Black Rocks Lake

Dieser wunderbare dreitägige Trekkingtrail zum Shavi Kldeebis Tba (Black Rocks Lake; S. 144) an der georgisch-russischen Grenze im Nationalpark Lagodekhi ist dank der Fertigstellung eines neuen Rückwegs und der Errichtung einer zweiten Schutzhütte zu einem kompletten Rundweg geworden.

Transkaukasischer Trail

Pioniere des Wegebaus haben hart gearbeitet, um ein Netz aus Wanderwegen (S. 108) zu erstellen, das am Ende alle drei Länder miteinander verbinden soll. Zu den kürzlich erst fertiggestellen Trails gehört einer durch den armenischen Nationalpark Dilidschan.

Rafting durch die Debed-Schlucht

An der Debed-Schlucht (S. 205) befindet sich nun der Ausrüster Rafting in Armenia für Wildwasserfahrten, mit dessen Flößen bis zu acht Personen auf dem Debed raften können. Es gibt keine bessere Art und Weise, die faszinierende Schlucht zu erleben.

Visa-Erleichterungen für Aserbaidschan

Aserbaidschan hat endlich die alten Visumsbestimmungen aufgehoben und ermöglicht nun die Ausstellung von Visa (S. 369) bequem in maximal 24 Stunden nach erfolgter Onlinebeantragung. Man darf nur bis zum Erreichen der Grenze nicht vergessen, die Bestätigung auszudrucken.

Willkommen in Naxçivan (endlich)

Jahrelang waren der abgetrennten Enklave Naxçivan (S. 328) in Aserbaidschan Touristen eher suspekt, aber ganz plötzlich hat sich die Sichtweise verändert. Heute gibt es Unmengen restaurierter Monumente und sogar ein kleines Skigebiet, das zurzeit noch im Bau ist.

Naturweine

Naturweine sind im Moment überall in der Region im Kommen. Es gibt Dutzende Weinlokale und sowohl in Georgien als auch in Armenien unabhängige Winzer, die hervorragende Jahrgänge abfüllen. Wohl bekomm's!

HÖREN, SEHEN & FOLGEN: INFOS IM INTERNET

Tipps und Inspirationen auf www.lonelyplanet.com/georgia, www.lonelyplanet.com/armenia und www.lonelyplanet.com/azerbaijan

Insta @armeniatravelofficial Offizieller Touristik-Account Armeniens

Insta @experienceazerbaijan Aserbaidschans offizieller Touristik-Account

Insta @georgiatravel Georgiens offizieller Instagram-Account

KURZINFO

Einwohner 16,6 Millionen

Sprachen Armenisch, Aserbaidschanisch, Georgisch

Größte Städte Baku, Tiflis, Jerewan

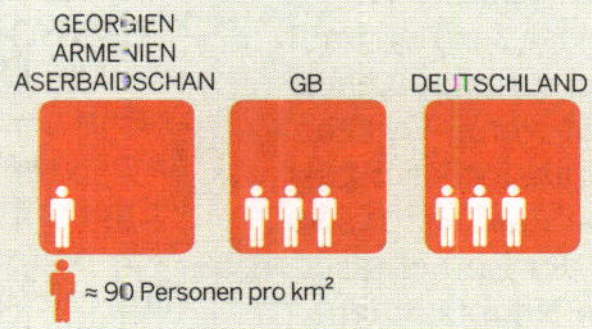

Unterwegs vor Ort

Mehr Infos unter „Verkehrsmittel & -wege" (S. 370)

Mit dem Auto

Mietwagen

In den Hauptstädten Auto zu fahren kann anstrengend sein, denn es gibt verworrene Einbahnstraßensysteme, Staus in den Stoßzeiten und schlechte Parkbedingungen. Andernorts ist das Parken in der Regel unkompliziert, und es ist wenig Verkehr. Eine Herausforderung ist der manchmal chaotische Fahrstil der Einheimischen.

In den Hauptstädten gibt es Niederlassungen der internationalen Mietwagenfirmen, aber auch einheimische Verleiher, die in der Regel preiswerter sind (ab ungefähr 20 US$ pro Tag). Meist darf man Leihwagen nicht über die Grenzen mitnehmen (außer in manchen Fällen über die Grenze zwischen Georgien und Armenien). Es lohnt sich auch, einen einheimischen Fahrer für Fahrten von Stadt zu Stadt oder für Ausflüge anzuheuern. Dazu ist es am kostengünstigsten, einen Taxistand für ein Sammeltaxi zum gewünschten Ziel zu finden. Dort bietet man dem Fahrer dann den vierfachen Preis plus einiges extra für Umwege, Abstecher und Fotostopps. Hostels können auch einen Fahrer organisieren, und das oft zu Preisen, die man bei Taxis an der Straße nicht findet.

Straßenzustand & Verkehrsregeln

Wenig befahrene Bergstraßen sind oft nur schlecht befestigt und können durch Erdrutsche gesperrt oder durch Überflutungen weggespült sein. Hier benötigt man ein Allradfahrzeug, das bei Mietwagenfirmen mindestens 80 US$ pro Tag kostet. Wer in solchen Regionen selbst fahren will, sollte im Konvoi von wenigstens zwei Fahrzeugen mit Seilwinden und Abschleppseilen unterwegs sein, um sich auf matschigen Abschnitten gegenseitig helfen zu können. Oft ist es besser, einen einheimischen Fahrer mit

INFORMATIONEN IM INTERNET

Automobile Federation of Armenia (https://faa.am) Neuigkeiten und Informationen für Autofahrer in Armenien; einige Informationen sind auch auf Englisch.

Azerbaijan Automobile Federation (www.mys.gov.az) Informationen für Fahrer aller Art in Aserbaidschan.

Caravanistan (www.caravanistan.com) Eine hervorragende Urlauberwebsite über den Kaukasus und Zentralasien mit guten Abschnitten übers Autofahren in allen drei Ländern der Region.

Georgian National Automobile Federation (www.gaf.ge) Neuigkeiten, Links und Informationen übers Autofahren in Georgien.

Thorntree (www.lonelyplanet.com/thorntree) Das Reiseforum von Lonely Planet bietet viele Infos über die Verkehrsmittel und -wege in allen drei Ländern des Südkaukasus.

einem alten Lada Niva oder UAZ am Ausgangsort eines jeden Querfeldeinabenteuers anzuheuern. Wenn man die jeweilige Landessprache (oder Russisch) nicht beherrscht, kann die Organisation schwierig werden.

Die Vorfahrtsregeln in Kreisverkehren sind grundsätzlich genau umgekehrt als im restlichen Europa (man gewährt den einfahrenden Fahrzeugen Vorfahrt). Grundsätzlich reicht ein nationaler Führerschein aus einem westlichen Land, aber ein Internationaler Führerschein ist manchmal auch hilfreich, vor allem wenn der nationale kein Foto hat. An den Hauptstraßen gibt es genügend Tankstellen, aber in entlegenen Gebieten wird es schwieriger. Also vorher volltanken!

Ohne Auto

Bus

Fast jede Stadt oder jedes Dorf hat so etwas wie einen Bus- oder Minibusservice. Letzterer ist unter dem Begriff *marshrutka* (Pl. *marshrutky*) bekannt. Zwischen größeren Städten pendeln die Busse etwa stündlich hin und her, aber in Dörfern auf dem Land fährt oft nur einmal am Morgen ein Minibus in das nächste Regionalzentrum und kehrt nach dem Mittagessen vom Basar wieder zurück. Die Fahrpreise bewegen sich um die 1,50 US$ pro Stunde. Die Ausstattung der Busse kann sehr unterschiedlich sein. Regionalbusse werden nicht nur mit Personen beladen, sondern auch mit Frachtgütern (Kartoffelsäcke, Getränkekisten). Es ist selten nötig, vorher zu reservieren (oft auch gar nicht möglich) außer für einige internationale Strecken.

Marshrutky haben meist ein Schild mit der Zielangabe hinter der Windschutzscheibe (nur in den einheimischen Schriftzeichen). Um eine *marshrutka* auf der Straße anzuhalten, streckt man den Arm aus und winkt. Wer aussteigen möchte, sagt „Stopp" in der jeweiligen Landessprache (*kangnek* in Armenien, *sakhlc* in Aserbaidschan, *gaacheret* in Georgien).

Zug

Züge fahren langsamer und weniger häufig als Busse und Minibusse. Die Fahrscheine sind preiswerter, und bei Nachtfahrten ist ein Schlafwagenplatz inbegriffen. Für den Kartenkauf und das Einsteigen in einen Nachtzug wird der Ausweis benötigt (gilt auch für Einheimische). Für Vorstadtzüge oder Regionalzüge am Tage (*elektrichka*) sind keine Ausweise erforderlich, auch nicht für andere Inlandszüge in Armenien.

Fahrrad

Radfahren wird im Südkaukasus als Teil von Reisen nach Asien immer beliebter. Der Fahrstil ist weniger vorhersehbar als in Westeuropa, und das Gelände ist bergig und die Straßen sind oft schlecht. Das Verkehrsaufkommen ist gering, und die Landschaft ist meist malerisch.

INFOS: AUTOFAHREN

- Fahrzeuge fahren auf der rechten Straßenseite.
- Das Maximum an Alkohol im Blut liegt in allen drei Ländern bei Null.
- In Georgien darf man mit 17 Auto fahren, in Aserbaidschan und Armenien mit 18 Jahren.
- Als Höchstgeschwindigkeit gilt in Armenien 90 km/h, in Aserbaidschan und Georgien 110 km/h.

ENTFERNUNGEN (KM)

	Tbilisi	Batumi	Baku	Jerewan
Batumi	374			
Baku	578	948		
Jerewan	275	445	663	
Kutaisi	230	151	804	456

Wie wär's mit ...

Wandern & Reiten

Swanetien Viele verschiedene Wanderwege durchqueren diese spektakuläre Gegend voller grüner Täler, schneebedeckter Höhen und malerischer Dörfer. (S. 113)

Stepantsminda Leichte Aufstiege, längere Gletscherwanderungen und wunderschöne Talwanderungen oder Trekkingtouren über hohe Pässe in entlegene Dörfer in Khevsuretien. (S. 109)

Dilidschan Der Nationalpark mit seinen grünen Hügeln und Millionen wilder Sommerblumen liegt rund um die Stadt Dilidschan und bietet umwerfende Wandermöglichkeiten. (S. 209)

Hinterland von Quba Wanderungen zwischen einigen der hübschesten Bergdörfer Aserbaidschans sind sehr zu empfehlen, aber eine Reise in den Nationalpark Shahdag sollte gut im Voraus geplant werden. (S. 286)

Tuschetien Eine wunderschöne Bergregion mit tollen Wanderwegen von einem Dorf zum anderen; außerdem befindet sich hier die beste längere Trekkingstrecke der Region. (S. 128)

Kassagh-Schlucht Ein 7,5 km langer Trail am Fluss Kassagh entlang verbindet die dramatisch gelegenen Klöster Hovhannawank und Saghmosawank miteinander. (S. 188)

Aussichten & Landschaften

Laza Das natürliche Amphitheater aus Gipfeln und Wasserfällen hinter dem Dorf ist vielleicht der eindrucksvollste Anblick im Südkaukasus. (S. 291)

Stepantsminda Die Silhouette derTsminda-Sameba-Kirche (Gergetier Dreifaltigkeitskirche) vor dem darüber thronenden schneebedeckten Berg Kasbek ist ein unvergesslicher Anblick. (S. 109)

Worotan-Pass Spektakuläre Aussicht über schneebedeckte Berge und bunte Wildblumenwiesen. (S. 218)

Ananuri See, Festung und Kirche in perfekter ländlicher Harmonie. (S. 106)

Chor Virap Das Kloster, in dem sich unter anderem die ehemalige Gefängniszelle des hl. Gregor befindet, bietet zudem eine erhebende Aussicht auf den in der Ferne aufragenden Berg Ararat. (S. 183)

Şahdağ Das Panorama, das sich vom Park Qusar bietet, erfreut jeden Besucher. (S. 291)

Ushguli Der schneebedeckte Berg Schchhara thront hier über rund einem Dutzend traditioneller swanetischer Wachttürme. (S. 123)

Selim-Pass Von einer steinernen Karawanserei aus dem 14. Jh. schaut man hinunter in das malerische Jeghegis-Tal. (S. 226)

Zitadellen & Festungen

Altstadt Baku Recht fotogene Mauern, die mit Zinnen bekrönt sind, umgeben eine innere Stadt, in der es einen geheimnisvollen Turm, einen Palast aus dem 15. Jh. und einige mittelalterliche Minarette gibt. (S. 252)

Shatili Eine einzigartige Ansammlung von Verteidigungstürmen, die zusammen so etwas wie eine einzige Befestigungsanlage bilden. (S. 126)

Burg Rabati Die riesige Zitadelle wird nachts angestrahlt und leuchtet so auch die goldene Kuppel der Moschee an, die sich innerhalb der Festungsmauern befindet. (S. 85)

Festung Alinja Die Ruinen der Burg Alinja hoch oben auf einem Felsen werden auch das Machu Picchu des Kaukasus genannt. (S. 331)

Festung Amberd Einsam gelegene Ruine, zu der sich die zweistündige Wanderung lohnt. (S. 190)

Şəki Der Khanspalast mit Wandmalereien befindet sich innerhalb starker Befestigungsmauern. (S. 303)

Oben: Kloster Tatew (S. 231), Armenien
Unten: Wanderer in Swanetien (S. 113), Georgien

Swanetien Einige Bergdörfer, die vor wehrhaften Schutztürmen nur so strotzen. (S. 113)

Religiöse Stätten

Kloster Geghard Kapellen und Kirchen sind hier in die Felsen gehauen, dazu sind noch bemerkenswerte *khachkars* (behauene Steinkreuze) zu bestaunen. (S. 185)

Mtskheta Das schlagende Herz des georgischen Orthodoxen Christentums mit der prachtvollen Sveti-skhoveli-Kathedrale im Zentrum. (S. 73)

İmamzadə Unvergessliche Sehenswürdigkeit in Gəncə mit einer historischen Kuppel in einer modernen. (S. 317)

Kloster Norawank Das rotgold schimmernde Kloster aus dem 13. Jh.ist umgeben von steil aufragenden roten Felsen, die speziell bei Sonnenuntergang schön leuchten. (S. 221)

Große Moschee, Şamaxı Ist die zweitälteste Moschee im gesamten Kaukasus und wurde prachtvoll mit einem umwerfenden Inneren wiederhergestellt. (S. 296)

Tatew Ein großes, wehrhaftes Kloster auf einer märchenhaften natürlichen Felsenzitadelle. (S. 231)

Vardzia Faszinierende Überreste einer Höhlenstadt, die das spirituelle Zentrum der mittelalterlichen georgischen Christenheit war. (S. 87)

Mir Mövsüm Ağa Ziyarətgahı An diesem Heiligtum, von dem die Einheimischen glauben, dass sich ihre Wünsche hier erfüllen, trifft Aberglaube auf Islam. (S. 280)

Ateşgah Im Feuertempel von Suraxanı brennt es noch immer, er ist allerdings heute ein Museum. (S. 279)

Moderne Architektur

Es gibt zwar eine ganze Menge neuer Gebäude in der Region, aber die atemberaubendste moderne Architektur konzentriert sich besonders in drei großen Städten: Baku, Batumi und Tiflis.

Heydar Aliyev Center Sanfte, weiße geschwungene Formen eines Gebäudes, das wie ein Raumschiff von Außerirdischen anmutet, das sich langsam in eine riesige Schnecke verwandelt. (S. 262)

Flame Towers Drei 190 m hohe Wolkenkratzer in Flammenform beherrschen die Skyline von Baku. (S. 261)

Friedensbrücke Fußgängerbrücke aus Drahtgeflecht und Glas, die zusammen mit dem Präsidentenpalast einen aufregenden Kontrast zum restlichen alten Teil von Tiflis bildet. (S. 55)

Stamba-Hotel Eine Übernachtung in dieser erst kürzlich erfolgten fabelhaften Umwandlung eines Verlagshauses aus sowjetischer Zeit in eins der führenden Hotels des Südkaukasus ist sehr zu empfehlen. (S. 60)

Kunst

Alle drei Länder können auf ein solides künstlerisches Erbe zurückschauen. Die Altstadt von Baku ist besonders reich an kleinen Privatgalerien.

Yarat, Baku Aserbaidschans neuestes Zentrum für moderne Kunst in einem berühmten Lagerhaus der Marine. (S. 260)

Nationalgalerie, Tiflis Beherbergt viele Werke von Niko Pirosmani, Georgiens beliebtem Maler für naive Kunst. (S. 52)

Nationalgalerie von Armenien, Jerewan Bemerkenswerte Sammlung armenischer Kunst, darunter atembereaubende Gemälde von Vardges Sureniants. (S. 168)

Sergei-Parajanov-Museum, Jerewan Ausgefallenes Hausmuseum des Künstlers und Regisseurs. (S. 167)

Mayak 13, Baku Das Restaurant wurde von einem der führenden modernen Künstler Aserbaidschans entworfen und ist eher ein Kunstwerk als ein Esslokal. (S. 268)

Swanetisches Museum für Geschichte & Ethnografie, Mestia Das exzellente Museum hat eine bemerkenswerte Sammlung wunderschöner alter Ikonen. (S. 118)

Überbleibsel aus sowjetischer Zeit

Lenin-Standbilder sind vielleicht lange von öffentlichen Sockeln verschwunden, aber einige beachtenswerte Überreste aus der Sowjetherrschaft der 1970er-Jahre sind geblieben.

Stalin-Museum In Gori, Stalins Geburtsort, kann dieses Museum noch immer auftrumpfen. (S. 76)

Platz der Republik Protzige sowjetische Architektur in Jerewan. (S. 167)

Parlamentsgebäude Das Regierungsgebäude in Tiflis stammt aus sowjetischer Zeit und ist ein auffälliges Beispiel stalinischer Architektur der 1950er-Jahre. (S. 52)

Militärmuseum Mutter Armenien Das riesige Denkmal *Mutter Armenien* war ursprünglich ein Stalin-Standbild und thront hoch über Jerewan. (S. 169)

Duzdağ Ein Salzbergwerk aus sowjetischer Zeit, das heute als Behandlungszentrum für Asthmakranke genutzt wird. (S. 332)

Rathaus Mehrbogiger Archetypus des stalinistischen Neoklassizismus in Gəncə. (S. 321)

Ungewöhnliche Kuriositäten

Yanar Dağ Ein Hügel in Aserbaidschan, der dank eines natürlichen Erdgasfeuers niemals aufhört zu brennen. (S. 281)

Naturschutzgebiet Sataplia Versteinerte Dinosaurierfußabdrücke als Fossilien und eine 300 m lange Höhle. (S. 96)

Schlammvulkane Kleine, aber faszinierende Hügel, die kalten blubbernden Schlamm ausstoßen. (S. 277)

Ältester Schuh der Welt Die Kuriosität wurde in der Höhle Areni-1 gefunden und befindet sich nun im Geschichtsmuseum von Armenien. (S. 219)

Yanar Bulağ Ein Standrohr, aus dem Brunnenwasser fließt, das jedoch wegen seines hohen Methangehalts brennt. (S. 327)

Levon's Divine Underground Ein ausgeklügeltes Höhlensystem, das über 23 Jahre lang von einem einzigen Mann ausgegraben wurde. Dabei wollte seine Frau nur einen Kartoffelkeller. (S. 167)

Wintersport

Im Januar und Februar sind die Schneeverhältnisse am besten, allerdings ist in Gudauri Heliskiing auch noch später in der Saison möglich.

Gudauri Das größte und am besten ausgebaute Skigebiet

im Südkaukasus. Die Lage in den hohen Bergen ist einfach spektakulär. (S. 106)

Şahdağ Das 17 km lange Pistennetz führt durch wunderschöne Gebiete und wartet mit prächtigen Hotels auf, die besonders für betuchte Wochenendurlauber eine Anziehungskraft ausüben. (S. 291)

Zaghkadsor Das bekannteste Skigebiet Armeniens mit 27 km Pisten. Davon sind die meisten rote und schwarze Abfahrten. (S. 197)

Laza An den gefrorenen Wasserfällen ist Eisklettern möglich, allerdings muss man dazu alles selbst organisieren. (S. 291)

Qəbələ Leicht erreichbarer Urlaubsort, wo ein Netz modernster Seilbahnen (21. Jh.) das ganze Jahr über in Betrieb ist. (S. 299)

Bakuriani Dieser preisgünstige Ferienort für Ski- und Schlittenfahrer breitet sich schnell aus und lockt damit mehr und mehr auch teure Spitzenhotels an. (S. 84)

Urlaub in einsamen Dörfern

Hübsche Bergdörfer, in denen man in Privathäusern mit Familienanschluss übernachten oder auch andere einfache touristische Infrastruktur vorfinden kann, wird das Leben auf dem Lande direkt erfahrbar.

Shenaqo Dorf in Tuschetien, das allerdings nur in den Sommermonaten besucht werden kann. (S. 130)

Xınalıq Faszinierendes Hochlanddorf mit eigener Sprache. (S. 291)

Juta Übernachtung nur im Sommer möglich. Liegt unterhalb des Chaukhi-Massivs. (S. 112)

Odsun Dorf auf einem Hochplateau mit Blick auf die Debed-Schlucht. (S. 206)

Tatew Winziges Dorf, das wegen seines befestigten, wehrhaften Klosters aus dem 9. Jh. und wegen der längsten „zweispurigen" Seilbahn der Welt bekannt ist. (S. 231)

Monat für Monat

TOP-EVENTS

4GB Music Festival, Mai

Tbilisi Open Air, Juni

Golden Apricot International Film Festival, Juli

Gabala International Music Festival, Juli

Kachetien: Weinfest, Oktober

Tbilisoba, Oktober

Januar

Im kältesten Monat des Jahres muss man in weiten Teilen der Region mit Schnee und frostigen Temperaturen rechnen. Es ist Wintersportsaison. Georgier und Armenier feiern Weihnachten, die strengeren Christen fasten Tage oder Wochen vorher.

Neujahr

Die Städte sind hübsch geschmückt; das neue Jahr wird mit Feuerwerk begrüßt. Die Georgier finden sich nach Mitternacht zu Festen und Feiern zusammen. In Armenien bekommen die Kinder an Silvester Geschenke von Dzmer Papik (Väterchen Frost); Familien und Freunde besuchen und beschenken sich über sieben Tage hinweg bis zum orthodoxen Weihnachtsfest (6. Januar).

Weihnachten in Armenien (Surb Tsnund)

Kirchenlieder und Psalmen erklingen in den Kirchen. Teil des Rituals ist die Segnung des Wassers, um auf die Taufe von Jesus (Epiphanie) hinzuweisen, die mit Weihnachten verknüpft ist. Die Familien versammeln sich am Heiligen Abend zum Essen. Das Hauptgericht besteht aus Fisch und Reis (6. Januar).

Weihnachten in Georgien (Shoba)

Am 7. Januar ziehen die Menschen mit Fahnen durch die Straßen (Alilo-Umzüge; Alleluja) und singen dabei Weihnachtslieder. Die Kinder sind mit weißen Gewändern bekleidet. Einige feiern bis zum 14. Januar weiter, wenn nach dem julianischen Kalender, der in der georgischen orthodoxen Kirche verwendet wird, das „alte neue Jahr", beginnt.

Märtyrertag

Ein landesweiter Trauertag, der am 20. Januar in Aserbaidschan gehalten wird und an das Massaker an Zivilisten in Baku durch die sowjetischen Truppen (1990) erinnert. Die Bewohner Bakus begeben sich zur Şahidlər Xiyabani (Gasse der Märtyrer), wo dann die Hauptgedenkfeier stattfindet.

Februar

Es ist nun sehr kalt, am Kaspischen Meer ist es allerdings etwas milder. Die Wintersportsaison ist in vollem Gange.

Skifahren

Die Skisaison läuft von etwa Ende Dezember bis Ende März, aber im Februar sind die Schneeverhältnisse in der Regel am besten. Die Top-Wintersportorte sind Gudauri, Bakuriani und Mestia in Georgien; Shahdag und Qəbələ in Aserbaidschan; Jermuk und Zaghkadsor in Armenien.

Surp Sargis Don

Der Tag des hl. Sargis, eines gut aussehenden Heiligen, der Krieger war, ist bei unverheirateten Armeniern sehr beliebt: Der Tradition nach wird jede Frau, die ihm in dieser Nacht in ihren Träumen Wasser gibt, seine Angetraute. Der Tag fällt auf neun Wochen vor

Ostern (zwischen dem 18. Januar und dem 23. Februar).

Trndez

Dieses religiöse Fest der Reinigung in Armenien fällt auf den 14. Februar. Feuerwerke werden entzündet, und die Menschen springen darüber, um Blickvor Krankheit und Gift zu erlangen. Trndez bezeichnet auch den herannahenden Frühling.

März

Langsam wird es etwas wärmer, aber dennoch klettern die Temperaturen außer an der Küste vielleicht noch nicht über 10° C. Überall in den Geschäften Aserbaidschans wird smaragdgrünes frisches Weizengras *(səməni)* als Zeichen für den herannahenden Frühling verkauft.

Frauentag

Er wird am 8. März in der gesamten Region gefeiert. Kolleginnen und Freundinnen bekommen Blumen und Geschenke. Überall an den Straßen gibt es Blumenstände. In Georgien und Armenien ist er ein staatlicher Feiertag.

Noruz Bayramı

Das größte Fest in Aserbaidschan dauert viele Tage, konzentriert sich aber besonders auf den Tag der Tagundnachtgleiche (die Nacht vom 20. März), der das persische Sonnen-Neujahr und den Frühlingsanfang bezeichnet. Zu den Traditionen gehören besondere Reisgerichte und die Reinigung des Geistes durch das Überspringen von Feuerwerken an den vier Dienstagabenden vor der Tagundnachtgleiche.

International Muğam Festival

Mitte März feiert man in Baku mit diesem Festival das von der Unesco geschützte traditionelle Musikerbe Aserbaidschans. Hierzu werden Künstler aus ähnlichen Genres zu verschiedenen Konzerten und Diskussionen eingeladen.

April

In den Niederungen können die Temperaturen bis zu 25° C steigen. Die Frühlingsregen und die Schneeschmelze lassen die Flüsse anschwellen, sodass nun die Hauptsaison des Wildwasser-Rafting in Georgien beginnt (bis Juli).

Armenisches Osterfest (Zatik)

Beginnt am selben Tag wie das römisch-katholische und protestantische Ostern. An Palmsonntag (Tsaghkazard) eine Woche vor Ostern werden Bäume in die Kirchen gebracht und mit Früchten behängt. Auf den österlichen Tischen in den Häusern werden rot bemalte Eier in Nester aus Linsensprösslingen gelegt, die während der Fastenzeit gezogen wurden.

Georgianisches Osterfest (Aghdgoma)

Das östliche orthodoxe Osterfest kann durchaus auch mal fünf Wochen nach dem westlichen liegen. In den Kirchen werden an Gründonnerstag und Karfreitag spezielle Gottesdienste abgehalten (an Gründonnerstag mit einer Zeremonie zum Letzten Abendmahl), insbesondere in der Sveti-tskhoveli-Kathedrale (S. 73) in Mtskheta.

Völkermordgedenken

Am 24. April unternehmen Tausende Armenier eine Prozession zum Denkmal Tsitsernakaberd in Jerewan. Das Datum der Gedenkfeier liegt auf dem Tag der Verhaftung der armenischen Anführer in Istanbul im Jahre 1915, der historisch betrachtet als der Beginn der Massaker gilt.

Grand Prix von Aserbaidschan

Eins der auffälligsten Formel-1-Rennen geht durch die Straßen von Baku und macht so die Welt mit dem Charme der Stadt bekannt. Die Kehrseite dieser internationalen Großveranstaltung allerdings sind das Verkehrschaos und die hohen Hotelpreise Ende April.

Ramazan

Der islamische Fastenmonat Ramazan (Ramadan) beginnt jedes Jahr rund zehn Tage früher, genauer am 12. April 2021, 2. April 2022 und 22. März 2023. In Aserbaidschan hat der Ramazan nur wenig Einfluss auf Reisende: Einige strenge Muslime enthalten sich tagsüber des Essens, Trinkens und Rauchens, aber die meisten Restaurants bleiben geöffnet. In einigen Restaurants wird zu der Zeit kein Alkohol serviert.

Mai

Im Frühling wechseln Regen- und Sonnentage ab, und die Wiesen sind mit einem Teppich aus farbenfrohen Wildblumen bedeckt. Langsam wird es warm, und die Wanderwege an den Gebirgsausläufern werden freigegeben. In der Regel ist der Monat Mai mit die beste Zeit, die Region zu bereisen.

V-Day (Tag des Sieges)

Das Gedenken an die Kapitulation der Nationalsozialisten am 9. Mai 1945 wird in der Region noch immer gefeiert, allerdings ohne den Enthusiasmus, mit dem das noch lange Zeit in der Sowjet-Ära geschah. Es gibt militärische Paraden und Veranstaltungen für die Veteranen.

4GB Music Festival

Dieses gemeinnützige Underground-Musikfestival für elektronische Musik, das an zwei aufeinanderfolgenden Wochenenden in einem unglaublichen Veranstaltungshaus nördlich von Tiflis abgehalten wird, erinnert an den georgischen Techno-Pionier Gio Bakanidze. Hier legen georgische und internationale DJs auf und sorgen für beste Stimmung. (S. 58)

Juni

Der Juni ist einer der besten Monate für eine Reise in die Region. Die Temperaturen steigen bis auf 30° C in den meisten Gegenden; die Regenzeit der Frühlingsmonate ist vorbei. Die Wandersaison in den Bergen kommt allmählich in Schwung, wobei einige hoch gelegenen Pässe nur im Juli und August passierbar sind.

Öffnung des Abano-Passes

Die einzige Zufahrtsstraße in die wunderschöne georgische Bergregion Tuschetien führt über den nervenaufreibenden Abano-Pass auf 2900 m, der in der Regel in den Monaten von Juni bis Oktober geöffnet ist. Das genaue Öffnungsdatum hängt vom Wetter ab.

Tbilisi Open Air

Das Musikfestival wird drei Tage lang in einem ehemaligen Themenpark am Rande der georgischen Hauptstadt abgehalten und ist eins der einladendsten und schönsten Events im Kaukasus. Internationale Acts wie Franz Ferdinand und Mogwai haben in den letzten Jahren Schlagzeilen gemacht. (S. 58)

Baku Summer Jazz Days

Das vielseitige Musikfestival in Aserbaidschans Hauptstadt wird an verschiedenen Veranstaltungsorten innerhalb der Stadt abgehalten und ist eine der besten Möglichkeiten, in Baku Live-Jazz zu erleben.

Caspian Oil & Gas Show

Bakus größte Handelsshow ist kaum ein Anziehungspunkt für Touristen, aber sie führt dazu, dass die Businesshotels an diesen paar Tagen Anfang Juni ausgebucht sein könnten.

Juli

In den Städten und Tiefebenen kann es drückend heiß werden, aber die Zeit ist ideal für Reisen in die Berge oder ans Meer.

Golden Apricot Yerevan International Film Festival

Jerewan ist Gastgeber für das größte internationale Filmfestival der Region (www.gaiff.am). Es findet unter dem Thema „Crossroads of Cultures and Civilisations“ Anfang oder Mitte Juli statt und dauert eine Woche. (S. 172)

Art Gene Festival

Dieses sehr populäre Folkfestival tourt durch Georgien und gipfelt in Tagen mit Musik, Kochen, Kunst und Kunsthandwerk im Völkerkunde-Freilichtmuseum in Tiflis. (S. 58)

Black Sea Jazz Festival

Internationale Jazzmusiker treffen sich in Georgiens zweitgrößter Stadt und wichtigstem Urlaubsort Batumi. Bei diesem beliebten Festival Ende Juli gibt es eine Woche lang Rhythmus, Improvisation und jede Menge Spaß. (S. 101)

Kvirikoba

Georgische Feste auf dem Land verbinden in der Regel christliche Frömmigkeit mit Ausgelassenheit und heidnischen Wurzeln. Kvirikoba, eins der größten Treffen in Swanetien, bildet da keine Ausnahme: Liturgie, Segnungen, Glockenläuten, Tieropfer und ein Steinweitwurfwettbewerb, gefolgt von viel Essen und Gesang. Gefeiert wird am

Oben: Skiort Gudauri (S. 106), Georgien
Unten: Darsteller bei der Tbilisoba (S. 58), Georgien

28. Juli in einem Dorf namens Kala.

Vardavar (Verwandlung)

14 Wochen nach Ostern ist in Armenien die Zeit der großen Sommerferien. In Anlehnung an die legendäre Methode der vorchristlichen Göttin Astghik, Liebe weiterzugeben, spritzen Kinder und Jugendliche alle Leute so richtig mit Wasser nass, und niemand regt sich darüber (so richtig) auf. Es ist wahnsinnig komisch, aber man sollte nichts tragen, was nicht triefend nass werden darf.

Gabala International Music Festival

Dieses erstklassige internationale Festival vornehmlich klassischer Musik ertönt Ende Juli und Anfang August eine Woche lang in Qəbələ in Aserbaidschan. (S. 300)

August

Das Wetter ist stickig-heiß. Für die Einheimischen hat nun der große Urlaubsmonat begonnen. Die Menschen strömen zu den Küsten, Seen und in die Berge. Die Unterkünfte und Verkehrsmittel in dieser Regionen sind sehr voll.

Saison in Batumi

Georgiens Möchtegern-Las-Vegas an der Küste füllt sich im Juli und besonders auch im August mit Urlaubern aus Georgien, Armenien und anderen Ländern. Ein Großteil des Nachtlebens von Tiflis wandert während der Saison hierher und trägt entsprechend zur ohnehin schon ausgelassenen Partystimmung bei.

Tushetoba

Tushetoba ist ein teils traditionelles, teils touristisches georgisches Bergfest, das am ersten Samstag im August (oder dem letzten Samstag im Juli) in Omalo (Tuschetien) stattfindet. Hier gibt es Folkmusik und Tanz, traditionelle Sportveranstaltungen wie Pferderennen und Bogenschießen, aber auch die Möglichkeit, selbst mal ein Schaf zu scheren. (S. 129)

Astvatsatsin

Dieses Fest in Armenien ist der Jungfrau Maria gewidmet und wird an dem Sonntag gefeiert, der dem 15. August am nächsten liegt. Es bildet auch den Beginn der Erntezeit; in den Kirchen segnen Priester die Trauben.

Mariamoba (Mariä Himmelfahrt)

Einer der größten Feiertage in Georgien, besonders im Osten des Landes, ist die Aufnahme Marias in den Himmel (nach julianischem Kalender am 28. August). Die Menschen gehen in Gottesdienste und zünden Kerzen an. Danach treffen sie sich zu einem Familienpicknick. Manchmal werden auch Schafe in den Kirchen geschlachtet, die dann bei den Familientreffen gemeinsam verzehrt werden.

September

Die Temperaturen gehen gegenüber den Spitzenwerten im August etwas zurück, sodass das Wetter ideal ist. Die Hauptreisezeit ist vorbei. In vielen Bergregionen ist dies ist der letzte Monat der Wandersaison.

Alaverdoba

Diese religiös-gesellige Festlichkeit rund um die Kathedrale von Alaverdi (Kachetien) ist eine Art Erntefest und rankt sich besonders um die Weinlese. Die Menschen kommen aus entfernten Bergdörfern hierher, um dieses Fest zu begehen. (S. 135)

Oktober

Der Herbst ist da, und die Temperaturen bewegen sich in den meisten Gegenden zwischen 10° und 20° C. Es ist die Zeit der Erntefeste und noch immer eine recht angenehme Reisezeit. An den Ufern des Kaspischen und Schwarzen Meeres ist es in der Regel noch angenehm warm.

Weinlese in Kachetien

Die Traubenlese und -verarbeitung in Kachetien, dem Hauptweinanbaugebiet Georgiens, geht etwa vom 20. September bis zum 20. Oktober. Feiern, Musikdarbietungen und andere Feierlichkeiten gehen Hand in Hand mit der Ernte. Besucher haben es sehr leicht, sowohl bei der Ernte als auch bei den Partys mitzumachen. (S. 133)

High Fest

Das erstklassige internationale Theaterfestival der Region (www.highfest.am) bringt in der ersten Oktoberwoche eine breite Spannbreite von Theaterensembles aus rund 30 Ländern nach Jerewan.

Erntefeste in Armenien

In fast jedem Dorf oder in jeder kleinen Stadt in Armenien finden Erntefeste statt. Hier wird gesungen, getanzt und viel frisches Obst und Gemüse ausgelegt; außerdem werden traditionelle Speisen zubereitet. Im Weinbaudorf Areni (Vayots Dzor) dreht sich bei den Feierlichkeiten alles um den Wein. (S. 219)

Svetitskhowloba (Mtskhoba)

Am Tag der Swetizchoweli-Kathedrale (14. Oktober) werden die Menschen des Städtchens Mzcheta zurück ins Mittelalter versetzt: Man trägt mittelalterliche Kleidung, alles ist entsprechend geschmückt, und es finden Nachstellungen historischer Ereignisse statt. Der Katholicos-Patriarch der georgischen Kirche bittet die zwölf Apostel der orthodoxen Kirche um Schutz für Georgien.

Kurban Bayramı

Das muslimische Opferfest erinnert an Abrahams Glaubensprobe, bei der Gott ihm befahl, er möge seinen Sohn Isaak opfern. Die Menschen in Aserbaidschan besuchen an dem Tag ihre Familien und Freunde, das Familienoberhaupt schlachtet dann traditionell ein Schaf, das dann bei einem großen Festtagsschmaus verzehrt wird.

Baku Jazz Festival

Bakus Jazz Festival Ende Oktober geht jedes Jahr in

anderer Form vonstatten, hat aber in den vergangenen Jahren einige erstklassige Künstler angelockt und findet in verschiedenen Veranstaltungshäusern verteilt über die ganze Stadt statt. (S. 264)

Tbilisoba

Während der größten Feierlichkeit von Tiflis ist die ganze Stadt an einem Wochenende im Oktober auf den Beinen, um ausgiebig Party zu machen. Bei Musik- und Tanzveranstaltungen sind Unmengen Essensstände aufgebaut, und der Wein fließt in rauen Mengen, um die Lese zu feiern. (S. 58)

November

Der Winter bricht herein. Die Tage werden immer kürzer und die Temperaturen in den Städten im Inland gehen aus dem zweistelligen in den einstelligen Bereich zurück. In den Bergen fällt bereits Schnee.

Giorgoba (St.-Georgstag)

Georgien feiert an zwei Tagen (6. Mai und 23. November) seinen Namenspatron, den hl. Georg. An beiden Tagen gehen die Menschen in die Kirche und feiern in ihren Familien. Der 23. November ist der weiter verbreitete Feiertag, insbesondere im Osten Georgiens. Der Präsident begnadigt einige glückliche Häftlinge, und in Tiflis finden Konzerte statt.

Dezember

Nun bricht wirklich der Winter ein. Die Temperaturen liegen in den meisten Gegenden um die 0° C.

Tiflis: International Film Festival

Bei diesem hervorragenden einwöchigen Filmfestival Anfang Dezember werden regionale und europäische Filme gezeigt. (S. 58)

Reiserouten

1 WOCHE Georgien: eine Kostprobe

Diese einwöchige Reiseroute ist eine ideale Einführung in das Land Georgien. Man fliegt nach **Tbilisi** (**Tiflis**) und quartiert sich dort für die ersten drei Nächte ein. Das ist genügend Zeit, um sich das pulsierende Herz Georgiens anzuschauen. Auf jeden Fall sollte man ein Schwefelbad nehmen, mit der Seilbahn zur Festung Narikala fahren, die herrliche Aussicht auf die Stadt vom Mtatsminda Park genießen oder das hervorragende Nationalmuseum besuchen.

Am vierten Tag geht es dann Richtung Norden über **Mtskheta** – die einstige historische Hauptstadt Georgiens und Standort zweier der bedeutendsten Kirchen – nach **Stepantsminda** weiter. Wer zwei Nächte hier bleibt, kann die Tsminda-Sameba-Kirche besuchen und eine Tageswanderung ins Truso-Tal machen, eine herrliche Wanderung durch eine schwefelhaltige Landschaft mit Mineralsee und verlassenen Dörfern.

Am Ende geht es zurück nach Tiflis und von dort im Rahmen eines Tagesausfluges nach **Davit Gareja**, einem außergewöhnlich gelegenen Komplex aus Höhlenklöstern direkt an der Grenze zu Aserbaidschan. Auf dem Rückweg nach Tiflis legt man noch einen Zwischenstopp am bezaubernden Oasis Club ein, um ein verspätetes Mittagessen einzunehmen und verbringt den letzten Abend in der Clubszene von Tiflis.

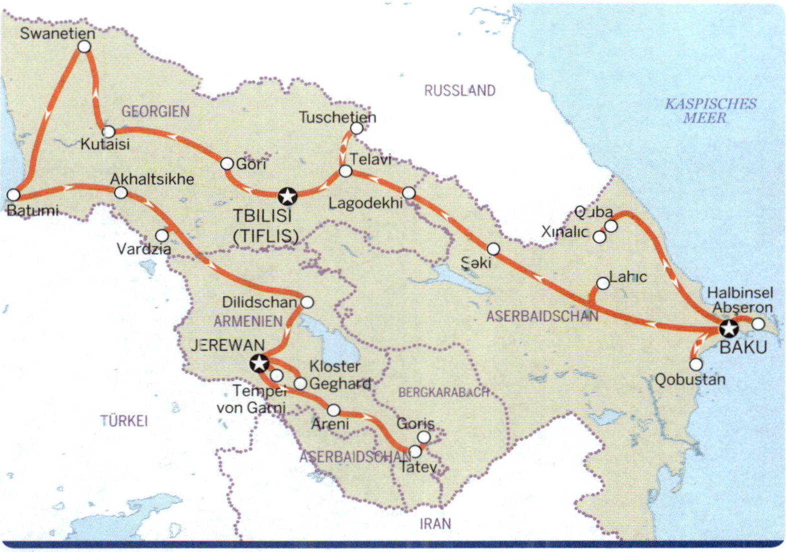

8 WOCHEN Der ultimative Südkaukasus

Diese Megatour führt über zwei Monate durch alle drei Länder. Ausgangspunkt ist **Baku**. Hier bildet Architektur des 21. Jhs. einen Kontrast zum mittelalterlichen Charme der Altstadt, die zum Weltkulturerbe gehört. Man sollte sowohl **Qobustan** als auch die **Halbinsel Abşeron** erkunden, die durch ihre Feuerphänomene und die Überreste der Ölindustrie besticht. Dann geht es durch die Teppichstadt **Quba** weiter ins Bergdorf **Xınalıq**. Nach der Rückkehr in Baku macht man sich Richtung Nordwesten in das malerische **Lahıc** auf, einem guten Ausgangspunkt für Wanderungen. Weiter geht es ins hübsche **Şəki** mit seinem ummauerten Khanspalast und einem Hotel in einer ehemaligen Karawanserei. Am Grenzübergang bei **Lagodekhi** geht es nach Georgien. Hier kann man von **Telavi** die Weinregion Kachetien erkunden, darunter das Weingut Chavchavadze und die Kathedrale von Alaverdi. Weiter geht es auf der holprigen Straße nach Omalo, die nur im Sommer befahrbar ist und ins entlegene **Tuschetien** führt. Dort kann man Ausritte und Tageswanderungen unternehmen. In **Tiflis** locken ruhige Tage, bevor es weiter Richtung Westen nach **Gori**, Heimatstadt Stalins, und ins historische **Kutaisi** geht, wo man verschiedene Tagesausflüge machen kann. Nun fliegt man nach Mestia, um Berge, Täler und Dörfer im entfernten **Swanetien** zu besuchen. Mit dem Bus geht es zurück ins Tiefland, um sich in der Stadt **Batumi** am Schwarzen Meer zu erholen. Mit dem Bus fährt man weiter durch das Bergland des im Inland gelegenen Adjara nach **Akhaltsikhe**, wo die majestätische Burg Rabati wartet. Auch ein Tagesausflug in die Höhlenstadt **Vardzia** lockt, bevor es nach Armenien geht. In Armenien ist die erste Station der Urlaubsort **Dilischan,** wo man im Sommer durch Millionen Wildblumen wandern kann. Dann geht es in die Hauptstadt **Jerewan**, die mit ihrer Cafékultur und einem lebendigen Nachtleben lockt. Nach dem Besuch in den Museen, darunter auch das ernüchternde Armenische Völkermordmuseum, warten Tagesausflüge zum **Kloster Geghard** und zum **Tempel von Garni,** aber auch zu Armeniens Version des Vatikan, dem Stammsitz des hl. Etschmiadsin, bevor es Richtung Süden weitergeht. In etwa vier Tagen kann man dann die Region um **Areni** (Klöster, schöne Wanderungen und Weingüter), das spektakuläre **Tatew** und das beschauliche **Goris** besuchen. Goris liegt nahe bei Alt-Khndzoresk, einer verlassenen Höhlenstadt. Danach zurück nach Jerewan.

Oben: Tsminda-Sameba-Kirche (S. 109) vor der Kulisse des Bergs Kasbek, Georgien

Links: Felsmalerien im Nationalpark Qobustan (S. 277), Aserbaidschan

2 WOCHEN Highlights im Südkaukasus

Einen Einblick in alle drei Länder des Südkaukasus kann man in zwei Wochen bekommen. Ankunft ist in **Baku**, der Hauptstadt Aserbaidschans. In ein paar Tagen kann man die Kunstgalerien und den Altstadtkern erkunden sowie eine Exkursion nach **Qobustan** zu den Schlammvulkanen machen. Mit dem Nachtzug geht es nach **Şəki**, dann Richtung Westen über **Zaqatala** in das georgische Weinanbaugebiet Kachetien. Übernachten kann man im hochgelegenen **Sighnaghi** . Von dort fährt man über die **Davit Gareja,** die Höhlenklöster, in die Hauptstadt Georgiens. Es folgen drei Tage in **Tiflis**, wo man die Altstadt, die Restaurants und das Nachtleben erkunden kann, bevor es auf dem Weg nach **Stepantsminda** in die alte georgische Hauptstadt **Mtskheta** weitergeht. Von Stepantsminda bieten sich einige Wandertage an. Nach der Rückkehr in Tiflis geht es Richtung Süden über Marneuli und Sadakhlo zur Grenze nach Armenien, dann zu den Klöstern **Haghpat** und **Sanahin**. Von **Alaverdi** fährt man in die Hauptstadt **Jerewan** mit ihren Weinlokalen und Museen. Dazu locken Ausflüge zum **Tempel von Garni** und zu den Klöstern **Geghard** und **Chor Virap**.

10 TAGE Zehn Tage in Aserbaidschan

Eine Reise zu den Highlights von Aserbaidschan. Den Anfang bilden einige Nächte in **Baku**, der einst verschlafenen sowjetischen Stadt, die sich in den letzten zwei Jahrzehnten in eine vom Öl-Boom florierende Stadt verwandelt hat. Die Altstadt gehört zum Weltkulturerbe. Interessant sind Tagesausflüge zu den Schlammvulkanen und Felszeichnungen von **Qobustan** sowie zur **Halbinsel Abşeron**. Am vierten Tag geht es für eine Nacht Richtung Norden in die Teppichstadt **Quba**, bevor man ins Dorf **Xınalıq** mit seinen Steinhäusern, der einzigartigen Sprache und einer Zugangsstraße, die durch eine Schluchtlandschaft führt, weiterfährt. Zurück in Baku, verbringt man dort eine Nacht und fährt dann ins Bergstädtchen **Lahıc**, im Sommer ein guter Ausgangspunkt für Wanderungen. Weiter geht es nach **Qəbələ**, einem Urlaubsort auf dem Land, wo Seilbahnen die Besucher auf die Gipfel der Bergausläufer bringen. Danach übernachtet man ein paar Nächte in **Şəki**, einer Unesco-Welterbestätte, mit zwei von Mauern umgebenen Palästen, Verteidigungswällen einer Festung und einem Hotel in einer alten Karawanserei.

Abseits der üblichen Pfade

ROSHKA

Vom kleinen Dorf Roshka aus wandert man zu drei wunderschönen Seen vor der wild zerklüfteten Kulisse des Chaukhi-Gebirges. (S. 124)

PANKISI-TAL

Die faszinierende Kultur dieses entlegenen Gebietes von Georgien kennenlernen: Das Tiefland mit seinen Weingütern ebenso wie die unwirtlichen Berge von Tuschetien. Hier leben sunnitische Muslime, und freitags finden in der Moschee von Duisi Sufi-Zeremonien statt. (S. 139)

HNEVANK

Kloster Hnevank aus dem 12. Jh. befindet sich innerhalb der Schlucht am südlichen Rand des Debed-Canyons, wo die Flüsse Gargar und Dzoragets aufeinander treffen. (S. 201)

SARDARAPAT

Das bei Armeniern beliebte Pilgerziel erinnert an die Schlacht von Sardarapat im Mai 1918. Truppen der ersten armenischen Republik besiegten damals die türkische Armee. Die Gedenkstätte wurde 1968 errichtet. (S. 186)

JEREWAN

Die Geschichte hinter Levon's Divine Underground: Levon Arakelyan grub 23 Jahre lang mit eigenen Händen an dieser 21 m tiefen Höhle, weil seine Frau Tosya um einen Kartoffelkeller gebeten hatte. (S. 167)

SPITAKAVOR

Über einen Fußweg geht es zum Kloster Spitakavor aus dem 14. Jh. Kirche und Glockenturm erinnern noch an eine Basilika aus dem 5. Jh. (S. 223)

SCHUTZGEBIET VASHLOVANI

Das entlegene Areal an der Grenze zu Aserbaidschan besteht aus öden Halbwüsten und Steppen. Zur reichen Tierwelt zählen über 130 Vogelarten und 30 verschiedene Arten von Reptilien. (S. 142)

XAÇMAZ

Einheimische beachten den Ort kaum, weil es sie an die Strände zieht, doch wer sich die Zeit nimmt, entdeckt originelle Bauten: riesige Laternen, eine überdimensionierte Wäscheklammer und Objekte, die in Regenbogenfarben leuchten. (S. 287)

TORADI

Toradi ist Ausgangspunkt einer 7 km langen Bergtour nach Gəlindaşları, wo man von einem Felsen eine wirklich fantastische Panoramasicht genießt. (S. 326)

SIM

Im dichten Wald des Nationalparks Hirkan zwischen Astara Istisu und dem legendären Dorf Sım entdeckt man vielleicht einen der letzten persischen Leoparden. (S. 326)

Churchkhela

Reiseplanung

Essen & trinken wie die Einheimischen

Der Südkaukasus ist mit vielen kulinarischen Traditionen gesegnet. Es gibt unzählige regionale Variationen, aber in den drei Ländern liegt der Schwerpunkt auf Obst, Gemüse sowie Kräutern, gegrilltem Fleisch sowie Teigwaren und Milchprodukten.

Saisonale Lebensmittel

Frühling (März–Mai)

In Georgien haben nun Sauerpflaumen und Estragon Saison, sodass *chakapuli* (Lamm in einer Soße mit Estragon und Sauerpflaumen) das ideale Frühlingsgericht für Besucher ist. Einfach mal probieren!

Sommer (Juni–Aug.)

In der gesamten Region erfreut man sich perfekter Tomaten, Auberginen und Gurken. Die Obsternte bringt hervorragende Aprikosen, Nektarinen, Pfirsiche, Granatäpfel, Pflaumen, Wassermelonen und Feigen hervor.

Herbst (Sept.–Nov.)

Die jährliche Weinlese in Armenien und Georgien ist eine wunderbare Zeit, um die Weinanbaugebiete beider Länder zu bereisen und bei der harten Arbeit zu helfen oder auch einfach mitzufeiern. In Aserbaidschan findet ein lang anhaltendes Granatapfelfest in Göyçay statt.

Winter (Dez.–Febr)

Im Dezember lassen die orangefarbenen Kakifrüchte die sonst kahlen Bäume rund um Balakən in Aserbaidschan wie surreale Skulpturen aussehen. Die Früchte werden in riesigen Mengen auf Märkten angeboten.

Khachapuri

Kulinarische Erfahrungen

Preiswerte Leckereien

Churchkhela Dieser georgische Snack aus Nüssen, die mit Traubenharz überzogen werden, ist zu jeder Tageszeit eine süße Energiebombe. Ähnlich ist das süße *sujukh*, das Pendant in Armenien.

Khachapuri Die mit georgischem Käse gefüllte Teigtasche oder Pastete wird im ganzen Land in vielen Variationen an Ständen feilgeboten.

Lahmajun Sowohl in Armenien als auch in Aserbaidschan ist Lahmajun eine dünne Pizza mit Lammhack und einer Handvoll Gemüse. Sie wird oft gerollt als Wrap mit etwas Zitronensaft gegessen. In Armenien heißt dieser Snack *lahmajoon*.

Ponchki Wer es gerne süß mag, probiert einen *ponchik* (Plural *ponchki*). Dieser von den Russen eingeführter Berliner bzw. Krapfen ist normalerweise mit süßer Sahne oder Pudding gefüllt.

Qutab Ein dicker Pfannkuchen, der zur Hälfte gefaltet wird und mit Kräutern oder Kürbis gefüllt ist. Gibt es in ganz Aserbaidschan, vor allem in Baku.

Einen Versuch wert

Chasch Gekochte Teile vom Schaf oder von der Kuh, darunter oftmals der Kopf, die Füße oder der Magen. In allen drei Ländern heißen diese Gerichte ähnlich und gelten als beliebtes Rezept gegen einen Kater. Es ist einen Versuch wert, z. B. in der Culinarium Khasheria (S. 62) in Tiflis.

Quyrq Ein Kebab, das in der Regel nicht als eigene Mahlzeit, sondern zu anderen Arten von Kebab gegessen wird. Das aserbaidschanische Schisch-Kebab besteht im Wesentlichen aus dem Schwanzfett des Lamms. Bekommt man in fast jedem Kebab-Restaurant auf dem Lande.

Tvini Gebackenes Schaf- oder Kuhhirn ist eine beliebte Delikatesse in Georgien, ist allerdings heutzutage selten geworden.

GEORGISCHER WEIN

Die Georgier produzieren Wein *(ghvino)* seit mindestens 8000 Jahren. Vielleicht wurde er sogar hier erfunden. Man wendet bis heute dieselbe Methode an wie damals, als man mit der Weinkelterei begann: Trauben werden samt Schale, Kernen und oft auch Stängeln in großen Tonkrügen *(qvevri)*, die in der Erde vergraben sind, fermentiert. Dieser „Schalenkontakt" gibt den Weißweinen eine intensive bernstein-/orangefarbene Tönung. Die europäische Weinherstellung (Fermentierung des Traubensaftes ohne Fruchtfleisch) wird in Georgien auch seit dem 19. Jh. praktiziert, aber die heimische Methode wird von zehntausenden Familien in Georgien unverändert angewendet. Auf diese Weise entsteht auch das kräftige, grappa-ähnliche „Feuerwasser" *chacha*, das aus dem Fruchtfleisch destilliert wird, nachdem der Wein schließlich abgefüllt wurde.

Qvevri-Wein (auch als „ungefilterter" Wein bezeichnet) wird von den Anhängern des „Naturweins" geschätzt, weil er so gut wie keine Zusatzstoffe enthält (wie etwa Hefe, Zucker oder Sulfide). *Qvevri*-Weine schmecken anders als die Weine, die die Gaumen der restlichen Welt gewohnt sind; mittlerweile gibt es einige spektakuläre Sorten zu erschwinglichen Preisen. In sowjetischer Zeit war die Weinkelterei in Georgien auf den Geschmack der Russen ausgerichtet, also schwere Weine mit viel Zucker, der zulasten der Qualität ging. Seit dem Zusammenbruch der Sowjetunion haben die großen Weinhersteller ihre Vorgänge optimiert. Das Ergebnis ist ein breiteres und besseres Angebot an Weinsorten, die nach europäischer Methode gekeltert wurden und von denen viele in den Westen und nach Asien exportiert werden. Heute produzieren viele Winzer europäische und auch *qvevri*-Weine. In ganz Georgien wird Wein gekeltert, aber mehr als die Hälfte kommt aus der Region Kachetien im Osten des Landes (S. 131). Mehr als 500 der weltweit 2000 Traubenvarianten kommen aus Georgien. Am häufigsten werden heute die weißen Rebsorten Rkatsiteli, Mtsvane und Kisi, sowie die rote Saperavi-Traube verwendet. Die Preise für gute kommerziell gekelterte Weine beginnen in georgischen Geschäften bei rund 10 GEL pro Flasche.

Gut essen

Barbarestan (S. 64) Gehobene Varianten von wiederentdeckten georgischen Rezepten aus dem 19. Jh.

Lavash (S. 175) In diesem ostarmenischen Restaurant in Jerewan ist alles hervorragend.

Cherkezi Dzor (S. 195) Das Fischrestaurant in Gjumri mit Teichen auf dem Gelände zieht v. a. Russen an, die nur wegen einer Mahlzeit kommen.

Keto & Kote (S. 63) Exzellente georgische Küche in einem alten Herrenhaus mit Blick auf Tiflis.

Calğalıq Restoranı (S. 314) Rustikales Lokal, versteckt am Ende einer ländlich anmutenden Gasse. Voll mit ethnografischem Schnickschnack.

Şirvanşah Muzey-Restoran (S. 269) Ein Restaurant in einem historischen Badehausgebäude.

Essen & Trinken in der Region

Wohin zum Essen

Essen ist im Südkaukasus immer ein Highlight. In den meisten Fällen ist es auch kein Problem, ohne Reservierung einen Tisch zu bekommen. Wer in einer der drei Hauptstädte jedoch in einem der besten Restaurants essen möchte, sollte doch ein paar Tage im voraus reservieren, insbesondere während der Sommermonate.

Restaurants Die Restaurants in der Region reichen von traditioneller einheimischer bis hin zu moderner internationaler Küche. Die besten befinden sich in den drei Hauptstädten.

Gästehäuser Hausmannskost wird am besten in einem einheimischen Gästehaus zubereitet.

Hotels Oft finden sich einige hervorragende Lokale in den Hotels der Region.

Preise

Die folgenden Preise beziehen sich auf einen Hauptgang .

**$** unter 5 US$

**$$** 5–10 US$

**$$$** über 10 US$

Georgien, Armenien & Aserbaidschan im Überblick

Wohin auch immer Reisende im Südkaukasus fahren, die beiden stärksten Eindrücke werden die erhabene Bergwelt und die wundervoll gastfreundlichen Menschen sein. Der spektakuläre Große Kaukasus eignet sich hervorragend für unvergessliche Wanderungen (in Georgien und Aserbaidschan), wohingegen Armenien ein Puzzle aus Bergen, Tälern, Hochplateaus und Schluchten darstellt, die sich alle gut für ausgedehnte Tageswanderungen eignen.

Am meisten wird Georgien von Touristen besucht, sodass die touristische Infrastruktur dort auch mittlerweile recht gut ist. Es wird mehr Englisch als in den anderen Ländern gesprochen, allerdings tun auch nach wie vor ein paar Brocken Russisch gute Dienste.

Das Reisen in Armenien ist sehr einfach, aber man wird nur auf wenige andere Touristen treffen.

Aserbaidschan wird von Touristen aus dem Westen am wenigsten bereist, allerdings ändert sich das gerade, weil es einfacher geworden, ein Touristenvisum zu erhalten.

Georgien

Landschaft
Gastfreundschaft
Outdoor-Aktivitäten

Landschaft

Die Berge im Großen Kaukasus sind mit ihren Gipfeln, Tälern und Dörfern atemberaubend. Das Flachland ist durchsetzt mit Weinbergen, Flüssen, Wäldern und Schluchten. Die Angewohnheit der Georgier, Kirchen und Befestigungsanlagen auf malerischen Anhöhen zu bauen, erhöht noch die Pracht der natürlichen Schönheit.

Gastfreundschaft

Georgier glauben, dass Gäste ein Geschenk des Himmels sind, sodass Gastfreundschaft sowohl ein Brauch als auch eine Freude für die Menschen ist. Man ist oft ganz überwältigt von der Herzlichkeit der Aufnahme, wenn man bei Einheimischen zum Essen eingeladen ist.

Outdoor-Aktivitäten

Es gibt viele Fernwanderwege. Einige davon verbinden einsame Bergweiler. Die Dorfbewohner bieten ihre Häuser oft als Privatunterkunft an. Rafting, Gleitschirmfliegen und Skifahren sind auch sehr beliebt.

S. 42

Armenien

Heilige Stätten
Wandern
Autotouren

Heilige Stätten

Die mehr als 1700 Jahre eines christlichen Erbes haben Armenien eine reiche Sammlung alter Kirchen und Klöster hinterlassen. Besonders heilig ist das Herz des armenischen Christentums in Etschmiadsin westlich von Jerewan.

Wandern

Armenien hat zwar keine alpinen Höhen wie Georgien zu bieten, aber es gibt viele Möglichkeiten, leichte Wanderungen und Rucksacktouren zu unternehmen. Gute Wanderwege finden sich bei Dilidschan, im Jeghegis-Tal und Tatew; anstrengender ist der Anstieg auf den Berg Aragaz.

Autotouren

Wer ein Auto leiht, kann auch zu entlegenen Klöstern und Bergdörfern vordringen. Die Straßen schlängeln sich durch Blumenwiesen, über herrliche Pässe und an Flüssen entlang. Unterwegs bieten sich Unmengen an Fotostopps und Picknickmöglichkeiten. Manche Mietwagenfirmen erlauben es, das Auto in Georgien wieder abzugeben.

S. 158

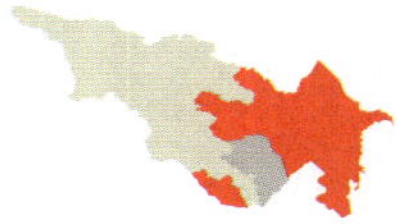

Aserbaidschan

Landschaft
Erde & Feuer
Architektur

Landschaft

Mit schwindelerregenden Berggipfeln (Kaukasus), kahlen schafbeweideten Höhen, kaspischen Stränden, idyllischen Waldwiesen und zerklüftetem, öden Wüstenland bietet Aserbaidschan eine erstaunliche Vielfalt an Landschaften.

Erde & Feuer

Wer auf Kuriositäten abseits der Touristenpfade aus ist, sollte Aserbaidschans gurgelnde Schlammvulkane bei Qobustan aufsuchen oder die Auswahl an Feuerphänomenen, darunter die „entflammbaren“ Flüsse, Feuerspringbrunnen, brennende Berghänge und einen klassischen Feuertempel aufsuchen.

Architektur

Baku ist eine Stadt voller Kontraste: umwerfende Bauten des 21. Jhs., stattliche, jahrhundertealte Villen aus der Zeit des Ölbooms, einige prachtvolle Gebäude aus der Stalinzeit und im Gegensatz dazu die von der Unesco geschützte mittelalterliche Altstadt, die von einer Steinmauer umgeben ist.

S. 249

Reiseziele

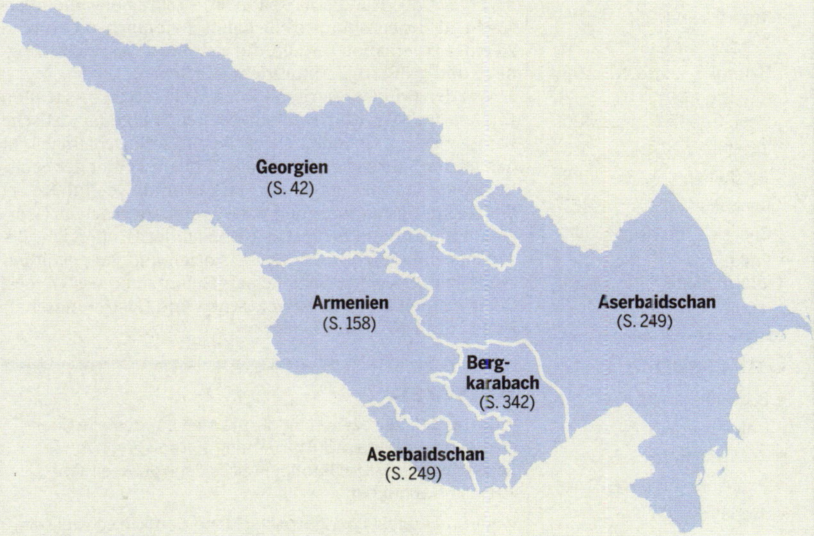
Georgien
(S. 42)
Armenien
(S. 158)
Aserbaidschan
(S. 249)
Berg-
karabach
(S. 342)
Aserbaidschan
(S. 249)

Georgien

☎995 / 3,7 MIO.EW.

Inhalt ➔

Gut essen

- Barbarestan (S. 64)
- Cafe Littera (S. 64)
- Keto and Kote (S. 63)
- Pheasant's Tears (S. 140)
- Alubali (S. 62)

Schön übernachten

- Stamba Hotel (S. 60)
- Back2Me Hostel (S. 101)
- Zeta Camp (S. 113)
- Rooms Hotel (S. 111)
- Maias Gästehaus (S. 121)

Auf nach Georgien!

In nur zehn Jahren hat sich Georgien von einem Geheimtipp für Backpacker zu einem allgemein beliebten Touristenziel entwickelt. Im südlichen Kaukasus ist Georgien mit Abstand das populärste Reiseland – und die Gründe dafür liegen auf der Hand: Die spannende Kultur und die überraschend abwechslungsreiche Landschaft machen Georgien zu einer Destination für alle, die vielseitige Geschichtszeugnisse und großartige Naturerlebnisse lieben.

Von den grünen Tälern mit ihren Weinbergen bis zu alten Kirchen und Wachtürmen, eingebettet in eine fantastische Bergszenerie – Georgien (Saqartvelo) enttäuscht nicht. In den letzten Jahren hat sich Tbilisi (Tiflis) zu einer der coolsten Städte Europas entwickelt: Eine sehr aktive Club-Szene, Weltklasse-Restaurants und tolle Weinbars machen Georgien mühelos zum heißesten Reiseziel der Großregion. Besonders einladend sind auch die stolzen und gut gelaunten Menschen: Georgien sieht sich als Geburtsland des Weines, Gäste werden hier als Segen gesehen und Gastfreundschaft ist Teil der DNA. *Gaumarjos!*

Reisezeit

- Die besten Reisezeiten für die meisten Landesteile Georgiens sind von Mitte April bis Anfang Juli sowie von Anfang September bis Mitte Oktober, weil es dann generell sehr warm und sonnig ist.
- Juli und August können im Flachland ziemlich schwül sein, mit Temperaturen, die manchmal 40 °C erreichen. Andererseits ist der Sommer ideal für Bergtouren, außerdem herrscht dann am Schwarzen Meer Hochsaison.
- Die beste Jahreszeit zum Wandern im Großen Kaukasus ist von Juni bis September.
- Der Frühherbst bringt ungefähr vom 20. September bis zum 20. Oktober die festliche Weinernte in Kachetien.
- Die östliche Landeshälfte leidet zwischen Dezember und Februar oftmals unter Frostperioden.

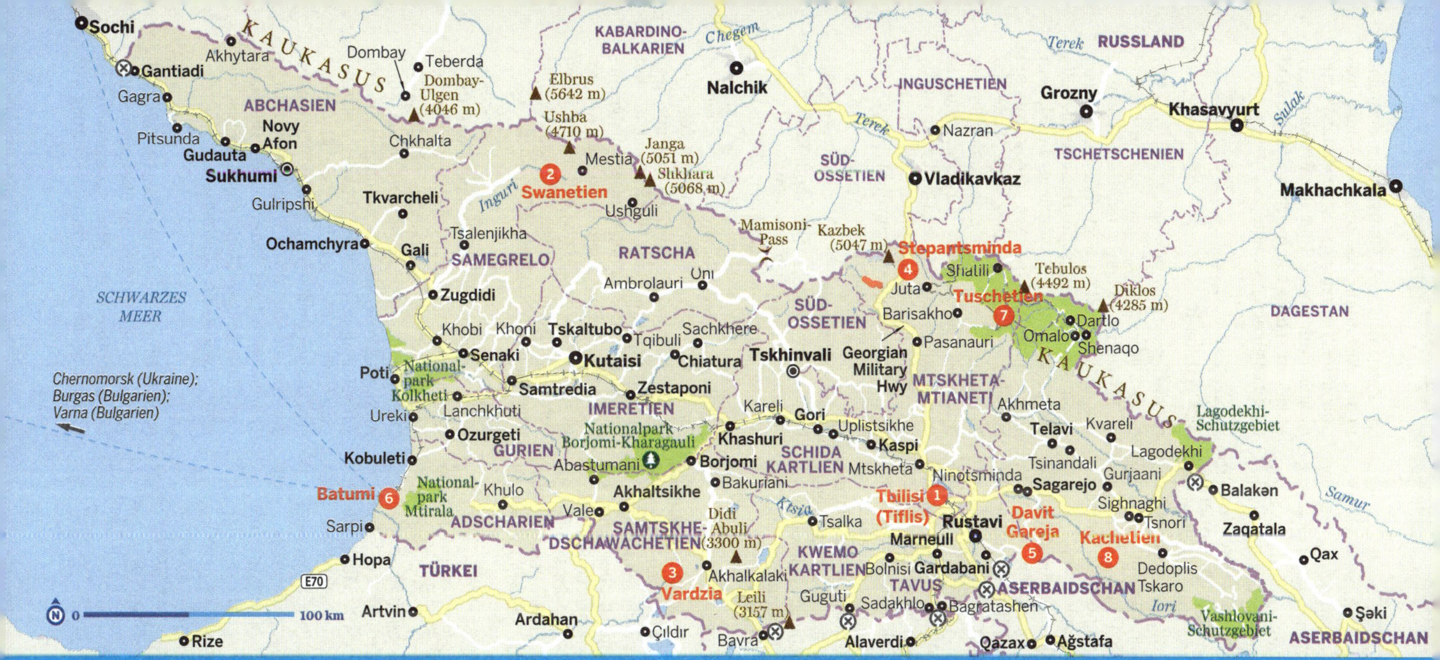

Highlights

❶ **Tbilisi (Tiflis)** (S. 44) Die großartigen Restaurants und Museen sowie die pulsierende Club-Kultur genießen.

❷ **Swanetien** (S. 113) Die Kultur der Swanen, die antiken Wehrtürme sowie die Wandermöglichkeiten inmitten von Georgiens schönster Gebirgslandschaft entdecken.

❸ **Vardzia** (S. 87) Eine mittelalterliche Höhlenstadt, die komplett in eine Klippe hineingebaut wurde.

❹ **Stepantsminda** (S. 109) Der Anblick der Tsminda-Sameba-Kathedrale vor dem Hintergrund des Kasbek.

❺ **Davit Gareja** (S. 140) Georgiens ältestes Höhlenkloster besuchen.

❻ **Batumi** (S. 98) Die Party-Atmosphäre genießen und durch die Altstadt bummeln.

❼ **Tuschetien** (S. 128) Durch die spektakuläre Hochgebirgsregion wandern.

❽ **Kachetien** (S. 131) Die edlen Tropfen in Georgiens Weinbauregion verkosten.

TBILISI (TIFLIS)

☎ 32 / 1,1 MIO. EW.

Die Lage im Tal ist beeindruckend, die Altstadt sehr malerisch, die Architektur vielfältig und die Restaurant- und Ausgehszene breit aufgestellt – die Hauptstadt Tbilisi (Tiflis) ist unbestritten das pulsierende Herz Georgiens. Hier lebt knapp ein Drittel der Bevölkerung. Wenn man die Anziehungskraft der Hipster-Kultur, der Techno-Szene und die generell coole Stimmung hinzunimmt, dann kann sich Tiflis ohne Frage selbstbewusst als die weltoffenste Stadt im südlichen Kaukausus bezeichnen.

Auf den ersten Blick wirkt die georgische Hauptstadt oft etwas überlaufen und chaotisch. Viele Stadtviertel haben sich jedoch mit ihren engen Straßen und kleinen Läden einen fast dörflichen Charakter bewahrt. Die Altstadt verströmt noch immer das charmante Gefühl einer jahrhundertealten eurasischen Schnittstelle. Die gewundenen Gassen, die Häuser mit ihren Balkonen und die grünen Plätze werden von der Narikala-Festung aus dem 17. Jh. überragt. Welche Seite der Stadt Besuchern auch mehr zusagen mag, bei einer Erkundung von Tiflis wird man sie alle kennenlernen.

Sehenswertes

Die Altstadt ist der ideale Startpunkt für eine Erkundung von Tiflis. Nach einer völligen Neugestaltung vor etwa zehn Jahren ist sie jedoch oftmals ziemlich überlaufen. Ein Rundgang durch die Gassen kann im Sommer eine ziemliche Herausforderung sein, weil man überall auf große Reisegruppen, Touristennepper und Souvernirverkäufer trifft. Auch in den Stadtvierteln aus dem 19. Jh., die entlang des Rustaveli-Boulevards (Rustavelis Gamziri) liegen sowie im Viertel Awlabari am linken Ufer der Mtkvari, gibt es viel zu sehen. Die meisten Kirchen sind tagsüber täglich geöffnet.

GEORGISCHE STRASSENNAMEN

Die Schreibweise georgischer Straßennamen variiert, je nachdem, ob Begriffe wie *Qucha* bzw. *Kucha* (Straße), *Gamziri* (Boulevard) oder *Moedani* (Platz) genutzt werden. Im Georgischen heißt der Rustaveli-Boulevard Rustavelis Gamziri, wird aber im Allgemeinen nur als Rustaveli bezeichnet. Um die Sache zu vereinfachen, werden hier in den Adressblöcken die Straßennamen nur ohne Zusätze aufgeführt, beispielsweise Rustaveli statt Rustavelis Gamziri. Aber im Fließtext wird der gesamte Straßenname verwendet.

Altstadt

★ Antschischati-Basilika KIRCHE

(Karte S. 48; Shavteli) Tbilisis älteste erhaltene Kirche ist vielleicht auch die schönste. Erbaut wurde die dreischiffige Basilika von König Gorgassalis' Sohn Datschi im 6. Jh. Die verwitterten Fresken und die Mauern aus großen Steinblöcken dokumentieren eindrücklich das Baualter. Der Name der Kirche leitet sich von einer Ikone in der Antschi-Kathedrale in Klardschetien in der heutigen Türkei ab. Die Ikone wurde im 17. Jh. hierhin gebracht und ist heute im Schalva-Amiranaschwili-Kunstmuseum (S. 53) zu besichtigen.

Sioni-Kathedrale KATHEDRALE

(Karte S. 48; Sioni 6) Die Sioni-Kathedrale stammt ursprünglich aus dem 6. und 7. Jh., aber sie wurde viele Male zerstört und wieder aufgebaut. Das heutige Aussehen geht primär auf das 13. Jh. zurück. Die Kirche ist für die Georgier vor allem wegen des Kreuzes der hl. Nino wichtig. Der Legende nach besteht das Kreuz aus Weinranken, die mit den Haaren der Heiligen zusammengebunden wurden. Eine Nachbildung des Kreuzes ist hinter dem bronzenen Gitter zur Linken der Ikonenwand zu sehen. Das Originial wird im Inneren sicher aufbewahrt.

Abanotubani ARCHITEKTUR

(Karte S. 48; Abano) Die Kuppeln aus Backstein bilden die Dächer der unterirdischen Badehäuser im Bäderviertel Abanotubani. Die Schriftsteller Alexandre Dumas und Alexander Puschkin haben einstmals in dem schwefelhaltigen Wasser gebadet. Letzterer sagte später, dies sei das beste Bad gewesen, das er jemals gehabt habe. Von außen am beeindruckendsten ist das oberirdische Thermalbad Chreli Abano (S. 55). Die blaue Ziegelfassade vermittelt einen exotischen, zentralasiatischen Eindruck.

Maidan PLATZ

(Karte S. 48) Zu Zeiten der Zaren befand sich auf dem Maidan-Platz der überaus geschäftige Hauptbasar der Stadt. Auch heute ist hier im Schatten der Narikala-Festung viel los. Der Platz führt zur Metechi-Brücke über die Mtkvari (Kura). In dem Tunnel unter der Hauptstraße befindet sich ein Touristenmarkt.

Jvaris-Mama-Kirche KIRCHE

(Karte S. 48; Ecke Kote Abkhazi & Ierusalimi) An dieser Stelle befand sich schon seit dem 5. Jh. eine Kirche. Der heutige Sakralbau entstand im 16. Jh.; im Inneren leuchten kürzlich restaurierte Fresken in herrlichen Rot-, Gold- und Blautönen.

Uhrenturm TURM

(Karte S. 48; Shavteli 13;) Eine der fotogensten Sehenswürdigkeiten von Tiflis ist zugleich eine der jüngsten. Der ziemlich kurios-komplexe Uhrenturm wurde vom Puppenmeister Rezo Gabriadze im Jahr 2010 während einer Renovierung seines Theaters erbaut. Zu jeder vollen Stunde erscheint durch ein Türchen in der Nähe der Spitze ein Engel und schlägt die Glocke draußen mit einem Hammer an.

Armenische Kathedrale des hl. Georg KATHEDRALE

(Karte S. 48; Samghebro) Die große Kathedrale oberhalb des Maidans wurde im Jahr 1251 erbaut, im 18. Jh. aber erheblich umgebaut. Im Kircheninneren gibt es farbenprächtige Fresken aus dem 18. Jh., die von der armenischen Diaspora-Gemeinde zwischen 2012 und 1215 restauriert wurden. Sayat Nova, der berühmte armenische Hofdichter von König Erekle II. (1720–1798), wurde hier während der persischen Invasion von 1795 ermordet. Sein Grabmal befindet sich unmittelbar außerhalb des Haupttors.

Moschee MOSCHEE

(Karte S. 48; Botanikuri) Auf dem kurzen Spaziergang hinauf zum Botanischen Garten passiert man die einzige Moschee in Tiflis, die von der Zerstörungswut Berias, des gefürchteten sowjetischen Geheimdienstchefs, in den 1930er-Jahren verschont blieb. Das rote Ziegeldach stammt aus dem Jahr 1895. Ungewöhnlicherweise beten hier schiitische und sunnitische Muslime gemeinsam. Der Innenraum ist mit schönen Fresken verziert – Besucher sind willkommen, nachdem sie vorher ihre Schuhe ausgezogen haben.

Tifliser Geschichtsmuseum MUSEUM

(Karte S. 48; Sioni 8; 5 GEL; ⌚ Di–So 10–18 Uhr) Die eklektisch wirkende Ausstellung in einer alten Karawanserei präsentiert neben Modellen und Fotos auch die Kleidung der High Society sowie Volkstrachten aus dem 19. Jh. Auch realistisch nachgebaute Handwerksstätten sowie ein kleines Restaurant erfreuen die Gäste. Ein Kontext oder ein roter Faden mit einer nachvollziehbaren Geschichte fehlen hier ziemlich. Aber einige der Exponate geben einen guten Einblick in die Vergangenheit von Tiflis.

GUT ZU WISSEN

Währung
Lari (GEL)

Sprache
Georgisch

Notfälle
☎ 112

Visa
Im Allgemeinen sind Visa für Aufenthalte bis zu einem Jahr nicht erforderlich. Wer ein Visum benötigt, kann sich online bewerben unter www.evisa.gov.ge Deutsche und österreichische Staatsbürger können mit gültigem Reisepass oder Personalausweis einreisen. Schweizer benötigen einen Reisepass.

Nützliche Websites
Civil.ge (www.civil.ge)

Georgia (www.georgia.travel)

Georgia Starts Here (www.georgiastartshere.com)

Georgian Journal (www.georgianjournal.ge)

Georgian Wanderers (www.facebook.com/groups/Georgianwanderers)

Wechselkurse

Euro	1 €	3,12 GEL
Schweiz	1 sFr.	2,93 GEL

Für aktuelle Wechselkurse siehe www.xe.com.

Tagesbudget
- Budget-Unterkunft pro Person: 10–40 GEL
- Zwei-Gänge-Menü: 15–20 GEL
- Museumseintritte: 5 GEL
- Eine Flasche Bier: 3 GEL
- Autoverleih je Tag: ab 100 GEL

Tbilisi (Tiflis)

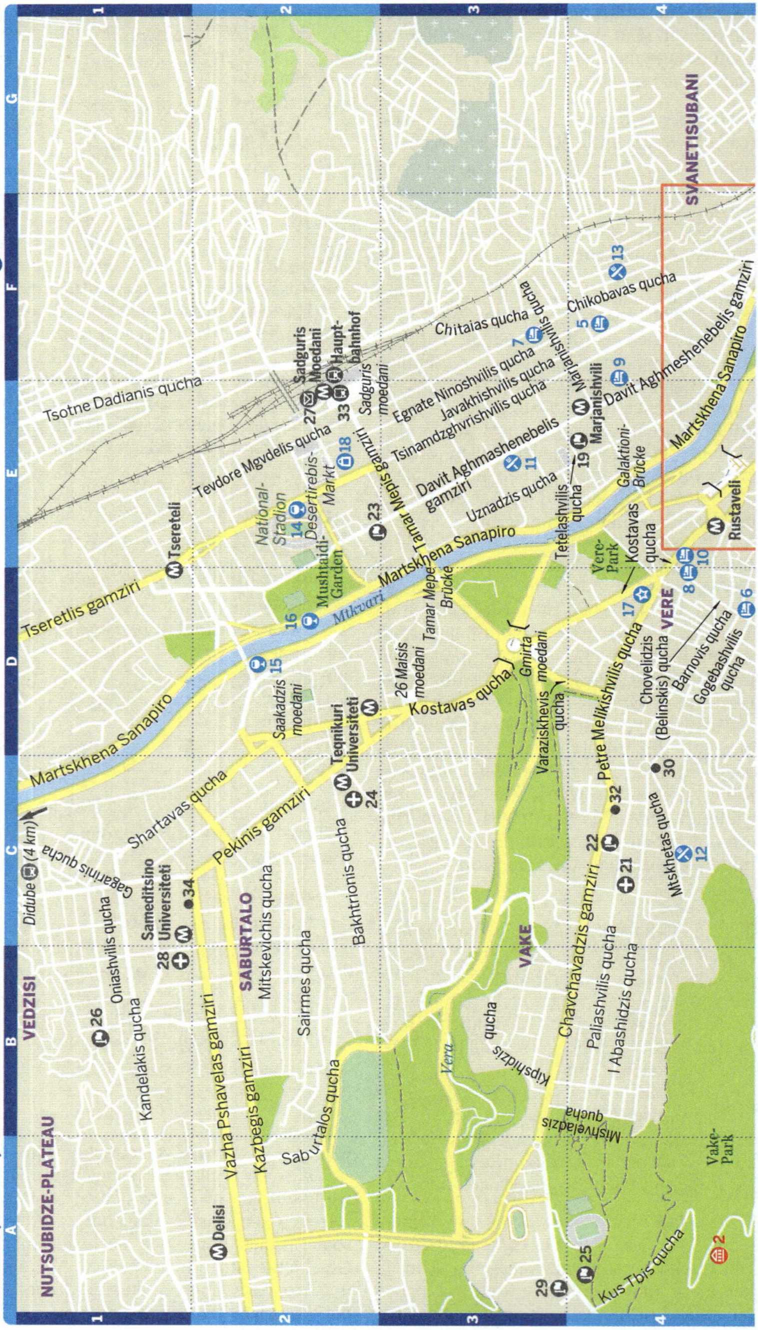

Tbilisi (Tiflis)

Sehenswertes
1 Mtatsminda-Park ... D5
2 Ethnografisches Freilichtmuseum ... A4
3 Tsminda-Sameba-Kathedrale ... G5

Schlafen
4 Betsy's Hotel ... D5
5 Fabrika Hostel & Suites ... F4
6 Hotel British House ... D4
7 Marina Guest House ... F3
8 Rooms Hotel Tbilisi ... D4
9 Sky Guest House ... F4
10 Stamba Hotel ... E4

Essen
11 Barbarestan ... E3
Café Stamba ... (s. 10)
12 Kikliko ... C4
Lolita ... (s. 8)
13 Shavi Lomi ... F4

Ausgehen & Nachtleben
14 Bassiani ... E2
15 KHIDI ... D2
16 Mtkvarze ... D2
Rooms Hotel Bar ... (s. 8)

Unterhaltung
17 Tbilisi Konzerthalle ... D4

Shoppen
18 Desertirebis Bazari ... E2

Information
19 Armenische Botschaft ... E4
20 Aserbaidschanische Botschaft ... G6
21 CITO ... C4
22 Niederländische Botschaft ... C4
23 Deutsche Botschaft ... E2
24 IMSS ... C2
25 Iranisches Konsulat ... A4
26 Kasachische Botschaft ... B1
27 Hauptpostamt ... E2
28 MediClub Georgia ... B1
29 Sektion russischer Interessen in der Botschaft der Schweiz ... A3

Transport
30 Advantour ... C4
31 Avlabari-Bushalteplatz ... G6
32 AZAL ... C4
33 Sadguris Moedani ... E2
34 Vanilla Sky ... C1

Narikala-Festung & Umgebung

★ Narikala-Festung FESTUNG

(Karte S. 48; Orpiri; ⌚9–21 Uhr) GRATIS Die vom Ende des 3. Jhs. stammende Festung

Tbilisi (Tiflis) Altstadt

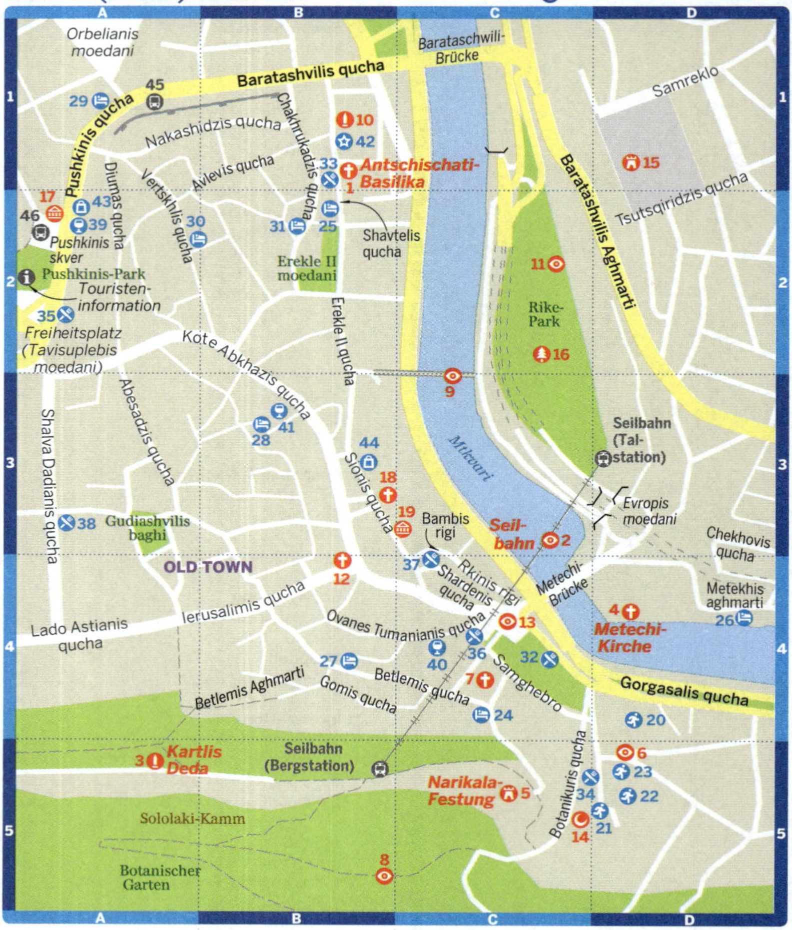

Narikala (auch Nariqala) dominiert die Skyline der Altstadt. Zunächst war sie eine Zitadelle der persischen Sassaniden. Ein Großteil der Mauern wurde im 8. Jh. von arabischen Emiren errichtet, zum Schutz ihres Palastes in der Anlage. Im Laufe der Jahrhunderte eroberten Georgier, Türken und Perser die Festung und hinterließen ihre Spuren. Im Jahr 1827 traf ein Blitz das russische Munitionsdepot in den Kasematten, woraufhin die gesamte Festung in die Luft gesprengt wurde. Heute ist die Anlage eine malerische Ruine, von der nur noch die Mauern in Teilen intakt sind.

Die **St.-Nikolauskirche** innerhalb der Festung wurde in den 1990er-Jahren wieder aufgebaut. Am schönsten ist die Anfahrt mit der Seilbahn (S. 53) vom Rike-Park aus. Zu Fuß führt der Weg vom Maidan oder über die Betlemi-Treppe, die von der Lado-Asatiani-Straße in Sololaki abzweigt. Der Ausblick auf die Stadt ist vom höchsten Punkt der Festung einfach großartig.

★ Kartlis Deda DENKMAL

(Mutter Georgiens, auch Mutter von Kartlien; Karte S. 48) Das rund 20 m hohe Aluminiumsymbol von Tbilisi hält ein Schwert in der

Tbilisi (Tiflis) Altstadt

Highlights
1 Antschischati-Basilika ... B1
2 Seilbahn ... C3
3 Kartlis Deda ... A5
4 Metechi-Kirche ... D4
5 Narikala-Festung ... C5

Sehenswertes
6 Abanotubani ... D5
7 Armenische Kathedrale des hl. Georg ... C4
8 Botanischer Garten ... B5
9 Friedensbrücke ... C3
10 Uhrenturm ... B1
11 Concert Hall & Exhibition Centre ... C2
12 Jvaris-Mama-Kirche ... B4
13 Maidan ... C4
14 Moschee ... C5
15 Präsidentenpalast ... D1
16 Rike-Park ... C2
17 Schalva-Amiranaschvili-Kunstmuseum ... A2
18 Sioni-Kathedrale ... B3
19 Tifliser Geschichtsmuseum ... C3

Aktivitäten, Kurse & Touren
20 Abano No 5 ... D4
21 Chreli Abano ... D5
22 Gulo's Thermal-Spa ... D5
23 Königsbad ... D5

Schlafen
24 Envoy Hostel ... C4
25 Hostel Anchi & Old Wall ... B2
26 Hotel Old Metekhi ... D4
27 Namaste Hostel ... B4
28 No12 Boutique Hotel ... B3
29 Pushkin 10 Hostel ... A1
30 Skadaveli Guesthouse ... A2
31 Villa Mtiebi ... B2

Essen
32 Cafe Alani ... C4
Café Gabriadze ... (s. 42)
33 Cafe Leila ... B1
34 Culinarium Khasheria ... C5
35 Machakhela-Samikitno ... A2
36 Machakhela-Samikitno ... C4
37 Organique Josper Bar ... C4
38 Racha ... A3

Ausgehen & Nachtleben
39 Warszawa ... A2
40 Wine Buffet ... C4
41 Zoestan ... B3

Unterhaltung
42 Gabriadze-Theater ... B1

Shoppen
43 Aristaeus ... A2
44 Caucasian & Oriental Carpets Gallery ... B3

Transport
45 Busse zum Ortachala Busbahnhof ... A1
Gareji Line ... (s. 46)
46 Georgian Bus & Gareji Line Minibushaltestelle ... A2

einen Hand und einen Becher Wein in der anderen. Diese klassische Metapher für den georgischen Charakter soll Gäste herzlich willkommen heißen und zugleich Feinde mit aller Kraft abwehren. Die Mutter Georgiens ist von der Narikala-Festung und der Seilbahnstation zu Fuß über den Kamm schnell zu erreichen.

Botanischer Garten GARTEN
(Karte S. 48; Botanikuri; Erw./Student 4/1 GEL; ⏲ März 9–18 Uhr, April–Aug. 9–20 Uhr, Sept. 9–19 Uhr, Okt.–Feb. 9–17 Uhr) Unter den hohen Bäumen und entlang der Wasserfälle kann man leicht mehrere Stunden verbringen. Der Botanische Garten erstreckt sich über mehr als 1 km das Tal hinauf hinter den Klippen der Narikala-Festung und bietet mehrere schöne Aussichtspunkte. Die Grünanlage wurde im Jahr 1845 eröffnet und war früher der königliche Garten gewesen. Die Anlage wird liebevoll gepflegt und von einem Gewässer durchzogen.

Residenz von Bidsina Iwanischwili PALAST
(Karte S. 50) Die monströse Residenz von Bidsina Iwanischwili, Georgiens reichstem Mann, ehemaligem Ministerpräsidenten und grauer Eminenz der Politik, thront über der Stadt am westlichen Ende des Sokolaki-Kamms. Aus der Nähe kann man von der palastartigen Residenz kaum etwas sehen, da die Straße ganz diskret etwas unterhalb verläuft. Aber aus der Ferne wirkt der Komplex wie ein regionaler Flughafenterminal – und tatsächlich gibt es hier einen Hubschrauberlandeplatz.

Rustaveli-Boulevard

★ **Georgisches Nationalmuseum** MUSEUM
(Karte S. 50; ☎ 32-2998022; www.museum.ge; Rustaveli 3; Erw./Student 15/0,50 GEL; ⏲ Di–So 10–18 Uhr) Das größte Highlight des beeindruckenden Nationalmuseums ist die Archäologische Schatzkammer im Untergeschoss. Hier sind einzigartige vorchristliche

Tbilisi (Tiflis) Zentrum

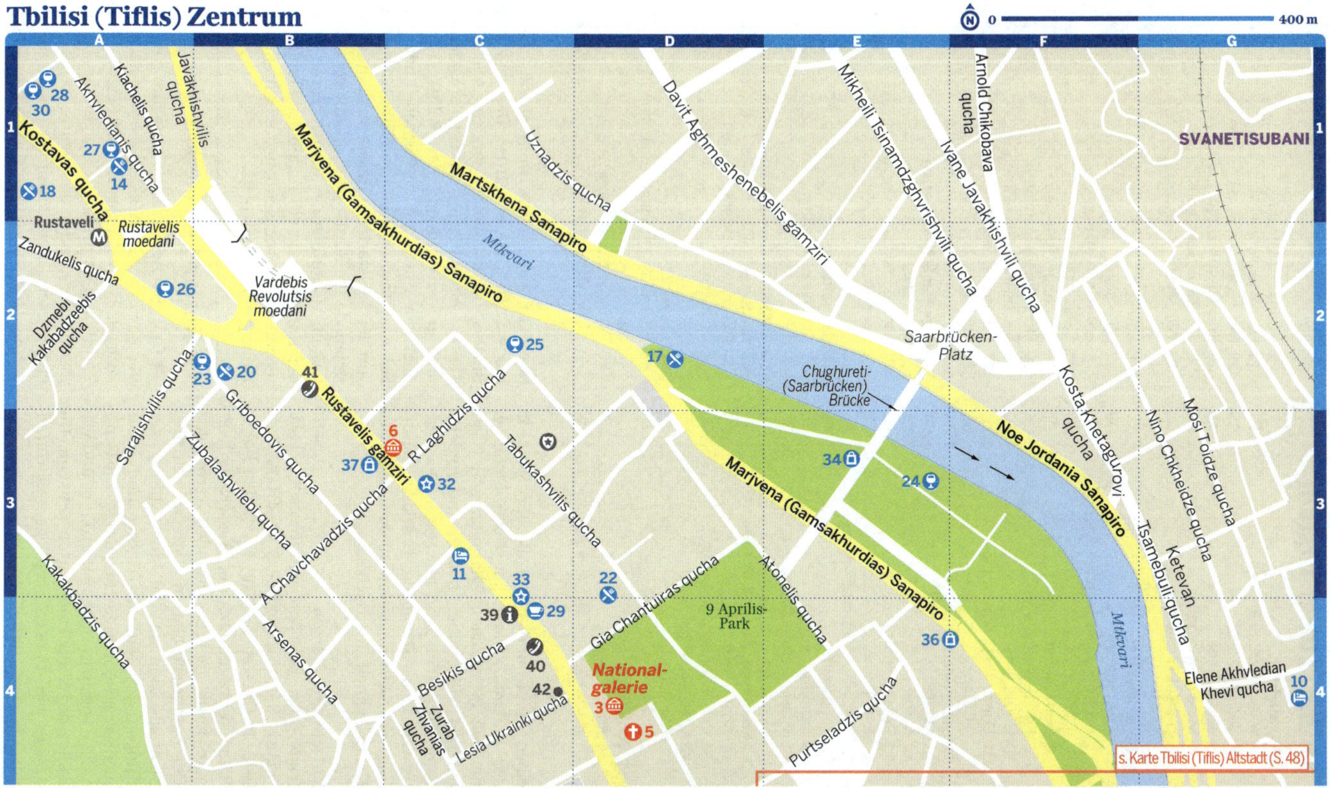

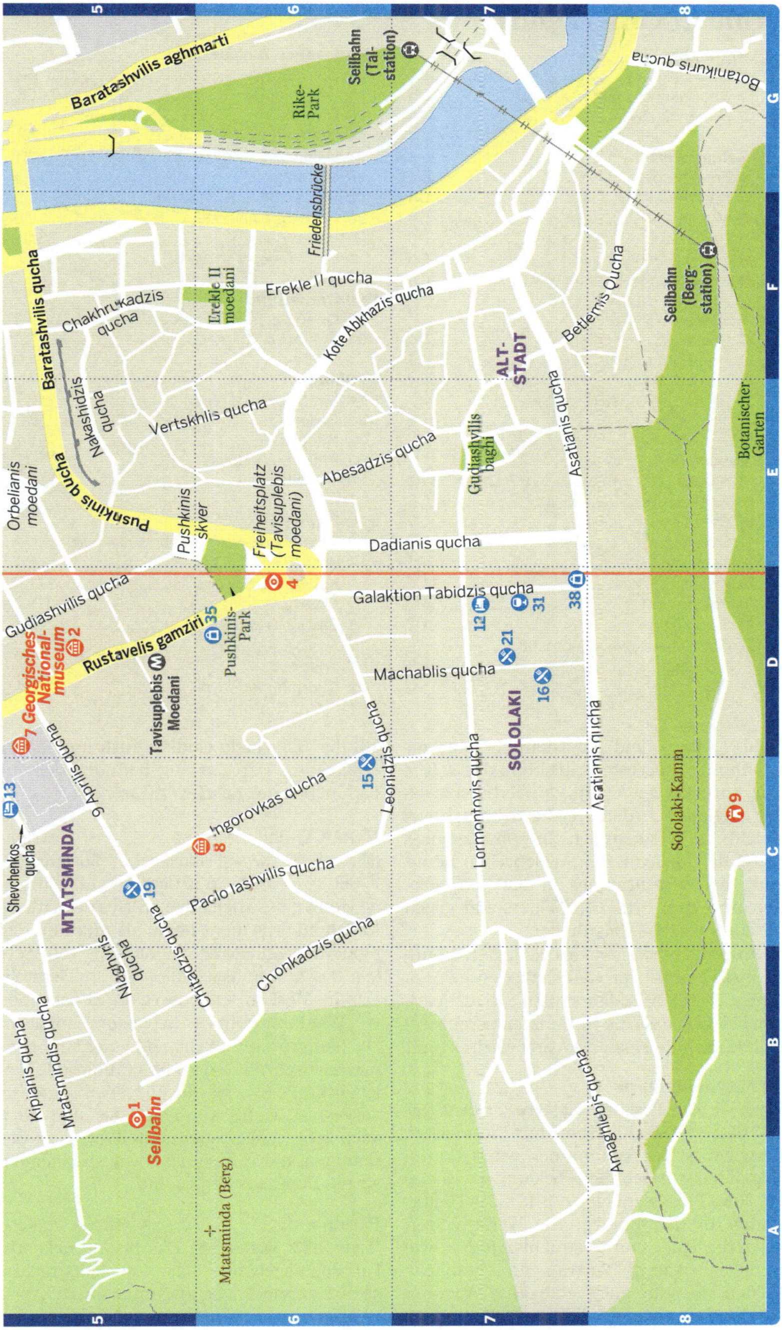
Baratashvilis aghmarti
Rike-Park
Seilbahn (Tal-station)
Friedensbrücke
Baratashvilis qucha
Erekle II qucha
Erekle II moedani
Chakhrukadzis qucha
Kote Abkhazis qucha
Betlemis Qucha
Botanikuris qucha
ALT-STADT
Seilbahn (Berg-station)
Nakashidzis qucha
Vertskhlis qucha
Asatianis qucha
Orbelianis moedani
Pushkinis qucha
Abesadzis qucha
Gudiashvilis baghi
Botanischer Garten
Pushkinis skver
Freiheitsplatz (Tavisuplebis moedani)
Dadianis qucha
4
Gudiashvilis qucha
35
Pushkinis-Park
Galaktion Tabidzis qucha
12
31
38
2
Georgisches National-museum
Rustavelis gamziri
Tavisuplebis Moedani
21
Machablis qucha
16
SOLOLAKI
7
13
Shevchenkos qucha
9 Aprilis qucha
15
Leonidzis qucha
Lormontovis qucha
Asatianis qucha
Sololaki-Kamm
MTATSMINDA
8
Ingorovkas qucha
9
19
Paolo Iashvilis qucha
Nizharadzis qucha
Chitadzis qucha
Chonkadzis qucha
Kipianis qucha
Mtatsmindis qucha
1
Seilbahn
Amaghlebis qucha
Mtatsminda (Berg)
A
B
C
D
E
F
G
5
6
7
8

Tbilisi (Tiflis) Zentrum

Gold-, Silber- und Edelsteinarbeiten aus Grabfunden ausgestellt, die bis in das 3. Jt. v. Chr. zurückreichen. Am wunderbarsten ist der unglaublich detailreiche Schmuck aus Kolchis in Westgeorgien. Im Obergeschoss bietet das Museum der Sowjetischen Besatzung viel Wissenswertes zu den Repressionen und zum örtlichen Widerstand gegen die sowjetischen Machthaber.

Im Erdgeschoss sind archäologische Funde aus Dmanisi im südlichen Georgien zu sehen. Die 1,8 Mio. Jahre alten Schädelfossilien belegen, dass die Hominiden bereits viel früher nach Europa und Asien vordrangen.

★ Nationalgalerie — MUSEUM

(Karte S. 50; Rustaveli 11; Erw./Student 12/0,50 GEL; Di–So 10–18 Uhr) Für die meisten Besucher ist der Saal mit den wunderbaren Gemälden von Georgiens bekanntestem Maler, Niko Pirosmani (1862–1918), der Hauptgrund für den Besuch. Die Werke zeigen gefeierte Tier- und Festmahlszenen sowie weniger bekannte Porträts und ländliche Szenen. Es gibt auch eine gute Auswahl von Werken anderer wichtiger Künstler des 20. Jhs., z. B. Lado Gudiaschwili und David Kakabadse. Der Eingang befindet sich im Park neben der Kaschweti-Kirche (S. 53).

MOMA Tbilisi — MUSEUM

(Karte S. 50; www.tbilisimoma.ge; Rustaveli 27; 10 GEL; Mi–Mo 11–18.30 Uhr) Der gut gelungene Umbau des ehemaligen Sitzes des Tifliser Kadettenkorps dient heute als Museum der Modernen Künste der Ausstellung von Werken des Museumsgründers Zurab Tsereteli. Der in Moskau lebende Georgier ist einer von Wladimir Putins beliebtesten Künstlern. Die Skulpturen und Gemälde hier sind charakteristisch für Tseretelis grandiose, überlebensgroße Werke, die in vielen Ländern ausgestellt werden. Im MOMA sind aber auch sehr gute Sonderausstellungen zu besichtigen, die manchmal sogar spannender als die Daueraustellung sind.

Parlament — HISTORISCHES GEBÄUDE

(Karte S. 50; Rustaveli 8) Das beeindruckende Parlamentsgebäude hat geschichtsträchtige Ereignisse erlebt, darunter am 9. April 1989: Damals wurde eine antisowjetische

Demonstration durch sowjetische Truppen niedergeschlagen. Es gab 21 Tote. Dann die Rosenrevolution am 22. November 2003, als Eduard Schewardnadse zurücktreten musste. 2012 verlegte Micheil Saakaschwili das Parlament nach Kutaisi, seit 2019 ist es wieder hier. In diesem Gebäude tagt also die georgische Legislative, daher steht es als solches nicht für Besucher offen. Das Gebäude wurde 1938–1953 als Regierungssitz der Georgischen Sozialistischen Sowjetrepublik erbaut. Ein kleines Denkmal vor dem Gebäude sowie Pflastersteine und Glaspaneele, die in unregelmäßigen Winkeln angelegt wurden, erinnern an die Toten von 1989.

Freiheitsplatz PLATZ
(Tavisuplebis Moedani; Karte S. 50) Dieser sehr geschäftige Verkehrsknotenpunkt hieß zu sowjetischen Zeiten Lenin-Platz. Georgiens letzte Leninstatue wurde hier 1990 gestürzt. Sie stand dort, wo heute der goldene Georg seinen Drachen aufspießt. Die Statue ist ein Geschenk des Bildhauers Zurab Tsereteli.

Kaschweti-Kirche KIRCHE
(Karte S. 50) Die erste Kirche an diesem Ort soll im 6. Jh. von Davit Gareja erbaut worden sein, einem der asketischen „syrischen Väter“, die aus dem Nahen Osten heimkehrten, um Georgien für das Christentum zu missionieren. Kaschweti bedeutet „Steingeburt“: Eine Legende berichtet, dass eine Nonne Davit beschuldigte, sie geschwängert zu haben. Er antwortete, dass sie ein Baby gebären werde, wenn ihre Beschuldigung wahr sei, aber einen Stein, wenn nicht – sie gebar angeblich einen Stein.

Project ArtBeat KUNSTGALERIE
(Karte S. 50; ☎32-2996403; www.projectartbeat.com; Ingorovka 14; ⏲Di–So 11–19 Uhr) GRATIS Diese Kunstgalerie ist Georgiens wichtigste Ausstellungsstätte für zeitgenössische Kunst. Hier werden lokale Talente gefördert und ihnen Ausstellungen gewidmet. Beim Besuch erfährt man, was die Kuratoren in Tiflis derzeit an spannenden Trends entdeckt haben. Eine kreative Idee ist auch ihre mobile Galerie in einem Frachtcontainer, der im Land regelmäßig auf Tour ist und immer einen einzigen Künstler präsentiert.

Schalva-Amiranaschwili-Kunstmuseum MUSEUM
(Karte S. 48; ☎32-2988246; www.museum.ge; Gudiashvili 1; 3 GEL, Gruppenführung 45 GEL; ⏲Di–So 10–18 Uhr) Das Museum ist bekannt für seine reiche Sammlung an Ikonen, Kreuzen und Schmuck aus ganz Georgien. Leider kann es nur im Rahmen einer geführten Tour besichtigt werden (auch auf Englisch, vorab telefonisch reservieren). Wenn man nicht mit einer Gruppe kommt, sind die Ausgaben für den Guide beträchtlich. Viele in Georgien verehrte Objekte befinden sich hier, darunter das kleine Brustkreuz von Königin Tamara mit vier Smaragden, fünf Rubinen und sechs Perlen. Dies ist der einzige bekannte persönliche Gegenstand der großen Monarchin aus dem 12. Jh.

Avlabari

★ Seilbahn SEILBAHN
(Karte S. 48; einfach 1 GEL; ⏲11–23 Uhr) Die spannendste Verkehrsoption der Stadt ist die äußerst beliebte Seilbahn, die sich vom südlichen Ende des Rike-Parks über die Mtkvari (Kura) und die Altstadt hinüber zur Festung Narikala schwingt. Für die Fahrt benötigt man eine Metromoney-Karte (S. 73), die man an den Fahrkartenschaltern bekommen kann. In den Sommermonaten gibt es manchmal Warteschlangen, aber es geht dann doch recht schnell voran.

★ Metechi-Kirche KIRCHE
(Karte S. 48; Metekhis aghmarti) Die markante Kirche und die benachbarte, in den 1960er-Jahren errichtete Reiterstatue für König Wachtang Gorgasali nehmen den strategisch gelegenen Felsen oberhalb der Metechi-Brücke ein. Hier erbaute Wachtang Gorgasali seinen Palast und eine erste Kirche, als er im 5. Jh. Tiflis zu seiner Hauptstadt erhob. Die jetzige Kirche wurde unter König Demetrius Tavdadebuli (der „sich selbst Aufopfernde“) zwischen 1278 und 1289 errichtet. Seither wurde das Gotteshaus mehrfach umgebaut.

Tsminda-Sameba-Kathedrale KATHEDRALE
(Dreifaltigkeits-Kathedrale; Karte S. 46; Samreklo) Das größte Symbol des postsowjetischen Revivals der georgisch-orthodoxen Kirche thront auf dem Elia-Hügel oberhalb der Viertels Avlabari. Nach einem Jahrzehnt Bauzeit wurde die Kathedrale im Jahr 2004 eingeweiht. Der 84 m hohe Bau ist ein massiver und üppiger Ausdruck traditioneller georgischer Architektur aus Beton, Backstein, Granit und Marmor. Die goldene Kuppel wird von einem goldenen Kreuz gekrönt. Im Inneren ist sie nahezu kahl. Allerdings befinden sich hier viele der wichtigsten georgischen Ikonen.

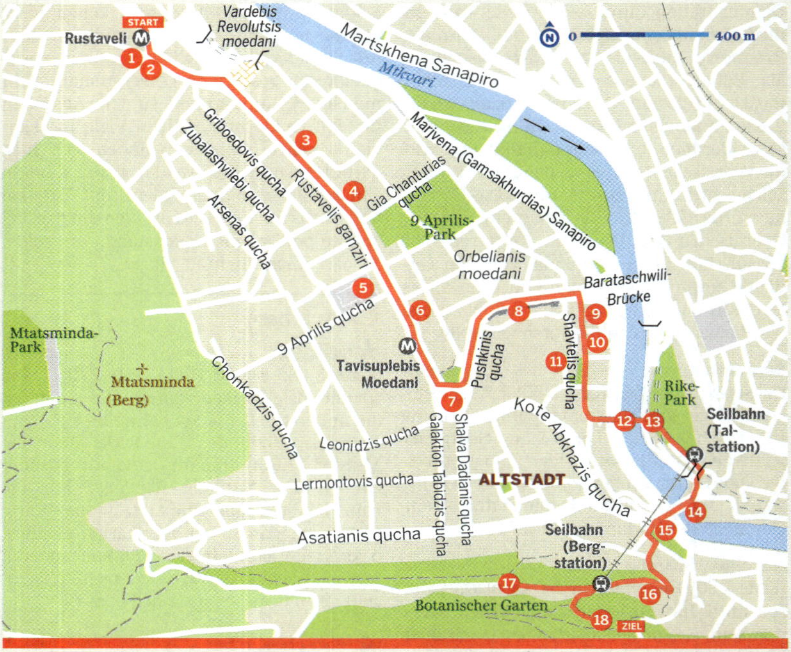

Stadtspaziergang
Tbilisi (Tiflis) Neu & Alt

START METRO-STATION RUSTAVELI
ZIEL BOTANISCHER GARTEN
LÄNGE/DAUER 3,5 KM; 3 STUNDEN

Auftakt ist am 1 **Denkmal für Shota Rustaveli** vor der U-Bahn-Station Rustaveli. Es geht vorbei an der stalinistischen 2 **Akademie der Wissenschaften** (Rustaveli-Boulevard 52), vor der sich ein Souvenirmarkt befindet. Dann geht es über den Boulevard, um die geschäftige Atmosphäre der wichtigsten Verkehrsader zu erleben. Entlang der Prachtstraße stehen stattliche Gebäude, wie das 1896 im maurischen Stil errichtete 3 **Opern- & Ballett-Theater** (S. 68); das 1901 errichtete 4 **Rustaveli-Theater** (S. 68), eine Mischung aus Barock und Rokoko; das 5 **Parlament** (S. 52) sowie das 6 **Georgische Nationalmuseum** (S. 49). Der Boulevard endet am breiten 7 **Freiheitsplatz** (S. 53) mit seinem markanten Georgs-Denkmal mit Drachen.

Es geht nach links durch die Pushkinis Qucha, vorbei an der 8 **Stadtmauer**. Am unteren Ende rechts in die autofreie Shavtelis Qucha zum ziemlich kuriosen 9 **Uhrenturm** (S. 45) am Gabriadze-Theater. Danach führt der Weg zur ältesten Kirche der Stadt, der 10 **Antschischati-Basilika** (S. 44). Das 11 **Cafe Leila** (S. 62) auf der anderen Straßenseite ist ideal für eine Kaffeepause. Von hier geht es südwärts, dann links zu einem der auffälligsten Neubauten von Tiflis, der eleganten 12 **Friedensbrücke** (S. 55). Von hier kann man den Präsidentenpalast und die goldene Kuppel der Tsminda-Sameba-Kathedrale auf der östlichen Flussseite sehen.

Ein Spaziergang durch den erholsamen 13 **Rike-Park** (S. 55) führt zur 14 **Metechi-Kirche** (S. 55) oben auf einem Hügel, wo man einen fantastischen Ausblick hat. Dann geht es zurück in die Altstadt zum belebten 15 **Maidan-Platz** (S. 44), danach hinauf zur 16 **Narikala-Festung** (S. 47), die man erkunden sollte, bevor es über den Hügelkamm zur 17 **Kartlis Deda** (S. 48) geht. Die Statue der Mutter Georgiens blickt auf die Stadt hinunter. Der Abstieg erfolgt durch den 18 **Botanischen Garten** (S. 49), ein angenehm schattiger Ort als Schutz vor der Sonne.

Rike-Park PARK

(Karte S. 48;) Der von Pfaden, Teichen und Brunnen durchzogene Park liegt am östlichen Ufer der Mtkvari (Kura). Nach Westen zu führt die Friedensbrücke über den Fluss. Im Park befindet sich auch die Talstation der Seilbahn hinauf zur Narikala-Festung.

Friedensbrücke BRÜCKE

(Mshvidobis Khidi; Karte S. 48) Die 2010 eröffnete Friedensbrücke ist eine moderne Fußgängerbrücke aus Glas und Stahl über die Mtkvari (Kura). Das Dach des italienischen Architekten Michele De Lucchi wirkt unpassend. Aber die Brücke ist definitiv eine der auffälligsten Bauten, die während der Saakaschwili-Zeit überall in Georgien entstanden, ob man sie nun mag oder nicht.

Konzerthalle & Ausstellungszentrum ARCHITEKTUR

(Karte S. 48) Die zwei großen röhrenförmigen Metallstrukturen am nördlichen Ende des Rike-Parks wurden während der Saakaschwili-Ära beim renommierten italienischen Architekten Massimiliano Fuksas als Konzerthalle und Ausstellungszentrum in Auftrag gegeben. Doch nach dem Sturz von Saakaschwili versiegten die Geldmittel und das Projekt blieb bis heute unvollendet. Allerdings konnte das Kollektiv hinter dem berühmten Technoclub Bassiani (S. 65) hier 2013 seine erste Party veranstalten.

Präsidentenpalast PALAST

(Karte S. 48; Tsutsqiridze) Georgiens 2009 fertiggestellter Präsidentenpalast steht Besuchern nicht offen. Er war ein Prestigeprojekt von Präsident Saakaschwili. Der ultraklassische Portikus wird von einer großen eiförmigen Glaskuppel gekrönt. Der Gesamteindruck wirkt architektonisch nichtssagend. Die jetzige Präsidentin, Salome Zurabischwili, residiert hier nicht, und so wird der Palast nur für Feierlichkeiten genutzt.

Mtatsminda

★ Funikular STANDSEILBAHN

(Karte S. 50; Chonkadze; einfach 3 GEL; 9–16 Uhr) Die Fahrt mit der Standseilbahn den Mtatsminda hinauf ist genauso spektakulär wie der Ausblick von oben. Es gibt auch einige nette Möglichkeiten zum Essen und Trinken sowie einen Vergnügungspark mit Riesenrad. Hier oben ist es naturgemäß etwas kühler als unten in der Stadt, was gerade in den heißen Sommermonaten sehr willkommen sein kann.

Um mit der Standseilbahn zu fahren, benötigt man eine Plastikkarte für 2 GEL, die man am Fahrkartenschalter erwerben kann (das Guthaben sollte für die Fahrten mit der Bahn und für die Attraktionen im Mtatsminda-Park ausreichend aufgeladen sein).

Mtatsminda-Park VERGNÜGUNGSPARK

(Karte S. 46; http://park.ge; Fahrten 1–5 GEL; 9–23 Uhr;) Der Vergnügungspark auf dem Mtatsminda ist primär etwas für Kinder. Aber auch die Erwachsenen lieben z. B. das enorme Riesenrad, außerdem ist der Blick auf die Stadt schlicht und einfach umwerfend. Die Fahrt vom Stadtzentrum dorthin erfolgt mit der Standseilbahn.

Vake

Ethnografisches Freilichtmuseum MUSEUM

(Karte S. 46; www.museum.ge; Kus Tbis Qucha 1; Erw./Kind 5/0,50 GEL; Di–So 10–18 Uhr) Die Sammlung traditioneller Häuser, zumeist aus Holz, stammt aus ganz Georgien und verteilt sich über einen bewaldeten Hang mit guten Aussichtspunkten. Der Besuch lohnt sich. Die interessantesten Häuser stehen in der unteren Sektion in der Nähe des Eingangs. Hier sind die Häuser mit traditionellen Möbeln, Teppichen und Einrichtungsgegenständen ausgestattet. Die Museumsmitarbeiter können dazu auch einige Erklärungen auf Englisch geben.

Zu dem Museum gelangt man durch den weitläufigen, grünen Vake-Park. Diesen erreicht man mit Bus 61 vom Freiheitsplatz und in nördlicher Richtung vom Rustaveli-Boulevard. Oder man bleibt im Bus 61 bis zur Tankstelle, 200 m hinter der großen iranischen Botschaft. Auch von dort muss man laufen oder man nimmt für die noch ausstehenden 1,4 km ein Taxi.

Aktivitäten

Bei einem Aufenthalt in Tbilisi sollte man nicht die Gelegenheit verpassen und eines der traditionellen Schwefelbäder der Stadt besuchen. Praktischerweise befinden sich alle in unmittelbarer Nachbarschaft in einer ganz bestimmten Straße der Altstadt.

Chreli Abano THERMALBAD

(Orbeliani-Bad; Karte S. 48; 32-2930093; www.chreli-abano.ge; Abano; Privatkabine pro Std. 50 GEL; 8–24 Uhr) Das beliebte Orbeliani-Bad beeindruckt schon von außen durch seine persisch beeinflusste Fassade. Es wurde in den letzten Jahren umfassend saniert.

1

PHOTOLOHI/SHUTTERSTOCK ©

2

4

TANATAT PONGPIBOOL/500PX ©

BADAHOS/SHUTTERSTOCK ©

1. Tsminda-Sameba-Kathedrale (S. 53)
Die Dreifaltigkeitskirche in Tbilisi (Tiflis) ist ein spektakuläres Beispiel für die traditionelle georgische Baukunst.

2. Tbilisi (Tiflis) (S. 44)
Die Stadt am Fluss mit ihrer alten Festung und verschiedensten Stilrichtungen der Architektur bietet großartige Ansichten.

3. Friedensbrücke (S. 55)
Die Glas-und-Stahl-Brücke für Fußgänger ist ein moderner Blickfang; eröffnet wurde sie 2010.

4. Nachtleben in Tbilisi (Tiflis; S. 61)
Nachts ist die Stadt sehr lebendig, beispielsweise in dieser Bar im Fabrika (S. 61).

Im Innern sieht es zwar wie eine x-beliebige Sauna aus, aber dennoch ist es der wahrscheinlich komfortabelste Ort in Tiflis, um ein Schwefelbad zu genießen.

Onlinebuchungen sind empfehlenswert. Sehr empfehlenswert ist eine traditionelle Peeling-Massage (20 GEL).

Abano No 5 THERMALBAD

(Karte S. 48; öffentliches Bad pro Std. männlich/weiblich 5/4 GEL, private Kabinen pro Std. 60–110 GEL; ⌚öffentliches Bad 7–21 Uhr, privates Bad 0–24 Uhr) Tbilisis wichtigstes öffentliches Bad ist nach Geschlechtern getrennt. Hier gibt es auch Duschen, Wasserbecken und Mosaikkuppeln. Es sind zudem eine Reihe von recht preisgünstigen privaten Kabinen vorhanden; Massagen kosten 10 GEL.

Königsbad THERMALBAD

(Karte S. 48; Grishashvili 1; Kabinen 70–140 GEL, Scrubbing oder Massage je 10 GEL; ⌚8–23 Uhr) Das Königsbad verfügt ausschließlich über private Räume mit Mosaikkuppeln. Die freundlichen Mitarbeiter sind der russischen Sprache mächtig. Man kann sich hier auch Tee und Bier bestellen.

Gulos Thermal-Spa THERMALBAD

(Karte S. 48; ☎599-588122; www.thermal.ge; Grishashvili 5; private Kabinen pro Std. 40–220 GEL; ⌚7–2 Uhr) Dieses üppige Marmor-Badehaus bietet nur private Räumlichkeiten an, außerdem gehört das Gulos Thermal-Spa zu den schicksten Plätzen der Stadt. Am teuersten sind die Räume mit großen Becken, die bis zu einem Dutzend Leute aufnehmen können. Massagen kosten 10 GEL.

Feste & Events

Tbilisi Open Air FESTIVAL

(www.tbilisiopenair.ge; Lisi Wonderland, Beritashvili; ⌚Ende Juni) Dieses jährlich stattfindende behindertenfreundliche, dreitägige Musikfestival wird an einem Wald am Stadtrand auf drei Bühnen ausgetragen. Es ist das beste Festival seiner Art im Kaukasus, mit Hippie-Feeling und einem kleinen Campingbereich. Die meisten Besucher kommen aber als Tagesgäste von Tiflis herauf. Es treten auch große internationale Stars auf.

Tbilisi Jazz Festival MUSIK

(www.tbilisijazz.com; ⌚Ende Feb.–Anfang März) Schon seit 1978 findet das Jazzfestival alljährlich statt und bringt lokale wie internationale Jazzstars auf mehrere Bühnen der Hauptstadt zum Jammen.

4GB Music Festival MUSIK

(www.4gb.ge; Institute of Space Structures, Saguramo; pro Tag 100 GEL; ⌚letzte 2 Wochenenden Ende Mai) Georgiens größtes Festival für elektronische Musik bildet den Auftakt für die sommerliche Partysaison. Der Veranstaltungsort unmittelbar nördlich von Tiflis ist genial. Das Nonprofit-Festival gibt es seit 2011 und es erinnert an den georgischen Techno-Pionier Gio Bakanidze. Für die zwei Wochenenden Ende Mai werden georgische und internationale DJs angeheuert.

Tbilisoba GASTRONOMIE

(⌚Okt.; 👪) Zur herbstlichen Ernte kommt Tbilisi für ein Wochenende raus auf die Straße, um zugleich die Gründung der Stadt zu feiern. Das Spektakel konzentriert sich auf die Altstadt und den Rike-Park. Zu essen gibt es *mtsvadi* (Schaschlik), *chinkali* (Teigtaschen mit Fleisch), Käse und Obst. Dazu gibt es viele Weinstände. Musik- und Tanzevents sowie Stände von Kunsthandwerkern runden das Programm ab.

Tbilisi International Film Festival FILM

(☎32-2356760; www.tbilisifilmfestival.ge; David Aghmashenebeli 164; ⌚Nov/Dez.) Während einer Woche im November oder Dezember werden aktuelle georgische sowie internationale Filme ausgestrahlt.

Art-Gene Festival MUSIK

(www.artgeni.ge; ⌚Anfang Juli) Dieses populäre georgische Folkfestival geht hinaus in die Regionen und gipfelt dann in mehreren Tagen mit Musik, Tanz, Kochen, Kunst und Kunsthandwerk im Ethnografischen Freilichtmuseum (S. 55) von Tiflis.

Schlafen

Die Stadt verfügt über eine gute Auswahl an Unterkunftsmöglichkeiten, insbesondere in der Altstadt und rund um den Rustaveli-Boulevard. Es gibt Dutzende Hostels im westlichen Stil, die die Gästehäuser ersetzt haben, die früher für Reisende die beste Budget-Option waren. Auch eine Reihe von luxuriösen Hotels ist entstanden, wobei es internationale Ketten wie auch georgische Luxushotels gibt. Dazu zählen z. B. das Stamba Hotel sowie die Rooms Hotel Tbilisi.

Altstadt

Envoy Hostel HOSTEL $

(Karte S. 48; ☎32-2920111; www.envoyhostel.com/tbilisi; Betlemi 45; B 32–38 GEL, Dz/3BZ 95/

100 GEL, jeweils inkl. Frühstück; ❄📶) Das Envoy verfügt unmittelbar oberhalb des Maidan über eine Toplage, es ist auch eines der besten Hostels von Tiflis. Das Haus besitzt alte Parkettböden und bietet sechs Schlafsäle, vier private Zimmer, eine wunderbare Dachterrasse mit tollem Altstadtblick, eine gut ausgestattete moderne Essküche sowie eine ausreichende Anzahl an Duschen und Toiletten. Man sollte aber das einzige Doppelzimmer ohne Fenster vermeiden.

Gäste erhalten eine kostenlose zweistündige Altstadt-Tour. Samstags bietet das Envoy zudem einen Minibus zu seinem Hostel in Jerewan (S. 160) an, der an mehreren der wichtigsten nordarmenischen Sehenswürdigkeiten hält (140 GEL für Gäste, 11 Std.).

Namaste Hostel HOSTEL $
(Karte S. 48; ☎32-2753446; www.facebook.com/pages/Namaste-Hostel-Tbilisi/585674301453197; Betlemi 26; B 30–35 GEL, DZ 150 GEL; 📶) Das freundliche und gut in Schuss gehaltene Hostel hat eine tolle Lage mit perfektem Blick über die Altstadt. Zu den angenehmen Extras gehören die Panoramaterrassen und eine bunt dekorierte Lounge mit einem Kamin. Es gibt nur ein Privatzimmer, aber das hat eine eigene Terrasse. Die zwei Schlafsäle sind für sechs bzw. zwölf Personen gedacht.

Hostel Anchi & Old Wall HOSTEL $
(Karte S. 48; ☎557-998874, 555-554527; Shavteli 12; B/EZ/DZ/3BZ/4BZ inkl. Frühstück 25/57/70/90/100 GEL; 📶) Einst befanden sich hier im selben Gebäude zwei unterschiedliche Hostels. Nun gibt es in dem freundlichen Zusammenschluss einen Schlafsaal mit sieben Betten sowie mehrere private Zimmer, die sich alle zusammen drei Badezimmer und eine Küche teilen. Die Lage in der Altstadt ist super, die sauberen Zimmer werden mit Ventilatoren gekühlt.

Gästehaus Skadaveli GÄSTEHAUS $$
(Karte S. 48; ☎595-417333; www.ska.ge; Vertskhli 27; EZ 50 GEL, DZ 70–100 GEL, 3BZ 100 GEL; ❄📶) Die etwas versteckt liegende Pension in der Altstadt besitzt vier sehr attraktive und preisgünstige Zimmer mit moderner Einrichtung und komfortablen Betten – plus einer schönen Veranda mit Holzsäulen. Der englisch sprechende Gastgeber ist zudem äußerst hilfsbereit. Das alles steht in deutlichem Kontrast zum malerisch verfallenen Äußeren des Gebäudes aus den 1860er-Jahren. Bis auf ein Zimmer mit Bad/WC teilt man sich Gemeinschaftsbäder – es gibt auch eine einfache Gästeküche.

Wer nur eine Nacht übernachten möchte, muss 10 GEL extra bezahlen; Kinder unter 14 Jahren sind nicht willkommen.

Villa Mtiebi BOUTIQUEHOTEL $$
(Karte S. 48; ☎32-2920340; www.hotelmtiebi.ge; Chakhrukhadze 10; EZ/DZ/3BZ inkl. Frühstück 180/210/270 GEL; ❄📶) Das ziemlich charmante Hotel liegt in einem ruhigen und sehr untouristischen Teil der Altstadt. Die einstige Jugendstileleganz des Gebäudes konnte bewahrt werden; es gibt ein sehr stimmungsvolles Atrium, wo das Frühstück von den freundlichen Mitarbeitern serviert wird. Die Zimmer sehen modern aus, sind sauber und schallgedämmt.

Iota Hotel BOUTIQUEHOTEL $$$
(Karte S. 50; ☎32-2403010; www.ioatahotels.com; Lermontovi 10; EZ/DZ ab 320/365 GEL; ❄📶) Durch eine hervorragende und leicht futuristische Umwandlung eines Gebäudes aus den 1970er-Jahren entstand diese sehr willkommene Boutique-Ergänzung für das reizende Sololaki-Viertel.

Die Hotelbetreiber nutzen die Räumlichkeiten so clever, dass einige ziemlich schicke Lösungen gefunden wurden, so beispielsweise für die Terrassenzimmer mit großer Außenfläche und Blick auf eine wunderbare Pflanzenwand. Das Ghumeli-Restaurant oben auf dem Dach bietet nicht nur eine fantastische Aussicht, sondern auch hervorragendes Essen.

No12 Boutique Hotel BOUTIQUEHOTEL $$$
(Karte S. 48; ☎32-2552212; www.no12hotel.com; Vakhtang Beridze 12; EZ/DZ inkl. Frühstück 280/345 GEL; ❄📶) In einer ruhigen Gasse im Herzen der Altstadt bietet das attraktive No12 Boutique Hotel ziemlich kleine Zimmer mit unverputzten Backsteinwänden. Die Spiegel sind von schönen Fliesen umrahmt und die Lampenschirme sind aus Buntglas. Die Mitarbeiter sind freundlich; oben gibt es eine angenehme Terrasse.

Rustaveli-Boulevard und Umgebung

Pushkin 10 Hostel HOSTEL $
(Karte S. 48; ☎577-651156, 599-095155; www.pushkin10.ge; Pushkin 10; B/DZ inkl. Frühstück 35/100 GEL; ❄📶) Das Mini-Hostel liegt geradezu perfekt zwischen der Altstadt und dem Rustaveli-Boulevard. Angeboten werden einige Schlafsäle und ein Doppelzimmer, die sich drei Badezimmer und eine Küche teilen. Das größte Plus ist das geräumige

Wohnzimmer mit Kamin, Piano und einem Balkon. Hier kann man sich nach einem langen Sightseeing-Tag bestens erholen.

Hotel Boombully HOTEL **$$**
(Karte S. 50; ☎ 32-2999008, 599-991771; www.boombully.com; Rustaveli 22; EZ/DZ/FZ 150/235/350 GEL; ❄📶) Auch das Boombully besitzt eine sehr gute Lage, die Atmosphäre ist gemütlich und das junge Management sehr freundlich. Die Zimmer sind hell und schick dekoriert, es gibt eine Küche mit Kiefernholzpaneelen. Der Wohnbereich ist sehr geräumig mit einem Balkon, von dem man auf den Rustaveli-Boulevard blickt. Gäste, die mehr als fünf Nächte bleiben, bekommen einen kostenlosen Airport-Transfer.

★ **Stamba Hotel** BOUTIQUEHOTEL **$$$**
(Karte S. 46; ☎ 32-2021199; www.stambahotel.com; Kostava 14; Zi. ab 985 GEL; P❄📶) Das beste Hotel der Stadt ist einfach nicht zu übertreffen. Seit der Eröffnung 2018 hat es schon viele Freunde und Auszeichnungen gewonnen. Hinter dem sehr ambitionierten Projekt steckt das Team des benachbarten Rooms Hotel Tbilisi (siehe unten), das hier ein ehemaliges Verlagshaus aus Sowjetzeiten umgebaut hat. Alles in diesem Hotel ist Extraklasse, sehr zur Freude von anspruchsvollen Reisenden. Schon beim Betreten der labyrinthartigen Empfangshalle erblickt man an den Wänden Bücherregale sowie Gärten, die vertikal bis zur Decke reichen. Man gelangt in eine Oase von angenehmer Stille, obwohl man sich an einer der Hauptverkehrsstraßen von Tiflis befindet.

Die Zimmer oben sind herrliche Beispiele für Luxus, komplett mit hohen Decken, Bücherregalen und riesigen offenen Badezimmern. Die mit Gold überzogenen Badewannen sehen sehr zeitgenössisch aus und sind nicht im Trump-Stil. Weitere Markenzeichen sind die dicken Teppiche, die modernistischen ausklappbaren Schränke, die La-Marzocco-Espressomaschinen (ja, sogar mit einer Kaffeemühle), die große Theke und die elektronischen Jalousien – das ganze Hotel spielt in einer eigenen Liga, wenn man in der glücklichen Lage ist, sich eine Übernachtung leisten zu können. Wenn nicht, kann man sich eventuell immer noch einen Drink oder eine Mahlzeit in dem exzellenten Bistro-Restaurant (S. 63) leisten.

★ **Rooms Hotel Tbilisi** BOUTIQUEHOTEL **$$$**
(Karte S. 46; ☎ 32-2020099; http://roomshotels.com/tbilisi; Kostava 14; EZ/DZ inkl. Frühstück ab 658/710 GEL; P❄📶) Als das Hotel vor einigen Jahren seine Pforten öffnete, revolutionierte es die Hotelszene in Tiflis. Mittlerweile wird das Erfolgsrezept des ersten Luxus-Boutiquehotels in ganz Georgien kopiert. Aber noch immer ist es eine der elegantesten Unterkünfte im Land. Die luxuriösen Zimmer sind üppig tapeziert, haben große Betten mit ledernen Kopfteilen sowie Kronleuchter und wunderbare Badezimmer mit gehobenen Toilettenartikeln.

★ **Shota@Rustaveli Boutique Hotel** BOUTIQUEHOTEL **$$$**
(Karte S. 50; ☎ 32-2192021; www.shotahotels.com; Shevchenko 1; Zi. ab 342 GEL; ❄📶) Dieses 52-Zimmer-Boutiquehotel ist eine sehr schicke Option, nur wenige Meter vom Rustavelis Gamziri entfernt. Pluspunkte sind die hilfsbereiten Mitarbeiter, die dezent eleganten öffentlichen Bereiche sowie die sehr modischen, hellen Zimmer mit zurückhaltend zeitgenössischem Mobiliar. In den schönen Zimmern lässt es sich wunderbar entspannen. Die Badezimmer haben Glaswände und große Designer-Badewannen für zwei Personen. Die bekanntesten Charaktere aus Shota Rustavelis Werk schauen im Stile Warhols von den Wänden herab.

Vere & Mtatsminda

Betsy's Hotel HOTEL **$$$**
(Karte S. 46; ☎ 32-2931404; www.betsyshotel.com; Makashvili 32–34; EZ/DZ inkl. Frühstück 294/343 GEL; ❄📶🏊) Eine von Amerikanern geführte Oase mit unaufdringlichem Komfort und gutem Service. Das Betsy's besitzt am Hang des Mtatsminda eine herrliche Panoramalage und ist eine gute Wahl für Reisende, für die internationale Ketten kein Thema sind. Die Zimmer sind hell, mit attraktiven georgischen Teppichen, geschmackvoller Kunst; aus manchen bekommt man einen herrlichen Blick auf die Stadt. In der Bar gilt freitags ab 18 Uhr für den ganzen Abend eine Happy Hour. Auch das Restaurant ist sehr empfehlenswert – außerdem gibt es einen kleinen Pool im Freien.

Hotel British House BOUTIQUEHOTEL **$$$**
(Karte S. 46; ☎ 558-235572; www.british-house.ge; Chovelidze 32; Ez/DZ inkl. Frühstück ab 45/65 €; ❄📶) Das elegante kleine Hotel in einem ruhigen und grünen Teil des Vere-Viertels gefällt durch seine einladende und heimelige Atmosphäre. Ins Auge fallen viele Antiquitäten und Kunstwerke. Die Mitarbeiter

sind hilfsbereit, die Zimmer attraktiv und mit Teppichen, Qualitätsmöbeln sowie großen Betten gut ausgestattet.

Östlich des Flusses

★ Fabrika Hostel & Suites HOSTEL $
(Karte S. 46; ☎ 577-313116; www.hostelfabrika.com; Egnate Ninoshvili 8; B 40 GEL, EZ/DZ 235/205–255 GEL; ❄📶) Das enorme Hostel in einer umgebauten sowjetischen Nähfabrik ist geradezu bahnbrechend und hat die Messlatte für andere Hostels in Tiflis um ein Vielfaches angehoben. Hier verlässt man die bröckelnde Altstadt und kann stattdessen die riesigen Flächen, gedämpften Töne und blitzblanken Badezimmer in einem der 94 Zimmer der Fabrika genießen. Die Hälfte der Räume bestehen aus Schlafsälen, die andere sind Doppelzimmer. Im obersten Stockwerk gibt es zudem fünf sehr angesagte Apartments mit großen Terrassen.

Das Konzept wurde von dem pfiffigen Team hinter den beiden berühmtesten Hotels in Tiflis, Rooms und Stamba (siehe oben), entwickelt und bietet die Chance ein wenig Glamour für kleines Geld zu buchen. Im Erdgeschoss ist ein riesiges Restaurant mit Bar vorhanden, auf der weitläufigen Dachterrasse wird alles angeboten von kos-Gratis-Yoga über Kino- und Grillabende bis zu Partys. Im Hinterhof befinden sich weitere Bars, Restaurants und Concept Stores.

Sky Guest House GÄSTEHAUS $
(Karte S. 46; ☎ 551-080205; www.facebook.com/skyguesthousetbilisi; Davit Aghmashenebelis 77; EZ/DZ/3BZ 50/55/70 GEL; 📶) In der einladenden Pension gibt es vier schlichte, aber helle Zimmer, die sich zwei Badezimmer teilen. Es gibt keine Schlafsäle, aber dennoch fühlt man sich ein wenig wie in einem Hostel, dank der freundlichen Gastgeberin und der Gemeinschafts-Wohnküche. Das Sky Guest House ist das pinkfarbene Gebäude am hinteren Ende des Innenhofs des Davit Aghmashenebelis Gamziri 77.

★ Gästehaus Marina GÄSTEHAUS $$
(Karte S. 46; ☎ 592-920769, 32-2952959; www.marina-guest-house.com; Chubinashvili 20; pro Person inkl. Frühstück 25 US$; 🅿📶) Das Haus aus dem 19. Jh. verströmt die Atmosphäre des alten Tiflis. Im ersten Stockwerk befindet sich eine riesige Terrasse mit blau angestrichenem Holz, die einfach nicht malerischer sein könnte. Die Zimmer sind für zwei bis fünf Personen gedacht, die Badezimmer werden geteilt. Der Nippes in den Zimmern verleiht dem Ganzen ein zentralasiatisches Ambiente. Das Frühstück ist gut, die Gastgeberin freundlich und hilfsbereit.

Green House Hostel HOSTEL $$
(Karte S. 50; ☎ 32-958377, 599-265432; www.facebook.com/pages/Tbilisi-Green-House/119849388174351; Akhvlediani Khevi 13; B 25 GEL, DZ 70–80 GEL, 3BZ 100 GEL; ❄📶) In einer ruhigen Gasse ist das liebenswerte und geräumige Green House eine ideale Adresse für Reisende, die einen ruhigen Platz in Zentrumsnähe suchen. Die Küche ist groß, im Wohnzimmer steht ein Piano, vor dem Haus ist es sehr grün und oben gibt es eine große Terrasse. Geführt wird der Laden von einem freundlichen Paar, das sich sehr gut in den georgischen Bergen auskennt.

Hotel Old Metekhi HOTEL $$
(Karte S. 48; ☎ 32-2747404; www.ometekhi.com; Metekhis Aghmarti 3; Zi. ab 180 GEL; ❄📶) Das schön renovierte Hotel liegt oberhalb eines Felsens über dem Fluss Mtkvari (Kura). Die Zimmer haben zeitgenössische Teppiche und gut ausgestattete Badezimmer. Ungefähr die Hälfte der 21 Zimmer punktet mit spektakulären Blicken auf den Fluss – und das ist auch der Hauptgrund für einen Aufenthalt hier, denn die Zimmer selbst sind nicht besonders stimmungsvoll.

Essen

Tbilisi bietet die besten Restaurants in Georgien und deshalb lässt sich hier hervorragend speisen – ob es sich nun um traditionelle oder moderne georgische Küche mit internationalem Einschlag handelt. Natürlich gibt es auch internationale Küche. Man sollte es einfach ausprobieren und genießen. Im Allgemeinen sind Reservierungen für den Abend empfehlenswert, denn die Toplokale sind in den Sommermonaten nahezu immer ausgebucht.

Altstadt

Heutzutage kann es in der Altstadt durchaus schwierig sein, gut zu essen, denn es gibt viele touristische Lokale und große Menschenmengen. Aber es gibt noch immer einige exzellente Optionen.

Cafe Alani OSSETISCH $
(Karte S. 48; Gorgasali 1; Hauptgerichte 7–18 GEL; ⏰11–23 Uhr; 📶) Dieses einfache kleine Restaurant mit einem sauberen und modernen

Ambiente serviert ossetische Spezialitäten, die den georgischen sehr ähnlich sind. Für den Preis ist dies so ziemlich das beste Essen in der Stadt. Sehr lecker ist *chakapuli* (Lamm mit Estragon und Pflaumen), *shkmeruli* (brutzelndes Hühnchen in Knoblauchsoße) oder auch *chabidzgina*, eine sättigende, überbackene ossetische Käse-Pide (*khachapuri*). Das Hausbier Alani schmeckt vorzüglich dazu.

Machakhela-Samikitno GEORGISCH **$**
(Karte S. 48; 577-710788; Maidan; Hauptgerichte 5–20 GEL; 10–23 Uhr;) In der ganzen Stadt gibt es Filialen dieser bekannten georgischen Kette. Die Filiale auf dem Maidan ist wahrscheinlich die am besten gelegene für Besucher, die ein günstiges *khachapuri* essen wollen. Über die Theke gehen auch Salate, Suppen und Fleischgerichte, darunter das leckere frittierte *chinkali*. Jede Teigtasche wird frisch zubereitet und für Anfänger gibt es eine hilfreiche bebilderte Speisekarte.

Auf dem Freiheitsplatz gibt es eine weitere gut gelegene **Filiale** (Karte S. 48; Pushkin 5/7; Hauptgerichte 5–20 GEL; 24 Std.;).

Racha GEORGISCH **$**
(Karte S. 48; Lermontov 6; Hauptgerichte 5–11 GEL; 9–22.30 Uhr) Das Racha ist eines der letzten *duqani* von Tiflis, also ein günstiges und traditionelles Kellerrestaurant. Auf den Tisch kommt leckere und sehr preisgünstige Hausmannskost wie z. B. *chinkali, mtsvadi, khachapuri* sowie *badrijani nigvzit* (Auberginenscheiben mit Walnuss-Knoblauch-Paste). Man bestellt an der Theke und bezahlt dabei auch gleich. Wein darf man sich selbst mitbringen.

★ **Culinarium Khasheria** GEORGISCH **$$**
(Karte S. 48; 32-2721157; Abano 23; Hauptgerichte 10–20 GEL; 11–1 Uhr;) Ja, das Culinarium liegt mitten im Viertel Abanotubani und wird daher oftmals von Reisegruppen angesteuert. Dennoch kann man hier weiterhin sehr gut essen. Benannt wurde es nach einem hervorragenden Mittel gegen Kater: *khash*. Aber man muss keinesfalls Kopfschmerzen haben, um hier zu speisen. Die sechs empfohlenen Gegenmittel, von Hühnchensuppe bis *bozbashi* (Rinderbrühe mit Fleischklößchen), schmecken großartig und sind sehr verlockend.

Cafe Leila GEORGISCH **$$**
(Karte S. 48; Shavteli 20; Hauptgerichte 10–35 GEL; 11–24 Uhr;) Das Leila ist perfekt, um sich bei einer Minz-Limonade, einem Kaffee und einem kleinen Gericht wie Hummus, Suppe oder einem Salat zu entspannen. Die Deko aus verflochtenem Stuck wird in dem rund 100 Jahre alten Gebäude durch süße, kleine Gemälde im persischen Stil ergänzt.

Organique Josper Bar INTERNATIONAL **$$$**
(Karte S. 48; 593-735083; www.restorganique.com; Bambis Rigi 12; Hauptgerichte 22–35 GEL; 11–23 Uhr;) Die schmalen Altstadtgassen Shardenis Qucha und Bambis Rigi werden von eher durchschnittlichen Touristenrestaurants gesäumt. Aber das Organique Josper hebt sich davon ab, weil erstklassige, mit Holzkohle gegrillte Steaks und Burger angeboten werden sowie Bioweine und gute Salate – und das alles aus biologischen Zutaten. Die Inneneinrichtung ist ebenfalls ziemlich „bio". Logisch!

Café Gabriadze GEORGISCH **$$$**
(Karte S. 48; Shavteli 13; Hauptgerichte 18–31 GEL; 10.30–24 Uhr;) Das etwas schrullig attraktive kleine Café Gabriadze wird von denselben Leuten betrieben wie das Gabriadze-Puppentheater nebenan. Die Bedienung ist freundlich und das georgische Essen gut mit kreativen Ideen. Die *ponchki* (Krapfen) mit Sahne sind zu Recht berühmt. Das Ambiente ist vom Theater inspiriert und voller bezaubernder Details.

Rustaveli & Umgebung

Auf Tbilisis großem Prachtboulevard und in den reizvollen Seitenstraßen sind Lokale für jeden Geldbeutel zu finden.

Pasanauri GEORGISCH **$**
(Karte S. 50; Griboedov 37; Chinkali 0,75–0,95 GEL, Hauptgerichte 8–25 GEL; 12–23 Uhr;) Das Pasanauri ist ein bescheidenes Lokal mit rund zehn Tischen in Nischen. Der Laden ist dank der *chinkali* oft sehr gut besucht, denn sie gehören zu den besten der Stadt. Die Top-Wahl ist die fleischige „Pasanauri Special", aber es gibt auch eine Gemüsevariante mit Käse, Pilzen und Kartoffeln. Etwas mehr Schärfe bringt die berühmte hausgemachte *adjika* (georgische Gewürzsoße). Beliebt dazu ist auch ein Schlag Sauerrahm.

★ **Alubali** GEORGISCH **$$**
(Karte S. 50; 555-459539; Giorgi Akhvlediani 5; Hauptgerichte 10–45 GEL; 12–24 Uhr;) An der Straße gibt es keinerlei Hinweisschild und der Eingang liegt hinter einer ziemlich anonymen Tür. Im Hof wartet eine schein-

bar einfache und ziemlich kleine Speisekarte. Doch auf den Tisch kommen schmackhafte regionale Spezialitäten. Sehr lecker ist das megrelische *elarji*. Das Maisbrot wird mit *Sulguni*-Käse angereichert, was eine himmlisch leckere, süchtig machende Masse bildet. Sehr schmackhaft ist auch der Mozzarella-ähnliche *gebzhalia* (Hüttenkäse in einer Minz-Joghurt-Soße).

★ Café Stamba INTERNATIONAL **$$**
(Karte S. 46; ☎ 32-2021199; www.stambahotel.com; Kostava 14; Hauptgerichte 11–36 GEL; ⏲ Mo–Fr 7–11, 12–24, Sa–So 8–12, 13–24 Uhr;) Die superschicke Café-Bar mit Restaurant ist ganztägig geöffnet und derzeit der wichtigste Treffpunkt der verschiedenen kulturellen Eliten. Man kann hier aber auch relaxt frühstücken oder ein umfassendes traditionelles *Supra*-Festmahl veranstalten. Oder wie wäre es mit einem perfekten Cocktail in der schicken Pink Bar? Die Speisekarte ist italienisch angehaucht, mit Gerichten wie schwarzen Spaghetti mit Garnelen oder auch Pilzrisotto. Spannend ist aber auch die innovative georgische Speisekarte.

Sofia Melnikova's Fantastic Douqan INTERNATIONAL **$$**
(Karte S. 50; ☎ 592-681166; Gia Chantuira 8; Hauptgerichte 8–27 GEL; ⏲ Mo–Sa 12–2, So 12–24 Uhr;) Das lebhafte Innenhof-Restaurant ist ein gemütlicher und reizender Ort für eine Mahlzeit an einem Sommerabend. Dann trifft sich genau die richtige Mischung aus Einheimischen und Touristen. Zur Auswahl stehen Tische unter den Weinranken, unter den Bäumen oder im schönen Speisesaal. Auf der Speisekarte sind georgische und internationale Gerichte zu finden.

Das Lokal ist nicht leicht zu finden, weil es auch nicht ausgeschildert ist. Vom Souvenirladen mit dem Namen „Sarcho Museum" an der Tabukashvilis Qucha zweigt man in die kleine Seitenstraße ab. Das Restaurant liegt in einem der Höfe zur Linken.

Lolita EUROPÄISCH **$$**
(Karte S. 46; ☎ 32-2020299; https://roomshotels.com/lolita; Tamar Chovelidze 7; Hauptgerichte 12–25 GEL; ⏲ 11–1 Uhr;) Für ein leckeres Frühstück (wochentags/Wochenende bis 13/14 Uhr) ist das Lolita mit Sicherheit der beste Ort. Eine informelle Hipster-Atmosphäre prägt die Café-Bar. Das clevere Innen-Außen-Design sorgt für Frische und die offene Küche würde man sonst eher in Manhattan erwarten. Auch die Cocktails schmecken himmlisch. Aber die wichtigste Frage ist: Wo sonst würde man in Tiflis Avocado-Toast bekommen?

Dzveli Sakhli GEORGISCH **$$**
(Altes Haus; Karte S. 50; ☎ 591-711771; Marjvena Sanapiro 3; Hauptgerichte 10–52 GEL; ⏲ 12–24 Uhr;) Das „Alte Haus" serviert authentische Gerichte aus ganz Georgien. Schön ist der Bereich im Freien direkt über dem Fluss. Hier gibt es jeden Abend ab 20 Uhr fantastische Vorführungen georgischer Musik mit Tanz. Das Lokal ist bei den Einheimischen sehr gefragt und sehr stimmungsvoll. Zwei Empfehlungen: das geräucherte Kalbs-*mtsvadi* in Rotwein sowie die Forelle in Johannisbeersoße.

★ Keto and Kote GEORGISCH **$$$**
(Karte S. 50; ☎ 555-530126; Zandukheli 3; Hauptgerichte 16–27 GEL; ⏲ 11–1 Uhr;) Ohne Reservierungen läuft normalerweise nichts in diesem gehobenen georgischen Restaurant auf einem kleinen Hügel mit Blick auf die Stadt. Das Essen schmeckt außerordentlich gut und man kann zwischen einem Tisch im Garten, auf der Terrasse unter einer Markise oder in dem tollen Speiseraum wählen. Letzterer ist schön beleuchtet, sehr auffällig sind die rot bemalten Deckenbalken.

Die Speisekarte ist wirklich etwas Besonderes, wobei einige Gerichte herausstechen. Sehr lecker sind das Rindfleisch in Roquefort-Käse und *adjika* gekocht, die kleinen fleischhaltigen *chinkali* in Buttersoße sowie die herrlich zarten *dolma* (gefüllte Weinblätter). Es ist eher unwahrscheinlich, dass man von irgendeinem Gericht hier enttäuscht sein könnte. Auch die Weinkarte ist top, sie führt eine hervorragende Auswahl an exzellenten Weinen.

Sololaki & Mtatsminda

Diese zwei Viertel am Hang verbreiten noch dörflichen Charme. Hier finden sich eine Reihe von weniger bekannten kulinarischen Entdeckungen der Hauptstadt.

★ Klike's Khinkali GEORGISCH **$**
(Karte S. 50; ☎ 555-411991; Chitadze 1; Chinkali 1 GEL; ⏲ 11–23 Uhr;) Man muss das ziemlich versteckt liegende Restaurant mit seinen Backsteinwänden am Hang des Mtatsminda erst kennenlernen, aber sobald man einmal hier war, kommt man wahrscheinlich immer wieder. Denn die *chinkali* sind die besten in Tiflis. Der dünne Teig und die

leckeren Füllungen sind sehr einfach hergestellt, aber lassen einem das Wasser im Mund zusammenlaufen. Dazu gibt es Qualitätsbiere und offene Weine.

Salobie Bia GEORGISCH $$

(Karte S. 50; 32-2997977; Machabeli 14; Hauptgerichte 7–23 GEL; 11–23 Uhr;) Dieses unscheinbare Restaurant im Untergeschoss ist mit georgischen Postern aus der Sowjetzeit eingerichtet und praktisch immer voll. Also sollte man praktisch für jede Tageszeit eine Reservierung haben. Die handschriftliche Speisekarte verspricht georgische Klassiker mit einem gewissen Extra. So wird man auf eine kulinarische Reise durch die regionalen Spezialitäten mitgenommen. Das Restaurant wurde nach dem *lobio*, einem Bohneneintopf, benannt.

★Cafe Littera GEORGISCH $$$

(Karte S. 50; 599-988308; Machabeli 13; Hauptgerichte 28–38 GEL; 12–24 Uhr;) Das Littera ist ein echtes Geschenk, denn es serviert schlicht erstklassige „neue georgische Küche" im schönen Garten hinter dem Sitz des Georgischen Schriftstellerverbandes. Unbedingt probieren sollte man die unterschiedlichen *pkhali* (Gemüseaufstriche mit Walnüssen, Knoblauch und Kräutern) als Vorspeise. Die regelmäßig wechselnde Speisekarte bietet beispielsweise frittierte Wachteln mit einem Weizen-Beeren-Risotto oder auch Muschel-*chakapuli*. Für das Abendessen sollte man unbedingt reservieren, mittags geht es zumeist auch ohne. In den Wintermonaten hät man sich ausschließlich im Innern des Restaurants auf.

Azarphesha GEORGISCH $$$

(Karte S. 50; 32-2982346; www.azarphesha.com; Ingorovka 2; Hauptgerichte 18–35 GEL; 11–23 Uhr;) Im Azarphesha wird die Zubereitung der eigenen Gerichte mit großer Professionaltät betrieben; die sehr sachkundigen Mitarbeiter sprechen Englisch - all das hebt das Restaurant von seiner Konkurrenz ab. Von der Decke hängen Weingläser, was die Orientierung auf georgische Bioweine unterstreicht. Auf der saisonal wechselnden Speisekarte stehen vorzügliche Spezialitäten wie Schweinefleisch mit Wildpilzen in Bier mariniert, Wels-Ceviche oder Brennessel-Knödel mit Zitrone und Käse.

Vake

Das gehobene Wohnviertel Vake ist eine gute Adresse zum Frühstücken und Brunchen.

Kikliko FRÜHSTÜCK $$

(Karte S. 46; 551-137112; Mtskheta 28; Hauptgerichte 7–15 GEL; Mo–Fr 8–15, Sa–So 9–16 Uhr;) Erstaunlicherweise ist das Kikliko einer der wenigen Orte, wo man in Tiflis gut frühstücken kann. Dafür lohnt sich der Weg nach Vake. Wie wäre es mit exzellenten Eier Benedict oder Hüttenkäse-Pfannkuchen oder die namensgebende Spezialität Kikliko? Die Grundvariante wird aus geröstetem Brot mit Eiern gemacht, dazu gibt es mehrere weitere leckere Varianten.

Östlich des Flusses

Jenseits des Massenandrangs in der Altstadt gibt es auch am linken Flussufer der Mtkvari (Kura) einige gute Lokale.

Shavi Lomi GEORGISCH $$

(Schwarzer Löwe; Karte S. 46; 32-2960956; Zurab Kvlividze 28; Hauptgerichte 10–25 GEL; 12–24 Uhr;) Shavi Lomi ist das namensgebende Restaurant von Georgiens bekanntester Craft-Bier-Brauerei. Im vergangenen Jahrzehnt stand es an der Speerspitze der Neuorientierung in der gastronomischen Szene von Tiflis.

In der Zwischenzeit befindet sich das Restaurant in einer Villa mit Garten, ziemlich abseits von den normalen Touristenvierteln. Der Abstecher lohnt sich aber für die interessante Speisekarte. Dort finden sich Spezialitäten wie Zitronen-Garnelen-Couscous oder auch Hühnchen in einer Walnuss-Granatapfel-Soße.

★Barbarestan GEORGISCH $$$

(Karte S. 46; 32-2943779; reservation@barbarestan.ge; Davit Aghmeshenebeli 132; Hauptgerichte 30–60 GEL; 10.30–23.30 Uhr;) Die außergewöhnlichen und sehr kunstvoll zubereiteten Gerichte basieren auf einem uralten Kochbuch, das 2015 auf Tbilisis Dry-Bridge-Flohmarkt entdeckt wurde. Unter den 900 „vergessenen" georgischen Gerichten, die im Buch beschrieben werden, finden sich auch Speisen mit Hasen- und Entenfleisch sowie mit Flusskrebs. Chefkoch Giorgi Sarajishvili und sein Team haben bislang schon rund 230 Rezepte ausprobiert. Sie präsentieren so eine regelmäßig wechselnde Speisekarte voller zum Teil obskurer, aber schmackhafter Spezialitäten.

Damit ist das Barbarestan das wahrscheinlich innovativste Gourmetrestaurant in Tiflis. Es ist ein absolutes Muss für alle, die mal etwas Ungewöhnliches aus Geor-

WIR TANZEN ZUSAMMEN, WIR KÄMPFEN ZUSAMMEN

Underground, politisch und LGBTIQ-freundlich – der Bassiani-Club brachte mit seiner Eröffnung 2014 unterhalb des Dinamo-Stadions frische Dynamik in die Szene, da er ganz anders war als jeder andere Club in der ehemaligen Sowjetunion, ganz zu schweigen von Georgien. Der höhlenartige Betonbau hätte auch direkt für einen Club geplant sein können. Das Bassiani kann bis zu 1200 Gäste aufnehmen, die sich auf zwei Tanzflächen (die Hauptfläche befindet sich im Becken eines ehemaligen Schwimmbads), mehrere Chill-Out-Flächen sowie zahlreiche dunkle Korridore verteilen.

Als das Bassiani und das Café Gallery 2018 von georgischen Spezialeinheiten gestürmt und Hunderte von Besuchern festgehalten wurden, um nach Drogen zu suchen, solidarisierte sich die Jugend in Tiflis und organisierte schon am nächsten Tag eine zweitägige Demonstration, die sehr schnell zu einer Legende wurde. Unter dem Slogan „Wir tanzen zusammen, wir kämpfen zusammen" tanzten Tausende Club-Fans auf dem Rustaveli-Boulevard für eine liberalere Zukunft in der einstigen Sowjetrepublik. Solidarische Bekundungen trafen von DJs und Musikern aus aller Welt ein. Zum einen drehte sich der Protest um die drakonischen georgischen Drogengesetze sowie die willkürlichen Drogentests, die oftmals von der Polizei auf der Straße durchgeführt wurden. Zum anderen führte die Demonstration aber auch dazu, dass sich ein bis dato eher heterogener Teil der georgischen Gesellschaft rund um die Ideen von Meinungsfreiheit und fortschrittlichen internationalen Werten miteinander verbündete.

Heute ist das Bassiani eine obligatorische Anlaufstelle für alle Techno-Liebhaber, die Tiflis besuchen. Für einige ist der Club sogar *der* Grund schlechthin, um überhaupt nach Georgien zu reisen. Jeder, der den Puls der nunmehr berühmten Technoszene von Tiflis spüren will, wird den Besuch im Bassiani sicher faszinierend finden.

giens unglaublich großem kulinarischen Angebot probieren wollen. Abends sind Reservierungen unbedingt notwendig, mittags bekommt man zumeist auch ohne einen Tisch. Die Mitarbeiter sind freundlich und sprechen gutes Englisch. Sie erklären gerne auch die Details des Kochprozesse.

Ausgehen & Nachtleben

Das Nachtleben von Tiflis ist 2014 durch die Eröffnung des Technoclubs Bassiani (S. 67) revolutioniert worden. Damit gelangte die kleine, aber sehr einflussreiche Electro-Music-Szene der Stadt auf die internationale Landkarte. Mittlerweile gibt es mehrere dieser Clubs, wo angesagte georgische DJs auflegen. Zudem gibt es tolle Locations, die von coolen Künstlerkollektiven geleitet werden, sowie angesagte Cocktail- und Weinbars.

Altstadt & Sololaki

★ **Wine Buffet** WEINLOKAL
(Karte S. 48; Ovanes Tumaniani 15; ⏲13–1 Uhr) Das etwas versteckt gelegene Weinlokal ist eine der besten Adressen der Altstadt um georgische Bioweine zu probieren. Die Auswahl ist erstklassig, die Mitarbeiter sind äußerst höflich und freundlich. Allerdings sprechen sie kaum Englisch. Zu den großartigen Weinen bestellt man am besten eine Platte mit Käse, Honig und Nüssen.

Vino Underground WEINLOKAL
(Karte S. 50; www.vinounderground.ge; Tabidze 15; Glas Wein 8–15 GEL, Flaschen 30–100 GEL; ⏲11–23 Uhr; 📶) Das Vino Underground ist in einem Ziegelgewölbe Tbilisis Tempel für Bioweine. Hier kann man sich sicher sein, dass man authentische, traditionelle georgische Weine eingeschenkt bekommt. Die Auswahl ist geradezu atemberaubend groß, die Mitarbeiter sind sehr hilfreich und geben gerne etwas Orientierung.

Valiko Bar COCKTAILBAR
(Karte S. 50; Galaktion Tabidze 24; ⏲So–Do 12–1, Fr–Sa 12–2 Uhr; 📶) In einem recht baufälligen Gebäude befindet sich diese fantastische Cocktailbar – einer der stimmungsvollsten Orte in Tiflis für einen Drink. Die ziemlich wackelig aussehenden Balkone wirken trotzdem schick, die Cocktailkarte hat Stil und die Musik ist sehr passend.

Valiko war ein georgischer Filmregisseur, Dramaturg und Schauspieler, dem das Gebäude bis zu den gefürchteten stalinistischen „Säuberungen" gehörte. Seine Filme werden auf die Wände projiziert.

Warszawa BAR

(Karte S. 48; Pushkin 19; ⌚10–4 Uhr; 📶) Die winzige, helle polnische Café-Bar liegt fast unmittelbar auf dem Freiheitsplatz. Im Warszawa gibt es die preisgünstigsten Drinks in Tiflis – und für 5 GEL wird das vielleicht weltweit günstigste Steak-Tatar angeboten. Am Abend ist es hier immer ziemlich voll; hier kann man sich z. B. prima mit anderen Reisenden treffen. Es gibt ein gemütliches Weinlokal im Keller.

Zoestan BAR

(Karte S. 48; Vakhtang Beridze 5; ⌚17–2 Uhr) Die gemütliche Kellerbar wird von der Französin Zoe geleitet, die sich unglaublich gut mit georgischer Volksmusik auskennt und eine wunderbare Stimme hat. Sonntags werden Konzerte veranstaltet – hier kann man sich in relaxter Atmosphäre in die traditionelle georgische Musik vertiefen.

Rustaveli & Umgebung

★ Drama Bar BAR

(Karte S. 50; www.facebook.com/dramatbilisi; Rustaveli 37; ⌚Do–So 9–3 Uhr) Die echt coole Drama Bar liegt in einem Wohngebäude, leider ist sie nicht ausgeschildert. Man geht die Treppe hinauf, wo man auf einen Türsteher trifft. Die Einlasskontrollen sind streng und man wird vielleicht zurückgewiesen, weil man nicht bekannt ist. Aber vielleicht wird man auch herzlich willkommen geheißen – dies alles ist nicht vorhersagbar. Drinnen gibt es eine Bar mit Tanzfläche sowie mehrere Räume zum Chillen für die junge Schickeria der Stadt.

Dedaena Bar BAR

(Karte S. 50; Dedaena Park; ⌚18–3 Uhr) Das schwulenfreundliche Dedaena ist eine der populärsten Hipster-Bars in Tbilisi. Aufgrund der Lage an einem Skater-Park schauen hier viele Skatboarder vorbei sowie deren Freunde und Bewunderer. Die Lage ist super, denn man schaut über den Fluss hinweg; die große Terrasse ist in den Sommermonaten am Abend immer gut besucht. Drinnen spielen die DJs normalerweise Techno und House.

Rooms Hotel Bar COCKTAILBAR

(Karte S. 46; www.roomshotels.com; Kostava 14; ⌚9–2 Uhr; 📶) Für ein bisschen Luxus und einige der besten Cocktails im Kaukasus geht man in diese schicke Bar im Rooms Hotel. Der Service ist tadellos, die Inneneinrichtung großartig und die Musik gut – und im Sommer strömt alles in die tolle Gartenbar. Für ein bisschen Manhattan in Tiflis ist das Rooms der richtige Ort.

Skola Coffee & Wine Bar KAFFEE

(Karte S. 50; ☎551-533335; Rustaveli 17; ⌚Mo–Fr 8–22, Sa–So 9–23 Uhr; 📶) Der minimalistische Kaffeetempel bietet Wein nur nebenbei an. In Sachen Kaffee ist der Laden aber der beste in Tiflis. Die erstklassigen Kaffeebohnen für die große Auswahl an Kaffees und Eiskaffees stammen von der Moskauer Rösterei Camera Obscura, die hier auch verkauft werden. Dazu gibt es vegane Milchoptionen sowie Wein, Kuchen und Gebäck.

Mozaika BAR

(Karte S. 50; Vashlovani 8; ⌚19–3 Uhr; 📶) Einheimische, die vor dem Club-Besuch noch etwas vorglühen wollen, gehen gerne in diese freundliche und hippe Bar. Oder man trifft sich einfach nur mit Freunden. Der kleine Balkon schaut zur Straße raus und ist für die Raucher gedacht. Drinnen erstreckt sich das Mozaika über zwei Ebenen und ist „natürlich" mit Mosaiken verziert. Hier kann man sich auf ein cooles und weltoffenes Publikum einstellen.

Success Bar SCHWULE & LESBEN

(Karte S. 50; www.facebook.com/successbar2017; Vashlovani 3; ⌚Di–So 22.30–4 Uhr) Trotz der spürbaren Öffnung gegenüber Schwulen und Lesben in Tiflis in den letzten Jahren ist die Success Bar noch immer die einzige offizielle Schwulen- und Lesbenbar in der Stadt. Nach Jahren des Verfalls wurde das Gebäude von der einheimischen Fotografin Nia Gvatua gerettet und mit neuem Leben erfüllt. Jetzt ist es hier an Wochenenden immer voll. Die Partygäste lieben die kitschige Dekoration, die winzige Tanzfläche und auch die sichere Atmosphäre.

Dive Bar BAR

(Karte S. 50; Revaz Laghidze 12; ⌚18–2 Uhr; 📶) Die in einem Hof gelegene Dive Bar wurde von einer Gruppe Freiwilliger des georgischen und US-amerikanischen Friedenscorps gegründet. Hier trifft man sich für billiges Bier und gute Stimmung. Mit zwei Bier-Pong-Tischen, Livemusik mittwochs und einer großen Außenfläche ist die Bar sowohl bei Einheimischen wie auch der ausländischen Kommune sehr beliebt. Die Thekenkräfte sprechen viele Sprachen – von Persisch bis Deutsch. Und sie weisen freundlich darauf hin, dass sie keine Musikwünsche entgegennehmen.

Café Gallery CLUB

(Karte S. 50; Griboedov 34; ⌚ Di, Fr 10.30–8, Sa 12–8 Uhr; 📶) Tagsüber ist das Gallery ein entspanntes Café mit Kunstgalerie. Doch dreimal die Woche werden die Tische beiseite geräumt und es entsteht ein kleiner, aber exzellenter Club, fokussiert auf Techno und House. An Wochenenden sind die zwei Ebenen immer total voll, wenn lokale und internationale DJs auflegen. Am Dienstag ist auch Schwulenabend.

Dublin KNEIPE

(Karte S. 50; Akhvlediani 8; ⌚ 11–3 Uhr) Eine ziemlich laute Mischung aus jungen Georgiern und Expats sowie Live-Coverbands kennzeichnet das Dublin. Die Nachbarn werden davon schon seit 1990 wach gehalten. Inzwischen gibt es nach demselben Muster Dutzende „Klon-Bars" allein in diesem Viertel; also einfach schauen, wo gerade am meisten los ist.

Östlich des Flusses

★ Bassiani CLUB

(Karte S. 46; ☎ 599-880888; www.bassiani.com; Akaki Tsereteli 2; ⌚ ca. 0–8 Uhr) Das Bassiani wird als einer der besten Technoclubs weltweit gefeiert und in unendlich vielen Magazinartikeln positiv erwähnt. Der Club ist das Berghain des Kaukasus und ein absolutes Highlight des ohnehin schon sehr lebhaften Nachtlebens in Tiflis. Er residiert in einem ehemaligen Schwimmbad unter dem Dinamo-Stadion. Neben der unglaublichen Beleuchtung sorgen das Funktion-One-Soundsystem, die zwei Tanzflächen sowie mehrere Räumlichkeiten zum Chillen für die einzigartige Atmosphäre.

Geleitet wird das Bassiani von einem politisch aktiven Kollektiv, das schon sehr viele lokale Talente gefördert hat und die georgische Clubber-Szene im Sommer 2018 sogar bei einer Reihe von Protesten gegen harte Polizeirazzien angeführt hat. Der Club ist auch ein offener Förderer von Schwulen- und Lesbenrechten in einem Land, wo das Thema sehr lange völlig tabu war. Wenig überraschend findet hier gut einmal im Monat Georgiens beste Queer-Party, Horoom Nights, statt. Im Allgemeinen kann man einfach seine Eintrittskarte an der Tür kaufen, doch aus Sicherheitsgründen muss man sich für die Horoom Nights online registrieren und checken lassen. Dazu braucht man seine Passnummer und die eigene Facebook-URL (ja, wirklich). Es lohnt sich aber sowieso, sich für das Bassiani registri denn dann wird der Eintrit man kann die strikten Türs ersten Besuch problemlos

Mtkvarze

(Karte S. 46; www.mtkvarze.com; Nikoloz vili; ⌚ Fr–Sa 23–11 Uhr, Aug. geschl.) Das ehemalige sowjetische Fischrestaurant hat einen umlaufenden Balkon oberhalb des Ostufers des Flusses Mtkvari. Mtkvarze bedeutet wörtlich „an der Mtkvari (Kura)". Der Laden ist ideal für einen Nachtclub und lädt oftmals bekannte internationale DJs ein, die sich ganz auf den georgischen Geschmack einstellen: Minimal-Techno. Essen gibt es die gesamte Nacht hindurch – und wenn man erstmal die Türsteher passiert hat, ist es drinnen sehr freundlich und einladend.

Nördliches Tiflis

★ KHIDI CLUB

(Karte S. 46; www.khidi.ge; Vakhushti-Bagrationi-Brücke, rechtes Flussufer; ⌚ Fr–Sa 23–9 Uhr) KHIDI bedeutet im Georgischen „die Brücke". Der Club wurde in einen Hang unter einer der Hauptbrücken über die Mtkvari (Kura) gebaut. Der außergewöhnliche Betonbunker ist eine natürliche Location für einen der besten Nachtclubs der Stadt. Auf der Haupttanzfläche ist Techno angesagt, auf der kleineren Tanzfläche ist die Musikauswahl gemischter: Es gibt Dance, Ambient, Electro und experimentelle Nächte.

Man muss sich online mit einer Facebook-URL und der Passnummer registrieren, um eingelassen zu werden. Doch der Aufwand lohnt sich. Die monatliche Queer-Party, Kiki (Registrierung über www.khidi.ge/kiki), ist sehr populär. Manchmal gibt es auch Kunstausstellungen sowie Workshops und Tanz- und andere Kunstvorführungen. Das KHIDI ist eine der progressivsten und interessantesten Locations in Tiflis und ein wichtiger Bestandteil der örtlichen Clubszene.

☆ Unterhaltung

Tbilisis Unterhaltungsoptionen für Besucher, die nicht georgisch sprechen, sind ziemlich begrenzt. Aber man kann natürlich Konzerte genießen, die selbst in vielen Restaurants sowie in Bars und speziellen Veranstaltungsorten stattfinden. Das 2016 wieder eröffnete Opern- & Ballett-Theater sieht spektakulär aus und lohnt den Besuch.

…briadze-Theater THEATER
(…sis Marionettentheater; Karte S. 48; ☎32-…36590; www.gabriadze.com; Shavteli 13; …0–30 GEL; ⌚Theaterkasse 11–19 Uhr, Juli–Aug. geschl.) Wer glaubt, Puppen seien nicht sein oder ihr Ding, der sollte ins Gabriadze gehen. Die Vorführungen in dem süßen kleinen Theater werden von Direktor Rezo Gabriadze geleitet und sind unglaublich originell und bewegend. Für einige gibt es auch englische Untertitel. Falls gerade im Programm sind besonders die Stücke *Stalingrad* und *Ramona* empfehlenswert. Reservieren kann man entweder per Mail oder direkt an der Theaterkasse.

★ **Opern- & Ballett-Theater** BÜHNE
(Karte S. 50; ☎32-2004466; www.opera.ge; Rustaveli 25) Das wunderbare Opernhaus von Tiflis befindet sich in einem neomaurischen Gebäude aus dem 19. Jh. Nach Jahren der Renovierung öffnete es 2016 endlich wieder seine Pforten und sieht einfach umwerfend aus. Vor normalerweise vollem Haus werden Oper, Ballett und klassische Konzerte aufgeführt. Allerdings kann es in den Sommermonaten sein, dass mehr Leute die Aufführungen filmen als tatsächlich zuzuschauen. Die Theaterkasse befindet sich ziemlich versteckt rechts um die Ecke.

Tbilisi Concert Hall KONZERTSAAL
(Karte S. 46; ☎32-2990599; www.tbilisiconcerthall.com; Petre Melikishvili 1) Rund 2300 Zuschauer passen in die städtische Konzerthalle, die Georgiens größte Bühne für Musikveranstaltungen ist. Hier finden viele der renommiertesten Musikevents des Landes statt, darunter jedes Frühjahr das jährliche Tbilisi Jazz Festival (S. 58).

Rustaveli-Theater THEATER
(Karte S. 50; ☎32-2726868; www.rustaveli-theatre.ge; Rustaveli 17; ⌚Aug. geschl.) Das Rustaveli ist international bekannt für seine Shakespeare-Produktionen von Robert Sturua, der hier seit 1980, beinahe ohne Unterbrechung, Regie führt. Manchmal gibt es Aufführungen mit simultaner englischer Übersetzung – Informationen dazu an der Theaterkasse.

Shoppen

Tiflis hat sich in den letzten Jahren zu einer sehr guten Shopping-Destination gemausert. In der Altstadt und in Sololaki haben Dutzende sehr individuelle Fachgeschäfte geöffnet, während andernorts auch Märkte, Einkaufszentren, Souvenirläden, Wein- und Teppichhändler sowie lokale Modeschöpfer attraktive Einkaufsadressen sind.

★ **Dry Bridge Market** FLOHMARKT
(Karte S. 50; 9 Martis Park; ⌚Mo–Fr 10–17, Sa–So 9–18 Uhr) Auf dem größten und beliebtesten Flohmarkt der Stadt findet man stets allen möglichen Schnickschnack und macht oft spannende Überraschungsfunde: Original-Kunstwerke, Hirtenkappen, Akkordeons, Schmuck, Silber, Glas, Dolche und Andenken aus der Sowjetzeit. Am Wochenende herrscht hier fast Karnevalstimmung.

Galleria EINKAUFSZENTRUM
(Karte S. 50; ☎32-2500040; www.galleria.ge; Rustaveli 2/4; ⌚10–22 Uhr) Das größte und schickste Einkaufszentrum im Herzen von Tiflis ist ein gutes Ziel, wenn man es bequem haben möchte. Es liegt direkt am Freiheitsplatz oberhalb der Metrostation Tavisuplebis Moedani. Im Untergeschoss gibt es einen Supermarkt und ganz oben eine populäre Gastro-Markthalle. Dazwischen tummeln sich Dutzende Läden für Mode, Elektronik- und Haushaltswaren.

Termitti MODE & ACCESSOIRES
(Karte S. 50; ☎558-444648; www.facebook.com/pg/termitti; Galaktion Tabidze 23; ⌚10–19 Uhr) Das reizende Studio in Sololaki produziert sehr gefragte Lederwaren, Portemonnaies, Gürteltaschen und verschiedene andere sehr modische Accessoires. Die Preise sind moderat und alles wird direkt hier vor Ort hergestellt. Stücke aus Kunstleder gibt es hier auch zu erstehen.

Aristaeus FEINKOST
(Karte S. 48; Pushkin 19; ⌚10–23 Uhr) Gute Auswahl an georgischem Käse und Honig sowie hochwertigen Marmeladen und Soßen.

Caucasian & Oriental Carpets Gallery TEPPICHE
(Karte S. 48; ☎577-405311; www.carpetsintbilisi.com; Erekle II 8/10; ⌚10–20 Uhr) Dieser Teppichhändler ist seit rund 30 Jahren im Geschäft und hat die beste Auswahl in der Altstadt im Angebot. Die bunten Teppiche stammen aus Georgien, Aserbaidschan, dem Iran und aus Zentralasien.

Geoland KARTEN
(Karte S. 50; ☎32-2922553; info@geoland.ge; Telegrapis chikhi 3; ⌚ganzjährig Mo–Fr 10–19 Uhr, Juni–Sept. auch 11–18 Uhr) Georgiens wichtigster Kartenhersteller, Geoland, verkauft

hier die hauseigenen, erstklassigen neun Wanderkarten (1:50 000), die Swanetien, Racha, Kazbegi, Tuschetien und Borjomi abbilden, sowie sechs regionale Reisekarten (1:200 000), die das ganze Land abdecken, eine Georgien-Karte und einen Stadtplan von Tiflis. Alle Karten kosten jeweils 12 GEL. Verkauft werden für jeweils 22 GEL auch 1:50 000-Kartenausschnitte von allen Landesteilen Georgiens, die auf alten sowjetischen Militärkarten basieren. Daneben kann man sich mit Camping-Gas und GPS-Handgeräten von Garmin eindecken.

Prospero's Books BÜCHER, KARTEN
(Karte S. 50; ☎ 32-2923592; www.prosperosbookshop.com; Rustaveli 34; ⌚ 9.30–20 Uhr) Der englischsprachige Buchladen bietet viele georgische und südkaukasische Titel sowie Karten, Reiseführer und Belletristik. Ein guter Tipp ist das reizende Caliban's Coffeehouse im selben Gebäude. Nett sind auch das Regal mit Second-Hand-Büchern sowie die gute Geschichtsabteilung.

Desertirebis Bazari MARKT
(Deserteurs-Markt; Karte S. 46; Ecke Tsinamdzghvrishvili & Abastumani; ⌚ 7–19 Uhr) Das weitläufige Marktgelände in der Nähe des Hauptbahnhofs ist der zentrale Markt der Hauptstadt. Hier kann man so ziemlich alles probieren, was die Georgier so essen. Im Zentrum befindet sich ein recht ansehnliches modernes Gebäude, allerdings bevorzugen es viele Händler, draußen auf der Straße Geschäfte zu machen. Benannt wurde der Markt nach den desertierten Soldaten, die hier in den frühen 1920er-Jahren ihre Waffen verkauft hatten.

ℹ Praktische Informationen

MEDIZINISCHE VERSORGUNG

CITO (Karte S. 46; ☎ 32-2290671; www.cito.ge; Paliashvili 40, Vake; ⌚ Mo–Fr 9–18, Sa 9–15 Uhr) Eines der besten privaten medizinischen Zentren der Stadt mit einem Allgemeinmediziner sowie Spezialisten und einem guten Labor.

IMSS (Karte S. 46; ☎ 599-100311, 599-266669; www.imss.ge; 4. Etage, Bakhtrioni 10a, Saburtalo; ⌚ 24 Std.) Sprechstunden sowie rund um die Uhr Notfall- und stationäre Versorgung mit Ärzten, die in der EU oder den USA ausgebildet wurden.

MediClub Georgia (Karte S. 46; ☎ 32-2251991; www.mcg.ge; Tashkent 22a, Saburtalo) Rund um die Uhr Notfall- und Ambulanzdienst – sowie eine gute stationäre Versorgung.

POST

Hauptpostamt (Karte S. 46; ☎ 32-2240909; www.gpost.ge; Bahnhofsplatz; ⌚ Mo–Fr 9–17, Sa 10–14 Uhr) Die Hauptpost befindet sich gleich neben dem Bahnhof.

TELEFON

Am besten besorgt man sich eine heimische SIM-Card von einem der drei größten Mobilfunkanbieter des Landes: **Beeline** (Bilaini; Karte S. 50; www.beeline.ge; Rustaveli 14; ⌚ Mo–Fr 10–19, Sa–So 10–17 Uhr), **Magti** (Karte S. 50; www.magticom.ge; Rustaveli 22; ⌚ Mo–Fr 9–21, Sa–So 9–18 Uhr) oder **SilknetGeocell** (Karte S. 50; www.geocell.ge; Rustaveli 40; ⌚ Mo–Sa 10–20 Uhr). Ein Ausweis ist notwendig, um sich solch eine Card zu kaufen.

TOURISTENINFORMATION

Touristeninformationszentrum (Karte S. 48; ☎ 32-2153697; www.gnta.ge; Freiheitsplatz; ⌚ 9 bis mindestens 21 Uhr) In dem kleinen gläsernen Kiosk an einer Seite des Freiheitsplatzes (Tavisuplebis Moedani) befindet sich sehr hilfsbereites Personal, das auf die allermeisten Fragen der Besucher auch eine Antwort parat hat. Der Schalter am Flughafen ist 24 Stunden geöffnet.

ℹ An- & Weiterreise

Marschrutky (Minibusse) sind in Georgien das Hauptverkehrsmittel. Zusammen mit einigen großen Bussen sowie Minivans, die kleiner und komfortabler als *marschrutky* sind, fahren sie von verschiedenen Busbahnhöfen im Stadtgebiet ab.

Züge sind normalerweise langsamer und verkehren nicht so häufig wie die (Mini-)Busse. Der Service kann jedoch sehr gut und preisgünstig sein und ist auch viel angenehmer.

Um direkt nach Baku (Aserbaidschan) zu gelangen, bucht man am besten einen Flug oder nimmt die Bahn; AZAL und Buta Airways bieten täglich Direktverbindungen an, außerdem verkehrt jeden Abend ein Nachtzug.

Um ins nordwestliche Aserbaidschan zu gelangen, benötigt man ein *marschrutka*. Bei Redaktionsschluss war ab Sommer 2020 von der **Aserbaidschanischen Tourismusbehörde** in Tiflis (Karte S. 50; www.tourismboard.az; Rustaveli 16) ein neuer touristischer Shuttlebus-Service nach Şəki geplant.

Um nach Armenien zu gelangen, sind die Minivans von der Metrostation Avlabari nach Jerewan eine komfortable und bequeme Option, genau wie die Minibusse des Envoy Hostels (S. 58), die jeden Samstag unterwegs sind. Alternativ fliegt **Georgian Airways** (Karte S. 50; ☎ 32-2111220; www.georgian-airways.com; Rustaveli 12; ⌚ Mo–Fr 10–18 Uhr) täglich direkt in die armenische Hauptstadt.

FLUGZEUG

Der Tbilisi International Airport (☎32-2310421, 32-2511511; www.airport-tbilisi.com) liegt 15 km östlich des Stadtzentrums. Tiflis ist mit mehr als 40 internationalen Flughäfen durch Direktflüge verbunden. Allerdings landen und starten viele Flugzeuge frühmorgens.

Im Südkaukasus bietet Georgian Airways Flüge nach Jerewan und im Inland nach Batumi an. **AZAL** (Azerbaijan Airlines; Karte S. 46; ☎32-2558888; www.azal.az; Chavchavadze 28; ⏲Mo–Fr 10–19, Sa–So 10–15 Uhr) und Buta Airways fliegen nach Baku.

Im Flughafenterminal gibt es Geldautomaten, mehrere Bankfilialen bieten rund um die Uhr Geldwechsel, Mobilfunkanbieter verkaufen SIM-Cards, auch Autoverleiher sind vorhanden.

Vom **Flughafen Natakhtari** (☎599-452525, 32-2428428; www.vanillasky.ge; 7 Bambis Rigi), 25 km nördlich von Tbilisi, fliegt die georgische Fluglinie **Vanilla Sky** (Karte S. 46; ☎32-2427427, 599-659099; www.vanillasky.ge; Vazha Pshavela 5, Saburtalo; ⏲Mo–Fr 10–18, Sa 11–13 Uhr) mit Propellermaschinen nach Mestia und nach Batumi.

BUS & MARSCHRUTKA

Marschrutky starten auch schon vor oder nach der offiziellen Abfahrtszeit, je nachdem wie schnell sich der Minibus füllt. Allerdings können sich alle Fahrpläne schnell ändern – aber das gehört einfach zum Alltag in Georgien dazu. Normale Busse verkehren zumeist nach Fahrplan, aber sie stellen nur einen wesentlich kleineren Teil des Öffentlichen Nahverkehrs.

Marschrutky und Busse verkehren von folgenden Busbahnhöfen:

Didube (S. 76) Der bedeutendste Busbahnhof für den heimischen Verkehr ist eine weitläufige Angelegenheit. In der Nähe der Metrostation starten *marschrutky* nach Akhaltsikhe, Bakuriani, Batumi, Borjomi, Stepantsminda, Kutaisi, Mtskheta und Vardzia. An einer Straße zur Rechten liegt der Busbahnhof Okriba. Von hier starten weitere *marschrutky* nach Batumi, Kutaisi *und* Zugdidi. Von einem Platz gegenüber geht es nach Gori.

Ortachala (☎32-2753433; Gulia 1) Von Ortachala, 2,5 km südöstlich der Altstadt gibt es Verbindungen nach Kachetien, Armenien, Aserbaidschan, Griechenland, Russland und in

INTERNATIONAL: MARSHRUTKY, BUSSE & MINIBUSSE VON TBILISI

REISEZIEL	BUSBAHNHOF	FAHRPREIS (GEL)	FAHRZEIT (STD.)	HÄUFIGKEIT
Athen	Ortachala	230	42	1 Bus tgl., Zeiten variieren
Baku (Aserbaidschan, via Tsiteli Khidi & Gəncə)	Ortachala	30	10	Tgl. um 17 und 18.30 Uhr
Istanbul (via Trabzon)	Ortachala	85	26	5 oder mehr Busse tgl.
Moskau	Ortachala	150–200	32	2 oder mehr Busse tgl.
Qax (Aserbaidschan)	Ortachala	10	4–5	*Marschrutky* um 8.40, 11, 13 Uhr
Vanadzor (Armenien, via Alaverdi)	Ortachala	20	3½	1 Bus tgl. um 9 Uhr
Wladikawkas (Russland)	Ortachala	60	4	1 Bus tgl. um 12 Uhr
Wladikawkas	Didube	70	4	Minivans fahren, wenn sie voll besetzt sind
Jerewan (Armenien, via Ijevan, Dilijan, Sevan)	Avlabari	40	6	Minivans alle 2 Std., 9–17 Uhr (Reservierungen ☎593-229554)
Jerewan (via Alaverdi, Vanadzor)	Ortachala	40	6	*Marschrutky* um 8.20, 9.10, 10 Uhr, danach immer, wenn ein Bus voll ist (Reservierungen %577-411044)
Jerewan (via Alaverdi, Vanadzor)	Sadguris Moedani	40	6	*Marschrutky* alle 2 Std., 9–17 Uhr
Zaqatala (Aserbaidschan)	Ortachala	12	3–4	*Marschrutky* 8.30 & 17 Uhr

NATIONAL: MARSHRUTKY & BUSSE VON TBILISI

REISEZIEL	BUSBAHNHOF	FAHRPREIS (GEL)	FAHRZEIT (STD.)	HÄUFIGKEIT
Akhaltsikhe	Didube	8	4	stündl. 8–19 Uhr
Bakuriani	Didube	10	4	9, 10, 11 Uhr
Batumi	Ortachala	35	6	6 Metro-Georgia-Busse tgl.
Batumi	Didube	20	6	stündl. 8–20 Uhr
Borjomi	Didube	8	2½	stündl. 8–19 Uhr
Dedoplis Tskaro	Ortachala	8	3	alle 2 Std., 8.30–17 Uhr
Gori	Didube	4	1¼	alle 40 Min., 8.15–18 Uhr
Kutaisi	Didube	10	4	alle 30 Min., 8–14 Uhr; stündl., 14–20 Uhr
Lagodekhi	Isani	8	2½	alle 40 Min., 8.40–18.30 Uhr
Mestia	Sadguris Moedani	30	9	7 Uhr, Reservierungen ☎ 557-130529
Mestia	Navtlughis Avtosadguri	30	9	7 Uhr, Reservierungen ☎ 591-663563
Mtskheta	Didube	1	30 Min.	alle 20 Min., 8–20 Uhr
Sighnaghi	Navtlughis Avtosadguri	7	2	alle 2 Std., 9–18 Uhr
Stepantsminda	Didube	10	3	stündl., 9–18 Uhr
Telavi	Ortachala	8	2	alle 45 Min., 8–16 Uhr
Telavi	Navtlughis Avtosadguri	8	2	stündl., 9.20–16.10 Uhr
Vardzia	Didube	15	4½	10 Uhr
Zugdidi	Sadguris Moedani	15	5½	stündl., 8–21.30 Uhr
Zugdidi	Didube	15	5½	alle 1½ Std., 8–19 Uhr

die Türkei. *Marschrutky* fahren von der Vorderseite nach Kachetien sowie nach Zaqatala und Qax in Aserbaidschan. Mit den komfortablen Bussen von **Metro Georgia** (☎ 577-159415, 32-2750595; www.metrogeorgia.ge) geht es nach Batumi. Ortachala erreicht man mit Bus 50, 55 und 71 ab Baratashvili (Karte S. 48) im Zentrum von Tbilisi. Wenn man vom Busbahnhof in die Stadt möchte, nimmt man die Busse, die an der Straße links stehen und nach draußen verkehren. *Marschrutky* 108 und 150 pendeln zwischen Ortachala und Didube.

Sadguris Moedani (Karte S. 46) Zum Hauptbahnhof gehören auch zwei Busbahnhöfe: Der erste liegt vorne auf dem Platz, es gibt einen zweiten im Obergeschoss auf der Rückseite. Vorne fahren die Busse nach Mestia, auf der Rückseite geht es in beinahe jede andere Ecke des Landes.

Avlabari (Karte S. 46; Avlabaris moedani) An der Metrostation Avlabari starten die Busse nach Jerewan.

Navtlughis Avtosadguri (Samgori; Ketevan Dedopalis Gamziri; Ⓜ Samgori) Rund 300 m westlich der Metrostation Samgori starten die Busse zu verschiedenen Destinationen in Kachetien sowie nach Mestia.

Isani (Atskuri; Ⓜ Isani) In der Straße hinter dem Staatlichen Rechnungshof hinter der Metrostation Isani geht es nach Lagodekhi.

Georgian Bus & Gareji Line (Karte S. 48) An einer Seite des Freiheitsplatzes verkehren im Sommer täglich Minibusse nach Davit Gareja sowie ganzjährig zum Flughafen von Kutaisi.

ZUG

Tbilisis **Hauptbahnhof** (Sadguris Moedani) ist der Knotenpunkt für die georgische Eisenbahn. Die Fahrkartenschalter sind von 7–23 Uhr geöffnet und befinden sich auf Ebene 3 im obersten Stockwerk. Normalerweise spricht hier stets irgendeine Person Englisch; man kann Fahrkarten für jedes Reiseziel in Georgien kaufen. Allerdings benötigt man dafür einen Reisepass. Die Bahnsteige befinden sich auf Ebene 2.

Die Fahrpläne ändern sich jedoch oft: Auf der Website der Georgischen Eisenbahn finden sich auch einige Infos auf Englisch (www.railway.ge).

Tbilisi (Tiflis) Metro

Fahrkarten kann man bis zu 60 Tage im Voraus kaufen. Online kann der Kauf aber ziemlich kompliziert sein. Am besten sucht man ein Reisebüro auf, z. B. **Advantour** (Karte S. 46; ☎32-2323000; www.advantour.com; Zakaria Paliashvili 98; ⊙Mo–Fr 10–19 Uhr) um Fahrkarten dort zu kaufen. Bahninfos auf Englisch gibt es telefonisch unter ☎1331.

Eisenbahnen nach Baku, Jerewan, Batumi und Zugdidi sollte man einige Tage im Voraus buchen – im Juli und August jedoch soweit im Voraus wie möglich, weil die Züge dann zumeist ausgebucht sind.

Internationale Züge

Die einzigen internationalen Züge sind die Nachtzüge nach Baku (Aserbaidschan) und Jerewan (Armenien). Sobald die Bahnlinie nach Kars in der Türkei fertiggestellt ist (geplant für 2020), wird sich das Angebot erweitern. Es gibt keine Züge mehr nach Russland, weil die einzige Bahnlinie durch Abchasien führt.

Der Zug nach Baku (3./2./1. Klasse 45/60/100 GEL, 12 Std.) verlässt Tiflis täglich um 20.35 Uhr und erreicht Baku gegen 8.50 Uhr am nächsten Morgen.

Der Zug nach Jerewan (3./2./1. Klasse 45/60/100 GEL, 11 Std.) – via Vanadzor und Gyumri – verlässt Tiflis vom 15. Juni bis 30. September täglich um 22.15 Uhr und erreicht Jerewan um 7.25 Uhr am nächsten Morgen. Im restlichen Jahr verkehrt der Zug lediglich an ungeraden Tagen und verlässt Tiflis um 20.20 Uhr. Die Ankunft in Jerewan ist dann gegen 6.55 Uhr am nächsten Morgen.

Die Preise der Fahrkarten können durch die Wechselkurse schwanken und hängen auch davon ab, wie weit man im Voraus bucht. Da sich die Fahrpläne oftmals ändern, sollte man unbedingt alle Informationen vor Abfahrt nochmal gegenchecken.

Inlandszüge

Nachtzüge verlassen Tiflis täglich um 21.45 Uhr nach Zugdidi (Sitzplatz/2./1. Klasse 7/21/30 GEL, 9 Std.) sowie um 0.35 Uhr nach Batumi (2./1. Klasse 30/70 GEL, 6 Std.). Sie erreichen jeweils im Morgengrauen ihr Ziel.

Morgens zwischen 8 und 10 Uhr geht es nach Batumi (2./1. Klasse 23/40 GEL, 5½ Std.), Kutaisi (Sitzplatz 7,50 GEL, 5½ Std.) und Zugdidi (2. Klasse 15 GEL, 6½ Std.). Während der sommerlichen Ferienzeit verkehren zusätzliche Eisenbahnen nach Batumi.

Elektrichky (Bummelzüge nur mit Sitzplätzen) verkehren morgens und nachmittags nach Borjomi (2 GEL, 4½ Std.) sowie nachmittags nach Kutaisi (4 GEL, 6 Std.). Fahrkarten kauft man dann im Zug.

UNTERWEGS VOR ORT

Bus & Marschrutka

Gelbe Stadtbusse und *marschrutky* dienen als oberirdische Ergänzung zur Metro. Die elektronischen Anzeigen an den meisten Bushaltestellen führen die Fahrtziele der eintreffenden Busse sowohl in Georgisch als auch in Englisch auf. Die Busse halten ausschließlich an den festgelegten Haltestellen, *marschrutky* jedoch überall an der Fahrtstrecke. Dafür muss man dem Fahrer ganz einfach *„gaacheret!"* („Stop!") zurufen.

Das Streckennetz und die Fahrpläne finden sich teilweise auch auf Englisch auf der Website http://ttc.com.ge.

Seilbahn

Tiflis verfügt über zwei Seilbahnen, drei weitere befinden sich in Planung. Für Besucher am attraktivsten ist die Seilbahn vom südlichen Ende des Rike-Parks hoch oberhalb der Mtkvari (Kura) und der Altstadt zur Festung Narikala hinauf. Eine zweite Seilbahn verkehrt vom Vake-Park im Westen der Stadt zum Schildkrötensee. Für eine Fahrt benötigt man eine Metromoney Card, die man auch an den jeweiligen Fahrkartenschaltern erwerben kann.

Metro

Die effiziente Metro von Tiflis verkehrt 6–24 Uhr. Die zwei Linien steuern die wichtigsten Stadtteile an und kreuzen sich am Sadguris Moedani (Bahnhofsplatz). Die Ausschilderung und die Ansagen sind auch auf Englisch.

METROMONEY-KARTEN

Die sogenannten Metromoney-Karten werden für 2 GEL an den Ticketschaltern der U-Bahnstationen verkauft. Sie sind für die Nutzung der Metro unerlässlich und können auch in den Stadtbussen von Tiflis sowie den *Marschrutky*-Minibussen genutzt werden. Man lässt die Karte von einem Kartenlesegerät beim Betreten der Bahn, eines Busses oder eines *marschrutka* ablesen. Die Fahrpreise betragen 0,50 GEL für eine Metro- oder Busfahrt sowie 0,80 GEL für ein *marschrutka*. In den Bussen und *marschrutky* kann man auch mit Bargeld bezahlen. Wechselgeld gibt es in den Bussen jedoch nicht. Bei Umstieg oder weiteren Fahrten innerhalb von 90 Minuten wird die Karte beim Entwerten nicht erneut belastet.

Die Karte lässt sich mit Bargeld an den Fahrkartenschaltern der U-Bahn-Stationen sowie an den vielerorts vorhandenen orangefarbenen „Express-Pay"-Maschinen aufladen. Die Bedienungsanleitung auf Englisch ist gut verständlich.

Taxi

Offizielle Taxis fahren praktisch immer ohne Taxameter. Deshalb handelt man vor allem für längere Fahrten den Fahrpreis vor dem Einsteigen aus – oder man überreicht bei der Ankunft einfach selbstbewusst den Standardpreis. Für eine kurze Strecke bis zu 2 km sind 3 GEL der Standard, bis zu 4 km zahlt man 5 GEL und darüber hinaus 10 GEL (aber unbedingt vorab klären).

Apps, um Taxis in Tiflis zu rufen, sind z. B. Bolt und Yandex. Leider schalten die meisten Taxis nicht ihr beleuchtetes Schild aus, auch wenn sie Passagiere an Bord haben. Man sollte also allen vorbeifahrenden Taxis zuwinken, bis schließlich ein Fahrzeug anhält.

SÜDGEORGIEN

Georgiens südliche Flanke ist eine sehr abwechslungsreiche und wunderbare Region. Die größten Attraktionen sind die spektakuläre Höhlenstadt Vardzia, das bedeutende religiöse Zentrum Mtskheta und die atemberaubende Berglandschaft des Borjomi-Kharagauli-Nationalparks. Historisch gesehen gehört ein Großteil der Region zu Tao-Klardschetien, einer Wiege der mittelalterlichen georgischen Kultur, die sich bis weit in den heutigen Nordosten der Türkei ausdehnte. Tao-Klardschetien stand von etwa 1550 bis in die 1870er-Jahre unter osmanischer Herrschaft, war nach der russischen Revolution kurzfristig Teil des unabhängigen Georgiens und wurde dann 1921 zwischen den Bolschewiken in Georgien und der Türkei aufgeteilt. In vielerlei Weise schlägt im Süden das Herz des Landes: Die hl. Nino zog hier durch, um Georgien zum Christentum zu missionieren und der Nationalbarde Shota Rustaveli wurde hier geboren. In jüngerer Zeit wurde in Gori ein gewisser Josef Stalin geboren, der erheblich dazu beitrug, diese Gegend etwas bekannter zu machen.

Mtskheta

32 / 8000 EW.

Mtskheta war seit der Einführung des Christentums um 327 Georgiens spirituelles Zentrum. In der georgischen Kultur nimmt der Ort am pittoresken Zusammenfluss von Mtkvari (Kura) und Aragvi eine nahezu mystische Bedeutung ein. Vom 3. Jh. v. Chr. an war Mtskheta bereits die Hauptstadt für große Teile Ostgeorgiens gewesen und blieb es bis ins 5. Jh. n. Chr. Dann verlegte König Wachtang Gorgasali seine Machtbasis ins nahe gelegene Tiflis. Mtskheta bewahrte aber seinen Status als spirituelle Hauptstadt des Landes; auch die Svetitskhoveli-Kathedrale ist weiterhin der Schauplatz für wichtige Zeremonien der georgisch-orthodoxen Kirche. Der Ort eignet sich prima als leichter und angenehmer Tagesausflug von Tiflis.

Sehenswertes

★ Svetitskhoveli-Kathedrale KATHEDRALE
(Arsukidze; 8–22 Uhr keine Besichtigung Sa 17–20, So 8–13 Uhr) Dieses zumal für seine Zeit außergewöhnlich beeindruckende Gebäude geht auf das 11. Jh. zurück. Es stand am Beginn des goldenen Zeitalters in der georgischen Kirchenarchitektur. Der Bau folgt einem verlängerten Kreuzplan, das Bauwerk wird im Innern wie an der Fassade von wunderbaren Steinmetzarbeiten geschmückt. Das Hemd von Jesus soll unter dem Mittelschiff verborgen liegen, unter einer rechteckigen Säule, die mit leicht verblassenden bunten Fresken verziert ist, die die Bekehrung von Kartlien darstellen.

Der Legende nach war der Jude Elias aus Mtskheta in Jerusalem anwesend, als Jesus

Mtskheta

Mtskheta

Highlights

1 Jvari-Kirche B2
2 Svetitskhoveli-Kathedrale A1

Sehenswertes

3 Samtavro-Kirche A1

Schlafen

4 Hotel Old Capital A1
5 Hotel Tamarindi A1

Essen

6 Ada Cafe A2
7 Old Taverna A2
8 Salobie A3

Transport

9 Marshrutky nach Tbilisi (Tiflis) A1

Christus gekreuzigt wurde. Elias kehrte mit dessen Hemd zurück. Seine Schwester Sidonia nahm es ihm ab – und starb sofort. Das Hemd wurde dann mit ihr begraben. Im Laufe der Zeit vergaßen die Leute die exakte Lage des Grabes. Als König Mirian im 4. Jh. die erste Kirche in Mtskheta erbauen ließ, konnte der im Zentrum geplante Holzpfeiler nicht in den Boden gerammt werden. Die hl. Nino betete daraufhin die ganze Nacht und plötzlich bewegte sich die Säule von allein zu jener Stelle, wo das Hemd begraben lag. Die Säule soll später noch für manch weiteres Wunder verantwortlich gewesen sein – und der Begriff Svetitskhoveli bedeutet wörtlich „lebensspendende Säule".

Im 5. Jh. ersetzte Wachtang Gorgasali die Holzkirche von König Mirian durch einen steinernen Bau. Die jetzige Kirche entstand in den Jahren zwischen 1010 und 1029 unter Patriarch Melqisedek. Diese ist nun knapp 1000 Jahre alt und noch immer eines der schönsten Gotteshäuser Georgiens.

Mehrere georgische Monarchen liegen hier begraben. Das Grab von Erekle (Irakli) II., 1762–1798 König von Kartlien and Kachetien, liegt vor der Ikonostase. Die Ikonenwand ist mit seinem Geburts- und Todesjahr, 1720 und 1798, versehen. Wachtang Gorgasalis Grab befindet sich dahinter. Auf einem erhöhten Stein wurde sein Bildnis mit Schwert in der Hand eingraviert.

★ Jvari-Kirche KIRCHE

(Heiliges Kreuz; 8–19 Uhr) Schon von Weitem kann man die Jvari-Kirche auf einem Hügel östlich von Mtskheta sehen. Für viele Georgier ist dies das wichtigste Heiligtum. Die Kirche steht dort, wo König Mirian sein berühmtes Holzkreuz errichtete, kurz nachdem er im 4. Jh. von der hl. Nino (um 300–361) zum Christentum bekehrt worden war. Zwischen 585 und 604 ließ Stephan I., *Eristavi* (Herzog) von Kartlien, über dem Kreuz eine Kirche erbauen.

Die Jvari-Kirche ist ein schönes, symmetrisches kleines Gotteshaus, das ein frühes Beispiel für die georgische Tetrakonchos-Form ist. Die kreuzförmige Kirche hat vier gleich lange Seiten, die im Inneren gerundet sind. Die Winkel dazwischen werden durch Eckräume gefüllt. Über dem gedrungenen, achteckigen Bau erhebt sich eine flache Kuppel. Im Inneren dominieren die kahlen Steine. Nur ein geschnitztes Holzkreuz erhebt sich auf dem mittleren Sockel.

Von der Kirche aus genießt man einen spektakulären Ausblick über den Ort und den Zusammenfluss von Aragvi und Mtkvari (Kura). Die etwa 11 km lange Straße hier hinauf ist extrem kurvenreich. Ein Taxi kostet um die 20 GEL (für Hin- und Rückfahrt; inklusive Wartezeit).

Samtavro-Kirche KIRCHE

(Davit Aghmashenebelis Qucha; 9–19 Uhr) Die große Kirche ist heute Teil eines Nonnenklosters. Sie wurde gegen 1130–1140 erbaut, König Mirian und Königin Nana liegen in

Südgeorgien

0 20 km

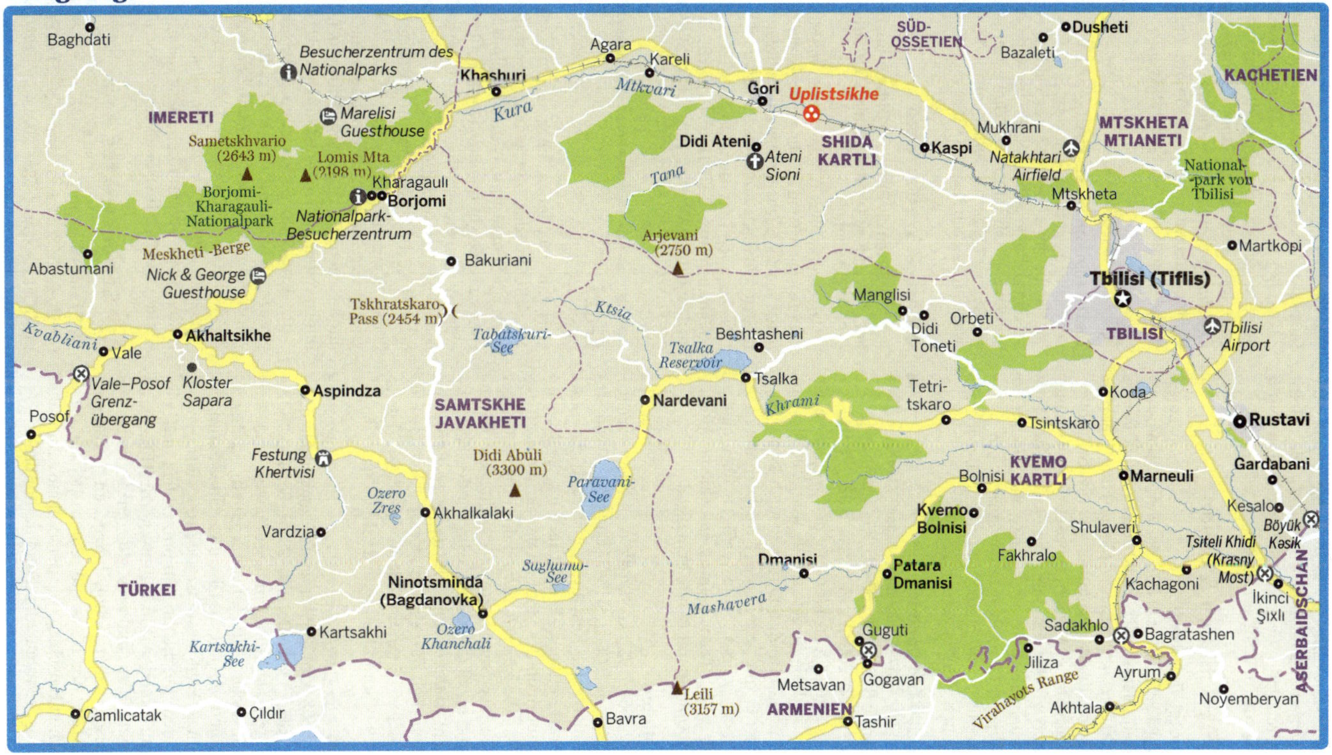

der südwestlichen Ecke unter einem steinernen Baldachin begraben. Die kleine Kirche auf dem Gelände, Tsminda Nino, wurde im 4. Jh. errichtet.

Schlafen & Essen

Hotel Tamarindi HOTEL $
(☎32-2512764, 579-037772; www.hoteltamarindi.com; Arsukidze 23; EZ 50 GEL, DZ 50–80 GEL, FZ 100 GEL; ❄📶) Dieses kleine Hotel befindet sich direkt gegenüber der Svetitskhoveli-Kathedrale. Aus den fünf sehr komfortablen und großen Zimmern sowie von der hübschen Terrasse blickt man auf die Straße hinaus. Gastgeber Jemal spricht ein wenig Englisch und bietet mit seinem allradbetriebenen Fahrzeug Ausflüge an.

Hotel Old Capital HOTEL $$
(☎593-631786; giorgi.zurabishvili.73@mail.ru; Erekle II 7; B 20 GEL, DZ 60–90 GEL, Apartment für 3–8 Pers. 130–200 GEL, Frühstück 5 GEL; ❄📶) Auf der anderen Straßenseite der Svetitskhoveli-Kathedrale besitzt dieses freundliche Hotel fünf adrette Zimmer, aber auch zwei Apartments mit jeweils zwei Schlafzimmern im Obergeschoss – alle verfügen über eigenes Bad/WC. Dazu kommt eine kleine Hostel-Abteilung mit einem Schlafsaal.

Salobie GEORGISCH $
(☎555-671977; Landstraße nach Tbilisi; Hauptgerichte 5–13 GEL; ⌚10–22 Uhr; 📶) Mtskhetas beliebtestes Restaurant hat auch das beste Preis-Leistungs-Verhältnis. Es liegt 5 km außerhalb der Stadt an der Straße nach Tiflis – die *marschrutky* halten direkt vor der Tür. Das verzweigte Lokal hat viele Räume und serviert viele einfache Landesspezialitäten: *khachapuri, Mmtsvadi, chinkali* und natürlich *lobio* sowie *lobiani* (Bohnen-Teigtaschen). Man bestellt an der Theke, das Essen bekommt man unglaublich schnell.

★ **Ada Cafe** GEORGISCH $$
(☎568-952402; Sanapiro 5; Hauptgerichte 6,50–18 GEL; ⌚Mo–Do 9.30–23, Fr–So 9.30–24 Uhr; 📶✍) Das innovative Café wird von zwei türkischen Frauen und einem Einheimischen geleitet und ist ein echtes Schmuckstück. Echt klasse ist die große Terrasse, die einen herrlichen Panoramablick auf den rauschenden Fluss hinweg zur Hügellandschaft am anderen Ufer ermöglicht. Die frisch zubereiteten, herrlichen Leckereien haben mehr als nur einen kleinen türkischen Einschlag. Die persönliche Atmosphäre ist sehr einladend und authentisch.

Old Taverna GEORGISCH $$
(Arsukidze; Hauptgerichte 10–22 GEL; ⌚10–23 Uhr; 📶) In der kleinen Taverne wird solide georgische Küche serviert, darunter *ostri* (würziges Fleisch in einer Tomatensoße), *khachapuri* und Pilzgerichte. Bei gutem Wetter sitzt man sehr schön im Freien – direkt gegenüber der Kathedrale.

Auskunft

Touristeninformationsbüro (☎32-2512128; ticmtskheta@gnta.ge; Arsukidze 3; ⌚9–18 Uhr; 📶) Hilfsbereites Englisch sprechendes Personal und kostenloses WLAN. Für die Kathedrale werden Englisch sprechende Guides vermittelt (20 GEL für bis zu vier Personen), für die Jvari-Kirche auch Taxis (20 GEL).

An- & Weiterreise

In Tiflis starten die Busse am **Didube-Busbahnhof** (Tsereteli; Ⓜ Didube) ca. alle 20 Minuten (1 GEL, 20 Minuten).

Marschrutky nach Tiflis verkehren von Mtskheta zwischen 8 und 20 Uhr ebenfalls alle 20 Minuten von der Bushaltestelle am zentralen Platz (neben dem Geldautomaten der TBC Bank).

Die Züge von Tiflis nach Gori (1–6 GEL, 1 Std.) halten auch um 6, 8.30, 11, 16.40 und 20.30 Uhr im Bahnhof von Mtskheta, der auf der Südseite des Flusses liegt, 2 km westlich vom Zentrum.

Gori

☎370 / 49 000 EW.

Gori galt über lange Jahre als Synonym für Josef Stalin, der hier geboren wurde und auch zur Schule ging. Während seiner Regierungszeit wurde das Stadtzentrum großflächig im neoklassizistischen Stil umgebaut, sodass Stalins Architektur bis heute tonangebend ist. Das große Stalin-Museum ist die bekannteste Attraktion der Stadt, aber es gibt in der Nähe auch einige faszinierende ältere Sehenswürdigkeiten. Am verlockendsten ist dabei die Höhlenstadt Uplistsikhe.

Im Krieg um Südossetien 2008, dessen Grenze 13 km nördlich der Stadt verläuft, wurde Gori von den Russen bombardiert. 20 Zivilisten verloren ihr Leben, die Stadt war zehn Tage lang unter russischer Kontrolle. Es ist verständlich, dass die antirussischen Gefühle hier noch sehr stark sind.

Sehenswertes

★ **Stalin-Museum** MUSEUM
(☎370-225398; Stalinis Gamziri 32; Erw./Student 15/10 GEL; ⌚April–Okt. 10–18 Uhr, Nov.–März

10–17 Uhr) Das Museum befindet sich in einem markanten Bau und erweckt erst gar nicht den Anschein, eine ausgewogene Darstellung von Stalins Leben und Taten zu liefern. Stalin wird größtenteils noch immer so verehrend präsentiert wie bei der Museumseröffnung 1957: Der kleine Junge aus Gori, der zu einer Schlüsselfigur der Weltgeschichte im 20. Jh. wurde. Immerhin verweist die Ausstellung heute zumindest auf die „Säuberungen“, den Gulag und den Pakt mit Hitler 1939. Neben dem Museum wird das Holz-Lehm-Haus der Dschugaschwili-Familie liebevoll bewahrt. Hier verbrachte Stalin seine ersten vier Lebensjahre.

Das Museum verfolgt Stalins Lebensweg von der Kirchenschule in Gori bis an die Spitze der UdSSR, zur Konferenz von Jalta am Ende des Zweiten Weltkriegs sowie bis zu seinem Tod 1953. Der erste Saal im oberen Stock präsentiert seine Kindheit und Jugend, inklusive einiger eher peinlicher poetischer Versuche. Dann geht es um Stalins frühe revolutionäre Aktivitäten in Georgien und seine sieben Haftstrafen in der Zarenzeit, davon sechs in Sibirien. Die Revolution von 1917 und Lenins Tod (1924) sind weitere Schwerpunkte. Auch Lenins politisches Testament von 1922 wird gezeigt, das Stalin als zu grob und machthungrig beschreibt und den Mitgliedern der kommunistischen Partei empfiehlt, Stalin vom Posten des Generalsekretärs abzuberufen.

Ein Raum ist einer bronzenen Nachbildung von Stalins gruseliger Totenmaske gewidmet. Im nächsten Raum ist eine große Auswahl an Geschenken von bedeutenden Staatschefs sowie anderen Bolschewiken zu sehen. Neben der Treppe wurde sein erstes Büro im Kreml nachgebaut. Auch persönliche Andenken, wie seine Pfeifen, Brillen, Zigarren und Rechenschieber wurden nicht vergessen. Eine kleine Abteilung aus zwei Zimmern am Fuße der Treppe widmet sich der politischen Repression unter Stalin.

Neben dem Museum wurde Stalins Bahnwaggon aufgestellt, mit dem er 1945 nach Jalta fuhr – Stalin flog nicht gerne. Angeblich war der Waggon schusssicher. Drinnen ist er elegant ausgestattet mit einer Badewanne und einer primitiven Klimaanlage.

★ Uplistsikhe ARCHÄOLOGISCHE STÄTTE
(Erw./Student 7/1 GEL, Audioguide/Führung auf Englisch 10/25 GEL; ⏲ April–Okt. 10–19 Uhr, Nov.–März 10–18 Uhr; P) Die einst riesige Höhlenstadt liegt rund 10 km östlich von Gori oberhalb des Nordufers des Flusses Mtkvari

Gori

Highlights
1 Stalin-Museum B1

Sehenswertes
2 Festung Gori A1

Schlafen
3 Guesthouse Levani B2
4 Guesthouse Nitsa B1
5 Guesthouse Svetlana A2
6 Hostel Kalifornia A1
7 Royal House A2

Essen
8 Cafe 22 ..... B1
9 Resto-Bar Black Stars B1
10 Shin Da Gori A2

(Kura). Zwischen dem 6. Jh. v. Chr. und dem 1. Jh. n. Chr. entwickelte sich Uplistsikhe zu einem der wichtigsten politischen und religiösen Zentren des vorchristlichen Kartliens. Die Tempel waren hauptsächlich einer Sonnengöttin gewidmet. Nachdem die Araber Tiflis 645 n. Chr. besetzten, wurde Uplistsikhe zur Hauptstadt der christlichen Könige von Kartlien und zu einem wichtigen Handelszentrum an der zentralen Karawanenroute zwischen Asien und Europa.

Zur Blütezeit lebten hier rund 20 000 Menschen. Die Bedeutung nahm jedoch ab, nachdem König David der Erbauer Tiflis 1122 zurückeroberte. Die Mongolen zerstörten 1240 die Stadt unwiderruflich. Heute kann man die rund 40 000 m^2 große Shida Qalaqi (Innere Stadt) besichtigen. Diese macht aber nur knapp die Hälfte der ursprünglichen Größe aus. Im Kaukasus ist

Uplistsikhe eine der ältesten menschlichen Siedlungen, die ab dem Jahr 1957 von Archäologen ausgegraben wurde.

Um Uplistsikhe über die alte Hauptstraße zu betreten, muss man die Felsen gegenüber vom Café am Eingang 5 m hinaufklettern. Dort führt ein in die Felsen gehauener Pfad nach links. Stufen mit einem metallenen Treppengeländer führen hinauf durch das einstige Haupttor. Der ausgegrabene Hauptturm der Verteidigungsanlagen von Shida Qalaqi liegen zur Rechten. Die alte Hauptstraße führt hinter dem Haupttor nach rechts oben. Zu beiden Seiten befinden sich einige wichtige Höhlenbereiche.

Gegenüber vom Haupttor schaut eine Höhle über den Fluss hinweg. Über den Eingang wurde ein Spitzbogen eingraviert. Diese Höhle ist als **Theater** bekannt und ist wahrscheinlich ein Tempel aus dem 1. oder 2. Jh. n. Chr. Vielleicht wurden hier mystisch-religiöse Stücke aufgeführt.

Zur Rechten befindet sich etwas tiefer der große vorchristliche **Makvliani-Tempel** mit einer inneren Nische hinter einem bogenförmigen Portikus. Ein Stückchen höher zur Linken trifft man auf einen großen Saal, der als **Tamaris Darbazi** (Königin Tamaras Saal) bekannt ist. Ein antiker steinerner Sitz befindet sich hinter zwei Steinsäulen, die Felsendecke wurde so bearbeitet, dass sie Holzbalken imitiert. Dieser Höhlensaal war mit großer Sicherheit ein vorchristlicher Tempel. Zur Linken befindet sich ein Bereich mit Steinnischen, die vielleicht eine Apotheke oder ein Taubenschlag waren.

Eine große Höhle zur Rechten von Königin Tamaras Saal diente wahrscheinlich als Sonnentempel, der für Tieropfer genutzt wurde. Später wurde er in eine christliche Basilika umgewidmet.

Uplistsulis Eklesia ist eine Basilika, die im 10. Jh. wahrscheinlich über dem wichtigsten heidnischen Tempel von Uplistsikhe errichtet wurde. Das Bauwerk erhebt sich in der Nähe des Gipfels.

Auf dem Rückweg sollte man keinesfalls den langen **Tunnel** versäumen, der bis zum Fluss Mtkvari (Kura) hinabführt. Dies war früher ein Durchgang, durch den man in Zeiten der Not auch Wasser hinauf in die Stadt bringen konnte. Der Tunneleingang befindet sich neben einer nachgebauten Mauer hinter dem alten Haupttor.

Eine Taxifahrt von Gori, inkl. einer Stunde Wartezeit, kostet normalerweise rund 30 GEL. *Marschrutky* verkehren vom Busbahnhof in Gori täglich mehrmals zum Dorf Kvakhvreli (1 GEL, 20 Min.). Von dort sind es zu Fuß 2 km nach Uplistsikhe. Bei Redaktionsschluss war auch eine neue Direktverbindung nach Uplistsikhe geplant.

Ateni Sioni KIRCHE

(Didi Ateni; ⏲8–18 Uhr) Die beeindruckende Zionskirche liegt herrlich oberhalb einer Flusskehre im schönen, von Weinbergen gesäumten Tana-Tal, etwa 12 km südlich von Gori. Ateni Sioni wurde im 7. Jh. erbaut und der Jvari-Kirche in Mtskheta nachempfunden. Die kunstvollen Reliefs an den Außenwänden wurden erst später hinzugefügt. Sie stellen Hirsche, Jagdszenen und einen Ritter dar. Drinnen kann man Fresken aus dem 11. Jh. bestaunen, die biblische Szenen und georgische Herrscher zeigen. Sie gehören zu den schönsten mittelalterlichen Kunstwerken des Landes.

SÜDOSSETIEN

Die abtrünnige Region Südossetien unterscheidet sich ethnisch und sprachlich vom restlichen Georgien. Sie erstreckt sich von der georgischen Stadt Gori nach Norden bis hinauf zum Kamm des Großen Kaukasus. 2008 entbrannte um die Region ein kurzer Krieg zwischen Russland und Georgien. Hier stationierte russische Truppen kontrollieren seither das Gebiet und den Grenzverlauf. Georgien verurteilt dies vehement als illegale Besetzung. Bei Redaktionssschluss erlaubte Südossetien Ausländern nicht, von Georgien aus einzureisen. Und es sieht nicht danach aus, als würde sich daran in absehbarer Zeit etwas ändern. Eventuell kann man Südossetien von Wladikawkas im russischen Nordossetien erreichen, aber Georgien betrachtet dies als illegal. Sowohl das britische (www.fco.gov.uk) als auch das US-Außenministerium (http://travel.state.gov) und das deutsche Auswärtige Amt raten von Reisen sowohl nach Süd- wie Nordossetien ab. Davon ungeachtet kann man jederzeit einen flüchtigen Blick auf Südossetien werfen, wenn man zwischen Tiflis und Gori unterwegs ist, denn die Grenze kommt auf nur 400 m an die Schnellstraße heran, unmittelbar westlich der Ortschaft Karapila.

Bei Redaktionsschluss wurden die Fresken gerade restauriert, aber man konnte sie hinter den Gerüsten noch erkennen.

Ein Taxi von Gori zur Kirche und zurück kostet rund 20 GEL sowie 30–40 GEL, wenn man auch noch nach Uplistsikhe möchte. Alternativ verkehren bis 18 Uhr Busse und *marschrutky* ein- bis zweimal pro Stunde vom Busbahnhof Gori nach Ateni Sioni (1 GEL, 30 Min.).

Festung Gori FESTUNG
(⏲0–24 Uhr) GRATIS Diese teilweise rekonstruierte ovale Zitadelle befindet sich auf einem Hügel über dem Zentrum von Gori. Sie stammt größtenteils aus dem Mittelalter mit einigen Ergänzungen aus dem 17. Jh. Der gute Ausblick ist vor allem bei Sonnenuntergang sehr malerisch. Am nordöstlichen Fuße der Festung sind die acht verstümmelten Metallkrieger ein bewegendes Denkmal, das für die Opfer des Südossetien-Kriegs 2008 mit Russland aufgestellt wurde.

Schlafen

In Gori sind vor allem Gästehäuser für Übernachtungen empfehlenswert. Die Hotels sind dagegen recht trist. Nur das neue Royal House ist eine ansprechende Ausnahme.

Gästehaus Svetlana GÄSTEHAUS $
(☎599-583001; kasatik56@mail.ru; Abashidze 8; B/EZ/DZ 15/35/50 GEL, Frühstück 7 GEL; ❄📶) Geräumige Zimmer mit bequemen Betten in einem großen, gut gepflegten Haus mit Parkettböden und modernen Möbeln – die freundliche und warmherzige Gastgeberin Svetlana führt eine der besten Pensionen der Stadt. Die Ärztin spricht auch Englisch und bietet medizinische Massagen. Auf Bestellung wird Abendessen serviert, die Gäste können auch die Küche mitnutzen oder auf der schönen Terrasse grillen.

Gästehaus Nitsa GÄSTEHAUS $
(☎599-142488; liazauta@gmail.com; Kutaisi 58; EZ/DZ/3BZ/4BZ 35/50/75/100 GEL, Frühstück 7,50 GEL; ❄📶) Lia spricht Englisch und vermietet in ihrem großen Haus mit großer Treppe fünf gemütliche Zimmer. Neben einem großen Wohn-Esszimmer gibt es zwei blitzsaubere Badezimmer, die sich die Gäste teilen. Zwei Zimmer verfügen über eine Klimaanlage. Man darf alle möglichen Leckereien aus dem Dorf probieren, von Bioweinen über selbst gemachte Marmeladen bis zu Säften. Das Nitza liegt etwa 200 m östlich des Stalin-Museums.

Gästehaus Levani GÄSTEHAUS $
(☎577-397123; www.facebook.com/guesthouselevani; Aghmeshenebelis Gamziri 29; DZ/3BZ/4BZ 45/56/65 GEL, Frühstück 10 GEL; 📶) Die wenigen Zimmer in dem leicht baufälligen Haus sind ziemlich bescheiden. Aber die Gastfreundlichkeit der Vermieter, die etwas Französisch und Englisch sprechen, gleicht das mehr als aus. Die Pension liegt etwa 400 m südöstlich des Stalin-Platzes, an der Ecke zur Zurab Antonov.

Hostel Kalifornia HOSTEL $
(☎551-300802; okalifornia@mail.ru; Rustaveli 79; B/DZ ohne Bad 17/50 GEL, Frühstück 5 GEL; ❄📶) In den Stockbetten des familiengeführten Hostels, wenige Schritte nördlich des Chavchavadze-Boulevards gelegen, lässt sich sehr günstig übernachten. Es gibt auch zwei bunte Mansarden-Doppelzimmer – weitere Pluspunkte sind die Küche mit kostenlosem Tee und Kaffee sowie die Waschmaschine (5 GEL pro Waschgang). Alle Zimmer teilen sich Gemeinschaftsbäder.

Royal House HOTEL $$
(☎599-909129; Samepo 45; Zi. ab 100 GEL; ❄📶) Dieses neue Hotel ist eine willkommene Ergänzung auf der bislang sehr tristen Hotelszene von Gori. Angeboten werden sehr unterschiedliche Zimmer bis hin zu größeren Apartments im Hauptgebäude mit eigener Küche und Balkonen; kleinere und einfachere Zimmer befinden sich hinten im Hof. Alle Zimmer sind wunderbar gepflegt und schön eingerichtet – und die Atmosphäre ist ebenfalls sehr einladend.

Essen

Gori ist kein kulinarisches Reiseziel. Die Lokale im Stadtzentrum sind sehr solide, aber leider wenig inspirierend. Nach Vorbestellung bieten die meisten Pensionen auch traditionelles Abendessen.

Shin Da Gori GEORGISCH $$
(☎557-767576; Rusudan Kurdadze 1; Hauptgerichte 6–25 GEL; ⏲10–24 Uhr; 📶) Dieses Lokal ist beliebt bei Reisegruppen, es wurde in den letzten Jahren auch ziemlich vergrößert. Allerdings ist die Übersetzung der Speisekarte schrecklich, sodass eine Bestellung zu einer echten Herausforderung wird. Doch das Essen schmeckt wirklich gut und wird entweder unter den Bäumen im Hof serviert oder im eher formelleren Ambiente drinnen. Die Hausspezialität Shin Da Gori (60 GEL) ist eine Platte mit gegrilltem Fleisch.

Resto-Bar Black Stars GEORGISCH $$
(Tsereteli 39; Hauptgerichte 10–25 GEL; ⌚10–24 Uhr;) Das große Restaurant unterhalb der Festung Gori bietet auf unterschiedlichen Speisekarten mehrere kulinarische Richtungen: von georgisch bis europäisch und von vegetarisch bis halal.

Das smarte Speisezimmer oben ist ideal für ein schönes Essen, während der gemütliche Außenbereich die Resto-Bar Black Stars zum besten Platz für einen abendlichen Drink in Gori macht.

Cafe 22 GEORGISCH $$
(Stalinis Gamziri 22; Hauptgerichte 8–25 GEL; ⌚10–24 Uhr;) Auf den Rattanstühlen sitzt man am Stalin-Platz und kann aus einer umfangreichen Speisekarte wählen, von georgischen Klassikern bis zu Pasta und Pizza, klebrigem Kuchen, türkischem Kaffee und kühlem Bier vom Fass.

Auskunft

Touristeninformation (370-270776; tic-gori@gmail.com; Kutaisi 23a; ⌚10–18 Uhr) Hinter dem Stalin-Museum.

An- & Weiterreise

Gori ist mit Bussen und der Eisenbahn problemlos und sehr gut zu erreichen.

BUS

Marschrutky fahren vom Busbahnhof am Fuße der Festung zwischen 7 und 18 Uhr ca. alle 15 Min. nach Tiflis (3 GEL, 1 Std.). Nur eine Verbindung täglich gibt es um 12.30 Uhr nach Borjomi (5 GEL, 1½ Std.) und weiter nach Akhaltsikhe sowie um 8.30 Uhr eine Direktverbindung nach Akhaltsikhe (7 GEL, 2½ Std.). Nach Batumi (17 GEL, 5 Std.) geht es einmal täglich um 9.30 Uhr mit Zwischenstopp in Kutaisi (8 GEL, 2½ Std.). Richtung Kutaisi nehmen viele Leute ein Taxi für 5 GEL zur Schnellstraße und dort dann ein *marschrutka* nach Kutaisi an (7 GEL, 3 Std.). Bei Redaktionsschluss war eine neue Direktverbindung von Gori nach Uplistsikhe geplant. Aktuelle Hinweise dazu kann man in der Touristeninfo erfahren.

ZUG

Rund zehn Züge täglich verkehren von Gori ostwärts nach Tiflis (4–32 GEL, 1–1¼ Std.). Der **Bahnhof** (Gorijvari) liegt am südlichen Flussufer am Ende des Stalin-Boulevards. Aus entgegengesetzter Richtung stoppen nur Bummelzüge in Gori, sodass die Fahrzeiten sehr lang sind. Es gibt Zugverbindungen nach Borjomi (1 GEL, 3 Std., 8.20 und 17.50 Uhr), Kutaisi (1 GEL, 5 Std., 10.10 und 16.30 Uhr), Zugdidi und Batumi (23 GEL, 9.45 Uhr).

Borjomi

367 / 15 000 EW.

In der ehemaligen Sowjetunion war Borjomi für sein salzig-saures kohlensäurehaltiges Mineralwasser berühmt, das man entweder mag oder nicht. Der ruhige Kurort wird zu allen Seiten von dicht bewaldeten Hügeln eingerahmt. Die Entwicklung setzte im 19. Jh. durch den russischen Gouverneur in Georgien, Graf Worontsow, ein, nachdem seine Soldaten die Mineral-Heilquelle 1810 entdeckt hatten. In der High Society wurde Borjomi schick, als der Bruder von Zar Alexander II., Großherzog Michail Romanow, im nahe gelegenen Likani in den 1890er-Jahren einen Palast errichten ließ.

Heute erstreckt sich die Stadt Borjomi am Nordufer des Flusses, während der Kurbereich mit dem Kurpark und den warmen Schwefelbädern am Südufer zu finden ist. Borjomi ist sowohl bei georgischen als auch bei russischen Touristen beliebt, aber auch bei den Besuchern des Borjomi-Kharagauli-Nationalparks. Zudem ist der Kurort eine ausgezeichnete Basis für Abstecher zur Höhlenstadt Vardzia.

Sehenswertes & Aktivitäten

Zentralpark KURPARK
(Tsentraluri Parki; 9 Aprili; Erw./Student 2/1 GEL; ⌚10–23 Uhr;) Borjomis Mineralwasserpark wurde 1850 in einem schmalen Tal angelegt. Hier befindet sich die erste Mineralwasserquelle der Stadt, die Ekaterina-Quelle. Ein Großteil des Parks wurde leider für Kirmes-Fahrgeschäfte und -Buden vergeben. Doch wenn man rund 3 km flussaufwärts läuft, trifft man auf mehrere kleine Schwimmbecken, die aus einer 27 °C warmen Quelle gespeist werden (5 GEL). Badesachen muss man selbst mitbringen, Handtücher werden gestellt.

Borjomi-Plateau WANDERN
Unmittelbar hinter dem Eingang zum Zentralpark fährt eine **Seilbahn** (einfach 5 GEL; ⌚10–20 Uhr;) hinauf zu einem Riesenrad und zu den Kiefernwäldern des Borjomi-Plateaus. Dort kann man sehr schöne, erholsame Spaziergänge machen und die spektakuläre Aussicht auf die Stadt genießen. Rund 2 km südlich an der Straße vom Riesenrad führt ein Pfad hinab zu den heißen Becken am oberen Ende des Parks. Von dort kann man in die Stadt zurückkehren.

Schlafen

Borjomi verfügt über Dutzende Hotels sowie mehr als 100 Pensionen und sonstige Privatunterkünfte. Bei der Suche nach einer vernünftigen Unterkunft dürfte es also keine größeren Probleme geben.

★ Marinas Gästehaus GÄSTEHAUS $
(☎ 598-184550, 367-222323; marinasguesthouse@gmail.com; Ketevan Tsamebuli 2; pro Person mit/ohne Frühstück 30/25 GEL; 📶) Die reizende Gastgeberin Marina betreibt eine von Borjomis besten Pensionen in einem einladenden und gemütlichen Haus. Im oberen Stockwerk gibt es vier Gästezimmer, die alle über einen eigenen Balkon verfügen. Das Haus selbst ist mit viel Nippes und heimischer Kunst eingerichtet. Marina spricht sowohl Englisch als auch Russisch.

RiverSide Hostel HOSTEL $
(☎ 595-445585, 558-116502; hostelborjomi@gmail.com; Rustaveli 20; B/DZ/4BZ 20/50/100 GEL; 📶) Borjomis einziges wirkliches Hostel ist freundlich und entspannt. Es liegt an der Hauptstraße, die in die Stadt hineinführt, und ist ein guter Ort, um andere Reisende kennenzulernen. Die drei Schlafsäle sind für jeweils sechs bis acht Personen ausgelegt. Dazu kommen ein Doppelzimmer und ein Vierbettzimmer – alle Zimmer teilen sich Gemeinschaftsbäder. Pluspunkte sind die Gästeküche sowie der Aufenthaltsraum.

Gästehaus Besarioni GÄSTEHAUS $
(☎ 599-779055; besikilursmanashvili@yahoo.com; Pirosmani 32; EZ/DZ/3BZ 40/50/65 GEL, Frühstück 10 GEL; P 📶) Die freundliche Familie spricht ein wenig Englisch und vermietet

NICHT VERSÄUMEN

NATIONALPARK BORJOMI-KHARAGAULI

Die Höhenzüge des Kleinen Kaukasus im Süden Georgiens sind weniger bekannt und auch nicht so hoch wie die des Großen Kaukasus. Aber auch hier gibt es wunderbare und wilde Landschaften. Der Nationalpark Borjomi-Kharagauli ist ein perfektes Zugangstor zu dieser Bergregion. Er erstreckt sich über 851 km² bis zu einer Höhe von 2642 m. Typisch sind bewaldete Hügel und alpine Bergwiesen.

Im Nationalpark wurden elf markierte Wanderpfade unterschiedlicher Länge angelegt, von denen einige nicht nur für Wanderer, sondern auch für Pferde geeignet sind. Die Wanderwege sind primär durch Farbcodes an den Bäumen markiert. Die meisten Wege sind von Mai bis Oktober bzw. November zugänglich.

Alle Besucher müssen sich zunächst eine Zugangsberechtigung in den Besucherzentren des Nationalparks (S. 83) bei Borjomi oder (S. 83) in Kharagauli besorgen. Die Zentren sind auch gute Informationsstellen und verleihen Ausrüstung. Mehrere Trails starten an der Rangerstation Likani, etwa 5 km vom Borjomi-Besucherzentrum des Nationalparks (rund 6 GEL mit dem Taxi aus der Stadt Borjomi). Eine gute Tageswanderung von etwa 13 km Länge bietet Trail 6 mit einem Auf- und Abstieg von gut 800 Höhenmetern, der bei Kvabiskhevi an der Straße nach Akhaltsikhe endet. Trail 1 ist etwa 43 km lang und führt von der Rangerstation Likani zur Rangerstation Marelisi. Diese dreitägige Tour durchquert den Park von Süden nach Norden über den 2198 m hohen Gipfel des Lomi. Die längste und härteste Route ist der 54 km lange Trail 2 von Atskuri nach Marelisi. Für diese Nord-Süd-Route benötigt man drei bis vier Tage.

Vier einfache hölzerne Touristenunterkünfte gibt es im Nationalpark. Sie verfügen über fließendes Wasser, aber man muss seinen Schlafsack sowie Proviant und Kochausrüstung selbst mitbringen. Man kann auch in einer der zehn Rangerstationen übernachten (pro Person 10 GEL; diese verfügen aber über keine Wasseranschlüsse). Zudem sind zehn Zeltplätze (pro Person 5 GEL) vorhanden.

In einigen Dörfern rund um den Nationalpark herum gibt es Gästehäuser, was gerade für den Einstieg oder das Ende einer Wanderung hilfreich sein kann. Zwei gute Tipps sind das **Gästehaus Marelisi** (☎ 599-951421; pro Person 25 GEL; 📶) in Marelisi auf der nördlichen Seite des Nationalparks sowie das **Nick & George Guesthouse** (☎ 597-982007, 555-259355; maiaaitsuradze@gmx.com; pro Person 30 GEL, Frühstück/Mittagessen/Abendessen 10/15/20 GEL; 📶) in Atskuri.

Marschrutky verkehren zwischen Borjomi und Akhaltsikhe. Sie stoppen in Likani, Kvabiskhevi und Atskuri, wo mehrere Trails beginnen oder enden.

Borjomi

Borjomi

Sehenswertes
1 Borjomi-Zentralpark D3
2 Seilbahn C3

Aktivitäten, Kurse & Touren
3 Borjomi-Plateau D3

Schlafen
4 Borjomi Park Guest House C1
5 Crowne Plaza Borjomi C3
6 Golden Tulip Borjomi C3
7 Green Rose Guest House A1
8 Guest House Besarioni A1
9 Marina's Guesthouse B2
10 RiverSide Hostel C1

Essen
11 Bergi A1
12 Cafe Old Borjomi B1
13 Inka Cafe C2
14 Pesvebi C1

drei Zimmer, von denen eines über ein eigenes Bad/WC verfügt. Das Haus sieht ziemlich neu aus, alles ist tadellos sauber. Hier erlebt man wirklich die Atmosphäre eines georgischen Familienhauses. Die Gäste können die Küche mitnutzen, der hübsche Garten eignet sich gut zum Abschalten.

Gästehaus Green Rose GÄSTEHAUS **$$**
(☎599-901117; Pirosmani 13; Zi. 70–130 GEL, Frühstück 10 GEL; P 📶) Die solide und gemütliche Pension mit großem Garten ist eine von vielen in den Seitenstraßen unmittelbar nördlich der Rustaveli-Straße. Die Zimmer sind mittelgroß und einige haben auch privates Bad/WC. Mit Englisch kommt man hier etwas weiter, es werden auch Mahlzeiten angeboten. Aber grüne Rosen gibt es nicht!

Gästehaus Borjomi Park GÄSTEHAUS **$$**
(☎555-572330, 555-572557; Erekle 7; DZ/4BZ ab 80/120 GEL; 📶) Eigentlich handelt es sich eher um ein kleines Hotel als um ein Gästehaus. Das Borjomi Park ist wie eine Studie in Beige und im Mittelklassebereich eine gute und zentrale Option mit sauberen, gemütlichen Zimmern mit Böden aus Kiefernholz. Die Besitzer sind freundlich.

★**Crowne Plaza Borjomi** LUXUSHOTEL **$$$**
(☎322-221221; www.crowneplaza.com; Baratashvili 9; Zi./Suite ab 270/430 GEL; P ❄ 📶 🏊) Die ziemlich kitschige Fassade des 2016 eröffneten Luxushotels nimmt einen großen Teil des Kurbereiches von Borjomi ein. Das Crowne Plaza ist definitiv die gehobenste Unterkunft der Stadt. Zur Ausstattung

gehören elegante und geräumige Zimmer mit fantastischem Ausblick, Marmorbädern und außerordentlich gemütlichen Betten mit teurem Bettzeug. Das Frühstücksbüfett ist hervorragend, die Mitarbeiter sind sehr professionell und aufmerksam.

Golden Tulip Borjomi BOUTIQUEHOTEL $$$
(☎322-880202; www.goldentulipborjomipalace.com; 9 Aprili 48; EZ/DZ inkl. Frühstück ab 245/375 GEL; ❄📶) Wer viel Glanz möchte, sollte in diesem beeindruckend renovierten Vier-Sterne-Palast einchecken, der im 19. Jh. dem iranischen Botschafter in Tiflis gehörte. Das Hotel befindet sich am Eingang zum Zentralpark und ist kunstvoll verziert, vor allem die Fassade und die großen öffentlichen Bereiche. Die Zimmer selbst sind vielleicht ein wenig klein ausgefallen, aber ebenfalls beeindruckend eingerichtet.

Essen

Die kulinarische Angebotspalette in Borjomi ist eher begrenzt. Aber man kann dennoch gut zum Essen gehen, vor allem in den Pensionen und rund um den Kurbereich.

Bergi GEORGISCH $
(☎599-223816; Rustaveli 121; Hauptgerichte 6–15 GEL; ⏲10–24 Uhr; 📶) Das schlichte, aber einladende Restaurant befindet sich an der Hauptstraße und ist eine gute Adresse für eine schmackhafte Mahlzeit. Von den Tischen im Freien kann man sehr gut die Leute in den Straßen beobachten.

Pesvebi GEORGISCH $$
(☎367-221702; Erekle 3; Hauptgerichte 10–25 GEL; ⏲11–23 Uhr; 📶🖋) Das Pesvebi ist das vielleicht reizendste Restaurant Borjomis. Drinnen wirkt alles wie eine gemütliche Hütte, während es draußen viel Platz gibt. An geschäftigen Sommerabenden sind beide Bereiche gut gefüllt (unbedingt reservieren). Auf den Tisch kommen leckeres Kebab und *chinkali* sowie einheimisches Bier vom Fass – ein richtig guter Tipp.

Cafe Old Borjomi GEORGISCH $$
(Kostava 17; Hauptgerichte 7–20 GEL; ⏲11–23 Uhr; 📶) Die *mtsvadi, khachapuri, shkmeruli* sowie die Forelle in Walnusssoße werden sehr gut zubereitet – deswegen ist das Old Borjomi mit seiner tavernenähnlichen Atmosphäre (z. B. Holzwände) sehr beliebt. Hinzu kommt der freundliche Service. Da es nur acht bis zehn Tische gibt, muss man an Sommerabenden vielleicht etwas warten.

Inka Cafe CAFÉ $$
(9 Aprili 2; Gerichte 9–18 GEL; ⏲10–22 Uhr; 📶) Das smarte Café ist mit Holzpaneelen ausgelegt und zeigt leicht vergilbte Fotos von Borjomi aus der Zarenzeit. Im Inka gibt es „echten" Kaffee und solide *chachapuri*, Omeletts, Salate und Kuchen.

Praktische Informationen

Nationalpark-Besucherzentrum (☎577-640480, 577-640444; borjomikharagauli@gmail.com; Meskheti 23; ⏲Mo–Fr 9–18, Sa–So 9–16 Uhr) Das Besucherzentrum des Nationalparks liegt 1 km westlich des Busbahnhofs von Borjomi. Hier werden gute Wanderkarten (5 GEL) verkauft. Gegen Vorlage des Ausweises gibt es die kostenlosen Besuchserlaubnisse für den Nationalpark. Auch bekommt man alle gewünschten Informationen, auch zu Ausritten (60 GEL/Tag inkl. Guide) und den Quellen mit Trinkwasser. Man kann hier auch für die Übernachtung im Park bezahlen sowie Zelte (10 GEL/Nacht) und Schlafsäcke (5 GEL/Nacht) leihen. Eine Genehmigung bekommt man auch im anderen **Nationalpark-Besucherzentrum** (☎577-101894; borjomikharagauli@gmail.com; Solomon Mepe 19; ⏲Mo–Fr 9–18, Sa–So 9–16 Uhr) in Kharagauli.

Touristeninformation (☎558-694919, 367-221397; ticborjomi@gmail.com; Rustaveli 16; ⏲Mo–Fr 10–18 Uhr) In einem Glaspavillon an der Nordseite der Hängebrücke.

An- & Weiterreise

Marschrutky fahren vom **Busbahnhof** (Meskheti 8) in Borjomi unter anderem zu folgenden Zielen:

Akhaltsikhe (4 GEL, 1 Std., 8.45 Uhr) Von der Bushaltestelle auf der anderen Straßenseite gegenüber vom Busbahnhof fahren tagsüber weitere Busse.

Bakuriani (3 GEL, 1 Std., 6-mal tgl.)

Batumi (17 GEL, 5 Std., 9 Uhr) Mindestens 30 Minuten vor Abfahrt da sein, weil die Strecke sehr beliebt ist. Zwischen Juni und August gibt es zusätzliche Busse.

Gori (5 GEL, 1½ Std., 10.40 und 13.45 Uhr)

Khashuri (2 GEL, 30 Min., halbstündl. 9.30–17.30 Uhr)

Tblisi (7 GEL, 3 Std., stündl. 7–18 Uhr) Da es keine Direktverbindungen nach Kutaisi und Zugdidi gibt, muss man dafür in Khashuri, 32 km nordöstlich von Borjomi, umsteigen.

Borjomis Taxifahrer bieten Tagesausflüge nach Vardzia an, mit Zwischenstopps an der Rabati-Burg in Akhaltsikhe sowie an zwei weiteren Burgen. Das Ganze kostet 150 GEL für vier Personen. Die Touristeninformation (s. oben) kann diese Tour mit Englisch sprechenden Fahrern buchen.

Langsame *Elektrichka*-Züge fahren vom Bahnhof Borjomi Park, unmittelbar östlich der Hängebrücke, um 7 Uhr und um 16.40 Uhr nach Gori (2 GEL, 4 Std.) und Tiflis (2 GEL, 5 Std.).

Die landschaftlich famose Schmalspurbahn Kukushka (Kuckuck) verkehrt täglich um 7.15 und 10.55 Uhr vom Bahnhof Chyornaya Rechka nach Bakuriani (1–2 GEL, 2½ Std.).

Bakuriani

☎367 / 2000 EW. / HÖHE 1700 M

30 km geht es von Borjomi Richtung Südosten über eine kurvenreiche Straße durch die hügeligen Kiefernwälder nach Bakuriani. Unter den zwei großen Skigebieten Georgiens ist dies der günstigere und familienfreundlichere Ort. Die Gegend eignet sich zudem sehr gut für Bergwanderungen im Sommer. Dafür sind im Juli und August auch die Skilifte in Betrieb. Georgiens komplette Hinwendung zum Tourismus hat hier zu einem starken Bauboom geführt. Bei Redaktionsschluss befanden sich zahlreiche neue Hotels in Bau. Das untergräbt natürlich den einstmals rustikalen Bergdorf-Charme von Bakuriani. Außerhalb der Skisaison und der zwei Sommermonate ist der Ort praktisch wie ausgestorben.

Bakuriani

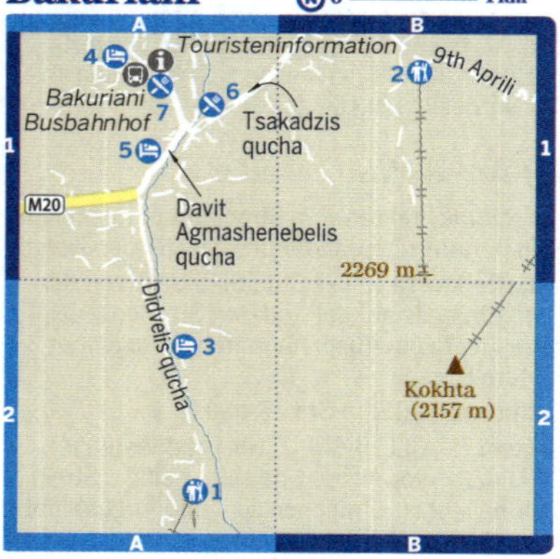

Bakuriani

Aktivitäten, Kurse & Touren

1	Didveli	A2
2	Kokhta Gora	B1

Schlafen

3	Crystal Hotel & Spa	A2
4	Edelweiss Guest House	A1
5	Hotel Apollon	A1

Essen

6	Mimino	A1
7	Restaurant Anga	A1

Aktivitäten

Die Skisaison reicht von ca. Mitte Dezember bis Ende März. Die Taxis zu den Skiliften (10 GEL aus dem Stadtzentrum) verfügen über Gepäckträger für Ski.

Kokhta Gora SKIFAHREN

(www.bakuriani.ski; Skipass pro Tag Erw./Kind 40/25 GEL, Lift je Fahrt Juli–Aug. 7 GEL; ⌚Lifte Mitte Dez.–März 10–21.30 Uhr, Juli–Aug. 11–18 Uhr) Das Skigebiet Kokhta Gora an den Hängen des 2157 m hohen Kokhta liegt östlich der Stadt und wurde im Jahr 2016 nach einer umfassenden Renovierung wiedereröffnet. Dazu gehörte der Bau eines brandneuen Skilifts.

Insgesamt sind in der Gegend rund 3 km Skipisten vorhanden. Die Pisten von Otsdakhutiani für Anfänger sind sowohl für Ski als auch für Schlitten ausgelegt und erstrecken sich zwischen Kokhta Gora und dem Stadtzentrum von Bakuriani.

Didveli SKIFAHREN

(www.bakuriani.ski; Skipass pro Tag Erw./Kind 40/25 GEL, Lift je Fahrt Juli–Aug. 7 GEL; ⌚Lifte Mitte Dez.–März 10–21.30 Uhr, Juli–Aug. 11–18 Uhr) Das erweiterte und modernisierte Skigebiet Didveli verfügt über ein etwa 16 km langes Pistennetz mit blauen, roten und schwarzen Pisten. Eine Kombination aus Kabinenbahn, Sessellift, Schlepplift und Standseilbahn bringt die Skifahrer auf eine Höhe von bis zu 2700 m hinauf. Das Skigebiet liegt etwa 4 km südlich des Stadtzentrums.

Schlafen

Während der Skisaison werden in beinahe jedem Haus in Bakuriani Zimmer vermietet, einige schon für nur 20 GEL pro Person. zahlreiche Pensionen sowie kleine und große Hotels liegen rund ums Stadtzentrum verstreut sowie entlang der Straßen zu den Skilifts. Einige Unterkünfte haben außerhalb der Skisaison ganz geschlossen, doch viele öffnen auch im Juli und August.

Gästehaus Edelweiss GÄSTEHAUS $$

(☎599-506349; Mta 19; pro Person Vollpension Skisaison 90–100 GEL, Sommer 80 GEL; P 📶 ✉) Im Stadtzentrum ist das Gästehaus Edelweiss eine familiengeführte Unterkunft mit gastfreundlichen Eigentümern. Die Zimmer sind geräumig und gemütlich mit Holz verkleidet. Es gibt einen kleinen Swimmingpool für den Sommer sowie eine Wintersauna; ganzjährig geöffnet.

Crystal Hotel & Spa HOTEL $$$
(☎595-461461; www.hotelcrystal.ge; Didveli; Zi. Vollpension Skisaison ab 200 US$, Sommer ab 120 US$; P ☁ ≋) Das Crystal gehört zu den luxuriösesten Hotels in Bakuriani und liegt auch vergleichsweise nahe an den Didveli-Skiliften (1 km, inkl. kostenlosem Shuttle-Service). Die klar designten, zeitgenössischen Zimmer sind alle mit Wasserkochern für Tee und Kaffee, Schreibtischen, Balkonen und Regenduschen ausgestattet. Der hauseigene Wellnessbereich mit Swimmingpool ist der einzige in Bakuriani.

Hotel Apollon HOTEL $$$
(☎599-334499; www.apollon.ge; Aghmashenebeli 21; pro Person Vollpension ab 225 GEL; P ☁) Die netten Zimmer im Apollon haben Böden aus Kiefernholz sowie Balkone und bequeme Holzbetten. Weitere Pluspunkt sind die gute Küche, der gemütliche Speiseraum, die freundlichen Mitarbeiter sowie die Billard- und Tischtennistische. Vom Stadtzentrum liegt das Hotel rund 800 m entfernt an der Didveli-Straße; ganzjährig geöffnet.

Essen

Es gibt Dutzende Restaurants in Bakuriani, die meisten Hotels verfügen über ihr eigenes Restaurant. Außerhalb des Skisaison und des Hochsommers kann es allerdings sein, dass die Hotelrestaurants die einzig offenen gastronomischen Betriebe sind. Das Restaurant Anga ist ganzjährig ein guter Tipp.

Restaurant Anga GEORGISCH $
(Davit Aghmeshenebelis 38; Hauptgerichte 6–15 GEL; ⏲0–24 Uhr; ☁) An Bakurianis Hauptstraße ist das kleine und gemütliche Restaurant nicht nur ganzjährig geöffnet, sondern sogar rund um die Uhr! Wenn man außerhalb der Saison in die Stadt kommt, ist es eine gute Alternative, weil fast alle anderen Restaurants geschlossen sind. Die bebilderte Speisekarte bietet georgische Hausmannskost sowie örtliches Bier vom Fass.

Mimino GEORGISCH $$
(Tsakadze 3; Hauptgerichte 10–20 GEL; ⏲10–23 Uhr; ☁) Das gemütliche Hütten-Restaurant bringt große Portionen georgischer Küche auf den Tisch. Besonders abends und zum Après-Ski ist der Laden sehr beliebt, dann kann es richtig voll werden. Das Kebab wird allseits hoch gelobt.

Auskunft

Touristeninformationsbüro (☎367-240036; mari.m@bk.ru; Davit Aghmeshenebelis 1; ⏲Mo–Fr 10–17 Uhr) Das Büro auf der Hauptstraße verkauft auch eine gute Karte (5 GEL) für Wanderungen.

An- & Weiterreise

Vom Busbahnhof im Stadtzentrum (Tamar Mepe) verkehren *marschrutky* 5-mal täglich zwischen 10 und 17 Uhr nach Borjomi (3 GEL, 1 Std.) sowie mindestens 6-mal täglich nach Tiflis (10 GEL, 4 Std.). Es gibt auch einen täglichen Service sowohl nach Batumi (20 GEL, 5 Std., 10 Uhr) und Kutaisi (11 GEL, 3 Std., 15.10 Uhr). Ein Taxi von und nach Borjomi kostet 30 GEL.

Die Züge sind zwar langsam, aber die Strecke ist schön. Verbindungen vom Bahnhof Chyornaya Rechka in Borjomi, 2 km östlich vom Stadtzentrum gelegen, starten um 7.15 und 10.55 Uhr nach Bakuriani (1–2 GEL, 2½ Std.). Die Rückfahrt ist um 10 und 14.15 Uhr.

Akhaltsikhe

☎365 / 18 000 EW.

Die Hauptstadt der Region Samzche-Dschawachetien (Samtskhe-Javakheti) ist zugleich auch deren größte Stadt. Akhaltsikhe bedeutet im Georgischen „Neue Burg". Und diese Festungsanlage dominiert die Stadt auf der Nordseite des Flusses Potskhovi: „Neu" ist sie allerdings schon seit dem 12. Jh. nicht mehr. Aber sie wurde sehr aufwendig renoviert. So konnte die Stadt dem traurigen postsowjetischen Niedergang entkommen und ist heute ein recht ansehnliches Touristenziel sowie eine ausgezeichnete Basis für Ausflüge nach Vardzia.

Bis ins 19. Jh. bestand die Stadt nur aus dem Viertel Rabati rund um die Burg. Ungewöhnlich war die ethnische und religiöse Vielfalt und Toleranz in einer Grenzregion, wo sich Menschen aus verschiedenen Herrschaftsgebieten und unterschiedlichen Glaubensbereichen trafen. Rabati besitzt bis heute neben den georgisch-orthodoxen Kirchen eine Synagoge und eine Moschee – und es gibt noch immer einen nennenswerten armenischen Bevölkerungsanteil.

Sehenswertes

Rabati-Burg BURG
(Kharischirashvili 1; Erw./Student 6/3 GEL, Führung 20 GEL; ⏲9–20 Uhr; P) Noch vor zehn Jahren war die Burg Rabati eine halbe Ruine. Doch seither wurde sie umfassend renoviert. Diese Investition war dringend notwendig.

Akhaltsikhe

Leider erwartet Besucher heute eine leicht an Disneyland erinnernde Atmosphäre. Man betritt die Anlage durch den östlichen, etwas tiefer liegenden Teil des Komplexes. Hierfür benötigt man keine Eintrittskarte, aber man sollte hier eine kaufen, um in den oberen Burgteil gelangen zu können, wo sich die Moschee, die Zitadelle und ein Museum befinden. Eine Führung ist eine gute Möglichkeit, um etwas mehr über die Festungsanlage zu erfahren.

Samzche-Dschawachetien-Geschichtsmuseum — MUSEUM

(Erw./Student 3/1 GEL; ⌚Di–So 10–18 Uhr) Das Museum präsentiert sehr anschaulich archäologische Funde von der Kura-Araxes-Kultur (4. Jt. v. Chr.), die nach den Flüssen Kura und Araxes benannt ist, bis hin zu christlichen Steinreliefs sowie osmanischen und georgischen Waffen und regionalen Trachten aus dem 18. und 19. Jh.

Sapara-Kloster — KLOSTER

(P) Sapara befindet sich in dramatischer Lage über einer Klippe rund 12 km südöstlich von Akhaltsikhe. Das Kloster macht Vardzia seine Rolle als wichtigste Sehenswürdigkeit der Region durchaus streitig, hat aber nur einen Bruchteil der Besucherzahlen von Vardzia. Die Abtei existiert bereits seit dem 9. Jh., im 13. Jh. übernahm die Herrscherfamilie der Jakelis das Gebäude als Residenz. Die größte unter Saparas zwölf Kirchen heißt St. Saba und stammt aus dem 13. Jh. Die Fresken hier sind fantastisch. Eine Taxifahrt ab Akhaltsikhe kostet hin und zurück rund 20 GEL (oder 70 GEL, falls man zugleich auch Vardzia besichtigt).

Schlafen

Die Auswahl an Hotels und Gästehäusern in Akhaltsikhe ist groß. Die meisten konzentrieren sich auf das Rabati-Viertel und dessen Umgebung. Aber es gibt auch einige nette Adressen auf der anderen Flussseite.

Hotel Old Rabati — HOTEL $

(☎599-853085; old.rabati@yahoo.com; Tsikhisdziris 6; Zi. inkl. Frühstück 50–70 GEL; P❄📶) Das heitere historische Hotel befindet sich an der Straße, die zur Burg hinaufführt. Unten befindet sich heute in dem Gewölbe aus dem 16. Jh. das Restaurant. Allerdings besitzt eines der acht Zimmer keine Fenster, dafür verfügen alle über gute Badezimmer und Betten. Die Frontterrasse ist sehr einladend. Das Personal ist sehr gastfreundlich und spricht auch Englisch.

Hotel New Star — HOTEL $

(☎599-937331, 571-003150; Tsikhisdziris 21; DZ 40–50 GEL; ❄📶) Da die Burg direkt vor der Haustür aufragt, ist die Lage des kleinen Hotels perfekt. In den Zimmern können bis zu drei Personen übernachten. Alle Zimmer sind gemütlich und sauber, zudem verfügen sie über Bad/WC sowie einen Kühlschrank. Die Mitarbeiter sind freundlich.

Lomsia Hotel — HOTEL $$$

(☎365-222001; www.lomsiahotel.ge; Kostava 10; EZ/DZ/Suite inkl. Frühstück 180/300/360 GEL; P❄📶) Das sehr gute Hotel liegt im Stadtzentrum und bietet große Zimmer mit Teppichen sowie Wasserkochern für Tee und Kaffee und Bettlampen. Alles wirkt sehr sauber, das Englisch sprechende Personal arbeitet professionell. Das Restaurant wird als das beste der Stadt angesehen. Der Übernachtungspreis ist aber definitiv etwas überteuert – wahrscheinlich muss noch immer der goldene Lift abbezahlt werden.

Essen

Es gibt einige solide Lokale in der Stadt. Die sehr touristischen Angebote in der Burg selbst sollte man jedoch eher vermeiden.

Mimino — GEORGISCH $

(☎568-660608; Tsikhisdziris 1; Hauptgerichte 6–15 GEL; ⌚9–23 Uhr; 📶) Dieses reizende Restaurant wurde nach einer sowjetischen Komödie über einen sympathischen georgischen Piloten benannt. Die Hausmannskost schmeckt lecker, die Mitarbeiter sprechen Englisch und im Freien ist eine kleine Terrasse vorhanden.

Hotel Lomsia Restaurant GEORGISCH $$ (www.lomsiahotel.ge; Kostava 10; Hauptgerichte 7–16 GEL; ⌚8–23 Uhr; 📶) Das wohl schickste Restaurant der Stadt besitzt eine angenehme Straßenterrasse sowie einen hellen Speiseraum im Innern.

ℹ Auskunft

Touristeninformation (📞365-225028; Kharischirashvili 1; ⌚Mai–Okt. 9–20 Uhr, Nov.–April 9–18 Uhr) Im unteren Teil der Rabati-Burg; in diesem Büro bekommt man hilfreiche Informationen über den Ort; es gibt auch einen Kartenverkauf für die Burg.

ℹ An- & Weiterreise

Marschrutky verkehren ab dem geschäftigen **Busbahnhof** (Tamarashvili), der am Nordufer des Flusses unweit von Rabati liegt; es gibt u. a. folgende Verbindungen:

Batumi (via Khashuri; 25 GEL, 6 Std., 8.30 und 11.30 Uhr)

Borjomi (5 GEL, 1 Std., 30-mal tgl., 6–19 Uhr)

Khulo (15 GEL, 3½ Std., 10 Uhr, ca. April–Okt.)

Kutaisi (10 GEL, 3½ Std., 10.40, 15, 18.10 Uhr)

Tbilisi (10 GEL, 4 Std., mindestens stündl. 6–19 Uhr)

Vardzia (3 GEL, 1½ Std., 10.20, 12.20, 17.30 Uhr)

Jerewan (25 GEL, 7 Std., 8 Uhr, ca. jeden zweiten Tag)

Vardzia

Eine etwa 60 km lange Autosfahrt von Akhaltsikhe durch eine wilde Landschaft führt zur faszinierenden Höhlenstadt Vardzia. Jenseits des Großen Kaukasus gibt es kaum eine dramatischere Szenerie. Die Straße folgt zum Teil durch schmale Schluchten dem Oberlauf des Flusses Mtkvari (Kura). Dann geht es von Aspindza durch ein landschaftlich besonders schönes Tal, das wie eine grüne Schnur inmitten trockener felsiger Berge liegt, nach Süden. Unterwegs passiert man mehrere interessante Stellen. Die Taxifahrer halten auf Nachfrage oftmals an ein oder zwei dieser Stelle (ohne Extragebühren zu verlangen). Das Highlight ist jedoch Vardzia selbst. Hier warten zahlreiche Höhlen und Tunnel, eine beeindruckende Kirche sowie Dutzende wunderbare Fresken. Man kann Vardzia auf einem Tagesausflug von Akhaltsikhe oder Borjomi besichtigen, allerdings ist das Flusstal so magisch, dass sich eine Übernachtung sehr wohl lohnt.

Sehenswertes

★ **Vardzia** KLOSTER, HÖHLE (Erw./Student 7/1 GEL, Führung 25 GEL, Audioguide 10 GEL, Transfer zum Eingang der Höhlenstadt 1 GEL; ⌚10–19 Uhr) Die einzigartige Höhlenstadt Vardzia ist sowohl ein Kulturdenkmal als auch ein grandioses Naturphänomen mit einem speziellen Platz im Herzen der Georgier. König Giorgi III. baute hier im 12. Jh. eine Festung, dessen Tochter, Königin Tamara, begründete ein Höhlenkloster. Daraus entstand eine heilige Stadt für rund 2000 Mönche, die als spirituelles Bollwerk an der östlichen „Front" des Christentums berühmt wurde. Insgesamt sind hier mehr als 400 Räume vorhanden sowie 13 Kirchen und 25 Weinkeller – und noch immer werden weitere Entdeckungen gemacht.

Die Bewohner lebten in Behausungen, die in die Felsen gehauen wurden und sich über 13 Stockwerke erstreckten. Für damalige Verhältnisse waren die Dimensionen kaum vorstellbar. Ein heftiges Erdbeben ließ die Außenwände vieler Höhlen 1283 zusammenbrechen. Das leitete den Niedergang der Höhlenstadt ein. 1551 unterlagen die Georgier persischen Truppen in einer Schlacht – und Vardzia wurde geplündert. Seit dem Ende der Sowjetherrschaft ist Vardzia wieder ein aktives und bewohntes Kloster. Die Höhlen der Mönche sind zum Schutz der Privatsphäre abgesperrt.

Die Fremdenführer, die am Kartenschalter auf Kundschaft warten, sprechen zwar zumeist kein Englisch, aber sie haben Schlüssel für einige Passagen und Höhlen, die man andernfalls nicht besichtigen könnte.

Im Zentrum des Höhlenkomplexes befindet sich die **Himmelfahrtskirche**, mit ihrem zweibogigen Glockenportikus. Die Fassade der Kirche ist zerstört, aber der Innenraum ist eine Offenbarung. Die Fresken entstanden zur Bauzeit der Kirche (1184–1186). Sie zeigen viele Szenen aus dem Neuen Testament und an der Nordwand König Giorgi III. sowie Königin Tamara – vor ihrer Heirat. Das erkennt man daran, dass sie keinen Schleier trägt.

Frauen, die die Kirche betreten möchten, müssen lange Röcke oder Hosen sowie eine Kopfbedeckung tragen, Männer lange Hosen. Die Tür zur Linken der Kirche führt in einen rund 150 m langen Tunnel, der im Felsen als Treppe bergan führt. Der Ausgang ist deutlich oberhalb der Kirche – ein klaustrophobisches, aber sehr spannendes Erlebnis. Ungeachtet der Größe der Anlage kann man sich eigentlich kaum verlaufen. Wenn man mehrere verschiedene Stockwerke erkundet hat, wird man in einem großen Bogen am Hang wieder hinabgeleitet.

Vanis Kvabebi KLOSTER
(Vani-Höhlen) GRATIS Rund 4 km südlich des Dorfes Tmogvi und 2 km vor Vardzia führt ein Weg 600 m von der Straße zu diesem Höhlenkloster, das wiederum 400 Jahre älter als Vardzia ist. Die Anlage ist fast so interessant wie Vardzia, vor allem ist hier definitiv viel weniger los. Eine Handvoll Mönche ist in die nach mehreren Jahrhunderten unbehausten Höhlen gezogen (unten links). Man kann zu der kleinen Kirche mit der weißen Kuppel hoch oben auf der Klippe über eine Reihe von Holzleitern in das Innere des Felsens hinaufsteigen.

Festung Khertvisi FESTUNG
GRATIS Die imposante Festung aus dem 10.–14. Jh. erhebt sich auf einen Felsen oberhalb vom Zusammenfluss von Paravani und Mtkvari (Kura), etwa 45 km südöstlich von Akhaltsikhe. Dort zweigt die Straße nach Vardzia von der Hauptstraße nach Akhalkalaki und Armenien ab.

Tmogvi-Burg BURG
GRATIS 11 km hinter der Festung Khertvisi Richtung Vardzia befinden sich die Ruinen der einst nahezu uneinnehmbaren Burg Tmogvi, die hoch auf einem Felsen über einer Schlucht thront, durch die ein Fluss rauscht. Die Burg ist ungefähr 1000 Jahre alt. Von Vardzia aus kann man über die westliche Talseite in rund einer Stunde hierhin wandern (ca. 4 km). Wer möchte, kann Richtung Norden zumeist über Gelände-Trails nach Khertvisi weiterlaufen.

Schlafen & Essen

Es gibt einige Adressen rund um Vardzia, darunter das neue, gehobene Vardzia Resort. Bei Tmogvi sind einige einfache Gästehäuser vorhanden.

Hotel Taoskar HOTEL $
(☎599-543540, 577-749996; www.facebook.com/pages/vardzia-taoskari/237963042894724; B/EZ/DZ/3BZ 20/35/70/120 GEL, Frühstück 10 GEL; P ☈ ☒) Das Taoskari liegt auf der anderen Brückenseite von Vardzia. Es mag zwar nicht sehr stimmungsvoll sein, aber es ist zuverlässig und das Preis-Leistungs-Verhältnis stimmt für eine Übernachtung. Der neue Schlafsaal ist für zwölf Personen ausgelegt und ist die billigste Unterkunft in der Gegend. Die Zimmer sind etwas in die Jahre gekommen, aber sauber. Frühstück wird oben im riesigen Bankettsaal serviert.

Valodia's Cottage HOTEL $$
(☎595-642346; www.accommodationvardzia.ge; Koriskhevi; EZ/DZ/3BZ/FZ 78/115/140/140 GEL, Frühstück 15 GEL; ⌚April–Nov.; P ☈) Wunderbar am Fluss gelegen, 2,5 km südlich von Vardzia, bietet das Cottage in neuen Gebäuden aus Kiefernholz oder Stein gemütliche Zimmer, von denen einige über einen Balkon oder eine Terrasse verfügen. Die Zutaten für das gute georgische Essen werden häufig in dem schönen Garten angebaut. Hier kann man gut mittagessen, selbst wenn man hier nicht übernachtet.

Vardzia Resort HOTEL $$$
(☎591-321515; www.vardziaresort.com; DZ/3BZ/Suite inkl. Frühstück 324/419/461 GEL; P ❄ ☈ ☒) Die Lage für diese sehr moderne und gehobene Ferienanlage – auf der anderen Flussseite gegenüber der Höhlenstadt – ist einfach fantastisch. Hier werden vor allem Reisegruppen angesprochen. Jedes der schicken Zimmer hat einen großen Balkon; der Garten ist hervorragend gepflegt. Es gibt auf dem Gelände sogar Wasserfälle und Bäche. Das hauseigene Restaurant gilt als das Beste in der ganzen Gegend.

An- & Weiterreise

Das erste *marschrutka* verlässt Akhaltsikhe um 10.20 Uhr und erreicht Vardzia gegen Mittag. Das reicht gerade, um die Höhlenstadt zu besichtigen und noch den letzten Minibus zurück um 15 Uhr zu erwischen (5 GEL, 1½ Std.). Andere Rückfahrten sind um 9.30 Uhr (von der gegenüberliegenden Seite der Brücke an der Höhlenstadt) sowie um 10.30 und 12.50 Uhr (beide vom Eingang der Höhlenstadt. Ein Tagesausflug mit dem Taxi ist jedoch komfortabler: Für 50 GEL fährt man hin und zurück von Akhaltsikhe, für 120 GEL von Borjomi. Unterwegs gibt es einige Zwischenstopps.

WESTGEORGIEN

Westgeorgien wurde schon durch die Suche von Jason und den Argonauten nach dem Goldenen Vlies berühmt. Heute befinden sich hier Georgiens drittgrößte Stadt, Kutaisi, sowie viele leicht zu erreichende historische, architektonische und landschaftliche Attraktionen. Die Region diente immer als Scharnier zwischen Einflüssen aus dem Westen – von den antiken Griechen bis zur hl. Nino – und den osmanischen Türken. Über sehr lange Zeit gab es hier andere Herrscher als im Osten Georgiens, aber hier lag auch die Keimzelle für das große, vereinigte Königreich Georgien im 11. und 12. Jh.

Heute lockt die Region große Touristenscharen an, unter anderem weil viele der Hauptsehenswürdigkeiten relativ nahe beieinander liegen. Mittlerweile sind die Anfahrtswege verbessert worden. Andererseits ist es auch leicht, die Haupttouristenpfade zu verlassen und Gegenden zu erkunden, die vom georgischen Tourismuswunder bisher noch – fast – unberührt sind.

Kutaisi

431 / 147 000 EW.

Einst war Kutaisi die Hauptstadt mehrerer georgischer Königreiche, heute wirkt es eher wie eine reizende Provinzstadt. Den Platz als zweitgrößte Stadt des Landes verlor Kutaisi 2014 an Batumi. Die meisten Leute kennen die Stadt wegen des Flughafens, der zur zentralen Start- und Landebahn für die Billigflieger geworden ist. Von 2012 bis 2019 war die Stadt aber immerhin auch Sitz des georgischen Parlaments. Es wäre also ein Fehler, die sympathische Stadt auszulassen, die zugleich ein idealer Ausgangsort zur Erkundung der Region Imeretien ist. Zudem gibt es eine Reihe an Sehenswürdigkeiten und empfehlenswerte Restaurants.

Sehenswertes

Die Bagrati-Kathedrale ist eine der schönsten Kirchen Georgiens. Auch das attraktiv renovierte Zentrum rund um den Kutaisis-Bulvari-Park und den Pushkinis Qucha lohnt einen genaueren Blick, denn es gibt einen bunten Markt, ein gutes Museum, Cafés und den großartigen Kolchis-Brunnen.

Bagrati-Kathedrale — KATHEDRALE

(Bagrati; 9–20 Uhr) Kutaisis Kathedrale wurde 1003 von Bagrat III. erbaut. Der hohe Turm und die Spitzkuppel ruhen auf vier frei stehenden Säulen. Eine Explosion in der Türkenzeit ließ den Turm, die Kuppel und die Decke im Jahr 1692 einstürzen, sodass die Kathedrale nur noch eine Ruine war. Zwischen 2009 und 2012 folge dann eine umfassende Restaurierung mit einer Mischung als alten und neuen Bausteinen sowie einigen Stahlsektionen.

Die Kathedrale wurde 1994 von der Unesco nach den diversen Renovierungsbemühungen im 20. Jh. zum Weltkulturerbe ernannt. Ironischerweise führten die Renovierungen im 21. Jh. dazu, dass die Kirche zunächst auf die Rote Liste der gefährdeten Welterbestätten gelangte, weil die „Integrität und Authenzität der Stätte“ bedroht sei. 2017 wurde der Welterbestatus tatsächlich aberkannt und nur noch das Kloster Gelati (S. 93), 8 km außerhalb der Stadt, darf den prestigeträchtigen Titel weiterführen.

Die **Palast-Zitadelle** GRATIS, unmittelbar östlich der Kathedrale, geht auf das 6. Jh. zurück. Sie wurde 1769 im georgisch-russisch-türkischen Krieg zerstört; allerdings kann man noch immer die Überbleibsel der Weinkeller und einer Kirche erkennen.

Historisches Museum — MUSEUM

(431-245691; Pushkin 18; Erw./Student 3/2 GEL, Führungen auf Deutsch, Englisch, Russisch oder Georgisch 10 GEL; 10–18 Uhr) Das Geschichtsmuseum verfügt über eine wunderbare Sammlung aus ganz Westgeorgien. Da jedoch die Beschilderungen nur spärlich sind, bietet sich eine Führung an. Das Highlight ist die Schatzkammer mit einer erstklassigen Sammlung an Ikonen und Kreuzen aus wertvollen Metallen und Juwelen. Auch eine große Ikone, die angeblich Wunder bewirken soll und einst in der Bagrati-Kathedrale stand, wird hier ausgestellt.

Kolchis-Brunnen — BRUNNEN

Der zentrale Platz, Tsentraluri Moedani, ist ganz auf den großen und verzierten Kolchis-Brunnen ausgerichtet. Gekrönt wird dieser von Imitaten des berühmten Goldschmucks, der einst bei archäologischen Ausgrabungen im nahe gelegenen Vani entdeckt worden war.

Markt — MARKT

(zwischen Paliashvili & Lermontov; 7–17 Uhr oder später) Kutaisis Markthalle ist eine der größten, pulsierendsten und buntesten landesweit. Die Stände sind voller Käse, Walnüsse, Gewürze, Kräuter, Obst, Gemüse, Fleisch, *churchkhela* (an Fäden aufgezogene Walnüsse in Trauben-Karamell), Bohnen, Wein, Pickles und vielem mehr.

Schlafen

Kutaisis Unterkunftsauswahl hat sich inzwischen erheblich verbessert. Mittlerweile kann man davon ausgehen, dass auch weiterhin neue Hostels, Pensionen und Hotels entstehen, sodass der Wettbewerb die Zimmerpreise drücken dürfte.

Westgeorgien

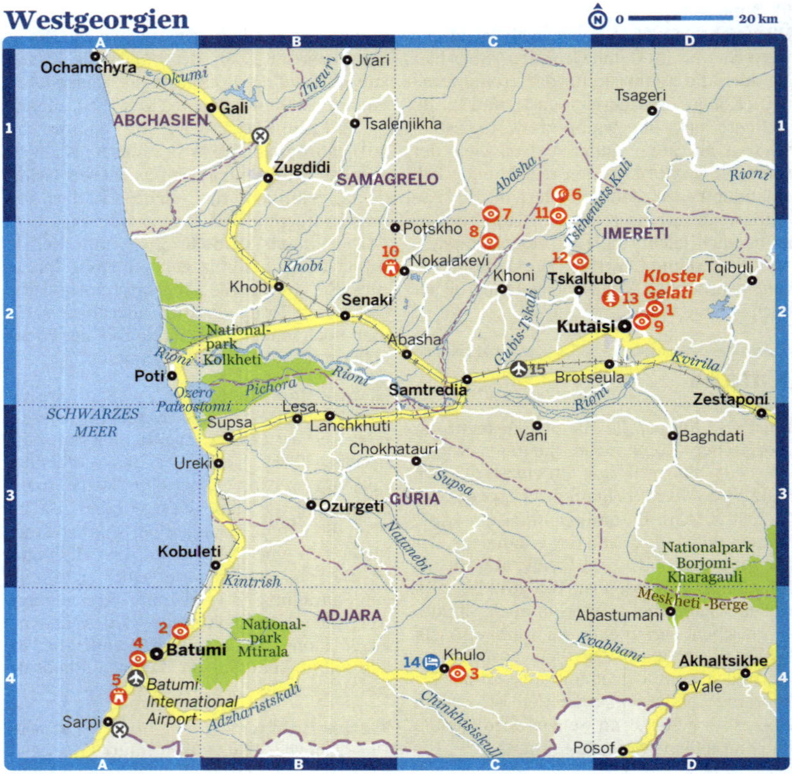

Westgeorgien

Highlights

1 Kloster Gelati D2

Sehenswertes

2 Botanischer Garten Batumi A4
3 Seilbahn C4
4 Tanzender Brunnen A4
5 Festung Gonio A4
6 Kinchkha-Wasserfall C1
7 Martvili-Canyon C1
8 Martvili-Kloster C2
9 Motsameta-Kloster D2
10 Festung Nokalakevi B2
11 Okatse-Canyon C1
12 Prometheus-Höhle C2
13 Sataplia-Naturpark D2

Schlafen

14 Hotel Toma C4

Transport

15 David the Builder Kutaisi International Airport C2
Georgian Bus .... (s. 15)
Wizz Air .... (s. 15)

★ **Dingo Backpackers Hostel** HOSTEL $
(☎ 568-823427, 571-197317; Kupradze 18; B 20–25 GEL, DZ 100 GEL; 📶) Vor allem durch den ansteckenden Enthusiasmus der zwei italienischen Freunde, die das traditionelle Haus leiten, ist das Dingo wohl das beste Hostel der Stadt. Für die Schlafsäle und die Privatzimmer stehen zwei Bäder bereit. Im großen Garten kann man auch zelten und es gibt einen eigenen Brunnen.

★ **Giorgi's Homestay** PRIVATUNTERKUNFT $
(☎ 431-243720, 595-591511; giorgihomestay14@yahoo.com; Chanchibadze 14; DZ 80 GEL, ohne

Bad/WC 60 GEL, 4BZ 100 GEL; P) Giorgi Giorgadze und seine Familie bieten saubere, angenehme und geräumige Zimmer in ihrem großen Haus auf dem Ukimerioni-Hügel. Sie beherbergen Gäste schon viel länger als die meisten anderen Pensionen. Sie wissen genau, was sich ihre Gäste wünschen. So gibt es viele hilfreiche Ratschläge für die Reise, ein umfangreiches Frühstück, saubere Badezimmer sowie kostenlosen Tee und Kaffee. Zudem veranstaltet Giorgi diverse Touren durch die Region.

Hostel Mandaria HOSTEL $

(599-677677; Chachavadze 33; B 10 GEL, DZ/3BZ/Apt. 50/70/100 GEL, DZ/3BZ ohne Bad/WC 25/27 GEL;) In einem riesigen alten sowjetischen Druckereigebäude ist das Mandaria ein Hostel im Großmaßstab, das ideal für Gruppen geeignet ist. Auch die hervorragend ausgestattete Gemeinschaftsküche ist groß, es gibt viele Duschen und Toiletten sowie einen ausgedehnten Wohn-Essbereich zum Entspannen. Vom Stadtzentrum muss man sich ein wenig bis hierhin abmühen, aber ansonsten ist alles top.

Star Hostel HOSTEL $

(431-251425, 599-988804; starhostel.ge@gmail.com; Tamar Mepe 37; B 10 GEL, Zi. ab 25 GEL;) Ein solides und sauberes georgisch geführtes Hostel, 500 m südlich des Tsentraluri Moedani. In die Schlafsäle passen jeweils vier bis acht Leute, es gibt drei Doppelzimmer mit Bad/WC. Das Frühstück kostet 5 GEL extra und gibt es eine sehr schlichte Küche. Die angebotenen Taxitouren und Leihräder gehen preislich in Ordnung (20 GEL/Tag).

Gästehaus Gelati GÄSTEHAUS $

(Hotel Gelati; 597-986222, 597-965326; www.gelati1.narod.ru; 26 Maisi 2. Gasse 4; EZ/DZ/3BZ 40/60/80 GEL;) Originalkunst und weitere nette Extras verleihen dem Gästehaus das gewisse Etwas. Alle sieben Zimmer verfügen über ein eigenes Bad/WC, außerdem es gibt einen kleinen Garten, ein Esszimmer sowie eine Gästeküche; im Gelati wird übrigens Englisch gesprochen.

Hotel Elegant HOTEL $$

(591-697570, 431-245830; dula50@mail.ru; Debi Ishknelebi 24; EZ/DZ 35/70 GEL; P) Eines von mehreren kleinen bis mittelgroßen Hotels auf einer Straße auf einem Hügel im Nordwesten, mit Blick auf das Stadtzentrum. Das einladende familiengeführte Elegant bietet zehn angenehme, gemütliche und verschiedenfarbige Zimmer mit Parkettböden. Auf der schönen Terrasse kann man seinen Kaffee oder nur den Ausblick genießen. Frühstück kostet 10 GEL extra.

Kiev-Kutaisi Hotel HOTEL $$

(431-245867, 598-307078; kiev.kutaisi@gmail.com; Tamar Mepe 25; DZ/4BZ inkl. Frühstück 70/100 GEL; P) Das Hotel hat zwar 14 Zimmer, fühlt sich aber wie ein Familienhaus an. Es liegt superzentral unmittelbar südlich des Tsentraluri Moedani. Die Begrüßung ist freundlich und auf Englisch. Die Zimmer sind tadellos und mit Parkettböden, natürlichem Licht und georgischen Antiquitäten ausgestattet. Frühstück kostet 10 GEL extra.

Essen

Im Stadtzentrum gibt es eine solide Auswahl an ansprechenden Cafés und kleinen Restaurants. Aber das Angebot ist natürlich nicht mit Tiflis zu vergleichen.

★ Palaty GEORGISCH $$

(431-243380; Pushkin 2; Hauptgerichte 10–25 GEL; 9–24 Uhr;) Die Pianomusik ist live, die angenehm dezente Beleuchtung sowie das etwas künstlerische Ambiente machen das Palaty zu einer Top-Adresse in Kutaisi. Auf der Speisekarte finden sich einige Ausreißer von der Norm, darunter eine große Platte (90 GEL) mit einem Dutzend verschiedener lokaler Spezialitäten. Wer die regionale georgische Küche nicht mag, kann sich auch Pizza oder Pasta bestellen.

Our Garden GEORGISCH $$

(Bagrati 23; Hauptgerichte 10–20 GEL; 11–1 Uhr;) Nach dem Besuch der Bagrati-Kathedrale nebenan ist der reizende „Garten" der ideale Ort für einen Drink oder einen Snack. Von der Terrasse genießt man bei leckerer georgischer Hausmannskost einen herrlichen Blick auf die Stadt hinab. Der ziemlich elegante Speisesaal ist die Bühne für die vielen örtlichen Gemälde.

Agerari GEORGISCH $$

(Tsereteli 2; Hauptgerichte 10–15 GEL; 0–24 Uhr;) Das angenehme Restaurant an Kutaisis zentralem Platz erstreckt sich über zwei Ebenen und verfügt im Erdgeschoss über eine offene Küche. Auf den Tisch kommen sehr abwechslungsreiche und leckere georgische Gerichte. Die *chinkali* und das Kebab sind genauso exzellent wie die *chikhirtma* (Hühnchen- und Knoblauchsuppe); dazu fließt lokales Bier vom Fass.

Kutaisi

Kutaisi

Sehenswertes
1 Bagrati-Kathedrale B1
2 Kolchis-Brunnen C3
3 Historisches Museum B4
4 Markt B3
5 Meskhishvili -Theater C3
6 Palast-Zitadelle C1

Schlafen
7 Gelati Guest House D3
8 Giorgi's Homestay B1
9 Hotel Elegant A2
10 Kiev-Kutaisi Hotel C4
11 Star Hostel C4

Essen
12 Agerari C3
13 Our Garden B1
14 Palaty B4

Information
15 Touristeninformation A3

Transport
16 Marshrutka zum Haupt-Busbahnhof.... C3
17 Marshrutky nach Gelati C2
18 Taxistand B3

Sesame INTERNATIONAL **$$**
(Tsereteli 163/165; Hauptgerichte 12–25 GEL; ⏲12–1 Uhr; 📶✍) Die Wände sind unverputzt, die Theke ist gekachelt und die Glühbirnen haben Heizfäden – das Sesame ist in Kutaisi ziemlich angesagt. Die Speisekarte ist ebenfalls erfrischend originell, denn es gibt auch viele nicht-georgische Gerichte, beispielsweise Fajitas, Hühnchen „Kiewer Art" sowie Rindersteak mit Pesto und eine ordentliche Weinkarte. Die Servicekräfte sind schnell und effizient.

★ **Toma's Wine Cellar** GEORGISCH $$$
(☎ 555-445140; Sergo Kldiashvili 34; pro Person inkl. Wein 40 GEL; ⌚ Mi–Mo 15–23 Uhr; 📶 🍷) Diese Weinkeller hat sich in nur wenigen Jahren zu einer Institution in Kutaisi entwickelt. Hier kann man traditionelle georgische Küche speisen, die es in den meisten Restaurants so nicht gibt. Beim umfangreichen festen Menü überzeugen z.B. *jonjoli* (gepökelte Wildblumen) und *gebzhalia* sowie der sehr bekömmliche selbst angebaute Wein; unbedingt reservieren.

ℹ Auskunft

Touristeninformation (☎ 431-241107; tickutaisi@gmail.com; Rustaveli 9a; ⌚ April–Okt. 9–19 Uhr, Nov.–März 9–18 Uhr) Georgiens größte Touristeninfo ist in einem kürzlich umgebauten Haus oberhalb des Flusses untergebracht. Die mehrsprachigen Mitarbeiter sind äußerst hilfsbereit. Auch am Flughafen gibt es einen Schalter.

ℹ An- & Weiterreise

FLUGZEUG

David the Builder Kutaisi International Airport (☎ 431-237000; www.kutaisi.aero) Der Flughafen liegt 22 km westlich vom Stadtzentrum bei Kopitnari. Bei Billigflieger ist dieser Airport sehr beliebt. **Wizz Air** (☎ 706-777483; www.wizzair.com) fliegt von hier direkt rund 25 Städte in ganz Europa an, Ukrainian International Airlines nach Kiew und Charkow, Ural Airlines nach Moskau und SCAT nach Aktau in Kasachstan. Vanilla Sky (S. 70) bietet Flüge nach Mestia in Swanetien an.

MARSCHRUTKA

Marschrutky fahren von Kutaisis **Haupt-Busbahnhof** (Chavchavadze 67), ca. 3 km südwestlich des Stadtzentrums. Es gibt unter anderem folgende Verbindungen:

Akhaltsikhe (13 GEL, 3½ Std., 4-mal tgl.)
Batumi (10 GEL, 2 Std., stündl. 9–18 Uhr)
Borjomi (13 GEL, 3 Std., 4-mal tgl.)
Mestia (25 GEL, 4½ Std., 9 Uhr)
Tbilisi (10 GEL, 4 Std., stündl. 7–17 Uhr)
Zugdidi (7 GEL, 1½ Std., stündl. 6–17 Uhr)

Um von Kutaisi nach Gori zu gelangen, nimmt man eines der *marschrutky* nach Tiflis und bittet darum, in Gori aussteigen zu können. Man wird rund 5 km vom Stadtzentrum rausgelassen; ein Taxi in die Stadt kostet dann 10 GEL.

Marschrutky zum Haupt-Busbahnhof starten vor dem McDonald's am Tsentraluri Moedani (Zentralplatz). Die *marschrutky* nach Gelati fahren hinter dem Meskhishvili-Theatrer am Tsentraluri Moedani ab.

ZUG

Vom Kutaisi-1-Bahnhof (Tamar Mepe), ca. 1 km südlich des Stadtzentrums, verkehren Bummelzüge nach Tiflis um 4.55 Uhr (4 GEL, 5½ Std.) und 12.25 Uhr (9 GEL, 5½ Std.), nach Batumi um 17.50 Uhr (2 GEL, 4 Std.) und nach Zugdidi um 13.45 Uhr (2 GEL, 3½ Std.).

ℹ Unterwegs vor Ort

VOM/ZUM FLUGHAFEN

Minibusse von **Georgian Bus** (☎ 555-397387; www.georgianbus.com; Kutaisi International Airport) verkehren zwischen dem internationalen Flughafen und mehreren Orten in Georgien, darunter Kutaisi selbst (5 GEL, 30 Min.), Tiflis (20 GEL, 4 Std.) und Batumi (15 GEL, 2 Std.). Die Fahrzeiten sind auf die Lande- und Abflugszeiten abgestimmt. Man kann online buchen und bezahlen oder aber am Flughafenschalter. Für Fahrten zum Flughafen kann man Fahrkarten auch im Minibus erwerben. Für einige Fahrziele ist eine Mindestanzahl von Fahrgästen erforderlich. Die Haltestelle in Tiflis ist der Pushkinis Skver, unmittelbar nördlich des Tavisuplebis Moedani (Freiheitsplatz).

Taxis zwischen dem Flughafen und dem Stadtzentrum von Kutaisi kosten rund 25 GEL.

BUS, MARSCHRUTKA & TAXI

Marschrutky 1 und 200 verkehren vom zentralen Busbahnhof zum Rustavelis Gamziri im Stadtzentrum. Sie starten in Fahrtrichtung links auf der anderen Straßenseite (Chavchavadzis Gamziri). Vom Stadtzentrum ist *marschrutka* 1 die schnellste öffentliche Verbindung zum Busbahnhof. Abfahrt ist vor dem McDonald's. Taxis verlangen rund 6 GEL für die Strecke.

Rund um Kutaisi

Die hügelige Landschaft rund um Kutaisi ist sehr schön und voller Kirchen, Canyons und historischen Festungen. Das bietet viele Möglichkeiten für abwechslungsreiche Tagesausflüge. Wenn man ein eigenes Fahrzeug hat oder sich einen Fahrer nimmt, dann sind die Touren etwas bequemer.

★ **Kloster Gelati** KLOSTER
(⌚ 8–20 Uhr; 🅿) Der von der Unesco zum Weltkulturerbe ernannte Klosterkomplex liegt in einem waldreichen Gebiet rund 8 km nordöstlich von Kutaisi. Die Architektur ist ein außergewöhnliches Beispiel aus dem ‚Goldenen Zeitalter', die Kirche ist eine der bedeutendsten des Landes. Gelati war ein kulturelles Zentrum der mittelalterlichen Renaissance Georgiens, viele georgische Herrscher liegen hier begraben. Einer

davon war David der Erbauer (1073–1125), der berühmte König des 12. Jhs. Der Innenraum der zentralen Marien-Kathedrale gehört mit seinen fantastischen Fresken zu den farbenfrohesten in Georgien.

König David gründete das Kloster Gelati 1106 als Zentrum der christlichen Kultur und des neoplatonischen Studiums. Die mittelalterlichen Chronisten beschrieben die Akademie als ein „zweites Jerusalem" und ein „neues Athen". Im Jahr 1510 steckten die Osmanen den Komplex in Brand, Bagrat III. von Imeretien sorgte für einen Wiederaufbau. Im Jahr 1922 wurden die Mönche von den Kommunisten vertrieben, die Kirchen wurden erst 1988 neu geweiht.

Das erste Gebäude, auf das man nach dem Betreten des Komplexes trifft, ist die **St.-Georgskirche**. Hier finden sich zahlreiche bunte Fresken. Am Westportal der zentralen Kathedrale befindet sich die kleinere St.-Nikolaus-Kirche, die nach einem ungewöhnlichen Arkadenplan erbaut wurde. Dahinter steht die kürzlich wiederaufgebaute Akademie, wo einst Philosophie, Theologie, Naturwissenschaften und Malerei gelehrt wurden. Auch bedeutende Chroniken und Übersetzungen wurden hier verfasst. Das Grab von David dem Erbauer liegt auf der Innenseite vom Südtor des Klosters. Der König wollte, dass alle Besucher, die das Kloster betraten, über sein Grabmal laufen mussten – eine sehr bescheidene Geste für einen derart mächtigen Mann. Ironischerweise achten die heutigen Besucher sehr darauf, nicht über das Grab zu laufen.

Die Fresken in der zentralen **Marienkathedrale** wurden zwischen dem 12. und 18. Jh. gemalt. Unter den sechs noblen Figuren an der Wand zur Linken, wenn man auf den Altar schaut, sind David der Erbauer (mit der Kirche in der Hand) sowie Bagrat III. von Georgien (mit einem Kreuz über seiner linken Schulter) zu erkennen. Ein berühmtes Mosaik (ca. 1120–1130) der Jungfrau Maria mit Kind sowie mit den Erzengeln Michael und Gabriel zur Linken bzw. zur Rechten, befindet sich an der Decke der Apsis. Wer die Kirche für den Gottesdienst am Sonntagmorgen um 10 Uhr besucht, kann dann auch wunderbare georgische Kirchengesänge miterleben.

Marschrutky nach Gelati (1 GEL, 30 Min.) starten stündlich von 8 bis 18 Uhr vor dem Dinmart-Supermarkt hinter dem Theater am Tsentraluri Moedani in Kutaisi. Sie passieren unterwegs die Abzweigung nach Motsameta (S. 95). Der letzte Minibus zurück verlässt Gelati um 16.30 Uhr. Wenn man auch Motsameta besuchen will, dann ist es von Gelati über die Straße zumeist bergab rund eine Stunde zu Fuß.

Hin- und Rückfahrt per Taxi kostet von Kutaisi nach Gelati rund 25 GEL sowie 30 GEL mit Besuch von Motsameta.

Okatse-Canyon — CANYON

(Zeda Gordi; Erw./Kind 17,50/5,50 GEL; ⌚Di–So 10–18 Uhr; P) Ein atemberaubender Pfad verläuft 700 m an der Klippenkante des 100 m tiefen Canyons entlang und mündet auf einer Aussichtsplattform, die direkt oberhalb der Schluchtmitte herausragt. Vom Besucherzentrum nahe der Ortschaft Zeda Gordi (ca. 42 km nordwestlich von Kutaisi) sind es gut 2,5 km zu Fuß. Ein Jeep zurück zum Besucherzentrum kostet 15 GEL (für fünf bis sechs Personen).

Kinchkha-Wasserfall — WASSERFALL

(Erw./Kind 17,50/5,50 GEL; ⌚9–18 Uhr) Dieser grandiose Wasserfall stürzt über 88 m von einer riesigen Kalkklippe in die Tiefe. Dann rauscht das Wasser durch eine schmale Schlucht und über einen weiteren Wasserfall in einen Pool und von dort in den Fluss Okatse. Das Naturschauspiel ist großartig und aufgrund eines Pfades aus Metall, der durch die Schlucht führt, inzwischen komplett zugänglich. So erlebt man das Ganze hautnah, auch wenn die Konstruktion des Pfads ein wenig vom Naturwunder ablenkt. Der Besuch wird normalerweise mit einem Abstecher zum Okatse-Canyon verbunden.

Martvili-Canyon — CANYON

(☎595-805455; Erw./Kind 17,25/5,50 GEL; ⌚Di–So 10–18 Uhr; P 👪) Der ebenfalls attraktive Martvili-Canyon wurde inzwischen ganz den Bedürfnissen des Tourismus angepasst, indem zahlreiche Pfade und Brücken angelegt wurden, die für spektakuläre Ausblicke sorgen. Aufgrund der Touristenmassen und künstlichen Ergänzungen ist es hier jedoch nicht mehr so naturbelassen. Die Touren über den Abasha-Fluss durch die 40–70 m tiefe Schlucht sind zwar schön, aber nicht übermäßig spannend. Der Preis für ein kleines Gummiboot (fünf bis sechs Passagiere) liegt bei 15 GEL für die 350 m lange Strecke den Canyon hinauf und zurück sowie 30 GEL für die 700 m lange Strecke.

Martvili-Kloster — KLOSTER

Das Martvili-Kloster war im Mittelalter ein kulturelles Zentrum. Es liegt auf einem

ABCHASIEN BESUCHEN

Abchasien besitzt die schönsten Strände im Kaukasus, dazu atemberaubende subtropische Tal-, Seen- und Berglandschaften sowie mit Suchumi eine attraktive Hauptstadt. Seit dem Ende des Krieges in den frühen 1990er-Jahren hat sich in der Region nur wenig verändert und es gibt noch immer viele Relikte der alten Sowjetunion zu bewundern, darunter verfallene Bahnhöfe, Sanatorien und Hotels. Man kann auch einige Datschen besichtigen, die einstmals von Stalin aufgesucht wurden. Das Kloster Novy Afon ist zudem der berühmteste religiöse Komplex des Landes.

Es ist für Nicht-Georgier keineswegs unmöglich, Abchasien von Georgien aus zu bereisen, die meisten Regierungen raten allerdings dringend von einem Versuch ab. Die Botschaften in Tiflis können in Abchasien keinerlei konsularische Hilfe bieten.

Wer dennoch Abchasien besuchen möchte, muss sich dazu zunächst einen Erlaubnisbrief besorgen. Auf der Website des abchasischen Außenministeriums gibt es dafür ein Formular, das man dem konsularischen Service des Außenministeriums zusammen mit einer Kopie der Fotoseite des Reisepasses zumailen muss. Innerhalb von sieben Werktagen sollte man dann den Erlaubnisbrief auf Russisch zurückgemailt bekommen.

Nach Einreise in Abchasien mit diesem Erlaubnisbrief muss man sich innerhalb von drei Werktagen zum **abchasischen „Außenministerium“** (☎840-2267069; http://mfaapsny.org; Ulitsa Sakharova 33; ⌚Mo–Fr 9–18 Uhr) in Suchumi begeben, um sein Visum zu erhalten. Das abchasische Visum ist ein einzelnes loses Blatt, das nicht in den Reisepass eingeheftet und das bei der Ausreise auch wieder abgegeben wird. Ein Zehn-Tages-Visum für eine einmalige Einreise kostet 400 RUB (rund 7 US$). Nähere Informationen über die Sehenswürdigkeiten in Abchasien, finden sich unter www.lonelyplanet.com/georgia/western-georgia/abkhazia.

Die mit einer Einreise nach Abchasien verbundenen Risiken sind aber nicht zu unterschätzen, denn dies wird von den georgischen Behörden als illegaler Grenzübertritt geahndet; bei der Rückkehr nach Georgien drohen Geld- und Haftstrafen. Auf jeden Fall sollte man die aktuellen Reisewarnungen z. B. des deutschen Auswärtigen Amtes lesen!

schönen Hügel. Von dort oben blickt man auf die Stadt hinab sowie auf die umliegenden Täler und Hügel. Die Kirche stammt aus dem 7. Jh. und ist ursprünglich der Jvari-Kirche in Mtskheta nachempfunden worden. Die interessanten Fresken stellen Porträts des Königshauses Dadiani von Megrelien (Samegrelo) dar. An der Decke der Apsis befindet sich eine berühmte Darstellung der Jungfrau Maria.

Festung Nokalakevi — FESTUNG

(Erw./Student 5/1 GEL, Führung auf Englisch 15 GEL; ⌚Di–So 10–14, 15–18 Uhr) Nokalakevi ist eine antike Kolchis-Festung am Ufer des Flusses Tekhuri. Dies soll einer der (vielen) Orte sein, an denen das Goldene Vlies angeblich untergebracht war. Die Anlage lohnt einen Abstecher, unter anderem für den beeindruckenden Tunnel auf der rückwärtigen Seite der Festung, der zum Fluss hinabführt. Das Eintrittsgeld ermöglicht auch den Zutritt zum interessanten archäologischen Museum. Bei Redaktionsschluss wurde zu diesem Zweck ein neues Gebäude errichtet (siehe www.nokalakevi.org).

Rund 1 km stromaufwärts laden Becken mit sehr angenehmem Thermalwasser zum Baden und Planschen ein.

Motsameta-Kloster — KLOSTER

(Ⓟ) Das kleine Kloster Motsameta liegt auf einem atemberaubenden Felsvorsprung oberhalb einer Kehre des Flusses Tskhaltsitela, 5 km von Kutaisi und rund 1,8 km abseits der Straße nach Gelati gelegen. Der Name des Flusses, „Rotes Wasser“, leitet sich von einem Massaker arabischer Invasoren im 8. Jh. ab. Unter den Opfern waren die Gebrüder David und Konstantin Mkheidze, die Herzöge von Argvetien. Ihre Körper wurden in den Fluss geworfen, aber der Legende nach, gelangten sie durch ein Wunder – angeblich durch Löwen – hinauf zu der Stelle, wo jetzt das Kloster steht.

Prometheus-Höhle — HÖHLE

(☎577-101417; www.prometheus.ge; Kumistavi; Erw./Kind 23/5,50 GEL, Bootstour pro Person 17,50 GEL; ⌚Di–So 10–18 Uhr; Ⓟ) Die 1,4 km lange Höhle bei Kumistavi, 20 km nordwestlich von Kutaisi, besteht aus einer Reihe von sechs großen Kammern, denen ein etwa 400 m langer unterirdischer See folgt. Einige Abschnitte wirken wie ein Naturwunder. Die Führungen über den gut ausgebauten Betonpfad werden durch die diskrete farbige Beleuchtung sowie ein wenig klassische Musik im Hintergrund passend untermalt. Kinder unter sechs Jahren dürfen die Höhle nicht besuchen.

Marschrutka 30 verkehrt vom westlichen Ende von Kutaisis Tsiteli Khidi (Rote Brücke) zum Kurort Tskaltubo (1 GEL, 30 Min.), wo *marschrutka* 42 alle 1–2 Std. die restlichen 8 km zur Prometheus-Höhle (1,50 GEL, 20 Minutes) bewältigt.

Sataplia-Naturpark NATURPARK
(☎577-101417; Erw./Kind 17,25/5,50 GEL; ⌚Di–So 10–18 Uhr; P 👪) Dutzende versteinerte, 120 Mio. Jahre alte Dinosaurier-Fußabdrücke sind das Highlight in dem 3,3 km² großen Naturpark, 9 km nordwestlich von Kutaisi. Die Fußabdrücke sind heute in einem geschützten Gebäude zu sehen. Ebenfalls spannend ist die schön beleuchtete 300 m lange Höhle mit einem kleinen unterirdischen Bach. Oberirdisch bestimmt dichter, subtropischer Kolchis-Wald das Bild. Einige Aussichtspunkte bieten tolle Panoramaansichten. Über die Hauptbesucherroute dauert der Rundgang ungefähr eine Stunde.

Eine Taxifahrt von Kutaisi nach Sataplia, zur Prometheus-Höhle und zurück kostet 35–40 GEL. Öffentliche Verkehrsmittel sind hier ziemlich umständlich: *Marschrutka* 35 (0,40 GEL) verkehrt in Kutaisi vom westlichen Ende der Paliashvili zum Ende der Javakhishvili am westlichen Stadtrand. Dort übernimmt *marschrutka* 45 die verbleibenden 5 km nach Sataplia, sobald der Fahrer meint, er hätte genug Passagiere an Bord – normal ist ein Minimum von vier Person.

An- & Weiterreise

Alle Sehenswürdigkeiten rund um Kutaisi können auf Tagesausflügen von der Stadt aus besichtigt werden. Ein eigenes Mietauto oder das Anheuern eines Fahrers sind optimal, auch wenn viele Sehenswürdigkeiten per *Marschrutka* durchaus zu erreichen sind, wenn man keine Eile hat und lange Fahrtstrecken nicht scheut.

Zugdidi

☎415 / 43 000 EW.

Die pulsierende Hauptstadt von Samegrelo (Megrelien, auch Mingrelien) ist die nächstgelegene Stadt zur abchasischen Grenze. Zugdidi hat nach dem Krieg in den frühen 1990er-Jahren eine hohe Anzahl an Flüchtlingen aus der Region aufgenommen. Zugdidi ist nicht nur ein Zwischenstopp auf dem Weg nach Swanetien und Abchasien, sondern auch eine gute Basis für die Erkundung der weniger bekannten Attraktionen von Samegrelo. Für sich genommen hat die Stadt Reisenden nur wenig zu bieten, außer einigen soliden Unterkünften und Restaurants sowie einem Museum im alten Palast.

Sehenswertes

Dadiani-Museum MUSEUM
(Erw./Student 5/1 GEL, Schatzkammer Erw./Student 5/1 GEL, Führung auf Deutsch, Englisch, Georgisch oder Russisch 5 GEL; ⌚Di–So 10–18 Uhr, Schatzkammer Di–So 11–16 Uhr) Der burgartige Palast der Dadiani-Familie ist nun ein Museum und liegt in einem liebevoll gepflegten Park. Die Dadianis waren einst die Fürsten von Samegrelo. Neben interessanten Gemälden zum Thema Kaukasus (19. Jh.) gibt es in der Schatzkammer eine ansehnliche Sammlung von Ikonen und Kreuzen (10.–20. Jh.). Die Schatzkammer kann nur im Rahmen einer Führung besichtigt werden. Zudem ist eine der vier bronzenen Totenmasken von Napoleon zu sehen, die durch die Hochzeit von Prinzessin Salome Dadiani und Achille Murat, Napoleons Neffen, nach Zugdidi gelangte. Der bewaldete Botanische Garten neben dem Park ist auch einen Blick wert.

Schlafen

Als beliebte Zwischenstation für Reisende bietet Zugdidi Dutzende Hotels, Hostels und Gästehäuser, sodass man selbst in der Hochsaison keinerlei Probleme bei der Zimmersuche haben dürfte.

My Moon Hostel HOSTEL $
(☎571-444530, 595-901590; Rustaveli 61; B/EZ/DZ 20/25/50 GEL; 📶) An den Wänden hängen Jim und Bob, im Garten stehen viele Stühle und überall in dem etwas baufälligen aber stimmungsvollen Haus trifft man auf kreativen Nippes. Die Zimmer sind unterschiedlich groß und sie teilen sich Gemeinschaftsbäder und -duschen. Im Erdgeschoss gibt es eine große Gemeinschaftsküche und ein Wohnzimmer. My Moon bietet auch Tagesausflüge in die Umgebung an.

Art Hostel HOSTEL $
(☎568-535663; Rustaveli 31; B/DZ 20/50 GEL; 📶) Besitzerin Tamara spricht kein Englisch, aber sie kommuniziert begeistert und heißt die Gäste in ihrem großen Haus freundlich

DER ABCHASIENKONFLIKT

Die Abchasen sprechen eine andere Sprache als die Georgier, da sie sprachlich eher dem nordwestlichen Kaukasus zuzurechnen sind. Mittlerweile ist aber Russisch die geläufigste Umgangssprache. Im Mittelalter war Abchasien ein bedeutender Landesteil für das christliche Georgien, bevor es im 15. Jh. unter die Herrschaft der türkischen Osmanen geriet. Die russische Eroberung im 19. Jh. führte dazu, dass daraufhin viele Tausende muslimischer Abchasen ins osmanische Reich flohen. Aus diesem Grund gibt es bis heute in der Türkei eine große abchasische Diaspora.

Unter der sowjetischen Herrschaft unterzeichnete Abchasien 1921 einen Einheitsvertrag mit Georgien, doch 1931 wurde Abchasien zu einer autonomen Region innerhalb von Georgien herabgestuft. Die Anzahl der ethnischen Georgier nahm so stark zu, dass im Jahr 1989 in Abchasien 46 % Georgier und nur mehr 18 % Abchasen lebten. Doch schon in den späten 1970er-Jahren begannen die Abchasen, mehr Rechte einzufordern und im Jahr 1990 erklärte der von Abchasen dominierte Oberste Sowjet Abchasiens einseitig Abchasien zu einer separaten Sowjetrepublik.

Zu einem heißen Konflikt kam es im August 1992, als die georgische Nationalgarde Suchumi besetzte und die meisten Abchasen vertrieb. Es folgte ein Jahr harter Kämpfe, die rund 8000 Menschenleben forderten. Die Abchasen wurden durch Kämpfer aus dem russischen Kaukasus unterstützt und gelegentlich auch durch russische Armeeeinheiten. Auf beiden Seiten wurden Kriegsverbrechen begangen. Im September 1993 griffen die Abchasen trotz eines Waffenstillstands Suchumi an und vertrieben die georgischen Streitkräfte sowie praktisch die gesamte georgische Bevölkerung Abchasiens; insgesamt rund 230 000 Menschen. Nur im südlichen Distrikt Gali sind seither in nennenswerter Anzahl Georgier (rund 40 000) zurückgekehrt.

Nach dem Krieg 1992/93 verhängte Russland Handelssanktionen gegen Abchasien, aber Wladimir Putin änderte Russlands Haltung, als er in den Kreml einzog. Im Jahr 2001 wurden den Abchasen russische Reisepässe angeboten und 2008 hob Russland auch die Handelssanktionen auf. Während des Krieges um Südossetien in 2008 drangen russische Einheiten von Abchasien aus in das westliche Georgien ein, um dort Militäreinrichtungen anzugreifen. Kurz danach erkannte Russland Abchasien offiziell als unabhängigen Staat an. Lediglich Venezuela, Nicaragua, Syrien und Nauru sind diesem Beispiel bislang gefolgt. Russland erhöhte seine Hilfsleistungen und stationierte Luftabwehrraketen sowie mehrere Tausend Soldaten in der Region. Dies stößt bei den Georgiern auf große Bitterkeit, weil sie die Besatzung weiterhin als illegal bewerten. Im Jahr 2014 unterzeichneten Abchasien und Russland eine Allianz für eine strategische Partnerschaft. Demgemäß wurde Abchasiens Militär, Justiz, Grenzregime und das Wirtschaftsmanagement in das russische Staatssystem integriert. Im Gegenzug wurde die finanzielle Unterstützung Russlands für die Region verdoppelt.

Die ethnischen Abchasen stellen nunmehr die Hälfte der geringeren Bevölkerungszahl (ca. 240 000 Einwohner). Die meisten scheinen auch die russische Herrschaft nicht unbedingt zu mögen und streben eigentlich eine echte Unabhängigkeit an. Sie haben jedoch kaum eine Alternative, als sich dem russischen Willen zu beugen.

willkommen. Im unteren Stockwerk gibt es einen Schlafsaal für zehn Personen und oben vier private Zimmer. Die Gäste müssen sich zwei Badezimmer teilen. Es gibt auch eine Gemeinschaftsküche, eine Waschmaschine und in allen Zimmern Ventilatoren. Ein weiteres Badezimmer ist geplant. Der Garten ist ziemlich verspielt gestaltet.

★ **Leto Boutique Hotel** BOUTIQUEHOTEL **$$**
(☎ 415-255555; www.letohotel.ge; Gamsakhurdia 31; Zi./Suite inkl. Frühstück ab 199/319 GEL; P ❄ 📶 🏊) Das beste Hotel in Zugdidi ist brandneu und ein beeindruckender Anblick an der Hauptstraße der Stadt. Die Zimmer sehen schick aus und wirken minimalistisch. Aus vielen Räumen kann maneinen herrlichen Ausblick genießen; manche verfügen über einen Balkon, von dem man Richtung Stadtzentrum schauen kann. Die Topattraktion ist sicher der Infinity-Pool, der auf dem Dach zu finden ist. Hier fühlt man sich eher wie in Los Angeles als in einer kleinen georgischen Provinzhauptstadt.

Essen

Im Stadtzentrum befinden sich mehrere gute Lokale, auf den Tisch kommen im Allgemeinen heimische Spezialitäten.

Diaroni GEORGISCH **$$**
(☎415-221122; www.diaroni.ge; Gamsakhurdia 9; Hauptgerichte 12–55 GEL; ⏲10–23 Uhr; 📶) Zugdidis bekanntestes Restaurant ist sicherlich auch eines der smartesten. Innen dominiert eine Mischung aus dunklem Holz und Ziegelsteinen, die Straßenterrasse wird von Bäumen gesäumt. Dort kann man dem Stadtleben entspannt zuschauen. Das Essen ist großartig, auf der großen Speisekarte finden sich viele megrelische Spezialitäten. Ein *diaroni* ist ein megrelisches *supra* – der Name passt bestens zu dem Lokal.

El Barco GEORGISCH **$$**
(☎555-199798; Rustaveli 77; Hauptgerichte 7–25 GEL; ⏲12–24 Uhr; 📶) Freundlich, gemütlich und dezent – das reizende El Barco sollte ursprünglich Flüchtlingen aus Abchasien helfen. Hier gibt es lokale megrelische Spezialitäten, wie z. B. *gebzhalia* und *mchadi* (Mais-Fladenbrot). Der Service ist manchmal etwas unaufmerksam, aber im Allgemeinen wird man hier gut bedient.

Auskunft

Touristeninformation (☎595-630577; ticzugdidi@gmail.com; Rustaveli 87; ⏲Juli–Okt. Mo–Fr 9–18 Uhr, Nov.–Juni Mo–Fr 10–18 Uhr) In dem kleinen Touristenbüro gibt es nützliche Informationen, Stadtpläne und aktuelle Straßenkarten.

An- & Weiterreise

Zugdidi hat zwei Knotenpunkte für *marschrutky*: vor dem Bahnhof und wenige Schritte vom Rustavelis Qucha, auch bekannt als Brücken-Busbahnhof. Dieser liegt an einem alten steinernen Wachturm in einem geschäftigen Marktviertel. Viele Busse starten jedoch vom Bahnhof, darunter die folgenden:

Batumi (12 GEL, 3 Std., 8-mal tgl.)

Borjomi (15 GEL, 4 Std., 10 Uhr tgl.)

Kutaisi (7 GEL, 1½ Std., alle 30 Min., 7–19 Uhr)

Mestia (20 GEL, 3 Std., Abfahrten zwischen 6.30 und 15 Uhr, sobald alle Plätze besetzt sind)

Tbilisi (15 GEL, 5½ Std., ca. stündl., 7–24 Uhr)

Zusätzliche *marschrutky* nach Mestia stehen bereit (für Passagiere aus den Zügen, die aus Tiflis kommen). Sie warten aber nicht so lange, bis alle Plätze besetzt sind. Die Hostels in Zugdidi arrangieren Abholungen durch *marschrutky* mit Ziel Mestia. Es gibt keinen öffentlichen Nahverkehr zur abchasischen Grenze, sodass man sich ein Taxi nehmen muss (10 GEL, 15 Min.).

Der Nachtzug nach Tiflis (Sitzplatz/2./1. Klasse 7,50/17/30 GEL, 9 Std.) verkehrt vom Bahnhof in Zugdidi um 21.45 Uhr. Tagsüber gibt es eine schnellere Verbindung nach Tiflis (2. Klasse 13 GEL, 5½ Std.), dieser Zug fährt um 18.15 Uhr täglich ab.

ADSCHARIEN

Adscharien ist seit dem Verlust von Abchasien zur beliebtesten georgischen Urlaubsregion am Schwarzen Meer geworden. Zu sowjetischen Zeiten fuhren die Georgier nach Abchasien ans Meer. Nun konzentriert sich der Touristenstrom in den Sommermonaten auf die Boomtown Batumi. In der aufstrebenden Urlaubsregion erholen sich längst nicht mehr nur Georgier und im August herrscht eine richtige Party-Atmosphäre. Für Reisende, die über den geschäftigen Grenzübergang Sarpi aus der Türkei nach Georgien gelangen, vermittelt die attraktive Region Adscharien die ersten Eindrücke des Landes – und diese Rolle erfüllt Adscharien sehr gut.

Auch wenn die Strände von Adscharien zumeist steinig sind, so ist das subtropische Klima fantastisch und die Landschaft schlicht großartig. Im direkten Hinterland der Küste ragen üppig grüne Hügel auf und etwas weiter weg erreichen einige Gipfel sogar Höhen von über 3000 m. Die schneebedeckten Berge sind ein echtes Erlebnis, wenn man durch das Hinterland fährt. Inmitten der wunderbaren Landschaft finden sich einige malerische Bergdörfer mit größtenteils muslimischer Bevölkerung.

Batumi

☎422 / 155 000 EW.

Vor der Kulisse von Hügeln im Nebel und hoch aufragenden schneebedeckten Bergen ist Georgiens zweitgrößte Stadt ein sehr stimmungsvoller Ort mit einer reizenden Altstadt. An den ruhigen Gewässern der Schwarzmeerküste verfügt Georgiens wichtigstes Sommerurlaubsziel über einen ausgedehnten Strand sowie eine lange und gut gepflegte Uferpromenade.

Batumi ist Schauplatz eines großen Baubooms: Neue Hotels und Hochhäuser haben das Stadtbild in den letzten Jahren stark verändert. Doch der Charme der renovierten Belle-Époque-Bauten aus der vorletzten Jahrhundertwende ist allerdings nur schwer zu toppen. Juli und August sind extrem belebt in Batumi, aber das Seebad ist auch ganzjährig als Reiseziel interessant. Mai, Juni und September sind ebenfalls gute Monate für einen Besuch.

Sehenswertes

Batumi bietet sehr zahlreiche Sehenswürdigkeiten, von denen viele auf die sommerlichen Touristenmassen ausgerichtet sind. Dazu gehören der kuriose Batumi Tower, der Turm des georgischen Alphabets und der Tanzende Brunnen. Wenn man die Uferpromenade verlässt, finden sich auch attraktive Kulturstätten, wie z. B. das exzellente Archäologische Museum und das Adscharische Kunstmuseum.

★ Batumi-Boulevard PARK

(www.boulevard.ge; 👪) Alle Wege führen schnell zu Batumis *bulvari*, dem Parkstreifen am Hauptstrand, der zum Promenieren einlädt. Er wurde 1884 angelegt und erstreckt sich mittlerweile über 7 km entlang der Küste. Mit seinen Bäumen, Brunnen, Cafés, Strandbars und einigen kuriosen Attraktionen ist der Batumi-Boulevard das Herz und die Seele der Stadt. Der Strand selbst ist schön und sehr sauber, aber steinig – im Juli und August wird es hier rappelvoll.

Archäologisches Museum Batumi MUSEUM

(☎ 422-276564; Chavchavadze 77; Erw./Student 3/1 GEL; ⏲ 10–18 Uhr) Dieses hervorragende Museum präsentiert viele wertvolle archäologische Funde aus Adscharien, insbesondere aus der Festung Gonio Apsaros (S. 102). Der Hauptsaal oben startet mit den humanoiden Fossilien, die zwischen 1,7 und 1,8 Mio. Jahren alt sind. Dann kann man beeindruckende Dolche aus der Bronzezeit, Schmuck aus der Eisenzeit, hellenistische Töpferwaren sowie römische Exponate bewundern. Im unteren Geschoss sind die byzantinischen Goldschätze der Blickfang.

Seilbahn SEILBAHN

(Gogebashvili; http://argocablecar.ge/en/home; Fahrt hin & zurück Erw./Kind GEL; ⏲ 11–22 Uhr; 👪) Die 2,6 km lange Seilbahn führt hinauf zu einem Einkaufs-/Café- und Restaurantkomplex auf dem 256 m hohen Berg Anuria. Von dort genießt man einen herrlichen Panoramablick über Batumi. Auch in der Dunkelheit ist der Ausblick fantastisch.

Ali & Nino SKULPTUR

(Batumis Bulvari) Die etwa 7 m hohe und sehr bewegende Metallskulptur *Frau und Mann* von Tamar Kvesitadze ist allgemein bekannt als *Ali & Nino*. Der Name leitet sich von den beiden Hauptfiguren in Kurban Saids gleichnamigem, hervorragendem Roman ab; am besten sollte man das Standbild nach Einbruch der Dunkelheit besuchen.

Botanischer Garten GARTEN

(☎ 422-270033; www.bbg.ge; 15 GEL; ⏲ Di–So 10–20 Uhr) Batumis Botanischer Garten befindet sich etwa 8 km nordöstlich der Stadt. Die Grünanlage wurde im Jahr 1912 von dem russischen Botaniker Andrei Krasnov gegründet und hat sich auf subtropische und ausländische Pflanzen spezialisiert. Vom Ufer erstreckt er sich über eine Fläche von etwa 1 km² bis zum Hügel hinauf. Wenn man gemütlich über den Hauptpfad spazieren geht, dann benötigt man für den Rundgang rund 1½ Stunden.

Die Anfahrt erfolgt mit *marschrutka* 15 von der Rustavelis Qucha und der Gogebashvilis Qucha oder mit *marschrutka* 31 von der Gogebashvilis Qucha östlich der Chavchavadzis Qucha.

Tanzender Brunnen BRUNNEN

(⏲ Juni–Sept. 21–24 Uhr; 👪) GRATIS Im südlichen Abschnitt des Küstenboulevards, auch bekannt als Neuer Boulevard, wurde in einem künstlich angelegten See der Tanzende Brunnen erschaffen. Die Wassershow mit Laserlicht und Musik ist sehr unterhaltsam. Am nördlichen Ende des Boulevards befinden sich weitere Brunnen.

Batumi Tower ARCHITEKTUR

(Ninoshvili) Georgiens größtes Gebäude ist der rund 200 m hohe Batumi Tower. Diese Höhe wird allerdings durch die lange Nadel auf der Turmspitze erzielt. Im Turm wurde ein kleines Riesenrad integriert, dessen ästhetischer Wert jedoch für manche sehr fraglich erscheint. Unter der Saakaschwili-Regierung sollte das Gebäude eigentlich als Technische Universität dienen, aber unter seinen Nachfolgern wurde es an die Hotelkette Le Meridien verkauft.

Turm des georgischen Alphabets TURM

(Batumis Bulvari; Erw./Kind 10/2 GEL; ⏲ 10.30–24 Uhr) Das etwa 145 m hohe Monument für die georgische Schrift und Kultur erhebt sich am nordöstlichen Ende des Batumi-Boulevards. Der Aufstieg lohnt sich wegen des tollen Ausblicks.

Evropas Moedani PLATZ

(👪) Der breite Europaplatz wird von schönen Gebäuden aus der Belle-Époque gesäumt. Sie sind – mittlerweile renovierte – Zeugnisse aus Batumis erster Blütezeit. Neuere Gebäude wurden hier in einem ähnlichen Stil errichtet. Der Musikbrunnen auf dem Platz ist für Kinder an lauen Sommerabenden ein echter Magnet.

Medea-Monument DENKMAL

Der Evropas Moedani wird von einem markanten Porträt der Medea überragt. Es erinnert an die berühmte griechische Sage vom Goldenen Vlies, die kolchische Prinzessin und Jason und die Argonauten. In den Worten des Bürgermeisters von Batumi, der das Denkmal 2007 einweihte, ist es „der Person gewidmet, die Georgien näher an Europa heranführte". Geschaffen wurde es vom Bildhauer Davit Khmaladze. Allerdings waren die hohen Baukosten von über 1 Mio. GEL sehr umstritten.

Ortajame-Moschee MOSCHEE

(Chkalov 6) Batumis einzig erhaltene Moschee wurde in den 1860er-Jahren erbaut und zeigt sich in den Farben Pink, Grün und Blau. An den Wänden stehen Koransprüche. Mittlerweile ist sie zu klein geworden, um zum Freitagsgebet alle Gläubigen aufzunehmen, die nun auch auf der Straße beten. Die Muslime der Stadt versuchen schon seit Jahren die Bauerlaubnis für eine zweite Moschee zu bekommen. Doch bislang steht die Bewilligung aus, weil die georgisch-orthodoxe Kirche Einwände erhebt.

Kunstmuseum MUSEUM

(Gorgiladze 8; 3 GEL; ⏲10–18 Uhr) Die kleine Dauerausstellung im Obergeschoss des attraktiven neoklassizistischen sowjetischen Gebäudes wird gut präsentiert und beleuchtet. Zu sehen sind georgische Kunstwerke aus dem späten 19. sowie dem 20. Jh. Im Erdgeschoss sind Sonderausstellungen mit lokalen Künstlern zu sehen.

Batumi

0 400 m

Feste & Events

Black Sea Jazz Festival MUSIK
(http://blackseajazz.ge; Ende Juli) Internationale Künstler und zahlreiche Musikfreunde strömen Ende Juli zu diesem mehrtägigen Festival nach Batumi.

Schlafen

Die Auswahl an Unterkünften in Batumi ist groß und deren Zahl wächst weiterhin – von Dutzenden funktionalen Hostels und stimmungsvollen Gästehäusern bis zu luxuriösen Fünf-Sterne-Hotels, die sich an der pittoresken Uferpromenade erheben. Im Hochsommer sollte man unbedingt rechtzeitig im Voraus buchen.

★ **Back2Me Hostel** HOSTEL $
(422-223302; www.back2me.ge; Otar Chiladze 4; B/4BZ 45/150 GEL;) Erst Mitte 2019 brandneu eröffnet, beherbergt die wunderbar zeitgenössische Umwandlung eines Gebäudes in der Altstadt nunmehr das wohl schickste Boutique-Hostel Batumis.

In jedem der fünf Schlafsäle (darunter sind zwei ausschließlich für Frauen) wurden vier Doppelstockbetten für acht Personen aufgestellt, außerdem gibt es zahlreiche Duschen und Toiletten. Hinzu kommen zwei Familienzimmer mit Bad/WC, von denen jedes über ein Doppelstockbett und ein Doppelbett verfügt – ein echtes Top-Angebot.

Die Gästeküche ist perfekt ausgestattet – man erreicht sie genau wie den Gemeinschaftsbereich über eine Leiter. Zu den weiteren Pluspunkten zählen die superfreundlichen Mitarbeiter und die ausgezeichnete Lage im Herzen der Altstadt.

Surf Hostel HOSTEL $
(422-223303; www.ba2me.ge; Melashvili 33/35; B 35 GEL, EZ/DZ/3BZ 105/107/110 GEL;) Das Team hinter dem Back2Me Hostel leitet auch das Surf Hostel, das ebenfalls eine empfehlenswerte Adresse in der Hostelszene der Stadt ist. Der neue und schön renovierte Hof im Erdgeschoss kann mit einem Garten aufwarten. Die hell gestrichenen Schlafsäle verfügen über eigene Schließfächer. Es gibt auch ein Dreibettzimmer mit eigenem Bad/WC. Die kleine Küche ist gut ausgestattet, Waschmaschine inklusive.

Boutique Hotel & Hostel Medusa BOUTIQUEHOTEL $
(422-275635; medusabatumi@gmail.com; Saitnova 4; B 35 GEL EZ/DZ/3BZ/4BZ ab 125/131/182/202 GEL;) Die Kombination aus Hostel und Boutiquehotel mag etwas merkwürdig erscheinen, aber dem Medusa gelingt das ungewöhnliche Experiment. Die Lage ist perfekt, die Schlafsäle sind blitzblank (einer für Frauen, einer für Männer); außerdem gibt es vier Zimmer mit Bad/WC, darunter ein riesiges, luxuriöses Zimmer.

Batumi

Highlights
1 Batumi-Boulevard ... B2

Sehenswertes
2 Adjara-Kunstmuseum ... B3
3 Ali & Nino ... D1
4 Turm des georgischen Alphabets ... C1
5 Archäologisches Museum Batumi ... B4
6 Batumi Tower ... B2
7 Seilbahn ... D3
8 Evropas Moedani ... C2
9 Medea-Monument ... C2
10 Ortajame-Moschee ... D3

Schlafen
11 Back2Me Hostel ... D2
12 Boutique Hotel & Hostel Medusa ... D2
13 Gulnasi's Guesthouse ... A4
14 Hostel Batumi Globus ... D3
15 Light House Hotel ... B4
16 My Warm Guest House ... C2
17 Piazza Boutique Hotel ... C3
18 Surf Hostel ... C2

Essen
19 Cafe Retro ... A4
20 Fanfan ... A2
21 Gril Town ... B2
22 Guests ... C2
23 Kafe Literaturuli ... C2
24 La Brioche ... D2
25 Old Boulevard ... A2
26 Uncle Feng's ... D2
27 Uolli ... B3

Ausgehen & Nachtleben
28 Garage Artisan Wine & Cheese ... C2
29 Iveria Beach ... D1
30 Sector 26 ... A2
31 Vinyl Bar ... B2

Information
32 Touristeninformation ... C2
33 Touristeninformation ... D3

Transport
34 Adjara Tour ... B4
35 Express Batumi ... D2

ABSTECHER

FESTUNG GONIO

Gonios malerische und hervorragend erhaltene **Festung** (Erw./Student 3/1 GEL, Audioguide 5 GEL; ⏲ Juni–Sept. 10–18 Uhr, Okt.–Mai 11–17 Uhr) liegt 11 km südlich von Batumi und ist ein beeindruckendes Zeugnis römisch-byzantinischer Militärarchitektur. Die Festungsanlage nimmt eine Fläche von 47 000 m^2 ein, umgeben von einer rechteckigen hohen Steinmauer mit 18 Wachtürmen. Erbaut wurde Gonio im 1. Jh. n. Chr. von den Römern und dann von Byzanz im 6. Jh. sowie den Osmanen im 16. Jh. besetzt. Ein interessantes Museum befindet sich mitten in der Festung. Ein Kreuz draußen soll die Stelle markieren, an der sich angeblich das Grab des Apostels Matthäus befindet.

Jeder Bus aus Batumi, der zur türkischen Grenze bei Sarpi fährt, hält hier. Alternativ kann man ein Taxi für die Hin- und Rückfahrt inkl. Wartezeit nehmen (ca. 40 GEL). In der Nähe gibt es auch schöne Strände – sehr erholsam, wenn man an die Massen in Batumi denkt.

Eine Küche ist vorhanden, für 10 GEL kann man aber auch in dem unteren Stockwerk gelegenen Restaurant frühstücken.

Hostel Batumi Globus HOSTEL $
(✆ 422-276721, 593-596096; www.hostelbatumi-globus.com; Mazniashvili 54; B ab 15 GEL, DZ 100 GEL; ❄📶) Das recht große Hostel ist sehr einladend, verfügt über eine gute Küche sowie über angenehme, aber ziemlich schlichte Schlafsäle, von denen einer nur für Frauen vorgesehen ist. Die vier privaten Zimmer haben Pritschenbetten. Das große Plus ist der große, gemütliche Hinterhof, wo man auch grillen kann. Das Hostel bietet auch einen kostenlosen Wäscheservice.

Gulnasis Gästehaus GÄSTEHAUS $
(✆ 599-797224, 557-965859; homestay@mail.ru; Lermontov 24a; DZ/3BZ 60/80 GEL, ohne Bad/WC 40/60 GEL; ❄📶) Gulnasi Mikeladze und ihre sehr gastfreundliche Familie betreiben im Prinzip ein sehr preisgünstiges Budgethotel. Die 18 Zimmer verteilen sich auf drei Stockwerke – sie sind perfekt gepflegt, geräumig und erst 2019 komplett renoviert worden. Tee, Kaffee und eine Weinprobe sind kostenlose Extras, es gibt eine große Gästeküche und das reichhaltige Frühstück kostet 10 GEL extra. Die Mikeladzes bieten bei der Ankunft auch einen kostenlosen Abholdienst aus dem Stadtgebiet. Gulnasis Tochter spricht Englisch, die Familie organisiert Tagesausflüge ins ländliche Adscharien (100 GEL für bis zu 4 Pers., inkl. Picknick).

My Warm Guest House GÄSTEHAUS $
(✆ 558-176418; mywarmhouse@mail.ru; Melashvili 2; DZ 50–100 GEL; ❄📶) In der Altstadt liegt diese freundliche und saubere Pension etwas versteckt in einem Wohnhaus. Sie ist daher manchmal etwas schwer zu finden. Die acht Zimmer sind angemessen groß, drei teilen sich Gemeinschaftsbäder. Originelle Ideen sind die Waschbecken aus Buntglas. Einige Zimmer haben auch Balkone oder sogar eine eigene Küche und Waschmaschine. Im Winter ist es deutlich günstiger.

Light House Hotel HOTEL $$
(✆ 555-155558, 422-278218; dimaadamia868@gmail.com; Kazbegi 4; EZ 120 GEL, DZ 130–180 GEL, jeweils inkl. Frühstück; ❄📶) Das schicke Hotel an einer ruhigen Straße vermietet 15 Zimmer in auffälligen Farben und modischem Stil. Das Ergebnis ist komfortabel und freundlich. Einige Zimmer haben zudem Balkone, während die Junior-Suiten sogar durch eine Zwischenebene erweitert wurden.

Piazza Boutique Hotel BOUTIQUEHOTEL $$$
(✆ 591-005615; www.piazza.ge; Parnavaz Mepe 25; EZ/DZ inkl. Frühstück ab 235/260 GEL; ❄📶) Wer sich etwas gönnen möchte, sollte ins Piazza einchecken. Die 16 luxuriösen Themenzimmer sind unterschiedlich eingerichtet (Shabby Chic, Jugendstil und „englischer" Stil). Das Ganze befindet sich in einem 13-stöckigen Uhrenturm an einem lebendigen Platz mit Cafés, Restaurants und allabendlicher Livemusik im Sommer. Das Hotel verfügt jedoch über Schalldämmung.

Essen

Batumis Gastroszene ist im Allgemeinen gut aufgestellt. Richtige Highlights gibt es allerdings kaum, obwohl die Auswahl riesig ist. An der Uferpromenade tummeln sich angesagte Cafés und Restaurants, die oftmals nur im Sommer geöffnet haben. Die Qualität ist ziemlich unterschiedlich.

Kafe Literaturuli CAFÉ $
(✆ 422-272013; K Gamsakhurdia 18; Kuchen 3–10 GEL; ⏲ 10–24 Uhr; 📶) Das künstlerisch angehauchte Café ist eine gute Adresse für Heißgetränke und leckeren Kuchen.

★Guests EUROPÄISCH $$
(☎577-614955; Melashvil 16/5; Hauptgerichte 5–15 GEL; ⏲Mo–Sa 15–24 Uhr) Der Besitzer Alexander ist aufgrund des Klimas von seiner Heimatstadt St. Petersburg nach Batumi umgesiedelt. Sein reizendes Lokal ist eine echte Bereicherung für das Seebad. Die Mahlzeiten sind einfach und herzhaft,

ABSTECHER

ADSCHARIENS HINTERLAND

Das gebirgige Hinterland von Adscharien unterscheidet sich komplett von der Küste. Das traditionsreiche Kerngebiet der Region ist für seine schönen alten gewölbten Steinbrücken, die Wasserfälle, die Burgruinen sowie die Dörfer mit Holzhäusern und Minaretten kleiner Moscheen an Steilhängen bekannt. Die Mehrheit von Adschariens Muslimen lebt hier, vor allem im Distrikt Khulo. Eine Straße führt über 80 km von Batumi zur Kleinstadt Khulo. Dann geht es über weitere 50 km, von denen einige unbefestigt sind, über den 2025 m hohen Goderdzi-Pass (von November bis März oft zugeschneit) nach Zarzma in Samzche-Dschawachetien. Von dort sind es weitere 30 km (befestigte Straße) bis nach Akhaltsikhe. Diese Route ist sehr einsam und landschaftlich wesentlich schöner, aber auch langsamer als die Fahrt über die Schnellstraße zwischen Batumi und Tbilisi.

Sehenswertes & Aktivitäten

Mit einem allradgetriebenen Fahrzeug kann man die Gegend am besten erkunden, weil man dann auch mal von der Hauptstraße abzweigen kann, um die malerischen Dörfer in abgelegeneren Winkeln zu besuchen. An der Hauptstraße trifft man auf schöne Steinbrücken bei Makhuntseti und Dandalo. In Khulo gibt es eine kleine **Kabinenseilbahn** (hin & zurück 5 GEL; ⏲8–20 Uhr) aus der sowjetischen Zeit, die in schwindelerregender Höhe über das Tal bis zum Dorf Tago hoch am gegenüberliegenden Berghang führt. Die Fahrt ist spektakulär, sollte aber nur dann unternommen werden, wenn man sich von der altertümlichen Technik nicht abschrecken lässt.

Eine ebenfalls spektakuläre und abgeschiedene Sehenswürdigkeit ist die **Festungsruine Khikhani** (Chichani bzw. Bako), die aus dem 13. Jh. stammt. Sie befindet sich auf einem etwa 2200 m hohen Gipfel. Die Festung liegt 33 km südöstlich von Zamleti, was sich wiederum an der Hauptstraße 8 km westlich von Khulo befindet. Den letzten Kilometer zur Festung geht es ziemlich steil zu Fuß bergauf.

Eine gute Zeit für einen Besuch ist das erste Wochenende im August zum Shuamtoba-Festival in Beshumi, das einige Kilometer südlich vom Goderdzi-Pass liegt. Dieses klassische georgische Bergfest bietet Pferderennen, Folkmusik, Sprünge durchs Feuer sowie Ringerwettbewerbe. Hin und wieder finden sogar Hochzeiten statt!

Schlafen & Essen

In Khulo gibt es mehrere kleine Hotels. Die beste Wahl ist das **Hotel Toma** (☎595-582378; DZ/3BZ 50/75 GEL; P 📶). Einen besseren Eindruck vom örtlichen Leben bekommt man in einem Dorf-Gästehaus, von denen es einige in Kedlebi gibt, rund 5 km nordwestlich von Khulo, sowie in Nigazeuli, etwa 10 km über die Hauptstraße nach Westen und dann rund 5 km nach Norden. Die Gästehäuser berechnen rund 50 GEL pro Person (mit drei Mahlzeiten inklusive).

Auskunft

Batumis Touristeninformationen (S. 105) bieten Infos zum Hinterland von Adscharien, darunter auch zu den Gästehäusern, sowie gute Wander- und Straßenkarten. In Khulos **Touristeninfo** (☎577-909015; ⏲10–18 Uhr) bekommt man ebenfalls Landkarten.

An- & Weiterreise

Marschrutky verkehren von der Alten Busstation von Batumi alle 20–30 Minuten nach Khulo (5 GEL, 2 Std.) und zurück. Der letzte Minibus zurück nach Batumi verlässt Khulo gegen 18 Uhr (im Winter um 17 Uhr). Von April bis Oktober verkehrt ein Minibus jeweils um 10 Uhr von Khulo nach Akhaltsikhe (15 GEL, 3½ Std.).

beispielsweise die wunderbaren Hühnchen-Pelmeni. Der Wein wird großzügig ausgeschenkt, wenn Freunde für spontane Konzerte reinschauen, Gedichte vortragen oder einfach nur relaxen wollen.

★Grill Town GEORGISCH **$$**
(Rustaveli 26–28; Hauptgerichte 8–35 GEL; ⏲10–1 Uhr; 📶✍) Dieses geräumige, pulsierende und moderne Lokal hat große Fenster und eine Terrasse zum Park auf der anderen Straßenseite hin. Das Grill Town ist bei fast jedem sehr beliebt. Sehr lecker sind die *mtsvadi, khachapuri, chinkali,* Würstchen, Hühnchengerichte sowie die anderen georgischen Spezialitäten.

★Old Boulevard GEORGISCH, EUROPÄISCH **$$**
(☎577-242006; Ninoshvili 23a; Hauptgerichte 10–45 GEL; ⏲9 bis mindestens 24 Uhr; 📶) Das Ambiente im Old Boulevard ist ziemlich gehoben. Niedrige Sofas, Skulpturenregale, die vom Boden bis zur Decke reichen, sowie jeden Abend Live-Musik mit klassischer Gitarre oder am Piano sorgen für die entsprechende Stimmung. Auf den Tisch kommen leckere Grillspezialitäten, Meeresfrüchte, georgische Klassiker sowie manch internationales Gericht. Dazu zählt das gebratene Entenfilet in Beerensoße, Riesengarnelen in Knoblauch oder auch Gänseleber. Die Weinkarte ist superb.

Uncle Feng's CHINESISCH **$$**
(☎557-779112; Zhordania 3; Hauptgerichte 10–20 GEL; ⏲So–Fr 14–23 Uhr; 📶) Onkel Feng sorgt für eine willkommene Abwechslung von der georgischen Küche. Die Betreiber dieser freundlichen und schnörkellosen Nudelbar haben eine umfangreiche Speisekarte zusammengestellt. Dort finden sich Hühnchen *kung pao,* Knödel, Buchweizennudeln sowie frittierte Auberginen mit Knoblauch und Schweinefleisch.

Uolli GEORGISCH **$$**
(☎593-059955; Memed Abashidze 43; Hauptgerichte 12–30 GEL; ⏲9–2 Uhr; 📶✍) Mit seiner schicken Bar, dem freundlichen Personal, den vielen Pflanzen und märchenhaften Lichtern im Hinterhof sowie den verschiedenen attraktiven Sitzbereichen ist das Uolli eine willkommene Bereicherung für die Gastroszene in Batumi. Ein weiterer Pluspunkt sind die vielen vegetarischen Optionen und die nicht-georgischen Gerichte auf der Speisekarte. So werden auch Muscheln auf verschiedene Weisen zubereitet.

Fanfan GEORGISCH **$$**
(Ninoshvili 27; Hauptgerichte 15–30 GEL; ⏲10–24 Uhr; 📶🐾) Das hippe Künstlerpublikum – und nicht nur das – liebt das pseudomäßige Shabby-Chic-Design des Fanfan. Sehr verlockend ist die Speisekarte, vor allem Fisch und Meeresfrüchte sowie der Zitronenkuchen. Wer mit Hund oder Katze hierherkommt, findet auch für die Vierbeiner einen Abschnitt auf der Speisekarte.

La Brioche INTERNATIONAL **$$**
(Parnavaz Mepe 25; Hauptgerichte 10–25 GEL; ⏲9–2 Uhr; 📶) Rund um das italienisch aufgemachte La Piazza gibt es mehrere Cafés und Restaurants. Das Brioche ist eine gute Wahl für Frühstück, Pfannkuchen, Nachtisch und guten Kaffee. Im angrenzenden Tower gibt es einen Café-Ableger, der wie eine Bibliothek gestaltet ist.

Cafe Retro GEORGISCH **$$**
(☎599-511722; Takaishvili 10; Khachapuri 6–15 GEL; ⏲9–23 Uhr; 📶) Es gibt keinen besseren Ort, um zu entscheiden, ob man *khachapuri acharuli* mag oder nicht. Die adscharische Variante dieser georgischen Spezialität besitzt die Form eines Bootes (eine Art überbackenes Käsebrot mit Spiegelei). Das Retro ist eine lokale Institution und macht angeblich die besten *khachapuri* der Stadt. Man kann sogar Mini-*khachapuri* bestellen, wenn man von der Leckerei noch nicht ganz überzeugt ist.

🍷 Ausgehen & Nachtleben

Im Sommer ist der Batumi-Boulevard (S. 99) die Partymeile von Georgien. Jedes Jahr machen neue Strandclubs und -bars auf, wo Tausende Gäste jede Nacht bis zum Morgengrauen feiern. Die Clubs beginnen sich erst ab 23 Uhr zu füllen. Der Eintritt beträgt normalerweise für Frauen etwa 10 GEL und für Männer etwa 20 GEL.

Sector 26 CLUB
(www.facebook.com/batumisector26; Batumis Bulvari) Unter den Sommerclubs von Batumi sticht das Sector 26 heraus. Tagsüber gibt es hier sogar einen Swimmingpool; wenn bekannte DJs auflegen, platzt der Laden sozusagen aus allen Nähten.

Vinyl Bar BAR
(Dumbadze 12; ⏲13.30–2 Uhr) Der Hauch von Indie tut im aufdringlichen Batumi schon sehr gut. Die sehr individuelle Bar liegt ein wenig versteckt, obwohl sie nur wenige

Schritte vom Hauptplatz entfernt ist. Vom Fass wird Qualitätsbier gezapft und die eher zurückhaltenden und entspannten Gäste bekommen viel Vinyl zu sehen.

Garage Artisan Wine & Cheese WEINLOKAL
(☎599-776035; Mazniashvili 8; ⏲13–2 Uhr) Das freundliche und kenntnisreiche Team von Weinkennern spricht auch Englisch. Hier kann man sehr gut georgische Bioweine sowie exzellenten regionalen Käse probieren. An Sommerabenden stehen die Besucher bis draußen auf dem Bürgersteig, die Atmosphäre ist manchmal fast magisch.

Iveria Beach CLUB
(☎422-299991; www.facebook.com/iveriabeach; Batumis Bulvari; ⏲7–3 Uhr) Der „Oldie" unter den Beachclubs von Batumi ist bereits seit 2013 im Geschäft. Das Iveria Beach ist tagsüber eine angenehme Lounge-Bar, aber nach Sonnenuntergang wird es hier immer voller und dann wird ausgelassen bis in den frühen Morgen getanzt und gefeiert.

Auskunft

Touristeninformation (☎577-909091; www.gobatumi.com) Das gut informierte und hilfreiche Personal in den Filialen am **Batumis Bulvari** (☎577-909091; Ninoshvili 2; ⏲Juli–Sept. 9–21 Uhr, Okt.–Juni 9–19 Uhr) und neben der Talstation der **Seilbahn** (☎422-294410; Gogebashvili; ⏲24 Std.) gibt sein Bestes, um alle möglichen Fragen zu Batumi und der Region Adscharien zu beanworten.

An- & Weiterreise

FLUGZEUG

Batumi International Airport (☎422-235100; www.batumiairport.com), 5 km südlich der Stadt, bietet Flüge von/nach Baku, Istanbul, Kiew, Minsk, Odessa, Riad, Tbilisi, Tel Aviv und Jerewan. Bus 10 (0,80 GEL) verkehrt ab/zur Rustavelis Qucha im Stadtzentrum. Taxis in die Stadt kosten normalerweise 20 GEL.

AUF DEM LANDWEG

Bus, Marschrutka & Taxi

Taxis von/zur türkischen Grenze bei Sarpi, 17 km südlich von Batumi, kosten rund 20 GEL. Bus 16 (0,80 GEL) und *marschrutka* 142 (1 GEL) verkehren zwischen der Grenze und dem **Alten Busbahnhof** (☎422-273547; Maiakovski 1) in Batumi, via Chavchavadzis Qucha. Der Grenzübergang ist rund um die Uhr geöffnet.

Wer von Batumi in die Turkei reisen möchte, kann grenzüberschreitende Busse vom **Busbahnhof Metro** (Batumis internationaler & Intercity-Busbahnhof; ☎422-242244; Gogoli 1) nehmen. Zumeist spart man jedoch Zeit, ohne zusätzliche Ausgaben, wenn man örtliche Verkehrsmittel zur Grenze nimmt, dann zu Fuß in die Türkei läuft, um von dort einen der wartenden türkischen Minivans nach Hopa zu nehmen, ca. 20 km südlich. Von dort fahren dann regelmäßig Busse zu vielen Destinationen in der Türkei.

Zug

Der **Hauptbahnhof** von Batumi (☎Auskunft 1331) liegt an der Küstenstraße rund 4 km nordöstlich vom Stadtzentrum. *Marschrutky* 20

BUSSE, MARSHRUTKY & MINIBUSSE VON BATUMI

REISEZIEL	BUSBAHNHOF	FAHRPREIS (GEL)	FAHRZEIT (STD.)	TGL. HÄUFIGKEIT
Akhaltsikhe	Alter	20	6	2x (8.30 & 10.30 Uhr, beide fahren weiter nach Borjomi)
Istanbul (Türkei)	Metro	75	22	17.30 Uhr tgl
Kutaisi	Alter	10	2	stündl. *marschrutky*, 7–2 Uhr
Mestia	Touristen-information	30	6	Juni–Sept. tgl. 15 Uhr
Rize (Türkei)	Alter & Metro	15–30	4	Mehrere Abfahrten tgl. von beiden Busbahnhöfen.
Tbilisi	Metro	30	6	9x mit Metro-Georgia-Bussen
Tbilisi	Alter	25	6	stündl. *marschrutky*, 8–22 Uhr
Trabzon (Türkei)	Metro	30	4	Minibusse um 8.30 Uhr & stündl. 10–18 Uhr
Trabzon (Türkei)	Alter	20	4	7 Busse, 11–1 Uhr
Jerewan (Armenien)	Alter	60	10	tgl. 17.30 Uhr
Zugdidi	Metro	15	3	Juni–Sept. tgl. 11, 15 Uhr

und 28 fahren von der Chavchavadzis Qucha zum Bahnhof. Züge sollte man immer im Voraus buchen, im Sommer ist es sogar unerlässlich. Fahrkarten kauft man in der Stadt bei **Adjara Tour** (☎ 422-228778; www.adjaratour.com; Chavchavadze 48; ⏲ Mo–Fr 9.30–19, Sa–So 9.30–18 Uhr).

Nach Tbilisi (2./1. Klasse 24/60 GEL, 5½–6½ Std.) gibt es täglich zwei Züge sowie einen Nachtzug, der alle zwei Tage um 0.45 Uhr startet. Von Mitte Juni bis September verkehrt noch ein zusätzlicher Tageszug. Um Jerewan oder Baku zu erreichen, muss man in Tiflis umsteigen. Es gibt auch eine Verbindung nach Kutaisi (2 GEL, 4 Std.), täglich um 8.15 Uhr.

FÄHRE

Je nach Wetter und politischer Lage verkehrt ein Tragflügelboot von **Express Batumi** (☎ Batumi 593-333966, Sotschi 7-918-409-12-96; Baku 3; Erw./unter 12 Jahren 270/135 GEL; 🐾) von Anfang Juni bis Ende September vom/zum russischen Küstenort Sotschi (270 GEL, 5 Std.). Los geht es montags um 11 Uhr, die Rückkehr von Sotschi erfolgt zur selben Zeit dienstags. Die Ankunft in Batumi ist dann um 16 Uhr. Während der Hochsaison wird manchmal eine zweite wöchentliche Fahrt durchgeführt. In den meisten Fällen ist ein russisches Visum für diese Fährstrecke notwendig (ggf. vorab erkundigen).

GROSSER KAUKASUS

Ein Ausflug in den Großen Kaukasus entlang der georgischen Nordgrenze ist ein Muss für alle Georgien-Besucher. Die spektakuläre Berglandschaft, die wunderbaren Wandermöglichkeiten und die malerischen alten Dörfer mit ihren ungewöhnlichen Wehrtürmen machen den Besuch der Südseite der höchsten Bergkette des Kaukasus zu einem beeindruckenden Erlebnis.

Georgiens Identität ist vebunden mit diesem mächtigen Gebirge, das von Abchasien aus bis nach Aserbaidschan die Grenze zu Russland bildet. Die am leichtesten zugängliche Ortschaft ist Stepantsminda (auch bekannt als Kazbegi), die über die Georgische Heerstraße von Tiflis aus erreicht wird. Aber auch andere Gegenden lohnen unbedingt den Reiseaufwand – insbesondere das geheimnisvolle Swanetien und das wunderschöne, unberührte Tuschetien.

Georgische Heerstraße

Die alte Route über die Berge nach Wladikawkas in Russland ist zugleich der schnellste und schönste Zugang zum Großen Kaukasus, wenn man von Tiflis aus anreist. Von der Hauptstadt geht es vorbei am Zhinvali-Stausee und an der Festung Ananuri zum Skigebiet von Gudauri. Über den 2379 m hohen Jvari-Pass gelangt man ins Tergi-Tal. Die Straße führt dann weiter in die Stadt Stepantsminda, die inoffizielle Hauptstadt der atemberaubenden Region Kazbegi, die ein perfektes Standquartier für Wanderer, Kletterer und Vogelbeobachter ist.

Ananuri

Die **Festung Ananuri** (⏲ 9–20 Uhr) GRATIS liegt 66 km nördlich von Tbilisi und ist ein klassisches Beispiel der georgischen Festungsarchitektur. Sie befindet sich in einer grandiosen Lage mit Blick auf den Zhinvali-Stausee. Ursprünglich gehörte die Festung den *eristavis* (Herzögen) von Aragvi, die das Tergi-Tal vom 13. bis ins 18. Jh. beherrschten. Heute ist die Burg ein (sehr) beliebter Zwischenstopp an der Georgischen Heerstraße. Innerhalb der Anlage gibt es zwei Kirchen aus dem 17. Jh. Die größere ist die Mariä-Himmelfahrts-Kirche. Die Außenmauern sind mit filigranen Steingravuren verziert, darunter an jeder Seite ein großes Kreuz. Auch viele alte Inschriften aus der ganzen Region sind noch zu sehen, andere sind inzwischen völlig verblasst. Im Innenraum fallen einige plastische Fresken aus dem 17. und 18. Jh. ins Auge, darunter das Jüngste Gericht an der Südwand. Aufgrund eines Feuers im 19. Jh. zeigen sich die meisten Wände jedoch kahl. Für einen herrlichen Ausblick kann man den höchsten Turm der Festung erklimmen. Auch die Wehrgänge stehen offen. Dort starben im Jahr 1739 die letzten Verteidiger, als ein rivalisierender Herzog Ananuri in Brand steckte und Agravis Herzogsfamilie tötete.

Gudauri

2000 EW. / 2196 M

Gudauri ist Georgiens beliebtestes Skizentrum und zugleich der höchstgelegene Ort an der Georgischen Heerstraße. Momentan macht der Ort keinen guten Eindruck, weil Gudauri einen massiven Bauboom erlebt. Die kürzlich verbesserte und ausgebaute Infrastruktur wird von Ausländern hoch geschätzt, die in der Skisaion aufgrund der günstigen Preise hierherkommen. Aber die Stadt selbst ist alles andere als reizvoll: An der langen, kurvenreichen Straße gibt es

Georgische Heerstraße

Georgische Heerstraße

Highlights
1 Tsminda-Sameba-Kirche B2

Sehenswertes
2 Festung Ananuri C4
3 Sowjetisch-Georgisches Freundschafts-Denkmal A2

Aktivitäten, Kurse & Touren
Fly Caucasus .... (s. 9)
4 Gergeti Glacier Hike B1
5 Skigebiet Gudauri B2
6 Heliksir A5

Schlafen
7 Alti Hut 3.14 .... B2
8 Betlemi Hut B1
9 Happy Yeti Hostel A5
10 Hotel Gudauri Hut A5
11 Truso Camping A2

Information
12 Smart-Supermarkt A5

DER TRANSKAUKASISCHE TRAIL

Es hört sich wie ein unwirklicher Traum an: Ein markierter Fernwanderweg, der sich über die gesamten 700 km des Kaukasus vom Schwarzen Meer bis zum Kaspischen Meer erstreckt. Aber der Traum nähert sich langsam seiner Verwirklichung. Das kühne Projekt eines Transkaukasischen Trails wurde von zwei ehemaligen Freiwilligen des US Peace Corps in Georgien angestoßen (www.transcaucasiantrail.org).

Es ist ein sehr langfristig angelegtes Projekt, um die komplette Wegstrecke zu kartografieren, zu markieren und wo nötig auch neue Wegabschnitte zu bauen. Daneben sind Karten und Reiseführer für die Wanderer erforderlich. Der nachhaltige Tourismus soll abgelegene Regionen unterstützen und die Bekanntheit von Schutzgebieten erhöhen. Zudem soll sich die Kommunikation zwischen den Ortschaften entlang der Wegstrecke verbessern.

Die ersten Schritte wurden im Jahr 2015 unternommen, als die Strecke durch Swanetien und von der Region Kazbegi nach Tuschetien kartografiert wurde. Seither sind die Initiatoren sehr geschäftig dabei, neue Abschnitte sowohl in Georgien wie auch in Armenien anzulegen. 2020 sollen die ersten Arbeiten in Aserbaidschan beginnen.

kein wirkliches Stadtzentrum, auch eine geregelte Bauplanung ist nicht zu erkennen.

Normalerweise beginnt die Skisaison kurz vor Weihnachten und dauert bis April. Die besten Schneeverhältnisse sind im Januar und Februar anzutreffen.

Sehenswertes

Sowjetisch-Georgisches Freundschafts-Denkmal AUSSICHTSPUNKT
(Georgische Heerstraße) Dieses äußerst ungewöhnliche Denkmal aus Beton liegt 4 km nördlich von Gudauri etwas abseits der Hauptroute der Georgischen Heerstraße. Bekannt ist es auch als „Gudauri View Point“. Die Beziehungen zwischen Georgien und seinem großen Nachbarn im Norden mögen sich seit der Errichtung des Monuments (1983) deutlich verschlechtert haben, doch es lohnt ein Spaziergang dorthin, um die schön gefliesten Wandgemälde und den tollen Talblick zu würdigen.

Aktivitäten

Skigebiet Gudauri SKIFAHREN
(www.gudauri.ski) Die kahlen Berghänge eignen sich hervorragend zum Skifahren und Snowboarden. Die Anlagen in Georgiens bestem und beliebtestem Skigebiet wurden kürzlich ausgebaut und verbessert. Auch viele ausländische Gäste wissen das Angebot zu schätzen. Die etwa 57 km langen Pisten (schwarz, rot, blau und grün) werden von fünf Sesselliften bedient, die Skifahrer von einer Höhe von rund 1990 m auf eine Höhe von etwa 3285 m bringen. Es ist auch eine Kabinenbahn vorhanden.

Fly Caucasus PARAGLIDING
(☎ 568-114453; www.flycaucasus.com; Flüge 10/25 Min. 279/379 €) Die Berglandschaft rund um Gudauri ist ein echtes Paradies für Paraglider. Ganzjährig kann man hier Tandemflüge bei einem erfahrenen ukrainischen Anbieter im Happy Yeti Hostel buchen. Die Begleiter sprechen Englisch.

Heliksir SKIFAHREN
(☎ 595-404606; https://heliski.travel; ⏲ Jan.–März) Die sehr renommierte georgisch-französische Firma bietet Heliskiing sowie Skitouren an. Das Büro von Heliksir befindet sich im Hotel Gudauri Marco Polo in der Gudauri-Hotel-Gasse.

Schlafen

In Gudauri existieren viele Hotels, Aparthotels, Hostels sowie Ferien-Apartments zur Auswahl. Die meisten sind beim Ausleihen von Skiern sowie dem Buchen von Skikursen und -stunden und auch bei Transfers von/nach Tiflis behilflich.

★ **Happy Yeti Hostel** HOSTEL $$
(☎ 571-268800; www.happyyetihostel.com; Qumlistsikhe 77; B/DZ inkl. Frühstück & Abendessen 25/80 GEL; P 📶) Das Hostel wird von einem ukrainisch-polnischen Team geleitet, das sich sehr bemüht, um eine gute Atmosphäre zu schaffen. Mittelpunkt ist das freundliche Bar-Restaurant. Vom Smart-Supermarkt sind es nur 500 m an der Straße nach Tiflis dorthin, aber leider fehlt eine Beschilderung. Wenn man jedoch erst mal angekommen ist, hat man eine der preisgünstigsten und attraktivsten Unterkünfte in Gudauri erreicht. Im Sommer gibt es Preisnachlässe.

Hotel Gudauri Hut HOTEL **$$**
(☎595-939911; www.gudaurihut.com; EZ/DZ inkl. Frühstück ab 180/240 GEL; P 📶) Das freundliche, mittelgroße Hotel liegt an der Straße nicht weit vom Zentrum des Ortes. Die angenehmen Zimmer sind sauber und gelb gestrichen – mit einer schönen Aussicht auf die Landschaft. Daneben gibt es drei Bars, ein Restaurant und eine Sauna.

An- & Weiterreise

Die öffentlichen *marschrutky* von Tiflis nach Stepantsminda halten auch in Gudauri (10 GEL, 2 Std.), aber es kann schwierig werden, einen freien Platz zurück nach Tiflis zu ergattern. Das Zentrum von Gudauri befindet sich an der Hauptstraße am **Smart-Supermarkt** (🕒24 Std.), wo es auch einen Geldautomaten gibt. Hier halten die Busse und Taxis auf dem Weg durch Gudauri.

Stepantsminda

☎345 / 2500 EW. / 1750 M

Für die meisten Reisenden auf der Georgischen Heerstraße ist Stepantsminda das Hauptziel. Die Stadt im Tal wird von der berühmten Silhouette der Tsminda-Sameba-Kirche und dem hohen Schneegipfel des Kasbek im Westen überragt. Offiziell heißt der Ort jetzt Stepantsminda, aber noch immer wird er oft Kasbegi genannt. Unstrittig ist er jedoch eine perfekte Basis für großartige Wanderungen und Mountainbike-Touren. Vor 20 Jahren war der Ort noch einfach ein großes Dorf, doch seither hat ein rasantes Wachstum eingesetzt. Mittlerweile finden sich überall Gästehäuser und Hotels und in den Sommermonaten kommen viele Busse mit Touristen an. Das hat zwar den Charme von Stepantsminda nicht unbedingt erhöht, aber die Lage ist noch immer absolut atemberaubend. Und wenn man sich erstmal aufmacht, entkommt man in den friedlichen Tälern und auf den umliegenden Bergen schnell den Menschenmassen.

Sehenswertes

★ **Tsminda-Sameba-Kirche** KIRCHE
(Dreifaltigkeitskirche; Gergeti) Auf rund 2200 m Höhe wurde die Kirche im 14. Jh. oberhalb von Stepantsminda erbaut. Durch ihre unvergleichlich fotogene Berglage wurde sie fast zu einem Wahrzeichen Georgiens. Im Hintergrund ragt der mächtige Kasbek auf. Bewundernswert ist auch die Entschlossenheit, mit der die Kirche in einer derart abgeschiedenen Gegend errichtet wurde. Eine kurvenreiche neue Straße führt nunmehr zur Kirche hinauf (per Taxi hin & zurück 40–60 GEL), aber man kann aus dem Ort auch in ca. 1–1½ Stunden hinaufwandern. Der Panoramablick auf den Ort und die Berge ist schlicht umwerfend.

Wakhuschti Batonischwili schrieb im 18. Jh., dass in Notzeiten die Schätze von Mtskheta sowie das Kreuz der hl. Nino hier in der Tsminda Sameba in Sicherheit gebracht wurden. Im Jahr 1988 erbaute die sowjetische Verwaltung eine Seilbahn, die hinauf zur Kirche führte, die Bergstation befand sich direkt neben dem Gotteshaus. Die Bewohner von Stepantsminda sahen dies an ihrem heiligen Ort als Sakrileg und zerstörten die Seilbahn schon bald darauf.

Die stimmungsvolle, etwas verwitterte Steinkirche ist mit faszinierenden Reliefs geschmückt. Eine ungewöhnliche Darstellung am Glockenturm scheint zwei Dinosaurier zu zeigen.

Stepantsminda

Stepantsminda

Aktivitäten, Kurse & Touren
1 Mountain Freaks A1
2 Mountain Travel Agency A1

Schlafen
3 Anano Guesthouse A1
4 Diana's Guesthouse A2
5 Hotel Stancia Kazbegi A1
6 HQ of Nove Sujashvili A1
7 Nunu's Guesthouse A1
8 Rooms Hotel B1

Essen
9 Cozy Corner A1
Restaurant des Rooms Hotel ......(s. 8)

Es gibt verschiedene Möglichkeiten, um von Stepantsminda hinaufzukommen. Der beste Kompromiss zwischen steilem Anstieg und Laufzeit führt durch das Dorf Gergeti zu einer T-Kreuzung, ca. 1,25 km von der Hauptstraße entfernt – und 80 m nach der Beschilderung für die Piste zur Rechten. An dieser Kreuzung geht es nach links, vorbei an den letzten Häusern des Dorfes und an einem Bach hinauf; dann 120 m hinter dem letzten Gebäude an einer Gabelung rechts ab und erneut rechts vorbei an einem verfallenen Steinturm. 200 m weiter gelangt man über einen zunächst unwegsam wirkenden Pfad wieder nach rechts. Dieser führt um den Hang herum und erreicht die Kirche nach 1 km. Die neue Straße führt dazu, dass heutzutage oft viele Busreisegruppen ankommen. Deshalb sollte man entweder frühmorgens oder nach 17 Uhr hierher kommen, um die Ruhe genießen zu können.

Aktivitäten

Die Berg- und Talwelt rund um Stepantsminda lädt zu erlebnisreichen Wanderungen und Ausflügen ein. Die Wander- und Klettersaison dauert je nach Wetter von Mai/Juni bis Oktober/November. Wer eher zum Beginn oder zum Ende der Saison kommen möchte, sollte sich zunächst im Besucherzentrum des Kazbegi-Nationalparks (S. 112) nach den aktuellen Schneeverhältnissen in der Region erkundigen.

★ Mountain Freaks WANDERN
(☎ 593-583596; www.mountainfreaks.ge; Kazbegi 44; ⏲ April–Okt. 9–19 Uhr) Das einsatzfreudige, junge und professionelle Team von Mountain Freaks hat vor Ort für dringend notwendigen Wettbewerb gesorgt. Sie bieten eine unglaubliche Palette an Touren und Service an. Das Angebot reicht von kompletten Expeditionen auf den Kasbek und Elbrus bis zum Verleih von Ausrüstung und täglichen Bustouren zu den drei wichtigsten Wanderzielen vor Ort. Im Winter verlagert sich die Basis nach Gudauri, wo dann Skifahren im Vordergrund steht.

Mountain Travel Agency ABENTEUERSPORT
(☎ 599-269291; www.mtainfogeo.com; Kazbegi 29; ⏲ Mai–Nov.) Die Agentur kann alle Ansprüche fürs Bergwandern und an Campingbedarf abdecken. Auch Mountainbikes werden verliehen (25 GEL/Tag) sowie Wanderausrüstung, darunter Steigeisen, Eispickel und Gurte (jeweils 10 GEL/Tag). Kletterseile (20 GEL), Drei-Personen-Zelte (20 GEL), Schlafsäcke (10 GEL) und Isomatten (6 GEL) gehören genau wie Kochgas und Wanderkarten ebenfalls zum Angebot.

Auf Wunsch werden auch Wanderführer organisiert, die Englisch sprechen. Für die Besteigung des Kasbek liegen die Kosten dafür bei 580 € pro Person, plus Packpferde, Transport und Unterkunft.

Gergeti-Gletscherwanderung WANDERN
Wer von der berühmten Tsminda-Sameba-Kirche oberhalb von Stepantsminda noch weitere 1000 Höhenmeter bewältigen möchte bzw. kann, wird auf dieser Wanderung durch einen spektakulären Ausblick insbesondere auf den Kasbek belohnt. Der Pfad führt direkt hinter der Kirche den Kamm hinauf. Von dort bis zum Gletscher und zurück sind es rund acht Stunden.

Schlafen

Stepantsminda ist durch altgediente Gästehäuser sehr gut versorgt. Alle bieten auch Mahlzeiten an. Hinzu kommen mehrere Dutzend Hostels, die für die große Zahl an Wochenendgästen aus Tiflis bereitstehen, die sich auch in den Bergen ein wenig Komfort wünschen.

HQ of Nove Sujashvili HOSTEL $
(☎ 599-376339, 595-177079; Khevisberi 27, Kvemo Gergeti; B 17–22 GEL, Frühstück/Abendessen 10/20 GEL; 📶) Das populäre kleine Hostel wird von einem freundlichen, Englisch sprechenden Geschwisterpaar geleitet. Es liegt ca. 250 m an der zweiten Straße zur Linken, wenn man die Straße nach Gergeti heraufkommt. Die zwei Schlafsäle haben jeweils ein eigenes Badezimmer. Im Zentrum des Hauses lädt ein schöner Speisesaal ein mit Holzmöbeln und viel natürlichem Licht.

★ Gästehaus Anano GÄSTEHAUS $$
(☎ 595-099449; ananoqushashvili@yahoo.com; Vazha Pshavela 7; DZ/4BZ 70/80 GEL, EZ/DZ 60/70 GEL, Frühstück pro Person 15 GEL; 📶) Sechs helle, blitzsaubere Zimmer mit polierten Böden aus Kiefernholz, gutes Frühstück und hilfreiches englischsprechendes Personal ergeben zusammen eine der besten Pensionen von Stepantsminda. Vom Kazbegis Moedani geht es die Straße an Nunus Gästehaus vorbei hinauf, oben dann links und nach 30 m durch den Eingang zur Rechten.

Dianas Gästehaus GÄSTEHAUS $$
(☎ 599-570313; Vazha Pshavela 90; pro Person mit/ohne Frühstück 60/50 GEL; P 📶) Leckere Mahlzeiten, eine sehr freundliche Gastge-

KASBEK

Der 5047 m hohe erloschene Vulkan Kasbek (auch bekannt als Mkinwartsveri sowie Mount Kazbegi) ragt westlich von Stepantsminda auf und ist tief in der Geschichte und Mythologie verankert. Angeblich war der Grieche Prometheus genau hier angekettet, weil er den Göttern das Feuer gestohlen hatte. Ähnlich erging es dem georgischen Helden Amirani, weil er die Allmacht der Götter herausforderte. Die Bethlehem-Höhle (Betlemi), rund 4000 m über dem Meeresspiegel gelegen, war der Sage nach der Aufbewahrungsort vieler heiliger Gegenstände, darunter die Krippe von Jesus, das Zelt von Abraham sowie eine goldene Wiege, deren Anblick einen Menschen erblinden lassen konnte. Es war tabu, auf dem Berg zu jagen und zu klettern. Deshalb überrascht es nicht, dass die ersten Gipfelstürmer auf dem Kasbek Ausländer waren, nämlich 1868 die Herren Freshfield, Tucker und Moore vom London Alpine Club.

Heute nehmen jedes Jahr Tausende den Aufstieg zum Gipfel in Angriff, vor allem Polen lieben diesen Berg. Aber die Besteigung ist eine ernste Gebirgsherausforderung, die sowohl Fitness als auch Anpassung an die Höhenluft erfordert. Deshalb erreichen ungefähr die Hälfte der Leute nicht den Gipfel und müssen umdrehen. Ohne ausreichende alpine Erfahrung sollte man sich unbedingt einen Bergführer nehmen, Kontakte erhält man in Tiflis über Agenturen oder auch vor Ort. Zwei Tipps sind die Mountain Freaks (S. 110) und Mountain Travel Agency (S. 110). Bergsteiger sollten sich auf dem Weg zum Berg im Gebäude des „Emergency Management Department", das sich am unteren Ende der Straße nach Gergeti befindet, registrieren lassen.

Der Aufstieg ist für erfahrene Alpinisten technisch komplikationslos, aber die Gletscherspalten bergen Gefahren. Von Stepantsminda benötigt man drei bis vier Tage. Am ersten Tag wandert man von Stepantsminda über den Gergeti-Gletscher zur **Betlemi-Hütte** (Bethlehems-Hütte, ehem. Betlemi-Wetterstation; ☎ 32-2143939, 32-2922553; www.facebook.com/bethlemihut; Bett 50 GEL, Camping je Zelt 18 GEL; ⏱ Mai–Nov.). Die ehemalige Wetterstation liegt auf rund 3650 m Höhe und ist zum Übernachten geeignet.

Der zweite Tag dient normalerweise der Akklimatisierung, oftmals verbunden mit dem Aufstieg zum Maili-Plateau, das auf rund 4500 m Höhe liegt. Am dritten Tag geht es von der Betlemi-Hütte bereits gegen 2 Uhr morgens los Richtung Gipfel. Für den Aufstieg zum Gipfel benötigt man bis zu sechs Stunden. Die letzten 150 m erfordern drei Seillängen bei einer sehr steilen Hangneigung von 35 bis 40 Grad. Der Abstieg zur Betlemi-Hütte dauert im Allgemeinen auch nochmal bis zu sechs Stunden.

Packpferde sind von Juli bis Mitte September bis zur Betlemi-Hütte unterwegs. Eine alternative Übernachtungsmöglichkeit ist die viel komfortablere und wesentlich teurere **AltiHut 3.14** (☎ 595-578282; www.altihut.ge; Sabertse; Bett inkl. Frühstück 300 GEL) 🍃.

berin, saubere Zimmer (von denen einige mit Bad/WC sind) in modernen Gebäuden – auch bei Diana ist man bestens aufgehoben. Vom Kazbegis Moedani geht es auch hier die Straße an Nunus Gästehaus vorbei hinauf, dann rund 750 m zur Rechten. Das Gästehaus liegt am Ende der Straße links.

Nunus Gästehaus GÄSTEHAUS **$$**
(☎ 599-570915, 591-963335; gvanci9191@gmail.com; Kazbegis Shesakhvevi 1; EZ/DZ/3BZ 25/50/75 GEL, Frühstück/Abendessen 15/20 GEL; 📶) Nunus ist eine gute Option und liegt in einer Seitenstraße nur 50 m oberhalb der *Marschrutka*-Haltestelle. Die Gastgeberin ist freundlich, die Mahlzeiten sind gut und vom Balkon genießt man einen erstklassigen Bergblick. Die Tochter Gvantsa spricht gutes Englisch, sie arbeitet im Besucherzentrum des Kazbegi-Nationalparks. Für Ausflüge stehen Fahrzeuge zur Verfügung.

★ **Rooms Hotel** DESIGNHOTEL **$$$**
(☎ 32-2710099; www.roomshotels.com; Gorgasali 1; EZ/DZ inkl. Frühstück ab 152/178 €; P 📶 🏊) Das Rooms befindet sich in einem riesigen ehemaligen Sanatorium aus Sowjetzeiten. Der Umbau ist gut gelungen, denn das einst spartanische Gebäude ist nun fast vollständig mit angenehmem dunklen Holz verkleidet. Auch wird die erhöhte Lage über dem Tal perfekt genutzt: Die große Terrasse ist am späten Nachmittag mit gut betuchten Besuchern gefüllt, die den Panoramablick auf die Tsminda-Sameba-Kirche und den Kasbek bei einem Drink genießen möchten.

Hotel Stancia Kazbegi HOTEL $$$
(☎ 551-948800; stanciakazbegi@gmail.com; Kazbegis Moedani 25; EZ/DZ/Suite/FZ inkl. Frühstück 240/265/340/425 GEL; 📶) Die schicke neue Adresse für Stepantsminda liegt direkt am zentralen Platz Kazbegis Moedani. Aus den Zimmern, die auf der rückwärtigen Seite des Hauses liegen, bekommt man den Panoramablick auf den Kasbek als Extra serviert. Die Zimmer sind in dezentem Grau mit Holzböden und großen Balkonen gefühlvoll gestaltet. Die freundlichen Mitarbeiter sind immer ansprechbar und die Kombination aus Bar, Restaurant und gemütlicher Terrasse ist ein weiterer Pluspunkt.

Essen

Stepantsmindas Restaurants haben sich dem vielfältigen Angebot an Unterkünften noch nicht angepasst. Richtig gute Empfehlungen gibt es praktisch nicht. Dennoch kann man vor Ort gut essen, vor allem wenn man in einem Gästehaus untergebracht ist oder im exzellenten Rooms Hotel nächtigt. Ansonsten sind nur die Cafés rund um den Kazbegis Moedani erwähnenswert.

Cozy Corner GEORGISCH $$
(☎ 593-787745; Georgische Heerstraße; Hauptgerichte 8,50–25 GEL; ⏲ 10–22 Uhr; 📶 📝) Rund um einen umzäunten Garten am Fluss hält das Cozy Corner genau das, was es verspricht: Das außergewöhnlich gemütliche Holzhütten-Ambiente füllt sich tagsüber mit hungrigen Gästen. Von dem Karaoke-Schild sollte man sich nicht abschrecken lassen, da es damit erst nach 22 Uhr losgeht, wenn die Küche schon geschlossen hat – und dann auch nur bei genügend Nachfrage.

★ **Rooms Hotel Restaurant** EUROPÄISCH $$$
(☎ 32-2710099; www.roomshotels.com; Hauptgerichte 12–45 GEL; ⏲ 8–24 Uhr; 📶 📝) 🍃 In dem mit Abstand besten Restaurant in Stepantsminda werden in der großen Lounge Bar des Hotels georgische, europäische und Fusion-Gourmetgerichte serviert. Wie wäre es mit heimischen Forellen mit Walnusspesto, Hühnchen mit Dijon-Soße und Spinat, Couscous, Pastagerichten oder perfekt zubereiteten *mtsvadi* (gebratener Fleischspieß, wie Schaschlik)? Die Zutaten für all die verlockenden Speisen sind, wann immer möglich, nachhaltig und regional.

Auskunft

Besucherzentrum des Kazbegi-Nationalparks (Touristeninformation; ☎ 591-963335; www.nationalparks.ge; Kazbegis Shesakhvevi 1; ⏲ 10–18 Uhr; 📶) In der modernen Touristeninfo arbeiten gut geschulte und Englisch sprechende Mitarbeiter. Die vielen Karten und nützlichen Informationen helfen bei der Besuchsplanung für die Region. Das Personal vermittelt auch Bergführer für den Nationalpark, verfügt über Busfahrpläne und organisiert Tagesausflüge per Taxi.

An- & Weiterreise

Die Marschrutky nach Tiflis (Kazbegis Moedani; 10 GEL, 2½ Std.) verkehren stündlich von 7 bis 12 Uhr sowie um 13.30, 14, 15.30, 17 und 18 Uhr. Ein Taxi von/nach Tiflis kostet zwischen 100 und 150 GEL. Die Taxis, die am nördlichen Ende der Tergi-Brücke stehen, verlangen oftmals niedrigere Preise als die am Kazbegis Moedani. Sammeltaxis nehmen normalerweise 15 GEL pro Person für eine Fahrt zum Busbahnhof Didube in Tiflis (S. 76).

Das russische Wladikawkas liegt 45 km nördlich jenseits der Dariali-Schlucht. Um den **Grenzübergang Larsi** (Verkhny Lars; ⏲ Juni–Sept. 0–24 Uhr, Okt.–Mai 7–19 Uhr), etwa 15 km nördlich von Stepantsminda, zu passieren, benötigt man ein Fahrzeug, zumindest ein Fahrrad, denn Fußgänger sind nicht erlaubt. Eine Taxifahrt von Stepantsminda nach Wladikawkas kostet rund 100 GEL. Die Fahrzeit beträgt weniger als eine Stunde, allerdings muss man sich an der Grenze selbst auf längere Wartezeiten zwischen 20 Minuten und einigen Stunden einstellen, je nach Verkehrsandrang und der Bearbeitungsgeschwindigkeit der – eher unwillig wirkenden – russischen Zöllner.

Sno-Tal

Das Sno-Tal führt von Achkhoti, 4 km südlich von Stepantsminda, an der Georgischen Heerstraße, nach Südosten. Die Straße endet in einem eindrucksvoll gelegenen Dorf. Von dort geht es nur zu Fuß oder auf dem Pferderücken weiter in die Berge.

Sehenswertes

Juta DORF
Das kleine Dorf Juta (2150 m) ist ein Außenposten der Khevsuren, die eigentlich jenseits der Berge im Osten leben. Von der Heerstraße sind es rund 15 km durch das Sno-Tal über eine zumeist ungeteerte Straße. Hier haben einige fantastische Wanderungen ihren Ausgangspunkt.

Eine Taxifahrt von Stepantsminda nach Juta kostet ungefähr 80 GEL. Für diesen Preis warten die meisten Taxifahrer dann bis zur vereinbarten Rückfahrt, die ein paar Stunden später erfolgt.

Aktivitäten

★ Chaukhi-Pass — WANDERN

Auf einer langen, aber spektakulären Tageswanderung von neun bis zehn Stunden kann man den 3338 m hohen Chaukhi-Pass überwinden und hinab nach Roshka in Khevsuretien laufen. Der Pass ist normalerweise nur zwischen Juli und Mitte Oktober passierbar. Auf dem Weg passiert man die einzigartigen Abudelauri-Seen. Der Pfad über den Pass ist nicht besonders ausgebaut und deshalb nicht immer leicht zu erkennen. Ein Bergführer mit Packpferd von Juta zum Pass hinauf kostet 150 GEL und weiter bis nach Roshka 300 GEL.

Schlafen

In Juta gibt es mehrere Unterkunftsmöglichkeiten, die zumeist von Mitte Mai bis Ende September geöffnet sind. Einige Gästehäuser im Dorf sind sogar ganzjährig geöffnet.

★ Zeta Camp — HOSTEL $

(☎ 555-701057; www.zeta.ge; Juta; pro Person eigenes Zelt/gemietetes Zelt/B 30/35/50 GEL, 3BZ/4BZ 180/240 GEL, alle inkl. Frühstück; ⊙ Juni–Sept.) Von Juta geht es zehn Minuten ordentlich den Berg hinauf. Dort oben bietet sich ein einzigartiger Panoramablick über das Tal hinweg zum Chaukhi. Das Zeta vermietet auch gute Zelte mit Schlafsäcken und Isomatten sowie mehrere Zimmer in einem Holzgebäude. Die Toiletten stehen draußen, das Duschwasser ist warm und das Essen in dem beliebten Café ist gut (Gerichte 7–15 GEL). Es macht Spaß, in dem geselligen Camp zu übernachten; die jungen Mitarbeiter sprechen Englisch.

B&B Jago Arabuli — GÄSTEHAUS $$

(☎ 593-422951; arabuli@gmx.de; Juta; pro Person Halbpension 70 GEL; ⊙ Mitte Mai–Ende Okt.) Das B&B ist schon von der Brücke in Juta ausgeschildert. Es besitzt zwei Vierbettzimmer und ein Bad mit einer heißen Dusche im Haupthaus. In einer Art Alpenhütte, etwas höher am Hang gelegen, gibt es zwei gemütlichere neue Zimmer. Die Gastgeberin Maia spricht Englisch. Es lohnt sich, vorab telefonisch zu reservieren, weil das B&B manchmal ausgebucht ist.

Juta House — HOTEL $$

(☎ 557-601881, 555-700008; www.jutahouse.ge; Juta; Zi. pro Person 65 GEL; ⊙ Juni–Sept.; 📶 🏊) Das einzige echte Hotel ist am Zugang zum Dorf kaum zu übersehen. Die Zimmer sind sehr geräumig, es gibt sogar eine Sauna, ein Schwimmbecken und einen Tisch für Poolbillard. Das lockt Gäste an, die nicht nur wandern möchten, sondern auch ein paar Extras wünschen. Das Hotelrestaurant ist die beste Adresse in Juta.

An- & Weiterreise

Es gibt keinen öffentlichen Nahverkehr nach Juta – die beste Alternative sind die Busse, die von Mountain Freaks (S. 110) und der Mountain Travel Agency (S. 110) von Stepantsminda aus organisiert werden. Abfahrt ist jeden Morgen um 9.30 bzw. 11 Uhr (30 GEL pro Person). Man sollte seinen Platz besser vorab reservieren.

Eine Taxifahrt von Stepantsminda nach Juta kostet ungefähr 100 GEL. Man kann natürlich auch selbst nach Juta fahren, benötigt dafür aber ein allradgetriebenes Fahrzeug.

Swanetien

Atemberaubend wild und mysteriös – Swanetien ist eine sehr traditionsreiche Region mitten im Kaukasus. Die Gegend ist so abgeschieden, dass sie niemals wirklich von fremden Herrschern unterworfen wurde. Außerordentlich malerische Dörfer und schneebedeckte Gipfel, die über 4000 m Höhe aufragen, sowie blumenbedeckte Bergwiesen charakterisieren Swanetien, das auch für seine fantastischen Wandermöglichkeiten bekannt ist. Swanetiens Nationalsymbol sind die steinernen Wehrtürme, die *koshkebi* (Singular: *koshki*). Sie sollten die Dorfbewohner in früheren Zeiten vor Invasionen oder lokalen Fehden schützen. Es ist noch gar nicht mal so lange her, dass Swanetien für seine blutigen Fehden berüchtigt war. Rund 175 *koshkebi*, die zumeist zwischen dem 9. und 13. Jh. errichtet wurden, sind bis heute erhalten.

Bis vor Kurzem war Swanetien vom Tourismus noch gänzlich unberührt geblieben, aber nun gibt es hier die ersten Skigebiete, Flüge von/nach Tiflis und eine geteerte Straße von Zugdidi. Auch die Anzahl der Unterkünfte hat sich vervielfacht. Inzwischen kann es in Mestia, der einzigen Stadt in Swanetien, im Sommer schon richtig voll werden. Die legendäre Schönheit der Region ist von alldem aber (noch) nicht gefährdet.

Mestia

☎ 410 / 10 000 EW. / 1400 M

Mestia ist die „Hauptstadt" von Oberswanetien. Eigentlich handelt es sich um den Zusammenschluss von mindestens zehn etwas

WANDERN IM GROSSEN KAUKASUS

DAS TRUSOTAL

START OKROKANA
ZIEL FESTUNG ZAKAGORI
LÄNGE/DAUER 22 KM; 5 STUNDEN
SCHWIERIGKEIT LEICHT BIS MÄSSIG

Fantastische Panoramablicke und mehrere interessante Sehenswürdigkeiten warten auf Wanderer im Truso-Tal, das von allen Seiten von schneebedeckten Bergen umgeben ist. Eine ideale Tagestour führt zu Mineralquellen, schmelzenden Gletschern und verlassenen Dörfern – sie kann allerdings normalerweise nur von Anfang Mai bis Ende September durchgeführt werden. Selbst im Mai und September sollte man sich vor dem Aufbruch im Besucherzentrum des Kazbegi-Nationalparks (S. 112) in Stepantsminda erkundigen, ob die Wege frei sind. Man benötigt gute Wanderschuhe, Regenschutzkleidung, starke Sonnenschutzcreme und eine Wasserflasche. Es reicht auch eine kleine, weil es unterwegs viele Bergbäche mit klarem Wasser zum Nachfüllen gibt. Auch Proviant wäre von Vorteil, obwohl es gegen Routenende einige Plätze gibt, die auch Snacks und Getränke anbieten.

Auch wenn die Route immerhin 22 km lang ist, muss man insgesamt nur 600 Höhenmeter überwinden. Die meiste Zeit ist man im Talbecken unterwegs. Nach Okrokana gelangt man entweder mit einem Taxi oder mit einem der täglich verkehrenden Busse, die von Mountain Freaks (S. 110) oder der Mountain Travel Agency (S. 110) in Stepantsminda organisiert werden. Diese muss man jedoch normalerweise einige Tage im Voraus buchen. Man kann natürlich auch einen Leihwagen nehmen, aber hinter der Abzweigung im Dorf Kobi ist die Straße nach Okrokana nicht mehr geteert und vor allem nach schweren Regenfällen kann es ziemlich holprig und unwegsam werden.

Von **Okrokana** geht es zu Beginn der Wanderung über die Brücke und links über die unbefestigte Straße dem Fluss folgend tal-

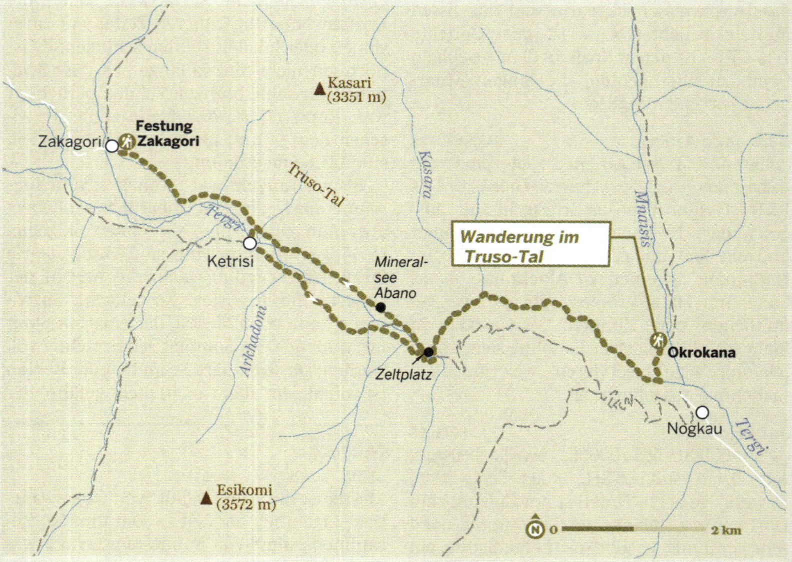

Diese Wanderung ist in der Region Kazbegi eine der zugänglichsten und schönsten. Vom dünn besiedelten Dorf Okrokana geht es am rauschenden Fluss Tergi hinaus in das Truso-Tal mit seinen Schwefelquellen.

aufwärts. Der Fluss biegt nach links, während auf der anderen Seite ungewöhnliche Felsen aufragen. Die Straße passiert auf einer Brücke einen kleinen Bach und dann den Fluss. Danach weitet sich das **Truso-Tal** und auf allen Seiten geraten beeindruckende, schneebedeckte Gipfel ins Blickfeld.

Eine kleine Fußgängerbrücke quert den Fluss zu einem kleinen **Zeltplatz** (☎598-090801; Zelt/Matratze in einer Hütte pro Person 10/30 GEL; ⏲1. Juni–30. Sept.). Von dort geht es über eine hilfreiche Treppe aus alten Autoreifen bergan und dann über einen Kamm, von dem es hinunter zum berühmten **Abano-Mineralsee** geht. Der Name ist jedoch ziemlich irreführend, weil es eigentlich nur ein großer Teich ist. Dennoch handelt es sich um ein spannendes geologisches Wunder, denn hier blubbert gemütlich Kohlendioxid aus der Tiefe; das klare Wasser fließt talwärts und mündet in den Fluss.

Der Weg führt auf dieser Flussseite weiter. Es gilt einigen sehr schlammige Stellen auszuweichen, im Frühsommer trifft man auch auf viele neugierige Kühe. Schließlich ist das Dorf **Ketrisi** erreicht mit seinem markanten Wachturm und Dutzenden von verfallenden Häusern. Die meisten sind inzwischen tatsächlich unbewohnt.

Hinter Ketrisi geht es durch die Mitte des Tales, vorbei an zwei **Klöstern** (das eine ist für Mönche, das andere für Nonnen) sowie an einigen wirklich einsam gelegenen Häusern. Wenn man auf das obere Ende des Tales zusteuert, erblickt man bereits den Zielpunkt der Wanderung oberhalb eines Hanges zur Rechten. Die malerischen Ruinen der **Festung Zakagori** thronen über dem Tal und können leicht erreicht werden, wenn man nicht schon zu erschöpft ist. Am Fuße der Festung gibt es einen georgischen Armeeposten. Deshalb darf man ohne Sondererlaubnis nicht weitergehen, denn bereits im nächsten Tal befindet sich die abtrünnige Provinz Südossetien. Das Gebiet ist also militärisch sensibel. Man sollte auch immer seinen Reisepass dabei haben, weil patrouillierende Soldaten womöglich danach fragen. Normalerweise ist es aber kein Problem zur Festung hochzulaufen, bevor man sich auf den Rückweg macht.

Talabwärts überquert man die kleine Brücke bei Ketrisi und setzt den Weg auf der anderen Flussseite fort. So erhält man eine andere Aussicht auf die Berglandschaft, u. a. man kann auch die im Sommer schmelzenden Gletscherenden bewundern. Schwefelquellen sorgen auf den Felsen zudem für ungewöhnliche visuelle Effekte. Auf dem gleichen Weg ins Tal zurück passiert man wieder den Zeltplatz, von wo es problemlos am Fluss entlang nach Okrokana geht.

1

MAYA KARKALICHEVA/GETTY IMAGES ©

2

4

JOHN GRUMMITT/SHUTTERSTOCK ©

EFESENKO/SHUTTERSTOCK ©

RADIOKAFKA/SHUTTERSTOCK ©

1. Ushguli (S. 123)
Die Unesco-Welterbestätte liegt am oberen Ende des Enguri-Tals und besitzt mehr als 40 historische Wehrtürme.

2. Tuschetien (S. 128)
Eine Herde von Bergziegen in der Hochgebirgsregion im äußersten Norden Georgiens.

3. Georgische Weingüter (S. 38)
Eine Rundreise führt zu großartigen Weingütern, darunter Khareba (S. 136; Abb.) in Kvareli.

4. Vardzia (S. 87)
Das alte, in den Fels gehauene Kloster mit Blick auf die Kura (Mtkvari) beherbergte einst 2000 Mönche.

SWANETISCHE KÜCHE

In Swanetien gibt es die gleichen Speisen wie in den anderen Regionen Georgiens. Aber die Menschen hier haben natürlich auch eigene Spezialitäten. Typische Gerichte sind *kubdari* (Fleischpasteten), *chvishdari* (Käse in einem Maisbrot gekocht) sowie *tashmujabi* (Kartoffelpüree mit Käse). Das berühmte „Swanetische Salz" ist eine Mischung aus Kräutern, Pfeffer und Knoblauch, die häufig zum Abschmecken von Fleischgerichten genutzt und den Reisenden als Souvenir verkauft wird.

verstreut liegenden Dörfern. Überall finden sich malerische Wehrtürme. Die ältesten Siedlungen mit den meisten Verteidigungsbauwerken liegen oberhalb des Flusses auf der nördlichen Seite der Stadt: Lekhtagi liegt im Nordwesten, Lanchvali und Lagami im Nordosten. Durch die von der Regierung unterstützten Tourismusprojekte wurde der zentrale Platz von Mestia, der Setis Moedani, umgebaut; im Zuge dessen entstanden auch viele neue Hotels. Auch wurden ein neues Skigebiet erschlossen und ein kleiner Flughafen angelegt. Man hat deshalb auch nicht mehr das Gefühl, dass man das legendär abgelegene Swanetien besucht. Aber als Standquartier für Wanderungen und andere Aktivitäten zur Erkundung der Region ist Mestia perfekt. Aber es gibt immer noch zahlreiche Ortschaften, wo die Zeit stehen geblieben zu sein scheint.

Sehenswertes

★ Swanetisches Museum für Geschichte und Ethnografie — MUSEUM

(www.museum.ge; Ioselani 7; Erw./Student 10/0,50 GEL; ⏲ Di–So 10–18 Uhr) Mestias exzellentes Geschichtsmuseum gehört zu den besten im Land. Die Ausstellung von Kirchenschätzen, Manuskripten, Waffen, Schmuck, Münzen und historischen Fotos ist vielschichtig und auch auf Englisch beschriftet. Das Highlight ist der Raum mit den wunderbaren Ikonen aus dem 10. bis 14. Jh., die aus den Kirchen der Region stammen. Sie wurden in Silber oder in Temperafarbe auf Holz gemalt. Die schönsten Ikonen haben einen einzigartig menschlichen und bewegenden Touch. Einige zeigen ungewöhnlicherweise, wie der hl. Georg nicht den Drachen, sondern Kaiser Diokletian aufspießt.

Aktivitäten

In Mestia haben viele empfehlenswerte Wanderungen ihren Ausgangspunkt. Einige Routen sind gut ausgeschildert, andere nicht. In den Unterkünften oder in der Touristeninformation von Mestia (S. 123) gibt es Wanderkarten, zudem kann man einen Bergführer engagieren. In den Wintermonaten wandelt sich Mestia mehr und mehr zu einem Skizentrum. In der Nähe gibt es bereits zwei moderne Skigebiete.

Chalaadi-Gletscher — WANDERN

Diese angenehme Route ist eine insgesamt 22 km lange Wanderung, für die man hin und zurück rund sechs bis sieben Stunden benötigt. Unterwegs passiert man den Flughafen von Mestia, danach geht es das Mestiachala-Tal hinauf. Die letzten 1,5 km nach der Überquerung einer Fußgängerbrücke geht es durch Wälder hinauf zum Gletscherrand. Im Sommer sollte man auf Felsbrocken achten, die sich vom Gletscherrand lösen können. Bis zur Fußgängerbrücke kann man auch ein Taxi nehmen (hin & zurück 50 GEL, inkl. Wartezeit) oder ein Pferd (40 GEL plus 50 GEL für den Guide sowie 40 GEL für dessen Pferd).

Mazeri via Guli-Pass — WANDERN

Ab ungefähr Mitte Juni kann man von Mestia in rund zehn Stunden hinüber nach Mazeri wandern. Dazu muss man den rund 2900 m hohen Guli-Pass überwinden. Die Route ermöglicht atemberaubende Blicke auf den 4737 m hohen Ushba. Die rund 1500 Höhenmeter für den Aufstieg sind anspruchsvoll, genau wie die 1300 m beim Abstieg. Am Lamaaja-Kamm zweigt die Route von jener zum Koruldi-See ab.

Kreuz — WANDERN

Die Halbtageswanderung hinauf zu dem Kreuz, das etwa 900 m oberhalb von Mestia auf der Nordseite des Tals zu sehen ist, gilt als mittelschwer. Vom Kreuz schweift der Blick hinüber zu den grandiosen Zwillingsgipfeln des Ushba (4737 m und 4698 m).

Vom Setis Moedani geht es über die Hauptstraße 450 m nach Osten, dann auf die Straße zur Linken (Beqnu Khergiani). An jeder Kreuzung wählt man die bergauf führende Option, bis nach rund 600 m am Ortsrand die Straße zu einem Pfad wird. Nach weiteren 700 m geht es nach rechts am Hang entlang, bis man auf eine Piste für allradgetriebene Fahrzeuge stößt. Dieser kann man bis zum Kreuz folgen, aber

Swanetien

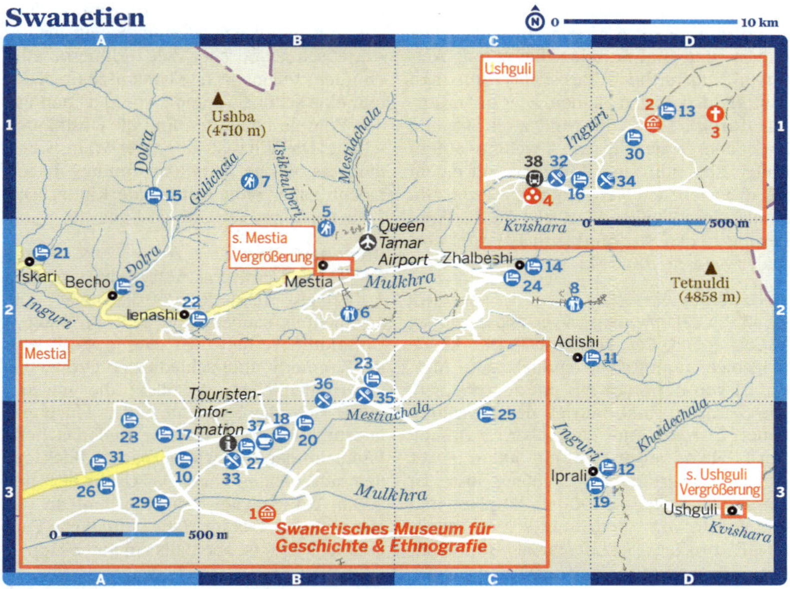

Swanetien

Highlights
1 Swanetisches Museum für Geschichte & Ehnografie B3

Sehenswertes
2 Ethnografisches Museum D1
3 Lamaria-Kirche D1
4 Königin Tamaras Burg C1

Aktivitäten, Kurse & Touren
5 Cross B2
6 Skizentrum Hatsvali B2
7 Mazeri über den Guli-Pass B1
8 Skizentrum Tetnuldi C2

Schlafen
9 Becho House A2
10 Chalet Mestia A3
11 Elizabeth Kaldani D2
12 Family Hotel Ucha D3
13 Gamarjoba Guesthouse D1
14 Givi Kakhiani's Guesthouse C2
15 Grand Hotel Ushba A1
16 Guest House Caucasus C1
17 Guest House Eka A3
Guesthouse Betegi .... (s. 12)
18 Guesthouse Davit Zhorzholiani B3
Guesthouse Gogia .... (s. 14)
19 Guesthouse Sweet Home D3
20 Guesthouse Ushba B3
Gunter Guesthouse .... (s. 11)
21 Hanmer Guest House A2
22 Hotel Makhe A2
23 Hotel Svan House B2
24 Maia's Guesthouse C2
25 Manoni's Guesthouse C3
26 Nino Ratiani's Guesthouse A3
27 Posta Hotel B3
28 Roza Shukvani's Guesthouse A3
29 Villa Gabliani A3
30 Villa Lileo D1
31 Villa Mestia A3

Essen
32 Cafe Bar Enguri C1
33 Cafe Laila B3
Cafe Ushba .... (s. 20)
Grand Hotel Ushba Restaurant .... (s. 15)
34 Kafe Koshki D1
35 Lushnu Qor B2
36 REA Cafe Bar B2

Ausgehen & Nachtleben
37 Erti Kava B3

Transport
38 Von Marshrutky nach Mestia C1

unterwegs auch einige Kehren abkürzen. Die Wanderung von Mestia hin und zurück dauert rund fünf Stunden. Bei gutem Wetter und ausreichend Tageslicht kann man weiterlaufen zu den kleinen, aber unberührten **Koruldi-Seen**, die rund zwei Stunden nach dem Kreuz liegen – weitere 400 m höher. Eine Hin- und Rückfahrt mit einem allradgetriebenen Fahrzeug von Mestia zum Kreuz, einschließlich Wartezeit für die Wanderung zu den Seen und zurück, kostet normalerweise ca. 100 GEL.

Skizentrum Hatsvali SKIFAHREN
(☎322-051221; www.mrg.gov.ge; Skipass pro Tag 40 GEL; ⏲Ende Dez.–Anfang April) Das kleine Skigebiet, unmittelbar südlich von Mestia, ist von der Stadt aus gut zu erkennen. Die Skisaison (inkl. Betrieb des Sessellifts) dauert hier von Ende Dezember bis Anfang April. Für Anfänger steht ein 300 m langer Hang zur Verfügung, die blaue Piste ist 2600 m lang, die rote 1900 m. Liftpässe und der Verleih von Ausrüstung kosten jeweils 30 GEL pro Tag. Der Lift startet unmittelbar hinter dem Museum in Mestia.

Skizentrum Tetnuldi SKIFAHREN
(http://tetnuldi.com; Liftpass pro Tag 40 GEL; ⏲Mitte Dez.–Mitte Mai) An den Hängen des Tetnuldi liegt dieses Skigebiet rund 20 km östlich von Mestia. Man hofft das Gegenstück zum bislang beliebtesten Skigebiet des Landes, Gudauri, zu werden. Der Betrieb wurde erst 2017 aufgenommen, aber es gibt bereits Pisten (Länge von etwa 25 km) auf einer Höhe zwischen 2260 und 3040 m sowie drei französische Sessellifte. Bei Redaktionsschluss waren weitere Pisten und Lifte sowie Hotels in Bau und Planung.

Schlafen

In Mestia gibt es mehrere Dutzend gute Hotels und Pensionen, die Konkurrenz untereinander ist ziemlich groß. Die meisten Unterkünfte wurden in den letzten Jahren frisch renoviert, um Zimmer mit Bad/WC anbieten zu können. Praktisch alle Hotels und Pensionen vermitteln auch Fahrzeuge und/oder Guides für Ausflugstouren. Hilfe und nützliche Infos für alle Arten von Aktivitäten vor Ort werden ebenfalls angeboten.

★ **Villa Gabliani** GÄSTEHAUS $
(☎595-513553; tsiurigab@gmail.com; Gabliani 20; pro Person nur Übernachtung/Halbpension 25/45 GEL; 📶🐾) Die beiden Schwestern sind Lehrerinnen und sprechen Deutsch und Englisch. Deren Haus hat fünf große Zimmer mit Teppichen, die ein wenig an die sowjetisch-georgische Zeit erinnern. Alle Zimmer teilen sich Gemeinschaftsbäder und eine schöne Veranda, von der man auf den Wildblumengarten und die Obstbäume schaut. Die Villa ist eine gute Wahl, wenn man georgische Familienstimmung haben möchte, aber ohne schreiende Kinder. Das Preis-Leistungs-Verhältnis ist gut.

Gästehaus Ushba HOTEL $
(☎599-555217; www.svanetistay.com; Tamar Mepe 7; B/Zi. inkl. Frühstück 35/50 GEL; P📶) Die angenehme, saubere und zentrale Budget-Unterkunft verfügt über eine große Palette an Zimmern unterschiedlicher Größe mit unterschiedlichem Ausblick; die meisten teilen sich Gemeinschaftsbäder. Pluspunkte sind die große Terrasse und das helle Wohnzimmer mit wunderbarem Blick auf den rauschenden Fluss. Das Ushba liegt nur 200 m östlich vom Setis Moedani an der Hauptstraße. Das im Haus befindliche Café Ushba (S. 122) ist ebenfalls ein guter Tipp.

Gästehaus Eka GÄSTEHAUS $
(☎599-726719; echartolani@yahoo.com; Vittorio Sella 8; pro Person inkl. Frühstück mit/ohne Bad/WC 80/35 GEL; 📶) Eka Chartolani spricht Englisch und ist sehr gastfreundlich. Die Archäologin und Kuratorin des Museums von Mestia vermietet sechs große Zimmer für bis zu vier Personen, drei davon teilen sich Gemeinschaftsbäder. Sie bereitet leckere swanetische/georgische Mahlzeiten zu und nutzt dafür viele selbst angebaute Zutaten. Die Vittorio-Sella-Straße führt 60 m westlich des Seti-Platzes den Berg hinauf. Vom Haus genießt man einen schönen Ausblick.

Nino Ratianis Gästehaus GÄSTEHAUS $
(☎599-183555; www.facebook.com/ninoratianis guesthouse; J Khaftani 1; pro Person Halbpension mit/ohne Bad/WC 60/45 GEL, Camping pro Person 5 GEL; P📶) Hier gibt es eine besonders schmackhafte regionale Küche, ein herzliches Willkommen sowie in zwei Gebäuden eine Auswahl an renovierten Zimmern, von denen fast alle ein eigenes Bad/WC haben. Diese Pluspunkte machen Ninos Pension zu einer der besten und beliebtesten in Mestia. Auch der Hof und die Balkone sind attraktiv. Das Gästehaus liegt vom Seti-Platz rund 400 m westlich an der Straße nach Zugdidi.

Manonis Gästehaus GÄSTEHAUS $
(☎599-568417, 577-568417; manonisvaneti@yahoo.com; Kakhiani 25; Zi. 100 GEL, ohne Bad/WC

WANDERUNG VON MESTIA NACH USHGULI

Die beliebteste Fernwanderroute von Mestia ist die viertägige, 50 km lange, landschaftlich sehr schöne Wanderung nach Osten bis nach Ushguli, wo es dörfliche Gästehäuser zum Übernachten gibt. An den ersten drei Tagen geht es in den unteren Bereichen des Hauptkamms des Kaukasus an jedem Tag über einen Bergkamm. Nach einem Aufstieg jeweils zwischen 400 und 800 Höhenmetern folgt jeweils ein Abstieg zum Tagesziel. Dies ist vielleicht Georgiens bekannteste mehrtägige Trekking-Route, die winzigen Siedlungen sind im Sommer überraschenderweise ziemlich überlaufen. Eine Unterkunft findet sich zwar immer, aber man sollte vorab reservieren, wenn man sich eine bessere Option an den Etappenzielen sichern möchte. Die einzelnen Etappen:

Mestia–Zhabeshi (14 km, rund 7 Std.) Von Mestia geht es nach Osten das fantastische Mulkhura-Tal hinauf nach Zhabeshi, wo es ein halbes Dutzend Gästehäuser gibt, darunter das **Gästehaus Gogia** (☎599-323678, 599-577542; pro Person mit Halbpension 50 GEL) sowie **Givi Kakhianis Gästehaus** (☎599-519089; iakakhiani@gmail.com; pro Person mit Vollpension 50 GEL; P). Alternativ kann man auch im nahe gelegenen Dorf Mulakhi übernachten, das verwirrenderweise auch unter dem Namen Chvabiani bekannt ist und einige Kilometer näher an Mestia liegt. Dort kann man in **Maias Gästehaus** (☎591-281362, 598-450043; gogagigani@yahoo.com; Zi. pro Person mit Vollpension 60–70 GEL, Camping pro Person 10 GEL; WLAN) hervorragend nächtigen.

Zhabeshi–Adishi (10 km, rund 7 Std.) Nach einem anstrengenden Anstieg über 800 Höhenmeter von Zhabeshi folgt ein ebenfalls sehr beeindruckender Abstieg über 400 Höhenmeter mit einigen atemberaubenden Aussichten. Richtig durchtrainierte Wanderer können die obere Route nehmen nach Adishi. Das ist zwar anstrengender, aber man wird ziemlich sicher nicht auf andere treffen. In Adishi gibt es eine große Auswahl an Unterkünften, darunter das **Gästehaus Gunter** (☎598-933381, 598-477180; B mit Vollpension 70 GEL, Zi. pro Person mit Vollpension 100 GEL) sowie **Elizabeth Kaldani** (☎595-449584; kaldanielizabeth@yahoo.com; pro Person 70 GEL, Vollpension 100 GEL; WLAN).

Adishi–Iprali (15 km, rund 7 Std.) Der dritte Tag der Wanderung ist der beeindruckendste. Der Weg durch das Adishi-Tal zum Adishi-Gletscher ist fantastisch. Schwierig sind eine Flussquerung (die Einheimischen nehmen 10 GEL pro Person für eine Überquerung auf einem Pferderücken) sowie der harte aber großartige Anstieg zum Chkhunderi-Pass (2655 m). Danach geht es steil hinab ins nächste Tal und dann am Fluss Iprali entlang. Die besten Übernachtungsoptionen in Iprali sind das **Family Hotel Ucha** (☎598-790225, 595-557470; pro Person inkl. Frühstück, Abendessen und Lunchpack 65 GEL; WLAN) sowie das **Gästehaus Betegi** (☎598-790551; pro Person mit Halbpension 60 GEL; WLAN). Falls beide Unterkünfte belegt sind, muss man evtl. zum **Gästehaus Sweet Home** (☎599-982150, 595-412401; pro Person mit Vollpension 60 GEL) ins nächstgelegene Dorf Lalkhori.

Iprali–Ushguli (10 km, 4–5 Std.) Dies ist die einfachste Etappe: Am vierten Tag wandert man von Iprali hinab zum Dorf Lalkhori und weiter am rauschenden Fluss entlang durch ein steiles Tal, bevor es nach Ushguli hinauf geht. Die meiste Zeit läuft man auf einer Piste, die für allradgetriebene Fahrzeuge geeignet ist, und tatsächlich können hier erstaunlich viele Autos unterwegs sein. Wer die Strecke abkürzen möchte, kann den letzten Abschnitt auch auslassen, da dieser nicht allzu spektakulär ist. Stattdessen kann man auch ein Taxi oder ein *marschrutka* nach Ushguli nehmen.

30–40 GEL, Camping pro Person 10 GEL; P WLAN) Manonis Pension ist preisgünstig und verteilt sich über drei Häuser. Die gemütlichen und unterschiedlich großen Zimmer wurden mit Kiefernholz verkleidet. Es gibt fünf Gemeinschaftsbäder. Zeltende Gäste auf dem Rasen im Garten können auf heiße Duschen zurückgreifen und dürfen die Küche benutzen. Die Pension liegt etwa 1 km östlich vom Setis Moedani, eine Gasse neben Haus Kakhiani 31. Die Mahlzeiten kosten 10–15 GEL; man wird von der großen Familie herzlich empfangen.

★ **Roza Shukvanis Gästehaus** GÄSTEHAUS $$
(☎599-641455; www.roza-mestia.com; Parjiani I 9; EZ/DZ/3BZ 60/70/80 GEL, Zi. ohne Bad/WC 40 GEL, alle inkl. Frühstück; P WLAN) Sehr leckere

regionale Küche und ein herzliches Willkommen durch die immer hilfsbereite, englischsprachige Roza und ihre Familie garantieren einen Top-Platz unter den Pensionen vor Ort. Das Gästehaus ist vor Kurzem umgezogen und kann nun 17 saubere, geräumige Zimmer vorweisen, von denen manche eigenes Bad/WC haben, andere Gemeinschaftsbäder. Der Talblick von der Terrasse sowie der Garten sind echte Pluspunkte.

★ Gästehaus Davit Zhorzholiani GÄSTEHAUS **$$**
(☎ 599-344948; www.svanetistay.com; Setis III Chikhi 1; pro Person Halbpension 50–65 GEL; 📶) Der Weg zu diesem familiengeführten, freundlichen Gästehaus ist nicht ausgeschildert, es liegt etwas versteckt in einer Gasse neben dem Café Erti Kava. Der hauseigene Wehrturm sowie 20 komfortable Zimmer mit eigenem Bad/WC sowie ein schöner Hof überzeugen jedoch in jeder Hinsicht. Die Panoramaterrasse auf dem Dach sowie die reichlichen und leckeren Mahlzeiten unterstreichen den positiven Eindruck. Gastgeber Davit ist zudem ein erfahrener Bergführer.

Chalet Mestia BOUTIQUEHOTEL **$$**
(☎ 577-014224, 551-931717; info@chaletmestia.com; Betlemi 47; EZ/DZ/3BZ/4BZ inkl. Frühstück 150/200/260/300 GEL; 📶) Das Mittelklassehotel an der Hauptstraße von Mestia orientiert sich am Boutique-Segment: Smarte Möbel, polierte Holzböden und Leuchtfäden-Lampen sind nur einige der Designerelemente in den ansonsten ziemlich normalen, aber sauberen und komfortablen 15 Zimmern. Das Chalet ist eine Klasse besser als die meisten Hotels in Mestia und zielt deshalb vor allem auf wohlhabendere internationale Touristen, die sich halbwegs günstigen Komfort wünschen.

Hotel Svan House HOTEL **$$**
(☎ 591-407020, 595-151589; svanhouse@gmail.com; Vakhtang Goshteliani 15; EZ/DZ inkl. Frühstück 80/100 GEL; 📶) Der schicke Umbau eines alten Steinhauses wirkt sehr einladend: Acht saubere und recht große Zimmer werden durch zwei Holzverandas ergänzt. Im Garten kann man sich entspannen und auch die Küche ist ansprechend. Das Hotel befindet sich 600 m östlich vom Seti-Platz, etwas bergauf abseits der Hauptstraße.

Villa Mestia HOTEL **$$**
(☎ 551-001133; villamestia@gmail.com; Erekle Pharjiani 7; EZ/DZ/3BZ/4BZ inkl. Frühstück 70/120/150/180 GEL; 📶) Das attraktive dreistöckige Haus mit einem schönen Garten und schattigen Bäumen verströmt viel traditionellen Charme. Die Türen, Fenster und Möbel sind aus Holz, während der Speiseraum unverputzte Steinwände hat. Die neun Zimmer sind gemütlich, sie verfügen über Bad/WC und Balkon. Im Garten kann man auch essen oder bei einem Drink entspannen. Die Villa liegt 500 m westlich vom Seti-Platz an der Straße nach Zugdidi. Die Gastgeber sprechen Englisch.

Posta Hotel BOUTIQUEHOTEL **$$$**
(☎ 577-323220; www.hotelposta.ge; Setis Moedani; Zi. 130–160 US$, Suite 180 US$, alle inkl. Frühstück; 📶) Das Posta öffnete 2019 am Hauptplatz von Mestia und brachte einen Hauch von Boutique-Thrill in eine Stadt, wo es noch immer nicht selbstverständlich ist, dass es Gästezimmer mit eigenem Bad gibt. Die Zimmer sind bewusst minimalistisch eingerichtet und verfügen alle über Balkone. Neben den Holzböden gibt es luxuriöse Extras wie Regenduschen. Der Eingangsbereich mit Lounge und das Restaurant eignen sich ideal für einen Drink.

Essen & Ausgehen

Zahlreiche Gästehäuser bieten attraktive Angebote, beispielsweise Halbpension. Es gibt mittlerweile auch zahllose Restaurants in Mestia, auch wenn die Qualität zumeist ziemlich durchschnittlich ist.

★ Cafe Laila GEORGISCH **$**
(Setis Moedani; Hauptgerichte 5–18 GEL; ⏲ 8–24 Uhr; 📶🖉) Das Laila am Hauptplatz ist ein sehr angesagter Treffpunkt. An Sommerabenden findet man selten einen freien Tisch. Dann treten hier oft heimische Musiker auf. Die Speisekarte ist eine respektable Mischung aus swanetischen Spezialitäten und georgischen Klassikern. Der Service ist im Allgemeinen effizient. Die Abende können sehr unterhaltsam sein, vor allem wenn hier getanzt wird.

REA Cafe Bar GEORGISCH **$**
(Tamar Mepe 32; Hauptgerichte 5–15 GEL; ⏲ 9–23 Uhr; 📶🖉) Das kleine Café ist perfekt für eine entspannte Mahlzeit. Die handschriftliche Speisekarte bietet georgische Leckereien wie z. B. *shkmeruli* und *chishdvari* (ein regionales Gebäck aus Maismehl). Die Bedienung ist schnell und freundlich.

Cafe Ushba GEORGISCH **$**
(Tamar Mepe 7; Hauptgerichte 6–15 GEL; ⏲ 11–24 Uhr; 📶🖉) Besonders gut schmeckt in

dem Café des gleichnamigen Gästehauses (S. 120) das Kebab. Aber natürlich sind auch georgische Klassiker im Angebot, darunter leckere *chinkali* und viele vegetarische Gerichte. Gezapft wird georgisches Bier, dazu kommt Craft-Bier aus der Flasche. Gäste können wählen zwischen dem gemütlichen Raum unten und den intimeren Zimmern oben – auf der Terrasse des Cafés kann man sich wunderbar entspannen.

★Lushnu Qor GEORGISCH **$$**

(Tamar Mepe 44; Hauptgerichte 8–18 GEL; ⏲10–24 Uhr; 📶✎) Das Lushnu Qor gehört definitiv zu den interessanteren Restaurants in Mestia. Es befindet sich in deutscher Hand und sticht durch den freundlichen Service und das gute Essen aus der Masse heraus. Die *kubdari* (würzige swanetische Fleischpasteten) schmecken exzellent. Hier gibt es sogar Aperol Spritz mit frischer Minze aus dem Garten, ideal als Erfrischung nach einer Wanderung. Draußen sitzt man entspannt in einem großen Hof, im Innern ist es schön gemütlich.

Erti Kava KAFFEE

(www.facebook.com/pg/ertikava; Setis Moedani; ⏲7.30–22.30 Uhr; 📶) Die Qualität des Kaffees in dem Spezialitäten-Café ist hervorragend. Das Erti Kava ist eine echte Entdeckung in Mestia. Geleitet wird es von dem sympathischen Team vom Hotel Makhe in Latali – genau der richtige Platz, um koffeingestärkt in den Tag zu starten.

ℹ Auskunft

Touristeninformation (☎551-080894; Setis Moedani 7; ⏲Juni–Sept. 9–18 Uhr) Das kleine Touristenbüro ist für ganz Swanetien zuständig und oftmals ziemlich überlaufen. Die Englisch sprechenden Mitarbeiter verteilen kostenlose Wanderkarten (falls vorrätig) sowie Wanderkarten für jede einzelne Etappe der Trekkingtour von Mestia nach Ushguli. Auch gibt es Infos zu anderen Tagesausflügen. Die Bürozeiten können allerdings variieren.

ℹ An- & Weiterreise

FLUGZEUG

Vanilla Sky (S. 70) fliegt mit einer Propellermaschine im Sommer abhängig von der Wetterlage zweimal täglich vom Flughafen Natakhtari, 25 km nördlich von Tiflis, zum Queen Tamar Airport in Mestia und wieder zurück. Der spektakuläre einstündige Flug kostet einfach 90 GEL. Im Preis enthalten sind die Transfers zwischen der Metrostation Rustaveli und dem Flughafen Natakhtari. Tickets kann man online kaufen. Vanilla Sky fliegt montags und freitags auch nach Kutaisi (50 GEL).

MARSCHRUTKA & TAXI

Marschrutky verkehren von Tiflis, Kutaisi, Zugdidi und zwischen Juni und September auch von Batumi nach Mestia. Von Tiflis kann man zudem einen Tages- und einen Nachtzug nach Zugdidi nehmen und dann von dort per *Marschrutka* weiterfahren. Die Straße von Zugdidi aus wird normalerweise das ganze Jahr über freigehalten. Je weiter man das Enguri- und das Mulkhura-Tal hinauffährt, desto atemberaubender wird die Landschaft.

Für die Rückfahrt von Mestia halten die *marschrutky* an einem halben Dutzend etwas behelfsmäßig aussehenden Bushaltestellen, die über die Stadt verteilt liegen. An der Busstation am Setis Moedani starten die Busse um 8 Uhr nach Zugdidi (20 GEL, 3 Std.), Kutaisi (25 GEL, 4½ Std.), Tiflis (30 GEL, 9 Std.) und im Sommer nach Batumi (30 GEL, 6 Std.) . Weitere *marshrutky* fahren den ganzen Tag über, sobald sie voll sind. Infos und Fahrkarten gibt es in verschiedenen Büros in der Stadt.

Marschrutky nach Ushguli kosten pauschal 40 GEL (2 Std., Hin- und Rückfahrt). Sie starten am Seti-Platz jeweils um 10 Uhr und verlassen Ushguli um 15 Uhr. Man zahlt immer denselben Preis, ob man nun eine Karte für die einfache Strecke oder auch für die Rückfahrt kauft.

Ansonsten wird der Nahverkehr in Swanetien von Mestia aus per Taxi abgewickelt. Die Hotels oder Herbergen helfen beim Bestellen. Andernfalls muss man mit den Fahrern verhandeln, die im Stadtgebiet auf Kundschaft warten.

Ushguli

290 EW. / 2050 M

Unterhalb des schneebedeckten Gebirgsmassivs des 5193 m hohen Shkhara, Georgiens höchstem Berg, liegt Ushguli im obersten Abschnitt des Enguri-Tals in einer unglaublich schönen Berglandschaft. Die rund 40 historischen Wehrtürme haben Ushguli bereits 1996 auf die Unesco-Welterbeliste gebracht. Auch wenn sich hier jetzt die Touristen tummeln, kann nichts und niemand die einzigartige Magie zerstören.

Ushguli besteht eigentlich aus vier Dörfern, deren Häuser aus Schiefer erbaut wurden, die Gassen sind matschig. Die meisten Besucher kommen von Mestia nur für einen Tagesausflug hierher, aber so richtig kennenlernen kann man den Ort erst, wenn man ein oder zwei Nächte bleibt. Dann kann man auch herrliche Wanderungen in die Umgebung unternehmen.

ABSEITS DER ÜBLICHEN PFADE

ROSHKA

Etwa 9 km hinter Barisakho führt eine steile Abzweigung rund 7 km nach Westen zur winzigen Siedlung Roshka hinauf. Von dort führt eine wunderschöne Wanderung zu den drei kleinen, aber malerisch bunten **Abudelauri-Seen** hinauf. Im Hintergrund ragt das zerklüftete Chaukhi-Massiv auf. Bis zum ersten (grünen) See sind es etwa 2½ Stunden (5 km) Wanderzeit, dann sind es weitere zehn Minuten zu dem einzigartigen türkisfarbenen See; und eine weitere Stunde benötigt man, um zum weißen See zu gelangen, der am Fuß eines Gletschers liegt, der vom Chaukhi-Massiv talwärts fließt. Zwischen den letzten beiden Seen gibt es allerdings keinen richtigen Wanderpfad.

Das exzellente **Gästehaus Shota Tsiklauri** (☎599-399789; pro Person mit Halbpension 60 GEL; ⏲ca. Mai–Okt.), am oberen Ende von Roshka gelegen, bietet vier komfortable Gästezimmer und gutes Essen. Von hier kommt man auch zur Siedlung Juta auf der anderen Seite des 3338 m hohen Chaukhi-Passes (passierbar ungefähr von Juli bis Mitte Oktober). Für die Wanderung muss man normalerweise unterwegs zelten, denn für einen einzigen Tag ist die Strecke eine echte Herausforderung.

Sehenswertes

Lamaria-Kirche KIRCHE

Die winzige Kirche stammt aus dem 12. Jh. und steht stolz auf einem Hügel am Dorfende; sie verfügt über einen eigenen Wachturm. Die Ikonen und Fresken sind sehenswert, aber etwas verblasst: Sie sind Lamaria gewidmet, der heidnischen Fruchtbarkeitsgöttin der Swanen. Im Laufe der Zeit wurde sie im christlichen Glauben zunehmend mit Maria gleichgesetzt.

Ethnografisches Museum MUSEUM

(Zhibiani; 5 GEL; ⏲Juni–Sept. 8–20 Uhr) Ushgulis Ethnografisches Museum ist in einem Gebäude aus dem 12. Jh. untergebracht, in dem in den Wintermonaten einst Mensch und Tier gemeinsam unter einem Dach lebten. Ausgestellt sind die clever konstruierten Gerätschaften, mit denen die Einheimischen jahrhundertelang gearbeitet haben. Möglicherweise verspürt man ein wenig Dankbarkeit, dass man erst in fortschrittlicheren Zeiten geboren wurde.

Königin Tamaras Burg RUINE

(Chazhashi) Die stimmungsvolle Ruine auf einem Hügel in Chazhashi besaß einstmals insgesamt vier Wehrtürme. Davon sind heute nur mehr ein Turm und die Ruinen der Kirche erhalten geblieben.

Aktivitäten

Ushguli ist sehr gut für Wandertouren geeignet: Sechs bis acht Stunden benötigt man, um durch das Tal zum Fuße des Shkhara-Gletschers und wieder zurück zu wandern. Das Dorf ist auch der Endpunkt des äußerst beliebten viertägigen Fernwanderwegs, der von Mestia bis nach Ushguli (S. 121) verläuft.

Schlafen

Die Zahl der Unterkünfte in Ushguli hat sich vervielfacht, sodass es nun viele Pensionen und kleine Hotels gibt. Die meisten befinden sich in den beiden oberen Dörfern Chvibiani und Zhibiani. Mehrere Gästehäuser haben sich auch an der Straße hinter der Brücke bei Chvibiani angesiedelt.

Gästehaus Gamarjoba GÄSTEHAUS $

(Temraz Nijaradze; ☎599-209719, 595-229814; www.gamarjoba-ushguli.com; Zhibiani; pro Person inkl. Halbpension 50 GEL) Temraz vermietet vier saubere Zimmer; zu essen gibt es gute regionale Küche. Sein Bruder Fridon malt, dessen Werke zieren die Gemeinschaftsräumlichkeiten im Haus. Im schönen Garten lässt sich gut entspannen. Das Haus diente auch als Drehort für den lokalen Film *Dede*. Temraz' Sohn spricht Englisch.

Gästehaus Caucasus GÄSTEHAUS $

(Tariel Nijaradze; ☎591-447665; Chvibiani; pro Person inkl. Halbpension 55 GEL; 📶) Tariels altes Steinhaus ist das erste Haus rechts, wenn man durch Chvibiani läuft. Es ist nur als „Hotel" bezeichnet (ohne Namen) – man erkennt es am blaufarbigen Holzbalken über der Eingangstür. Es gibt sechs schlichte, saubere Zimmer; aus zweien blickt man auf den Shkhara. Sohn Bakar spricht Englisch.

Villa Lileo GÄSTEHAUS $$

(☎557-290550, 599-912256; Zhibiani; pro Person inkl. Halbpension mit/ohne Bad/WC 100/80 GEL;

(WLAN) Als eines der größten und besten Häuser in Ushguli verfügt die Villa über 19 Zimmer in mehreren Flügeln des verwinkelten Gebäudes. Die regionale Küche ist exzellent und der offene Speise- und Barbereich ist ideal für einen relaxten Abend. Schön ist auch die große Terrasse – im Garten kann man sogar kostenlos zelten.

Essen

Es gibt nur eine Handvoll ausgewiesener Restaurants in Ushguli, aber praktisch jedes Gästehaus und Hotel bietet auch warme Mahlzeiten an, sodass man sich um die Verpflegung keine Sorgen machen muss.

Kafe Koshki GEORGISCH $
(Chvibiani; Hauptgerichte 5–15 GEL; Juni–Sept. 9–22 Uhr) Von der großen Terrasse dieses adretten Cafés überblickt man den ganzen Ort. Aus der Küche kommt solide Hausmannskost, wie z. B. *mtsvadi*, *khachapuri* und Salate. Eine Besonderheit ist der kunstvoll handgeschnitzte traditionelle Männerstuhl mit der Familiengeschichte der Nijaradzes. Dazu kommen viele verwandte Motive. Leider ist die Bedienung etwas langsam, außerdem wird kein Englisch gesprochen.

★ **Cafe Bar Enguri** GEORGISCH $$
(Chvibiani; Hauptgerichte 10–25 GEL; 10–24 Uhr; (WLAN) (Englische Speisekarte)) Das moderne Café im Chalet-Stil am Fluss ist die beste Wahl in der Stadt. Die Speisekarte ist am vielseitigsten, so gibt es Schweinemedaillons in Zwiebelsoße, mehrere leckere Kebab-Arten und gegrillte Forelle. Das Englisch sprechende Personal, der gute Kaffee und der angenehme Garten vervollständigen das positive Bild.

An- & Weiterreise

Marschrutky verbinden Mestia mit Ushguli. Sie verlassen Mestia im Allgemeinen um 10 Uhr, erreichen Ushguli gegen 12 Uhr; sie fahren aber schon wieder um 15 Uhr zurück. Die Rückkehr in Mestia ist gegen 17 Uhr. Rückfahrkarten kosten 40 GEL, gelten aber nur am selben Tag. Wer an einem anderen Tag zurückfährt, muss im Allgemeinen ein neues Ticket lösen. In Ushguli starten die *marschrutky* nach Mestia an der Brücke in Chazhashi.

Ein Taxi oder ein allradgetriebenes Fahrzeug für bis zu vier Personen kostet für einen Tagesausflug ab Mestia gut 200 GEL; einfache Fahrten sind nur unwesentlich günstiger. Die Straße ist mittlerweile fast auf der gesamten Strecke geteert, allerdings auf den letzten 30 km noch immer in schlechtem Zustand. Normalerweise ist die Straße ganzjährig geöffnet, doch sie wird nach heftigen Schneefällen oder Erdrutschen gesperrt. Fahrzeuge ohne Allradantrieb können die Straße nur zwischen Juni und Oktober bewältigen, vor allem dürfen sie nicht tiefliegend sein. Die Schotterpiste von Ushguli nach Lentekhi in Unter-Swanetien (75 km; über den 2623 m hohen Zagar-Pass) ist nur zwischen Mai und September passierbar. Mit einem allradgetriebenen Fahrzeug kostet die drei- bis vierstündige Fahrt rund 300 GEL.

Becho

Becho ist eine Gemeinde aus kleinen Dörfern, die im Dolra-Tal westlich von Mestia liegt. Die sehr schöne und relativ selten besuchte Gegend bietet tolle Wandermöglichkeiten. Die spektakulären Zwillingsgipfel des 4737 m hohen **Ushba** überragen das Ende des Tals und stellen die härteste und gefährlichste Herausforderung für Bergspezialisten in Georgien dar. Bestes Standquartier ist Mazeri, das höchste Dorf im Tal.

Schlafen & Essen

Becho House GÄSTEHAUS $
(599-311850; bechohouse@gmail.com; Becho; pro Person Halbpension 65 GEL; (WLAN)) Das sehr freundliche und moderne Familienhaus liegt am Hang oberhalb der Hauptstraße, die durchs Tal führt. Von hier aus kann man bestens wandern. Die sieben Zimmer sind tipptopp und komfortabel. Sie teilen sich eine große Terrasse, zudem ist der große Garten ideal für Kids. Die jüngeren Familienmitglieder sprechen gutes Englisch.

Gästehaus Hanmer GÄSTEHAUS $
(595-791419, 599-629789; www.facebook.com/hanmer.house.svaneti; Iskari, Etseri; pro Person Halbpension 75 GEL, Camping pro Person 10 GEL; (WLAN)) Rund 1 km oberhalb der Hauptstraße in Etseri empfängt das kanadisch-georgisch geführte Gästehaus seine Besucher sehr herzlich. Die hellen, mittelgroßen Zimmer sind für bis zu vier Personen geeignet – fünf davon teilen sich Gemeinschaftsbäder. Es gibt auch eine Gästeküche und ein Zimmer mit eigenem Bad/WC. Im Erdgeschoss befindet sich einer der bestsortierten Läden Swanetiens außerhalb von Mestia.

★ **Grand Hotel Ushba** HOTEL $$
(592-124724; www.grandhotelushba.com; Tvebishi; EZ/DZ inkl. Frühstück 94/104 €, ohne Bad/WC 59/69 €; (P) (WLAN)) Das komfortable Berghotel in superber Lage unmittelbar jenseits von Mazeri lohnt auch wegen des **Restaurants** (Hauptgerichte 10–15 GEL; 6 Uhr bis spätabends;

(📶). Auf den Tisch kommen leckere georgische Speisen, Salate und Desserts. Die attraktiven Zimmer wurden in einer Mischung aus Kiefernholz, Stein und weißer Farbe gestaltet, aber sie sind nicht so luxuriös, wie man anhand der Preise vielleicht vermuten würde. Dennoch handelt es sich um eine der besten Unterkünfte in Swanetien – für Wanderer ein gutes Standquartier.

ℹ An- & Weiterreise

Die marschrutky nach Mestia fahren auf der Hauptstraße durch die Dörfer Becho und Ienashi; die Route führt an Iskari vorbei. Um nach Mazeri zu kommen, steigt man in Becho aus und nimmt sich dann ein Taxi.

Khevsuretien

Das dünnbesiedelte Khevsuretien grenzt ans russische Tschetschenien. Die Festungsanlagen und Wehrtürme sind fantastisch, die Berglandschaft mit den steilen, bewaldeten Tälern und den üppig blühenden Bergwiesen ist einzigartig. Hier haben sich animistische Religionsmerkmale erhalten. Die Männer in dieser abgelegenen Region trugen noch bis weit ins 20. Jh. Kettenhemden.

Heute sind nur noch wenige Dörfer permanent bewohnt. Von Dezember bis Mai gibt es keinen Straßenzugang zur Hauptattraktion, dem Dorf Shatili, rund 150 km nördlich von Tiflis, weil der 2676 m hohe Datvisjvari-Pass zu dieser Zeit geschlossen ist. Die Hirten treiben ihre Herden im Juni aus Kachetien für die Sommermonate hierher und bleiben bis September. Dann profitieren die Einheimischen auch von den Einnahmen aus dem Tourismus.

Shatili

22 EW. / 1400 M

Die Altstadt von Shatili wurde zwischen dem 7. und 13. Jh. errichtet. Sie bestet aus

Khevsuretien & Tuschetien

einer einzigartigen Ansammlung an hohen *koshkebi* (Wehrtürmen), die auf einem Felsen wie eine Festungsanlage zusammengedrängt stehen. Die Altstadt wurde in den 1980er-Jahren verlassen, darufhin entstand ein neues Dorf mit 20 Häusern in der Nachbarschaft. Schon der Anblick der Ortschaft ist schlicht umwerfend. Einige der Wehrtürme wurden zu Gästehäusern umgebaut, der größte Teil der Altstadt ist jedoch eine stimmungsvolle Ruinenlandschaft geblieben, die man zu Fuß gut erkunden kann.

Shatili hat sich zu einer zunehmend beliebten Wochenenddestination für Georgier entwickelt. Zum Ende des Sommers findet das Festival **Shatiloba** (Aug./Sept., Datum variiert) statt. Dann gibt es Volksmusik, Tanz, Pferderennen und georgisches Ringen.

Sehenswertes

★ Shatilis Altstadt ALTSTADT

Die beeindruckende Ansammlung an *koshkebi* (Wehrtürmen) und stimmungsvollen Schieferhäusern drängt sich eng an einem steilen Hang zusammen. Auf den ersten Blick meint man, eine große Festung vor sich zu haben – der Ort ist einfach unglaublich schön. Die meisten Häuser sind verlassen und leider verfallen sie zunehmend. Man kann sie noch immer problemlos erkunden und ist dabei zumeist völlig für sich allein.

Anatori-Krypten FRIEDHOF

Diese mittelalterlichen Gemeinschaftsgräber liegen auf einem Felsvorsprung oberhalb der Schlucht, 3 km nördlich von Shatili. Manchmal sind sogar noch menschliche Knochen zu sehen. In Zeiten der Pest haben sich erkrankte Dorfbewohner in die Grüfte zurückgezogen und warteten dort auf den Tod. Die Anlage ist selbst heute noch etwas gruselig, aber die Lage ist fantastisch.

Schlafen

Zwei der alten Wehrtürme in Shatili wurden in Gästehäuser umgebaut – eine Übernachtung hier ist ein einzigartiges Erlebnis. Einige der Häuser, die an der einzigen Straße des Dorfes und unten am Fluss liegen, nehmen ebenfalls Gäste auf.

Green House Shatili GÄSTEHAUS $

(599-017740, 595-850746; tamar.avazashvili@gmail.com; pro Person Halbpension 60 GEL) Gastgeber Fiso spricht auch Russisch. Sein reizendes und einladendes Gästehaus liegt auf der anderen Flussseite gegenüber der großartigen Altstadt. Die fünf Zimmer teilen sich zwei Badezimmer und vor Kurzem wurden zwei zusätzliche Duschen gebaut. Zu den weiteren Pluspunkten gehören der große Garten und das leckere Essen.

Imedas Koshki GÄSTEHAUS $$

(Vorburg; 598-370317, 598-225411; shorenalikokeli@gmail.com; pro Person Halbpension 70 GEL; ca. Mitte Mai–Okt.) Ein sehr stimmungsvolles Gästehaus in einem Wehrturm am Fuße der Altstadt. Von den neun Zimmern für jeweils bis zu sieben Personen haben einige kein Fenster. Unten befinden sich drei Badezimmer mit heißem Wasser. Auf der Terrasse wird solides Essen serviert. Englisch wird hier leider nicht gesprochen, dennoch kann man sich kaum eine faszinierendere Unterkunft vorstellen.

Dato Jalabauris Gästehaus GÄSTEHAUS $$

(599-533379; www.facebook.com/Jalabauri; pro Person 30 GEL, Halbpension 60 GEL; ca. Mitte Mai–Okt.) Das fantastische *Koshki*-Gästehaus befindet sich in einem Wehrturm und hat 19 Betten in kleinen Zimmern, die über Holztreppen zu erreichen sind. Dazu kommt ein toller Balkon und eine Dusche mit Heißwasser, die sehr willkommen sein kann. Das

Khevsuretien & Tuschetien

Highlights
1 Alaverdi-Kathedrale ... C4

Sehenswertes
2 Festung Ananuri ... A3
3 Festung Gremi ... D4
4 Juta ... C1
5 Kloster Nekresi ... D4
6 Twins Old Cellar ... D4

Aktivitäten, Kurse & Touren
7 Chaukhi-Pass ... A2
8 Chaukhi ... A2

Schlafen
9 B&B Jago Arabuli ... C1
10 Juta House ... C1
11 Lamata ... D2
12 Nazy's Guesthouse ... C3
13 Rooms Hotel ... A1
14 Shota Tsiklauri's Guesthouse ... A2
Twins Old Cellar ... (s. 6)
15 Zeta Camp ... C1

Essen
Rooms Hotel-Restaurant ... (s. 13)

Privathaus der Betreiberfamilie ist jenes, das am nächsten zur winzigen Kirche im neuen Ortsteil von Shatili liegt.

An- & Weiterreise

Das *marschrutka* nach Shatili (20 Sitze, 20 GEL, 6–7 Std.) verlässt den Busbahnhof Didube in Tiflis von Juni bis Oktober jeweils mittwochs und samstags um 9 Uhr vom selben Abfahrtsbereich wie die Busse nach Stepantsminda. Von Shatili geht es jeweils donnerstags und sonntags um 12 Uhr zurück.

Tuschetien

Im äußersten Nordosten Georgiens, an der Grenze zu Tschetschenien und Dagestan im benachbarten Russland, ist Tuschetien eine der großartigsten und unberührtesten Bergregionen des Landes. Es gibt nur eine einzige unbefestigte Straße von Kachetien nach Tuschetien, und die ist streckenweise furchteinflößend. Die Route über den rund 2900 m hohen Abano-Pass ist Nervenkitzel pur und kann nur von Ende Mai bis Mitte Oktober mit einem allradgetriebenen Fahrzeug bewältigt werden.

In zahlreichen Dörfern stehen noch jahrhundertealte *koshkebi* (Wehrtürme) und in Form der steinernen *Khatebi*-Schreine (Singular: *Khati*) gibt es zahlreiche Hinweise auf die alte animistische Religion der Gegend. Die Schreine sind mit den Hörnen geopferter Ziegen und Schafe verziert.

Die meisten Tuscheten leben hier heute nur noch im Sommer, um ihre Herden zu weiden, an Festivals teilzunehmen, die Touristen zu versorgen und um nicht ihre kulturellen Wurzeln zu verlieren. In den Wintermonaten lebt die Mehrzahl jedoch in den Dörfern rund um Akhmeta und Alvani in Kachetien. Willkommen in einer der geheimnisvollsten und am wenigsten erkundeten Regionen des Landes!

Omalo

60 EW.

Tuschetiens größte Siedlung heißt Omalo, ist aber auch nur ein Dorf. Dieses teilt sich in zwei deutlich voneinander getrennte Ortsteile auf: das obere Dorf Zemo Omalo sowie das rund 1,5 km tieferliegende untere Dorf Kvemo Omalo. Der obere Ortsteil ist älter, wo sich auch die Festung Keselo befindet. Eine Gruppe von mehreren historischen Wehrtürmen, die sich am Berghang erheben, wurde vor Kurzem restauriert.

Sowohl im Ober- wie im Unterdorf gibt es reichlich Gästehäuser, die zwischen Juni und September geöffnet sind, wenn die örtliche Bevölkerung aus ihren Winterquartieren bei Akhmeta und Alvani wieder in die Berge kommt. Zemo Omalo ist der malerischere Ortsteil mit mehr historischen Gebäuden und größerem traditionell dörflichen Ambiente. Kvemo Omalo hingegen ist größer und moderner. Hier befinden sich auch zwei brandneue Hotels, die ersten ihrer Art in Tuschetien. Auch das Besucherzentrum des Nationalparks Tuschetien befindet sich hier, genau wie die einzigen Dienstleister und Läden der gesamten Region.

Sehenswertes

Keselo FESTUNG
(Zemo Omalo) Diese fünf Wehrtürme bilden zusammen eine Art schützende Festung auf dem Hügel oberhalb von Zemo Omalo. Sie wurde während der mongolischen Invasionen in den 1230er-Jahren erbaut. Hierhin konnten sich die Einheimischen in Notzeiten zurückziehen. Nach vielen Jahrhunderten des Zerfalls wurde die Anlage vor einigen Jahren liebevoll restauriert.

In einem der Wehrtürme ist nunmehr ein interessantes ethnografisches Museum untergebracht (5 GEL – für einen Besuch sollte man im Hotel Tusheti Tower anfragen), während in einem anderen Turm die Einrichtung des Shalva-Alkhanaidze-Fotografiemuseums geplant ist, das eine Sammlung regionaler Fotos aus den 1950er- bis 1970er-Jahren zeigen soll.

Schlafen & Essen

Die meisten Besucher übernachten im oberen Dorfteil Zemo Omalo, wo die pittoresken Wehrtürme für ein stimmungsvolles Ambiente sorgen. Aber auch im unteren Ortsteil Kvemo Omalo gibt es zahlreiche Optionen zum Übernachten und zum Essen. Die zwei neuen Hotels näherten sich bei Redaktionsschluss 2019 der Fertigstellung.

Hostel Tishe GÄSTEHAUS $
(☎599-905337; inga.chvritidze@gmail.com; Kvemo Omalo; pro Person mit/ohne Halbpension 65/30 GEL; 📶) Das ziemlich einfache Gästehaus im Zentrum von Kvemo Omalo ist eine gute Adresse. Die vier Zimmer haben zwar Wände aus Spanholz und teilen sich ein Badezimmer, aber die angenehme Terrasse bietet einen schönen Panoramablick. In den Sommermonaten kann man hier auch im Freien

nächtigen, was ziemlich populär ist. Im Erdgeschoss befindet sich einer der am besten sortierten Läden von Tuschetien.

Gästehaus Keselo GÄSTEHAUS $
(☎598-941270, 557-611430; arshaulidze@gmail.com; Kvemo Omalo; pro Person inkl. Halbpension 50 GEL; P Wi-Fi) Das von Grün umgebene Keselo liegt herrlich am oberen Ende von Kvemo Omalo. Die Betten in dem halben Dutzend zählenden Zimmer (mit Gemeinschaftsbädern) sind gemütlich. Die Aufenthaltsräume sind groß, genau wie der Garten – hinzu kommt leckere Hausmannskost.

Gästehaus Lasharai GÄSTEHAUS $$
(☎555-645254, 551-440007; guesthouselasharai@yahoo.com; Zemo Omalo; pro Person Halbpension 80 GEL; Wi-Fi) Das zweistöckige, komfortable Haus aus Schiefer und Holz verfügt über einen schönen Balkon und eine Terrasse mit Blick auf den Dorfplatz. Im Restaurant wird sogar gekühltes Bier ausgeschenkt – die eher schwankende Stromversorgung in Tuschetien tut den Kühlschränken nicht gut.

Hotel Tusheti Tower GÄSTEHAUS $$
(☎599-272265, 599-110879; tushetitower@gmail.com; Zemo Omalo; pro Person Halbpension 70 GEL; Wi-Fi) Ein kleiner Turm aus dem 17. Jh. am Dorfplatz von Zemo Omalo wurde vertikal ausgebaut, um vier kleine Zimmer mit Steinwänden und eigenem Bad/WC zu schaffen. Die Mahlzeiten sind reichlich und lecker. Der Besitzer kümmert sich auch um das Museum in der Festung Keselo, wo er nach Absprache auch Besucher begleitet.

Gästehaus Mgzavri GÄSTEHAUS $$
(☎593-958515; Zemo Omalo; pro Person mit/ohne Halbpension 70/40 GEL; Wi-Fi) In dem neuen familiengeführten Gästehaus leben mehrere Kinder, die auch Englisch sprechen. Das nette Restaurant befindet sich auf einer etwas erhöhten Terrasse. Alle Zimmer verfügen über eigenes Bad/WC, auch wenn die Spanholzwände nicht unbedingt ein Pluspunkt sind. Das Mgzavri liegt direkt unterhalb der Festung im Dorfzentrum.

Gästehaus Shina GÄSTEHAUS $$
(☎597-170707, 595-262046; www.shina.ge; Zemo Omalo; EZ/DZ inkl. Halbpension 90/130 GEL; P Wi-Fi) Das attraktive Haus aus Stein und Holz hat nur Zimmer mit eigenem Bad/WC, einen schönen Vorgarten sowie ein ausgewiesenes Restaurant, in dem leckere Gerichte serviert werden. Mit Englisch kommt man hier nicht sehr weit und die Zimmerwände sind nur hauchdünn. Aber der riesige Balkon mit hübschem Blick auf das Dorf und der freundliche Service kompensieren das.

TUSCHETIENS FESTIVALS

Atnigenoba ist ein eher untouristisches Festival, das zum Sommerende rund 100 Tage nach dem georgischen Ostern veranstaltet wird. Es bezieht sich auf die antiken Tierreligionen in Tuschetien. So werden Widder an den als *khatebi* bekannten antiken Schreinen als Opfer dargebracht. Gefeiert wird nach Geschlechtern getrennt und es wird heiliges Roggenbier getrunken, das von den Männern eigens in großen Kesseln gebraut wurde. Dazu kommen diverse Wettkämpfe.

Tushetoba ist ein mittlerweile etwas auf Touristen ausgelegtes Festival, das an einem Samstag zwischen Ende Juli und August in Omalo veranstaltet wird. Hier dreht sich alles um Volksmusik, Tanz sowie traditionelle tuschetische Speisen. Dazu zählen der Schafskäse *guda* sowie die fleischhaltigen *chinkali*. Beliebt sind auch die Bergwettkämpfe im Ringen und Bogenschießen sowie Pferderennen. Bei Letzteren sind die Reiter aus Sicherheitsgründen nicht älter als 15 Jahre.

Auskunft

Besucherzentrum des Nationalparks Tuschetien (☎577-101892, 577-101891; https://apa.gov.ge; ⏲ca. Ende Mai–Mitte Okt. 9–18 Uhr; Wi-Fi) Das große und hilfreiche Besucherzentrum der *Tusheti Protected Areas* liegt unmittelbar südlich von Kvemo Omalo am zentralen Jeep-Track, der ins Dorf führt. Es gibt eine Ausstellung zu Tuschetien, Infos zu einer Wander-/Reitroute sowie Tipps zu den Unterkünften. Auch Guides, Pferde und Fahrzeuge werden vermittelt. Die kleine Cafeteria ist ideal für eine Mittagspause.

An- & Weiterreise

Wenn der Abano-Pass offen ist, befördern allradgetriebene Fahrzeuge drei oder vier Passagiere für 200 GEL (bzw. 50 GEL pro Person) von Telavi oder Alvani (22 km nordwestlich von Telavi) nach Omalo – die vierstündige Fahrt durch die Berge ist spektakulär (3½ Std. von Alvani).

Allradgetriebene Fahrzeuge warten auch an den zentralen Kreuzungen in Alvani auf Kund-

TUSCHETISCHE HUNDE

Die Hunde, welche die tuschetischen Schafs-, Ziegen- und Rinderherden bewachen, können oftmals aggressiv und manchmal auch gefährlich sein. Wenn man zu den Herden so viel Abstand wie möglich hält, dann schlagen die Hirtenhunde nicht so schnell an.

schaft. Eine gute Idee ist es, wenn man sich ein Fahrzeug mit anderen Reisenden teilt. In Alvani sollte man schon gegen 9 Uhr starten; Taxis von Telavi nach Alvani kosten 15 GEL.

Die Straße nach Tuschetien wurde bereits ausgebessert, aber der Asphalt endet noch immer einige Kilometer hinter Alvani – und die Straße hat noch immer all die steilen Abhänge und Anstiege. Hier sollten sich nur sehr erfahrene und selbstbewusste Fahrer mit einem allradgetriebenen Fahrzeug bewegen. In Tuschetien gibt es keine Tankstellen, sodass man in Alvani unbedingt nochmal auftanken sollte. Wer in Tuschetien selbst fahren möchte, sollte auch an einen vollen Ersatzkanister denken.

Alle Fahrzeuge von Kachetien aus gelangen in Tuschetien nach Omalo. Da es hier keinen öffentlichen Nahverkehr gibt, gibt es auch keine Bushaltestelle oder auch nur einen Sammelpunkt, um Fahrer für eine Rückfahrt anzutreffen. Man sollte sich die Rückfahrt also schon im Voraus auf dem Hinweg organisieren. Ansonsten kann oftmals das Besucherzentrum in Omalo behilflich sein.

Rund um Omalo

Jenseits von Omalo ist Tuschetien so wild und einzigartig wie kaum ein anderer Landesteil von Georgien. Die historischen Dörfer sind eingebettet in eine dramatische Wildnis, umgeben von hochaufragenden Berggipfeln, reißenden Bächen und dichten Wäldern. Reiter und Bergwanderer kommen hier voll auf ihre Kosten.

Sehenswertes

★Dartlo HISTORISCHER ORT

Dartlo liegt 12 km nordwestlich von Omalo im Pirikiti-Alazani-Tal. Das sehr fotogene Dorf wird von einer beeindruckenden Wehrturm-Gruppe überragt. 350 m über dem Dorf wacht der freistehende Kvavlo-Turm. Im Sommer wird Dartlo von Wildblumen überwuchert, die den Zugang zu den schmalen kopfsteingepflasterten Gassen fast zu versperren scheinen – ein außerordentlicher Anblick. In den letzten Jahren wurde stark investiert, um die historischen Häuser aus Schiefer und Holz zu restaurieren.

Dzveli Diklo FESTUNG

(Alt-Diklo) Rund 2 km hinter Diklo, das wiederum 4 km nordöstlich von Shenaqo (s. unten) liegt, thront die Festung Dzveli Diklo auf einem spektakulären Felsvorsprung, von dem man im Osten bis in das russische Dagestan schauen kann. Da der Jeep-Track im Dorf Diklo endet, sind es zu Fuß rund 40 Min. bis hierhin.

Shenaqo HISTORISCHER ORT

Shenaqo liegt nur ein paar Kilometer östlich von Omalo und ist eines der schönsten Dörfer in Tuschetien. Die Häuser sind aus Stein und Schiefer erbaut und haben wacklige Holzbalkone. Sie gruppieren sich um eine der wenigen Kirchen der Bergregion. Das Dorf war auch einer der Hauptdrehorte für den 1977 gedrehten sowjetischen Film *Mimino*, eine reizende Komödie über einen georgischen Buschpiloten, der die abgelegenen Dörfer mit allem Möglichen beliefert.

Aktivitäten

Wanderung Omalo–Shatili WANDERN

Der Bergpfad hinter Chesho führt durch Parsma und Girevi das Pirikiti-Alazani-Tal hinauf zum 3431 m hohen Atsunta-Pass. Diese sehr steile und anspruchsvolle Route bringt Wanderer hinüber nach Khevsuretien (S. 126). Von Omalo nach Shatili benötigt man dafür vier bis fünf Tage, wobei man mindestens eine Nacht am Fuße des Atsunta campieren muss.

Der Pass ist für Wanderer und Packpferde normalerweise zwischen Mitte Juni und Mitte September geöffnet. Bevor es richtig zum Pass hinaufgeht, muss man eine potenziell gefährliche Flussquerung meistern, dafür benötigt man einen Bergführer und ein Packpferd. Später in der Saison ist es weniger gefährlich, doch ab Ende August kann es ziemlich schwer sein, noch Pferde oder einen freien Guide zu finden.

Wanderung Omalo–Nakaicho-Pass–Omalo WANDERN

Die populäre vier- bis fünftägige Trekkingtour beginnt in Omalo und führt das Pirikiti-Alazani-Tal hinauf nach Dartlo, Chesho und Parsma. Von dort geht es über den steilen 2900 m hohen Nakaicho-Pass hinüber nach Verkhovani und durch das Gomtsari-Alazani-Tal zurück nach Omalo.

Die Hauptroute führt allerdings oftmals über Straßen, allerdings gibt es hier nur wenig Straßenverkehr. Jenseits der zwei Talstraßen kann man Dartlo von Diklo aus via Chigho anpeilen – und zwischen dem Nakaicho-Pass und Gele (rund 6 km nordwestlich von Omalo) erstreckt sich die Panoramaroute über den Gonta-Kamm.

Wanderung Omalo–Shuapkho WANDERN
Diese lange Wanderung nach Westen führt ganz durch das Gomtsari-Alazani-Tal hinauf zum Borbalo-Pass (2990 m). Von dort führen Bergpfade nach Westen hinab ins Dorf Shuapkho in Pshavien, nach Norden hinab nach Ardoti und Mutso in Khevsuretien sowie nach Nordwesten zum etwa 2676 m hohen Datvisjvari-Pass. Von Omalo nach Shuapkho sollte man zu Fuß vier Tage einplanen. Die erste Nacht kann man in einem Gästehaus, z. B. in Verkhovani, nächtigen; die zweite in der Schutzhütte (für 12 Pers.) auf dem Anstieg zum Pass, während man in der dritten Nacht zelten muss.

Schlafen & Essen

Die vielen Gästehäuser in Tuschetien öffnen nur, wenn auch die Zugangsstraße geöffnet ist. Manche starten die Saison sogar erst im Juli. Gemeinschaftsbäder sind noch weit verbreitet, aber zunehmend werden die Häuser so renoviert, dass die Zimmer über ein eigenes Bad/WC verfügen.

Dartlo

★ **Hotel Samtsikhe** HOTEL $$
(☎ 599-118993; beselanidze@yahoo.com; pro Person nur Übernachtung/Halbpension 25/70 GEL) Das Hotel oberhalb der Kirchenruine am Fuße des Dorfes ist mit Abstand die beste Übernachtungsmöglichkeit in Dartlo. Der Name bedeutet „drei Wachtürme". Das Hotel besteht aus sechs Häusern aus Stein und Holz und hat 14 Zimmer. Die Betten sind gemütlich, zudem gibt es ein hauseigenes Restaurant (Hauptgerichte 2–12 GEL).

Shenaqo

★ **Guesthouse Your Home** GÄSTEHAUS $
(Darejans Gästehaus; ☎ 599-102944, 555-5859010; pro Person Halbpension 65 GEL; 📶) Neben der Kirche im oberen Teil von Shenaqo vermietet die wunderbar exzentrische Matriarchin Darejan (Daro) sieben helle Zimmer mit Holzböden und -wänden. Alle Zimmer sind Mehrbettzimmer und die meisten haben ein eigenes Bad/WC. Das Essen ist schlicht großartig, alles ist selbst gemacht, die Portionen sind riesig. Nur Daros Tochter Irma spricht Englisch, aber Daro ist eine Meisterin der Kommunikation. Auf Nachfrage zeigt sie gerne das kleine „Museum" mit alten tuschetischen Werkzeugen in ihrem anderen Haus, das ganz in der Nähe liegt.

Old Tusheti GÄSTEHAUS $
(☎ 558-272006; pro Person inkl. Vollpension 70 GEL; 📶) Gastgeber Eldar Buqvaidze sorgt für leckere und reichliche Mahlzeiten, spielt die Balalaika und bewahrt ein Kuriositätenmuseum mit traditionellen tuschetischen Gegenständen. Es gibt z. B. ein „magisches" Seil, um Schafe zu verjagen. In den gemütlichen Zimmern können jeweils bis zu vier Personen schlafen. Nach einer Renovierung haben alle Zimmer ein eigenes Bad/WC.

Andere Dörfer

Gästehaus Dzveli Galavani GÄSTEHAUS $
(☎ 598-680580, 571-511711; Diklo; pro Person Halbpension 60 GEL) Bei Redaktionsschluss war dies das einzige Gästehaus im Dorf Diklo. Die rustikale Unterkunft ist familiengeführt und bietet drei einfache Zimmer, die sich ein Bad und eine schöne Terrasse teilen. Die sympathische Familie spricht kein Englisch, ist aber sehr warmherzig und gastfreundlich. Das Haus liegt gleich zur Linken, wenn man von Omalo aus ins Dorf kommt.

Lamata GÄSTEHAUS $
(☎ 599-700378; tushetiguesthouselamata@mail.ru; Verkhovani; pro Person nur Übernachtung/Halbpension 15/50 GEL; ⏲ 20. Juni–20. Sept) Das Lamata bietet die einmalige Chance, in einem *koshki* zu schlafen. Drei der sieben Zimmer sind im Wehrturm vor dem Haupthaus angesiedelt. Die dortigen Zimmer sind aber etwas gemütlicher und auch die Dusche befindet sich im Haupthaus. Die Familie ist sehr freundlich, die Teenager sprechen etwas Englisch.

Kachetien

Georgiens östliche Region Kachetien ist das wichtigste Weinanbaugebiet des Landes. Fast überall bekommt man ein Glas traditionellen *Quevri*-Wein angeboten, sodass man schnell die halbe Zeit leicht beschwipst sein kann. Kachetien ist auch reich an Geschichte: Ein Highlight ist das unglaubliche Höhlenkloster Davit Gareja an einem einsamen Ort mit Blick über die aserbaidschanische Grenze hinweg. Das Hügelstädtchen Sighnaghi erinnert ein wenig an die Toskana, zudem gibt es viele Kirchen und Burgen – sowohl als Ruine oder auch restauriert – an beeindruckenden Orten rund um die reizvolle Provinzhauptstadt Telavi.

Telavi

☎350 / 20 000 EW.

Die größte Stadt in Kachetien liegt zwischen Weinbergen im Alazani-Tal, eingerahmt von den Gombori-Bergen und dem Großen Kaukasus, der im Nordosten zu sehen ist. Telavi ist das perfekte Standquartier, um die historischen und architektonischen Schätze sowie die Weingüter der Region zu erkunden. Für einladende Pensionen, Hotels und Restaurants ist gesorgt – es gibt einen spannenden Burg- und Museumskomplex.

Sehenswertes

★ Festung Batonistsikhe BURG

(Erekle Meoris Gamziri; 5 GEL; ⏲Di–So 10–18 Uhr) Batonistsikhe war die Residenz der kachetischen Könige im 17. und 18. Jh. Bis heute ist dies eine hervorragend erhaltene Burg im Zentrum von Telavi. In dem Komplex befindet sich ein renovierter Palast im persischen Stil, wo König Erekle II. geboren wurde und auch starb. Daneben können zwei kleine Kirchen, das königliche Bad und ein topmodernes Museum für Geschichte und Kunst besichtigt werden. Der Zugang erfolgt über die westliche Seite der Festungswälle.

Bazari MARKT

(Ecke Chavchavadze & Alazanis Gamziri; ⏲7–18 Uhr) Telavis geschäftiger Markt ist voller frischer Produkte aus den umliegenden Dörfern – ein chaotischer Augenschmaus!

Schlafen

Auch Telavi hat in den vergangenen Jahren einen kleinen Hotelboom erlebt, sodass es nun reichlich Auswahl vorhanden ist – und zwar von einfachen Gästehäusern bis zu gehobenen Boutiquehotels.

Gästehaus G&G GÄSTEHAUS $

(☎574-339677; gelashviliguram@mail.ru; Lionidze 6; 3BZ 100 GEL, DZ/4BZ ohne Bad 60/120 GEL, alle inkl. Frühstück; 📶) Das fantastisch unter der Burg gelegene traditionelle Haus ist überaus stimmungsvoll. Aus den vier komfortablen und kürzlich renovierten Zimmern blickt man auf den Garten hinaus. Das Dreibettzimmer besitzt ein eigenes Bad/WC, die anderen teilen sich Gemeinschaftsbäder. Die Besitzer sprechen nur wenig Englisch, aber der Empfang ist sehr herzlich.

Gästehaus Marinella GÄSTEHAUS $

(☎577-516001; maria.marinella@mail.ru; Chavchavadze 131; DZ 60 GEL, EZ/DZ ohne Bad 40/55 GEL; P📶) Sechs freundliche, moderne und geräumige Zimmer werden durch eine nette, luftige Terrasse und einen Garten ergänzt. Deutsch und Englisch werden hier gesprochen, außerdem dürfen die Gäste die Küche mitbenutzen.

Etos Gästehaus GÄSTEHAUS $

(☎599-782050, 350-277070; eto.neka@yahoo.com; Akhvlediani 27; Zi. pro Person 30 GEL, Frühstück/Abendessen 10/15 GEL; 📶) Eto vermietet vier helle und saubere Zimmer mit eigenem Bad/WC, während man im blumenübersäten Garten unter einem hohen Aprikosenbaum entspannen kann. Die Speisen werden alle mit frischen Zutaten aus der Region zubereitet und die Gäste können die Küche mitnutzen. Ein Zimmer verfügt über eine Klimaanlage, zudem gibt es auch ein Apartment mit einem Schlafzimmer für bis zu vier Personen (100 GEL).

Gästehaus Tushishvili GÄSTEHAUS $

(☎350-271909, 577-756625; Nadikvari 15; pro Person mit/ohne Frühstück 35/30 GEL, Abendessen 20 GEL; P📶) Das freundliche Haus ist schon seit Langem zu Recht unter Reisenden sehr beliebt. Svetlana spricht Englisch und serviert tolles Abendessen. Sie hilft auch sehr gerne bei der Organisation von Ausflügen per Taxi oder mit örtlichen Verkehrsinfos. Ihre Zimmer sind gemütlich, sie teilen sich Badezimmer, außerdem gibt es einen großen Garten. Das Haus ist nicht ausgeschildert, deshalb muss man sich durchfragen.

Hotel Neli Telavi GÄSTEHAUS $

(☎599-581820; www.facebook.com/hotelneli; Chonqadze 11; pro Person inkl. Frühstück 40 GEL; P📶) Fünf der acht großen, hellen Zimmer in Nelis nettem Familienhaus besitzen eigene Badezimmer. Das beste Zimmer ist das etwas teurere „Luxuszimmer" im obersten Stockwerk mit tollem Ausblick. Neli kocht hervorragend mit frischen, regionalen Zutaten. Dazu kommt Biowein auf den Tisch.

Miloravas Gästehaus GÄSTEHAUS $

(☎551-505550, 350-271257; www.miloravagh.ge; Akhvlediani 67; Zi. pro Person 30 GEL, Frühstück 15 GEL; 📶) Das Gästehaus kann sechs bis sieben Personen in einem Cottage – neben dem Garten – in bequemen Betten unterbringen. Jedes Zimmer hat sein eigenes Bad/WC; es gibt eine nette Bar, in der man sich gut unterhalten kann. Die Mahlzeiten sind lecker und der hilfsbereite Gastgeber zeigt gerne seinen eigenen Weinkeller; die angebotenen Weinproben kosten 25 GEL.

Hotel Erekle II BOUTIQUEHOTEL **$$**
(☎596-377377; www.hotelerekle.ge; Lionidze 1; EZ/DZ/Suite inkl. Frühstück 170/230/280 GEL; ❄📶) Die Zimmer in diesem Boutiquehotel unterhalb der Burgwälle scheinen aus einem persischen Traum zu stammen. Die Wände sind kunstvoll gekachelt, die Sofas aus teurem Samt, die Böden aus Holz und die großen Balkone sind mit Schnitzereien im arabischen Stil verziert. Dies ist wahrscheinlich die schickste und die wohl geschmackvollste Adresse der Stadt.

Essen

Ungeachtet der Bedeutung Telavis als größtem Weinanbaugebiet Georgiens hinkt die Restaurantszene vor Ort noch hinterher. Die Qualität und Auswahl verbessert sich aber langsam. In den lokalen Gästehäusern kann man jedoch normalerweise sehr gut speisen.

★ **Kapiloni** GEORGISCH **$$**
(☎350-278767; Barnovi 10; Hauptgerichte 10–35 GEL; ⏲9–24 Uhr; 📶✍) Das attraktivste Restaurant in Telavi befindet sich im Stadtzentrum und ist mit der großen Terrasse ein idealer Ort für ein langes Mittagessen oder ein ausführliches Abendessen. Es gibt auch eine Bar und im oberen Stock einen Speisesaal mit einer zweiten Terrasse – Auswahl gibt es also genug. Die Speisekarte ist umfangreich und bebildert. Ein Tipp: *pelmeni* (mit Fleisch gefüllte Teigtaschen).

Mala's Garden GEORGISCH **$$**
(☎592-030131; Rustaveli 4; Hauptgerichte 10–25 GEL; ⏲12–23 Uhr; 📶) Malas Garten ist ein charmanter Ort unter Bäumen und mit vielen Büschen, der unglaublich einladend wirkt. Zu essen gibt es Kebab, der mit der traditionellen georgischen Methode „Fön-auf-Grill" zubereitet wird. Dazu stehen Salate, Suppen und andere traditionelle georgische Gerichte im Angebot.

Bravo GEORGISCH **$$**
(Nadikvar 11; Hauptgerichte 7–20 GEL; ⏲10–24 Uhr; 📶✍) Im Bravo kommt eine breite Palette an soliden georgischen Favoriten auf den Tisch. Die bebilderte Speisekarte erleichtert die Bestellung allerdings nur ein klein wenig. Am besten speist man auf der Terrasse, die sich allerdings schon ziemlich früh füllt. Wer mal eine Abwechslung zur georgischen Küche sucht, kann sich auch eine Pizza oder ein Pastagericht bestellen.

Ausgehen & Nachtleben

Abends kann man in Telavi ein Weinlokal aufsuchen, aber das Nachtleben ist dennoch nicht besonders ausgeprägt. In der Umgebung gibt es einige empfehlenswerte Weingüter, die Weinverkostungen anbieten.

WEINGÜTER IN KACHETIEN

Der Besuch einiger Weingüter sollte bei einem Besuch Kachetiens unbedingt auf dem Programm stehen. In der Region spielt Wein eine große Rolle im Alltagsleben. Kein Wunder, denn auf einer Anbaufläche von 225 km² befinden sich hier rund 50 % der georgischen Weingüter. Die Winzer nutzen sowohl die traditionelle Quevri-Methode (S. 154) als auch moderne europäische Anbautechniken. Die Renaissance des georgischen Weinbaus im letzten Jahrzehnt war wirklich phänomenal und in Kachetien werden heute einige der interessantesten Weine Georgiens hergestellt.

Kachetiens fünf wichtigste Herkunftslabels sind Tsinandali (trockene Weißweine aus Rkatsiteli-Trauben mit 15–20 % Mtsvane vermischt); Mukuzani (rote Qualitätsweine aus der Saperavi-Traube); Kindzmarauli (trockene und halbsüße Saperavi-Rotweine); Akhasheni (trockene Saperavi-Rotweine) sowie Napareuli (weiße und rote Saperavi-Weine).

Viele Weingüter laden Besucher zu Führungen und Weinproben ein. Einige haben sogar eigene Restaurants und Hotels. Die Kachetische Weingilde (S. 134) in Telavi kann bei der Organisation der Besuche helfen. Sie verkauft vor Ort auch selbst über 100 Weine. In der Umgebung von Telavi sind mehrere Weingüter leicht zu erreichen, wo man für Führungen und Verkostungen nicht reservieren muss. Bereits für lediglich zwei Personen wird gerne eine Weinprobe veranstaltet. Gute Adressen sind die Weingüter Shumi (S. 135), Rostomaant Marani (S. 134) und Teliani Valley (S. 134).

Kachetien

Teliani Valley WEINGUT
(☎ 32-2313245; www.telianivalley.com; Tbilisi-Schnellstraße 3) Das am Stadtrand von Telavi gelegene Qualitätsweingut hat schon zahlreiche internationale Auszeichnungen gewonnen. Damit gehört es zu den bekanntesten Weingütern von ganz Georgien. Besucher können auch ganz spontan an einer Weinverkostung teilnehmen (15–40 GEL pro Person, je nach Anzahl der Teilnehmer und Weine) oder auch nur das Weingut besichtigen. Im Gästehaus kann man zudem übernachten.

Rostomaant Marani WEINGUT
(☎ 599-929505; www.rmarani.com; Rcheulishvili 9; ⏲ 11–19 Uhr) Das familiengeführte Weingut begrüßt Gäste in den Räumlichkeiten im Stadtzentrum für zweistündige Weinverkostungen (20–35 GEL pro Person). Dazu werden Snacks und in den teureren Varianten auch gegrilltes Fleisch gereicht.

ℹ Praktische Informationen

Kachetische Weingilde (☎ 350-279090; Rustaveli 1; ⏲ 10–19 Uhr) Die hilfreiche Weingilde liefert Infos zu den Weingütern der Region und organisiert Führungen, Weinproben und Mahlzeiten. Vor Ort kann man gleich über 100 verschiedene Weine kaufen. Allerdings sprechen nicht alle Mitarbeiter gut Englisch.

Touristeninformation (☎ 350-275317; Erekle II 9; ⏲ Mo–Fr 9–18, Sa–So 10–17 Uhr) Das hilfreiche Büro liegt im Obergeschoss eines Gebäudes mit Veranda am Hauptplatz. Unter anderem werden hier Touren mit dem Jeep nach Tuschetien vermittelt.

ℹ An- & Weiterreise

Telavi verfügt über mehrere Haltepunkte für *marschrutky* und Taxis:

Neue Busstation (☎ 350-272083; Alazanis Gamziri)

Alte Busstation (☎ 350-271619; Alazanis Gamziri)

Roki-Busstation (☎ 350-274390; Alazanis Gamziri) Sammeltaxis nach Tiflis (10 GEL, 1¾ Std.) warten am oberen Ende des Alazanis Gamziri. *Marschrutky* nach Ikalto (0,50 GEL) starten stündlich zwischen 8 und 18 Uhr ab Chavchavadziz Gamziri.

Rund um Telavi

Die Dörfer und die schöne Gegend rund um Telavi sind für die Qualitäts-Weingüter sowie die historischen Burgen, Paläste, Klöster und Kirchen bekannt. Die meisten kann man mit öffentlichen Verkehrsmitteln erreichen. Wenn man jedoch ein Taxi nimmt oder sich ein eigenes Auto mietet, kann man am Tag viel mehr besichtigen. Die meisten

Kachetien

Highlights
1 Alaverdi-Kathedrale B1
2 Landgut Chavchavadze B1
3 Kloster Udabno B3

Sehenswertes
4 Festung Gremi B1
5 Kloster Ikalto B1
6 Naturpark Lagodekhi D1
Lavra .... (s. 3)
7 Kloster Nekresi C1
Peristsvaleba .... (s. 3)
8 Schuchmann B1
Shumi .... (s. 2)
9 Twins Old Cellar B1
10 Weingut Khareba C1

Aktivitäten, Kurse & Touren
Shavi Kldeebis Tba .... (s. 12)

Schlafen
Kavkasioni Twins
Guesthouse .... (s. 12)
11 Oasis Club B2
Schuchmann Hotel .... (s. 8)
Twins Old Cellar .... (s. 9)
Villa Alazani .... (s. 8)
12 Wald Hotel Lagodekhi D1

Ausgehen & Nachtleben
13 Teliani Valley B1

Information
Besucherzentrum .... (s. 12)

Transport
14 Busbahnhof D2
15 Navtlughis Avtosadguri A2

Unterkünfte in Telavi bieten eigene Autos an oder organisieren eines für Tagesausflüge (70–80 GEL). Der kenntnisreiche und Englisch sprechende David Luashvili (S. 137) ist als Fahrer und Guide bestens qualifiziert.

★ Landgut Chavchavadze PALAST
(☎570-701212; www.tsinandali.ge; Tsinandali; Garten 3 GEL, Museum & Park 5 GEL, inkl. Probe von 1/mehreren Weinen 7/20 GEL; ⏲10–19 Uhr; 🅿) Prinz Alexander Chavchavadze (1786–1846) war eine der schillerndsten und einflussreichsten Figuren der georgischen Geschichte. Der Palast und die Gärten, die er bei Tsinandali anlegen ließ, gehören unbedingt zum Besichtigungsprogramm einer Kachetien-Tour. Im Palast kann man rund ein halbes Dutzend Zimmer besichtigen, die im Stil des 19. Jhs. renoviert wurden. Hier erfährt man einiges Interessante aus der Familiengeschichte. Der Park wurde wunderbar im englischen Stil angelegt, mit altehrwürdigen Bäumen sowie exotischen Pflanzenarten wie Gingko- und Mammutbäumen sowie Yucca-Palmen.

★ Alaverdi-Kathedrale KATHEDRALE
(Kvemo Alvani; ⏲8–18 Uhr) Zu Beginn des 11. Jhs. begann Georgiens kulturelle und politische Blütezeit. Damals ließ König Kvirike von Kachetien diese majestätische Kathedrale errichten. Mit einer Höhe von 50 m war dies für fast ein Jahrtausend die höchste Kirche des Landes. Sie liegt 20 km nordwestlich von Telavi. Von außen ist sie klassisch wohlproportioniert mit runden Bögen, aber nur mit minimaler Verzierung. Auch drinnen ist der Kirchenraum harmonisch aufgeteilt. Das Tageslicht fällt durch 25 hoch angebrachte Fensterschlitze.

Schuchmann WEINGUT
(☎790-557045; www.schuchmann-wines.com; Kisiskhevi; Führung & Weinproben pro Person inkl. 3/5/7 Weine 15/25/35 GEL; ⏲10–20 Uhr; 🅿) Das sehr professionelle moderne Weingut liegt 7 km südöstlich von Telavi. Jährlich werden hier 1,5 Mio. Weinflaschen abgefüllt – 30 % davon ist *Quevri*-Wein (unter dem Label Vinoterra), der Rest ist „europäischer" Wein, der in rostfreien Tanks fermentiert und reift. Verkauft wird er als Schuchmann-Wein.

Twins Old Cellar WEINGUT
(☎557-148282, 551-747474; www.cellar.ge; Napareuli; Führung & Weinproben ab 17 GEL; ⏲9–22 Uhr; 🅿) Das familiengeführte Weingut, 23 km nördlich von Telavi gelegen, produziert sowohl *Quevri*- als auch Weine nach europäischer Art. Besucher können das lehrreiche *Quevri*-Weinmuseum besichtigen und dann als Probe drei Weine und einen *chacha* testen. Letzterer ist ein starker georgischer Tresterschnaps. Inzwischen gibt es hier auch ein schickes neues Hotel mit Blick auf das Weingut sowie ein Restaurant.

Shumi WEINGUT
(☎32-2381137, 598-503501; www.shumi.ge; Tsinandali; Führung pro Person 7 GEL. Weinprobe mit 2 Weinen frei, mit 4 Weinen & Snacks pro Person 20 GEL; ⏲10–18 Uhr; 🅿) Das interessante kleine Weingut produziert mehrere Weine unter den Marken Shumi und Iberiuli. Insgesamt gedeihen hier 432 unterschied-

Telavi

Telavi

Highlights
1 Festung Batonistsikhe C3

Sehenswertes
2 Bazari C2

Schlafen
3 Eto's Guesthouse C4
4 G&G Guesthouse D3
5 Hotel Erekle II D3
6 Hotel Neli Telavi B4
7 Marinella Guest House B1
8 Milorava's Guest House C4
9 Tushishvili Guesthouse D3

Essen
Bravo .... (s. 9)
10 Kapiloni D3
Mala's Garden .... (s. 10)

Ausgehen & Nachtleben
11 Rostomaant Marani D3

Information
12 Kachetische Weingilde D3
13 Touristeninformation C3

Transport
14 Von Marshrutky nach Ikalto B2
15 Neue Busstation C1
16 Alte Busstation C1
17 Roki-Busstation C1

liche Rebsorten und in dem Museum sind einige erstaunliche Exponate mit Bezug zum Wein ausgestellt. Die Weinproben finden im schönen Hausgarten statt.

Weingut Khareba WEINGUT
(☎ 32-2497770; www.winery-khareba.com; Kvareli; Führung mit Weinprobe von 2 europ./Quevri-Weinen 12/15 GEL, Führung ohne Weinprobe 5 GEL;

⌚Mai–Mitte Nov. 10–20 Uhr, Mitte Nov.–April 10–18 Uhr; P) Eine Spezialität hier sind die 7,7 km langen Weintunnel, die in den frühen 1960er-Jahren in den Berghang getrieben wurden, um die Weine dort bei konstanten Temperaturen lagern und reifen zu lassen. Heute lagern in den Tunneln mehr als 25 000 Flaschen mit „europäischen" und Quevri-Weinen des Weinguts Khareba. Auf den Führungen wird ein Teil der Tunnelanlage präsentiert, wo auch die Weinproben stattfinden. Danach geht es zum Aussichtsturm und zum Restaurant.

Kloster Nekresi KLOSTER

Nekresis frühgeorgische Architektur ist genauso superb wie der Blick aus erhöhter Position auf das Alazani-Tal und die Waldgebiete. Von Gremi aus sind es 10 km auf der Straße nach Kvareli und dann von der Abzweigung nochmal 4 km bis zum Kloster. Die *marschrutky* nach Kvareli lassen Passagiere an der Abzweigung raus. Von dort fährt dann ein *Marschrutky*-Shuttle (1 GEL hin & zurück; zwischen Mitte April und Mitte Dezember 9–17 Uhr) den Hügel zum Kloster rauf und wieder runter.

Kloster Ikalto KLOSTER

(Ikalto; ⌚9–18 Uhr; P) Dieses Kloster liegt sehr idyllisch in einem Zypressen-Hain. Im Mittelalter befand sich hier eine der beiden berühmten georgischen neoplatonischen Akademien, die andere war Gelati bei Kutaisi (S. 93). Angeblich soll der Nationaldichter Shota Rustaveli hier unterrichtet worden sein. Die zentrale Verklärungskirche wurde im 8. und 9. Jh. errichtet. Die Ruine ohne Dach an der Südseite des Komplexes beherbergte einst die Akademie. Zur Linken hat eine Weinpresse aus Stein (8. Jh.) die Zeiten überstanden. Die georgischen Mönche waren immer auch enthusiastische Winzer.

Das Kloster liegt etwa 2 km oberhalb der Straße, die Telavi und Akhmeta miteinander verbindet. Die Abzweigung befindet sich unmittelbar hinter Kilometerstein 54/19. *Marschrutky* von Telavi enden im Dorf Ikalto. Von dort führt ein angenehmer 1,5 km langer Spaziergang hinauf zum Kloster.

Festung Gremi FESTUNG

(Eniseli; Eintritt Turm 3 GEL; ⌚Di–So 9–18 Uhr) Von 1466 bis 1672 war Gremi die Hauptstadt von Kachetien. Doch die Stadt westlich der Zitadelle wurde bei einem Überfall von Schah Abbas 1616 völlig zerstört. In der Zitadelle wurde die Erzengel-Kirche 1565 von König Levan erbaut (der Herrscher liegt in der Kirche begraben). Die Fresken stammen von 1577. Man kann nebenan, innerhalb der Palastanlage aus dem 15. Jh., den Turm besteigen, während ein kleines Museum auf Schautafeln über das alte Gremi informiert und Funde aus Gremi zeigt.

Geführte Touren

David Luashvili AUTOTOUREN

(☎593-761216, 551-300620; purgatorium@rambler.ru) Der sehr erfahrene und Englisch sprechende David Luashvili ist in Telavi ein erfahrener Guide, der Ausflüge mit dem Auto quer durch Kachetien anbietet. Er verlangt für eine Tagestour 100 GEL (pro Auto); die Routen sind flexibel. Eine Tagestour von Telavi nach Davit Gareja kostet 150 GEL.

Schlafen

Twins Old Cellar HOTEL **$$**

(☎557-148282, 551-747474; www.cellar.ge; Napareuli; Zi. inkl. Frühstück 160–250 GEL; P ❄ 📶) Das ehemals kleine Hotelgebäude des Weinguts Twins Old Cellar war bei Redaktionsschluss gerade frisch ausgebaut worden zu einer sehr schicken Adresse mit großen Zimmern rund um einen großen Swimmingpool. Aus den älteren Zimmern mit rustikalen Holzbalken blickt man auf die Weinberge, außerdem sind sie viel preisgünstiger. Auf dem Gelände befinden sich ein Weinmuseum und ein gutes Restaurant mit passender Speisekarte zum Thema Wein.

★ **Villa Alazani** GÄSTEHAUS **$$$**

(☎577-414842; www.villaalazani.com; Kisiskhevi; Zi./ganzes Haus inkl. Frühstück 250/820 GEL; P 📶) Das sehr geräumige Dorfhaus in Kisiskhevi liegt 7 km südöstlich von Telavi und ist eine wunderbare ländliche Oase. Die Besitzer, eine Gruppe von internationalen Journalisten und Filmemachern, haben das Haus anspruchsvoll restauriert: Holzsäulen, große Gemeinschaftsbereiche, eine tolle Sammlung an alten Teppichen, vier angenehm große Zimmer und eine schöne Küche machen das Haus sehr attraktiv.

Schuchmann Hotel HOTEL **$$$**

(☎790-557045; www.schuchmann-wines.com; Kisiskhevi; Zi. inkl. Frühstück ab 250 GEL; P 📶 🏊) Das smarte Hotel auf einem der Spitzen-Weingüter verfügt über geräumige Zimmer mit Balkonen in einem schönen Gebäude, das aus Stein und Holz erbaut wurde. Dazu gibt es exzellentes georgisches Essen in einem netten Speiseraum. Interessant sind die geführten Touren durch Kachetien.

MARSHRUTKY VON TELAVI

REISEZIEL	BUSBAHNHOF	FAHRPREIS (GEL)	FAHRZEIT	HÄUFIGKEIT
Alaverdi	Alter	2	40 Min.	alle 15–20 Min., 8.45–17.15 Uhr
Alvani	Alter	2	45 Min.	alle 15–20 Min., 9–17.30 Uhr
Dedoplis Tskaro	Neuer	7	2 Std.	15.30 Uhr
Kvareli	Alter	3	1½ Std.	alle 40 Min., 9.30–17.30 Uhr
Lagodekhi	Neuer	6	1¾ Std.	7.30, 8.30, 8.40, 13.30 Uhr
Lagodekhi	Alter	6	1¾ Std.	15 Uhr
Sighnaghi	Alter	5	1½ Std.	Mo–Fr 15.15 Uhr
Tbilisi	Alter	7	1¾ Std.	alle 40 Min., 7.40–13 Uhr
Tbilisi	Roki	8	1¾ Std.	alle 30–45 Min., 6–18 Uhr
Tsinandali	Alter	0,80	20 Min.	alle 30 Min., 9–17 Uhr

Sighnaghi

☎355 / 3000 EW.

Sighnaghi ist vielleicht die schönste Stadt in Georgien. Die Lage auf einem Hügel mit Blick auf den schneebedeckten Kaukasus in der Ferne jenseits des breiten Alazani-Tals ist atemberaubend. Die Stadt wird geprägt von der Architektur des 18. und 19. Jhs. und erinnert ein wenig an die Toskana. In den letzten Jahren wurden in Sighnaghi umfassende Sanierungsmaßnahmen durchgeführt. Auch viele neue Hotels wurden gebaut, denn die heimische Bevölkerung stellt sich zunehmend auf die Euro und Dollars der Touristen ein. Die gute Nachricht ist jedoch, dass die Stadt trotz der Reisegruppen und der Quadbikes noch immer ihren Charme bewahrt hat. Hier kann man es weiterhin sehr gut für ein paar Tage aushalten.

Sehenswertes

★ Sighnaghi-Museum MUSEUM

(Rustavelis Chikhi 8; Erw./Student 7/1 GEL; ⏲Di–So 10–18 Uhr) Das gut konzipierte, moderne Museum konzentriert sich unten auf die Archäologie und Geschichte Kachetiens, während im oberen Stock in einem Saal 13 Gemälde des in Kachetien geborenen Künstlers Niko Pirosmani (1862–1918) zu besichtigen sind. Dies ist die größte Sammlung des Autodidakten außerhalb der Nationalgalerie in Tiflis. Zu sehen sind einige berühmte Gemälde, darunter *Weinlese* und *Festessen in einem Traubenpavillon*.

Stadtmauer ARCHITEKTUR

Ein Großteil der 4 km langen Stadtmauer von König Erekle II. existiert noch immer, darunter 23 Wehrtürme und sechs Tore, die nach den Dörfern der Umgebung benannt sind. Ein Teil der Mauer folgt der Chavchavadze-Straße auf dem Hügel im Nordwesten der Stadt. Dort kann man durch die winzige Stepan-Tsminda-Kirche in den Turm hinein. Der schönste Teil für Erkundungen verläuft entlang der Gorgasali-Straße im Nordosten der Stadt. Hier kann man ebenfalls einen Turm besteigen und dann über die Stadtmauer zu zwei weiteren laufen.

Bodbe-Konvent KONVENT

(⏲10–19 Uhr) Der Bodbe-Konvent ist die verehrte Ruhestätte der hl. Nino. Er befindet sich inmitten von Zypressen, etwa 2 km südlich von Sighnaghi. Der Weg über die Landstraßen dorthin ist sehr angenehm. Die kleine Kirche wurde ursprünglich von König Mirian im 4. Jh. über dem Grab der Heiligen errichtet. Sie wurde seither mehrere Male umgebaut bzw. neu errichtet. Die Grabstätte der hl. Nino ist in einer kleinen Kapelle in der Südostecke der Kirche zu finden; sie ist teilweise mit Silber bedeckt und besitzt einen türkisen Email-Heiligenschein, der mit Juwelen besetzt ist. Aufgrund der religiösen Bedeutung kommen viele Besucher hierher.

Schlafen

Sighnaghi verfügt über einige gute Hotels und zahlreiche Pensionen, von denen sich mehrere an der historischen Gorgasali-Straße befinden, die innerhalb der Stadtmauern verläuft. Viele Gästehäuser wurden in den letzten Jahren modernisiert, sodass sie zum Teil beinahe wie Hotels wirken. Die Atmosphäre ist jedoch so traditionell und freundlich wie früher geblieben.

★ Nanas Gästehaus GÄTEHAUS $
(☎ 355-231829, 599-795093; www.facebook.com/pages/nanas-guest-house/268413209818; Sarajishvili 2; EZ/DZ/3BZ/4BZ 35/75/90/120 GEL; 📶) Nana Kokiashvili spricht Englisch und betreibt eines der stimmungsvollsten Gästehäuser in Sighnaghi. Die vier Zimmer sind sehr gut gepflegt. Sie teilen sich einen umlaufenden Balkon, der über die gesamte Länge des Hauses, das aus dem 18. Jh. stammt, von Weinranken bewachsen ist. Der Blick geht zum zentralen Bebris-Park. Nana serviert Bio-Frühstück aus eigener Produktion (10 GEL). Sie hilft auch bei der Organisation von Transport und Ausflügen.

Central Guest House GÄSTEHAUS $
(☎ 592-404031; www.facebook.com/SighnaghiCentralGuesthouse; 9 Aprili 30; B/EZ/DZ/3BZ 15/40/60/75 GEL, Frühstück 10 GEL; P ❄ 📶 🚭) Wenige Schritte vom zentral gelegenen Erekle-II.-Platz bietet das Central einen schönen Blick auf ein tiefes, grünes Tal. Die adretten Zimmer mit Holzböden und privatem Bad/WC befinden sich in einem umgebauten, rund 200 Jahre alten Haus. Der Speiseraum ist mit historischen Fotos und Exponaten gestaltet, die die freundliche Gastgeberin Ana gerne auf Englisch erklärt. Zelten ist für 20 GEL/Zelt ebenfalls möglich.

Hotel Brigitte HOTEL $$
(☎ 355-238080; www.brigitte.ge; Tamar Mepe 13; Zi. inkl. Frühstück ab 150 GEL; ❄ 📶 🚭) Das Hotel Brigitte ist die beste Mittelklasseoption in der Stadt. Es liegt in einem stattlichen umgebauten Haus mit komfortablen Zimmern, angenehm gestalteten Gemeinschaftsbereichen sowie mehreren Terrassen im rückwärtigen Bereich; von dort hat man einen fantastischen Talblick. Die Mitarbeiter sind hilfsbereit und höflich; gutes Frühstück.

Gästehaus Kusika GÄSTEHAUS $$
(☎ 599-099813, 599-099812; kusikashvili.ilia@mail.ru; Gorgasali 15; DZ 80 GEL, Frühstück 10 GEL; P ❄ 📶 🚭) Das freundliche kleine Gästehaus besitzt einen von Weinranken überwachsenen Hof mit tollem Panoramablick über das Alazani-Tal hinweg zum fernen Kaukasus. Es gibt drei gemütliche und saubere Zimmer; aus zweien lässt sich dieser Traumblick genießen. Das Frühstück ist vorzüglich, die Adresse ein richtig guter Tipp.

ABSEITS DER ÜBLICHEN PFADE

PANKISI-TAL

Die Erkundung dieser ziemlich abgeschiedenen Gegend Kachetiens, zwischen den fruchtbaren Weingütern im Tiefland und den unwirtlichen Bergen Tuschetiens gelegen, ist ein faszinierendes kulturelles Erlebnis. Die örtliche Bevölkerung bezeichnet sich als Kisten – eine ethnische Minderheit –, deren Name auf das gleichnamige Dorf im nahe gelegenen Tschetschenien zurückgeht. Von dort kamen ihre Vorfahren; die Mehrheit von ihnen bekennt sich zum sunnitischen Islam. Die Kisten sprechen neben Georgisch auch einen tschetschenischen Dialekt, normalerweise aber Russisch. Das traditionelle Leben in fünf kleinen Dörfen am Fluss Alazani ist landwirtschaftlich geprägt.

Während des zweiten Tschetschenienkrieges (1999–2009) wurden die Menschen in dem Tal von den Russen beschuldigt, eine Brutstätte für islamistischen Fundamentalismus zu sein. Die Gegend galt deshalb jahrelang als gefährlich. Doch vor einigen Jahren hat eine Gruppe von Frauen die „Pankisi Valley Tourism and Development Association" gegründet, um das Ansehen der Gegend für Touristen durch Kulturtourismus und neue Privatunterkünfte aufzupolieren. Die Gründerin der Vereinigung, Nazy Dakishvili, betreibt im Dorf Jokolo **Nazys Gästehaus** (☎ 599-145209; www.nazysguesthouse.com; pro Person 45 GEL; P 📶). Dies ist eine hervorragende Unterkunft, unter anderem weil Nazy gut Englisch spricht, was hier eine große Ausnahme ist.

Es gibt in Pankisi acht verschiedene Gästehäuser. Reisende, die mehr über die hiesigen Menschen und ihre Traditionen erfahren wollen, werden es bestimmt genießen und bleiben vielleicht einige Tage hier. Jeden Freitagmittag veranstalten die örtlichen Frauen in der Moschee in Duisi eine religiöse Sufi-Zeremonie mit Gesang namens Zikr. Dies ist die wichtigste kulturelle Attraktion der Gegend. Ebenfalls beliebt sind die Kochkurse, der Besuch des Khodori-Wasserfalls sowie des Batsara-Naturparks. Dort trifft man auf angeblich 2000 Jahre alte Eiben. Eine gute Idee sind Ausritte und Mountainbiketouren auf acht markierten Trails durch das dichtbewaldete Tal.

Zandarashvili Family Hotel GÄSTEHAUS $$
(☎ 355-231029, 599-750510; davidzandarashvili@yahoo.com; Tsminda Giorgi 11; EZ/DZ/3BZ/4BZ 50/60/75/100 GEL, EZ/DZ/3BZ ohne Bad/WC 15/30/45 GEL, Frühstück/Abendessen 10/20 GEL; ❄ 📶) Die gastfreundliche Zandarashvili-Familie offeriert solide Zimmer, gutes Essen und selbst angebauten Wein. Kein Wunder, dass Reisende das Haus so mögen. Die Zimmer im oberen Stockwerk sind besonders attraktiv und hell, insbesondere die mit Balkonen, die einen Blick auf das Tal gewähren. Alle Zimmer haben eigenes Bad/WC, außer den drei unten, die dafür echte Schnäppchen sind. Transfers von der Busstation sowie Weinproben sind kostenlos – und Englisch wird hier auch gesprochen.

Gästehaus MATE GÄSTEHAUS $$
(☎ 355-232036, 598-899799; m.axmeteli@mail.ru; Gorgasali 20; EZ/DZ/3BZ 50/60/70 GEL, Frühstück/Abendessen 10/15 GEL; P ❄ 📶) Das MATE ist ein Gästehaus mit gutem Preis-Leistungs-Verhältnis. Hinter dem Haus erstreckt sich ein schöner Garten. Zu den Hauptmahlzeiten, die die herzliche Besitzerin Manana persönlich serviert, wird selbst angebauter Wein gereicht. Die Zimmer sind für bis zu fünf Personen ausgelegt. Sie verfügen über Teppiche, sind gemütlich und nur leicht verschnörkelt. Die besten Zimmer, weil moderner, befinden sich im obersten Stockwerk.

Essen

★ **Pancho Villa** MEXIKANISCH $$
(☎ 599-192356; Tamar Mepe 9; Hauptgerichte 7–18 GEL; ⏲ 12–22 Uhr; 🖉) Die Villa ist die vielleicht überraschendste gastronomische Entdeckung in Georgien, denn in diesem winzigen ostgeorgischen Bergstädtchen kommt hervorragende und authentische mexikanische Küche auf den Tisch. Der Besitzer und Koch Shalva hat in Kalifornien gelebt, wo er seine Fertigkeiten erworben hat. Nun leitet er hier eine beeindruckende One-Man-Show in einem rustikal-reizvollen Holzhaus mit genau drei Tischen und außergewöhnlichem Talblick.

★ **Pheasant's Tears** GEORGISCH $$$
(☎ 355-231556; www.pheasantstears.com; Baratashvili 18; Hauptgerichte 15–35 GEL; ⏲ 11–23 Uhr; 📶 🖉) 🍃 Das georgisch-amerikanische Joint-Venture erzeugt erstklassige Bioweine aus traditioneller Quevri-Methode, die aus den eigenen Weingärten rund um das nahe gelegene Dorf Tibaani stammen. Hier in Sighnaghi werden Weinproben angeboten und dazu leckere georgische Spezialitäten serviert. Dabei werden frische Bioprodukte aus der Region verwendet, die man dann in dem malerischen Hof-Garten genießen kann. Sehr lecker schmecken z. B. das gegrillte Schweinefleisch in Weißweinsoße sowie die Pilze in Estragonsoße.

Auskunft

Touristeninformationsbüro (☎ 355-232414; Kostava 10; ⏲ Juni–Sept. 9–18 Uhr, Okt.–Mai 10–18 Uhr) Nur wenige Schritte vom Erekle II. Moedani entfernt.

An- & Weiterreise

Ungeachtet seiner Popularität als Reiseziel ist Sighnaghi eine Kleinstadt und deshalb nicht so gut mit anderen Städten der Region verbunden. *Marschrutky* nach Tbilisi (7 GEL, 1¾ Std., 6-mal tgl., 7–18 Uhr) und Telavi (6 GEL, 1½ Std., Mo–Sa nur 9 Uhr) verkehren vom Busbahnhof, der zwischen der Polizeistation und dem Erekle-II.-Moedani zu finden ist.

Für *marschrutky* nach Lagodekhi und Dedoplis Tskaro sowie für weitere Verbindungen nach Telavi muss man etwa 7 km hügelabwärts nach Osten zum Städtchen Tsnori (per *marschrutka* 1 GEL, halbstündl., Mo–Fr 9.45–17.15 Uhr; per Taxi 5 GEL) fahren und dort dann in ein *marschrutka* umsteigen.

Davit Gareja

Der historische Klosterkomplex Davit Gareja ist eine der bemerkenswertesten historischen Sehenswürdigkeiten Georgiens. Die Einzigartigkeit wird noch durch die abgeschiedene Lage an der Grenze zu Aserbaidschan inmitten einer wüstenähnlichen Landschaft unterstrichen. Wenn man dazu die völlige Abwesenheit von touristischer Infrastruktur sowie die ständigen Spannungen mit dem Landesnachbarn hinzurechnet, dann kann man den Besuch von Davit Gareja als kleines Abenteuer bezeichnen.

Im Juli und August kann es hier mittags unerträglich heiß werden, sodass man sich früh aufmachen sollte, um spätestens gegen 10 Uhr vor Ort zu sein. Sonnenschutz, Wasser und stabiles Schuhwerk sind sinnvoll, da man hier ohne jeden Schatten den Hügel rauf- und runterkraxeln muss. Auch muss man seinen Pass dabei haben, da man sich in einer Grenzgegend befindet und deshalb sowohl von georgischen als auch von aserbaidschanischen Militärpatrouillen gestoppt werden kann (S. 142).

Von Sighnaghi nach Dedoplis Tskaro

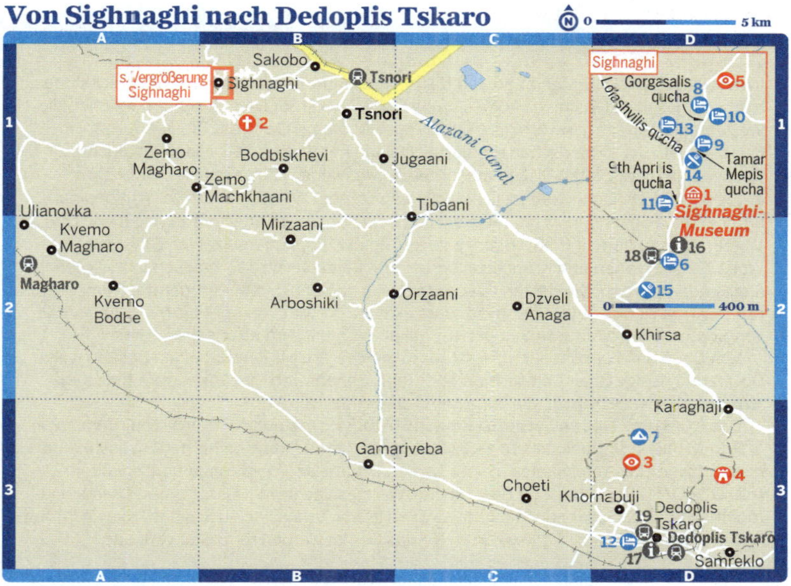

Von Sighnaghi nach Dedoplis Tskaro

Highlights
1 Sighnaghi-Museum ... D1

Sehenswertes
2 Bodbe-Konvent ... B1
3 Adler-Canyon ... D3
4 Festungsruine Khornabuji ... D3
5 Stadtmauer ... D1

Schlafen
6 Central Guest House ... D2
7 Eagles Canyon Camping ... D3
8 Guesthouse MATE ... D1
9 Hotel Brigitte ... D1
10 Kusika Guest House ... D1
11 Nana's Guesthouse ... D1
12 Savanna Guesthouse ... D3
13 Zandarashvili Family Hotel ... D1

Essen
14 Pancho Villa ... D1
15 Pheasant's Tears ... D2

Information
16 Touristeninformation ... D2
17 Besucherzentrum ... D3

Transport
18 Busbahnhof ... D2
19 Bushaltestelle ... D3

Sehenswertes

Davit Gareja ist ein Komplex bestehend aus 15 Klöstern, die sich über ein weites Gebiet erstrecken. Besucher besichtigen im Allgemeinen nur zwei Klöster: Lavra wurde bereits in der sowjetischen Zeit restauriert und wird nun wieder von Mönchen bewohnt.

Udabno befindet sich auf der anderen Seite des Hügels und besteht aus mehreren Höhlen, deren Wände mit wundervollen Fresken bemalt wurden. Man benötigt zwei bis drei Stunden und viele Wege, um Lavra und Udabno zu erkunden.

★ Kloster Udabno KLOSTER

Udabno ist weniger ein Kloster, als eine Reihe von Kapellen, die entlang eines Steilhangs in die Felsen gehauen wurden. Von hier blickt man auf die grasbewachsene Ebene, die bereits in Aserbaidschan liegt, hinab. Viele der Höhlenwohnungen sind längst verlassen, aber in einigen sind noch immer faszinierende Fresken aus dem 10.–13. Jh. zu sehen. Es ist allerdings schockierend, wie das Kulturerbe vernachlässigt wird, denn viele der jahrhundertealten Fresken sind durch Graffiti verschandelt worden.

ABSEITS DER ÜBLICHEN PFADE

VASHLOVANI-SCHUTZGEBIET

Im abgelegenen äußersten Südosten Kachetiens ändert sich die ohnehin abwechslungsreiche Landschaft Georgiens noch einmal. Hinter der Stadt Dedoplistskaro weichen die Weizenfelder einer merkwürdigen Halbsteppe, wo sich entlang des Flusses Alazani im Grenzgebiet zu Aserbaidschan erodiertes Ödland mit Steppen-Grasland, Schluchten, Savannengebieten, alten Pistazienbäumen sowie Wäldern abwechselt. Das 370 km^2 große Vashlovani-Schutzgebiet (*Vashlovani Protected Areas*) ist zum Teil Nationalpark und für seine besonders große Artenvielfalt bekannt, darunter sind 46 Säugetier-, 135 Vogel-, 30 Reptilien- und 600 Pflanzenarten. Zu den Säugetieren zählen Braunbären, Wölfe, Otter, Hyänen und Kropfgazellen, die erst kürzlich von Aserbaidschan aus wieder angesiedelt wurden. Die besten Besuchszeiten sind aufgrund der moderaten Temperaturen, der Pflanzenblüte und der besonders aktiven Tierwelt von April bis Mitte Juni sowie von September bis Mitte November. Im Juli und August wird es unerträglich heiß.

Von Dedoplistskaro ist auch der **Adler-Canyon** (Artsivis Kheoba) einen Besuch wert. Dort leben riesige Geier und schwarze Störche. Sehenswert ist zudem die antike **Festungsruine Khornabuji**, die auf einem Felsen thront.

Das exzellente **Besucherzentrum** (☎577-101849; nseturidze13@gmail.com; Baratashvili 5; ⏲9–18 Uhr) in Dedoplistskaro verfügt über hilfsbereite Mitarbeiter mit Englischkenntnissen sowie ein interessantes kleines Museum, gute Übernachtungsmöglichkeiten (EZ/DZ 40/50 GEL) und eine Gästeküche. Wer das Vashlovani-Schutzgebiet besuchen möchte, muss sich hier zunächst registrieren lassen und sollte auch seine Übernachtung hier im Voraus buchen. Wanderkarten für das Gebiet werden für 3 GEL verkauft.

Schlafen

Die Stadt Dedoplistskaro bietet eine Reihe von Unterkünften, darunter das **Gästehaus Savanna** (☎555-150835, 555-540474; welcomesavanna@gmail.com; Mosulishvili 54, Dedoplistskaro; EZ/DZ ab 35/60 GEL, Frühstück/Abendessen 15/20 GEL; ❄📶). Auch im Besucherzentrum gibt es saubere Zimmer. Dazu kommt ein rustikaler, aber schön gelegener **Zeltplatz** (☎599-313957, 577-797400; pro Person mit/ohne eigenes Zelt 10/15 GEL, Frühstück/Abendessen 20/30 GEL) im Adler-Canyon. Wer über ausreichend Zeit verfügt, kann – tief im Schutzgebiet – in einem der sechs **Mijnis-Kure-Bungalows** (Vashlovani-Schutzgebiet; Zi. 50 GEL; 🅿) am Ufer des Flusses Alazani übernachten. Jeder Bungalow ist mit drei Einzelbetten, Strom und einem Bad mit heißer Dusche ausgestattet. Hier befindet man sich weit von der Zivilisation entfernt. Es gibt zwar einen Brunnen für Trinkwasser, aber man muss seinen eigenen Moskitoschutz und vor allem Proviant mitbringen. Reservierungen erfolgen im Besucherzentrum in Dedoplistskaro.

An- & Weiterreise

Das Besucherzentrum ist auch bei der Organisation von Jeep-Trips im Naturpark behilflich (Tagestour rund 300 GEL). Wer selbst so ein Gefährt steuern möchte, benötigt ein allradgetriebenes Fahrzeug sowie ein gutes GPS, um sich in dem oftmals sehr holprigen und unwegsamen Wegelabyrinth zurecht zu finden.

Marschrutky verkehren von Dedoplistskaro nach Telavi (7 GEL, 2 Std.), täglich um 7.30 und 8.30 Uhr, sowie nach Tiflis, einmal in der Stunde zwischen 7.30 und 16.30 Uhr, (7 GEL, 3 Std.) zur Metrostation Isani. Die Busse starten von der Haltestelle an dem großen Kreisverkehr im Zentrum von Dedoplistskaro.

Der exakte Grenzverlauf zwischen Georgien und Aserbaidschan wurde hier immer noch nicht festgelegt, sodass man auch plötzlich auf aserbaidschanische Grenzpatrouillen treffen kann. Das ist normalerweise kein Problem, es sein denn, es gibt gerade mal wieder Spannungen.

Um Udabno zu erreichen, nimmt man den Pfad bergauf nebem dem Kirchenshop am Lavra-Kloster. Man sollte hier auf giftige Vipern achten, auch in den Höhlen und vor allem zwischen April und Juni. An einem Wachturm oberhalb von Lavra nimmt man den Pfad direkt den Hügel weiter hinauf.

Nach ungefähr zehn Minuten erreicht man ein Metallgitter. Diesem folgt man bis auf die Höhe des Kammes hinauf und geht dann links bis zum Ende des Kammes. Dort sind von dem Gitter nur noch die Metallpfosten erhalten. Die Höhlen oberhalb des Pfades gehören zum Udabno-Kloster.

Die großartigsten Fresken sind auf halbem Weg am Hang zu sehen. Einige Höhlen sind grünfarbig nummeriert. 70 m hinter Höhle 50 führt ein Seitenpfad weiter bergan und zurück zu Höhle 36. Dies war das **Refektorium** des Klosters. Die hellen Fresken sind wunderschön. Das wichtigste Werk zeigt das Letzte Abendmahl (11. Jh.). Noch weiter oben findet sich die **Verkündigungskirche** (Höhle 42). Die beeindruckenden Fresken stellen Jesus und seine Jünger dar. Man sollte allerdings ziemlich agil und gelenkig sein, um in die Höhlenkirche zu gelangen. Höhle 41 war die **Georgs-Kirche**.

Wieder zurück auf dem Hauptpfad geht es 25 m nach links zur **Hauptkirche** von Udabno. Die Gemälde hier zeigen Davit Gareja und seinen Schüler Lukiane, die beide von Rotwild umgeben sind. Das bezieht sich auf eine Sage, dass eine Hirschkuh ihnen Milch gab, als sie hungrig in dieser einsamen Wildnis unterwegs waren. Darunter sind kachetische Prinzen zu sehen.

Der Pfad erreicht schließlich eine Steinkapelle oben auf der Felskuppe, bevor man wieder zurück zum Ausgangspunkt geht.

Peristsvaleba KIRCHE

(Verklärungskirche) Die Höhlenkirche Peristsvaleba entstand im 6. Jh. und beherbergt zur Rechten hinter der Ikonostase die Grabstätte von Davit Gareja.

Lavra KLOSTER

Das restaurierte Kloster erstreckt sich über drei Ebenen mit Gebäuden aus unterschiedlichen Bauperioden. Man gelangt in die Anlage durch ein Tor, dessen Reliefs Geschichten zeigen, wie die Mönche in Eintracht mit der natürlichen Umwelt leben. Im Innern geht es in einen Hof hinab, wo sich die Höhlen von Davit und seinem kachetischen Schüler Lukiane auf einer Seite und die Höhlenkirche Peristsvaleba aus dem 6. Jh. auf der anderen Seite befinden. Davits Grab befindet sich zur Rechten hinter der Ikonostase der Kirche.

Schlafen & Essen

Es gibt zahlreiche Privatunterkünfte und Gästehäuser in dem nahe gelegenen Dorf Udabno, wenn man eine Nacht bleiben möchte. Das internationale Hostel Oasis Club ist definitiv die beste Adresse.

★ Oasis Club HOSTEL $

(☎ 574-805563; www.oasisclubudabno.com; Udabno (Dorf); B 25 GEL, EZ/DZ/3BZ/4BZ 100/120/150/180 GEL; P Wi-Fi) Eine polnisch geführte Kombination aus Hostel, Hotel und Restaurant wirkt hier etwas ungewöhnlich. Aber die entspannende Oase ist bekannt für Konzerte, Outdoor-Kino und gelegentlich wilde Partys. Der „Club" liegt in dem halbverlassenen Dorf Ubadno (nicht zu verwechseln mit dem gleichnamigen Kloster) an der Straße von Sagarejo, 14 km vor Davit Gareja. Das Restaurant ist exzellent und eignet sich als idealer Stopp zum Mittagessen.

Zum Übernachten kann man sich zwischen dem 20-Betten-Hostel und den gemütlichen Hotelzimmern (viel Holz) mit Bad/WC entscheiden. Frühstück kostet 12 GEL extra. In der Restaurant-Bar (Gerichte 10–15 GEL) servieren die gut gelaunten Mitarbeiter Salate, Suppen, *khachapuri* und andere Gerichte. Zu Fuß sind es nach Lavra etwa 8 km. Das Oasis kann Pferde und einen Guide für den Weg dorthin arrangieren (100 GEL).

An- & Weiterreise

Ungefähr von Mitte April bis Mitte Oktober verkehrt täglich ein Minibus der **Gareji Line** (Karte S. 48; ☎ 551-951447; www.facebook.com/gareji.line; hin & zurück 30 GEL; ⏲ April–Nov.) zwischen Tiflis und Davit Gareja. Los geht es um 11 Uhr vom Pushkinis Skver am Tavisuplebis Moedani. Rückkehr ist gegen 19 Uhr. In Lavra und Udabno bekommt man 2½–3 Stunden Zeit für Erkundungen; auf dem Rückweg gibt es noch einen Zwischenstopp am Oasis Club. Das Ticket erlaubt Rückfahrten auch an anderen Tagen, sodass eine Übernachtung im Oasis Club problemlos möglich ist.

Viele Hostels und Agenturen organisieren auch Tagesausflüge von Tiflis. Mit einem eigenen Auto kann man die Fahrt natürlich auch auf eigene Faust unternehmen. Dann nimmt man zunächst die Straße nach Sagarejo und dann durch das Dorf Udabno zum Kloster.

Von Sighnaghi kostet ein Tagesausflug per Taxi nach Davit Gareja rund 100 GEL. Alternativ nimmt man ein *marschrutka* Richtung Tiflis bis Sagarejo und dann ein Taxi von dort.

Naturpark Lagodekhi

Der 244 km² große **Naturpark Lagodekhi** (☎ 577-101834; www.visitlagodekhi.com) erstreckt sich oberhalb der gleichnamigen ostkachetischen Kleinstadt. Hier steigen die Berge des Kaukasus bis auf eine Höhe von über 3000 m auf. Das Schutzgebiet wurde schon 1913 eingerichtet und ist damit Georgiens ältester Naturpark. Wahre Naturschätze sind die tiefen Flusstäler, die Gletscherseen und einige der am besten erhaltenen Wälder des Landes. Im Naturpark leben einige Hundert ostkaukasische Steinböcke sowie Gämsen und Rotwild. Nur wenige Reisende kommen hierhin in die abgelegene Grenzregion zu Aserbaidschan und zum russischen Dagestan. Dabei gibt es fantastische Wandermöglichkeiten und Landschaften sowie ein ausgezeichnetes Besucherzentrum, in dem man viel erfährt, um diese magische Region besser kennenzulernen.

Aktivitäten

Shavi Kldeebis Tba WANDERN
(Schwarzer-Felssee) Die beliebteste Wanderroute ist der etwa 24 km lange Trail von Lagodekhi hinauf zum malerischen See Shavi Kldeebis Tba an der russischen Grenze. Auf der dreitägigen Rundwanderung muss man einen Aufstieg von rund 2200 Höhenmetern bewältigen. Der Pfad ist von Mitte Juni bis Ende Oktober für Wanderer offen; in dieser Zeit kann unterwegs in zwei einfachen Berghütten übernachten.

Schlafen

Die Stadt Lagodekhi bietet einige solide Unterkünfte, von denen sich viele entlang der Hauptstraße, die von der Stadt zum Besucherzentrum verläuft, befinden.

Kavkasioni Twins Guesthouse GÄSTEHAUS $
(CaucasusHostel; ☎599-856640; irina-orujashvili@mail.ru; Vashlovani 136; EZ/DZ 30/50 GEL, Frühstück/Abendessen 10/20 GEL; ❄📶) Die Begrüßung, lediglich 100 m vom Eingang zum Naturpark entfernt gelegen, fällt sehr warmherzig aus. Die sieben Zimmer sind hell und sauber; zudem weisen sie polierte Holzböden auf. Zwei Zimmer haben eigenes Bad/WC, fünf weitere befanden sich bei Redaktionsschluss gerade in Bau.

Wald Hotel Lagodekhi HOTEL $$
(☎593-839983; waldhotellagodekhi@gmail.com; Vashlovani 197; DZ 100 GEL, Suite 150–180 GEL; ❄📶🏊) Hinter dem Besucherzentrum ist das Wald Hotel die komfortabelste Unterkunft der Stadt und das beste Standquartier für die Erkundung des Naturparks. Die beliebte Kantinenküche serviert den ganzen Tag Gerichte (3,50–18 GEL). Es gibt auch einen Billardtisch und einen Swimmingpool.

Auskunft

Besucherzentrum (☎577-101834, 577-101890; zazats2002@yahoo.com; Vashlovani 197; ⏲9–18 Uhr) In dem sehr informativen Besucherzentrum am Haupteingang des Naturparks Lagodekhi wird Englisch gesprochen, es gibt hier viel Wissenswertes zum Naturpark. Das Zentrum befindet sich 2 km von Lagodekhi aus an der Hauptstraße. Es werden auch Zelte vermietet (10 GEL/Tag) sowie Schlafsäcke (5 GEL) und Pferde (50 GEL).

An- & Weiterreise

Marschrutky fahren von Lagodekhis **Busstation** (Zaqatala) nach Tbilisi (7 GEL, 2½ Std., ca. stündl. 6.45–17.30 Uhr) und Telavi (6 GEL, 1¾ Std., 5-mal tgl., 8–14.15 Uhr).

Ein Taxi von/zur aserbaidschanischen Grenze bei Matsimi, 4 km südöstlich von Lagodekhi, kostet 10 GEL. Von der aserbaidschanischen Seite nimmt man ein Taxi nach Balakən (4 AZN) oder Zaqatala (ca. 10 AZN). Auf beiden Seiten der Grenze gibt es Wechselstuben sowie an der Hauptstraße in Lagodekhi. In der Stadt sind auch mehrere Geldautomaten vorhanden.

GEORGIEN VERSTEHEN

Georgien aktuell

In den letzten Jahren war die georgische Politik sowohl innen- wie außenpolitisch von schweren Machtkämpfen gekennzeichnet. Das Land hat sich mal wieder gegen seinen nördlichen übermächtigen Nachbarn Russland in Kampfstellung gebracht. Zugleich strebt Georgien eine immer engere Verbindung zur EU und NATO an. Der Unmut der Bevölkerung äußert sich oft in Demonstrationen. Im Allgemeinen unterstützen die meisten Georgier die antirussische und proeuropäische Linie, aber z. B. in sozialen Fragen gibt es große Meinungsunterschiede. Viele Georgier sind in ihren Ansichten (noch) sehr weit von Europa entfernt.

Von Margwelaschwili bis Surabischwili

Von 2013 bis 2018 war Giorgi Margwelaschwili Präsident. Ursprünglich war er zwar der Kandidat der regierenden Partei

Georgischer Traum, aber er sagte sich von dieser schnell los. Augenscheinlich wollte er mehr die Rolle des Vermittlers in der sehr schwierigen politischen Landschaft spielen, als die Macht seiner eigenen Partei zu stärken. Das brachte natürlich die Anhänger des Georgischen Traums gegen ihn auf, die den bis dato wenig bekannten Bildungsminister gewählt hatten. So wurde Margwelaschwili der erste georgische Präsident, der nicht für eine zweite Amtszeit kandidierte. Bei den Präsidentschaftswahlen 2018 triumphierte in der Stichwahl Salome Surabischwili, eine in Frankreich geborene ehemalige Diplomatin. Sie wurde Georgiens erste Frau im höchsten Staatsamt. Allerdings sind ihre Machtbefugnisse im Verhältnis zum Ministerpräsidenten und zum Parlament durch eine neue Verfassung ziemlich beschnitten. Offiziell bewarb sich Surabischwili als unabhängige Kandidatin, wurde aber vom Georgischen Traum massiv unterstützt. Die Regierungspartei verfügt seit 2012 über eine große Mehrheit im Parlament.

Unruhe in Tbilisi

Georgiens Wirtschaftsbeziehungen zu Russland schienen sich in den letzten Jahren wieder leicht verbessert zu haben, auch wenn sich die diplomatischen Beziehungen zwischen beiden Ländern weiter auf dem Nullpunkt befanden. All das änderte sich im Sommer 2019, als ein russischer Politiker eine interparlamentarische Konferenz orthodoxer Parlamentarier im georgischen Parlament vom Platz des Parlamentspräsidenten aus begrüßen durfte. Diese Einladung war wenig durchdacht und verärgerte die örtliche Bevölkerung. In der Mehrzahl sehen die Georgier Russland als Besatzungsmacht. „Russland ist Besatzer" ist der sprachlich etwas holprige Slogan, auf den man im ganzen Land trifft. Am 20. Juni 2019 kam es dann in Tiflis zu einer Spontandemonstration, die in einem versuchten Sturm aufs Parlament und mehreren hundert Teilnehmern in den Krankenhäusern endete. Der Parlamentssprecher trat zurück, aber die Demonstrationen dauerten in der Hauptstadt den ganzen Sommer über an. Dabei kam sowohl Unmut gegenüber der russischen wie auch der georgischen Regierung zum Ausdruck. Letzterer wird von vielen Seiten vorgeworfen, sie sei nicht so antirussisch, wie sie eigentlich sein sollte. Russland bestrafte im Gegenzug sofort die georgische Tourismusindustrie, indem sie alle Flüge von Russland nach Georgien einstellte. Auch rief sie alle Russen auf, nicht mehr nach Georgien zu fahren, aus Angst vor einer antirussischen Stimmung. Russische Gäste sind allerdings von großer Bedeutung für den georgischen Tourismus. Ironischerweise hat das russische Embargo von 2006 dazu geführt, dass sich die georgische Wirtschaft breiter aufgestellt hat und nun nicht mehr so heftig durch neue Sanktionen zu treffen ist.

Westlich, aber wie westlich?

Der Georgische Traum setzte in der Regierung den prowestlichen Kurs des früheren Präsidenten Michail Saakaschwili fort. 2016 schloss die Regierung ein umfassendes Freihandelsabkommen mit der EU ab. Auch eine zunehmende politische und wirtschaftliche Integration steht auf der Agenda. Dazu gehört, dass Georgien verpflichtet ist, eine Reihe von Reformen durchzuführen, die das Land auf Gebieten wie Demokratie und Menschenrechte mit den europäischen Normen in Einklang bringen.

Die Aussicht, dass die georgische Kultur allzu liberalen westlichen Einflüssen ausgesetzt werden könnte, alarmierte die vielen sozialen Traditionalisten im Land, insbesondere die georgisch-orthodoxe Kirche. Seit dem Ende der sowjetischen Ära gab es ein spürbares religiöses Revival. Rund 40–45 % der Georgier gehen derzeit regelmäßig mindestens einmal im Monat in die Kirche. Zugleich ist die Kirche die einflussreichste soziale Institution in Georgien, aber auch sehr konservativ. So waren auch Kirchenvertreter beteiligt, als 2013 eine Demonstration in Tbilisi zum Internationalen Tag gegen Homophobie und Transphobie gewaltsam aufgelöst wurde. Alle weiteren Versuche seither, eine ähnliche Demo auf die Straße zu bringen, waren bislang erfolglos. Die Regierung behauptet standfest, sie könne die Sicherheit der Demonstranten nicht garantieren. 2019 wurde zwar eine Demo erlaubt, aber die allgemeine politische Unruhe zu jener Zeit vereitelte die Durchführung abermals.

Auch wenn die georgische Gesellschaft mehrheitlich zutiefst konservativ und homophob bleibt, so bietet die blühende Techno-Szene in Tiflis einen wichtigen Farbtupfer für Progressive aller Schattierungen. Sie hat auch viel dazu beigetragen, dass sich die Einstellungen vor Ort gegenüber alternativen Lebensstilen entspannt haben. Das zeigte sich insbesondere 2018, als es eine Reihe von ungeschickten Polizeirazzien in Nachtclubs in Tiflis gab. Das führte zu heftigen Protesten von Jugendlichen unter dem Banner „Wir tanzen zusammen, wir kämpfen zusammen“ (S. 65). An der Spitze der Proteste stand der Techno-Superclub Bassiani mit seinen örtlichen und internationalen DJs. Cannabis wurde in Georgien im selben Jahr legalisiert, aber die sonstigen Drogengesetze blieben drakonisch.

Georgiens Zukunft

Georgien befindet sich derzeit in einer schwierigen Übergangsphase – zwischen der autoritären Vergangenheit und der demokratischen Gegenwart, zwischen orthodoxen und progressiven Werten sowie zwischen der EU und Russland, die beide das kleine Land als wichtige Regionalmacht sehen. Die EU-Fahnen mögen heute an jedem Regierungsgebäude in Georgien hängen, aber das Land hat noch einen weiten Weg vor sich, bevor es seinen europäischen Traum wirklich realisieren kann.

Im Tourismusbereich hat sich Georgien im letzten Jahrzehnt von Grund auf gewandelt, von einem Nischenziel und Geheimtipp für Backpacker hin zu einem wichtigen internationalen Reiseziel.

Im Jahr 2019 wurde Batumi zu Europas wichtigstem aufstrebenden Reiseziel bei den World Travel Awards gewählt. Ein Jahr zuvor waren unglaubliche acht Millionen Gäste nach Georgien gekommen, mehr als das Doppelte der Einwohnerzahl des Landes. Gästeunterkünfte, wie z. B. Pensionen, sind enorm stark gefragt und westlich angehauchte Hostels schießen im ganzen Land aus dem Boden. Die Adjara Group ist eine heimische Hotelgruppe, die Boutiquehotels in Georgien eingeführt hat und mittlerweile ein halbes Dutzend Häuser im ganzen Land betreibt. Das hat sehr stark zum Ansehen des Landes beigetragen. Die Zukunft des Tourismus in Georgien scheint jedenfalls rosig auszusehen.

Geschichte

Für die modernen Georgier ist ihre Geschichte ein elementarer Bestandteil ihrer Identität. In nur wenigen Ländern wird man Menschen finden, die so vertraut sind mit ihrer Landesgeschichte – und auch noch so stolz darauf zu sind.

Frühe Königreiche

Während der Antike gab es zwei bedeutende Königreiche auf dem heutigen Staatsgebiet: Kolchis lag im Westen, wo sich auch die griechischen Kolonien befanden. Kartlien (auch bekannt als Iwerien oder Iberien) lag im Osten und Süden und umfasste auch Gebiete der heutigen Türkei und Armeniens.

Als die hl. Nino im frühen 4. Jh. König Mirian und Königin Nana von Kartlien zum Christentum bekehrte, war Georgien erst das zweite Königreich weltweit, das den neuen Glauben offiziell annahm, 25 Jahre nach Armenien. Im 5. Jh. geriet das westliche Georgien unter die Kontrolle von Byzanz, die östliche Hälfte wurde von Persien aus kontrolliert. König Wachtang Gorgasali von Kartlien (ca. 447–502) vertrieb die Perser und machte Tbilisi zu seiner Hauptstadt. Aber die Perser kamen schon bald zurück, wurden aber 654 von den Arabern abgelöst, die in Tbilisi ein Emirat errichteten.

Das Goldene Zeitalter

Der Widerstand gegen die Araber wurde von der Bagrationi-Dynastie in Tao-Klardschetien angeführt. Die christlichen Fürstentümer lagen im heutigen Südwesten von Georgien sowie im Nordosten der Türkei. Später konnte Kartlien ebenfalls erobert werden. Als all diese Gebiete im frühen 11. Jh. von König Bagrat von Abchasien (nordwestliches Georgien) geerbt wurden, war ein Großteil Georgiens erstmals unter einem Herrscher vereint. König Davit Aghmashenebeli (David der Erbauer; 1089–1125) verwandelte Georgien in eine wichtige kaukasische Macht und in ein Zentrum der christlichen Kultur. Das Reich erlebte seine Blütezeit unter Davids Urenkelin, Königin Tamara (1184–1213), deren Herrschaft sich über einen Großteil des heutigen Aserbaidschans und Armeniens sowie Teile der Türkei und des südlichen Russlands erstreckte. Tamara wird noch immer ungemein verehrt, sodass viele Georgier sie ohne jede Ironie als „König Tamar“ bezeichnen.

Tod, Zerstörung & Zerfall

Das Goldene Zeitalter endete gewaltsam mit der Invasion der Mongolen in den 1220er-Jahren. Erst König Giorgi der Glänzende (1314–46) konnte das mongolische Joch wieder abstreifen. Doch dann folgten

GEORGIEN & DER HL. GEORG

Der hl. Georg (Tsminda Giorgi auf Georgisch) ist Georgiens Nationalheiliger – genauso wie in England, Portugal, Bulgarien und Malta. Aber der legendäre Drachentöter war ziemlich sicher nicht für den Landesnamen Georgien verantwortlich. Die Georgier nennen ihr Land „Saqartvelo" („das Land der Kartvelebi") und führen ihre nationale Wurzeln auf Noahs Ur-Ur-Enkel Kartlos zurück. Das deutsche Wort „Georgien" stammt womöglich von der persischen Bezeichnung für die Georgier ab: *gurj*. Dieser Begriff wurde später von den mittelalterlichen Kreuzfahrern aufgegriffen.

Es wird allgemein angenommen, dass der hl. Georg ein höherer Offizier der römischen Armee war, der 303 n. Chr. im türkischen Nikodemia hingerichtet wurde, weil er sich gegen die Christenverfolgung unter Kaiser Diokletian gestellt hatte. Schnell wurde er zum christlichen Märtyrer erhoben. In Georgien machte die dortige Ur-Missionarin, die hl. Nino, Georg ab ca. 320 bekannt. Heute feiert das Land gleich zweimal einen Georgstag: Am 6. Mai, dem Jahrestag seiner Hinrichtung, sowie am 23. November zum Gedenken an seine Folterung auf einem Rad aus Schwertern.

die Pest und die acht Angriffe des gefürchteten zentralasiatischen Eroberers Timur (Tamerlan) zwischen 1386 und 1403.

Das am Boden liegende Georgien zerfiel in vier größere Fürstentümer und Königreiche: Kartlien und Kachetien im Osten, Imeretien im Nordwesten sowie Samzche im Südwesten. Vom 16. bis 18. Jh. wurden die westlichen Fürstentümer im Allgemeinen zu osmanischen Vasallen, während die östlichen wieder unter persischen Einfluss gelangten. Im Jahr 1744 setzte der persische Eroberer Schah Nader, die örtlichen Bagratid-Prinzen als Könige von Kartlien und Kachetien ein. Einer von ihnen, Erekle II., regierte beide Königreiche ab 1762 als eine Art quasi-unabhängigen Staat.

Russische Herrschaft

Russische Truppen überquerten erstmals 1770 den Kaukasus, um sich an der Befreiung Imeretiens von den Türken zu beteiligen. Im Vertrag von Georgievsk (1783) akzeptierte Erekle II. die russische Oberhoheit über das östliche Georgien als Gegenleistung für den Schutz gegen die muslimischen Feinde. Russland annektierte in der Folge im 19. Jh. alle georgischen Königreiche und Fürstentümer. Baulich hinterließen die Russen in jener Zeit die markanten Stadtzentren in vielen modernen georgischen Städten.

Im Gefolge der russischen Revolution 1917 erlangte Georgien kurzfristig seine Unabhängigkeit, wurde aber von der Roten Armee 1921 besetzt und 1922 in die neue Union der Sozialistischen Sowjetrepubliken (UdSSR) eingegliedert. In den 1930er-Jahren litt Georgien, wie die gesamte UdSSR, unter dem Großen Terror, der von Josef Wissarionowitsch Stalin initiiert wurde. Der Diktator war der Sohn eines Flickschusters und wurde 1878 in der georgischen Stadt Gori geboren. Er hatte sich den flächenmäßig größten Staat der Erde skrupellos unterworfen.

Stalin starb 1953. Ältere Georgier haben heute zum Teil einen nostalgischen Blick auf die 1960er- und 1970er-Jahre als eine Zeit der öffentlichen Ordnung, des Friedens und eines hohen Lebensstandards. Mitte der 1980er-Jahre begann Michail Gorbatschow seine Reformpolitik und die Sowjetunion fiel in nur sieben Jahren auseinander.

Unabhängigkeit: vom Traum zum Albtraum

Georgiens gärende Unabhängigkeitsbewegung setzte sich machtpolitisch durch, als nach der gewaltsamen Auflösung einer Demonstration in Tbilisi am 9. April 1989 insgesamt 19 Hungerstreikende starben.

Georgiens neue, antikommunistische Regierung wurde von dem Nationalisten Sviad Gamsachurdia angeführt. Sie rief am 9. April 1991 die Unabhängigkeit aus. Unmittelbar danach versank Georgien in Chaos und Bürgerkrieg. Gamsachurdia wurde durch einen Militärrat ersetzt, der internationale Anerkennung gewann, als Eduard Schewardnadse, ehemals sowjetischer Außenminister unter Gorbatschow, die Führung übertragen bekam.

Aber die internen Konflikte verschärften sich. Ein Waffenstillstand im Juni 1992 stoppte den separatistischen Konflikt in der Region Südossetien. Noch gravierender waren die separatistischen Kämpfe in Abchasien, wo georgische Truppen im September 1993 eine umfassende Niederlage erlitten. Dadurch wurden Abchasien und Südossetien de facto unabhängig von Georgien. Praktisch die gesamte georgische Bevölkerung in Abchasien, rund 230 000 Menschen, wurde von dort vertrieben und zu Flüchtlingen im eigenen Land gemacht.

Die Rosenrevolution

Für ein ganzes Jahrzehnt nach dem Abchasien-Desaster schwankte Georgien zwischen Phasen relativer Ruhe und Sicherheit sowie Phasen schrecklicher Gewalttaten, Bandenkriegen, kollabierender Infrastruktur und Korruption. Schließlich verloren die Menschen das Vertrauen in Präsident Schewardnadse. Wahlmanipulationen bei den Parlamentswahlen 2003 führten zu Massenprotesten, die sich zu einem unblutigen Coup ausweiteten. Der Name „Rosenrevolution" bezog sich auf die Rosen, die sich viele Demonstranten anhefteten. Die Proteste wurden von Michail „Mischa" Saakaschwili angeführt, einem in den USA ausgebildeten Rechtsanwalt und Chef der oppositionellen Nationalen Einheitspartei. Die Demonstranten stürmten das Parlament in Tbilisi am 22. November, am nächsten Morgen gab Schewardnadse seinen Rücktritt bekannt.

Der 36-jährige Saakaschwili gewann die Präsidentschaftswahlen im Januar 2004 mit einem Erdrutschsieg. Als Regierungsmannschaft wählte er junge, aufgeschlossene Minister, die mit der Modernisierung des Landes begannen, Steuern senkten, die Bürokratie bekämpften und eine „Null-Toleranz"-Politik gegen die Kriminalität und Korruption verkündeten. Innerhalb weniger Monate wurde die gesamte notorisch korrupte Verkehrspolizei entlassen und durch besser bezahlte, besser ausgebildete und unbestechliche Beamte ersetzt. Innerhalb weniger Jahre ging die Kriminalität spürbar zurück und Georgien wurde zu einem vergleichsweise sicheren Land. Ausländische Kredite und Investitionen halfen der Wirtschaft, das Straßen- und Bahnnetz wurde verbessert und die regelmäßigen Stromengpässe wurden überwunden.

Aber die Industrie war in den 1990er-Jahren zu Boden gegangen und so blieb die Arbeitslosen- und Armutsrate weiterhin hoch. Als Reaktion auf wachsende Proteste verkündete Saakaschwili für Januar 2008 vorgezogene Präsidentschaftswahlen, die er mit 53 % der Stimmen gewann.

Krieg mit Russland

Die Saakaschwili-Regierung war sehr westlich eingestellt und wollte unbedingt der NATO und der EU beitreten. Das stieß in Russland unter der Führung des Ex-KGB-Offiziers Wladimir Putin auf heftigen Widerstand. Putin soll gesagt haben: „Hängt Saakaschwili an seinen Eiern auf." Der georgische Präsident wollte die von Russland unterstützten abtrünnigen Provinzen Abchasien und Südossetien wieder unter die Kontrolle von Tbilisi bringen. Nach einer Phase wachsender Spannungen und sporadischer Gewalt in Südossetien begannen georgische Einheiten am 7. August 2008 mit dem Beschuss der südossetischen Hauptstadt Tskhinvali. Einen Tag später marschierten die Einheiten dort ein. Aber weitere zwei Tage später waren sie schon wieder von rasch herbeigeführten russischen Einheiten vertrieben. Die russische Armee bombardierte und besetzte dann georgische Militärflughäfen und Armeestützpunkte sowie die Städte Gori, Zugdidi, Poti und Senaki. Erst 45 km vor Tbilisi stoppten die Russen ihren Vormarsch. Der französische Präsident Nicolas Sarkozy verhandelte einen Waffenstillstand, doch die Vertreibung der 20 000 ethnischen Georgier aus Südossetien währte noch bis November. Der „Fünf-Tage-Krieg" kostete rund 850 Menschenleben, die Hälfte davon Zivilisten.

Noch vor dem Jahresende 2008 erkannte Russland sowohl Südossetien wie auch Abchasien als unabhängige Staaten an. In beiden Ländern wurden Raketensysteme sowie Tausende Soldaten stationiert. Im Jahr 2011 finanzierte Russland die Hälfte des abchasischen Staatshaushalts und praktisch alle staatlichen Ausgaben in Südossetien. Beide Territorien wurden zu russischen Satellitenstaaten, was die Georgier sehr aufbrachte. Sie sprachen von einer illegalen Besatzung durch eine ausländische Macht.

Saakaschwilis Stern sinkt

Die Saakaschwili-Regierung setzte ihren Reformkurs fort, um Georgien in ein modernes, nach Westen orientiertes Land umzugestalten. Heruntergekommene Stadtzentren wurden renoviert, neue Schulen errichtet und ein neues Parlamentsgebäude in der Stadt Kutaisi eröffnet. In Batumi erhielt Georgien ein anspruchsvolles, modernes Seebad. Das brachte immer mehr internationale Touristen ins Land.

Aber mehr und mehr Georgier bekamen Zweifel an der Regierung und ihrem Programm. Für viele Menschen konzentrierte sich zu viel Macht auf einen kleinen, autokratischen Zirkel von Politikern und deren Umfeld. Demonstranten blockierten regelmäßig Tbilisis zentralen Rustaveli-Boulevard. Vielleicht waren es aber gerade die Unzulänglichkeiten des Justizwesens, die die Bevölkerung von Saakaschwili entfremdeten. Die Kriminalität war stark zurückgedrängt worden durch ein drakonisches Gerichtssystem, bei dem Freisprüche kaum vorkamen. Strafmilderung durch Schuldeingeständnisse war die einzige Hoffnung für Angeklagte, ob sie nun die ihnen vorgeworfenen Straftaten begangen hatten oder nicht. Kritiker beklagten, dass diese Taktik nicht nur gegen vermutete Kriminelle, sondern auch gegen politische oder sonstige Gegner Saakaschwilis und seines Zirkels angewandt wurde, die sich entweder an politischen Protesten beteiligten, für oppositionelle Medien arbeiteten oder einfach nur Widerspruch gegen ein geplantes Infrastrukturprojekt einlegten.

Im September 2012, kurz vor der Parlamentswahl, zeigten Videos im nationalen Fernsehen gewalttätige Übergriffe an Gefangenen in einem georgischen Gefängnis – ein Desaster für Saakaschwili. Die Wahl wurde vom Parteienbündnis Georgischer Traum gewonnen, einer Allianz von ziemlich unterschiedlichen Gruppen, die primär durch ihre Opposition zu Saakaschwili zusammengehalten wurden. Angeführt wurde das Bündnis von Bidsina Iwanischwili, einem georgischen Multimilliardär, der seinen Reichtum durch Geschäfte in Russland in den 1990er-Jahren erlangt hatte.

Nach zehn turbulenten Jahren voller Reformen und Modernisierungen traten Michail Saakaschwili und seine Nationale Einheitspartei ab. Iwanischwili wurde 2012 Ministerpräsident, trat aber schon ein Jahr später wieder zurück. Er übergab die Macht seinen Vertrauten, hinter der Bühne zog er jedoch weiter die Fäden. Manchmal schien es, als sei das Hauptziel des Georgischen Traums, primär diejenigen Dinge der Saakaschwili-Regierung abzuschaffen, die ihnen nicht passten. So wurde ein Ausgabenstopp für große Vorzeige-Infrastrukturprojekte verhängt und die Justiz erhielt eine größere Unabhängigkeit. Das war eine Antwort auf die vielen Beschwerden, die es in diesem Bereich gegeben hatte. Andererseits strengte die Regierung auch viele Gerichtsverfahren gegen ehemalige Amtsträger an. Saakaschwili selbst ging 2013 freiwillig ins Exil, aus dem er bis heute noch nicht zurückgekehrt ist. Viele Georgier verachten ihn heute noch, doch er brachte Georgien während seiner zehn Amtsjahre ein wichtiges Stück voran. Bei seinem Amtsantritt war das Land von Korruption, Kriminalität und Bandengewalt gebeutelt und stand kurz vor dem Kollaps seiner Infrastruktur. Zehn Jahre später stand Georgien viel besser da, mit niedrigen Kriminalitätsraten, stärkerer Transparenz, einer blühenden Tourismusindustrie und dem klar formulierten Ziel einer EU- und NATO-Mitgliedschaft.

Kunst & Kultur

Die Georgier sind kulturell ein unglaublich aktives Volk: Musik, Tanz, Kunst, Literatur und Schauspiel sind intensiv im alltäglichen Leben verankert.

Musik & Tanz

Georgiens polyphoner Gesang geht auf eine jahrtausend alte Tradition zurück, die sich in vielstimmigen A-cappella-Gesängen manifestiert. Der Gesang war früher Bestandteil aller Bereiche des Alltagslebens, die Tradition überlebte in verschiedenen Genres: *supruli* (Gesang bei Tisch), *mushuri* (Gesang bei der Arbeit) und *satrpialo* (Liebeslieder). All das wird noch heute praktiziert. Zumeist männliche Ensembles wie der Rustavi-Chor treten in Konzerthallen und bei Festivals auf, z. B. Art-Gene, Tushetoba und Shatiloba. Aber der polyphone Gesang ist dann am mitreißendsten, wenn man ihn in weniger formeller Umgebung erlebt, so z. B. rund um einen Tisch bei einem *supra* (Festmahl). Dann ist die Nähe, die Intimität und die Lautstärke förmlich elektrisierend. Es gibt unterschiedliche regionale Stile, aber typisch ist, wenn einige Sänger ein tiefes Bass-Summen unterlegen, während andere dazu Melodien in höheren Tonlagen singen.

Sagalobeli sind unglaublich schöne Kirchengesänge, die seit ungefähr 1500 Jahren Teil des georgischen Lebens sind. Hervorragende Chöre begleiten in den wichtigsten Kirchen die Gottesdienste: Diese werden zumeist an Sonntagvormittagen zwischen 9 und 12 Uhr abgehalten.

Polyphone Gesänge können auch von den zahlreichen georgischen Folkinstrumenten

GEORGISCHE LITERATUR

Für eine Sprache, die nur von wenigen Millionen Menschen gesprochen wird, verfügt Georgien über eine erstaunlich reichhaltige Literatur. Im 12. Jh. verfasste Shota Rustaveli (Schota Rustaweli), ein Mitglied des Hofes von Königin Tamara, das ritterliche Epos *Der Recke im Tigerfell*. Jeder Georgier kann aus dem Werk zitieren.

Nikolos Barataschwili (1817–1844) personifizierte den Romantizismus, der die georgische Literatur im frühen 19. Jh. erreichte. Später im 19. Jh. suchten manche Schriftsteller Inspiration in den Bergen, insbesondere der Schriftsteller und Dramaturg Alexander Kazbegi sowie Vazha Pshavela (Wascha Pschawela), den viele als den größten georgischen Dichter nach Rustaveli ansehen.

Mikheil Javakhishvili (Michail Dschawachischwili, 1880–1937) entwickelte die georgischen Romane mit lebhaften und ironischen Geschichten aus Stadt und Land sowie von Bauern und Aristokraten in zaristischen und sowjetischen Zeiten. Bekannte Werke sind *Arsena Marabdeli*, basierend auf einer echten georgischen Robin-Hood-Figur, sowie der Schelmenroman *Kwatschi Kwatschantiradse*. Javakhishvili wurde vom sowjetischen Regime hingerichtet. Nodar Dumbadse (1928–1984) porträtierte das Leben nach dem Zweiten Weltkrieg mit Humor und Melancholie; er ist bis heute einer der beliebtesten georgischen Schriftsteller: *Das Gesetz der Ewigkeit* sowie *Großmutter Iliko, Ilarion und ich* gehören zu seinen Werken, die auch ins Deutsche übersetzt wurden.

Zu den führenden postsowjetischen Schriftstellern zählen Aka Morchiladze (Aka Mortschiladse), dessen *Reise nach Karabach* (1992) von zwei jungen georgischen Männern erzählt, die sich plötzlich und völlig ratlos inmitten des Konfliktes um Bergkarabach wiederfinden. Das Buch *Westflug* (dt. 2014) des Schriftstellers, Dramatikers und Reiseschriftstellers Davit Turaschwili basiert auf dem tatsächlichen Versuch einer Gruppe junger Georgier, durch eine Flugzeugentführung aus der Sowjetunion zu fliehen.

begleitet werden. Dazu zählen die Flöten *panduri* und *chonguri*, das Akkordeon *garmoni* sowie unterschiedliche Dudelsäcke, Flöten und Trommeln. Für eine gute Einführung in die georgische Folkmusik empfehlen sich beliebte Folk- und Folk-Fusion-Gruppen wie Bani, Gortela und 33a sowie die Sängerin Mariam Elieschwili.

Georgiens ausgeprägter Volkstanz thematisiert lyrische Liebesgeschichten sowie dramatische Demonstrationen männlicher Agilität mit vielen Sprüngen. Sehr professionell spielende Gruppen sind Erisioni und Sukhishvilebi, die oftmals auch im Ausland Auftritte haben. Wenn sie aber gerade einmal in Georgien auftreten, sollte man dort die Gelegenheit unbedingt nutzen.

Jazz ist ebenfalls populär. Der junge Pianist Beka Gochiashvili ist der aufstrebende Star der Szene. In Tbilisi und Batumi werden jährlich Jazz-Festivals veranstaltet.

Heutzutage kommen viele Musikliebhaber nur nach Tiflis, um georgischen Techno zu erleben. Die Szene ist angesagt seit der enorm wichtigen Eröffnung des Clubs Bassiani (S. 67) 2014. Dadurch entstand in der Hauptstadt eine sehr agile und fortschrittliche Techno-Szene. DJs wie HVL, Zitto, Varg und Kancheli haben die Stadt international unter den Fans elektronischer Musik bekannt gemacht.

Georgien hat zudem viele erstklassige klassische Künstler hervorgebracht. Nina Ananiaschwili ist künstlerische Leiterin des Staatsballetts und ist eine der weltweit besten Primaballerinas. Dem international bekannten zeitgenössischen Komponisten Gija Kantscheli (1935–2019) wurde nachgesagt, er könne „den Klang der Stille in Musik verwandeln".

Bildende Künste

Viele georgische Kirchen werden von wunderbaren alten Fresken verziert. Das goldene Zeitalter der religiösen Kunst war zwischen dem 11. und 13. Jh., als georgische Maler das byzantinische Ikonensystem übernahmen und zudem heimische Könige und Heilige malten. Es gab zwei wichtige klösterliche Freskenschulen: Eine befand sich im Kloster Davit Gareja, die andere in Tao-Klardschetien (der Grenzregion im heutigen Südwesten Georgiens sowie im Nordosten der Türkei). Zur gleichen Zeit schufen Künstler und Metallschmiede wunderbare Ikonen und Kreuze, die mit bunter Farbe, Juwelen und wertvollen Metallen verziert wurden. Sie gehören heute zu den größten Kulturschätzen Georgiens. Man kann sie nicht nur in Kirchen, sondern auch in den Museen in Tbilisi, Kutaisi, Mestia und anderswo bewundern.

Vielleicht der letzte große Künstler, der gemäß der alten Traditionen Fresken schuf, war der Autodidakt Niko Pirosmani (1862–1918). Er malte Alltagsszenen in den Restaurants und Bars von Tbilisi und drückte so das Leben in Georgien auf eine direkte und faszinierende Weise aus. Nach dessen Tod, nach Jahren, die er in Armut und Vergessenheit verbrachte, wurde seine Arbeit schließlich gewürdigt von den aus Paris beeinflussten georgischen Modernisten Davit Kakabadze, Lado Gudiashvili und Shalva Kikodse. Pirosmani, Kakabadze und Gudiashvili sind in der Nationalgalerie in Tiflis (S. 52) sehr stark vertreten. Das Sighnaghi-Museum (S. 138) verfügt auch über eine gute Pirosmani-Sammlung.

Georgiens zeitgenössische Kunstwelt ist wieder zu Leben erwacht nach der depressiven postsowjetischen Phase. Kein heimischer Künstler kann es mit dem Erfolg von Surab Zereteli aufnehmen, dessen bombastische und oftmals groteske Werke ihn zu einem internationalen Star gemacht haben. Weitere interessante zeitgenössische Künstler sind Rusudan Petviashvili, Irakli Bugiani, Kote Jincharadze, Maka Batiashvili und Gia Edzgveradze, von denen mehrere ihre Arbeiten auch international ausstellen.

Project ArtBeat (S. 53) ist eine exzellente zeitgenössische Kunstgalerie in Tiflis, die viele georgische Künstler präsentiert und lokale Talente fördert. Ihre Moving Gallery ist ein Transportcontainer, in dem landesweit immer wieder einzelne Künstler vorgestellt werden, um ein neues Publikum anzusprechen. Die Website ist ein guter Ausgangspunkt, um sich mit den Werken georgischer Künstler zu beschäftigen.

Kino

Das georgische Kino erlebte seine Blütezeit ab den späten 1950er-Jahren bis in die 1980er-Jahre hinein, als georgische Regisseure Dutzende Filme drehten, die sich von den allgemeinen realsozialistischen Trends der sowjetischen Filme abhoben. Damit gewannen sie internationale Preise für ihre brilliante Bildsprache, ihre lebendigen Charaktere sowie die verwendeten Allegorien, Fabeln und Träume. So schufen sie eine Plattform, um die wahren Bedürfnisse der Menschen aufzugreifen, ohne dabei die sowjetischen Zensoren zu verärgern. Der berühmte italienische Regisseur Federico Fellini war ein bekennender Fan des georgischen Kinos. Er pries dessen Fähigkeit, Philosophie mit einer kindlichen Unschuld in Einklang zu bringen.

Der vielleicht größte Regisseur war der in Tiflis geborene Armenier Sergei Paradschanov, dessen Meisterwerk *Die Farbe des Granatapfels* (1969) ein beeindruckendes visuelles Abenteuer und eine außerordentliche Leistung des sowjetischen Kinos bleibt. Tengis Abuladses *Reue* (1984) war eine grundlegende Beschäftigung mit der sowjetischen Geschichte – ein schwarzes Porträt eines diktatorischen Politikers, das sich deutlich auf Stalins georgischen Schergen Lawrenti Beria bezog. Andere führende Regisseure waren Otar Iosseliani (*Es war einmal eine Singdrossel;* 1970), Eldar Shengelaia (*Blaue Berge oder Eine unwahrscheinliche Geschichte / Das Blaue vom Himmel;* 1983) und Giorgi Shengelaia (*Pirosmani;* 1969).

WIE MAN CHINKALI ISST

Georgiens wahrscheinlich beliebtester Snack heißt *chinkali*. Die kleinen gekochten und gefüllten Teigtaschen werden oben zu einem Zipfel zusammengezwirbelt. Sie werden mit verschiedenen Füllungen angeboten, beispielsweise mit würzigem Hackfleisch oder Kartoffeln oder Pilzen oder anderem Gemüse. Dazu kommt reichlich Saft. Man bekommt einen Teller mit mindestens fünf *chinkali* vorgesetzt, weniger kann man nicht bestellen. Viele Leute streuen vor dem Essen reichlich Pfeffer auf die *chinkali*. Auch flüssige Butter, Sauerrahm und würzige *Adjika*-Soße sind sehr beliebte Beilagen.

Sobald die Teigtaschen abgekühlt sind, werden sie gegessen: Dabei greift man zur Spitze der Teigtasche und beißt etwas Teig ab, um den Saft aus der Tasche zu saugen. Dann isst man den Rest bis auf die harte Spitze, die man normalerweise zur Seite legt. Manche Einheimische essen aber auch diese gerne. *Chinkali* mit Messer und Gabel zu essen, ist zwar in Ordnung, wird von den Georgiern aber nur selten praktiziert.

ALLES KÄSE: KHACHAPURI

Zu viele *khachapuri* (Chatschapuri; eine Art überbackenes Käsebrot) sind nicht gut bei einer Diät, aber die in Georgien allgegenwärtigen Käse-Pitabrote sind ideal als Zwischenmahlzeit oder als Beilage für ein Festmahl geeignet. *Khachapuri* werden an Straßenständen und in Bäckereien verkauft, aber auch in Cafés und Restaurants. Jede Region hat ihre eigenen Varianten – und es gibt sehr viele im ganzen Land. Hier eine Auswahl:

Khachapuri Acharuli Die adscharische Variante ist eine große, bootsförmige Kalorienbombe, überzogen mit geschmolzenem Käse, Butter und einem Ei.

Khachapuri Imeruli Relativ einfache, runde Variante, die in Georgien am verbreitesten ist. Die flachen Brote haben nur drinnen geschmolzenen Käse.

Khachapuri Megruli Runde Pitabrote aus Samegrelo, mit einer Käsefüllung und geschmolzenem Käse obendrauf. Wird noch Sulguni-Käse darüber gegeben, spricht man auch von Chatschapuri Royal.

Khachapuri Penovani Ordentlich in vier Quadrate gefaltet. Unter der leichten Kruste befindet sich der Käse – sehr schmackhaft!

Khachapuri Achma Eine große adscharische Kreation, mit Teig und Käse in Schichten – ähnlich wie eine italienische Lasagne.

Mittlerweile erlebt das georgische Kino nach den harten postsowjetischen Jahren trotz kleinster Budgets ein Comeback. Die wenigen georgischen Kinos räumen den heimischen Filmen entsprechend Programmzeit inmitten der amerikanischen Blockbuster ein. Die tragischen Konflikte der 1990er-Jahre und die massiven Gesellschaftsveränderungen im postsowjetischen Georgien werden direkt oder indirekt thematisiert. Interessante Filme sind: *Seit Otar fort ist* (2003), *A Trip to Karabakh* (2005), *Die Maisinsel* (2014), *Tangerines* (wurde 2015 für die Oscars nominiert) sowie *Dede* (2017). 2019 erzählte *Als wir tanzten* zum ersten Mal im georgischen Film eine homosexuelle Geschichte. In Georgien führte das natürlich zu vorhersehbaren Protesten, im Ausland war das Publikum begeistert.

Speisen & Getränke

Das Essen ist ein zentraler Bestandteil der georgischen Kultur und Identität. Georgiens Lage an den antiken Gewürzrouten hat dazu beigetragen, dass sich einzigartige Gerichte entwickelt haben. Viele Speisen sind vegetarisch und manche auch vegan. Die Georgier essen und trinken zu jeder Tageszeit, die Restaurants haben dementsprechend lange Öffnungzeiten.

Die Qualität in den Restaurants hat sich im vergangenen Jahrzehnt erheblich verbessert. Sehr gut kann auch das Essen in den Pensionen und Privatunterkünften sein, wo die deftige Hausmannskost mit einem authentischen Schuss georgischer Gastfreundschaft geboten wird.

Typisches & Spezialitäten

Sehr weit verbreitet ist *khachapuri,* im Prinzip eine Käse-Teigtasche. Heiß geliebt von den Georgiern sind auch *chinkali* – große, gut gewürzte Teigtaschen, die auch von vielen Touristen geschätzt werden.

Ein populärer Snack für unterwegs sind *churchkchela,* an Fäden aufgezogene Nüsse (meist Walnüsse), die oft mit einer pinkfarbenen Karamellmasse aus Traubensaft überzogen sind. An Straßenständen oder auf Märkten sieht man sie in Bündeln aufgehängt.

Als Vorspeisen gibt es mehrere Salate, darunter die himmlischen *badrijani nigvzit* (Auberginenscheiben mit einer Walnuss- und Knoblauchpaste), *lobio* (Bohnenaufstrich oder -eintopf mit Kräutern und Gewürzen) sowie *pkhali* (Aufstriche, die Gemüse mit Walnüssen, Knoblauch und Kräutern vermischen). Das beste frische Brot, das zu einer georgischen Mahlzeit gereicht wird, ist das *schotis* (oder *tonis*) *puri*: Die langen weißen Brotlaibe werden mit Weizenmehl, Wasser und Salz (ohne Fett oder Öl) in einem runden Tonofen gebacken, der als *tone* bekannt ist.

Substantiellere Speisen sind *mtsvadi* (Schisch-Kebab) sowie eine Reihe von Hühnchen-, Rind-, Lamm- und Putengerichten in würzigen Kräutersoßen oder als Eintöpfe. Diese Gerichte heißen z. B. *chaka-*

puli, chakhochbili, kuchmachi, ojachuri, ostri und *shkmeruli*. Zu den beliebtesten Gewürzen und Kräutern gehören in Georgien Koriander, Bockshornklee, Estragon und zermahlene Ringelblumenblätter.

Viele Gerichte enthalten Walnüsse, oftmals zermahlen als Zutat für Soßen, Dressings und Aufstriche. Einige Granatapfelkörner sind eine schmackhafte und gut aussehende Garnierung. Wildpilze sind

SPEISEKARTE

Georgische Speisekarten können oftmals ziemlich herausfordernd wirken, selbst wenn es eine (englische) Übersetzung gibt. Hier werden einige Spezialitäten erklärt, die auf den meisten Speisekarten ohne weitere Erläuterung stehen.

Adschika	Chili- oder Paprikasoße mit Knoblauch und Kräutern
Adschapsandali	Eintopf aus Auberginen, Kartoffeln, Tomaten, Pfeffer und Kräutern
Apkhazura	Würzige Fleischbällchen/Würstchen
Badridschani Nigvzit	Auberginen (in Scheiben mit einer Walnuss-Knoblauchpaste)
Basche	Walnusssoße
Chakapuli	Eintopf aus Kalbs- oder Lammfleisch mit Estragon und Pflaumen
Chakhokhbili	Eintopf aus Hühnchen, Pute oder manchmal Schweinefleisch mit Tomaten, Zwiebeln und Kräutern
Chakhrakuli	Lammrippchen geschmort mit Tomaten, Kräutern und Gewürzen
Chanakhi	Lammeintopf mit Lagen aus Kartoffeln, Auberginen und Tomaten
Chashushuli	Würziger Eintopf mit Fleisch oder Pilzen sowie Gemüse
Chikhirtma	Hühnchensuppe
Churchkhela	Aneinandergereihte Walnüsse mit einer Art Traubensaft-Karamell überzogen
Elardschi	Maisbrei mit Sulguni-Käse
Gebschalia	Hüttenkäse in einer Pfefferminz-Joghurt-Soße
Kababi	Döner-Kebab
Khachapuri	Überbackenes Käsebrot (Pide) in verschiedenen Varianten
Charcho	Rindfleischsuppe mit Reis und Gewürzen
Chinkali	Teigtaschen mit einer Füllung aus Fleisch, Kartoffeln oder Pilzen
Kuchmachi	Geschmorte Innereien vom Huhn/Schwein/Kalb mit Gewürzen, Kräutern und normalerweise Walnüssen
Kupati	Würstchen
Lobio	Kidney-Bohnen mit Kräutern und Gewürzen geschmort
Matsoni	Joghurt
Mchadi	Maisbrot
Mtsvadi (Ghoris/Khbos)	Schaschlik (vom Schwein/Rind), auf englischsprachigen Speisekarten oftmals nur als „Barbecue" vermerkt
Odschakhuri	Eine Art Gulasch
Ostri	Würziges Fleisch in einer Tomaten-basierten Soße
Pchali	Rote Beete, Spinat oder Auberginencreme mit zerkleinerten Walnüssen, Knoblauch und Kräutern
Satsivi	Kalte Pute oder kaltes Hühnchen in einer würzigen Walnusssoße, traditionelles Neujahrsgericht
Shkmeruli	Hühnchen in Knoblauchsoße
Soko	Pilze
Sulguni	Salziger Käse, manchmal geräuchert
Suneli	Würzige Kräutermischung
Tkemali	Pflaumensoße

PREISKATEGORIEN

Unterkunft

Die folgenden Preise beziehen sich auf ein Doppelzimmer, inkl. Steuern und Frühstück:

$ weniger als 80 GEL

$$ 80–250 GEL

$$$ mehr als 250 GEL

Essen

Die folgenden Preise beziehen sich auf Hauptgerichte:

$ weniger als 10 GEL

$$ 10–20 GEL

$$$ mehr als 20 GEL

ebenfalls sehr populär, außerdem ist in Georgien eine großartige Auswahl an lokalen Käsesorten vorhanden.

Supra & Trinksprüche

Streng genommen bezieht sich das Wort *supra* auf jede Zusammenkunft, bei der auch gespeist und getrunken wird. Aber wenn es darauf ankommt, gibt es wahre Berge zu verspeisen und Unmengen zu trinken. Eine Auswahl an kalten Speisen und gegebenenfalls auch Suppen wird abgelöst durch zwei oder drei heiße Hauptgerichte, gefolgt von einem Dessert. Dazu wird eine nahezu unbegrenzte Menge Wein getrunken und ständig mit Trinksprüchen angestoßen.

Man sollte daran denken, dass Georgier nur mit ihren Feinden mit Bier anstoßen. Unter Freunden werden zum Anstoßen nur Wein oder Spirituosen genommen. Bei einem *supra* sollte man mit den Spirituosen allerdings warten, bis jemand einen Trinkspruch hervorbringt. Das kann eine ziemlich ernste und poetische Angelegenheit sein, die sich in die Länge zieht, selbst bei kleinen Treffen von nur wenigen Freunden. Bei größeren Zusammenkünften gibt es für die Trinksprüche einen eigens dazu bestimmten Tischmeister, den *tamada* – und bei umfangreicheren *supras* gibt es gelegentlich zusätzlich einen *alaverdi*. Die Aufgabe dieser zweiten Person ist es, den Trinkspruch weiter auszuführen. Wenn man selbst bei einem Trinkspruch angesprochen wird, sollte man nicht sofort darauf antworten, sondern erst warten, bis andere sich mit ihren Wünschen angeschlossen haben. Dann bedankt man sich schlicht, wartet eine Weile und fragt dann den *tamada*, ob man einen eigenen Toast vortragen darf.

Getränke

Wein (S. 38) ist ein nationales Kulturgut und die Georgier beschäftigen sich schon seit mindestens 8000 Jahren mit dem Weinanbau. Derzeit stehen natürliche Bio-Weine sehr hoch im Kurs, insbesondere *gvevri* (Quevri), der im Allgemeinen biologisch und ungefiltert ist und über einen sehr ausgeprägten Geschmack verfügt.

Chacha ist ein traditioneller georgischer Tresterschnaps, der aus fermentierten Traubenschalen gewonnen wird. Sehr lange wurde der Grappa von vielen Georgiern schwarzgebrannt, doch in den letzten Jahren hat sich die Produktion enorm professionalisiert. Heute kann man exzellente *chachas* in speziellen *Chacha*-Bars kaufen. Es gibt sogar Cocktails auf *Chacha*-Basis. Bevor man das Land verlässt, sollte man unbedingt einen *chacha sour* probieren! Wodka ist ebenfalls weit verbreitet, so wie Bier ein populärer Durstlöscher ist. Die am weitesten verbreiteten lokalen Marken sind Natakhtari, Kazbegi und Argo. Aber mittlerweile gibt es auch eine Reihe von sehr guten Craft-Bieren, die vor Ort hergestellt werden, beispielsweise Shavi Lomi (Schwarzer Löwe), 9 Mta und NaturAle.

Georgiens berühmtestes nicht-alkoholisches Getränk heißt Borjomi: Das salzige Mineralwasser war das Lieblingsgetränk für jeden sowjetischen Parteichef seit Lenin. Die Ansichten gehen dazu jedoch weit auseinander. Nabeghlavi ist eine weniger salzige Alternative. Verschiedene stille Wasser sind ebenfalls erhältlich, aber auch das Leitungswasser ist im ganzen Land eine saubere Angelegenheit.

PRAKTISCHE INFORMATIONEN

ℹ Allgemeine Informationen

BOTSCHAFTEN & KONSULATE

In Tbilisi gibt es Dutzende ausländischer Botschaften, darunter auch die nachfolgend aufgeführten.

Deutsche Botschaft (Karte S. 46; ☎ 32-2443700; www.tiflis.diplo.de; c/o Sheraton Metechi Palace Hotel, Telawi Str. 20, Tbilisi (Tiflis); ⌚ Mo–Do 8.30–17.30, Fr 8.30–14.30 Uhr)
Österreichische Botschaft (Karte S. 46; ☎ 32-2434402; www.aussenministerium.at/oeb-tiflis; tiflis-ob@bmeia.gv.at; Griboedov Str. 31 / Rustaveli Ave. 42, 5. Stock, Tbilisi (Tiflis); Honorarkonsulat, Europe Str. 4, Tbilisi (Tiflis), ⌚ Mo–Fr 9–18 Uhr)

Schweizerische Botschaft (☎ 32-2753001/02; www.eda.admin.ch/tbilisi, tbilisi@eda.admin.ch; Shalva Radiani St. 12, Tbilisi (Tiflis); ⌚ Mo–Fr 9–12.30 Uhr)

FEIERTAGE

Neujahr 1. und 2. Januar
Orthodoxer Weihnachtstag 7. Januar
Epiphanias (Dreikönige) 19. Januar
Muttertag 3. März
Frauentag 8. März
Orthodoxer Ostersonntag April oder Mai
Tag der nationalen Einheit 9. April
Tag des Sieges (im 2. Weltkrieg) 9. Mai
Tag des hl. Andreas 12. Mai
Unabhängigkeitstag 26. Mai
Mariamoba (Mariä Himmelfahrt) 28. August
Svetitskhovloba (Tag der Svetitskhoveli-Kathedrale, Mtskheta) 14. Oktober
Giorgoba (Tag des hl. Georg) 23. November

GELD

➡ Georgiens Währung ist der Lari (GEL). Ein Lari sind 100 Tetri. Es gibt Geldscheine für 5, 10, 20, 50, 100 und 200 Lari; Münzen gibt es in mehreren Varianten zwischen 1 Tetri und 2 Lari.

➡ Geldautomaten gibt es in den Städten Georgiens sehr viele. Allgemein akzeptiert werden MasterCard, Visa, Cirrus und Maestro.

➡ In den meisten Städten gibt es auch zahlreiche Banken und kleine Wechselstuben, wo man Euro, US-Dollar und manchmal auch britische Pfund sowie die Währungen der georgischen Nachbarländer umtauschen kann, Letztere aber oftmals nur zu sehr schlechten Umtauschkursen.

➡ In den meisten Hotels, Restaurants und Shops kann man mit Kreditkarten bezahlen, allerdings eher seltener außerhalb von Tbilisi.

➡ Trinkgelder sind in Georgien durch die Ankunft der zahlreichen ausländischen Reisenden inzwischen allgemein üblich. In den Restaurants der Hauptstadt werden oftmals rund 10 % Trinkgeld automatisch auf die Rechnungen aufgeschlagen. Die auf einigen Rechnungen ausgewiesenen 18 % Mehrwertsteuer sollte man jedoch nicht mit dem Bedienungsgeld verwechseln.

Das georgische Alphabet

GEORGISCH	LATEINISCH	AUSSPRACHE
ა	a	wie in „Vater"
ბ	b	wie in „Bett"
გ	g	wie in „gehen"
დ	d	wie in „Duden"
ე	e	wie in „nett"
ვ	v	wie in „Weg"
ზ	z	wie in „Sahne"
თ	t	wie in „Tee"
ი	i	wie in „wir"
კ	k'	hinten im Rachen gebildet
ლ	l	wie in „Lamm"
მ	m	wie in „Mutter"
ნ	n	wie in „nett"
ო	o	wie in „Pott"
პ	p'	wie in „Tipp"
ჟ	zh	wie im englischen „pleasure"
რ	r	gerollt
ს	s	wie in „Sissi"
ტ	t'	wie in „Pott"
უ	u	wie in „Mutter"
ფ	p	wie in „Pott"
ქ	q	ein „k", das weit hinten im Rachen gebildet wird
ღ	gh	ähnlich einem frz. „r"
ყ	q'	wie in „Trick"
შ	sh	wie in „schön"
ჩ	ch	wie in „Chip"
ც	ts	wie in „Zaun"
ძ	dz	wie im engl. „beds"
წ	ts'	wie in „Witz"
ჭ	ch'	wie in „Matsch"
ხ	kh	wie in „Loch"
ჯ	j	wie in „Journalist"
ჰ	h	wie in „hier"

RECHTSFRAGEN

Sehr lange Zeit waren korrupte Offizielle und eine Polizei mit nahezu unbegrenzter Macht ein großes gesellschaftliches Problem. Die Saakaschwili-Regierung schritt hier entschlossen ein, löste ganze Abteilungen und Ämter auf, entließ Tausende Beamte und baute die georgische Polizei für das 21. Jh. komplett neu auf. Heute genießt die Polizei bei der Bevölkerung einen sehr guten Ruf; die Korruption ist größtenteils nur noch ein Problem der Vergangenheit.

➡ Es ist ziemlich unwahrscheinlich, dass man nach Schmiergeld gefragt wird. Sollte es doch passieren, so sollte man höflich ablehnen.

➡ Im Falle einer Verhaftung sollte man ruhig und respektvoll bleiben sowie einen Kontakt zur eigenen Botschaft fordern.

GEORGISCHE TELEFONNUMMERN

ZIEL	VOM FESTNETZ	VOM HANDY	AUS DEM AUSLAND
Festnetz	0 + Vorwahl + Telefonnummer	0 + Vorwahl + Telefonnummer	+995 (Landesvorwahl) + Vorwahl + Telefonnummer
Handy	0 + Telefonnummer	Telefonnummer	+995 (Landesvorwahl) + Telefonnummer

- Auch in Georgien gilt die Unschuldsvermutung und das Recht auf einen fairen Prozess.
- Der Besitz und der Konsum von Cannabis wurden in Georgien im Jahr 2018 legalisiert, aber der Anbau und der Verkauf bleiben weiterhin illegal.

REISEN MIT BEHINDERUNG

Georgien ist für Reisende mit Behinderung größtenteils ein schwieriges Land. Nur Hotels, die in den letzten Jahren erbaut wurden, mussten barrierefreie Zugänge schaffen. In öffentlichen Gebäuden gibt es kaum Hilfen und die Bürgersteige in den meisten Städten sind schmal und in schlechtem Zustand. Allerdings bessert sich die Situation langsam. Die Regierung verpflichtete sich 2015, sowohl Tbilisi als auch Mtskheta für Rollstuhlfahrer zugänglicher zu machen. Es gibt mittlerweile mehrere Hotels und Hostels in Tbilisi, beispielsweise das Fabrika Hostel & Suites (S. 61), die sich aktiv als barrierefreie Unterkunft bewerben. Derzeit sind rund 30 % der Busse in Tbilisi für Rollstuhlfahrer zugänglich, und die restliche Flotte wird langsam umgestellt. Im August 2019 eröffnete Batumi einen speziellen Strandabschnitt mit schwimmenden Rollstühlen.

Accessible Tourism Center Parsa (www.atcp.ge) Die in Tbilisi ansässige Firma promotet barrierefreien Tourismus im ganzen Land. Es werden barrierefreie Touren, Transfers und Hotelunterkünfte organisiert. Auf der Website finden sich Links zu barrierefreien Hotels und Sehenswürdigkeiten. Allerdings gibt es keine detaillierten Infos und „barrierefrei" wird nicht näher definiert.

Disabled Holidays (disabledholidays.com) Dieser renommierte britische Spezialist für barrierefreie Reisen bietet auch Reisen nach Tbilisi (Tiflis) an.

SCHWULE & LESBEN

Auch wenn es im öffentlichen Raum in den letzten Jahren große Fortschritte gab, so ist Homophobie noch immer weit verbreitet in Georgien. LGBTIQ-Reisende sollten deshalb die nötige Vorsicht und Diskretion bei öffentlichen Treffen und bei Reisen mit Partnern walten lassen. In den meisten Fällen ist es kein Problem, wenn gleichgeschlechtliche Paare ein Zimmer oder ein Bett teilen, weil es in Georgien generell nicht unüblich ist, wenn sich Menschen desselben Geschlechts ein Bett teilen. Tbilisi ist die einzige Stadt mit einer ausgeprägten Schwulenszene und einer Reihe von entsprechenden Bars und Partys. Gleichgeschlechtlicher Sex ist legal, aber gleichgeschlechtliche Beziehungen werden von weiten Teilen der georgischen Gesellschaft noch immer nicht akzeptiert

SICHERHEIT

Georgien ist im Allgemeinen ein sicheres Land, in dem die Leute sehr darauf achten, dass Ausländer gut behandelt werden.

- Die Strafen für Drogenbesitz sind in Georgien drakonisch, sodass man weder illegale Drogen mit sich führen noch konsumieren sollte. Der Besitz und der Konsum von Cannabis wurde in 2018 hingegen legalisiert.
- Reisen nach Südossetien waren von Georgien aus bei Redaktionsschluss weiterhin nicht möglich, im Gegensatz zu Reisen nach Abchasien. Viele Regierungen warnen jedoch ausdrücklich davor.
- Auf Trekkingtouren sollte man immer mit einem Partner unterwegs sein, andere von den eigenen Plänen informieren und einen Erste-Hilfe-Pack mit sich führen. Schäferhunden sollte man aus dem Weg gehen, da sie darauf trainiert sind, die Herden vor Wölfen zu schützen und deshalb bei Annäherung sehr gefährlich werden können.

TELEFON

Fernsprechämter gibt es in Georgien nicht mehr, seitdem jeder hier Mobiltelefone nutzt. Auch Festnetzanschlüsse gibt es nur recht wenige. Festnetznummern verfügen über sieben Ziffern in Tiflis sowie sechs Ziffern andernorts, jeweils beginnend mit einer 2. Mobilnummern haben neun Ziffern, die mit einer 5 beginnen.

Mobiltelefone

- Man kann sich leicht von den wichtigsten Anbietern eine georgische SIM-Card für 5 GEL zulegen, die manchmal sogar kostenlos sind. Für den Erwerb einer SIM-Card muss man seinen Ausweis vorlegen. Die einzelnen Netzwerke verfügen über Schalter an den Flughäfen von Tiflis und Kutaisi, die 24 Stunden geöffnet sind, sodass man sich gleich bei der Ankunft eindecken kann.
- Die Telefongebühren sind niedrig und es gibt günstige Pakete für internationale Anrufe.
- Internet-Pakete sind auch billig: 5 GB kosten beispielsweise 8–12 GEL.

➡ Eine leichte Möglichkeit, sein Guthaben mit Bargeld wieder aufzufüllen, ist die Nutzung der orangenen „Express-Pay"-Maschinen sowie der gelb-blauen „Pay-Box"-Maschinen, die sich vielerorts in den Städten an den Straßen finden. Die leicht verständliche Bedienungsanleitung gibt es auch auf Englisch.

UNTERKUNFT

Georgien verfügt über ein zunehmend breites Angebot an Übernachtungsmöglichkeiten, darunter familiengeführte Pensionen, westlich aufgemachte Hostels sowie Mittelklasse- und Boutiquehotels. Die Hochsaison ist fast überall im Juli und August. In dieser Zeit sollte man besser vorher anrufen, um sich noch ein Zimmer zu sichern. Die saisonalen Schwankungen bei den Zimmerpreisen sind lediglich minimal, außer in den Skigebieten. Wenn es etwas ruhiger ist, bekommt man allerdings schon einmal einen Nachlass.

Armenien

☎ 374 / 2 965 300 EW.

Inhalt ➡

Gut essen

- ➡ Cherkezi Dzor (S. 195)
- ➡ Lavash (S. 175)
- ➡ Herbs & Honey (S. 195)
- ➡ Kchuch (S. 214)
- ➡ The Club (S. 177)

Schön übernachten

- ➡ Villa Kars (S. 194)
- ➡ 3Gs B&B and Camping (S. 186)
- ➡ Green Stone B&B (S. 222)
- ➡ Toon Armeni (S. 211)
- ➡ Azoyan Guest House (S. 172)

Auf nach Armenien!

Nur wenige Länder haben eine so lange, komplexe und von Tragödien durchzogene Geschichte wie Armenien. Und noch weniger haben eine so reiche und stabile Kultur. Armenien fasziniert mit seiner Geschichte, erstaunt mit seinen Bauwerken, erfreut mit seiner Landschaft und bezaubert mit seinen bodenständigen Einwohnern. Doch die Erkundung dieses Landes ist nicht leicht – die Straßen sind häufig schwer zu befahren, und wer kein Armenisch oder Russisch spricht, hat Verständigungsprobleme – und dennoch ist eine Reise durch Armenien ebenso lohnend wie aufschlussreich.

Die außergewöhnliche Ansammlung mittelalterlicher Klöster, die über das Land verteilt sind, ist die größte Attraktion, dicht gefolgt von einer spektakulär schönen Landschaft, die sich perfekt zum Wandern und für andere Outdoor-Aktivitäten eignet. Und dann ist da das unerwartete Juwel Jerewan – eine der quirligsten und liebenswertesten Städte der ganzen Region. Alles zusammen sorgt für ein verführerisches und ungemein angenehmes Reiseerlebnis.

Reisezeit

➡ Der größte Teil Armeniens hat trockenes Höhenklima, es gibt aber ein paar fruchtbare, regenreiche Gebiete in den Provinzen Lori, Tawusch und Sjunik. Am meisten Regen fällt dort bei Frühlingsbeginn.

➡ Im Frühjahr sind die Temperaturen mild, und die ländlichen Gebiete sind von zahllosen Wildblumen bedeckt – die perfekte Zeit für Wanderungen.

➡ Im Herbst sind die Tage lang und warm und die Wetterbedingungen stabil.

➡ Im Sommer kann es in Jerewan 40 °C heiß werden, dann steht die Luft oft tagelang in der Stadt, keine Brise sorgt für Abkühlung; dafür ist es im Norden kühler.

➡ Im Winter kann das Wetter richtig trostlos sein, mit Temperaturen von –10 °C oder in vielen Gegenden noch niedriger. Straßen sind häufig wegen Schnee und Eis gesperrt.

Highlights

❶ **Jerewan** (S. 160) Ein paar Tage die einladenden Cafés, Weinlokale und Restaurants der Hauptstadt besuchen.

❷ **Norawank** (S. 221) Zuschauen, wie die Sonne langsam hinter den spektakulären rötlich-goldenen Felsen und bilderbuchtauglichen Kirchen untergeht.

❸ **Nationalpark Dilidschan** (S. 213) Im Frühling an zahllosen Wildblumen vorbeigehen.

❹ **Geghard-Kloster** (S. 185) Die uralten, in den Fels gehauenen Kirchen bestaunen.

❺ **Areni** (S. 219) Weingüter-Hopping in einer Region, in der seit mehr als 6000 Jahren Wein produziert wird.

❻ **Goris** (S. 229) Eine verlassene, in Vulkangestein gehauene Höhlenstadt erkunden.

❼ **Debed-Schlucht** (S. 205) Prächtige mittelalterliche Klöster und freskengeschmückte Kirchen besuchen.

❽ **Tatew** (S. 231) Mit der längsten Pendelbahn der Welt zum Kloster schweben.

JEREWAN

☎10 / 1,1 MIO. EW.

Vorurteile gilt es, zu Hause zu lassen, denn Jerewan wird sie sowieso über den Haufen werfen. Dies ist eine Stadt der Widersprüche – hochgerüstete Mercedes Sedan teilen sich die Straßen mit Ladas, die so alt sind, dass sie eigentlich ins Museum gehören; traditionelle *pandoks* (Gasthäuser), die *khoravat* (Grillfleisch) und *oghee* (Obstbrand) servieren, stehen neben schicken Weinbars im europäischen Stil; und die Straßenmode reicht von Hipster bis Babuschka mit vielen seltsamen und wunderbaren Variationen dazwischen. Im Sommer zieht es die Anwohner allabendlich ins Freie, an die Tische der vielen Freiluftcafés, in die baumgesäumten Boulevards und an den beliebten Wasserorgel-Brunnen auf dem Platz der Republik.

Von den Anfängen der Stadt ist wenig übrig geblieben, das meiste wurde von Bauten aus sowjetischer Zeit und modernen Konstruktionen verdrängt, mit wenig Respekt vor der Geschichte. Wer aber in irgendeinen *dalan* (Bogengang) einbiegt, betritt eine andere Welt – dahinter befindet sich vielleicht ein herrlicher Balkon aus dem 19. Jh. oder eine schöne Kirche.

Geschichte

Jerewans Geschichte reicht bis ins Jahr 782 v. Chr. zurück, als König Argišti von Urartu an dem Platz, wo der Fluss Hrasdan sich zur Ararat-Ebene hin weitet, die Erebuni-Festung errichtete. Die Stadt war bis zur russischen Annektierung im Jahr 1828 eine regionale Kapitale der muslimischen Khanate und der persischen Regenten.

Bei der sowjetischen Umgestaltung der zaristischen Stadt wurden die meisten Moscheen und einige Kirchen entfernt und andere in Wohnvierteln verborgen. Aber einige Gebäude aus dem 19. Jh. an der Abovyan-Straße und das alte Stadtviertel Kond blieben mehr oder weniger erhalten.

Alexander Tamanjan entwickelte in den 1920er-Jahren das heutige Stadtbild mit der Idee, dass die größten Boulevards (Mashtots, Abovyan und Nalbadyan) zum Berg Ararat hin ausgerichtet sein sollten.

Sehenswertes

Die meisten Sehenswürdigkeiten befinden sich in der Innenstadt und sind leicht und bequem zu Fuß zu erreichen.

★Cafesjian Center for the Arts KUNSTZENTRUM
(The Cascade; Karte S. 164; ☎010-567262; www.cmf.am; 10 Tamanyan St; ⏲Rolltreppe 8–20 Uhr, Museumsladen & Besucherzentrum Fr–So 10–20 Uhr) GRATIS Dieses Kunstzentrum in einer riesigen steinernen Treppe, bekannt als Cascade, ist eine der größten kulturellen Attraktionen der Stadt. Ursprünglich bereits in den 1920er-Jahren vom sowjetischen Architekten Alexander Tamanjan als Teil seines Plans zur Modernisierung Jerewans konzipiert, begannen die Arbeiten an diesem Monumentalbau erst in den 1980er-Jah-

JEREWAN AN EINEM TAG

Mit einem frisch gemahlenen *soorch* (Kaffee) im **Gemini** (S. 178) in den Tag starten und dann vom **Opernhaus** (S. 179) zum **Cafesjian Center for the Arts** (s. oben) spazieren. Durch den Skulpturengarten vor dem Zentrum bummeln, mit dem von Kunst gesäumten Aufzug hoch- und runterfahren und im Museumsladen ein oder zwei Souvenirs erstehen. Dann stehen die schön illuminierten Handschriften im **Matenadaran** (S. 163) auf dem Programm – oder ein kurzer Abstecher zum **Folk Art Center** (S. 167), um die beste Volkskunstsammlung des Landes zu bestaunen. Nach dem Mittagessen geht es zum **Geschichtsmuseum von Armenien** (S. 163), dessen bronzezeitliche Sammlung jeden beeindruckt. Nach so viel Kultur ist Entspannung bei ein oder zwei Getränken angebracht – Weinliebhaber sollten zum **In Vino** (S. 178) gehen, Biertrinker bevorzugen wohl das **Dargett** (S. 178). Fürs Abendessen unbedingt vorher einen Tisch im **Lavash** (S. 175) reservieren, um dort *ghapama* (gefüllten Kürbis) mit Nüssen, Trockenfrüchten und *lavash* (knuspriges ungesäuertes Fladenbrot, direkt am Tisch aufgeschnitten) zu verspeisen. Oder aber in **The Club** (S. 177) bei entspannter Livemusik französisch-armenische Fusionsküche genießen. Nach dem Essen zum **Platz der Republik** (S. 167) aufbrechen, um die Licht-Musik-Show am Brunnen (im Sommer 20–22 Uhr) zu erleben, oder es sich in eines der mega-angesagten Lounge-Cafés rund um die Isahakyan-Straße gemütlich machen.

ren, kamen aber nach dem Erdbeben von 1988 zum Stillstand. Der armenisch-amerikanische Philanthrop Gerard Cafesjian kam dem Projekt schließlich zu Hilfe und finanzierte die Fertigstellung und die Transformation in ein mehrgeschossiges Zentrum für moderne Kunst.

Die zwei Gartengalerien im Freien und die fünf Ausstellungssäle des Zentrums sind über eine Rolltreppe im Inneren zu erreichen. Neben der Rolltreppe befinden sich Ausstellungsflächen für Werke aus **Cafesjians eigener Sammlung**, die aus Skulpturen des 20. Jhs. bis heute und Möbeln besteht. Hier sind ausgesprochen eigentümliche Stücke ausgestellt – etwa das *Marilyn-Lippen-Sofa*, das das Studio 65 für das Möbelhaus Gufram anfertigte, Giorgio Laveris *Lippenstift* und Richard Cresswells *Butterfly Seat* –, die auf dem Weg nach oben oder unten ins Auge fallen. Für diese und die Gartengalerien mit versenkten Springbrunnen, modernen *chatschkaren* (Steinstelen mit gemeißelten Kreuzen) und zeitgenössischen Skulpturen wird kein Eintritt verlangt. Auch die Ausstellungen im Inneren sind kostenlos, nur für eine temporäre Ausstellung sind 1000 AMD zu entrichten.

Der große **Museumsladen** im Erdgeschoss ist einer von Jerewans besten Shops für hochwertige Souvenirs. Außerdem ist eine einladende und gut sortierte Kunstbibliothek mit einer kleinen Abteilung für Kinder vorhanden.

Vor der Cascade präsentiert ein **Skulpturengarten** drei gewaltige Bronzewerke des kolumbianisch-italienischen Bildhauers Fernando Botero: *Katze*, *Römischer Krieger* und *Liegende mit Zigarette*. Daneben sind eine skurrile schmiedeeiserne Teekanne von Joana Vasconcelos, ein hellblauer Kiwi von Peter Woytuk und viele andere Werke zu sehen. Die zwei Straßen, die den Park säumen, beherbergen Cafés, Bars und Restaurants mit Tischen im Freien. Die Stufen selbst sind ein beliebter Ort, um den Sonnenuntergang zu beobachten und dabei (diskret) eine Flasche Wein zu trinken.

★ Armenian Genocide Memorial & Museum — GEDENKSTÄTTE

(Zizernakaberd; Karte S. 162; ☎ 010-390981; www.genocide-museum.am; Zizernakaberd-Hügel; ⏲ Di–So 11–17 Uhr) GRATIS Diese Institution erinnert mit Fotografien, Dokumenten sowie Berichten und Filmen an den Völkermord an den Armeniern im Osmanischen Reich, in den Jahren zwischen 1915 und 1922.

Das eindrucksvolle museale Erlebnis ähnelt dem in Israels Yad Vashem (Holocaust-Museum). Für Gruppen ab fünf Personen werden kostenlose Führungen angeboten. Auf dem Hügel darüber steht ein 44 m hohes Denkmal in Form eines Obelisken, daneben lehnen sich zwölf Basaltplatten schützend über eine ewige Flamme.

GUT ZU WISSEN

Währung

Dram (AMD)

Sprachen

Armenisch, Russisch

Notfälle

☎ 112 oder 911

Visa

Besucher aus den Mitgliedsstaaten der Europäischen Union und aus den USA können bis zu 180 Tage ohne Visum in Armenien bleiben; Bürger aus den meisten anderen Ländern können bei der Einreise ein Visum erhalten.

Nützliche Websites

Armenia Travel (www.armenia.travel)

Armeniapedia (www.armeniapedia.org)

Hetq (www.hetq.am/en)

Hike Armenia (www.hikearmenia.org)

My Armenia (https://myarmenia.si.edu)

Wechselkurse

Euro	1 €	535,98 AMD
Schweiz	1 sFr	504,14 AMD

Aktuelle Wechselkurse siehe www.xe.com.

Preise

- B&B- oder Pensionszimmer: 7000–35 000 AMD
- Zweigängiges Abendessen: 3500–7500 AMD
- Museumseintritt 500–1000 AMD
- Preiswertes Bier vom Fass: 500–800 AMD
- Minibusfahrt (100 km): 1200 AMD

Die zwölf gekippten Platten der im Jahr 1967 errichteten Gedenkstätte repräsentieren die verlorenen Provinzen im Westen Armeniens, die in einem Abkommen zwischen Atatürk und Lenin nach dem Ersten Weltkrieg an die Türkei gingen. Den oben spitz zulaufenden Obelisken teilt ein feiner Spalt in eine größere und eine kleinere Nadel – die kleinere steht für Westarmenien. Den breiten Weg vom Museum zum Denkmal flankiert eine 100 m lange Mauer, in die die Namen der Gemeinden, aus denen die zahllosen Opfer stammten, eingraviert sind.

Auf dem Gelände gibt es auch einen Baumbestand, den ausländische Würdenträger angepflanzt haben, die für die damaligen Ereignisse den Begriff Genozid (Völkermord) verwenden.

Der Komplex befindet sich auf dem Zizernakaberd-Hügel (Hügel der Schwalbenfestung), von Jerewans Zentrum aus gesehen gegenüber der Hrasdan-Schlucht. Die einfachste Möglichkeiten, hinzugelangen, sind über eine Ride-Hailing-App (ca. 600 AMD) oder mit dem Taxi (800–1200 AMD ab der Innenstadt). Da vor Ort ohne vorherige Vereinbarung keine Taxis warten, lohnt sich die Installation der App von gg oder Yandex. Alternativ kann man die *marshrutka* (Minivan) 46 von der Mesrop-Mashtots-

Jerewan

Avenue nehmen und an den Stufen des Sport- und Konzertkomplexes Hamalir aussteigen. Zu Fuß geht es dann die Treppe hoch zum Ende des Parks, wo sich die Gedenkstätte und das Museum befinden. Mit dem eigenen Fahrzeug in Richtung Stadion Hrasdan fahren, rechts in die Athena-Straße abbiegen und nach einem blauen Schild mit weißer Aufschrift Ausschau halten, das zur Gedächtnisstätte führt.

★ Geschichtsmuseum von Armenien — MUSEUM

(Karte S. 164; ☎ 010-520691; www.historymuseum.am; Republic Sq; Erw./Student/Kind 2000/500/300 AMD, Führung 5000 AMD; ⊙ Di–Sa 11–18, So 11–17 Uhr) Seine schlichtweg außergewöhnliche Sammlung bronzezeitlicher Artefakte macht dieses Museum zu Armeniens bedeutendster Kulturinstitution und zu einer unverzichtbaren Station auf dem Besichtigungsplan jedes Besuchers. Viele Exponate wurden in den 1950er-Jahren auf dem Friedhof von Ltschaschen beim Sewansee ausgegraben, und mit Worten wird man ihnen kaum gerecht. Zur Sammlung gehören Bronzeskulpturen, vierrädrige Holzkutschen mit Metalldekoration, aus Stein gemeißelte Fruchtbarkeitssymbole und eine prächtige Auswahl an Waffen und Rüstungen (Pfeile, Köcher, Helme und Schilde).

Weitere bemerkenswerte Exponate sind z. B. mittelalterliche *chatschkare*, armenische Trachten aus dem 18. und 19. Jh., ein 5500 Jahre alter Lederschuh, der 2008 in einer Höhle in der Provinz Wajoz Dsor gefunden wurde, Teppiche und bestickte Humeralien (liturgische Gewänder). Die einzige enttäuschende Abteilung ist jene über das sowjetische Armenien, die demonstrativ englische Beschriftungen meidet (alle anderen Ausstellungen haben armenische, russische und englische Bezeichnungen). Die Nationalgalerie von Armenien (S. 168) befindet sich in den obersten Etagen.

Matenadaran — MUSEUM

(Karte S. 164; ☎ 010-562578; www.matenadaran.am; 53 Mesrop Mashtots Ave; Erw./Student 1500/300 AMD, Führung 3000 AMD; ⊙ Di–Sa 10–17 Uhr) Das kathedralenartige Handschriftenarchiv am oberen Ende von Jerewans größter Allee ist der Stolz aller Armenier. Das erste *matenadaran* (Buchlager) für armenische Texte baute Mesrop Maschtoz, der Entwickler des armenischen Alphabets, im 5. Jh. in Etschmiadsin. Es enthielt Tausende von Handschriften. Im Lauf der Jahrhunderte führten Invasionen zu enormen Verlusten durch Plünderungen und Brände, aber rund 1800 exquisit illustrierte und gebundene Manuskripte sind erhalten. Genau diese bilden den Grundstock der hier gezeigten atemberaubenden Kollektion.

Am Aufgang zu diesem zweckgebundenen, 1957 fertiggestellten Bauwerk sitzt eine **Statue von Maschtoz**, der einen Schüler sein Alphabet lehrt. Sechs weitere Statuen großer Gelehrter und Schrifsteller stehen vor dem Eingangsportal. An der **Außengalerie** sind gemeißelte Felsengräber und *chatschkare* zu sehen, die von antiken Stätten in ganz Armenien stammen.

Im Inneren sind über 23 000 Handschriften, Fragmente, Dokumente und Karten untergebracht, von denen aber nur wenige ausgestellt sind. Die **zentrale Halle** widmet sich der Entstehung armenischer Wissenschaften, Literatur und Kunst im Lauf der Jahrhunderte. Andere Säle präsentieren griechische und römische Werke aus Wissenschaft und Philosophie, iranische und arabische Manuskripte sowie einzigartige Exponate wie die **Homilien von Mush**, die

Jerewan

Highlights
1 Armenian Genocide Memorial & Museum A3

Sehenswertes
2 Erebuni Historical & Archaeological Museum-Reserve C5
3 Levon's Divine Underground D1
4 Mutter Armenien & Militärmuseum C3

Unterhaltung
5 Hrazdan Stadium B3

Shoppen
6 G.U.M Market B4

Information
7 Bogema Land B3
8 Georgische Botschaft B2
9 Iranische Botschaft B2
10 Botschaft von Bergkarabach B2
11 Pass- und Visumbüro B1
12 Amerikanische Botschaft A4

Transport
13 Hyusisayin Avtokayan D1
14 Kilikya Avtokayan A4

Jerewan Zentrum

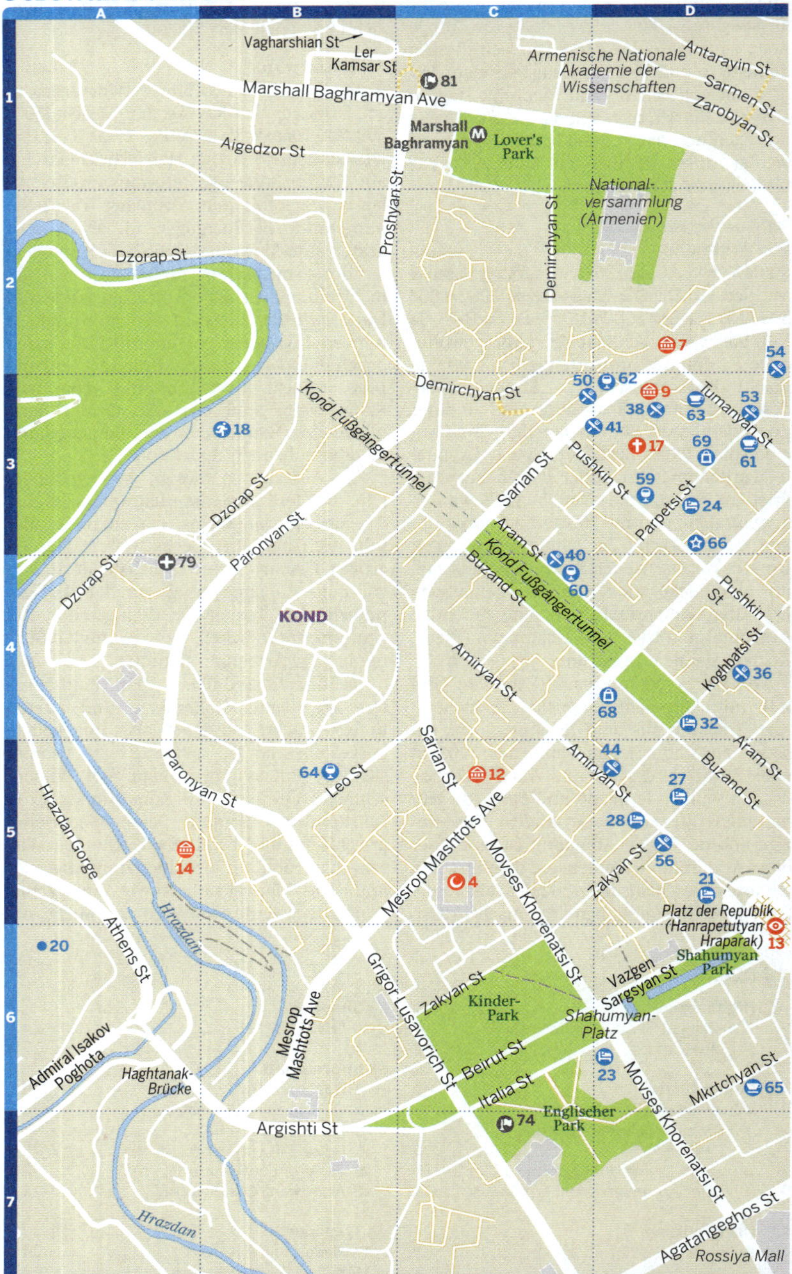

0
500 m
E
F
G
H
1
2
3
4
5
6
7
Cafesjian Center for the Arts
1
Saralanji St
11
Mashtots Ave
Antarayin St
Abovyan-Platz
Abovyan-Park
5
Teryan St
Kliniken-bereich
Koryun St
42
Alexander-Tamanyan-Park
Tamanyan St
37
43
55
16
Mesrop Mashtots Ave
Isahakyan St
Abovyan St
Staatliche Universität Jerewan
Mkhitar Heratsi St
Marshall Baghramyan Ave
Touristenkiosk
Moskovyan St
Yeritasardakan
10
Französischer Platz
Martiros-Sarian-Park
Komitas-Park
45
67
46
Flora Park
Opernplatz
KENTRON
26
11th St
12th St
Schwanensee
Sayat-Nova Ave
8
70
47
49
58
9th St
Northern Ave
Teryan St
6
83
Nalbandyan St
Charents St
52
57
34
29
39
31
80
19
Tumanyan St
78
82
Sakharov-Platz
75
Geschichtsmuseum von Armenien
48
76
2
72
35
33
Vardanants St
Tpagrichner St
Touristenkiosk
Platz der Republik (Hanrapetutyan Hraparak)
Circular-Park
Finanz- & Wirtschaftsministerium & Uhrenturm
Hanrapetutyan St
Khanjian St
Alek Manukyan St
51
22
25
30
73
71
77
3
Tigran Mets Ave
7th St
Shahinyan St
Khanjian St
Yervand Kochar St
Vardanants St
Charents St
Stadion der Republik
15
Zoravar Andranik

Jerewan Zentrum

Highlights
1 Cafesjian Center for the Arts ... E1
2 Geschichtsmuseum von Armenien ... E5

Sehenswertes
3 Armenian Center for Contemporary Experimental Art ... F6
4 Blaue Moschee ... C5
5 Centre of Popular Creation ... H1
6 Charles-Aznavour-Platz ... E4
7 Hovhannes Tumanyan Museum ... D2
8 Katoghike ... F3
9 Martiros-Sarian-Museum ... D3
10 Martiros-Sarian-Statue ... E3
11 Matenadaran ... F1
12 Modern Art Museum of Yerevan ... C5
Nationalgalerie von Armenien ... (s. 2)
13 Platz der Republik ... D6
14 Sergei-Parajanov-Museum ... A5
15 Surp-Grigor-Lussaworitsch-Kathedrale ... E7
16 Yervand Kochar Museum ... E2
17 Zoravor-Kirche ... D3

Aktivitäten, Kurse & Touren
18 Kinder-Eisenbahn ... B3
Envoy Hostel ... (s. 24)
19 Hyur Service ... F5
20 Yerevan Brandy Company ... A6

Schlafen
21 Armenia Marriott Hotel ... D5
22 Azoyan Guest House ... E6
23 Best Western Congress ... D6
24 Envoy Hostel ... D3
25 Europe Hotel ... E6
26 My Hotel Yerevan ... G3
27 Paris Hotel ... D5
28 Republica Hotel ... D5
29 The Alexander ... E5
30 Tufenkian Historic Yerevan Hotel ... E6
31 Umba ... E5
32 Villa Delenda ... D4
33 Yerevan Hostel ... F5

Essen
34 Abovyan 12 ... E4
35 Ankyun ... F5
36 Anteb ... D4
37 Aperitivo ... E2
38 At Gayane's ... D3
39 Dolmama's ... E5
40 Eat & Fit ... C4
41 Gouroo ... D3
42 Grand Candy ... F2
43 Green Bean ... E2
44 Green Bean ... D5
45 Jingalov Hats ... F3
46 Karma ... F3
Kharpert Restaurant ... (s. 30)
47 Khinkali ... E4
48 Lahmajun Gaidz ... E5
49 Lavash ... E4
50 Tapastan Yerevan ... C3
51 Tashir Pizza ... E6
52 Thaiwine Republic ... E4
53 The Club ... D3
54 Twelve Tables ... D2
55 Wine Republic ... E2
56 Yerevan Tavern ... D5

Ausgehen & Nachtleben
57 2nd Floor ... E4
58 Artbridge Bookstore Café ... F4
59 Calumet ... D3
60 Dargett ... C4
61 Gemini ... D3
62 In Vino ... D3
63 Jazzve ... D3
64 Kond House ... B5
65 Mirzoyan Library ... D6
Simona ... (s. 40)

Unterhaltung
66 Malkhas Jazz Club ... D3
67 Yerevan Opera Theatre ... E3

Shoppen
68 Bookinist ... D4
69 Homeland ... D3
70 Nairian ... E4
71 Vernissage-Markt ... F6

Information
72 American Corner ... E5
73 Kanadisches Konsulat ... F6
74 Französische Botschaft ... C7
75 Deutsche Botschaft ... H5
76 HIKEArmenia ... F5
77 Irisches Konsulat ... F6
78 Kulturministerium ... E5
79 Nairi Clinic ... A4
80 Tatev Travel ... F5
81 Britische Botschaft ... C1

Transport
82 Europcar ... E5
83 Hertz ... E4
Sixt ... (s. 52)

so schwer sind, dass sie in zwei Hälften gerissen wurden, damit zwei Frauen sie nach dem Völkermord von 1915 wegschaffen konnten. Erst Jahre später konnte das Buch wieder zusammengesetzt werden, da eine der beiden Retterinnen nach Amerika ausgewandert war und es zur Verwahrung mitgenommen hatte.

Platz der Republik
PLATZ

(Hanrapetutyan Hraparak; Karte S. 164) Von Sonnenaufgang bis spät in die Nacht ist der Platz der Republik Jerewans Brennpunkt und pulsierendes Herz. Der von dem Architekten Alexander Tamanjan als Teil seines neuen Stadtplans von 1924 entworfene Platz, der bis 1991 den Namen Wladimir Lenins trug, ist von ein paar derzeitigen und früheren Regierungsgebäuden, dem Armenia Marriott Hotel (S. 173) sowie dem Historischen Museum und der Nationalgalerie (S. 168) gesäumt. Der berühmte Wasserorgel-Brunnen (im Sommer 20–22 Uhr) ist die liebenswerteste Attraktion der Stadt und beliebter Treffpunkt.

Unter dem Platz befindet sich ein großer Bunker, der im Kalten Krieg gebaut wurde, um im Fall eines atomaren Angriffs hochrangige Funktionäre aufzunehmen. Allerdings ist der Bunker für die Öffentlichkeit nicht zugänglich.

Sergei Parajanov Museum
MUSEUM

(Karte S. 164; ☎010-538473; www.parajanov.com/museum; 15/16 Dzoragyugh St; 1000 AMD, Führung 2500 AMD; ⏲10.30–17 Uhr) Ein wirklich einzigartiges Erlebnis bietet dieses Museum in der Nähe der Hrasdan-Schlucht. Das mit Collagen, Zeichnungen, Fotos und Montagen des experimentellen Filmemachers Sergei Parajanov (Paradschanow) – am bekanntesten ist sein Film *Sayat Nova* (Die Farbe des Granatapfels; 1969) – vollgepackte Museum ist so exzentrisch wie einnehmend. Die in einem schönen Holzhaus aus dem 19. Jh. untergebrachte Sammlung schafft es, das erstaunliche Talent, den Humor und die Menschlichkeit Parajanovs darzustellen und gleichzeitig die Schwierigkeiten der in der UdSSR lebenden Künstler, Filmemacher und Schrifsteller zu veranschaulichen.

Der 1924 in Tiflis (Tbilisi) geborene Parajanov zog 1945 nach Moskau, um an der dortigen Filmhochschule zu studieren. Seine frühe Karriere kam zum Erliegen, als er 1948 wegen (damals verbotener) Homosexualität inhaftiert wurde – ein Vorwurf, den viele seiner Freunde und Anhänger für fingiert hielten. Nach der Entlassung aus dem Gefängnis lebte er ein paar Jahre in der Ukraine und zog dann in den späten 1960er-Jahren nach Jerewan. Im Jahr 1973 wurden zwei weitere Strafanzeigen gegen ihn erhoben (wegen Vergewaltigung und Produktion von Pornografie), und er wurde zu fünf Jahren Zwangsarbeit in einem sibirischen Gefängnis verurteilt.

Im Straflager ritzte er mit seinen Fingernägeln Gesichter in Aluminiumdeckel von Milchflaschen und nannte sie „Taler". Einer davon befindet sich in diesem Museum, und eine Replik aus Silber wird beim Internationalen Filmfestival „Goldene Aprikose" in Jerewan als Preis verliehen.

Nach einer hochkarätig besetzten internationalen Kampagne für seine Freilassung wurde Parajanov schließlich entlassen. Zu seinen prominenten Unterstützern gehörten Françoise Sagan, Jean-Luc Godard, François Truffaut, Luis Buñuel, Federico Fellini, Michelangelo Antonioni, Andrei Tarkowski, Louis Aragon und John Updike. Parajanov starb 21. Juli 1990 in Jerewan.

Folk Art Center
MUSEUM

(Karte S. 164; ☎010-569330; www.folkartcenter.am/en; 64 Abovyan St; 1000 AMD, Führung 3000 AMD; ⏲Di–Sa 11–17, So 11–16 Uhr) Dieses Museum beherbergt die beste Volkskunstsammlung des Landes und lohnt auf jeden Fall einen Besuch. Die über zwei Etagen verteilten Exponate – Holzschnitzereien, Silberarbeiten, Stickereien, Teppiche, Spitzen und Kostüme – sind in tadellosem Zustand und werden schön präsentiert, mit guter Beleuchtung und Beschriftungen in Englisch. Besonders eindrucksvoll sind die Teppiche aus den 19. und 20. Jh. und die aufwendigen Holzarbeiten, die teilweise kunstvolle Intarsien aufweisen.

ABSEITS DER ÜBLICHEN PFADE

HEILIGE HÖHLEN

Alles, was sich Tosya Arakelyan von ihrem Mann Levon wünschte, war ein Kartoffelkeller. Stattdessen bekam sie ein äußerst kompliziertes unterirdisches Höhlennetz mit sieben Etagen, das Levon im Lauf von 23 Jahren mit einfachen Hilfsmitteln baute. Als er 2008 starb (er arbeitete bis zu seinem letzten Tag daran), wurde seine seltsame, aber eindrucksvolle Schöpfung für das Publikum geöffnet, als **Levon's Divine Underground** (Karte S. 162; ☎077-178850; https://levonsdivineunderground.com; 9 Fifth St, Arinj; Erw./Kind AMD1500/500; ⏲10–18 Uhr). Besucher sollten den schönen, ebenfalls von Levon entworfenen Steingarten nicht versäumen und Tosyas und Levons Enkelin um eine Erklärung auf Englisch bitten.

Katoghike KIRCHE

(Karte S. 164; Ecke Sayat-Nova Ave & Abovyan St) Die winzige Kapelle, unpassenderweise als Katoghike (Kathedrale) bezeichnet, schmiegt sich an die neu erbaute Sankt-Anna-Kirche. Ihre Geschichte ist faszinierend: Sie überstand im Jahr 1679 als einziges Gotteshaus der Stadt ein verheerendes Erdbeben und wurde noch im 17. Jh. in eine neue Basilika integriert. Im Jahr 1936 entkam sie knapp der Zerstörung, als die Sowjets dieses Bauwerk abrissen. Ein öffentlicher Aufschrei – für die damalige Zeit etwas höchst Ungewöhnliches – führte zur Erhaltung der Katoghike.

Ervand Kochar Museum MUSEUM

(Karte S. 164; 010-529326; www.kochar.am; 39/12 Mesrop Mashtots Ave; 800 AMD, Führung 3000 AMD; Di–Sa 11–17, So 11–16 Uhr) Obwohl es recht klein ist, dokumentiert dieses faszinierende Museum in großartiger Weise das Leben und Werk des produktiven armenischen Malers und Bildhauers Jerwand Kotschar. Gezeigt werden Arbeiten aus seiner gesamten Karriere, darunter das Gemälde *Einsame Frau* (1913), das er bereits mit 13 Jahren schuf. Die Beschriftungen sind auf Englisch, und ein kurzer Film erklärt sein berühmtestes Werk, die *Guernica*-ähnliche *Katastrophe des Krieges* (1962).

Martiros Sarian Museum MUSEUM

(Karte S. 164; 010-580568; www.sarian.am; 3 Sarian St; 1000 AMD, Führung 4000 AMD; 11–16 Uhr) Dieses Museum bewahrt das Atelier und einige Werke des Kunstmalers Martiro Sarian (1880–1972), der für seine leuchtenden, farbendurchtränkten Gemälde bekannt ist. Im zweiten Stockwerk dokumentieren Sarians Bilder seine Reisen nach Ägypten, Konstantinopel und in den Iran – Reisen, die laut eigenen Aussagen seine Kreativität mehr entfachten, als es die Schule je konnte. Eine Etage darunter sind Gemälde zu sehen, die er nach der Unabhängigkeitserklärung in den 1920er-Jahren in Armenien schuf. Das Erdgeschoss schließlich präsentiert Fotoaufnahmen und persönliche Habseligkeiten. Die Mitarbeiter sprechen kein Englisch, aber dafür ist das Museum gut beschildert.

Nationalgalerie von Armenien KUNSTGALERIE

(Karte S. 164; 010-567472; www.gallery.am; Republic Sq; Erw./Student/Kind 1500/400/300 AMD, Führung 5000 AMD; Di–Sa 11–17, So 11–16 Uhr) Armeniens bedeutendste Kunstgalerie in den oberen Etagen des Geschichtsmuseums (S. 163) besitzt eine große, aber etwas enttäuschende Sammlung europäischer und russischer Werke. Hauptattraktion ist die Kollektion armenischer Kunst im dritten und vierten Stockwerk. Zu den Highlights gehören Werke von Hakob Hovnatanian (1806–1881), Martiros Sarian (1880–1972) und Vardges Sureniants (1860–1921). Die Gemälde des Letzteren sind die beeindruckendsten – die farbenfrohen und detailreichen Bilder mit orientalischem Flair zeigen Szenen aus armenischen Märchen und historische Ereignisse. Keinesfalls versäumen!

Modern Art Museum of Yerevan KUNSTGALERIE

(Karte S. 164; 010-535359; www.mamy.am; 7 Mesrop Mashtots Ave; 500 AMD, Führung 2500 AMD; Di–So 11–18 Uhr) Bei seiner Eröffnung im Jahr 1972 war dies das erste Museum, das sich auf zeitgenössische und moderne Kunst der Sowjetunion spezialisiert hatte, und der Stolz der armenischen Avantgarde. Viele prominente einheimische Künstler jener Zeit spendeten Werke, die nun – neben weiteren Schenkungen aus den

SOWJETISCHE EISENBAHN-ZEITMASCHINE

In der Sowjetzeit wurde mit der kleinen **Kinder-Eisenbahn** (Karte S. 164; 010-527263; Hrasdan-Schlucht; 300 AMD; Mai–Okt. 10.30–23.30 Uhr) Kindern beigebracht, wie Züge funktionieren, indem sie selbst die Aufgaben übernahmen, also (unter der Aufsicht von Erwachsenen) Lokführer, Zugbegleiter und Zugführer spielten. Obwohl es diese Rollenspiele nicht mehr gibt, fahren die Kinder aus der Umgebung immer noch mit dem Zug, sobald er voll besetzt ist, oder spielen im angrenzenden Vergnügungspark.

Schön ist auch eine Wanderung entlang den Gleisen, vorbei am natürlichen Schwimmbecken **Bidzu Get** („Fluss der alten Männer" – der Name bezieht sich auf die alten Burschen, die sich dort gern aufhalten) bis zu einer Anhöhe, die zum Sergei Parajanov Museum (S. 167) führt.

Um hierher zu gelangen, muss man von der Mesrop Mashtots Avenue aus durch den langen, etwas gruseligen Fußgängertunnel gehen.

1980er-Jahren – den Kern der Sammlung bilden. Zu den neueren Anschaffungen gehören imposante Werke von Karen Petrosyan, Armen Gevorgyan und Laura Avetisyan. Zum Museum führt eine schmale Gasse, die von der Movses-Khorenatsi-Straße abzweigt, parallel zur Mesrop-Mashtots-Avenue.

Zoravor-Kirche KIRCHE
(Karte S. 164; 9a Parpetsi St) Durch einen *dalan* an der Parpetsi-Straße, eingekeilt zwischen sowjetischen Wohnblocks, erreicht man diese Kirche, die im späten 17. Jh. an der Stelle eines Klosters (9.–13. Jh.) errichtet wurde. Erst in den 1990er-Jahren wurde die Kirche renoviert – und heute ist sie nachts wunderschön beleuchtet. Unterhalb der kleinen Kapelle befindet sich ein Mausoleum, das dem hl. Ananias gewidmet ist.

Erebuni Historical & Archaeological Museum-Reserve ARCHÄOLOGISCHE STÄTTE
(Karte S. 162; ☎ 010-432661; www.erebuni.am; 38 Erebuni St; Erw./Kind & Student 1000/300 AMD, Guide 2500 AMD; ⌚ Di–So 10–16 Uhr) Diese archäologische Stätte stammt aus dem Jahr 782 v. Chr., drei Jahrzehnte vor der Gründung Roms. Sie gewährt Einblick in den Alltag im Palast von Argišti I., einem der größten Könige des Urartäischen Reichs. Am Fuß des Hügels zeigt ein schlecht gewartetes **Museum** aus der sowjetischen Zeit ausgegrabene Artefakte aus dem Palast, darunter ein paar ungewöhnliche Silber-Rhyta (Trinkhörner), sowie Objekte, die gefunden wurden, als 1984 in Jerewan beim Bau einer Fabrik zufäligerweise eine urartäische Grabstätte freigelegt wurde.

Blaue Moschee MOSCHEE
(Geok Jami; Karte S. 164; 12 Mesrop Mashtots Ave; ⌚ 10–13 & 15–18 Uhr) An dieser Stelle gibt es seit 1765 eine Moschee, aber wie die anderen etwa acht Moscheen, die in Jerewan Anfang des 20. Jhs. in Betrieb waren, wurde sie in der sowjetischen Ära geschlossen. Ende der 1990er-Jahre wurde sie mit iranischen Geldern wiederaufgebaut, und heute ist sie die einzige in Funktion befindliche Moschee der Stadt. Das außen mit Fliesen verzierte Bauwerk hat ein schlichtes Interieur, eine elegante geflieste Kuppel, ein kleines Minarett und einen schattigen Garten mit Brunnen und Blumenbeeten.

Besucher sollten sich angemessen kleiden – keine nackten Beine oder Schultern, und Frauen sollten beim Betreten der Gebetshalle ein Kopftuch tragen.

ABSTECHER

SEHENSWERTES RUND UM JEREWAN

Eine ganze Reihe hochkarätiger Sehenswürdigkeiten bieten sich für Tagesausflüge von Jerewan aus an. Garni (S. 185) und Geghard (S. 185) befinden sich östlich der Stadt und können leicht beide an einem Tag bewältigt werden; das Gleiche gilt für die Swartnots-Kathedrale (S. 189), die Muttergotteskirche des hl. Etschmiadsin (S. 187) und Sardarapat (S. 186) im Westen der Stadt. Entweder öffentliche Verkehrsmittel (*marshrutka*, Bus oder Taxi) nehmen oder an einer geführten Tour von Hyur Service (S. 171) oder Envoy Hostel (S. 171) teilnehmen.

Mutter Armenien & Militärmuseum MUSEUM
(Mayr Hayastan; Karte S. 162; Haghtanak Park; ⌚ Di 10–17, Sa & So 10–15 Uhr) GRATIS Das gewaltige, 22 m hohe Monument oberhalb der Cascade strotzt vor Symbolik. Das strenge Antlitz der *Mutter Armenien*, ihre militärische Haltung und ihr massives Schwert senden eine klare Botschaft: Armenien hat genug von Invasionen, Massakern und Repressionen und wird für die Erhaltung seiner nationalen Identität kämpfen. Im Sockel befindet sich ein etwas tristes Militärmuseum mit Fotografien und Dioramen, die die armenische Beteiligung am Zweiten Weltkrieg (150 000–250 000 Armenier kamen dabei ums Leben, die Hälfte davon im Kampf) und den blutigen Bergkarabach-Konflikt (1988–1994) mit Aserbaidschan dokumentieren.

Surb-Grigor-Lussaworitsch-Kathedrale KATHEDRALE
(Kathedrale des hl. Gregor des Erleuchters; Karte S. 164; Ecke Khandjian Ave & Tigran Mets Ave) Die zur Feier von 1700 Jahren Christentum in Armenien errichtete und 2001 eingeweihte Kathedrale ist die größte der Armenisch-Apostolischen Kirche. Der Komplex, der sich prominent auf einem Hügel am östlichen Rand des Stadtzentrums befindet, besteht aus drei Kirchen: der Kathedrale, der Kirche des hl. Königs Trdat und der Kapelle der hl. Königin Ashkhen. Diese beiden königlichen Persönlichkeiten unterstützten den hl. Gregor bei der Bekehrung der Armenier zum Christentum.

Stadtspaziergang
Durchs Zentrum von Jerewan

START PLATZ DER REPUBLIK
ZIEL CAFESJIAN CENTER FOR THE ARTS
LÄNGE/DAUER 45 MINUTEN, 2 KM

Los geht es mit einem Schlückchen Wasser aus einem *pulpulak* (Trinkbrunnen) und einer Runde um die hohen Meisterwerke aus Tuff auf dem belebten **1 Platz der Republik** (S. 167). Links vom **2 Geschichtsmuseum von Armenien** (S. 163) führt die Abovyan-Straße hoch, vorbei an den wenigen noch stehenden Gebäuden aus schwarzem Tuff (19. Jh.). Bald ist der **3 Charles-Aznavour-Platz** erreicht, der nach dem französisch-armenischen Sänger benannt ist, der als „französischer Frank Sinatra" bezeichnet wurde. Dort befinden sich das Moskau-Kino, das 1936 auf den Überresten einer alten Kirche gebaut wurde, und eine 2008 aufgestellte freundlich aussehende Metallspinne.

Dann geht es links in die Tumanyan-Straße zum **4 Schwanensee**, wo 2015 der US-Rapper Kanye West ein Gratiskonzert gab (und sein Publikum mit einem Sprung in den See überraschte, der seither passenderweise Swanye-See genannt wird). Geradeaus weiter, gelangt man zum pulsierenden Herz Jerewans, dem **5 Opernplatz**, wo sich Einheimische eine Vorführung ansehen, ihren Hund Gassi führen oder einfach nur chillen.

An der Oper links vorbei und über den Kreisverkehr erreicht man einen Kunstmarkt mit der Statue des Malers **6 Martiros Sarjan**. Dann überquert man den Kreisverkehr bis zu einer Reihe von Cafés, an deren Ende die **7 Statue von Alexander Tamanjan**, Jerewans berühmtestem Architekten, steht.

Der **8 Skulpturengarten** des Cafesjian Center präsentiert die disproportionierten Statuen eines *Römischen Kriegers* und einer *Katze* vom Kolumbianer Fernando Botero, einen sitzenden Mann aus lateinischen Buchstaben, geschaffen vom Spanier Jaume Plensa, sowie mehrere Hasen des Briten Barry Flanagan. Schließlich gelangt man zum 572-stufigen **9 Cafesjian Center for the Arts** (S. 160) alias The Cascade. Die 15 kleinen Springbrunnen davor symbolisierten ursprünglich die Republiken der UdSSR, doch seit der Unabhängigkeit Armeniens 1991 stehen sie für die 15 Provinzen des Landes.

Armenian Center for Contemporary Experimental Art KUNSTZENTRUM

(Karte S. 164; ☎ 010-568225; www.accea.info; 1/3 Pavstos Buzand St; ⏲ Di–Sa 11–17 Uhr) GRATIS Das leicht heruntergekommene Kunstzentrum in zentraler Lage mit Blick auf den beliebten Vernissage-Markt ist der Mittelpunkt von Jerewans Avantgarde. Hier werden Konzerte, Vorführungen und Vorträge veranstaltet. In vier Ausstellungsräumen wird mittels verschiedener Medien experimentelle Kunst präsentiert, die häufig politische Züge hat. Am Eingang schmachtet Jerwand Kotschars Figur *Melancholie*.

Howhannes-Tumanjan-Museum MUSEUM

(Karte S. 164; ☎ 010-560021; www.toumanian.am; 40 Moscovyan St; Erw./Kind 500/300 AMD, Führung 2500 AMD; ⏲ Di–Sa 11–16.30, So 11–15.30 Uhr) Dieses Museum widmet sich dem Leben und Werk des außergewöhnlichen Schriftstellers, Übersetzers und Humanisten Howhannes Tumanjan, der häufig als Armeniens größter Dichter bezeichnet wird. Präsentiert werden Ausstellungen über seine Bücher sowie Fotografien und Briefe, die sein Leben dokumentieren – und auch eine Sechs-Zimmer-Rekonstruktion seiner Wohnung in Tiflis.

Armenier finden das Museum sicherlich sehr interessant, aber wer kein Armenisch spricht, hat sicherlich Probleme, den gleichen Eindruck zu bekommen, da es keinerlei englisch- oder anderssprachige Beschreibungen gibt.

☞ Geführte Touren

Envoy Hostel TOUREN

(Karte S. 164; ☎ 010-530369; www.envoyhostel.com; 54 Pushkin St; pro Pers. 9900 AMD) Wer einmal etwas ganz anderes erleben möchte, sollte sich für die informative und unterhaltsame Minibus-Tour durch das Jerewan der Sowjetzeit anmelden, die dieses Hostel montags, mittwochs und samstags von 11 bis 15 Uhr anbietet. Besucht werden der Platz der Republik, der Hauptbahnhof, vor dem Untergang stehende Fabriken, Wohnblocks und andere „großartige" Vermächtnisse der UdSSR. Die Guides lieben es, sich gutmütig über ihre einstigen sowjetischen Oberherren zu amüsieren.

Das Hostel bietet zudem eine geführte Wanderung durch Jerewan (pro Pers. 2000 AMD), mehrere geführte Ausflüge zu Zielen in ganz Armenien, Flughafentransfers und eine beliebte Kombination aus Tour und Transfer zwischen Jerewan und Tiflis mit Zwischenhalt an den Klöstern Sanahin (S. 207), Haghpat (S. 209) und Achtala (S. 208) (pro Pers. 29 900 AMD, 11 Std., Fr).

Yerevan Free Walking Tour TOUREN

(☎ 093-498985; www.yerevanfreewalkingtours.com; ⏲ 17 Uhr) GRATIS Seit 2015 bietet der charismatische armenische Globetrotter Vako Khakhamian täglich „kostenlose" – Trinkgeld wird erwartet – Spaziergänge, die am Platz der Republik starten. Die Tour deckt alle wesentlichen Punkte in der Geschichte Jerewans und Armeniens ab und gipfelt mit einem Bier im Calumet (S. 178). Vako hat auch sowjetische und „alternative" Touren (bis zu 3 Pers. 10 000 AMD, jede zusätzliche Pers. 2000 AMD) und eine ebenfalls „kostenlose" Kneipentour am Wochenende (Juni–Sept.) im Programm.

Yerevan Brandy Company BRENNEREI

(ArArAt; Karte S. 164; ☎ 010-540000; www.araratbrandy.com; 2 Admiral Isakov Ave; 65-min. Führung & Probe 4500–10 000 AMD ⏲ Führungen tgl. 9–20 Uhr nach Vereinbarung) Auf einem Hügel steht die festungsähnliche Brennerei, die den ArArAt-Weinbrand produziert. Täglich werden Führungen und großzügige Proben angeboten. In den Kellern lagern Fässer, die bis ins 19. Jh. zurückreichen, darunter eines, das erst geöffnet wird, wenn es in Bergkarabach zu einem Friedensabkommen kommt. Die 1887 gegründete Destillerie wurde 1999 an den französischen Konzern Pernod Ricard verkauft. Führungen dauern etwa eine Stunde und kosten 4500 AMD, wenn zwei neuere Jahrgänge probiert werden, und 10 000 AMD bei Verkostung von drei alten Jahrgängen. Vom Stadtzentrum aus geht es zu Fuß über die Haghtanak-Brücke und ab Mesrop Mashtots Avenue mit *marshrutka* 5 oder 259 (100 AMD) oder mit dem Taxi (600 AMD) weiter. Die Führung ist mindestens einen Tag im Voraus zu buchen.

Hyur Service TOUREN

(Karte S. 164; ☎ 010-529808; www.hyurservice.com; 96 Nalbandyan St; Tour 11 000 AMD) Das renommierte Unternehmen bietet donnerstags ab 11 Uhr (März–Januar) eine fünf- bis sechsstündige Führung durch das Stadtzentrum. Die Tour führt zu abgelegenen Sehenswürdigkeiten wie Erebuni, Megerian-Teppichmuseum und Yerevan Brandy Company. Hyur Service bietet zudem individuell abgestimmte Ausflüge durch ganz Armenien und nach Nagorny-Karabach, Armeniern als Arzach bekannt, sowie Flughafentransfer und Ferienwohnungen.

Feste & Events

Wardawar KULTUR

(Juni/Juli) An einem Sonntag im Hochsommer, 98 Tage (14 Wochen) nach Ostern, steigt dieses Fest, bei dem junge, mit Eimern „bewaffnete" Banden die Passanten mit Wasser bespritzen. Empfindliche Naturen bleiben an diesem Tag im Haus.

Golden Apricot Yerevan International Film Festival FILM

(www.gaiff.am; Juli) Dieses hochkarätige Filmfestival findet seit 2004 jedes Jahr statt, und zwar im Moskau-Kino (Moskva kinotatron) am Charles-Aznavour-Platz (S. 170).

Yerevan Jazz Fest MUSIK

(Okt./Nov.) Alljährlich im Herbst treten auf einigen der spektakulärsten Bühnen der Stadt – beispielsweise in der Aram-Chatschaturjan-Konzerthalle im Opernhaus und im Karen-Demirtschjan-Komplex in der Nähe des Genozid-Museums – einheimische und internationale Stars des Jazz auf. Hier spielten bereits die Grammy-Gewinner Dee Dee Bridgewater, Marcus Miller, Arturo Sandoval, Gonzalo Rubalcaba und Arto Tuncboyaciyan.

Schlafen

Jerewan hat zahlreiche Übernachtungsmöglichkeiten in allen Preisklassen, und in zahlreichen Wohngebäuden gibt es preisgünstige Airbnb-Angebote. Die Preise in der Nebensaison gelten normalerweise für alle Unterkünfte im Zeitraum von November bis März, zwischen Juni und Oktober sind die Preise naturgemäß höher.

Envoy Hostel HOSTEL $

(Karte S. 164; 010-530369; www.envoyhostel.com; 54 Pushkin St; B 5900–8000 AMD, EZ mit Bad 17 000–23 000 AMD, EZ ohne Bad 12 000–20 000 AMD, DZ mit Bad 20 000–23 000 AMD, DZ ohne Bad 17 000–20 000 AMD;) Die exzellente Lage und das hilfsbereite Personal machen dieses seit Langem bestehende Backpacker-Hostel zur beliebten Wahl. Es gibt viele Einzel- und Doppelzimmer sowie neun gemischte Schlafsäle mit Spinden (Vorhängeschlösser muss man selbst mitbringen), festen Matratzen und Leselampen; jene im Untergeschoss sollten eher gemieden werden. Die Gemeinschaftsbäder sind sauber und gepflegt, wenn auch zu wenige vorhanden sind. Der Aufenthaltsraum und die Küche werden gern aufgesucht.

Umba HOSTEL $

(Karte S. 164; 010-542131; www.umbastay.com; 5 Belyakov St; B/DZ 3000/9000 AMD;) Ein sauberes, erschwingliches und recht charakterloses Hostel in einem ruhigen Innenhof nahe der Abovyan-Straße. Es hat drei Schlafsäle – einen mit vier und zwei mit acht Betten – und ein paar Doppelzimmer. Zu den gravierenden Nachteilen gehören der Mangel an natürlichem Licht in den meisten Räumen, lediglich zwei Toiletten und eine fehlende Klimaanlage. Insgesamt ist das Umba aber eine vernünftige Option für den schmalen Geldbeutel.

Yerevan Hostel HOSTEL $

(Karte S. 164; 010-547757; https://hostelinyerevan.com; 5 Tpagrichner St; B 4000 AMD, DZ ohne Bad 14 000–17 000 AMD, mit Bad 18 000–22 000 AMD;) Im Untergeschoss eines heruntergekommenen Wohnblocks bietet dieses Hostel zwei Schlafsäle (einen mit acht Betten und einen nur für Frauen mit vier Betten) und neun Doppelzimmer, verteilt auf zwei Gebäude. Die Zimmer wurden zwar vor Kurzem renoviert, aber bei unserem Besuch verströmten die Rohre in den Bädern einen merkwürdigen Geruch. Die Angestellten sind sehr zuvorkommend und bieten Touren und Transporte zu Destinationen in ganz Armenien an.

★ **Azoyan Guest House** GÄSTEHAUS $$

(Karte S. 164; 098-566640, 010-566649; www.azoyanguesthouse.am; 32 Hanrapetutyan St; EZ/DZ/3BZ 27 000/32 000/34 000 AMD;) B&Bs werden selten als elegant und stilvoll bezeichnet, aber beides trifft hier mit Gewissheit zu. In einer fantastischen Lage zwischen Platz der Republik und Vernissage-Markt gelegen, bietet das Azoyan drei schön dekorierte Gästezimmer mit großen Betten, Satelliten-TV und Schreibtisch. Es gibt weder Lounge noch Außenanlagen, aber das großzügige Bio-Frühstück macht das vielleicht wieder wett.

Villa Delenda B&B $$

(Karte S. 164; 010-561156; www.familycarearmenia.org/en/hotels; 22 Koghbatsi St; EZ/DZ 25 000/35 000 AMD) Nur wenige historische Wohnhäuser haben in Jerewan die Sowjetzeit überstanden, aber dank des italienischen Honorarkonsuls Antonio Montalto blieb dieses wunderschön restaurierte Haus aus dem Jahr 1906 als charmantes B&B in bester Lage erhalten. Die Zimmer sind mit Stilmöbeln elegant dekoriert und verfügen über komfortable Betten. Unten verkauft ein Laden handgefertigte Töpferwaren von Kunsthandwerkern aus Gjumri.

Tufenkian Historic Yerevan Hotel HOTEL **$$**
(Karte S. 164; 010-60501010; www.tufenkianheritage.com; 48 Hanrapetutyan St; EZ 35 000–91 000 AMD, DZ 47 000–105 000 AMD;) Obwohl es sich selbst als „historisches" Hotel bezeichnet, ist das Tufenkian ein Neubau und wurde erst 2012 eröffnet. Die Gästezimmer sind groß, haben exzellente Bäder und komfortable Betten. Die handgewebten Teppiche und Wolldecken in jedem Zimmer sorgen für heimeliges Flair; im Schauraum unten kann man Frauen bei der Teppichherstellung zuschauen. Zum Hotel gehören ein Swimmingpool, das hervorragende Kharpet Restaurant (S. 175) und ein Café im Foyer.

Republica Hotel HOTEL **$$**
(Karte S. 164; 011-990000; www.republicahotel.am; 7 Amiryan St; EZ 46 000–85 000 AMD, DZ 51 000–95 000 AMD, Suite 64 000–128 000 AMD;) Das Republica bietet 56 etwas beengte Standardzimmer sowie eine Reihe von luxuriöseren Zimmern und Suiten, die die Mehrausgabe wert sind. Die Gästezimmer sind elegant und haben über den Betten schönen Wandschmuck – zudem bieten einige einen herrlichen Blick auf den Berg Ararat. Im Erdgeschoss gibt es ein stilvolles Restaurant (Hauptgerichte 2900–7500 AMD) sowie eine schicke Freiluftbar mit Dargett-Bier vom Fass.

My Hotel Yerevan HOTEL **$$**
(Karte S. 164; 010-600708; www.myhotel.am; 47 Nalbandyan St; EZ 23 000–34 000 AMD, DZ 26 500–37 500 AMD;) In einer Ecke eines Hinterhofs am Stadtrand versteckt sich dieses kleine Hotel. Die zwölf schön gestalteten Zimmer haben Satelliten-TV sowie Wasserkocher für die Tee- und Kaffeezubereitung. Da die Standardzimmer eher klein sind, lohnt es sich, etwas mehr für ein Deluxe-Zimmer auszugeben. Das Frühstücksbüfett befindet sich im Untergeschoss – im hübschen Hof residiert eine Katze.

Paris Hotel HOTEL **$$**
(Karte S. 164; 060-600060; www.parishotel.am; 4–6 Amiryan St; Zi. 39 000–79 000 AMD, Suite 135 000–169 000 AMD;) Es ist vielleicht nicht das stilvollste unter den neu eröffneten Hotels im Stadtzentrum, aber das Paris hat eine Menge zu bieten. Zu den Pluspunkten gehören die tolle Lage unweit des Platzes der Republik, das zuvorkommende Personal, ein Fitnesszentrum und ein schönes Dachrestaurant (Hauptgerichte 3200–7400 AMD) sowie die geräumigen Zimmer mit Satelliten-TV, Wasserkocher für die Tee- und Kaffeezubereitung und Schreibtisch.

Best Western Congress HOTEL **$$**
(Karte S. 164; 010-591199; www.congresshotelyerevan.com; 1 Italia St; EZ 47 000–57 000 AMD, DZ 52 000–67 000 AMD;) Das Congress mit Blick auf einen Park nahe dem Platz der Republik hat eine funkelnde neue Lobby mit Bar und ein neues Restaurant der in Moskau lebenden Armenierin Gayane Breiova. Die Zimmer sind zwar etwas langweilig, aber mit seinem riesigen Pool und seinem Fitnesszentrum ist dieses Hotel doch eine exzellente Option für Geschäftsreisende und Familien, besonders im Sommer.

Europe Hotel HOTEL **$$**
(Karte S. 164; 010-546060; www.europehotel.am; 32–38 Hanrapetutyan St; EZ 44 000 AMD, DZ 50 000 AMD, Suite 75 000–90 000 AMD;) Die Mitarbeiter in diesem zentral gelegenen Vier-Sterne-Hotel sind so zuvorkommend wie effizient, und das Hotel selbst wird mit großer Professionalität geführt. Die Gästezimmer sind ziemlich beengt und haben unscheinbares und veraltetes Dekor, sie sind aber gut ausgestattet, und die Betten sind komfortabel. Das Frühstücksbüfett ist großzügig bemessen, die Lobbybar ist bis Mitternacht geöffnet.

The Alexander LUXUSHOTEL **$$$**
(Karte S. 164; 011-206000; www.marriott.com; 3/4 Abovyan St; DZ/Superior/Deluxe 150 000/175 000/1,7 Mio. AMD;) Jerewans opulentestes Hotel lohnt einen Blick auch für alle, die sich eine Übernachtung hier nicht leisten können. Für die Fassade wurde ein historisches Gebäude aus dem 18. Jh. Ziegelstein für Ziegelstein umgesetzt. Das Alexander ist der Gipfel des Luxus und bietet Gästezimmer mit goldenen und schwarzen Akzenten, einen Pool, ein Fitnesszentrum und eine finnische Sauna. Das noble Restaurant mit Bar im Penthouse steht auch Nicht-Hotelgästen offen (Hauptgerichte 3700–10 000 AMD).

Armenia Marriott Hotel HOTEL **$$$**
(Karte S. 164; 010-599000; www.marriott.com; 1 Amiryan St; Zi. 62 000–150 000 AMD, Suite 245 000–1 Mio. AMD;) Dieses prächtige rosafarbene Tuffsteingebäude mit Blick auf den Platz der Republik ist eine

STADT OHNE GEDÄCHTNIS

Vor nicht allzu langer Zeit war Jerewans Zentrum voller schöner Büro- und Wohngebäude aus dem 19. Jh., und in den umliegenden Vierteln standen viele hübsche Holzhäuser. Doch die meisten dieser Bauten wurden abgerissen, um Platz für hässlische vielstöckige Gebäude örtlicher Oligarchen zu schaffen. Seit der Samtenen Revolution von 2018 hat die Stadtregierung gut daran getan, weitere Zerstörungen zu verhindern, aber es ist bereits großer Schaden entstanden – es gibt kaum mehr Zeugnisse aus präsowjetischer Zeit.

Eines der wenigen Viertel aus dem 19. Jh., die noch relativ intakt sind, ist Kond in der südwestlichen Ecke des Stadtzentrums. Der baufällige Holzhausbestand sieht – vorerst – fast genauso aus wie vor einem Jahrhundert. Um die verwinkelten Gassen zu erkunden, geht man einfach von der Paronian- oder der Sarian-Straße einen der steilen gepflasterten Hänge hoch.

Institution aus der Sowjetära; Gerüchten zufolge wurden einige Zimmer verwanzt, um ausländische Diplomaten auszuspionieren. Die UdSSR ist inzwischen Geschichte, und das Marriott ist ein respektables Hotel, das sein Alter nicht verheimlichen kann. Der neue Swimmingpool ist lobenswert, aber die Zusatzkosten für Frühstück (7200–12 000 AMD) und WLAN (pro Std. 1800 AMD) sind ärgerlich.

Essen

Jerewan ist voll von exzellenten Lokalen für armenische Küche, aber dafür sind gute internationale Restaurants schwieriger zu finden (das Essen sieht für gewöhnlich besser aus, als es schmeckt). Schnelle Imbisse sind beispielsweise *lahmajoon* (dünne Pizza mit Hackfleischbelag), *shawarma* (arabisches Wrap), *jingalov hats* (mit Kräutern und Gemüse gefülltes Fladenbrot) und Pizzas von **Tashir Pizza** (Karte S. 164; ☎ 010-511119; www.tashirpizza.am; 37 Hanrapetutyan St; Pizzastücke 200–420 AMD, nach Bestellung belegte Pizzas 450–790 AMD; ⏰ 10–24 Uhr; 📶).

Twelve Tables CAFÉ $

(Karte S. 164; 5 Alexander Spendiaryan St; Hauptgerichte 1800–2700 AMD; ⏰ 12–22 Uhr; 📶 🌱) Durch einen Kunsthandwerksladen gelangt man in diese niedliche Teestube, deren skurriles Dekor an das Wohnzimmer einer Oma erinnert. Im preiswerten Angebot stehen Baguettes, Pasta, Waffeln, Salate und vegane Burger. Zudem gibt es eine große Auswahl an Blatt-Tees und Milchshakes, frisch gepressten Säften und sehr guter hausgemachter Limonade. Sehr zuvorkommende Bedienungen.

Anteb ARMENISCH $

(Karte S. 164; ☎ 010-530988; 30 Koghbatsi St; Mezes 450–2500 AMD, Pides 700–2600 AMD, Kebabs 2500–4600 AMD; ⏰ 10.30–23.30 Uhr; ❄ 📶) Das Anteb, eines der beliebtesten Restaurants der Stadt, serviert „westarmenische" Gerichte, die türkischen ähneln. Dekor und Service sind uninspiriert, aber das macht nichts – denn jeder ist auf die leckeren Mezes, Salate, Pides (Fladenbrote), *fatayer* (gefüllte Teigtaschen), *lahmajoon* und Kebabs fixiert. Baklava (in Honig eingelegtes Gebäck) zum Abschluss ist ein Muss.

Lahmajun Gaidz NAHÖSTLICH $

(Karte S. 164; ☎ 077-332118; 5 Nalbandyan St; Hauptgerichte 300–1500 AMD; ⏰ 10.30–19 Uhr; 📶) Das syrisch-armenische Restaurant tut dem Herzen ebenso gut wie dem Magen. Die Familie, die es führt, floh im Jahr 2013 aus Aleppo, und ihre Rezepte für *lahmajoon* und *Za'atar* (Gewürzmischung aus Oregano, Thymian und Majoran)-Brot gehören zu den besten der Stadt. Familienmatriarchin Salpy empfängt ihre Gäste immer mit einem feundlichen Lächeln und ist sehr gerne bereit, Empfehlungen zu geben.

Das Lahmajun Gaidz ist etwa schwer zu finden. In der Nalbandyan-Straße sollte man nach der offenen Tür Ausschau halten, neben der der Name mit Kreide angeschrieben steht, und dann die Treppe hinuntergehen. Das Lokal befindet sich links.

Jingalov Hats VEGETARISCH $

(Karte S. 164; ☎ 010-582205; 62 Teryan St; 700 AMD; ⏰ 10–22 Uhr; 🌱) Wer nicht weiß, was er essen soll, liegt mit einem *jingalov hats* – dem einzigen Angebot in diesem kleinen Restaurant – immer richtig. *Jingalov hats* ist ein weiches Fladenbrot, das mit mindestens einem Dutzend Kräuter gefüllt wird, dazu trinkt man *tan* (saures Joghurtgetränk). Der vegetarische Snack stammt aus Bergkarabach (ein zwischen Armeniern und Aserbaidschanern umstrittenes Gebiet), das hier mit einem deckenhohen Wandgemälde repräsentiert ist.

Khinkali
GEORGISCH $

(Karte S. 164; ☎010-521940; 21/3 Tumanyan; chinkali 330–640 AMD; ⌚9.30–24 Uhr; 📶) Das beste Lokal in Jerewan, um gekochte oder gebratene *khinkali* bzw. *chinkali* (georgische Teigtaschen) zu probieren. Um eine Teigtasche mit Rindfleischfüllung auf die traditionelle Art und Weise zu essen, wird die zusammengedrehte Spitze in die Hand genommen, die Teigtasche aufgebissen, der suppige Inhalt herausgeschlürft und der Rest gegessen. Die Spitze wird von den meisten danach weggeworfen. Schmackhaft sind auch mit Seewolf, Hühnchen oder Ei und Estragon gefüllte *chinkali*.

Grand Candy
SÜSSIGKEITEN $

(Karte S. 164; www.grandcandy.am; 54 Mesrop Mashtots Ave; Süßigkeiten ab 100 AMD; ⌚10–20 Uhr; ❄👪) Werden armenische Kinder nach ihrem Lieblingsort gefragt, rufen sie aller Wahrscheinlichkeit nach aufgeregt: „Grand Candy!" Dieser Süßigkeitenladen mit Café ist (natürlich) mit Bonbonfarben bemalt und hat einen Spielzeugzug, der auf Schienen fährt, die von der Decke hängen. Es gibt Bonbons, Schokolade und Eiscreme, aber ein Muss sind die *ponchik* (armenische Krapfen mit Cremefüllung) für 100 AMD.

Green Bean
VEGETARISCH $

(Karte S. 164; ☎010-529279; https://www.facebook.com/tgbyerevan/; 30 Isahakyan St; Salate 1100–2800 AMD, Bagels & Sandwiches 1400–2700 AMD; ⌚8.30–23 Uhr; 📶✏) Sein Herz hat es am rechten Fleck, aber es wäre zu wünschen, dass der Kaffee und das Essen in diesem modernen Café unterhalb der Cascade besser wären. Im Angebot stehen zahlreiche vegetarische und vegane Salate und Sandwiches (viele aus Bio-Produkten) sowie Bio-Tee und -Kaffee (Filterkaffee und Espresso). Eine zweite Niederlassung befindet sich in der **Amiryan-Straße** (Karte S. 164; 10 Amiryan St; ⌚8.30–23 Uhr; 📶✏).

★ Lavash
ARMENISCH $$

(Karte S. 164; ☎010-608800; 21 Tumanyan St; Hauptgerichte 1200–6000 AMD; ⌚8.30–24 Uhr; 📶) Ohne Reservierung ist es schwer, einen Tisch zu ergattern, aber das Lavash ist zu Recht so beliebt. Von *ghapama* (gefülltem Kürbis) mit Trockenfrüchten, Nüssen und Lavash-Brot bis zum gigantischen „Guinness-Weltrekord"-*gata* (Butterkuchen), den man selbst gesehen haben muss, um daran zu glauben (aber niemals komplett aufessen kann), ist alles frisch zubereitet und Instagram-tauglich präsentiert. Trotz des Spitzenerlebnisses sind die Preise vernünftig.

At Gayane's
ARMENISCH $$

(Karte S. 164; ☎010-530320; 35b Tumanyan St; Hauptgerichte 1200–5500 AMD; ⌚11–23 Uhr) Wenn keine Möglichkeit besteht, ein hausgemachtes armenisches Abendessen zu erleben, ist dieses versteckt gelegene Restaurant die nächstbeste Option, denn das Essen wird mit viel Herzblut zubereitet, Das Ambiente erinnert sehr stark an das Wohnzimmer einer Großmutter und traurigerweise starb 2019 die echte Großmutter, die beliebte Gayane. Daraufhin kaufte ein Stammgast das Lokal und führt danach deren Erbe fort.

Man findet es, indem man in die Gasse neben dem Jazzve geht, dann am Zaun vorbei und auf der rechten Seite nach dem Schild Ausschau hält.

Eat & Fit
GESUNDE KÜCHE $$

(Karte S. 164; ☎011-588080; 80 Aram St; Hauptgerichte 1800–5500 AMD; ⌚8.30–24 Uhr; 📶✏) Für eine Quinoa-Schale, einen Avocado-Toast oder „Detox"-Säfte kommen die hippen und gesundheitsbewussten Jerewaner in dieses angesagte Café – mit Blick auf den Park. Auf der großen Speisekarte stehen viele frische, vegane und vegetarische Optionen samt Nährstoffangaben. Das Mittagsangebot wechselt täglich. Auf der Terrasse lässt es sich vortrefflich Leute beobachten, zudem ist der Innenraum ideal, um am Laptop zu arbeiten.

Gouroo
GESUNDE KÜCHE $$

(Karte S. 164; ☎011-222040; 13 Sarian St; Hauptgerichte 3300–5900 AMD; ⌚8.30–24 Uhr; 📶) Das Haus eines Jerewaner Architekten wurde zu diesem ausgezeichneten, legeren Restaurant umgebaut, das leichte Gerichte ohne Zuckerzusatz, raffinierte Öle und Konservierungsmittel anbietet. Es gibt auch eine gute Auswahl an lokalen Weinen und anderen Getränken, aber das größte Highlight des Gouroo ist der schattige Garten nach hinten raus – perfekt für einen gemütlichen Drink am Nachmittag oder um sich von einer gelegentlichen Live-Jazz-Show unterhalten zu lassen.

Kharpert Restaurant
ARMENISCH $$

(Karte S. 164; ☎060-501030; www.tufenkianheritage.com; 48 Hanrapetutyan St; Hauptgerichte 2000–4600 AMD; ❄📶) In Jerewans Tufenkian Hotel befindet sich dieses elegante Lokal, in dessen Mitte ein offener Kamin

CHATSCHKARE

Die Unesco hat die armenischen *chatschkare* in die Liste des immateriellen Kulturerbes aufgenommen. *Chatschkare* sind im Freien stehende Stelen, die von Handwerkern in Armenien und in Gemeinden in der armenischen Diaspora aus Stein gehauen wurden. Sie dienen als Gedächtnissteine und Zentren der Gottesverehrung und sind mit gemeißelten Kreuzen verziert, die häufig auf einem Sonnensymbol oder einem Rad der Ewigkeit stehen. Auch geometrische Motive, Blumen, Heilige und Tiere schmücken manchen *chatschkar*. Die mit Meißel, Gussformen, spitzen Stiften und Hammer bearbeiteten Steine sind bis zu 1,50 m hoch und gelten vielen Armeniern als heilig. Im ganzen Land gibt es schätzungsweise mehr als 50 000 solcher Exemplare.

In Jerewan ist es möglich, in einem traditionellen Steinmetzbetrieb in der Aram-Straße (zwischen Teryan- und Koghbatsi-Straße) bei der Verzierung von *chatschkaren* zuzusehen. Die mittelalterlichen Klöster überall im Land haben alle eine ganze Reihe von *chatschkaren*; besonders schöne Exemplare gibt es in den Klöstern Makaravank, Haghartsin (S. 211) und Goshavank (S. 214). Am beeindruckendsten ist der windgepeitschte Friedhof voller *chatschkare* in Noratus (S. 216) in der Nähe des Sewansees.

steht. Das Kharpert serviert saisonale Küche, darunter moderne Versionen traditioneller westarmenischer Gerichte, wie sie sonst kaum zu finden sind. Daneben gibt es ein paar internationale Favoriten wie Burger und Steaks. Die Portionen sind klein, die Qualität ist aber exzellent.

Karma INDISCH **$$**

(Karte S. 164; ☎ 010-589215; www.karmarestaurantarmenia.com; 65 Teryan St; Hauptgerichte 2560–6560 AMD; ⌚ 11–23 Uhr; ❄ 📶) Der südindische Koch, der das Karma führt, kreiert unglaublich köstliche Currys, Tikkas und Biryanis sowie ein schmackhaftes nussiges Korma. Allerdings sind die Preise weitaus gesalzener als irgendwo auf dem Subkontinent. Das Ambiente ist schummrig-intim mit nur einer Handvoll Tische. Die Bedienungen sind freundlich. Nur Barzahlung.

Aperitivo CAFÉ **$$**

(Karte S. 164; ☎ 010-586584; 1a Tamanyan St; Hauptgerichte 2000–6000 AMD; ⌚ 7–2 Uhr; ❄ 📶) Dieses hervorragende Café am Skulpturengarten des Cafesjian Center ist ein verständlicherweise beliebter Ort, um einen farbenfrohen Cocktail aus einem Glas in Totenkopfform zu schlürfen oder einen Happen zu essen. Auf der internationalen Speisekarte stehen Salate, Sandwiches, Pasta, Pizzas und Fleischgerichte, die alle schön angerichtet werden. Der armenische Salat mit Ziegenkäse, Erdbeeren und Nüssen ist ein köstlicher Genuss im Sommer.

Tavern Yerevan ARMENISCH **$$**

(Pandok Yerevan; Karte S. 164; ☎ 010-545545; www.pandokyerevan.com; 5 Amiryan St; Hauptgerichte 1100–3800 AMD; ⌚ 9.30–24 Uhr; ❄ 📶 👪) Um das Beste aus diesem traditionell armenischen Speiseerlebnis zu machen, ist großer Appetit und die Bereitschaft, sich lautstark unterhalten zu lassen, nötig. Das besonders bei großen Gruppen und einheimischen Familien beliebte Restaurant bietet eine große Auswahl an *khoravats*, herzhaften Platten für mehrere Personen, flotten Service und dienstags bis samstags ab 19.30 Uhr Livemusik.

Abovyan 12 ARMENISCH **$$**

(Karte S. 164; ☎ 010-580658; 12 Abovyan St; Gerichte 1200–6500 AMD; ⌚ 10–24 Uhr; 📶 👪) Durch den verführerischen Kunsthandwerksladen Dalan geht es in einen üppig grünen Innenhof mit Kunstwerk, niedlichen Tischen und einer zentralen Bühne, auf der gelegentlich Musikkonzerte gegeben werden. Das Speisenangebot ist typisch armenisch: immer frisch, ansehnlich und nicht zu teuer. Darüber befindet sich ein eleganter Gastraum und eine kleine Kunstgalerie mit Wechselausstellungen.

Wine Republic INTERNATIONAL **$$**

(Karte S. 164; ☎ 055-001100; 2 Tamanyan St; Hauptgerichte 3300–12 900 AMD, panasiatisch 3500–6200 AMD; ⌚ 12–24 Uhr; ❄ 📶) Bei Wine Republic ist man sich der geografischen Lage Armeniens zwischen Asien und Europa sehr bewusst. Das Restaurant hat eine Karte mit panasiatischer Küche und eine andere mit internationalen Klassikern wie Käse, Pasta, Burger und Salaten. Getreu dem Namen des Lokals kennen die Kellner ihre Weine und führen die Gäste durch die riesige Auswahl (eine wirkliche Weinkarte gibt es hier allerdings nicht). Der Eingang befindet sich an der Isahakyan-Straße.

In der Northern Avenue existiert ein zweites Restaurant, **Thaiwine Republic** (Karte S. 164; ☎ 055-001001; 10/1 Northern Ave; Hauptgerichte 3500–6200 AMD, Dim Sum 2000–5800 AMD; ⏲ 7–24 Uhr;), mit einem mehr panasiatisch orientierten Speisenangebot.

Tapastan Yerevan TAPAS **$$**
(Karte S. 164; ☎ 010-521932; 6 Sarian St; kleine Gerichte 2500–9900 AMD; ⏲ 12–24 Uhr;) In diesem beliebten Lokal, das sich auf Wein und kleine, tapasähnliche Gerichte spezialisiert hat, genießen die Gäste kleine Burger, Kabeljaufilets oder armenisches *tzhvzhik* (gehackte Rinderleber). Die Gerichte – die einzeln oder im Trio serviert werden – sind eher akzeptabel als vorzüglich, aber die internationale und armenische Weinkarte, die freundlichen Bedienungen und die schöne Terrasse lohnen den Besuch allemal, vor allem an einem warmen Sommerabend.

★ **The Club** INTERNATIONAL **$$$**
(Karte S. 164; ☎ 010-531361; www.theclub.am; 40 Tumanyan St; Hauptgerichte 3300–9600 AMD; ⏲ 12–24 Uhr;) Dieses schicke Kellerrestaurant bietet armenisch-französische Fusionsküche. Auf der saisonalen Speisekarte stehen Salate, traditionelle ländliche Kost, beispielsweise *dolma* (gefüllte Weinblätter) und *manti* (Fleischravioli mit Joghurt), im Ofen gegarten Fisch und Steaks, die am Tisch auf heißen Steinen gebrutzelt werden. Es lohnt sich, etwas Appetit für die besonders leckeren Desserts aufzusparen. An den meisten Abenden wird Livemusik gespielt.

The Club besitzt noch zwei weitere Räumlichkeiten: eine Lounge mit Sitzsäcken und ein Café, in dem Pizzas (1900–2500 AMD), Burger (2500 AMD) und Wraps (800–950 AMD) serviert werden. Beide sind durch einen zweiten Eingang an der Alexander-Spendiaryan-Straße zu erreichen.

★ **Ankyun** ITALIENISCH **$$$**
(Karte S. 164; ☎ 010-544606; www.ankyun.am; 4 Vardanants St; Pizzas 4000–5200 AMD, Nudelgerichte 3600–6200 AMD, Hauptgerichte 4200–8200 AMD; ⏲ 12–23 Uhr;) Werden einheimische Feinschmecker nach dem besten Italiener in der Stadt gefragt, nennen sie unweigerlich dieses Restaurant. Der Küchenchef kreiert aus saisonalen Produkten Pizzas, Antipasti, Pasta, Grillgerichte und exzellente Versionen von Dessertklassikern wie Tiramisu und Pannacotta. Das Dekor erinnert an die Toskana; das Personal ist professionell und zuvorkommend.

Dolmama's ARMENISCH **$$$**
(Karte S. 164; ☎ 010-561354; www.dolmama.am; 10 Pushkin St; Hauptgerichte 6500–13 000 AMD; ⏲ 11–23 Uhr) Das Dolmama's in einem rustikalen Wohnhaus aus dem 19. Jh. wird häufig als Jerewans bestes Restaurant bezeichnet. Die Küche konzentriert sich auf ostarmenische Gerichte mit besonderem Flair wie *dolma*, *khashlama* (in Wein geschmortes Fleisch) und *khoravats* mit Maulbeersoße. Die Weinauswahl ist exzellent und strikt armenisch. Hier speiste schon internationale Prominenz wie Hillary Clinton, Wladimir Putin und George Clooney.

Ausgehen & Nachtleben

Im Sommer geht die Sonne erst spät unter, und der nächtliche Spaß hört erst viel, viel später auf. In der ganzen Innenstadt tobt das Nachtleben, und manchmal gibt es auch improvisierte Shows in verlassenen Gebäuden, die noch aus der Sowjetzeit stammen. Eine gute Idee ist es, sich vorab bei Facebook über die aktuellen Events zu informieren, ehe man aufbricht.

★ **Mirzoyan Library** CAFÉ
(Karte S. 164; ☎ 096-888320; www.facebook.com/mirzoyanphotolibrary; 10 Mher Mkrtchyan St; ⏲ 12–24 Uhr, Fotobibliothek Di–So;) Die Mirzoyan Library, die man durch einen Torbogen eines Gebäudes (19. Jh.) betritt, das einst sowjetische Literaten beherbergte, ist viel mehr als nur ein Café. Es ist auch eine Bibliothek für Fotobände (die erste im Südkaukasus), kultureller Treffpunkt und Bar, in der Künstler zeichnen, schreiben oder – auf einem der schönsten Holzbalkone der

FREILUFT-CAFÉS MACHEN DAS LEBEN SCHÖNER

Café-Hopping ist in Jerewan eine Art Freestyle-Sport, vor allem im Sommer. Die populärsten Open-Air-Cafés befinden sich rund um den Opernplatz, in der Isahakyan-Straße, in der Tamanyan-Straße vor der Cascade (S. 160) und im Park südwestlich vom Platz der Republik (S. 167). Überall in der Stadt verkaufen zahlreiche Stände und Trucks Coffee-to-go. In der Parpetsi-Straße gibt es sogar einen Café-Bus.

Stadt – mit einem Caffè Latte oder einem Cocktail in der Hand diskutieren. Im Hof darunter legen zuweilen DJs auf.

★ Gemini CAFÉ
(Karte S. 164; ☎ 010-538814; 31 Tumanyan St; ⏲ 9–24 Uhr; 📶) Mit dem Ambiente und Flair eines Pariser Boulevard-Cafés hält das Gemini seine Stammkundschaft mit dem besten Kaffee der Stadt (wir lieben den armenischen und den Eiskaffee) und einer Auswahl an Crêpes (die mit Nutella ist legendär) bei Laune. Im Laden nebenan werden die Kaffeebohnen geröstet und verkauft.

★ In Vino WEINLOKAL
(Karte S. 164; ☎ 010-521931; https://www.facebook.com/InVinoEVN/; 6 Sarian St; ⏲ 11–24 Uhr; 📶) Die beliebte Weinbar bietet eine große Auswahl an Neue-Welt- wie Alte-Welt-Weinen aus Frankreich, Italien, Portugal, Südafrika und – mit Stolz – Armenien. Zu den Rebensäften im Glas oder in der Flasche gibt es Platten mit Käse oder *salume* (Wurstwaren wie Salami), *basturma* (Rinderdörrfleisch mit gemahlenem rotem Pfeffer) und Oliven. Die Barhocker drinnen und die Plätze auf dem Gehsteig schaffen ein wunderbares Ambiente.

Calumet BAR
(Karte S. 164; ☎ 099-881173; 56a Pushkin St; ⏲ 17–2 Uhr; 📶) Das immer gut besuchte Calumet (französisch für „Friedenspfeife“) ist ein Favorit unter den Diaspora-Armeniern und ein prima Ort, um es sich auf den Kissen bequem zu machen und bei einem Kilikia-Bier zu plaudern. Die freundlichen Mitarbeiter sorgen mit toller Musik für Stimmung und hüpfen sogar umher, um die Menge mitzureißen. Spätabendliche Tanzpartys sind an jedem Tag der Woche sehr wahrscheinlich.

Die Gäste betreten das Lokal durch die Holztür an der Straße und steigen dann die schummrig beleuchtete Treppe hinab.

2nd Floor COCKTAILBAR
(Karte S. 164; ☎ 044-202223; 3/1 Abovyan St; ⏲ 12–2 Uhr; 📶) Die Bar, die sich auf derselben Etage befindet wie ein Platten- und ein Teppichladen, ist einer von Jerewans flippigsten Orten für einen Drink. Das Vintage-Schallplatten-Thema zieht sich durch die verschiedenen Räume und Balkone bis hin zur Scheibe auf der Speisekarte, auf der die Gäste durch Drehen ihren Cocktail auswählen. Zu essen gibt es internationale Gerichte, beispielsweise Wokgerichte, kleine Burger und Salate.

Um hierher zu kommen, durch den Torbogen mit der Aufschrift „Carpets“ gehen und die Treppe mit dem Schild „Vinyl Store“ am oberen Ende hochsteigen.

Dargett BRAUEREI
(Karte S. 164; ☎ 060-757473; https://dargett.com; 72 Aram St; ⏲ 11–24 Uhr; 📶) Die Craft-Bier-Revolution hat inzwischen auch Jerewan erreicht. Die große Dargett-Brauerei bietet über 20 verschiedene Biere vom Fass, darunter ein großartiges Pilsener und – natürlich – Aprikosenbier. In der Regel ist das Lokal innen und außen voller Jerewaner, die aus Probiergläschen trinken oder sich das Kneipenessen schmecken lassen. Die Biere sind in mehreren Bars und Restaurants in ganz Armenien erhältlich.

Simona COCKTAILBAR
(Karte S. 164; ☎ 095-426619; 80 Aram St; ⏲ 19–2 Uhr; 📶) Die Samtene Revolution ist in diesem Etablissement – zugleich Cocktailbar und Schallplattenclub – gesund und munter. In dem von viktorianischen Lampenschirmen rot beleuchteten Raum sitzen trendige und stilbewusste Jerewaner auf Samtstühlen und trinken innovative Cocktails wie Brandy mit Aprikosenmarmelade oder Whisky mit wildem Thymian. Trotz der Enge wird nach Mitternacht fast immer getanzt.

Kond House BAR
(Karte S. 164; ☎ 091-013801; 46 Leo St; ⏲ 18–2 Uhr; 📶) Die Bar in einer Villa, die einst einem sowjetischen Funktionär gehörte, fühlt sich sehr nach einem Partykeller an. Die Gäste können am Küchentresen Bier trinken, Tischfußball spielen, Wodka aus eigener Herstellung (im Keller gebrannt) schlürfen und auf Nachfrage sogar hier übernachten. Im Innenhof oben steigen im Sommer Poolpartys mit frischem Grillfleisch.

Artbridge Bookstore Café CAFÉ
(Karte S. 164; ☎ 010-521239; www.artbridge.am; 20 Abovyan St; ⏲ 8.30–24 Uhr; 📶) Hier gibt es keinen Schnickschnack – nur guten Kaffee aus der French Press, Lektüre (auch ein paar englische Bücher) und eine ruhige Atmosphäre. Das Essen ist eher fade und kostspielig, was schade ist, denn Personal und Ambiente sind ziemlich nett.

Jazzve CAFÉ
(Karte S. 164; ☎ 095-559903; 35 Tumanyan St; ⏲ 10–24 Uhr; 📶) Ein *jazzve* ist ein langstieliger Topf, in dem starker armenischer Kaffee gebraut wird, und diese beliebte Cafékette

ist auf diesen Kaffee spezialisiert. Daneben gibt es aber auch Espresso, eine große Teeauswahl, Snacks, Eisbecher, Smoothies und Cocktails. Weitere Filialen sind über das ganze Stadtgebiet verteilt.

☆ Unterhaltung

Das Opernhaus präsentiert regelmäßig hochrangige Produktionen zu erschwinglichen Preisen. Die Eintrittskarten beginnen häufig schon bei 1000 bis 2000 AMD und sind westlich vom Opernhaus erhältlich. Jazz ist in Jerewan schon seit vielen Jahrzehnten ziemlich populär und wird nach wie vor jeden Abend in den Clubs und Restaurants der Stadt gespielt.

Malkhas Jazz Club JAZZ
(Karte S. 164; ☎010-535350; 52 Pushkin St; 2000 AMD; ⌚11–1 Uhr) Zunächst ist zu erwähnen, dass 2015 die Kardashian-Schwestern einen Abend im Malkhas verbracht haben. Dies könnte eine Empfehlung sein, aber auch eine Warnung – jeder soll das für sich selbst entscheiden. Armeniens berühmtester Jazzclub ist bei Oligarchen beliebt, und die Preise reflektieren dies eindrucksvoll. Zu erwarten sind viel Qualm, laute Gäste, gutes Essen und exzellenter Livejazz.

Die Livekonzerte beginnen gegen 21 Uhr, und um Mitternacht macht der Besitzer Levon Malkhasyan weiter. Hier gilt das großspurige Motto: „Dress to impress."

Yerevan Opera Theatre KONZERTBÜHNEN
(Karte S. 164; ☎010-533391; www.opera.am; 54 Tumanyan St; ⌚10–20 Uhr) Der wichtigste Veranstaltungsort der Stadt wurde in den 1930er-Jahren erbaut und besitzt zwei Hauptsäle: die Aram Khachaturian Concert Hall und das National Academic Theatre of Opera & Ballet. Das aktulle Programm ist auf den Tafeln davor, in der Nähe der Mesrop Mahtots Avenue, angeschlagen. Dort gibt es auch einen Kartenschalter.

Shoppen

Cognac ist ein beliebtes Mitbringsel. Der Duty-free-Laden am Flughafen Zvartnot (S. 182) führt eine anständige Auswahl. Gerne werden auch gewebte Stofftiere, Schmuck aus echten Wildblumen und handgefertigte Schachbretter als Souvenirs gekauft.

Für hochwertige Teppiche sind das Tufenkian Hotel (S. 173) und das Megerian-Teppichmuseum, das sich südlich der Innenstadt befindet, die beste Wahl.

NICHT VERSÄUMEN

ARMENIENS KÜNSTLERISCHES ERBE

Das künstlerische, literarische und musikalische Erbe Armeniens ist vielfältig, hat eine lange Geschichte und wird sowohl im Land als auch in der Diaspora in hoher Ehren gehalten. In Jerewan widmen sich mehrere kleine Museen dem Leben und Werk berühmter Künstler, und alle lohnen den Besuch. Vorherige Kenntnis über die Werke dieser Schriftsteller, Maler, Filmemacher und Musiker ist nicht notwendig, denn ihre persönlichen Geschichten spiegeln die turbulenten Ereignisse des vergangenen Jahrhunderts detailliert wider und bieten museale Erfahrungen, die ebenso reich an Geschichte wie an Kunst sind. Am interessantesten sind das Ervand Kochar Museum (S. 168), das Martiros Sarian Museum (S. 168) und das Sergei Parajanov Museum (S. 167).

Vernissage-Markt MARKT
(Karte S. 164; ⌚10–18 Uhr) Vernissage ist ein Freiluftmarkt zwischen Hanrapetutyun- und Khanjyan-Straße. Hier gibt es lokal produziertes Kunsthandwerk wie traditionelle Puppen, Messingtöpfe, Keramikwaren, Schachbretter aus Holz sowie hübsche Halsketten und Armbänder mit eingearbeiteten Wildblumen. Die Qualität variiert, Feilschen ist nur gelegentlich erfolgreich.

Homeland HANDARBEITEN
(Karte S. 164; ☎077-473335; www.hdif.org; Parpetsi 13/6; ⌚11–19 Uhr) Homeland, offizielles Mitglied der World Free Trade Organization, verkauft schöne Handarbeiten, die von Frauen aus zehn armenischen Dörfern angefertigt werden. Zu ihren erstklassigen Produkten gehören Kissenbezüge, Ornamente, Topflappen, Schals und unwiderstehlich goldige Spielsachen für Kinder. Jedem Artikel liegt ein Etikett mit einem Bild und einer Beschreibung der jeweiligen Künstlerin bei, die ihn geschaffen hat.

Nairian KOSMETIK
(Karte S. 164; ☎060-445445; www.nairian.com; 34 Tumanyan St; ⌚10–22 Uhr) Alle Haar- und Körperpflegeprodukte von Nairian sind biologisch, sulfatfrei und in Armenien hergestellt, häufig mit beliebten heimischen Inhaltsstoffen wie Estragon, Thymian, Apriko-

sen und Bienenwachs. Die Mitarbeiterinnen geben gerne Empfehlungen; und wenn eine Flasche aufgebraucht ist, verschickt Nairian den Nachschub in alle Welt. Nairian-Produkte sind auch in einigen anderen Läden und Hotels in Armenien zu finden.

GUM-Markt MARKT

(Gumi Shuka, Armenischer Markt; Karte S. 162; 35 Movses Khorenatsi St; ⌚6–20 Uhr) Die Auslagen aus frischen und getrockneten Früchten in diesem überdachten Markt sind einfach bildschön. Im Sommer schmücken Pfirsiche, Kirschen, Aprikosen und Beeren die Stände. Das ganze Jahr über gibt es Trockenfrüchte und Nüsse, beispielsweise „Würste" aus mit Sirup überzogenen Walnüssen, als süße *sujuk* bekannt. Zudem werden Gemüse, Kräuter, *basturma* und Käse angeboten. Ruhig etwas Hunger mitbringen, denn die Verkäufer verteilen gern Kostproben.

Bookinist BÜCHER

(Karte S. 164; ☎010-537413; 20 Mesrop Mashtots Ave; ⌚Mo–Sa 10–21, So 10–19 Uhr) Jerewans bestes Sortiment aus Reiseführern, Landkarten und Romanen in Englisch und anderen Sprachen. Das kleine Café unten serviert ein paar Getränke und Snacks.

ℹ Praktische Informationen

GELD

Überall in der Stadt sind Geldautomaten zu finden, z. B. in der Ankunftshalle des Flughafens. Euro, US-Dollar und Rubel können fast überall gewechselt werden; britisches Pfund und georgischer Lari werden weniger häufig gehandelt.

HOMOSEXUALITÄT

Obwohl in Armenien Homosexualität 2003 entkriminalisiert wurde, ist Diskriminierung immer noch weitverbreitet, und häufig kommt es auch zu Angriffen. Jeder, der augenscheinlich als „anders orientiert" wahrgenommen werden kann, ist eventuell in Gefahr – selbst im fortschrittlichen Jerewan. Homosexuellenfreundliche Bars sind z. B. Calumet (S. 178), Hemingway Pub und Embassy.

> **TRINKWASSER**
>
> Überall in Jerewan gibt es *pulpulak* (Trinkbrunnen) die von Einheimischen wie Besuchern häufig genutzt werden. Für jene, die nicht so gern den Wasserspender mit zahllosen anderen Mündern teilen möchten, ist auch Trinkwasser in Flaschen erhältlich.

INTERNETZUGANG

Die allermeisten Hotels, Cafés und Fastfood-Restaurants in Jerewan bieten kostenloses WLAN, ebenso die **American Corner** (Karte S. 164; ☎010-561383; www.americancorners.am; Yerevan City Central Library, 4 Nalbandyan St; ⌚Mo–Fr 9–17, Sa 10–16 Uhr).

MEDIZINISCHE VERSORGUNG

Apotheken sind mit dem russischen Wort *apteka* gekennzeichnet; in jedem Viertel gibt es eine, die bis spätabends geöffnet hat.

Die **Nairi-Klinik** (Karte S. 164; ☎010-537500; www.nairimed.com; 21 Paronyan St) besitzt eine Notaufnahme sowie englischsprachige Mitarbeiter.

MOBILTELEFONE

Beeline, VivaCell/MTS und Ucom haben Niederlassungen in der ganzen Stadt.

NOTFÄLLE

Krankenwagen	☎103
Feuerwehr	☎101
Allgemeiner Notruf	☎112 oder 911
Polizei	☎102

REISEBÜROS

Bogema Land (Karte S. 162; ☎091-005150; www.bogematravel.am; Apartment 55, 18 Hrachya Qochar St) Eine vertrauenswürdige Reiseagentur, die Touren in Armenien, Georgien und Bergkarabach anbietet.

Tatev Travel (Karte S. 164; ☎010-524401; www.tatev.com; 19 Nalbandyan St; ⌚Mo–Fr 9.30–18, Sa 9.30–15 Uhr) Die Agentur ist auf Reisen in den Iran spezialisiert, organisiert die nötigen Visa und kann zudem Bus- und Flugtickets nach Teheran beschaffen.

SICHERHEIT & ÄRGERNISSE

- Taxifahrer am Zvartnots-Flughafen neigen dazu, eventuelle Fahrgäste zu bedrängen, und fangen sogar Flugpassagiere auf ihrem Weg aus dem Terminal ab.
- Inoffizielle Taxis gilt es zu meiden. Zu bevorzugen sind Taxis, auf deren Fahrzeugseite eine Telefonnummer steht, oder einfach mit gg- oder Yandex-App einen Wagen bestellen.
- Dass Frauen ungeniert angestarrt werden, ist an der Tagesordnung. Auch Hinterherpfeifen ist nicht ungewöhnlich.

TOURISTENINFORMATION

In Jerewan gibt es zwei hilfreiche Touristenkioske: einen in der **Nalbandyan-Straße** (Karte S. 164; www.facebook.com/yerevaninfocenter; 2/1 Nalbandyan St; ⌚Mo–Sa 9–21 Uhr) und einen in der **Baghramyan-Straße** (Karte S. 164; www.facebook.com/yerevaninfocenter;

FERNBUS & MARSHRUTKA

Abfahrt und Ankunft der öffentlichen Verkehrsmittel zu bzw. von den nachfolgenden Destinationen ist am Kilikya Avtokayan.

Batumi (Georgien) Eine *marshrutka* (10 000 AMD, 10 Std.) am Tag, nur Mitte Juni bis August, Abfahrt um 20 Uhr.

Istanbul (Türkei) Ein Bus die Woche, am Samstagmorgen (50 US $, 32 Std.).

Stepanakert (Bergkarabach, in Armenien Arzach genannt) Eine *marshrutka* (5000 AMD, 7–8 Std.) am Tag, Abfahrt um 7 Uhr. Sammeltaxis fahren ebenfalls um 7 Uhr ab (8000 AMD, 6–7 Std.).

Tiflis (Georgien) Täglich fahren *marshrutky* (6500 AMD, 6 Std.) zwischen 8 und 23 Uhr (einmal pro Stunde). Die meisten Hostels und Hotels in Jerewan können zudem Sitzplätze in Sammeltaxis (Minivans) organisieren, die täglich um 10.30, 13, 15 und 17 Uhr abfahren (7000 AMD, 5½ Std.). Diese holen ihre Fahrgäste am Hotel/Hostel ab. Das Envoy Hostel (S. 171) arrangiert eine Kombination aus Tour und Transfer zwischen Jerewan und Tiflis mit Zwischenstopps an den Klöstern Sanahin, Haghpat und Achtala (pro Pers. 29 500 AMD, 11 Std., Fr).

Teheran (Iran; via Täbris) Ein Bus täglich (25 000 AMD, 24 Std.), Abfahrt um 12 Uhr. Ein zweiter Bus fährt ebenfalls um 12 Uhr am Shahoumyan-Platz beim Best Western Congress Hotel ab. Eine Sitzplatzreservierung durch den iranischen Reisepezialisten Tatev Travel (S. 180) ist obligatorisch. Die Haltestelle in Täbris befindet sich in der Nähe des Bahnhofs, aber nicht im Stadtzentrum.

2/5 Baghramyan St; ⊙ So–Fr 10–22 Uhr). Die Websites von My Yerevan (www.myyerevan.am) und der Stadtverwaltung (www.yerevan.am) liefern auch tourismusbezogene Informationen.

Die gemeinnützige Organisation ONEArmenia gibt einen pfiffigen, über Crowdsourcing zusammengestellten Stadtführer über Jerewan heraus, der sowohl online (https://onearmenia.org/inside-yerevan) als auch überall in der Stadt als gedruckte Broschüre erhältlich ist.

Die mit amerikanisch-armenischen Geldern finanzierte und 2018 gegründete Agentur **HIKEArmenia** (Karte S. 164; ☎ 011-445326; www.hikearmenia.org; 5 Vardanants St; ⊙ Mo–Sa 10–19 Uhr) bietet eine interaktive Touchscreen-Landkarte und kostenlose gedruckte Karten, um Wanderungen zu planen. Zudem wartet sie mit Verleih von Ausrüstung und Werbegeschenken auf. Die netten Mitarbeiter sprechen Deutsch, Englisch, Armenisch, Russisch, Französisch, Niederländisch und Schwedisch. Unbedingt die nützliche HIKEArmenia-App mit Landkarten, Empfehlungen zu Guides und Unterkunftslisten herunterladen!

ℹ An- & Weiterreise

AUTO & MOTORRAD

Mehrere Agenturen vermieten in Jerewan Autos, darunter bekannte Namen wie **Europcar** (Karte S. 164; ☎ 010-544905; www.europcar.am; 8 Abovyan St; ⊙ Mo–Fr 10–18, Sa 11–15 Uhr), **Sixt** am **Flughafen** (☎ 091-373366, 060-373366; www.sixt.am; Ankunftshalle, Flughafen Zvartnots; ⊙ 24 Std.) und in der **Stadt** (Karte S. 164; ☎ 010-505055; www.sixt.am; Foyer, North Avenue Hotel, 10 Northern Ave) sowie **Hertz** (Karte S. 164; ☎ 091-480685; www.hertz.am; 18 Abovyan St; ⊙ Mo–Fr 10–18, Sa 11–15 Uhr). Ein Pkw für drei Tage kostet zwischen 57 000 und 210 000 AMD, je nach Marke und Modell. Viele Straßen in Armenien sind unbefestigt und in schlechtem Zustand, sodass eine Fahrt langwierig und anstrengend sein kann. Wer Dörfer und Klöster abseits der ausgetretenen Pfade besuchen möchte, sollte einen Wagen mit Vierradantrieb in Erwägung ziehen.

Die Bestimmungen für die Mitnahme von Mietfahrzeugen über die Grenze nach Georgien sind von Agentur zu Agentur unterschiedlich; daher ist vorab zu klären, was erlaubt ist. Vor dem Grenzübertritt mit dem Auto ist eine Versicherungsgebühr zu entrichten (15/30 Tage 30/50 GEL). Manche Vermieter erlauben ihren Kunden, den Wagen in Jerewan anzumieten und in Tiflis abzugeben (oder umgekehrt).

BUS

Die wichtigste Bushaltestelle ist der **Kilikya Avtokayan** (Hauptbusbahnhof; Karte S. 162; ☎ 010-565370; 6 Admiral Isakov Ave) hinter der Yerevan Brandy Company an der Straße nach Vagharshapat/Etchmiadzin, die auch zum Flughafen Zvartnots führt. Vom Stadtzentrum verkehren von der Mesrop Mashtots Avenue *marshrutka* 5 und 259 dorthin.

ZUGVERBINDUNGEN AB JEREWAN

Batumi (Georgien) Zwischen 15. Juni und 30. September täglich ein Zug um 15.30 Uhr (pro Pers. Schlafkoje 10 790 AMD, im Vier-Bett-Abteil 17 010 AMD, in der 1. Klasse 25 850 AMD, 15½ Std.). Zwischenstopps in Tiflis (Schlafkoje 7570 AMD, Vier-Bett-Abteil 11 780 AMD, 1. Klasse Zwei-Pers.-Abteil 18 140 AMD, 10½ Std.).

Gjumri Täglich Verbindungen um 7.55, 14.25 und 18.25 Uhr (1000 AMD, 3½ Std.). Ein neuer Schnellzug fährt von Donnerstag bis Sonntag zusätzlich um 10 Uhr (2500 AMD, 2 Std.).

Sewan Zwischen 15. Juni und 1. Oktober ein täglicher Zug um 8.30 Uhr (600–1000 AMD, 2 Std.). Fährt von Freitag bis Sonntag auch nach Schorza.

Tiflis (Georgien) Sommerfahrplan siehe oben unter Batumi. Von Oktober bis 14. Juni fahren Züge an geraden Tagen im Monat um 19.50 Uhr (8600–14 000 AMD, 10½ Std.).

Vom Busbahnhof fahren drei unterschiedliche Transportfahrzeuge ab: große, häufig klapprige Busse, die kleinen Minibusse namens *marshrutky* und schnellere, komfortablere und etwas kostspieligere Sammeltaxis (manchmal Pkws, häufiger Minivans).

Von Kilikya aus gibt es Verbindungen zu vielen Orten im Land und auch zu internationalen Destinationen.

Andere Busse fahren vom **Hyusisayin Avtokayan** (Nördlicher Busbahnhof; Karte S. 162; ☎ 010-621670; Tbilisian Mayrughi; ⌚ Mo–Sa 9–17 Uhr) auf dem Tibilisi Highway, 4 km vom Stadtzentrum entfernt, nach Sewan und Dilidschan; weitere Busse stehen unweit der U-Bahn-Station Sasuntsi Davit, an der Sewan-Straße hinter dem Bahnhof, in der Nähe der U-Bahn-Station Gortsaranayin und an der Haltestelle in der Azatutyan Avenue.

FLUGZEUG

Der **Flughafen Zvartnots** (☎ 010-493000; www.zvartnots.aero), 11 km von Jerewan entfernt, ist Armeniens größter Flughafen. Regelmäßig gibt es hier Flüge nach und von Tiflis (Georgien), Moskau, St. Petersburg, Sotschi, Krasnodar, Mineralnyie Wody, Rostow und Stawropol (Russland), Odessa und Kiew (Ukraine), Teheran (Iran), Minsk (Weißrussland), Paris (Frankreich), Wien (Österreich), Brüssel (Belgien), Warschau (Polen), Bukarest (Rumänien), Istanbul (Türkei), Doha (Katar), Tel Aviv (Israel), Erbil (Irak) und Dubai und Abu Dhabi (Vereinigte Arabische Emirate).

Im Sommer gibt es zudem Flüge nach/von Batumi (Georgien), Lyon und Nizza (Frankreich), Nur-Sultan (Kasachstan), Seoul (Südkorea), Athen (Griechenland), Larnaka (Zypern), Beirut (Libanon), Warna (Bulgarien) sowie Kairo, Hurghada und Sharm El Sheik (Ägypten). Die europäischen Fluggesellschaften Ryanair und Wizz Air sind derzeit mit der Regierung im Gespräch, um Billigflüge nach/von Jerewan anzubieten. Die Verzögerung ist darauf zurückzuführen, dass die Ausreisesteuer im Preis eines Flugtickets enthalten ist.

In der Ankunftshalle des Flughafens gibt es Geldautomaten, Wechselbüros, Schalter aller großen Mobilfunkanbieter, ein Postamt und mehrere Autovermietungen.

MARSHRUTKA

Jerewan ist der Verkehrsknotenpunkt Armeniens, *marshrutky* fahren von vielen Stellen in der Stadt ab. Wer zu Zielen außerhalb der Stadt fahren möchte, sollte 30 Minuten vor Abfahrt dort sein, um einen Platz zu ergattern. Taschen und Rucksäcke muss man während der Fahrt normalerweise auf den Schoß legen.

ZUG

Züge nach Georgien und Gjumri fahren im stimmungsvollen, in der Sowjetzeit gebauten **Bahnhof Jerewan** (Sasuntsi Davit Hraparak) bei der Tigran Mets Avenue, südlich des Zentrums, ab. Unter dem Bahnhofsgebäude befindet sich die U-Bahn-Haltestelle Sasuntsi Davit. Wer nach Georgien reisen möchte, sollte die Fahrkarten mindestens einen Tag im Voraus reservieren und Proviant für die Fahrt mitnehmen.

Züge nach Sewan fahren vom Bahnhof Almast nordöstlich des Zentrums ab.

ℹ Unterwegs vor Ort

ZUM/VOM FLUGHAFEN ZVARTNOTS

Marshrutky fahren von einem Busparkplatz beim Hauptterminal ab. Beim Ausgang der Ankunftshalle rechts halten und die Treppen hochgehen. Jerewan-Minibus 18 (300 AMD, stündlich, 8–20 Uhr) verkehrt zwischen dem Flughafen und der Abovyan-Straße im Zentrum und hält unterwegs an den U-Bahn-Stationen Sasuntsi Davit und Rossiya Mall. Gepäck kostet 100 AMD extra. Ein Taxi vom Flughafen ins Stadtzentrum sollte 3500–4000 AMD kosten – den Preis unbedingt vor der Fahrt vereinbaren. Taxis vom Zentrum zum Flughafen dürften nur 3000 AMD kosten. Nur halb so teuer und weit weniger ärgerlich ist es, via gg- oder Yandex-App einen Wagen zu ordern – die App am besten schon vor Ankunft herunterladen. Die Fahrt dauert etwa 20 Minuten.

ABSTECHER

HEILUNG DES VERFLUCHTEN

Am Fuß des Ararat, 32 km südlich von Jerewan, befindet sich das **Kloster Chor Virap** (9–18 Uhr), das seit dem 5. Jh. mehrmals umgebaut wurde. Der Legende nach hielt hier der heidnische König Trdat III. den hl. Gregor den Erleuchter (Surb Grigor Lussaworitsch) zwölf Jahre lang gefangen. Heute klettern Pilger eine Metallleiter in den Brunnenschacht hinab, in dem der Heilige einst eingesperrt war. Wer es genauso machen möchte, sollte festes Schuhwerk anziehen und zur kleinen Kirche im Südwesten der Anlage gehen (der Brunnenschacht befindet sich rechts vom Altar).

Nachdem er den Heiligen so grausam behandelt hatte, wurde der König zu Wahnsinn verflucht (oder, in einer schillernderen Version der Geschichte, dazu verflucht, einem Wildschwein gleich durch die Wälder zu streifen), doch der hl. Gregor sollte ihn auf wundersame Weise heilen, u. a. auch von einem furchtbaren, unheilbar geltenden Hautleiden (so eine andere Erzählung). Historiker vermuten, dass Trdat möglicherweise die Zeichen der Zeit erkannt hatte und auf die stetig wachsende christliche Gemeinschaft Armeniens setzte. Jedenfalls konvertierte der König zum Christentum und machte es zur Staatsreligion. Der hl. Gregor wurde der erste Katholikos der Armenischen Apostolischen Kirche; er machte sich daran, heidnische Tempel zu zerstören, Kirchen zu bauen und den christlichen Glauben zu lehren.

Die Hauptkirche, **Surb Astvatsatsin**, stammt aus dem 17. Jh. An der östlichen Fassade (auf die Besucher beim Betreten der Klosteranlage schauen) befindet sich eine Darstellung des Heiligen, der den besessenen bzw. kranken König Trdat heilt. Direkt vor den Klostermauern befinden sich an der Stelle von **Artaschat**, Trdats im 2. Jh. v. Chr. gegründeten Hauptstadt, eine Reihe von Ausgrabungen.

Das Kloster thront auf einem kleinen Hügel in der Nähe des Flusses Araks an der Grenze zur Türkei und überblickt Flussauen, Storchennester und Weinberge. Darunter bieten Stände Getränke und Snacks an. Zum Kloster Chor Virap führt von der Landstraße aus eine 4 km lange Seitenstraße, die durch Pokr Vedi (manchmal auch Chor Virap genannt) verläuft. *Marshrutky* fahren in Jerewan von der U-Bahn-Station Sasuntsi Davit an der Sevan-Straße um 9, 11 und 14 Uhr ins Dorf Ararat (400 AMD, 40 Min.). Den Fahrer bitten, am Kloster Chor Virap abgesetzt zu werden – falls er jedoch nur in Pokr Vedi halten will, muss man den Rest des Weges zu Fuß oder per Anhalter zurücklegen.

ÖFFENTLCHE VERKEHRSMITTEL

Die wichtigsten öffentlichen Nahverkehrsmittel sind die *marshrutky*, die Hunderte von Routen befahren. Die jeweilige Strecke ist durch eine Nummer in der Frontscheibe des Vans angegeben. Sie halten an Bushaltestellen, man kann aber auch überall an der Straße eines dieser Fahrzeuge heranwinken. Eine Fahrt kostet 100 AMD, die dem Fahrer beim Aussteigen zu geben sind. Um ihn zu bitten, anzuhalten, sagt man „kangnek".

Auch Busse und Elektro-Oberleitungsbusse befahren nummerierte Routen. Auch dafür kostet eine Fahrkarte 100 AMD.

Die Jerewaner U-Bahn ist sauber, sicher und effizient. Sie durchquert die Stadt von Norden nach Süden und hält an folgenden U-Bahn-Stationen: Barekamutyun, Marshall Baghramyan, Yeritasardakan, Platz der Republik (Hanrapetutyan Hraparak), Zoravar Andranik bei der Surb-Grigor-Lussaworitsch-Kathedrale/Rossiya Mall und Sasuntsi Davit im Bahnhof. Auf Straßenniveau verkehrt eine Linie von Westen nach Osten, die in die industriell geprägten Vororte fährt. Die Bahnen fahren von 7.30 bis 23 Uhr alle fünf bis zehn Minuten, die einfache Fahrt kostet 100 AMD.

TAXI

Taxis sind günstig und reichlich vorhanden und reichen von den beliebten Ladas bis zu neuen Mercedes-Benz-Modellen. Wer eines mit Telefonnummern an der Fahrzeugseite heranwinkt, kann sicher sein, ein legitimes Taxi zu bekommen. Die ersten 5 km kosten 600 AMD, jeder weitere Kilometer 100 AMD. Darauf achten, dass der Fahrer den Taxameter einschaltet, damit man nicht eine böse Überraschung erlebt.

Die Fahrdienste gg und Yandex sind eine gute Alternative. Sie sind sicher, zuverlässig und werden bei jungen Jerewanern immer beliebter. Eine Fahrt an praktisch alle Destinationen in der Stadt kostet 600 AMD, zum Flughafen Zvartnots (S. 182) sind etwa 1500 AMD fällig. gg bietet auch Sammel-„Shuttles" nach Gjumri (1600 AMD, 1½ Std.).

Westarmenien

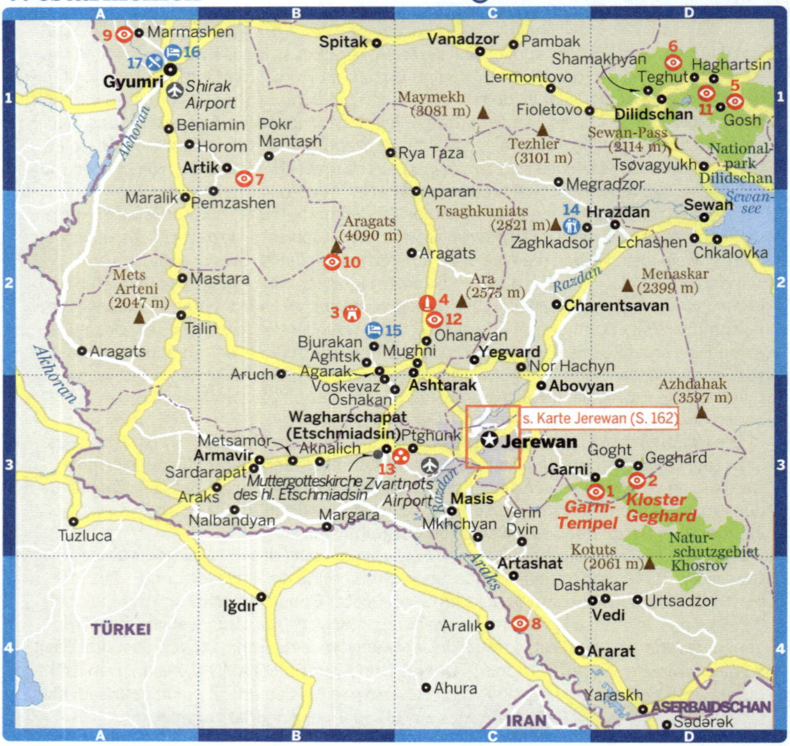

AUTO & MOTORRAD

Autovermieter haben zwar auch in Jerewan Niederlassungen, wer aber sein Fahrzeug nicht am Flughafen abholt, muss wahrscheinlich eine Transportgebühr bezahlen.

WESTARMENIEN

Wer Jerewan für einen kleinen Ausflug verlassen möchte, wird erfreut sein zu erfahren, dass Armeniens schönste Sehenswürdigkeiten nur eine kurze Autofahrt von der Hauptstadt entfernt sind. Drei Unesco-Welterbestätten sind in weniger als einer Stunde zu erreichen: Armeniens Vatikan, die Kathedrale von Etschmiadsin (S. 187), die Ruine der Kathedrale von Swartnoz aus dem 7. Jh. (S. 189) und das in eine Felsenwand gehauene Kloster Geghard.

In Jerewans Umland liegt auch Armeniens zweitgrößte Stadt, Gjumri, die sich nach den furchtbaren Ereignissen in jüngerer Vergangenheit aus der Asche erhoben hat. Es gibt viele wunderschöne Wanderrouten, die z. B. im Zickzack auf Armeniens höchsten Berg, den Aragaz (S. 192), und um ihn herum führen. Oder man wandert entlang der Kassagh-Schlucht in der Nähe von Aschtarak von Kirche zu Kirche. Und im den kalten Monaten ist Zaghkadsor nach wie vor ein beliebter Wintersportort. Hier trainierten in den 1960er-Jahren schon sowjetische Wintersportler. Zwar lohnt es sich, ganz Armenien zu erkunden, aber in dieser Region gewinnen Besucher einen besonders wohltuenden Eindruck von diesem Land.

Garni & Geghard

Weniger als eine Autostunde von Jerewan entfernt sind zwei von Armeniens kostbarsten Juwelen zu finden: der parthenonähnliche Garni-Tempel aus dem 1. Jh. und das

Westarmenien

Highlights

1	Garni-Tempel	D3
2	Kloster Geghard	D3

Sehenswertes

3	Amberd	B2
4	Denkmal des armenischen Alphabets	C2
5	Goshavank	D1
6	Haghartsin-Kloster	D1
7	Harischawank	B1
8	Khor Virap-Kloster	C4
9	Marmaschen	A1
10	Aragaz (Berg)	B2
11	Parz-See	D1
12	Saghmosawank	C2
13	Swartnoz-Kathedrale	C3

Aktivitäten, Kurse & Touren

14	Skizentrum Zaghkadsor	C2

Schlafen

15	Amberd Hotel	B2
16	Artush & Raisa B&B	A1

Essen

17	Cherkezi Dzor	A1

Geghard-Kloster, das im 12. Jh. aus einer Felswand gehauen wurde. Diese beiden Orte sind die beliebtesten Ziele für Ausflüge von der Hauptstadt aus, deshalb können sie im Sommer extrem überlaufen sein.

Eine Übernachtung ist zwar nicht notwendig, aber so hätte man ausreichend Zeit, um das schöne Asat-Tal zu bestaunen, das zusammen mit dem Geghard-Kloster zum Weltkulturerbe zählt und die Basaltformation „Symphonie der Steine" einschließt.

Sehenswertes

★ Geghard-Kloster — KLOSTER

(www.garnigeghard.com; Parkplatz 200 AMD; Juni–Aug. 8–20 Uhr, Sept.–Mai 9–19 Uhr) GRATIS Dieses zum Weltkulturerbe zählende Kloster ist nach jener Lanze benannt, mit der bei der Kreuzigung Jesu Tod überprüft wurde – eine Reliquie dieser Lanze ist heute im Museum (S. 188) in Etschmiadsin ausgestellt. Das Bauwerk wurde in eine Felswand an der Asat-Schlucht geschlagen. Das Kloster wurde bereits im 4. Jh. gegründet, seine älteste Kapelle stammt jedoch aus dem 12. Jh., und die überaus stimmungsvolle **Surb Astvatsatsin** (Muttergotteskirche) wurde 1215 fertiggestellt. Die wunderbaren Steinmetzarbeiten der Kathedrale und ihre umstehenden Kapellen laden zum Erkunden ein.

An der Fassade der Surb Adstvatsatsin befindet sich über dem südlichen Portal das Wappen der Familie des Zakharjan-Prinzen, der sie erbauen ließ. Das Emblem ist in Vorderasien nicht unüblich, mit dem Löwen als Symbol der königlichen Macht.

Links vom *gawit* (Vestibül) führen zwei Eingänge in **Kapellen**, die im 13. Jh. in den Fels geschlagen wurden. In einer befinden sich ein Becken mit Quellwasser, *chatschkare* und Tropfsteinverzierungen, die andere beherbergt die viersäulige Grabkammer von Fürst Papaq Proschjan und dessen Gattin Eruzakan. Auf dem Familienwappen, welches in den Fels darüber eingemeißelt wurde, sind zwei aneinandergekettete Löwen und ein Adler abgebildet.

Davor führt eine Treppe links vom Eingang den Hügel hoch zu einem etwa 10 m langen Gang mit gemeißelten *chatschkaren*. Dahinter befindet sich ein **Grabgewölbe**, das in den rohen Fels gehauen wurde. Seine Proportionen und seine Akustik sind erstaunlich. In der hinteren Ecke bietet sich durch eine Öffnung der Blick auf die darunter gelegene Kirche.

Hinter der Kirche führen Stufen zu ein paar interessanen Mönchszellen und weiteren *chatschkaren*. Außerhalb des Klosters, neben dem Bach, befindet sich eine **Matagh** (Opferstätte), die an Sonntagen nach dem Morgengottesdienst genutzt wird. Bei diesem Gottesdienst hört man für gewöhnlich einen Chor singen.

Wer sich dem Kloster nähert, sollte den Blick nach links auf den Hügel richten, wo sich die Mönche eigenhändig in den Höhlen **Zellen** bauten. In den Bäumen hier hängen häufig Stoffstreifen, ebenso in den Bäumen auf der anderen Seite des Klosters in der Nähe des Flusses. Es heißt, dass, wenn eine Person ein Gebet spricht oder einen Wunsch äußert und einen Stoffstreifen an einen Baum in der Nähe des Klosters bindet, ihr Gebet oder Wunsch erhört wird.

Im Sommer ist der Weg zum Kloster voller Straßenverkäufer, die Souvenirs und Essen anbieten; beispielsweise gibt es süßen *sujuk* oder taubenförmigen *gata*.

★ Garni-Tempel — TEMPEL

(www.garnigeghard.com; Erw./Student 1500/250 AMD, Führer 4000 AMD, Parkplatz 200 AMD; 9–19 Uhr, Sommer 9–23 Uhr) Dieser Tempel

ABSTECHER

EINE NATION WIRD WIEDERGEBOREN

Auf einem Hügel erinnert das grandiose, aus orangefarbenem Tuff gebaute **Sardarapat-Denkmal & -Museum** (Museum Erw./Kind 700/300 AMD, Guide 5000 AMD, Kriegsmuseum 400 AMD, Guide 3000 AMD, Parkplatz 100 AMD; ⌚ Di–So 9.30–17.45 Uhr) an die Schlacht vom Mai 1918, als Streitkräfte der ersten armenischen Republik die türkische Armee zurückdrängten und das Land vor der wahrscheinlichen Vernichtung retteten. Die Gedenkstätte, die im Jahr 1968 vom russischen Architekten Rafajel Israjeljan errichtet wurde, ist für die Armenier ein wichtiger Pilgerort. Ein etwa 1 km langer, blumengesäumter Weg führt zum Staatlichen Ethnografischen Museum mit einer gut präsentierten volkskundlichen Sammlung und einem Saal mit Utensilien aus jener Schlacht, die nur in armenischer Sprache beschrieben sind.

Sardarapat liegt rund 10 km südwestlich von Armawir und ist beim Dorf Araks ausgeschildert. *Marshrutky* fahren von Jerewans Kilikiya Avtokayan (S. 181) nach Armawir (400 AMD, 50 Min., 7.30–20 Uhr alle 15 Min.). Von dort ist mit einem Taxifahrer die Weiterfahrt nach Sardarapat und die Rückfahrt nach zwei oder drei Stunden auszuhandeln (etwa 6000 AMD). In der Gedenkstätte gibt es ein Restaurant, falls man dort zu Mittag essen oder Kaffee trinken möchte.

im hellenistischen Stil, erbaut unter Armeniens König Trdat I. im 1. Jh. n. Chr., steht am Rand einer Schlucht mit Blick auf den Fluss Asat und ist dem Sonnengott Mithras geweiht. Nachdem 1679 ein Erdbeben das parthenongleiche Bauwerk großteils zerstört hatte, wurde es zwischen 1969 und 1975 wiederaufgebaut. Der Tempel hat eine Monumentaltreppe und von einem Fries gekrönte ionische Säulen. Daneben befinden sich die Ruinen eines **Badehauses** aus römischer Zeit (für die Öffentlichkeit geschlossen) und einer **Kirche** aus dem 7. Jh.

Archäologen haben in dem Areal um den Tempel urartäische Keilschriftzeichen gefunden, die ins 8. Jh. v. Chr. zurückreichen. Aber die älteste ausgegrabene Siedlungsschicht weist darauf hin, dass hier bereits in der Jungsteinzeit Menschen lebten. Der Tempel auf einem hohen Felsen wird auf drei Seiten von einem tiefen Tal mit Felsklippen und auf der vierten Seite von einer Wand aus massiven Blöcken geschützt.

In der Kirchenruine steht ein *vishap* (behauener Drachenstein), der auf eine Wasserstelle hinweist. Einige Markierungen in der Mitte des Steins sind tatsächlich eine Niederschrift von König Argišti aus dem 8. Jh. v. Chr. und bedeutet: „Argišti, Sohn des Menua, brachte Menschen und Vieh von Garni nach Erebuni [der ursprünglichen Siedlung an der Stelle des heutigen Jerewan], um eine neue Gemeinde zu gründen."

Unterhalb der Ruinen befindet sich die Basaltformation **Symphonie der Steine**, die vom Tempel mit einem Fernglas zu sehen ist – oder von einer schrecklich holprigen Straße aus, die nur mit Vierradantrieb zu befahren ist (ein leichterer Zugang befindet sich beim Fischrestaurant Garni).

Schlafen

An der Fernstraße und in Garni gibt es mehrere Hotels und B&Bs. Weitere befinden sich in Goght, darunter das hervorragende 3Gs B&B mit Campingplatz.

★ **3Gs B&B und Campingplatz** B&B $
(☎ 094-496094; www.bedandbreakfast3gs.com; Geghard Hwy, 3. Sackgasse, Haus 4, Goght; EZ/DZ/Deluxe-Zi. 19 500/22 000/27 000 AMD, Zelt pro Pers. 6500 AMD, Camping pro Pers. 3500 AMD; P 📶 🏊) Dieses B&B mit Campingplatz und grandioser 360-Grad-Aussicht zwischen Garni-Tempel und Geghard-Kloster ist eine wahre Oase. Das niederländische Paar, das es betreibt, ist reizend und bietet eine hochwertige Ausstattung – die Badehäuser und Duschen auf dem Campingplatz sind umwerfend. Das B&B besitzt vier Gästezimmer und verleiht zwei Zelte. Gäste können aber auch ihr eigenes Zelt mitbringen oder mit dem Wohnmobil hierherkommen (Anschlüsse sind vorhanden).

Essen

Außerhalb der Tempelanlage von Garni gibt es eine Reihe anständiger Speiselokale und etwas weiter entfernt eine exzellente Fischerei mit Restaurant. Bei Geghard ist jedoch kein einziges Restaurant zu finden.

An beiden Attraktionen stehen im Sommer und an den Wochenenden Verkaufsstände für *gata*, süßes *sujuk* und Eis.

Fischrestaurant Garni FISCH & MEERESFRÜCHTE $$

(☎093-923464; Garni; Forelle pro kg 4000 AMD; ⏲12–24 Uhr) Am Ende einer unbefestigten Straße in der Nähe des Garni-Tempels steht dieses sehr empfehlenswerte Lokal, das frischesten Fisch serviert. Die Forellen werden aus den hauseigenen Teichen gefischt und gegrillt oder zu Suppen verarbeitet. Dazu gibt es Salat, Brot und *matsoon* (sauren Joghurt). Die Pavillons am Fluss sind vor allem bei Familien beliebt. Gleich die Straße hoch befindet sich die „Symphonie der Steine".

An- & Weiterreise

Von der Gai Avenue in Jerewan verkehren Busse und *marshrutky* über Garni nach Goght. Vom Stadtzentrum in die Gai Avenue fahren ab Mesrop-Mashtots-Straße Bus 25, Oberleitungsbus 1 und *marshrutka* 44 sowie ab Opera Square *marshrutka* 5. Ausschau halten nach einem großen Park mit einer Reiterstatue auf der rechten Seite der Straße und dann an der nächsten Haltestelle an einem Mercedes-Benz-Showroom aussteigen. *Marshrutka* 266 und Bus 204 (250 AMD, 35 Min.) fahren nach Goght ab, wenn sie voll besetzt sind (9–18 Uhr, alle 20–30 Min.). Abfahrt ist auf einem Parkplatz rechts vom Showroom, gegenüber dem Lebensmittelmarkt.

In Garni an der Kreuzung mit einem Bushäuschen gegenüber einem Metzgerladen aussteigen und dann zu Fuß nach Süden zum Tempel gehen.

Busse und *marshrutky* fahren nicht nach Geghard. Mit der *marshrutka* wie oben beschrieben nach Goght fahren und dort an der Bushaltestelle ein Taxi zum 4,2 km entfernten Kloster nehmen. Mit dem Fahrer die Abholung (etwa 1 Std. später) und Rückfahrt zur Bushaltestelle vereinbaren. Die Hin- und Rückfahrt sollte 3000 bis 3500 AMD kosten.

Wer sowohl das Geghard-Kloster als auch den Garni-Tempel besuchen möchte, sollte am besten zuerst nach Geghard fahren und sich anschließend vom Taxi nach Garni statt nach Goght bringen lassen (4000 AMD). Nach dem Besuch des Tempels mit Bus oder *marshrutka* nach Jerewan zurückfahren.

Wagharschapat

☎231 / 46 200 EW.

Armeniens viertgrößte Stadt, Wagharschapat (gemeinhin als Etschmiadsin bezeichnet), ist in erster Linie für ihre religiösen Stätten bekannt – vor allem für die Muttergotteskirche des hl. Etschmiadsin, das Zentrum der Armenischen Apostolischen Kirche und Wirkungsstätte des derzeitigen Katholikos, Karekin II. In der Nähe befindet sich auch die Ruine der Swartnoz-Kathedrale, eine Unesco-Welterbestätte. Im Sommer wimmelt es in Wagharschapat von Reisegruppen. Es ist schön, durch die Stadt mit ihren vielen attraktiven Parks und Kirchen im Etschmiadsin-Viertel und auf dem zentral gelegenen Komitas-Platz zu schlendern; sie ist aber eher ein Tagesausflugsziel von Jerewan aus als eine Destination für sich.

Sehenswertes

Muttergotteskirche des hl. Etschmiadsin KLOSTER

(Mayrator; ☎010-517234; www.armenianchurch.org; Movses Khorenatsi St) Etschmiadsin ist der Vatikan der Armenischen Apostolischen Kirche, der Ort, an dem der hl. Gregor der Erleuchter in einer göttlichen Vision einen Lichtstrahl erblickt haben soll und an dem er die erste Mayr Tachar (Mutterkirche Armeniens) errichtete. Trotz der reichen Geschichte und der symbolischen Bedeutung, die diesen Ort zum hochverehrten Ziel armenischer Christen machen, sind die Kirchen und Museen des Komplexes enttäuschend. Wer nur für einen Tagesausflug Zeit hat, sollte stattdessen lieber das Geghard-Kloster und den Garni-Tempel besuchen.

Die Hauptkathedrale **Mayr Tachar**, steht inmitten eines Vierecks aus Hecken und Rasen, umgeben von Gebäuden aus dem 19. Jh. Die Originalkirche wurde zwischen 301 und 303 n. Chr. geweiht, als das armenische Volk zum Christentum übergetreten war, verfiel aber später zur Ruine und wurde von 480 bis 483 wiederaufgebaut. Weitere Arbeiten und Erweiterungen fanden in den 600er, 1600er- und 1700er-Jahren statt (zur Zeit unserer Recherche wurde das Kircheninnere aufwendig restauriert). Der dreigeschossige **Glockenturm** am Eingang ist mit Steinmetzarbeiten verziert und stammt von 1654. Der Innenraum ist zwar von der Größe her bescheiden (nur 20 mal 20 m), aber die Kuppeldecke glänzt mit Fresken. In der Mitte steht an der Stelle, wo der hl. Gregor angeblich das göttliche Licht am Boden sah, ein Altar. Jeden Sonntag ab 11 Uhr (Feiertage 10.30 Uhr) wird hier die Göttliche Liturgie gefeiert. Morgengottesdienste finden für gewöhnlich von Montag bis Samstag um 7.30 Uhr und sonntags um 8 Uhr statt, Abendgottesdienste täglich um 17.30 Uhr.

Auf dem Gelände steht auch der **Katholikospalast** (auch Veharan genannt), Sitz des derzeitigen Katholikos, Karekin II., der seit 1999 im Amt ist. Er ist der oberste Patriarch der 1700 Jahre alten Armenischen Apostolischen Kirche. Zum Komplex gehören auch das Kathedralenmuseum mit wertvollen Exponaten, die die Kirche erworben hat, und das enttäuschende **Ruben-Sevak-Museum** (500 AMD; ⌚ Di–So 10.30–17 Uhr).

Im **Garten** der Mayr Tachar stehen ein 1915–1923 errichtetes **Genozid-Denkmal** und zahlreiche schöne *chatschkare* aus dem ganzen Land. Zudem befinden sich auf dem Gelände Bildungseinrichtungen und Bibliotheken sowie ein paar moderne Kirchen, von denen die bemerkenswerteste die **Kirche der hl. Erzengel** neben dem Haupttor ist. Sie wurde von Jim Torosian entworfen und 2011 geweiht.

Kathedralenmuseum MUSEUM
(Eintritt & Führer 1500 AMD; ⌚ Di–So 10.30–17 Uhr) Das Hauptmuseum von Etschimiadsin präsentiert wertvolle Objekte und Relikte, darunter die Heilige Lanze (Surb Geghard), mit der angeblich ein römischer Soldat Jesus in die Seite stach, als er ans Kreuz genagelt wurde. Die Speerspitze ist in ein verziertes Gehäuse aus Gold und Silber eingesetzt. Daneben gibt es kirchliche Gewänder und Kronen, illustrierte Manuskripte, Prozessionskreuze, eine Reliquie des hl. Johannes des Täufers und ein schönes Blattgoldreliquiar von 1300, das ein Relikt des wahren Kreuzes enthalten soll.

Eintrittskarten sind im Büro hinter der Mayr-Tachar-Kirche zu kaufen (nach dem „Museum"-Schild Ausschau halten).

Surb Hripsime KIRCHE
(85 Mesrop Mashtots St) Die im Jahr 618 errichtete Kirche steht an der Stelle, wo die hl. Hripsime getötet wurde, nachdem sie sich geweigert hatte, König Trdat III. zu heiraten, und stattdessen an ihrem Glauben festhielt (sie war eine römische Nonne, die zuvor hierher geflohen war, um der Heirat mit dem römischen Kaiser Diokletian zu entkommen). In einer kleinen Kammer an der Rückseite der Kirche befindet sich eine Nische mit einigen der Steine, mit denen Hripsime angeblich gesteinigt wurde.

Schlafen

In der Stadt gibt es nur ein paar Gästehäuser und B&Bs. Nach Möglichkeit übernachtet man in Jerewan.

An- & Weiterreise

Von Jerewans Kilikya Avtokayan (S. 181) fährt Bus 111 nach Wagharschapat (200 AMD, 30 Min.). Am Komitas Square, einem großen Kreisverkehr, der Mesrop Mashtots Avenue und Movses Khorenatsi Street verbindet, aussteigen. In der Mitte des Kreisverkehrs steht eine Statue, er ist also kaum zu übersehen. Auch von der Mesrop Mashtots Avenue in Jerewan fährt ein Bus hierher (300 AMD).

Aschtarak

☎ 232 / 16 900 EW.

Aschtarak ist eine mittelgroße Provinzhauptstadt an der **Kassagh-Schlucht**, 22 km nordwestlich von Jerewan, mit einer Reihe von Gebäuden aus schwarzem Tuff (19. Jh.), einer Steinbrücke aus dem 17. Jh. (leider von

Wagharschapat

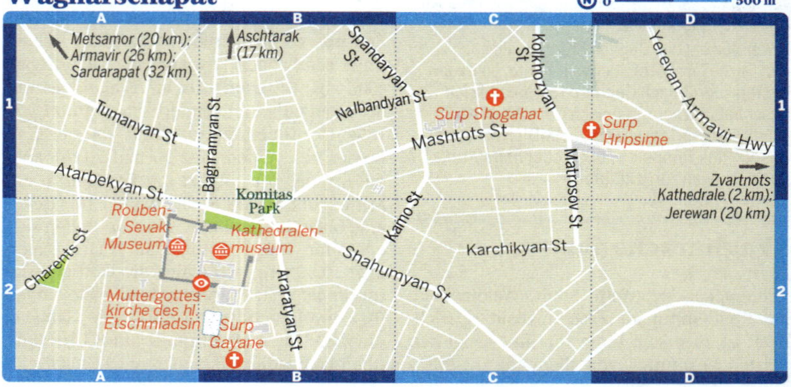

ABSTECHER

WELTERBE-RUINE

Der Katholikos Nerses III. („der Baumeister" genannt) finanzierte im 7. Jh. die Errichtung der „Kathedrale der himmlischen Engel", die im 10. Jh. zerstört wurde. Heute steht die stimmungsvolle Ruine der **Swartnoz-Kathedrale** (1300 AMD, Führung 4000 AMD, Parkplatz 100 AMD; Di–So 10–18 Uhr), die im Jahr 2000 in die Unesco-Welterbeliste aufgenommen wurde, in einer halbindustriellen Gegend unweit des Flughafens Swartnoz. Ursprünglich war sie Surb Grigor Lussaworitsch geweiht und beherbergte Reliquien dieses Heiligen, des ersten Katholikos der Armenischen Kirche. Ein Modell im Museum vor Ort zeigt, wie das Gebäude damals wohl ausgesehen haben muss.

Bis zum 20. Jh. war die Ruine vergraben, dann wurde sie freigelegt und die Kathedrale teilweise in einer polygonalen Form, mit vielen Säulen, die behauene Bogen tragen, rekonstruiert. Rund um das Hauptgebäude sind interessante Überreste von Skulpturen zu sehen – besonders schön: das gemeißelte Adler-Kapitell.

Das Museum in der Südwestecke der Anlage präsentiert Artefakte, die bei der Ausgrabung gefunden wurden. Eine Reihe informativer Tafeln erklären die mittelalterliche Architektur Armeniens. Der Eintritt ist im Gesamtticket enthalten.

Rund um die Kathedrale sind die Ruinen des Palasts des Katholikos und die Weinpresse und Tonkrüge einer mittelalterlichen Weinkellerei zu besichtigen.

Swartnoz liegt an der Straße zwischen Wagharschapat und Jerewan unweit des Dorfs mit dem originellen Namen Ptghunk, 17 km von Jerewan und 4 km von Wagharschapat entfernt. Von Jerewans Kilikya Avtokayan (S. 181) fährt Bus 111 hierher (200 AMD, 30 Min.). Auf der Fahrt auf der linken Straßenseite Ausschau halten nach einer Säule mit einem Adler obenauf. Dieses Werk des bekannten armenischen Bildhauers Jerwand Kotschar (1899–1979) markiert den Eingang zur Ruinenanlage.

einer modernen Nachfolgerin in den Schatten gestellt) und vier mittelalterlichen Kirchen, von denen zwei einen herrlichen Blick über die Schlucht bieten. Nach dem Vorbild Jerewans werden auch hier in der Zukunft mehr Restaurants und Unterkünfte entstehen, doch bis dato ist Aschtarak eine ruhige Stadt, in der es sich lohnt, ein paar Stunden durch die Straßen zu schlendern, oder sie als Ausgangspunkt für die Sehenswürdigkeiten in der Region zu nutzen.

Sehenswertes

Saghmosawank KLOSTER

(Sahgmosawank; 9–19 Uhr) Saghmosawank („Psalmenkloster") in dem Dorf gleichen Namens ist von einer Befestigungsmauer umgeben und bietet atemberaubende Sicht über die Kassagh-Schlucht und den Berg Aragaz. Das Kloster besteht hauptsächlich aus zwei Kirchengebäuden: der **Zionskirche** und der kleineren **Karapet-Kirche**; beide stammen aus dem 13. Jh. Der Gawit und die L-förmige Bibliothek des Klosters gehen auf dieselbe Zeit zurück. Ein 7,5 km langer Wanderweg entlang der Kassagh-Schlucht verbindet Saghmosawank mit Hovhannawank (hin & zurück 5–6 Std.)

Hovhannawank KLOSTER

(Johanneskloster; Ohanavan; 9–19 Uhr) Das am Rande der Kasshagh-Schlucht gelegene Kloster im Dorf Ohanavan war einstmals ein wichtiges pädagogisches und theologisches Zentrum, in dem Manuskripte geschrieben und illuminiert wurden. Es hat zwei benachbarte Kirchengebäude: eine **Basilika** aus dem 5. Jh. und die im 13. Jh. errichtete **Johanneskirche**. Die Kirche besitzt einen mit Fresken verzierten Altar, eine ungewöhnliche freischwebende Treppe, detailreiche Meißelarbeiten und schöne Hängelüster. In beide Gebäude führt ein wunderschöner Gawit aus dem 13. Jh.

Surb Geworg KLOSTER

(Kloster Sankt Georg; Mughni; 8.30–19.30 Uhr) Diese schöne Kirche aus dem 17. Jh. steht im Stadtteil Mughni am nördlichen Rand von Aschtarak. Ihr zentraler Tambour hat gestreifte Steinbänder und eine klassische Faltkuppel, außen verläuft ein Säulenbogengang, West- wie Südportal sind mit kunstvollen Schnitzereien verziert. Innen sind Freskenfragmente erhalten. Die Befestigungsmauern um die Kirche sind mit kleinen Türmen sowie eingebauten Mönchszellen und einem Refektorium ausgestattet.

Nach Mughni führt eine Abzweigung von der großen Hauptstraße, die gen Norden nach Spitak führt. Gegenüber dem Kloster befindet sich die **Bäckerei Nakanak** (⌚9–19.30 Uhr), die pikantes und süßes Gebäck direkt aus dem Backofen verkauft, welches dann im zauberhaften Garten hinter der Kirche verzehrt werden kann.

Schlafen

My Family B&B B&B $

(☎077-126200; 3 Tamazyan St; EZ/DZ 8000/12 000 AMD; P 📶) Die Besitzer dieses B&Bs geben ihren Gästen wirklich das Gefühl, zur Familie zu gehören. Die Zimmer sind klein und einfach und haben winzige Bäder, aber die Fenster überblicken einen üppigen Garten mit Aprikosen-, Birnen- und Nussbäumen und Weinreben. Frühstück und Abendessen (4000 AMD) werden mit vielen frischen Produkten liebevoll zubereitet.

Essen

Pascal & Diodato CAFÉ $

(☎098-996903; 19 Abovyan St; Hauptgerichte 1000–2300 AMD; ⌚10–22 Uhr; P) Dieses Café gegenüber der Karmravor-Kirche ist nach den Armeniern Harutyan Pascal und Johannes Diodato benannt, die die ersten Kaffeehäuser in London (1652), Paris (1672) und Wien (1683) gründeten. Es serviert traditionellen Kaffee und Snacks wie die levantinischen Spezialitäten *lahmajoon*, *za'atar* und *shawarma*. Nebenan befindet sich ein Süßigkeitenladen. Kein WLAN.

Old Ashtarak SYRISCH $

(☎094-992232; Grigor Ghapantsyan St; Gerichte 800–2000 AMD; ⌚10–23 Uhr; 📶 🖉) Der syrisch-armenische Ingenieur und Architekt Habib Haroyan ist Inhaber des Old Ashtarak in einem hundertjährigen Gebäude aus schwarzem Tuff mit prächtigen Balkonen und einem einladenden, ummauerten Hinterhof. Der Innenraum, in dem zwei breite Bogen in einen schönen Speisesaal führen, hat rustikales Flair. Das Speisenangebot – traditionelle levantinische Dips, Salate, Kebabs und *lahmajoon* – ist schmackhaft und erschwinglich.

Ausgehen & Nachtleben

Da Aschtarak fruchtbaren Boden für Weinstöcke hat, blüht es seit geraumer Zeit als eine weitere Weingegend in Armenien auf, wenngleich ein Großteil der Produktion nach wie vor in den Privathaushalten stattfindet. In den Restaurants und Unterkünften kann man einige der selbst gekelterten lokalen Weine probieren.

An- & Weiterreise

Um diese Region richtig zu erkunden, ist ein Auto nötig. Mit öffentlichen Verkehrsmitteln von Jerewan nach Aschtarak zu kommen, ist kein Problem, weil regelmäßig *marshrutky* vom Kilikya Avtokayan abfahren (250 AMD, 40 Min., 8–20 Uhr alle 20 Min.). Um zu den umliegenden Sehenswürdigkeiten zu gelangen, ist jedoch Trampen, Marschieren oder aber ein Taxi/gg/Yandex angesagt.

Bjurakan

Die Szenerie rund um das Dorf Bjurakan, 14 km nordwestlich von Aschtarak an den südlichen Steigungen des Bergs Aragaz, birgt ein astronomisches Observatorium und die eindrucksvollen Überreste von Amberd, 15 km den Berg hoch.

Sehenswertes

Amberd FESTUNG

Die majestätische steinerne Festung auf einem Bergkamm über dem Zusammenfluss der kleinen Bäche Amberd und Arkaschen stammt aus dem 7. Jh., allerdings gehen die heute noch existierenden Gebäude auf das 12. Jh. zurück. Warum gerade diese Stelle dafür gewählt wurde, ist leicht zu erkennen: Auf rund 2300 m Höhe über dem Meeresspiegel thront die Festung über den Bauernhöfen und Handelsrouten der Araratebene. Unterhalb der Festung befinden sich die Ruinen einer Kapelle, eines Badehauses (13. Jh.) und einer Zisterne.

Denkmal des armenischen Alphabets MONUMENT

39 riesige armenische Buchstaben sind willkürlich entlang der Fernstraße, 20 km nordöstlich von Bjurakan und 15 km von Aschtarak entfernt, angeordnet. Sie wurden im Jahr 2005 zur Feier des 1600. Jahrestags der Einführung des armenischen Alphabets durch Mesrop Maschtoz aufgestellt. Maschtoz, dem hier auch mit einer Statue gedacht wird, entwickelte das Alphabet, um dem neu gegründeten christlichen Königreich seine eigene Bibel zu geben.

Astrophysikalisches Observatorium Bjurakan OBSERVATORIUM

(Bjurakan; ☎091-195901; www.bao.am; Tages-/Nachtführung 2100/3000 AMD; ⌚9–18 Uhr) Ein

ARMENIENS MITTELALTERLICHE KLÖSTER

Armeniens Tourismusindustrie hat zwei große Trümpfe: die spektakuläre Naturkulisse und das außergewöhnliche Aufgebot an mittelalterlichen Klöstern. Glücklicherweise sind die meisten dieser Klöster von einer wunderschönen Landschaft umgeben. Das heißt, dass jede Reiseroute, die nach Besuchen in diesen Klöstern geplant ist, mit Sicherheit einer „Best-of-Armenien"-Tour entspricht.

Die einzigartige Architektur von Armeniens mittelalterlichen Klöstern entwickelte sich, als Elemente der byzantinischen Kirchenarchitektur mit der traditionellen einheimischen Bauweise und kaukasischen Merkmalen kombiniert wurden. In der Zeit vom 10. bis 13. Jh. wurden viele dieser Klöster an erhöhten Standorten errichtet und stark befestigt, um sie vor marodierenden Armeen zu schützen. Einheimisches Gestein – häufig Tuff – war ein naheliegendes und weitverbreitetes Baumaterial.

Die unterschiedlichen architektonischen Formen, die in den Kirchen der Klöster zum Einsatz kamen – Basilika, Kuppelbasilika und Kreuzgrundriss –, sind in der ganzen christlichen Welt gängig, aber armenische Klöster haben eine ganze Reihe unverwechselbarer Elemente, darunter konische „Schirm-Kuppeln" und Kuppeln auf einem zylindrischen Tambour. Ein weiteres häufiges Kennzeichen ist der Gawit, ein großer, als Narthex (Vorhalle) dienender Raum einer großen Kirche; er diente häufig auch als Mausoleum. Am auffälligsten aber ist die Fülle an kunstvoll gemeißeltem Steinschmuck, darunter verzierte Gedenksteine, Chatschkare genannt (S. 176).

Von den mehr als 60 mittelalterlichen Klöstern im Land gehören die Anlagen in Haghpat (S. 209), Sanahin (S. 207), Geghard (S. 185) und Etschmiadsin (S. 187) zur Weltkulturerbeliste der Unesco – als Repräsentanten der höchsten Blüte armenischer Sakralarchitektur. Weitere herausragende Beispiele sind Norawank (S. 221), Saghmosawank (S. 189), Hovhannawank (S. 189), Haghartsin (S. 211), Goschawank (S. 214), Achtala (S. 208) und Tatew (S. 231).

Beim Besuch eines armenischen Klosters zeugt es von Respekt, sich angemessen zu kleiden (keine Shorts, Miniröcke oder bloße Schultern); Frauen sollten am besten den Kopf bedecken, wenngleich das nicht unbedingt verlangt wird. Mitglieder der Armenischen Orthodoxen Kirche verlassen Kirchen häufig rückwärts gehend, damit sie Gott nicht den Rücken zuwenden; Besucher können es ihnen gern gleichtun.

großer Forschungsstab beobachtet und studiert in diesem Komplex aus der Sowjetzeit die Sterne mithilfe von fünf Observatoriumsinstrumenten und konzentriert sich dabei auf die Erforschung von Instabilitätsphänomenen. Für Führungen ist das Observatorium im Voraus zu kontaktieren.

Schlafen & Essen

Das beste Restaurant in dieser Gegend befindet sich im Amberd Hotel. Im Amberd gibt es auch ein kleines Speiselokal.

Amberd Hotel LUXUSHOTEL $$
(☎099-902802; www.amberdhotel.am; 1/36 Antarut; EZ 27 000 AMD, DZ 37 000–40 000 AMD, Suite 70 000–80 000 AMD; P ⊖ ❄ @ ≋) Das erst vor Kurzem eröffnete 37-Zimmer-Hotel auf einer Anhöhe ist ein beliebter Rückzugsort für Jerewaner. Die Gästezimmer sind groß und haben Balkone mit atemberaubendem Blick über das Tal und – an klaren Tagen – den Berg Ararat. Zu den Annehmlichkeiten gehören Frei- und Hallenbad, Tennis- und Basketballplatz, ein Spa (Massagen ab 10 000 AMD) und ein **Restaurant** (Hauptgerichte ab 1500 AMD), in dem auch Nicht-Hotelgäste essen können.

An- & Weiterreise

Von der Bushaltestelle Grigor Lusavorich Street in Jerewan fahren täglich vier Busse nach Bjurakan (400 AMD, 10.30, 12.45, 15.45 & 17.30 Uhr). Wer diese verpasst, kann auch mit dem Bus nach Agarak, 6 km südlich von Bjurakan an der Fernstraße Aschtarak–Gjumri, fahren. Von dort geht es zu Fuß oder mit dem Taxi (100 AMD pro km) weiter. Busse zurück nach Jerewan fahren gegen 7.30, 9, 12 & 16 Uhr ab.

Gjumri

☎312 / 114 000 EW.

Armeniens zweitgrößte Stadt befindet sich heute, mehr als drei Jahrzehnte nach dem verheerenden Spitak-Erdbeben von 1988,

ABSTECHER

DER HÖCHSTE GIPFEL DES MODERNEN ARMENIEN

Fast das ganze Jahr über bedeckt Schnee den Gipfel des **Aragaz** (Parkplatz 200 AMD), des höchsten Berges des heutigen Armenien, deshalb sind Klettertouren am besten von Juli bis September möglich. Dennoch ist Vorsicht angebracht, denn selbst im August können sich um den Krater ab 10 Uhr vormittags Wolken bilden. Deshalb brechen viele möglichst früh auf (normalerweise beginnen die meisten Wanderer um 5 Uhr mit dem Aufstieg). Der südlichste der vier Gipfel (3893 m) eignet sich auch für unerfahrene Bergsteiger, aber der Nordgipfel (4090 m) ist schwieriger, und die Bezwinger müssen ein Schneefeld überqueren (nur etwas für erfahrene Alpinisten).

Zum Kari Lich (Karisee), dem Startpunkt für Wanderungen auf den Aragaz, gibt es keine öffentlichen Verkehrsmittel. Viele fahren mit dem Bus nach Byurakan und dann per Autostopp weiter; am Wochenende ist die Chance, mitgenommen zu werden, größer. Die Rückfahrt per Anhalter ist einfacher, insbesondere am Wochenende, da das *Khoravats*-**Restaurant** (Grillgerichte 500–1000 AMD) im Sommer sehr beliebt ist. Wer selbst fährt, sollte beachten, dass die Straße von Januar bis Mai eventuell geschlossen ist.

Ein Zimmer im Hotel am Karisee kostet 15 000 AMD ohne Frühstück bzw. 20 000 AMD mit Frühstück für zwei Personen.

das auch Gjumri nahezu dem Erdboden gleichmachte, im Aufschwung. Zum Teil mit Zuwendungen aus dem Ausland (der französisch-armenische Sänger Charles Aznavour und die Europäische Zentralbank gehörten zu den Spendern) wird Gjumri wiederaufgebaut und mit schönem Kopfsteinpflaster und Straßenlampen versehen. Die Restaurierungsarbeiten sind noch im Gange, viele Jugendstilgebäude liegen nach wie vor in Schutt und Asche, und etwa 2000 Menschen müssen noch in Schiffscontainern wohnen – das war eigentlich als vorübergehende Lösung für die erste Zeit nach dem Beben gedacht. Aber es liegt Spannung in der Luft. Die fußgängerfreundliche Rizhkov-Straße ist bereits von trendigen Cafés gesäumt, und in der einst verschlafenen Stadt machen immer mehr Nachtlokale auf. Künstler aus Jerewan kommen nach Gjumri, und – was noch wichtiger ist – junge Einheimische bleiben. Bis vor Kurzem zogen sie in die Hauptstadt oder gingen gar nach Russland. Im Gegensatz zu jemals zuvor beweist Gjumri heute, dass Armenien mehr als nur eine Stadt hat, die den Besuch lohnt.

Geschichte

Die erste menschliche Siedlung hier entstand vor rund 2500 Jahren und hieß während der urartäischen Zeit im 8. Jh. v. Chr. Kumarji. Jahrhundertelang war sie periodisch bewohnt, zu Beginn des 19. Jhs. zogen die Russen ein und bauten eine große Militärgarnison. Die Stadt empfing sogar Zar Nikolaus I., der sie im Jahr 1837 in Alexandropol (nach seiner Frau Alexandra) umbenannte. Als nach Tiflis und Baku drittgrößte Stadt im Südkaukasus war Gjumri ein wichtiger Handelsposten zwischen dem Osmanischen Reich und dem Rest Asiens und Russland. Als Verkehrsknotenpunkt war es auch eine Haltestelle auf der Bahnreise zwischen Tiflis und Täbris.

Im Jahr 1920 wurde hier der türkisch-armenische Krieg mit der Unterzeichnung des Vertrags von Alexandropol beendet, der den türkischen Vormarsch auf Jerewan stoppte und die kommunistische Kontrolle festigte. In sowjetischer Zeit wurde die Grenze geschlossen, und Alexandropol wurde in Leninakan umbenannt.

Das Erdbeben von Spitak am 7. Dezember 1988 zerstörte einen Großteil der historischen Pracht von Gjumri und auch die vielen von den Sowjets errichteten Fabriken. Es legte nicht nur große Teile der Stadt und umliegende Dörfer in Schutt und Asche, sondern tötete auch rund 50 000 Menschen und machte noch viel mehr obdachlos. Die stümperhaften Bemühungen um einen Wiederaufbau dauerten Jahre, mehrere Winter lang gab es weder Heizung noch Elektrizität, und Tausende mussten in „provisorischen" Schiffscontainern leben. Inzwischen ist die Lage besser, auch wenn noch immer viele in Containern wohnen und es noch viel Wiederaufbauarbeit zu erledigen gilt.

Sehenswertes

Vom Vardanants-Platz zum Central Park erstreckt sich der historische Stadtteil

Kumayri, durch den sich ein Spaziergang lohnt, ebenso durch das Gebiet gleich nördlich des Platzes, wo die frisch mit Kopfsteinpflaster ausgelegten Straßen einer Spende der Europäischen Zentralbank zu verdanken sind. Der schönste Abschnitt ist die Abovyan-Straße.

Amenaprkich-Kirche KIRCHE
(Alle-Erlöser-Kirche; Vardanants Sq) Die schwarz-aprikosenfarbene Amenaprkich-Kirche wurde zwischen 1858 und 1872 erbaut und 1873 geweiht. Sie überstand das Erdbeben von 1926, das Beben von 1988 jedoch beschädigte sie schwer. Derzeit wird sie restauriert. Außen ist sie fast fertig, aber der Innenraum ist noch lange nicht soweit, um wieder für Besucher geöffnet zu werden.

The Gallery of the Aslamazyan Sisters MUSEUM
(☎0312-48205; www.aslamazyanmuseum.com; 242 Abovyan St; Eerw./Kind 300/150 AMD, Führung auf Englisch, Französisch oder Russisch 2000 AMD; ⏲Di–Sa 10–17, So 11–16 Uhr) Die Künstlerinnen Mariam (1907–2006) und Eranuhi Aslamazyan (1910–1998) kamen im Dorf Bash-Shirak bei Gjumri zur Welt, eine große Sammlung ihrer farbenfrohen Gemälde und Töpferarbeiten werden auf zwei Etagen in diesem schönen Gebäude (19. Jh.) präsentiert. Die beiden Schwestern waren sehr reisefreudig und malten Szenen ihrer Reisen, die sie in viele Teile der Welt führten – etwas, das für jeden sowjetischen Künstler jener Zeit ungewöhnlich bzw. unmöglich war, ganz zu schweigen von Künstlerinnen.

Yot Verk KIRCHE
(Sieben Wunder der Muttergottes; ⏲9–18 Uhr) Die Muttergotteskathedale aus dem 19. Jh., auch als Yot Verk oder Sieben Wunden der Muttergottes bekannt, ist Sitz der Diözese Schirak der Armenisch-Apostolischen Kirche. Die beim Erdbeben von 1988 beschädigte Kirche wurde wiederaufgebaut und ist den ganzen Tag über voller Leben. Die babyblauen Stoffbahnen sorgen für eine helle, frische Note.

Museum für nationale Architektur und städtisches Leben in Gjumri MUSEUM
(☎0312-23600; 47 Haghtanak St; Erw./Kind 1000/300 AMD, Skulpturenmuseum 500 AMD, Guide 2000 AMD; ⏲Di–Sa 11–17, So 11–16 Uhr) Obwohl sie mit einem sperrigen Namen und einem knappen Budget belastet ist, bemüht sich Gjumris größte Kultureinrichtung darum, den Besuchern ein zufriedenstellendes Erlebnis zu bieten. Die in einem großen, aber baufälligen Herrenhaus von 1872 untergebrachte Sammlung konzentriert sich auf die traditionellen Berufe und das Handwerk von Alexandropol – mit Ausstellungen über Holz-, Schmiede-, Zinn-, Spitzen-, Stickerei-, Schuh-, Hut- und Silberschmiedearbeiten.

Eine angeschlossene Galerie mit Skulpturen des Bildhauers Sergei Merkurow (1881–1952) enthält mehr Lenins und Stalins, als man mit einer Sichel abmähen kann.

Schuka MARKT
(⏲9–18 Uhr) Gjumris historische *pak shuka* (Markthalle) befand sich früher an der Stelle, wo heute der Vardanants-Platz liegt. In der Sowjetzeit wurde der Markt eingeebnet, und die Händler verlegten ihre Geschäfte ein paar Blöcke nach Nordosten, zwischen Shahumian- und Haghtanak-Straße, wo sie sich heute noch befinden. Heute ist er ein Freiluftmarkt und als solcher einer der größten in Armenien. An unzähligen Ständen werden Obst und Gemüse, frisch gemahlener Kaffee, streng riechender Käse und *basturma*, Brot, Weinbrand in der Flasche und vieles andere feilgeboten.

Schlafen

In Gjumri gibt es hervorragende Unterkünfte, die viel günstiger sind als in Jerewan.

Artush & Raisa B&B B&B $
(☎094-612345; www.gyumribnb.com; 1-2 Ayvazovski St; EZ/DZ 5000/7000 AMD; Ⓟ📶) Diese unglaublich preiswerte Privatunterkunft führen der Englisch sprechende einheimische Guide Artush Davtyan, seine Frau Raisa und ihr erwachsener Sohn Martin. Es gibt sieben große Gästezimmer – fünf in extra gebauten Häuschen im Garten und zwei im Haupthaus (Letztere bieten weniger Privatsphäre). Die Mahlzeiten (Frühstück 2000 AMD, Abendessen 4000 AMD) werden im eleganten Klavierzimmer oder im blumenbewachsenen Garten serviert.

Hostel #1 HOSTEL $
(☎094-115599; 11 Rizhkov St; B 1500 AMD, inkl. Frühstück für 2 Pers. 4000 AMD; 📶) Das funkelnagelneue Hostel hat eine tolle Lage, geräumige Schlafsäle mit bequemen Etagenbetten (samt Vorhängen), saubere Badezimmer und blitzschnelles WLAN. Leider ist keinerlei Atmosphäre vorhanden, weil es keinen Gemeinschaftsbereich gibt, und das Personal ist nicht sonderlich hilfsbereit. Das Frühstück gibt es in Form eines Gutscheins für Ponchik Monchik (S. 195).

Gjumri

★ Villa Kars HERITAGE-HOTEL **$$**
(☎ 010-541156; www.familycarearmenia.org; Ecke Rustaveli St & Abovyan St; EZ/DZ 25 000/35 000 AMD; 📶) Der italienische Besitzer Antonio Montalto kam nach dem verheerenden Erdbeben von 1988 als Arzt nach Armenien und hat seitdem schon sein drittes Gästehaus gebaut (nach Villa Delenda und Villa Ayghedzor in Jerewan). Die Villa Kars befindet sich in drei Jugendstilwohnhäusern, die durch einen reizenden Innenhof miteinander verbunden sind. Die Gästezimmer sind tadellose Nachbildungen einer Wohnung der Oberschicht – wie diese an der Wende zum 19. Jh. üblich waren – und mit wunderbaren, in Gjumri gefertigten Keramiken geschmückt.

Berlin Art Hotel HOTEL **$$**
(☎ 0312-23148; 25 Haghtanaki Ave; EZ/DZ 27 000/32 000 AMD; P 🚭 📶) Dieses Hotel wurde ursprünglich als Unterkunftstrakt für das deutsche Krankenhaus auf dem gleichen Gelände gebaut. Es gibt einen malerischen Garten, einen geselligen Essbereich (Abendessen 4000–5000 AMD) und schlichte Gästezimmer, die sich ein wenig zu sehr nach Klinikzimmer anfühlen, aber gute Betten und Satelliten-TV haben. In jeder Ecke sind Gemälde und Skulpturen hiesiger Künstler zu bestaunen.

Die Mitarbeiter sind außergewöhnlich hilfsbereit und können wirklich jede Frage zu Fahrten innerhalb und außerhalb der Stadt beantworten. **Shirak Tours** (☎ 0312-53148, 0312-50386; shiraktours@gyumri.am), eine angesehene heimische Ausflugsagentur, hat hier ebenfalls ihren Sitz.

Hotel Araks HOTEL **$$$**
(☎ 0312-51199; www.arakshotel.am; 25 Gorki St; EZ 23 000–40 000 AMD, DZ 26 000–45 000 AMD; P @ 🏊) Hohe Zimmerdecken, rüschenverzierte Vorhänge und eine riesige Treppe sorgen in diesem anständigen Hotel für „Alte-Welt-Flair“. Renovierungen haben die Zimmer auf einen respektablen Standard gebracht, und die Straße nach vorne heraus wurde kürzlich erneuert. Das Araks bietet Annehmlichkeiten wie eine Sauna und ein Hallenbad – eine Seltenheit in ganz Armenien. Auch ein italienisches Restaurant und eine Bar gehören zum Hotel.

Essen

Gjumris Restaurantszene ist in den letzten Jahren schier explodiert, insbesondere entlang der Rizhkov-Straße entstanden trendige Cafés und Restaurants. Zu den einheimischen Spezialitäten gehören *qyalla* (Schafskopf), *khash* (Eintopf aus Füßen, Kopf und/oder Magen von Kühen oder

Gjumri

Sehenswertes
1 Amenaprkich-Kirche B2
2 Rathaus B2
3 Museum für nationale Architektur und städtisches Leben in Gjumri B3
4 The Gallery of the Aslamazyan Sisters B2
5 Schuka B2
6 Surp Nishan B1
7 Yot Verk B2

Aktivitäten, Kurse & Touren
Shirak Tours .... (s. 8)

Schlafen
8 Berlin Art Hotel B2
9 Hostel #1 .... B2
10 Hotel Araks B2
11 Villa Kars B1

Essen
12 Emili Aregak B2
13 Florence A1
14 Herbs & Honey B2
15 Poloz Mukuch A1
16 Ponchik Monchik B2
17 Ponchik Monchik C1

Ausgehen & Nachtleben
18 Amigo Pub B1

Information
19 American Corner A1
Touristeninformation .... (s. 2)

Schafen) und *tatar boraki* (Nudeln mit Schmorzwiebeln und Joghurt).

Preiswerte Straßensnacks bieten Läden und Stände in der *shuka*.

★ Herbs & Honey CAFÉ $
(☎093-644645; www.herbsandhoney.am; 5 Rizhkov St; Hauptgerichte 1400–2800 AMD; ⏲8.30–24 Uhr; 📶🖉) Dieses Instagram-taugliche Café gehört Artush Yeghiazaryan, einem Armenier, der 18 Jahre lang in der Schweiz lebte, ehe er in seine Heimat zurückkehrte. Im Angebot stehen Kräuter und Honig von armenischen Produzenten sowie vollwertige Salate, vegane *dolma*, „Detox"-Cocktails und Teezubereitungen für alle möglichen Leiden. Wer zum Nachtisch den Karottenkuchen bestellt, wird es nicht bereuen.

Emili Aregak BÄCKEREI $
(☎077-725037; www.emiliaregak.am; 242 Abovyan St; ⏲Mo–Fr 8–19.30, Sa & So 9–19.30 Uhr; 📶) Diese kleine sympathische Bäckerei, die vom Unterstützungs- und Ressourcenzentrum Emili Aregak betrieben wird, beschäftigt behinderte Jugendliche aus Gjumri und deren Mütter. Das Gebäck und die Brotlaibe nach europäischer Art schmecken unwiderstehlich gut; es gibt eine große Auswahl an Tees und Kaffees. Von den Begünstigten des Zentrums hergestelltes Kunsthandwerk, darunter Puppen, Karten und Ornamente, können auch erworben werden.

Ponchik Monchik CAFÉ $
(☎098-665577; 7/9 Sayat Nova St; Hauptgerichte 1200–2000 AMD; ⏲10–23 Uhr; 📶) *Ponchki* (ovales, mit Vanillecreme gefülltes Gebäck; 200 AMD) und *monchik* (mit Nutella oder Blaubeeren; 240 AMD) sind die gefährlich süchtig machenden Namensgeber dieses Gjumri-Klassikers. Außerdem gibt es gute Pizzas, *shawarmas*, Frühstück, Kaffeespezialitäten und Eiscreme. Ponchik Monchik hat zwei Niederlassungen: diese hübsch renovierte sowie eine in die Jahre gekommene am **Vardanants-Platz** (☎077-073535; 248 Abovyan St; ⏲10–22.30 Uhr).

Poloz Mukuch ARMENISCH $
(☎094-909038; 75 Jivani St; Hauptgerichte 2500 AMD; ⏲10–22 Uhr) In einem historischen Gebäude gegenüber der alten Brauerei werden in diesem beliebten Restaurant *khash*, *chinkali* und Kebabs serviert. Das berühmteste Gericht ist *qyalla*. Die Gäste sitzen in Holznischen, aber viele Anwohner ziehen die Theke vor, um Bier (natürlich aus Gjumri) und starken *oghee* zu trinken.

★ Cherkezi Dzor ARMENISCH $$
(Fischfarm; ☎0312-65559; www.cherkezidzor.am; 1st Karmir Berd; Fisch pro kg 3500–5600 AMD; ⏲10.30–23 Uhr) Das Fischrestaurant ist so populär, dass manche Russen extra hierher fliegen, um den Fisch zu probieren, um am nächsten Tag wieder zurückfliegen. Die Gäste sitzen in offenen Pavillons an den Fischteichen, aus denen ihr Abendessen nach der Bestellung gefischt wird. Zu Forelle und Stör gibt es köstliche Salate und Beilagen. Das Brot wird vor Ort frisch gebacken.

Das Restaurant befindet sich im Westen der Stadt unweit einer russischen Militärbasis und ist etwas schwer zu finden. Vom Stadion aus ans gegenüberliegende Ufer gehen und entlang der Schlucht 1,3 km gen Norden marschieren. Oder mit dem Taxi oder gg hinfahren (einfache Fahrt vom Zentrum aus: 500 AMD).

Florence FUSIONSKÜCHE $$

(☎098-339988; 5/7 Jivani St; Hauptgerichte 1600–6500 AMD; ⊙11–24 Uhr; 📶) Das flippige Interieur des Florence (die bunte Blumentapete in den Toiletten gleicht eher einem Drogenrausch) sowie der stimmungsvolle Innenhof sorgen für ein trendiges, zwangloses Feinschmecker-Erlebnis, das es in Gjumri zuvor nicht gegeben hat. Zu essen gibt es gut gemachte armenisch-italienische Fusionsküche – die kunstvoll zubereiteten Auberginenröllchen und *tatar boraki* sind extrem lecker. Das Personal ist sehr bemüht.

Ausgehen & Nachtleben

Gjumri hat nur ein paar wenige Optionen, um abends auszugehen, aber wegen des Zustroms von Jerewanern und ausländischen Besuchern ist zu erwarten, dass sich dies in naher Zukunft ändern wird.

Amigo Pub PUB

(☎055-090988; www.facebook.com/amigopub24; 9a Sayat Nova St; ⊙16.30–2 Uhr; 📶) Im konservativen Gjumri sind die Möglichkeiten, das Nachtleben zu genießen, ziemlich dünn gesät, daher ist diese Kellerkneipe, die im Jahr 2018 eröffnet wurde, bei den Einheimischen und bei Besuchern sehr willkommen. Das Amigo Pub mit schummriger Beleuchtung, Holzkisten zum Sitzen, unkonventioneller Dekoration und armenischen Teppichen eignet sich hervorragend für einen kühlen Drink, kleine Gerichte oder einfach, um ein paar Stunden mit einer Wasserpfeife zu verbringen. Am vollsten ist es hier, wenn DJs aus Jerewan auflegen.

Praktische Informationen

American Corner (☎0312-52153; http://gyumri.americancorners.am; 68 Shirakatsi

ABSTECHER

KLÖSTER RUND UM GJUMRI

Die einstige Sommerresidenz des Katholikos von Etschmiadsin, das **Kloster Harichawank** (⊙8–19 Uhr), ist nach wie vor in Funktion. Die Klosteranlage befindet sich im alten Teil des Dorfes Harich, etwa 4 km von der Stadt Artik entfernt. Ihre Kapelle stammt aus dem 7. oder 8. Jh., wurde aber im 13 Jh. durch Hinzufügung eines *gawit* (Vestibül) und Kuppeln erheblich erweitert. Über dem Hauptportal und rund um die Kuppel des *gawit* sind schöne geometrische Steinmetzarbeiten zu erkennen.

Auf Anfrage zeigt einem der Hausmeister der Kirche den Vorraum/Lagerraum mit einem Loch in der Decke, das zu einem geheimen Raum im Obergeschoss führt. Während früherer Invasionen wurden dort einstmals Frauen und Kinder und manchmal auch wichtige heimische Amtsträger versteckt. Sobald alle in Sicherheit waren, wurde ein Stein exakt in das Loch in der Decke eingepasst.

Busse fahren mehrmals täglich vom Busbahnhof in Gjumri direkt nach Harichawank (400 AMD, 50 Min.). Für Besucher mit eigenem bzw. Mietwagen: Das Kloster befindet sich rund 15 km abseits der Straße zwischen Jerewan und Gjumri.

Wenn man schon in dieser Gegend ist, lohnt auch ein Besuch in der gut erhaltenen, im 7. Jh. errichteten Kirche **Lmbatawank** (⊙10–18.30 Uhr), die auf einem Hügel südwestlich von Artik liegt. In ihr sind bedeutende alte Fresken zu bewundern.

Die Lage des **Marmaschen-Klosters** (⊙9–21 Uhr) in einem tiefen Flusstal, etwa 10 km nordwestlich von Gjumri, ist ungewöhnlich – mittelalterliche armenische Klöster befinden sich sonst fast immer in erhöhten Positionen. Hier gruppieren sich drei Kirchen aus aprikosenfarbenem Tuffstein, die imposanteste ist die Surb Stepanos aus dem 10. Jh. Neben der Kirche befindet sich ein verfallener *gawit* aus dem 13. Jh., und in der umliegenden Landschaft liegen schöne behauene Grabsteine und *chatschkare* verstreut. Im Sommer ist das Kloster ein beliebter Platz zum Picknicken.

Um zum Marmaschen-Kloster zu gelangen, von Gjumri aus die Hauptstraße gen Norden nehmen, den Schildern nach Wahramaberd folgen und durch das Dorf Marmaschen fahren. In Wahramaberd links auf eine unbefestigte Straße abbiegen, die durch Ackerland hinunter ins Tal verläuft. Das Kloster befindet sich in der Nähe eines Sees und eines kleinen Wasserkraftwerks. Eine Taxifahrt von Gjumri und zurück sollte etwa 5000 AMD kosten, inklusive 30 Minuten Wartezeit am Kloster. Dem Taxifahrer zuvor deutlich machen, dass er zum Kloster und nicht ins nahe gelegene Dorf gleichen Namens fahren soll.

St; ⏲ Mo–Fr 9–17 Uhr) Das American Corner liegt neben der Polizeidienststelle und bietet Internetzugang

Touristeninformation (☎ 094-174719; www.travelgyumri.com; 1 Vardanants Sq; ⏲ 9–19 Uhr) Der Englisch sprechende Armenier Armen Hovsepyan leitet dieses Informationsbüro im Rathaus und ist sehr bemüht, Reisenden zu helfen. Besucher sollten ihren Besuch telefonisch oder per WhatsApp ankündigen.

An- & Weiterreise

BUS, SAMMELTAXI & MARSHRUTKA

Von Jerewan nach Gjumri fahren regelmäßig *marshrutky* (1500 AMD, 2 Std., 8–20 Uhr alle 20 Min.). Abfahrt ist an der Reiterstatue (sie zeigt David von Sasun) vor der U-Bahn-Station Sasuntsi David.

In Gjumri fahren Busse, Sammeltaxis und *marshrutky* am **Busbahnhof** (Avtokayan; Shahumyan St) südlich vom Vardanants-Platz ab. *Marshrutky* fahren nach Jerewan (1500 AMD, 2 Std., 7–19 Uhr alle 20 Min.) und Wanadsor (800 AMD, 1 Std., 10–14 Uhr stündlich) und einmal am Tag nach Stepanawan (1500 AMD, 1½ Std., 9 Uhr). Täglich verkehrt auch ein Bus nach Wanadsor (500 AMD, 1½ Std., 16 Uhr). Ein Sitzplatz in einem gg-Shuttle kostet nach Jerewan 1600 AMD, Sammeltaxis verlangen 2500 AMD für die Fahrt nach Jerewan und 1500 AMD nach Wanadsor.

Nach Georgien gibt es nur einmal am Tag eine *marshrutka* nach Tiflis (5200 AMD, 3½ Std., 10.30 Uhr) und eine nach Achalziche (4000 AMD, 4 Std., 10 Uhr). Sie fahren allerdings nur dann los, wenn mindestens fünf Passagiere da sind.

FLUGZEUG

Der Flughafen Schirak, 5 km südöstlich der Stadt, bietet auf regelmäßiger Basis ausschließlich Flüge nach Moskau. Saisonal gibt es auch Flüge zu anderen russischen Destinationen: Krasnodar, Rostow am Don, Samara und Wolgograd.

In der Stadt gibt es zahlreiche Ticketagenturen. Eine Fahrt via gg oder Yandex zum Flughafen sollte 1000 AMD kosten, ein Taxi 1500 AMD.

ZUG

Der **Bahnhof** (☎ 031-251002; Kayaranamerts Sq) befindet sich am östlichen Stadtrand. Zwischen Gjumri und Jerewan verkehren dreimal täglich Züge. In Gjumri fährt der Zug um 7.45, 11.55 und 18.40 Uhr ab (1000 AMD, 3 Std.). Ein neuer Schnellzug verkehrt von Donnerstag bis Sonntag (2500 AMD, 2 Std.). Die Züge von Jerewan nach Georgien halten ebenfalls in Gjumri. Fahrpläne und -preise sind telefonisch oder persönlich im Bahnhof zu erfragen.

Zaghkadsor

☎ 223 / 1200 EW.

Als Armenien zur UdSSR gehörte, kamen sowjetische Sportler nach Zaghadsor (Tal der Blumen), um für die Olympischen Winterspiele und andere Wettkämpfe zu trainieren. Das Skizentrum am Berg Teghenis gibt es noch immer, und in der Wintersportsaison (Dez.–März) ist das Dorf bei wohlhabenden Armeniern extrem populär, die tagsüber die Pisten bevölkern und die Nacht in einem der Luxushotels verbringen. Im Sommer ist es in Zaghkadsor angenehm kühl und dient als exzellente Ausgangsbasis für Ausflüge an den Sewansee, der nur 25 km entfernt ist.

In den Wäldern am Fuß und am Gipfel des Berges verlaufen ausgezeichnete Wanderwege, die im Spätfrühling und Frühsommer, wenn zahllose Wildblumen blühen, besonders schön sind.

Aktivitäten

Skizentrum Zaghkadsor WINTERSPORT
(Sessellift; ☎ 0223-60030; pro Abschnitt 2000 AMD, Parkplatz 200 AMD; ⏲ 9.30–17.30 Uhr) Der Sessellift des Skiresorts Zaghkadsor an der Ostseite des Bergs Teghenis (2819 m) wurde im Jahr 1967 in Betrieb genommen und 2004 saniert. Heute existieren hier fünf Stationen; befördert werden Ski- und Snowboardfahrer zu mehr als einem Dutzend Pisten hoch. Die Lifte fahren das ganze Jahr über, und Skiausrüstungen werden am Fuß des Bergs und im Hotel Kecharis verliehen.

Die Straße zum **Kecharis-Kloster** (⏲ 9–18 Uhr) führt zur Talstation.

Schlafen

Als Wintersportort hat Zaghkadsor zahlreiche Übernachtungsmöglichkeiten. Überall gibt es Drei- bis Fünf-Sterne-Hotels, die zahlenmäßig die Wohnhäuser fast übertreffen.

Kecharis Hotel & Resort HOTEL $$
(☎ 060-577040; www.kecharis.am; 20 Orbeli St; DZ 34 000 AMD, FZ 44 000 AMD; P @ ᯤ) Dies ist die Art von Hotel, in das armenische Familien Jahr für Jahr zurückkehren. Es bietet 35 stilvolle Gästezimmer (12 davon Duplexzimmer für Familien), ein Fitnessstudio, ein Büfett-Restaurant (5000 AMD) und zwei Coffeeshops. Zudem gibt es einen gut besuchten Unterhaltungskomplex im Untergeschoss mit Bowlingbahn und Billardtischen (beides kostenpflichtig), eine Bar und zwei weitere Restaurants.

Das Hotel befindet sich sehr günstig am zentralen Platz, unweit vieler Läden. Die Gäste können mit einem kostenlosen Minibus zur Seilbahn fahren.

Marriott Tsaghkadzor HOTEL $$$
(☎ 010-294111; www.tsaghkadzormarriott.com; 2 Tsandzaghbyuri St; EZ/DZ 63 000/88 000 AMD Suite 213 000 AMD; P ⊖ ❄ ☜ ≋) Das imposante Marriott am nördlichen Ortsrand wurde 2012 eröffnet und bietet im Hauptgebäude und in sieben separaten Villen geräumige Gästezimmer. Zudem gibt es reichlich Extras für die ganze Familie: ein riesiges Hallenbad, Sauna, Spa, Fitnesszentrum, Tennisplätze, Teestube, Terrassenrestaurant (Hauptgerichte 4900–7500 AMD), zwei Loungebars, ein Businesszentrum und ein Spielzimmer für Kids mit Spielgeräten.

Essen

Zaghkadsor hat eine Reihe eleganter Cafés und Restaurants mit russischer, georgischer und armenischer Küche sowie ein Sushi-Lokal. Die meisten Restaurants gruppieren sich rund um den Hauptplatz.

An- & Weiterreise

Zaghkadsor liegt lediglich etwa 40 Autominuten nordöstlich von Jerewan. Von der Jerewan-Fernstraße aus führt die Zufahrtsstraße durch Hrasdan und weiter hoch bis zum zentralen Platz des Dorfs. Es gibt keine *marshrutky*; ein Taxi von Jerewan kostet etwa 7000 AMD.

Zwischen Jerewans Raykom-Bahnhof und Hrasdan, 6 km entfernt, verkehren regelmäßig Busse und *marshrutky* (500 AMD) – das Taxi von Hrasdan nach Zaghkadsor kostet 1000 AMD.

NORDARMENIEN

Armeniens Norden schmücken üppig grüne Gebirgszüge und uralte Klöster, von denen viele langsam von der Natur überwuchert werden. Wie im Rest des Landes bröckeln auch hier in den Städten Bauten aus der einstigen Sowjetzeit vor sich hin – mit Ausnahme des hübschen Ferienorts Dilidschan, der sich heute mehrerer erstklassiger Restaurants und B&Bs rühmen kann.

Der Norden Armeniens ist besser außerhalb der Städte zu erkunden. Hier lässt es sich wunderbar wandern, etwa auf dem Transkaukasischen Wanderweg (Transcaucasian Trail, TCT). Oder man rauscht im Schlauchboot die Stromschnellen der Debed-Schlucht hinab oder schwebt an einer Zipline (S. 215) über Idschewan. Dies ist eine Region, in der Naturliebhaber auf ihre Kosten kommen.

Stepanawan

☎ 256 / 12 500 EW.

Stepanawan liegt auf einem Plateau über der steil abfallenden Schlucht des Flusses Dsoraget und war in der ganzen ehemaligen Sowjetunion als Geburtsort des armenischen Kommunismus bekannt. Eine frühe Gruppe von Bolschewiken unter der Führung des hiesigen Burschen Stepan Schahumjan operierte vor der Revolution von Verstecken und Höhlen in dieser Region aus. Schahumjan starb 1918 zusammen mit den anderen 25 „Kommissaren von Baku" in einer einsamen Ecke der turkmenischen Wüste, alle 26 wurden später mit unzähligen Gedenkstätten in der ganzen Region geehrt. (Die Kommissare von Baku waren in den frühen Tagen der Revolution bolschewikische Anführer im Kaukasus.)

Das Stadtmuseum, das sich Stepan Schahumjan widmet, mag für Studenten der sowjetischen Geschichte von Interesse sein, aber für andere gibt es keinen triftigen Grund für einen Besuch.

Die Lori-Berd-Ruine außerhalb der Stadt lohnt aber sehr wohl die Erkundung.

Sehenswertes

Lori Berd FESTUNG
(Lori-Festung) GRATIS Auf einer Anhöhe zwischen den Schluchten der Flüsse Dsoraget und Miskhana befindet sich diese Festungsruine mit riesigen Türmen und massiven Steinblöcken an ihrer exponierten Seite. Ursprünglich war die Festung der Sitz von David Anhogin, der die Region Taschir-Dsoraget von 989 bis 1048 beherrschte, sie wurde später aber zu einem Stützpunkt der mächtigen armenischen Adelsfamilien Orbeli und Zakarjan. Zu sehen gibt es verfallene Gebäude, die eine Erkundung wert sind, einen alten **Friedhof** und kleine Erhebungen – **Hügelgräber** aus der Bronzezeit. In der Schlucht darunter befindet sich eine im 14. Jh. errichtete **Brücke**.

Um zur Festung zu gelangen, stadtauswärts über die Brücke fahren und am Kreisverkehr rechts abbiegen, entlang dem Flusslauf das Dorf Lori Berd passieren, danach geht es an einem Schild erneut nach rechts. Die letzten 2 km führen über eine schäbige Straße. Ein Taxi von Stepanawan

INSIDERWISSEN

PICKNICKPROVIANT

In den wärmeren Monaten erfüllt Armeniens Straßennetz einen zweiten Zweck. Hiesige Bauern errichten am Straßenrand Stände, an denen sie den durchfahrenden Pendlern, die sich frische Waren vom Feld wünschen, Obst, Gemüse und andere Produkte verkaufen – das ist die armenische Version eines Bauernmarkts und eine ausgesprochen gute Quelle für Picknickproviant. Nahezu jede Ortschaft und jede Region ist auf ein bestimmtes Agrarprodukt spezialisert, hier ein paar Beispiele:

Dilidschan Frisch geerntete Maiskolben werden an der Straße in Richtung Sewansee, im Abschnitt zwischen der Stadt und dem Sewan-Pass, gegart und verkauft.

Wanadsor Bündel an knackigen Karotten sind an der Straße zwischen Wanadsor und Dilidschan käuflich zu erstehen.

Worotan-Pass An der Straße zwischen dem Worotan-Pass und der Abzweigung zum Kloster Tatew (S. 231) stellen Imker ihre Bienenstöcke auf und verkaufen goldfarbenen Honig, der in Gläser abgefüllt wird.

Areni Lokal produzierter Rotwein und saftige Aprikosen aus den Obstgärten, die sich im Flusstal erstrecken, werden an Straßenständen in dieser Weinregion angeboten.

Debed-Schlucht Frisch gepflückte Himbeeren, Maulbeeren und Erdbeeren sind eine Verlockung bei der Stadt Alawerdi.

Überall in Armenien sind wunderbare Picknickplätze in schöner ländlicher Umgebung zu finden. Zu unseren Favoriten gehören die Karawanserei am Selim-Pass (zwischen Sewansee und Jeghegnadsor), der Bach neben der Straße zum Haghartsin-Kloster (S. 211) bei Dilidschan, der Garten bei der Surb-Geworg-Kirche (S. 189) in Mughni in der Kassagh-Schlucht sowie der etwas steinige Wishup Shore (S. 217), der sich am Ostufer des Sewansees erstreckt.

braucht etwa 15 Minuten und kostet rund 1000 AMD; ein Yandex-Wagen kostet 500–600 AMD. Von der Festung zurück nach Stepanawan bietet sich ein 4,5 km langer Wanderweg in der steilwandigen Schlucht an; Startpunkt ist an der Nordseite der Festung.

Stepanawan Dendropark WALD
(Sojut; 200 AMD; ⏲10–19 Uhr) Dieses kühle, ruhige, etwa 35 ha große Arboretum liegt 11 km südlich von Stepanawan wurde in den 1930er-Jahren angelegt und besteht aus einer Vielzahl an Nadel- und Laubbäumen. Besonders belebt ist es im Mai, wenn hier Einheimische mit Atemwegsproblemen den Blütenstaub einatmen (für Allergiker nicht zu empfehlen!). Die Aschenputtel-Kutsche neben der Straße weist auf das **Hekyat Restaurant** (Märchenrestaurant; ☎093-303100; Gyulagarak; Hauptgerichte 600–4000 AMD; ⏲9–19 Uhr) hin, das ebenfalls bei Stepanawanern beliebt ist.

Für die Fahrt zum Dendropark ist ein eigener Wagen erforderlich. Zunächst geht es in Richtung Wanadsor bis zum Dorf Gjulagarak. Hier die Brücke überqueren, an der verfallenen Dorfkirche vorbeifahren und an der ersten Möglichkeit rechts auf eine unbefestigte Straße abbiegen. Ein Fahrt mit dem Taxi kostet 1000 AMD.

Stepan-Schahumjan-Museum MUSEUM
(☎0256-22191; Garegin Nzhdehi St; Eintritt & Guide 400 AMD; ⏲9–17 Uhr) Dieses Gebäude aus der Sowjetzeit wurde 1978 an der Stelle des einfachen Holzhauses von Stepan Schahumjan und seiner Frau Ekaterina Ter-Grigorjan errichtet. Die Architekten entschieden sich, das Haus zu erhalten und im zentralen Atrium des Neubaus auszustellen. Darin sind noch einige von Schahumjans Originalmöbel sowie Dokumente und Fotos zu sehen. Eine Galerie im Obergeschoss präsentiert Werke lokaler Künstler; unten befindet sich eine Ausstellung über die Stadt.

Schlafen & Essen

Lori Hotel HOTEL $
(☎0256-22323; www.lorihotel.am; 11 Nzhdeh St; EZ/DZ/Suite 10 000/12 000/15 000 AMD; 📶) Die beste Unterkunft in der Stadt – aber auch nur weil es keine besseren Optionen gibt. Das einfache, zentral gelegene Hotel wirkt ungemein sowjetisch, aber es ist einiger-

Nordarmenien

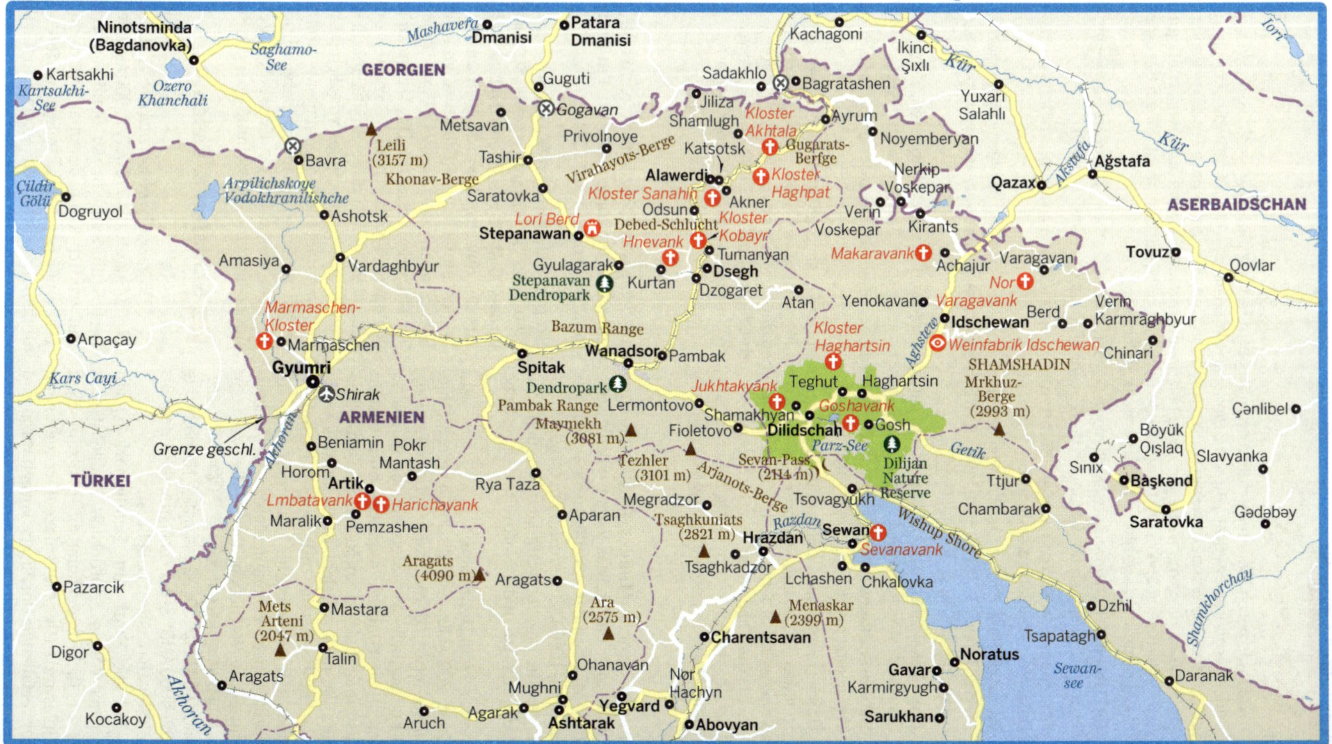

maßen sauber, die Zimmer sind mit Pastellfarben bemalt. Die Mitarbeiter sprechen kein Englisch, das Frühstück (2000 AMD) wird im Café nebenan serviert. Gäste mit leichtem Schlaf, aufgepasst: Die Zimmer mit Balkon zur Straße heraus können in der Nacht ziemlich laut sein.

★ **Carahunge** CAFÉ $
(☎099-324300; www.carahunge-cafe.com; 64 Sos Sargsyan St; Hauptgerichte 1400–4000 AMD; ⏲11–23 Uhr; 📶) Warum die Besitzer für ihr exzellentes Café mit Buchladen das verschlafene Stepanawan auswählten, ist ein Mysterium, aber für Besucher auf der Durchreise ist es ein willkommener Anblick. Das Speisenangebot ist eine Mischung aus armenisch und international, z. B. Pizzas, Chicken Wings und *za'atar*. Zudem gibt es schönes Kunsthandwerk zu kaufen, darunter einzigartige Töpferwaren. Das Caragunge hat eine zweite Niederlassung in Dilidschan (S. 215).

Slobodka Restaurant ARMENISCH $
(☎0256-21772; 44 Sos Sargsyan St; Hauptgerichte 1800–2700 AMD; ⏲12–20 Uhr; 📶) Die Frauen in diesem zauberhaften Restaurant beim Museum sprechen keinerlei Englisch, zeigen aber den Gästen gern, was sie im Kühlschrank und auf dem Herd haben. *Khoravats* und *dolma* sind die Klassiker hier, und beides ist extrem lecker.

An- & Weiterreise

Von Jerewans Kilikya Avtokayan (S. 181) fahren *marshrutky* (1500 AMD, 3 Std., 9, 11, 13.30, 14.30 & 15.30 Uhr) nach Stepanawan.

In Stepanawan fahren alle öffentlichen Verkehrsmittel von einem Parkplatz unterhalb der Stepan-Schahumjan-Statue los. Abfahrt ist, wenn alle Sitzplätze belegt sind, deshalb gibt es keinen offiziellen Fahrplan. *Marshrutky* nach Jerewan (1500 AMD, 3 Std.) verkehren von 8 bis 15 Uhr. Nach Wanadsor (500 AMD, 1 Std.) fahren normalerweise fünf Busse am Tag. Zwei *marshrutky* verkehren täglich nach Tiflis (3000 AMD). Ein Taxi vom Hauptplatz zu Zielen innerhalb der Stadt kostet 400 AMD.

Wanadsor

☎322 / 78 400 EW.

Wanadsor (früher Kirowakan) ist in gewisser Weise Armeniens Detroit. Die Chemiefabriken sind größtenteils stillgelegt, wodurch die Einwohner verarmten und der Niedergang der Stadt erfolgte – und potenziell noch verseucht wurde. Inzwischen machen junge Leute und Künstler das Beste daraus – ein paar der populärsten Bands des Landes kommen aus Wanadsor, und in der letzten Zeit öffneten angesagte Cafés und Speakeasies. Dennoch ist Wanadsor nach wie vor im Großen und Ganzen eine graue, postindustrielle ehemalige Sowjetstadt.

Als Ausgangsbasis für Ausflüge in die Debed-Schlucht eignet sich Wanadsor aber gut.

ABSEITS DER ÜBLICHEN PFADE

EIN KAUM BESUCHTES KLOSTER

Auf der Fahrt zwischen Stepanawan und der Debed-Schlucht führt eine der zwei möglichen Routen am Kloster **Hnewank** vorbei, das an einer kurvigen Straße zwischen Kurtan (7 km entfernt) und Dsoraget (12 km) liegt. Der Komplex im südlichen Abschnitt der Schlucht, unweit der Stelle, wo sich die Flüsse Gargar und Dsoraget treffen, wurde mehrmals zerstört und wiederaufgebaut; der größte Teil der noch zu sehenden Konstruktionen stammt aus dem 12. Jh. Besonders schön ist es hier im Frühling und im Sommer, wenn die Wildblumen blühen.

Sehenswertes

Wanadsors **Schuka** (⏲8–20 Uhr) ist einer der lebhaftesten Regionalmärkte des Landes, zudem besitzt das Museum der Schönen Künste eine respektable Sammlung.

Das Stadtzentrum wurde in sowjetischer Zeit nahezu vollständig umgestaltet, allerdings stehen in der Myasnikyian-Straße noch ein paar elegante Steinvillen und Landhäuser aus dem 19. Jh.

Vanadzor Museum of Fine Arts MUSEUM
(☎0322-43938; www.vanart.org; Tumanyan Sq; 500 AMD, Guide 2000 AMD; ⏲Di–Sa 10–18 Uhr) In dieser dreistöckigen Zweigstelle der Nationalgalerie Armeniens werden ungefähr 2000 Kunstwerke – Gemälde, Skulpturen, Zeichnungen und ornamentale Objekte – ausgestellt. Die meisten davon wurden von Künstlern aus der Region Lori gefertigt.

Schlafen

★ **Maghay B&B** B&B $
(☎091-380305; www.facebook.com/BB.MagHay; 21 Azatamartikneri St; EZ 9000 AMD, DZ 16 000–

1

JUSTIN FOULKES/LONELY PLANET ©

2

4

MARKO UKKOLA/500PX ©

1. Cafesjian Center for the Arts (S. 160)
Dieses bedeutendste Kunstzentrum von Jerewan besitzt zwei außen liegende Gartengalerien. Die gesamte Anlage befindet sich in einer spektakulären riesigen Steintreppe.

2. Kloster Chor Virap (S. 183)
Das nahe am Fluss Araks im Grenzgebiet zur Türkei gelegene Kloster hat mit dem Berg Ararat eine wahrhaft eindrucksvolle Kulisse.

3. Armenian Genocide Memorial & Museum (S. 161)
Die von Artur Tarkhanyan entworfene eindrucksvolle Gedenkstätte erinnert an die Massaker an den Armeniern im Osmanischen Reich zwischen 1915 und 1922.

4. Kloster Sanahin (S. 207)
Teile dieses stimmungsvollen Klosters, das oberhalb von Alawerdi in die Felswände gemeißelt wurde, gehen auf das 10. Jh. zurück.

LAMPOCHKA/GETTY IMAGES ©

Wanadsor

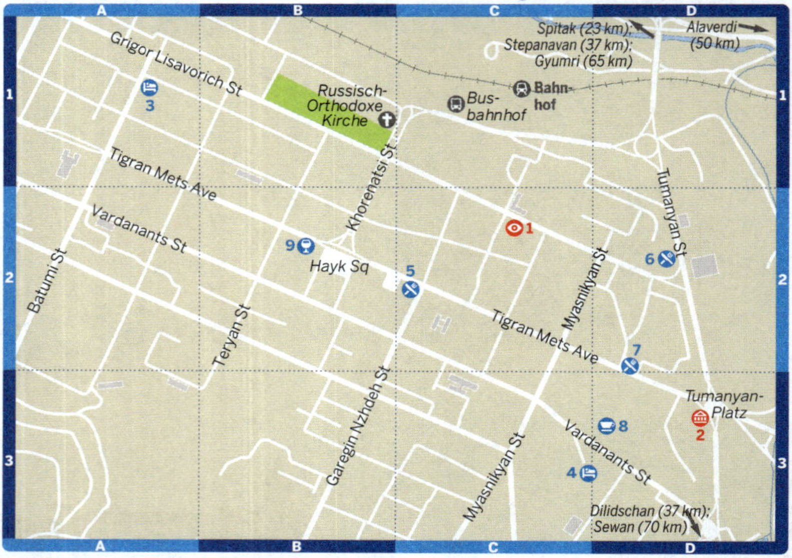

Wanadsor

Sehenswertes
- 1 Schuka C2
- 2 Vanadzor Museum of Fine Arts D3

Schlafen
- 3 Hotel Argishti A1
- 4 Maghay B&B C3

Essen
- 5 Jazz Cafe C2
- 6 Madera D2
- 7 Tashir Pizza D2

Ausgehen & Nachtleben
- 8 Anticafe Teynik D3
- 9 Solenoid B2

35 000 AMD; P @ WLAN) Ashot und Marine führen Wanadsors beste Unterkunft, für deren neun Gästezimmer unbedingt eine Buchung im Voraus erforderlich ist. Die Zimmer sind unterschiedlich groß – die Auswahl reicht von ziemlich gemütlich bis zu extrem geräumig. In der Gemeinschaftsküche wird ein köstliches Bio-Frühstück serviert (die Marmeladen werden aus den Beeren, die aus dem hauseigenen Garten stammen, selbst gemacht). Auch ein Abendessen wird angeboten (4000–5000 AMD).

Hotel Argishti HOTEL $
(☎095-442556; 1 Batumi St; EZ/DZ 18 000/22 500 AMD; P WLAN) Das Hotel Argishti wurde vor Kurzem komplett renoviert, die Möbel sind neu und die Zimmer frisch gestrichen. Nun verfügen alle Gästezimmer über eine Minibar und Schränke mit Spiegeltüren. Allerdings könnte das Personal etwas freundlicher sein. Es wird kein Englisch gesprochen. Das Abendessen kostet 2500 AMD.

Essen & Ausgehen

Das beste Essen der Stadt bietet das Maghay B&B. Wer nicht dort nächtigt, ist trotzdem willkommen, sollte aber besser telefonisch einen Tisch reservieren. An der Hauptstraße, der Tigran Mets Avenue, gibt es zahlreiche Cafés und Fast-Food-Restaurants, darunter eine Niederlassung der beliebten Kette **Tashir Pizza** (☎0322-44401; www.tashirpizza.am; 65 Tigran Mets Ave; Pizzastücke ab 270 AMD; ⏲10–24 Uhr; WLAN).

Madera ARMENISCH $
(☎098-822234; 56 Grigor Lusavorich St; Hauptgerichte 400–1400 AMD; ⏲10–22 Uhr; WLAN) Mit seiner sehr günstigen armenischen und russischen Küche und sehr zuvorkommenden Bedienungen (die jedoch kein Englisch sprechen) hat es das Madera geschafft, eines

der besten Speiselokale der Stadt zu werden. Der Borschtsch (Rote-Bete-Suppe) und die Klöße schmecken besonders gut.

Jazz Cafe CAFÉ $

(☎ 098-117282; 1st fl, 34 Tigran Mets Ave; Hauptgerichte 1500–3000 AMD; ⏲ 10.30–22.30 Uhr; 📶) In dieses moderne Café mit einer eleganten Dachterrasse kommen die Einheimischen zum Feiern (es schließt um 22.30 Uhr – das zeigt ziemlich anschaulich, wie „ausgelassen" das hiesige Nachtleben ist). Die Speisekarte ist zwar sehr groß, allerdings ist das Essen eher durchschnittlich. Manchmal gibt es Livemusik. Hiieher gelangt man durch die Seitentür am Artsakh-Platz.

Anticafe Teynik CAFÉ

(Anticafe; ☎ 099-522009; 41a Varadants St; pro Std. 500 AMD; ⏲ 11–22 Uhr; 📶) Das bei Wanadsors Jugend beliebte Teynik ist ein Anti-Café – dies bedeutet: die Gäste bezahlen pro Stunde und bekommen in dieser Zeit so viel Tee oder Kaffee, wie sie möchten. Das ist angesichts der exzellenten Tees und der frisch gebackenen Leckereien ein echtes Schnäppchen! Zudem gibt es eine gute Spielesammlung und Musikinstrumente. Häufig finden hier Veranstaltungen statt, beispielsweise Filmvorführungen.

Solenoid KNEIPE

(☎ 055-771701; www.facebook.com/Solenoid.IV; 20 Tigran Mets Ave; ⏲ 7–23 Uhr; 📶) Das Schild weist das Solenoid als Laden für Kühlschränke aus, und die Gäste müssen klingeln, um eingelassen zu werden, aber dafür gibt es auch einen guten Grund: Da Wanadsor für seine homophoben und sexistischen Mitmenschen bekannt ist, muss seine coolste Kneipe wählerisch sein, was die Kundschaft betrifft. Inhaber ist der Leadsänger einer lokalen Rockband, der in seinem Lokal Bier, Wein und Schnaps ausschenkt.

ℹ An- & Weiterreise

Von Jerewans Kilikya Avtokayan fahren *marshrutky* (1200 AMD, 2 Std., 8.30–19 Uhr, Abfahrt, erst wenn alle Sitzplätze belegt sind) nach Wanadsor.

In Wanadsor befinden sich der Bahnhof die Bushaltestelle am Ende der Khorenats-Straße, gegenüber der russisch-orthodoxen Kirche. *Marshrutky* nach Jerewan (1200 AMD, 2 Std., 7–17 Uhr) nehmen eine 132 km lange Route über Spitak und Aparan. Nach Dilidschan fahren zwei *marshrutky* am Morgen (500 AMD, bis zu 1 Std.), zwei *marshrutky* fahren täglich anch Gjumri (800 AMD, 1 Std.) und ebenfalls zwei *marshrutky* steuern Noyembery an via Alawerdi an (500 AMD, bis zu 1 Std.). Ein *marshrutka* nach Tiflis (4000 AMD) fährt täglich um 8.30 Uhr ab.

Sammeltaxis kosten nach Jerewan 2000 AMD pro Person und nach Tiflis 5000 AMD. Ein Sammeltaxi von gg kostet 1500 AMD nach Jerewan.

Die Klöster der Debed-Schlucht können auf einem Tagesausflug per Taxi besucht werden (ca. 15 000–20 000 AMD). Vereinbarung entweder direkt mit dem Fahrer oder durch das Maghay B&B.

Der Zug (S. 182) zwischen Jerewan und Georgien legt in Wanadsor einen fünfminütigen Halt ein. Passagiere sollten sich vorher über den Fahrplan informieren und die Fahrkarten mindestens einen Tag im Voraus in Wanadsors Bahnhof kaufen.

DEBED-SCHLUCHT

Dieser Canyon kann tatsächlich mehr Geschichte und Kultur als alle anderen Orte in Armenien aufweisen. In beinahe jedem Dorf am Ufer des Debed befindet sich eine Kirche, eine Kapelle und eine alte Festung und irgendwo in der Nähe ein paar *chatschkare*. Zwei Klöster, die zum Weltkulturerbe gehören – Haghpat (S. 209) und Sanahin (S. 207) –, sind die Hauptattraktionen, aber es gibt noch viel mehr zu sehen.

Am Fluss entlang ist noch immer die verfallene Infrastruktur aus der einstigen Sowjetära zu erkennen, in anderen Gegenden ist die Landschaft spektakulär und sehr malerisch. Es lohnt sich, die Region entweder mit dem Wagen oder mit dem Schlauchboot (S. 206) zu erkunden.

Dsegh

2700 EW.

Das auf einem mit Wildblumen bewachsenen Plateau hoch über der Schlucht gelegene landwirtschaftliche Dorf ist im gesamten Südkaukasus als Geburtsort des armenischen Nationaldichters Howhannes Tumanjan (1869–1923) bekannt. Außerdem gibt es in Dsegh eine Kirche aus dem 7. Jh. und fünf Wanderwege, die bei Ornithologen beliebt sind. Das Dorf selbst besteht aus kaum mehr als einem Kreisverkehr mit Häusern.

Etwa 15 Minuten auf der Hauptstraße zurück befindet sich am Zusammenfluss von Debed, Pambak und Dsoraget das ausgezeichnete Tufenkian Avan Dzoraget Hotel, die wohl beste Unterkunft in dieser Gegend (mit einem guten Restaurant).

Sehenswertes

Howhannes-Tumanjan-Hausmuseum MUSEUM
(500 AMD; Di–So 10–18 Uhr) Wer bereits das Howhannes-Tumanjan-Museum in Jerewan (S. 171) besucht hat, findet dieses Holzhaus, in dem er aufwuchs, bestimmt sehr interessant. Wer jedoch mit dessem Leben und Werk noch nicht vertraut ist, den wird die fehlende englischsprachige Beschilderung eher frustrieren. Das Haus selbst gewährt einen aufschlussreichen Blick in den hiesigen Alltag in der zaristischen Ära.

Dieses Museum befindet sich in der Nähe des Hauptplatzes, wo sich auch eine Statue von Howhannes Tumanjan, ein Skulpturengarten und ein Laden befinden.

Schlafen

Tufenkian Avan Dzoraget Hotel HOTEL $$$
(093-947889; www.tufenkianheritage.com; Dsoraget; EZ 30 000–100 000 AMD, DZ 38 000–108 000 AMD; P) Das Tufenkian Avan Dzoraget Hotel beeindruckt jeden. Auch die Lage direkt am Flussufer mit den teilweise schroffen Berghängen im Hintergrund ist überwältigend. Es verteilen sich insgesamt 54 Gästezimmer auf zwei Gebäude – am besten nach einem mit Flussblick fragen, falls es möglich ist. Die Zimmer sind groß und gut ausgestattet, auch das sonstige Angebot ist ausgezeichnet: Hallenbad, Sauna, Whirlpool, Fitnessstudio, Tischtennis (pro Std. 1400 AMD) und ein **Restaurant mit Terrasse** (Salate 1200–3300 AMD, Hauptgerichte 1800–10 000 AMD; 8–22 Uhr; P).

RAFTING IN ARMENIEN

Die beste Weise, die Debed-Schlucht zu erkunden, ist, durch den Fluss zu gleiten, zu rauschen und zu fliegen. **Visit Lori** (096-129013; rafting@visitlori.com; pro Pers. 12 000 AMD; März–Okt.) organisiert Raftingtouren auf brandneuen Acht-Personen-Schlauchbooten mit hochwertiger Ausrüstung. Die englischsprachigen Guides sind hervorragend; Armin aus dem Iran ist urkomisch. Der Fluss selbst ist eine 12 km lange Abfolge von Stromschnellen der Klasse III. Im Winter werden Rafting-Abfahrten auf einem schneebedeckten Hügel angeboten (5000 AMD, Nov.–Feb.).

Praktische Informationen

Besucherzentrum (www.facebook.com/dseghcenter.info; 10–18 Uhr) Das erst kürzlich errichtete Besucherzentrum liefert Informationen über die Wanderungen und die Vogelbeobachtung in der Gegend.

An- & Weiterreise

Die 7,6 km lange Straße nach Dsegh ist 30 km nördlich von Wanadsor an der Fernstraße gut ausgeschildert. Ein klappriger Bus verkehrt täglich zwischen Wanadsor und Dsegh (400 AMD). Wer hier übernachten will, findet ein paar beschilderte B&Bs.

Um zum Tufenkian Hotel zu kommen, nimmt man die *marshrutka* (500 AMD), die täglich zweimal zwischen Wanadsor und Noyemberjan (via Alawerdi) verkehrt, und lässt sich an der Straße neben der Brücke absetzen, die zum Hotel führt. Ein Taxi von Wanadsor kostet zwischen 5000 und 7000 AMD.

Odsun

4000 EW.

Odsun liegt auf einem breiten Felsvorsprung, der an einem steilen Abhang zum Debed hinab endet. Der Ort ist eine wichtige Siedlung mit rund 4000 Einwohnern und vor allem für seine prächtige Sankt-Astvatsatsin-Kirche bekannt.

Sehenswertes

Sankt-Astvatsatsin-Kirche KIRCHE
(Muttergotteskirche; 9–19 Uhr) Diese Kirche wurde an der Stelle erbaut, wo der Legende nach der hl. Thomas im 1. Jh. die Wickeltücher Jesu vergraben hatte. Ihr Kern geht auf das 5. Jh. zurück, doch im 8. Jh. wurde sie erheblich erweitert. Das heutige Bauwerk besitzt zahlreiche gemeißelte Basreliefs, eine zentrale Kuppel, eine schöne äußere Säulenarkade an der Südseite und zwei Glockentürme aus dem 19. Jh. Das ungewöhnliche Grabdenkmal daneben soll aus dem 6. Jh. stammen.

Schlafen & Essen

In der Nähe der Sankt-Astvatsatsin-Kirche gibt es ein Café, in dem Getränke und selbst gebackene Kuchen serviert werden, ansonsten sind in Odsun keinerlei Speiselokale vorhanden. Allerdings bieten alle Gästehäuser und B&Bs Mahlzeiten an.

Sergo Davtyan B&B B&B $
(B&B Odzun; 099-081859; www.odzunbandb.am; Haus 4, 22 St; pro Pers. 10 000 AMD; P)

ABSTECHER

KLOSTER IN DER SCHLUCHT

Über dem Dörfchen Kobayr thront das im 12. Jh. erbaute **Kobayr-Kloster**. Die Hauptkirche besitzt ein paar teilweise restaurierte Fresken im georgischen Stil und einen frei stehenden **Glockenturm**, der aus dem 13. Jh. stammt. Zudem gibt es drei Kapellen, eine davon mit malerischer Rundgalerie. Der gemächlich dahinrieselnde **Wasserfall** hinter der Hauptkirche lohnt ebenfalls einen Blick.

Bei der Anfahrt gilt es gut aufzupassen, um die Beschilderung nicht zu verfehlen, die den Weg zum Dorf Kobayr (auch Khober oder Kober geschrieben) weist, das sich rund 6 km nördlich des Tufenkian Avan Dzoraget Hotel und Restaurant befindet. Man kann das Auto auf dem kleinen Parkplatz am Bahngleis abstellen und sich dann auf den steilen Weg bergauf machen, vorbei an Hühnern, Schweinen und anderen Nutztieren. Für den Aufstieg sind zwischen 10 und 15 Minuten anzuberaumen.

Kobayr liegt etwa 18 km von Alawerdi und 33 km von Wanadsor entfernt. *Marshrutky* auf ihrer Route zwischen Wanadsor, Alawerdi und Noyemberyan können herangewinkt werden, sie kommen aber lediglich zweimal am Tag hier vorbei.

Das Französisch sprechende Ehepaar Azniv und Sergo Davtyan und ihr Englisch sprechender Sohn (der jedoch nur im Sommer hier anwesend ist) sind zu Recht stolz auf ihr Acht-Zimmer-B&B, das beste in Odsun. Im Erdgeschoss des schönen Familienwohnhauses befindet sich ein elegantes Wohn- und Esszimmer (Abendessen 3000 AMD), außerdem haben die sauberen Gästezimer im Obergeschoss moderne Bäder.

An- & Weiterreise

Täglich verkehren fünf *marshrutky* von Odsun nach Alawerdi (200 AMD, 8–17.30 Uhr). Odsun ist an der Straße nach Stepanawan gelegen; der Bus von Alawerdi nach Stepanawan fährt um 10.30 Uhr und um 15.30 Uhr durch die Ortschaft (700 AMD).

Alawerdi

253 / 12 600 EW.

Ein riesiger Schornstein, der Rauch in das Tal spuckt, verschandelt die Stadt Alawerdi, die Verwaltungs- und Verkehrsknotenpunkt dieser Gegend ist, aber sonst nicht allzu viel zu bieten hat. Reihen schäbiger Wohnblocks aus der Sowjetzeit werden von Fernstraße und Eisenbahnlinie durchschnitten, und eine halb stillgelegte Kupferschmelzanlage (Ursprung der Rauchentwicklung) dominiert den Nordrand der Stadt.

Die Tamar-Brücke, etwa 1 km nördlich der Bushaltestelle, wurde im 12. Jh. auf Geheiß der georgischen Königin Tamar errichtet. Die alte steinerne Bogenbrücke, in die vier Löwen mit Kätzchengesichtern gemeißelt sind, ist in den Sommermonaten ein wunderbarer Platz zum Relaxen.

Das an leicht erhöhter Position an einem Berghang oberhalb von Alawerdi gelegene Sanahin ist der Sitz eines jener mittelalterlichen Klöster Armeniens, die zum Weltkulturerbe der Unesco gehören.

Sehenswertes

Sanahin-Kloster KLOSTER

(9–19 Uhr) Sanahin ist eine Welterbestätte der Unesco voller alter Gräber, dunkler Kapellen und mittelalterlicher Studiensäle. Das Allerheiligste der kreuzförmigen **Surb Astvatsatsin** (Muttergotteskirche) ist das älteste Gebäude und geht auf das Jahr 934 zurück. Der angrenzende *gawit* (eine quadratische Vorhalle in armenischen Kirchen) entstand 1181. In seiner Blütezeit war das Kloster für seine Buchmaler- und Kalligrafenschule und auch für seine medizinische Fakultät bekannt. Der Name des Klosters bedeutet „älter als jenes" und bezieht sich auf das nahe gelegene Haghpat-Kloster.

Die große **Bibliothek** (Skriptorium) wurde 1063 gebaut. Sie hat einen quadratischen Grundriss, eine Gewölbedecke sowie zehn unterschiedlich große Nischen, in denen Kodizes und Bücher aufbewahrt wurden. Die kleine Kirche in der südöstlichen Ecke der Bibliothek ist dem hl. Gregor dem Erleuchter geweiht. Die im 11. Jh. errichtete **Akademie des Grigor Magistros** befindet sich zwischen den beiden Hauptkirchen. Der **Friedhof** südöstlich der Hauptgebäude birgt ein Mausoleum aus dem 12. Jh., in dem Fürsten der Zakariden bestattet sind.

Die 1978 in Betrieb genommene Seilbahn wurde errichtet, um bis zu 15 Besucher gleichzeitig nach Sanahin hochzubringen. Leider wurde sie 2015 stillgelegt, und Pläne für eine Instandsetzung gibt es nicht.

Mikojan-Museum MUSEUM
(☎094-157137; Mikoyan St; Eintritt & Führung 500 AMD; ⏲9.30–17 Uhr) Dieses Museum aus der sowjetischen Ära widmet sich den Brüdern Anastas und Artjom Mikojan. Anastas war für die Lebensmittelverwaltung in der UdSSR zuständig und ganze 60 Jahre Mitglied des Politbüros (länger als Stalin!). Artjom entwarf den ersten Düsenjäger (MiG) der UdSSR, der im Zweiten Weltkrieg zum Einsatz kam. Vor dem Museum steht ein frühes Modell einer MiG (herumklettern verboten!), und im Innern sind viele Fotos, Medaillen, Uniformen sowie Flugzeugpläne und -zeichnungen zu sehen.

Schlafen & Essen

Das beste Essen gibt es in den B&Bs. Im Sommer haben bei der Tamar-Brücke zwei Freiluftcafés geöffnet.

Iris Guesthouse GÄSTEHAUS $
(☎091-088812, 094-894292; irinaisrayelian@gmail.com; 65 Baghramyan St; B/DZ/Suite 6000/14 000/18 000 AMD; P 📶) Das bei Rucksackreisenden beliebte Gästehaus bietet Schlafsäle mit heimeligem Hüttenflair und in einem separaten Gebäude ordentlichere Privatzimmer. Die Englisch sprechende Besitzerin Irina Israeliyan ist eine enthusiastische Gastgeberin und liefert gerne Informationen, organisiert Transporte und bereitet auf Anfrage Bio-Mahlzeiten zu (Abendessen 4000 AMD). Im Garten gibt es Zeltplätze (mit eigenem Zelt pro Pers. 2000 AMD, Leihzelt 3000 AMD).

ArmBee B&B $
(☎091-333743; armbee@inbox.ru; 27/5 Jravazan St; Hütte EZ/DZ 8000/10 000 AMD; P 📶) Der Eigentümer dieses B&Bs, ein Imker, baute Hütten mit Bienenstöcken darunter. Keine Angst: Die Bienen können nicht in die Schlafbereiche eindringen. Wir wissen zwar nicht, ob das Schlafen über Bienen wirklich das bewirkt, was der Inhaber behauptet – Therapie von Ängsten, Depression, Müdigkeit und sogar Kater –, das Erlebnis ist aber auf jeden Fall einzigartig.

An- & Weiterreise

Von Jerewans Kilikya Avtokayan (S. 181) fahren *marshrutky* nach Alawerdi (1700 AMD, 3 Std., 9.30, 13, 14, 15 & 16 Uhr). Sammeltaxis ab Kilikya kosten pro Person 3000 AMD; sie fahren erst los, wenn alle Plätze belegt sind.

In Alawerdi fahren Busse und *marshrutky* von einem Parkplatz vor den Läden an der Hauptstraße ab – auch Taxis warten hier auf Fahrgäste. Ein Busticket- und Informations-

ABSTECHER

FANTASTISCHE FRESKEN

Achtala, ein kleines Dorf 20 km nordöstlich von Alawerdi, ist für die herrlichen Fresken in seiner Kirche aus dem 13. Jh. berühmt, darunter eine umwerfende Jungfrau Maria in der Apsis sowie Darstellungen des Letzten Abendmahls, des Jüngsten Gerichts, der Kreuzigung und der Auferstehung an den anderen Wänden. Das Fresko mit bärtigen Persern wurde angeblich gemalt, damit einfallende Armeen die Kirche verschonten. Der Weg zur Kirche führt durch hoch aufragenden Befestigungsanlagen aus Basalt (10. Jh.).

Betritt man die Anlage des **Klosters Achtala** (St. Astavatsin) durch das Haupttor, befinden sich auf der linken Seite zwei große **Höhlen**, in denen früher Kupfer geschmolzen wurde. Bei der Kirche sind eine gut erhaltene **Kapelle** und ein **Friedhof** mit alten und neuen Grabsteinen zu besichtigen – man sollte unbedingt aufpassen, wohin man tritt, denn Unkraut und Gras können gefährliche Löcher im Boden verbergen, unter denen sich unterirdisch gelegene Räume befinden.

Einmal am Tag, um 12 Uhr, verkehrt ein *marshrutka* von Alawerdi nach Achtala (200 AMD, 40 Min.). Da es sofort wieder die Rückfahrt antritt, muss man nach der Besichtigungstour die 3 km zur Straße zu Fuß zurücklegen.

Außerhalb des Klosters befindet sich das von der USAID geförderte Café und Besucherzentrum **Nurik**, das eine hiesige Frauenorganisation gegründet hat. Neben leckerem Essen werden hier auch Kurse in der Herstellung von Puppen, Kerzen, Seifen und Teppichen sowie im Filzen angeboten. Auch Kochkurse kann man belegen.

schalter befindet sich am hinteren Ende des Parkplatzes. Täglich fährt ein *marshrutka* nach Achtala (300 AMD, 12 Uhr), *marshrutky* nach Jerewan (1500 AMD, 4 Std.) starten um 8, 9, 11.30 & 14 Uhr, zehn *marshrutky* verkehren jeden Tag nach Wanadsor (800 AMD, 1 Std., 7.30–15.45 Uhr), und unter der Woche fahren täglich acht *marshrutky* nach Haghpat, am Wochenende drei (200 AMD, 25 Min., Mo–Fr 8.30–17, Sa & So 9.30, 13 & 17 Uhr).

Ein Sitzplatz in einem Sammeltaxi nach Jerewan kostet 3000 AMD. Ein privates Taxi an die georgische Grenze kostet 5000 AMD, nach Tiflis zwischen 15 000 und 18 000 AMD und nach Jerewan 23 000 AMD.

Der Zug von Jerewan nach Georgien legt am Bahnhof Sanahin einen einminütigen Halt ein. Wer einsteigen möchte, muss zuvor das Personal informieren. Fahrkarten sind in Jerewan, Tiflis oder Wanadsor zu erstehen (Jerewan–Tiflis 5000–8000 AMD).

ABSTECHER

PARZ-SEE

Der rund 13 km von Dilidschan entfernte schöne Parz-See („klarer See") ist im Sommer ein überaus beliebtes Ausflugsziel. Zu den Attraktionen am Ufer gehören ein armenisches Restaurant (Hauptgerichte ab 1200 AMD), ein Bootsverleih (2000–5000 AMD), eine Seilrutsche und ein Seilgarten (einzeln 6000 AMD, kombiniert 9000 AMD). Wer übernachten will, mietet eine der Hütten vor Ort (12 000 AMD).

Ein Taxi von Dilidschan kostet etwa 4000 AMD; am Wochenende stehen möglicherweise am Parkplatz Taxis für die Rückfahrt bereit. Anderenfalls organisiert das Informationszentrum in Dilidschan die Rückfahrt.

Haghpat

In diesem malerischen Dorf östlich von Alawerdi befindet sich einer der zum Weltkulturerbe gehörenden Klosterkomplexe der Debed-Schlucht. Vom Dorf aus bietet sich ein spektakulärer Blick auf die sanften Hügel; das Kloster gilt als eines der schönsten in ganz Armenien. Im Sommer wimmelt es hier von Reisegruppen, von denen viele aus Georgien hierherkommen.

Sehenswertes

Haghpat-Kloster KLOSTER
(8.30–19 Uhr) Das Kloster mit Blick auf die Schlucht bietet Atmosphäre und architektonische Pracht in Hülle und Fülle. Das Kloster wurde im 10. Jh. (967 oder 976) von Königin Chosrowanusch gegründet, die die Errichtung der Kuppelkirche **Surb Nschan** (Heilig-Kreuz-Kirche) im Zentrum des Komplexes finanzierte. Im 12. und 13. Jh. folgte ein wahrer Bauboom. Die Fresken und der *gawit* (Vorhalle) der Surb Nschan sowie der Glockenturm, die Bibliothek und das Kapitelhaus wurden in jener Zeit angebaut. Der Name des Klosters bedeutet „gewaltige Mauer" und bezieht sich auf seine mächtigen Befestigungsanlagen.

Schlafen

Hotel Gayane HOTEL $
(093-413705; EZ/DZ 15 000/25 000 AMD, 4-Bett-Hütte 32 000 AMD; P) Das Gayane, eine exzellente Unterkunft für Familien, die zu Besuch in dieser Region sind, war ursprünglich ein B&B in einem Bauernhaus, wurde aber um vier einfache Hütten für Selbstversorger und ein neuea mehrstöckiges Gebäude mit 29 Hotelzimmern erweitert. Zu den Annehmlichkeiten gehören ein Hallen- und ein Freibad, Billardtische, Tischtennis und ein Café, das auch Nicht-Hotelgäste bewirtet. Das Abendbüfett kostet 3000 bis 4000 AMD.

Essen

Das beste Essen bieten die Hotels und Gästehäuser, das Hotel Qefo etwa besitzt ein beliebtes Restaurant, das auch Nicht-Hotelgästen offensteht. Am Fluss und an der Straße Richtung Stadt gibt es einige Speiselokale.

An- & Weiterreise

Haghpat liegt 6 km von der Jerewan-Autobahn entfernt. Von Norden kommend ist es ausgeschildert, nicht aber vom Süden aus. *Marshrutky* fahren von Alawerdi (200 AMD) wochentags achtmal täglich (8.30–17 Uhr) und am Wochenende dreimal täglich (9.30, 13 & 17 Uhr). Zu Fuß geht es über das Dorf Akner ins 7 km entfernte Sanahin-Kloster.

Dilidschan

268 / 17 400 EW.

Dilidschan wird gern „Armeniens Schweiz" genannt, und auch wenn sich das übertrieben anhört, liegt die alpine Stadt doch in unbestritten schöner Landschaft und genießt ein sehr angenehmes Klima. In der Sowjetzeit kamen Kameramänner, Komponisten, Künstler und Schrifsteller hierher, um sich hier kreativ auszuleben; heute ist Dilidschan ein Tourismuszentrum mit einigen guten B&Bs und Restaurants.

Es gibt sicherlich genug Naturschönheiten, die zum schöpferischen Denken anregen: Die üppigen Eichen- und Hainbuchenwälder um die Stadt herum mit schneebedeckten Gipfeln in der Ferne sind ein perfektes Wandergebiet. In den Sommermonaten treiben Dorfbewohner das Vieh von den Bergweiden hinunter und sammeln in den dichten Laubwäldern Pilze und Kräuter. Die örtliche Architektur präsentiert sich mit vielen steilen Ziegeldächern und Holzbalken sowie einigen niedlichen Lebkuchenhäuschen. Selbst die sowjetischen Bauten haben einen Hauch von Flair.

Und auch die Nähe zu den mittelalterlichen Kirchen von Haghartsin (S. 211) und Goschawank (S. 214), die sich für Tagesausflüge anbieten, macht Dilidschan zu einer der besuchenswertesten Städte Armeniens.

Sehenswertes

Heimatmuseum & Gemäldegalerie von Dilidschan MUSEUM
(☎0268-24450; 28 Myasnikyan St; 500 AMD, Führung 500 AMD; ⏲Di–Sa 10–17.40, So 11–16 Uhr) Die Galerie, die eine eklektische Sammlung europäischer und armenischer Kunst aus dem 16. bis 20. Jh. beherbergt, ist Dilidschans wichtigste kulturelle Institution. Einige der älteren Werke italienischer und französischer Künstler befanden sich einst in Museen in Moskau und St. Petersburg, wurden aber im Zweiten Weltkrieg

Dilidschan

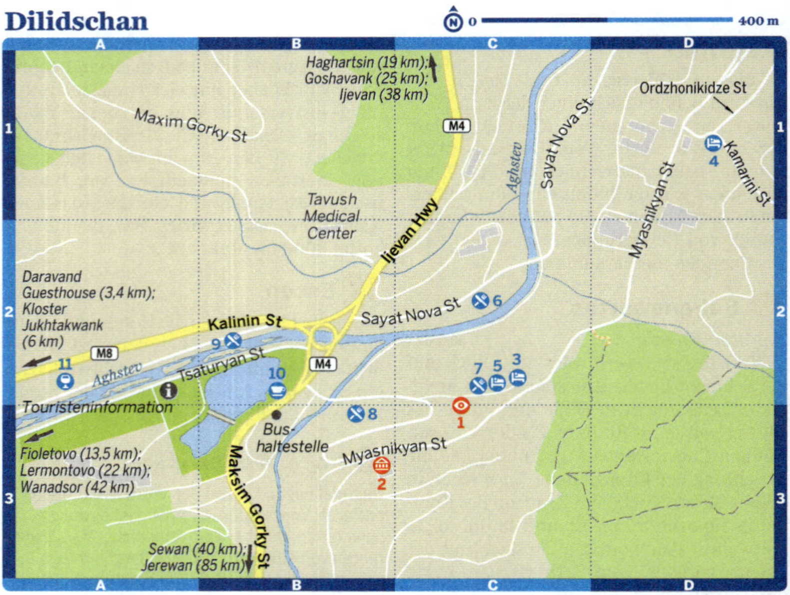

Dilidschan

Sehenswertes
1 Historisches Zentrum Dilidschan C3
2 Heimatmuseum & Gemäldegalerie von Dilidschan B3

Schlafen
3 Old Dili C2
4 Toon Armeni D1
5 Tufenkian Old Dilijan Complex C2

Essen
6 Flying Ostrich By Dolmama C2
7 Haykanoush C2
8 Kchuch B3
9 Losh B2

Ausgehen & Nachtleben
10 Cafe #2 .... B2
11 Carahunge A2

ABSTECHER

DER TANZ DER ADLER

In einem Tal, 13 km nordöstlich von Dilidschan, versteckt sich das **Kloster Haghartsin** (Parkplatz 200 AMD; ⏲9–20 Uhr). Haghartsin („Tanz der Adler") wurde zwischen dem 10. und dem 13. Jh. errichtet und hat drei Kirchen: Eine ist nach dem hl. Gregor dem Erleuchter benannt, eine nach der hl. Muttergottes (Surb Astvatsatsin) und die dritte nach dem hl. Stefan (Stepanos). Unter den schönen *chatschkaren* (verzierten Gedächtnissteinen) besonders hervorzuheben ist jener an der südlichen Mauer der Surb Astvatsasin. Zudem sind eine Sonnenuhr an der Gregor-Kirche, ein verfallener *gawit* (Vestibül) und ein Refektorium mit überwältigendem Deckengewölbe zu sehen.

Das Kloster Haghartsin wurde auf Geheiß zweier Brüder errichtet, die der Dynastie der Bagratiden (eine königliche Familie im Kaukasus) angehörten, deren Familienwappen an der Rückseite der Sankt-Stepanos-Kirche zu erkennen ist.

Durch eine kürzlich erfolgte Restaurierung des Komplexes, die der Scheich von Schardscha in den Vereinigten Arabischen Emiraten finanzierte, verloren die Klostergebäude ihre historische Patina, und zahlreiche Besucher finden ihre jetzige helle, glänzende Erscheinung ziemlich befremdlich. Doch zweifellos werden sie sich irgendwann wieder in ihre Umgebung einfügen.

Auf dem Gelände befinden sich auch ein Garten und eine *Gata*-Bäckerei (10–19.30 Uhr, Kuchen 1000–1500 AMD); dem Besitzer gehören auch die beiden renommierten Restaurants Kchuch und Losh in Dildschan.

Das Kloster liegt 4 km abseits der Hauptstraße zwischen Dilidschan und Idschewan. Hierhin verkehren keine *marshrutky*, aber der Weg von der Hauptstraße eignet sich wunderbar für einen Spaziergang und bietet viele Picknickplätze und Aussichtspunkte.

zur sicheren Verwahrung hierhergebracht. Das herausragendste armenische Werk ist Arpenik Nalbandians (1916–1964) Cézanne-ähnliches Gemälde *Kinder aus Chndsoresk*. Die aufregende ethnografische und archäologische Ausstellung unten zeigt unter anderem Äxte und Kettenhemden.

Schlafen

In und rund um Dilidschan gibt es zahlreiche Hotels und Sanatorien, die hauptsächlich russische und armenische Touristen ansprechen. In der letzten Zeit öffneten einige großartige B&Bs, die eine breitere Klientel anlocken. Auch ein paar Hostels sind hier zu finden, die aber nicht zu empfehlen sind.

★ Toon Armeni B&B $

(☎098-787899; info@toonarmeni.am; 4 Kamarin St; EZ/2BZ/DZ 15 000/20 000/25 000 AMD, FZ 30 000 AMD; P 📶) Das B&B in einem rund 200 Jahre alten Landhaus trifft in jeder Hinsicht den richtigen Ton. Die Zimmer im Erdgeschoss sind authentisch, mit altem Mobiliar und modernen Bädern. Jene im Obergeschoss wirken etwas langweilig, aber sind sauber. Das Restaurant mit Bio-Küche und Blick in den Garten ist sehr gut und erschwinglich (besonders zu empfehlen: der Rote-Bete-Salat). Freundliches, Englisch sprechendes Personal und hervorragendes WLAN tragen dazu bei, dass das Toon Armeni eine sehr gute Unterkunft ist.

Old Dili GÄSTEHAUS $

(☎055-707565; 10a Sharamavyan; Hütte 20 000 AMD, 2BZ & DZ ohne Bad pro Pers. 5000 AMD; 📶) Die Pension ist nur wenige Schritte vom historischen Zentrum entfernt und hat eine Hütte, gehört aber zu Armeniens preiswertesten Unterkünften – deshalb wird sie hier aufgeführt. Das Häuschen im Loftstil ist sehr gemütlich und bietet eine Küche, Sofas und ein derart bequemes Bett, dass man möglicherweise gar nicht mehr aufstehen möchte. Im Haupthaus befinden sich saubere Standardzimmer. Das Frühstück kostet 2000 AMD extra.

Daravand Guest House B&B $

(☎094-420965; www.daravand.com; 46 Abovyan St; EZ/DZ 17 000/25 000 AMD, ohne Bad 11 000/19 000 AMD, 6-Pers.-Hütte 30 000 AMD; P 📶) Der Besitzer Razmik ist ein Diaspora-Armenier mit iranischer Erziehung und deutscher Ausbildung, und er betreibt sein Gästehaus mit großem Elan. Die Zimmer sind gepflegt und haben gute Betten und kleine Bäder. Die Hütte darunter hat Platz für sechs Personen und ist somit ideal für Gruppen oder Familien; die Balkone bieten

WANDERN IN DILIDSCHAN

VON DILIDSCHAN ZUM PARZ-SEE

START INFORMATIONSZENTRUM DILIDSCHAN
ZIEL PARZ-SEE
LÄNGE 14,5 KM; 4–5 STUNDEN
SCHWIERIGKEIT MÄSSIG SCHWIERIG

Dieser Abschnitt des in Kürze fertiggestellten Transcaucasian Trail (TCT) ist ein bewährter und ausgiebig getesteter Wanderweg, der von Dilidschans Stadtzentrum zum Parz-See oder in die andere Richtung führt. Unterwegs gibt es schöne Aussichten, dichte Wälder bieten schattige Erholung, und auf den Wiesen blühen im Frühjahr zahllose Wildblumen. Lange Hosen und gute Wanderschuhe sind zu empfehlen.

Vom Infozentrum (S. 215) aus über die Brücke zum Altstadtkern von Dilidschan (S. 209) und weiter zur Myasnikyan-Straße gehen. Der Wanderweg beginnt gegenüber vom Amphitheater. Den rot-weißen Markierungen folgend die Treppe hoch, an der unbefestigten Straße entlang marschieren und links auf einen schmalen Pfad abbiegen, der zu einem Waldstück mit Blick auf Dilidschan führt. Der Weg quert eine kleine Wiese, dann geht es erneut in den Wald hinein und hoch zu einem Picknickplatz mit Quelle. Nach den Straßen durch einen Vorort von Dilidschan verengt sich der Weg wieder zu einem unbefestigten Feldweg. Am Bach entlang gelangt man auf eine Anhöhe; im Spätfrühling und Frühsommer wird die weite Bergwiese, die Gyolort genannt wird, von weißen, gelben und violetten Wildblumen schier überflutet. Danach folgt man den Schildern zum Wald; dieser Abschnitt ist sehr kurvig. Schließlich ist die Zielgerade erreicht: eine Straße für Geländewagen führt direkt zum Parz-See (S. 209). Für die Übernachtung stehen mehrere Hütten bereit, oder man fährt mit dem Taxi zurück nach Dilidschan (4000 AMD). Falls kein Taxi bereitsteht, kann das Infozentrum in Dilidschan eines organisieren.

Wer weiter wandern möchte, kann auf dem TCT weiter nach Goschawank (7,1 km) und zum Gosch-See (4,2 km) marschieren.

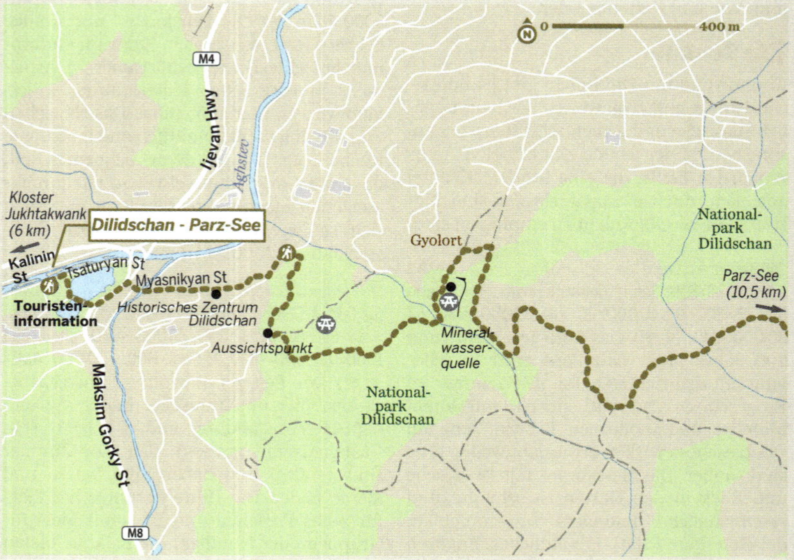

Der Nationalpark Dilidschan ist ein Wanderparadies mit zahlreichen Wegen, vorbei an alten Klöstern und Wildblumenwiesen, die im Frühling herrlich blühen. Wanderausrüstung kann im Infozentrum geliehen werden (S. 215).

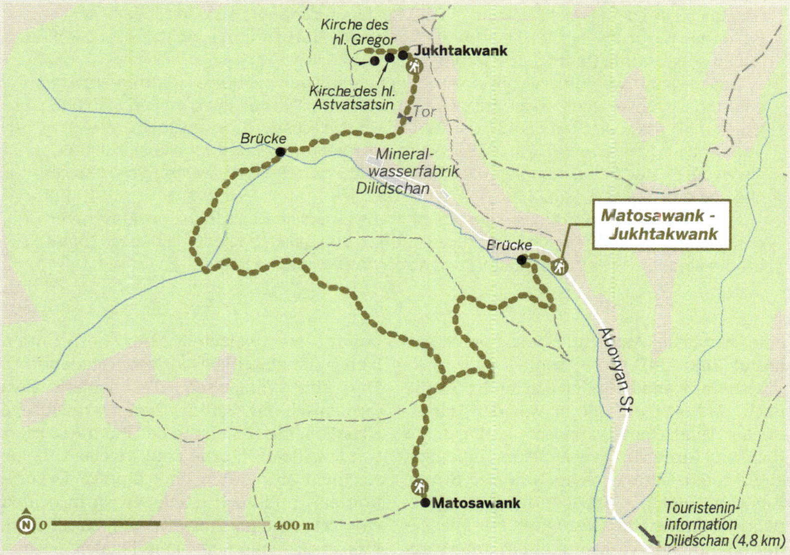

VON MATOSAWANK NACH JUKHTAKWANK

START INFORMATIONSTAFEL IN DER ABOVYAN-STRASSE
ZIEL JUKHTAKWANK
LÄNGE 3,8 KM; 1¼ STUNDE
SCHWIERIGKEIT MÄSSIG SCHWIERIG

Der kurze Rundweg führt durch Wald zu den Klöstern Jukhtakwank (11. Jh.) und Matosawank (13. Jh.). Am besten mit dem eigenen Fahrzeug oder einem Taxi zum Ausgangspunkt an der Infotafel fahren, es ist aber auch möglich, bei der Mineralwasserfabrik von Dilidschan zu starten, 3,2 km östlich in Richtung Wanadsor, dann rechts abbiegen und etwa 3,5 km weiterfahren. Oder man geht am Infozentrum in Dilidschan los. Wer lieber radelt: Mountainbikes werden im Infozentrum ausgeliehen.

Vom **Ausgangspunkt** in der Abovyan-Straße geradeaus marschieren, um den schlammigen Abschnitt zu umgehen, und die Brücke zur Linken überqueren. Nach zehn Minuten links auf die Piste für Geländewagen einbiegen und geradeaus zur **Matosawank** gehen. Die Kirche (1247) hat ein grasbedecktes Dach und eine Baumskulptur, die wie ein tanzender Junge aussieht.

Zurück geht es auf dem gleichen Weg, über die Piste und über ein Feld, bis ein weiterer Pfad erreicht ist. Diesem folgen, an einer Bachmündung rechts und an einem anderen Weg erneut rechts gehen. Sobald der Fluss erreicht ist, nach der **Brücke** Ausschau halten (weiter rechts ist die Mineralwasserfabrik Dilidschan zu sehen). Die Brücke überqueren, an einem Tor vorbei und links einen steilen Hügel hochgehen, der von Ende Juni bis Anfang Juli von wilden Kamillenblüten gesprenkelt ist. Schließlich gelangt man an die Rückseite der Muttergotteskirche in **Jukhtakwank**. Die andere, dem hl. Gregor gewidmete Kirche stammt aus dem 11. oder 12. Jh.

Zurück geht es rechts am Geländewagenweg entlang, bis die Abovyan-Straße erreicht ist; dieser folgt man schließlich bis zur Informationstafel.

ABSTECHER

DAS KLOSTER GOSCHAWANK

Das Kloster **Goschawank** (Parkplatz 200 AMD; ⌚8–20 Uhr) wurde im Jahr 1188 von dem als heilig verehrten armenischen Geistlichen Mkhitar Gosch gegründet, der in einer kleinen Kapelle bestattet wurde, aus der man die restlichen Bestandteile der Klosteranlage überblicken kann. Zum Komplex gehören die Hauptkirche (Surb Astvatsatsin), die kleineren Kirchen St. Gregor von Narek und St. Gregor der Erleuchter sowie ein *matenadaran* (Buchlager), in dem angeblich rund 15 000 Bücher aufbewahrt wurden. Über dieser Bibliothek wurde im Jahr 1291 eine vierte Kirche mit Glockenturm errichtet, die über eine außen angebrachte freitragende Treppe zu erreichen war.

Goschawank war damals wohl eines der bedeutendsten kulturellen Zentren Armeniens, und Historiker nehmen an, dass es nach der mongolischen Invasion von 1375 aufgegeben wurde. Zwischen dem 17. und 19. Jh. war das Kloster dann anscheinend wieder bewohnt, und zwischen 1957 und 1963 wurde es restauriert – und vor wenigen Jahren ein weiteres Mal. Der *chatschkar* (Gedächtnisstein) zwischen der zweiten St.-Gregor-Kirche und dem *gawit* (Vestibül) lohnt einen extra Blick.

Goschawank liegt 6,5 km von der Hauptstraße zwischen Dilidschan und Iledschan entfernt, an der Straße nach Chambarak. Ein Taxi von Dilidschan oder Iledschan (beide Städte sind 23 km entfernt) kostet rund 4500 AMD (einfache Fahrt).

eine herrliche Aussicht. Das Abendessen kostet 5000 AMD pro Person.

Das Daravand befindet sich an der Straße nach Jukhtakvank, 360 m von der Hauptstraße Dilidschan–Wanadsor entfernt. In Richtung Eisenbahnbrücke fahren und nach einer roten Garage rechts von der Straße Ausschau halten – daneben führt eine Serpentinenstraße zum Gästehaus. Für alle, die mit öffentlichen Verkehrsmitteln unterwegs sind: Die Fahrt des Lokalbusses beginnt und endet an der Autobahnabfahrt.

Tufenkian Old Dilijan Complex HOTEL **$$**
(☎094-030883; www.tufenkianheritage.com; Sharambeyan St; EZ 20 000–48 000 AMD, DZ 26 000–64 000 AMD, Suite 46 000 AMD; 📶) Dieses Tufenkian-Hotel, das die Atmosphäre von Dilidschan des 19. Jhs. mit modernen Annehmlichkeiten wieder aufleben lässt, verfügt über Zimmer mit modernen Bädern, untergebracht in historisch aussehenden Gebäuden. Die zwei Suiten im Ananov-Gästehaus wirken so authentisch, dass man fast bereut, Mantel und Zylinder nicht mitgebracht zu haben. Das Frühstück wird im **Haykanoush Restaurant** (Hauptgerichte 1500–5000AMD; ⌚9–22 Uhr; 📶) serviert.

Das Hotel arrangiert Reit- und Wanderausflüge und besitzt einen Fahrradverleih.

Essen & Ausgehen

Losh ARMENISCH **$**
(☎042-886018; 1/2 Kalinini St; Hauptgerichte 1100–3200 AMD; ⌚10–22 Uhr; 📝) Dieses Restaurant ist zweigeteilt. Das Losh unten bietet hauptsächlich *lavash* (Fladenbrot), Dips und Vorspeisen, das noblere Tava (armenisch für Pfanne) bietet armenische Klassiker, die zumeist in der Pfanne serviert werden. Beide Lokale sind exzellent, beide zeichnen sich durch eine flippige Dekoration aus, und auch das Essen ist in beiden eine erfrischende Abwechslung zu all dem, was in armenischen Speiselokalen normalerweise angeboten wird. Dem Betreiber von Losh und Tava gehören auch das Kchuch sowie die *Gata*-Bäckerei in Haghartsin.

★ **Kchuch** ARMENISCH **$$**
(☎041-886010; 47 Myasnikyan St; Tontopfgerichte 1800–3500 AMD, Pizzas 2500–3200 AMD; ⌚10–22 Uhrm; 📶) Das Kchuch, eines der besten Restaurants des Landes, befindet sich mitten in einem grünen Park im Herzen Dilidschans. Die meisten Speisen – z. B. schmackhafte Fleischgerichte wie Ossobuco oder Huhn mit Trockenaprikosen – werden in gemauerten Öfen in *kchuch* (Tontöpfen) gegart. Pizzas gibt es in originellen Varianten, die „revolutionäre Pizza" etwa ist mit gegrilltem Gemüse belegt.

Flying Ostrich By Dolmama ARMENISCH **$$**
(☎060-655080; 6 Sayat Nova St; Hauptgerichte 3500–6000 AMD; ⌚10–23 Uhr; 👪) Als 2014 am Fluss Aghstew diese Niederlassung von Jerewans Nobelrestaurant Dolmama (S. 177) eröffnet wurde, war die Aufregung verständlicherweise groß. Das Essen, das die Betrei-

ber als „traditionelle armenische Küche mit Pfiff" beschreiben, wird in einer umgebauten Scheune sowie in einem schönen gepflasterten Innenhof serviert.

Cafe #2 CAFÉ

(☎060-700805; 17/1 Maksim Gorky St; ⏲9–22 Uhr; 📶🚭) Dieses Café wurde eingerichtet, um den hiesigen Jugendlichen einen Ort zu bieten, an dem sie entspannen, lernen, an sozialen Inititativen mitarbeiten und/oder ein paar Dram mit Servieren verdienen können. Es ist hervorragend geeignet, um einen geruhsamen Nachmittag zu verbringen. Das Lokal mit Blick auf den zentralen See von Dilidschan bietet eine faszinierende Getränkekarte und gesunde Gerichte, die in großen Portionen serviert werden. Das Personal hilft gerne bei touristischen Anfragen.

Carahunge BAR

(☎043-220003; 33 Kalinini St; ⏲10–23 Uhr; 📶) Mit Bier vom Fass und 670 Weinen im Keller - viele davon armenisch - ist das Carahunge Dilidschans bester Ort zum Plaudern und Trinken. Es gibt viele Sitzgelegenheiten drinnen und draußen sowie eine Buchhandlung mit Liegestühlen unterm Dach. Eine umfangreiche Speisekarte bietet eine gelungene Mischung aus internationalen und armenischen Klassikern, darunter Burger, Pasta und *khoravats*.

Praktische Informationen

Informationszentrum (☎094-399336; www.visitdilijan.com; 15/2 Maxim Gorky; ⏲9–20 Uhr) Das neu gebaute und nützliche Informationszentrum für Touristen bietet Kartenmaterial und kann bei der Planung von Wanderungen helfen. Ausrüstung kann zu erschwinglichen Preisen ausgeliehen werden, darunter Wanderstöcke, Schlafsäcke, Schneeschuhe und Fahrräder.

An- & Weiterreise

Von Jerewans Hyusisayin Avtokayan (S. 182) machen sich *marshrutky* (1000 AMD, 2 Std., 9–18 Uhr) auf den Weg nach Dilidschan. Abfahrt, wenn alle Plätze belegt sind.

Die Bushaltestelle befindet sich vor dem Cafe #2 in der Nähe des größten Kreisverkehrs in der unteren Stadt. *Marshrutky* zwischen Idschewan und Jerewan halten hier zwischen 8 und 16 Uhr fünfmal am Tag (nach Idschewan 500 AMD, nach Jerewan 1000 AMD). Ein Taxi kostet 5000 AMD nach Idschewan und 20 000 AMD bis zur georgischen Grenze. Die Abfahrtszeiten von *marshrutky* nach Tiflis (6000 AMD, 3 Std.) gibt das hilfreiche Informationszentrum bekannt.

Idschewan

☎263 / 20 400 EW.

Idschewan, umgeben von bewaldeten Bergen und vom Fluss Aghstew durchflossen, ist die geschäftige Hauptstadt der Provinz Tawusch. Idschewan bedeutet „Karawanserei" (Rastplatz), denn die Stadt lag jahrtausendelang an einer wichtigen Handelsroute von Osten nach Westen. Das hiesige Klima ist wärmer als in Dilidschan, zudem ist die Stadt das Zentrum eines Weinbaugebiets, das einige gute Tropfen keltert. Die Architektur der Stadt stammt teilweise aus sowjetischer Zeit; es gibt aber auch einige schöne Gebäude aus dem frühen 20. Jh., einen quirligen Open-Air-Markt und eine Fabrik, die Weine und Cognac produziert.

Sehenswertes & Aktivitäten

Weinfabrik Idschewan KELLEREI

(☎011-919999; www.ijevangroup.com; 9 Yerevanyan St; Führung 2000 AMD, Wein- oder Cognacprobe 2500–5000 AMD; ⏲Mo–Sa 9–17 Uhr) Alle Erwartungen an eine malerische Weinkellerei sind hier zu verwerfen, denn Idschewans Weinfabrik ist genau das: nämlich ein großer Industriekomplex, in dem die Traubenernte der Gegend zu trockenen Weiß- und Perlweinen der Marken Haghartsin, Gayane und Makaravank verarbeitet werden. Auf der Führung wird erklärt, wie der Wein und der Cognac produziert werden, und bei der Verkostung werden drei Weinsorten oder zwei Cognacsorten ausgeschenkt. Außerdem werden im Laden köstliche Marmeladen, Säfte und Kompotte angeboten.

Das Fabrikgelände befindet sich etwa 1,5 km vom Zentrum der Stadt entfernt an der Straße nach Dilidschan.

Yell Extreme Park ABENTEUERSPORT

(☎041-010030; www.yellextremepark.com; Zipline Mo–Fr/Sa & So 11 000/15 000 AMD, andere Aktivitäten 17 000–25 000 AMD; ⏲Juni–Sept. 10–19 Uhr, Okt.–Mai 10–18 Uhr) In mehreren Hundert Metern Höhe in den üppig grünen Bergen des staatlichen Idschewan-Naturschutzgebiets bietet der Yell Extreme Park sechs gut gewartete Ziplines (Seilrutschen), an denen man eine oder zwei Stunden lang schweben kann. Ebenfalls im Angebot: Via Ferrata (Klettersteig), Felsenklettern, ein Hochseilgarten, Paintball, Zorbing (in einer transparenten Kugel aus PVC einen Abhang hinunterrollen) und Reiten. Die Mitarbeiter sind hervorragend geschult, und von den Ziplines bieten sich wunderbare Ausblicke auf Idschewan im daruntergelegenen Tal. Ziplining ist das ganze Jahr über möglich. Wer hier die Nacht verbringen will, kann einfache Hütten (inkl. Frühstück 14 000 AMD) anmieten. Der Extrempark gehört zum Apaga Resort, das sich natürlich auch für eine Übernachtung anbietet (EZ/DZ 31 700/33 700 AMD, De-luxe-Zi. 41 700 AMD). Keine dieser Unterkünfte hat WLAN. Park und Hotel befinden sich 2 km vom Dorf Yenokavan und 13 km von Idschewan entfernt an einer holprigen Bergstraße.

Schlafen & Essen

Das beste Essen in der Stadt serviert das Anakhit Guesthouse (Tisch im Voraus reservieren!). Die Cafés in der Aboyyan-Straße am Flussufer oder in der Ankahutyan-Straße gegenüber dem Skulpturenpark bieten ein paar Snacks an.

★ Anakhit Guesthouse B&B $

(077-012274, 077-292979; 4 Tavrizyan St; EZ/DZ 7500/15 000 AMD; P) Reisende schwärmen von diesem familiengeführten B&B nahe dem *Marshrutka*-Stand und beschreiben es als Zuhause fern der Heimat. Die Besitzerin Anakhit empfängt ihre Gäste herzlich und ist bekannt für ihre Hausmannskost, ihre armenischen Abendmahlzeiten sind ein Highlight (2500–5000 AMD). Die Gästezimmer sind ordentlich und behaglich, und die hübsche Terrasse bietet wunderbare Aussicht. Schwiegertochter Anna spricht Englisch und Französisch.

An- & Weiterreise

Von Jerewans Bushaltestelle Hyusisayin (S. 182) machen sich *marshrutky* (1500 AMD, 3 Std., 9–18 Uhr) nach Idschewan auf den Weg. Abfahrt erst, wenn alle Plätze belegt sind.

In Idschewan fahren *marshrutky* am hölzernen Buswartehäuschen neben dem Café Dan Garden an der Hauptstraße ab. Der Fahrplan hängt in einem Fenster des Fahrkartenbüros, das etwas von der Straße zurückgesetzt ist.

Marshrutky nach Jerewan (1500 AMD, 3 Std.) verkehren zwischen 7.30 und 15.30 Uhr fünfmal täglich; sie halten unterwegs in Dilidschan (500 AMD, 40 Min.). Ein paarmal am Tag fahren *marshrutky* nach Wanadsor (1000 AMD, 90 Min.). Täglich um 10 Uhr ist ein Bus nach Georgien (1000 AMD) unterwegs; ein privates Taxi zur Grenze sollte etwa 10 000 AMD kosten. Über gg gibt es auch Mitfahrgelegenheiten nach Tiflis (12 000 AMD).

SEWANSEE & UMGEBUNG

Sewansee

Mit seinen 1240 km² ist der Sevana Lich (Sewansee), rund 1900 m über dem Meeresspiegel gelegen, der größte See des Kaukasus und einer der größten Bergseen der Welt. Seine Farben und Schattierungen ändern sich mit dem Wetter und variieren von einem schillernden Azurblau bis zu tiefem Dunkelblau – mit tausend Blautönen dazwischen. Zur Fischpopulation gehören die bedrohte Sewan-Forelle *(ishkhan)* und hier eingebrachte Krebse und Felchen *(sig)*.

In den 1950er-Jahren verwendeten sowjetische Planer des See für Bewässerungsmaßnahmen; zudem wurde das Wasser des Hrasdan – ein Abfluss des Sewansees – zur Elektroenergieerzeugung mittels eines Wasserkraftwerks genutzt. Dies alles führte zu einem massiven Absinken des Wasserspiegels um bis zu 20 m. Dadurch wurden Festungen, Häuser und Artefakte freigelegt, die bis zu 2000 Jahre zurückdatieren. Doch in der Kombination mit der Überfischung und der Verklappung von Abwässern führte dieses Absinken des Wasserspiegels auch dazu, dass Umweltschützer befürchteten, dass der See komplett aus dem ökologischen Gleichgewicht zu geraten drohte.

Heutzutage stehen die Strände des Sewansees vor allem bei russischen Touristen und lärmenden Tagesausflüglern hoch im Kurs. Etwas ruhiger geht es am Ostufer am Wishup Shore oder im Tufenkian Avan Marak Tsapatagh Hotel zu.

Noratus FRIEDHOF

Schätzungsweise 900 *chatschkare*, die bis ins 10. Jh. zurückreichen, verteilen sich auf diesen atemberaubenden Friedhof am Westufer des Sewansees. Die Legende besagt, dass eine Invasionsarmee gezwungen war, in Deckung zu gehen, da ihr Kommandeur das Feld voller *chatschkare* fälschlicherweise für ein Bataillon feindlicher Soldaten hielt. Alle *chatschkare* sind gen Westen ausgerichtet und deshalb am besten nachmittags zu fotografieren. Einige Damen bieten Führungen an – aber nicht eben umsonst.

Eine laminierte Karte, auf der die bemerkenswertesten *chatschkare* in zehn Sprachen beschrieben stehen, ist in einem Souvenirladen erhältlich.

HALBINSEL SEWANAWANK

Einst stand auf der Anhöhe der Halbinsel **Sewanawank** (Parkplatz 200 AMD), von der der ganze See zu überblicken ist, ein heidnischer Tempel. Im Jahr 305 wurde er jedoch durch eine heute verfallene Kirche ersetzt. Zwei weitere Kirchen, **Surb Astvatsatsin** und **Surp Arakelots** (alias Surb Karapet), stammen aus dem 9. Jh. Die Surb Astvatsatsin wurde später um einen *gawit* (Vestibül) erweitert. Auch dieser ist heute verfallen, beherbergt aber schöne *chatschkare* (Gedächtnissteine). Das Kloster, das über eine lange Treppe zu erreichen ist, gehört zu Armeniens beliebtesten Touristenzielen und ist in den Sommermonaten leider schrecklich überlaufen.

Der sandige Hauptstrand der Halbinsel erstreckt sich auf ihrer Südseite, über der die viel fotografierten Kirchen thronen. Mit sauberem Wasser oder einem ruhigen Tag am Strand ist nicht zu rechnen – aus den Bars dröhnt laute Musik, und die Leute spielen Beachvolleyball, fahren Wasserski oder Jetski und haben auf Tretbooten Spaß. Für jeden der Strände ist eine Gebühr zu entrichten (2000–3000 AMD pro Pers., je nach Strand).

Die Taxifahrt von Sewan nach Sewanawank kostet einfach 1000 AMD. Für die Hin- und Rückfahrt inklusive 30-minütiger Wartezeit am Kloster sind 2500 AMD zu bezahlen.

Schlafen

Ab Ende Mai beginnen die Ferienanlagen am Sewansee, sich zu füllen – und heben ihre Preise an, die in der Hauptsaison um bis zu 40 Prozent ansteigen. Ab Anfang September neigt sich die Saison langsam ihrem Ende zu. Im Frühjahr und Herbst bleiben die Hotels zu ermäßigten Preisen geöffnet, im Winter sind die allermeisten Unterkünfte komplett geschlossen.

Wishup Shore CAMPINGPLATZ $

(☎093-412002; Shorzha; Eintritt 1000 AMD, Zelt pro Pers. 2000 AMD, Pavillon 10 000 AMD, Hütte 30 000 AMD; ⏲Mitte Juni–Sept.; 📶) An der raueren Ostseite des Sewansees finden sich Gruppen hipper Jerewaner ein, um der brütenden Sommerhitze zu entkommen. Am steinigen Wishup-Strand steigen diverse Veranstaltungen, zudem gibt es eine fröhliche Bar mit Restaurant (Hauptgerichte 1000–2000 AMD). Die Stimmung ist ziemlich ausgelassen, und Besucher können ihr eigenes Zelt aufstellen oder einen sechseckigen Pavillon mieten. Für Gruppen stehen auch Hütten zur Verfügung.

Lavash HOTEL $

(☎098-727521; Chkalovka; EZ/DZ/3BZ 16 000/20 000/23 000 AMD; 📶) Das nach dem Brot benannte Hotel Lavash, das einem rustikalen Dorf nachempfunden wurde, ist die beste Unterkunft am Westufer des Sewansees. Die Zimmer im Hüttenstil blicken auf zwei Strände, sind geräumig und haben hübsche Tische mit Seeblick. Einen großen Teil des Komplexes nehmen das armenische Restaurant und der Teesalon ein. Kinder mögen vor allem das Spielzimmer mit Tischfußball und Tischtennis.

Das Hotel befindet sich 8 km von Sewan entfernt direkt an der Hauptstraße. Ein Taxi von Sewan kostet etwa 2000 AMD.

Tufenkian Avan Marak Tsapatagh Hotel HOTEL $$

(☎093-947891; www.tufenkianheritage.com; Tsapatagh; EZ 22 000–30 000 AMD, DZ 38 000–46 000 AMD, Suite 62 000 AMD; P📶🏊) Am windumtosten Ostufer des Sewansees ist die touristische Infrastruktur nur schwach ausgebaut, das heißt, dass die am Westufer allgegenwärtigen lauten Menschenmengen hier absolute Fehlanzeige sind. Dieses Resort war das erste der Tufenkian-Hotelkette und ist nach wie vor eine der wenigen Unterkünfte am Ostufer. Die Zimmer sind komfortabel, außerdem gibt es einen großen Swimmingpool (Mai–Sept.).

Essen

Straßenverkäufer entlang der Hauptstraße stellen sich fast direkt vor die Autos, um den Insassen Fisch zu verkaufen. Im gut besuchten Tsovagyugh-Supermarkt Snacks oder etwas zum Mittagessen zu kaufen, ist keine schlechte Idee, da gute Restaurants rund um den See Mangelware sind.

Tsovagyugh SUPERMARKT $

(Gebäck ab 100 AMD; ⏲24 Std.; 📶) An der Straße zwischen Sewan und Dilidschan ist dieser extrem beliebte Supermarkt mit Bäckerei zu finden. Im Angebot sind glänzende Krapfen, Baklava, Wraps, Pizzas und *khoravats* sowie Dargett-Biere vom Fass, in

2-l-Flaschen abgefüllt, und lebende Fische. Ein ausgezeichneter Ort zum Mittagessen oder um Proviant für unterwegs zu kaufen.

Zanazan Restaurant ARMENISCH $$$
(☎ 093-947891; www.tufenkianheritage.com; Tsapatagh; Hauptgerichte 1600–7500 AMD; ⏰ 9–22 Uhr; P 🖋 👪) Das Restaurant in einem riesigen, scheunenähnlichen Gebäude aus lokalem Stein serviert qualitativ hochwertiges Essen, ist aber in Anbetracht der kleinen Portionen sehr teuer. Auf der Speisekarte stehen armenische Spezialitäten mit zusätzlichem Pfiff, besonders köstlich ist der gegrillte *ishkhan*. Von der Terrasse bietet sich fabelhafte Sicht über den See.

ℹ An- & Weiterreise

Alle öffentlichen Verkehrsmittel steuern Sewan an. Die einzige Möglichkeit, ans Ostufer zu gelangen, bietet ein eigenes Fahrzeug oder ein Taxi. Wer per Anhalter oder mit dem Taxi dorthin fährt, sollte gewarnt sein: Am Ostufer gibt es kaum Verkehr, und mit Wartezeiten ist zu rechnen. Wer selbst fährt, sollte beachten, dass auf der Sewan-Hauptstraße ein Tempolimit von 90 km/h gilt statt der sonst üblichen 70 km/h.

Sewan

☎ 261 / 19 000 EW.

Die quirlige Stadt Sewan liegt 6 km vom Westufer des Sees entfernt und ist das Verwaltungszentrum der Region. Gegründet wurde sie im Jahr 1842 als das russische Dorf Jelenowka, benannt nach der Gattin von Zar Nikolaus I. Heute erinnert nur noch wenig an diese Vergangenheit. In der Stadt selbst gibt es wenig zu sehen oder zu unternehmen, und Sewan lohnt den Aufenthalt eigentlich nur in seiner Funktion als Verkehrsknotenpunkt, um an die Strände, Ferienanlagen und Klöster rund um den See zu gelangen. Taxis nach Jerewan, zur Halbinsel und zu den Hotels am Seeufer fahren an der Hauptstraße ab, in der sich auch Läden, Geldautomaten und ein Markt befinden.

In Sewan gibt es einige Hotels und am Ufer Ferienanlagen. Diese Seite des Sees besuchen hauptsächlich russische Touristen. Ansonsten bietet die Stadt nur wenige Restaurants und ein beliebtes Teehaus.

ℹ Praktische Informationen

Informationszentrum (☎ 099-199555, 077-023385; davidtorosyan09@yahoo.fr; 164 Nairyan St; ⏰ 9–18 Uhr) Das Besucherzentrum befindet sich im Qaghaqapetaran (Gebäude der Stadtverwaltung). Das Personal spricht Englisch, Französisch, Armenisch und Russisch und führt Kartenmaterial und andere Informationen über die Gegend. Weder davor noch im Gebäude weisen Schilder auf das Informationszentrum hin – einfach durchfragen, bis man den Raum gefunden hat.

ℹ An- & Weiterreise

Jerewan ist nur eine 67 km lange Autobahnfahrt entfernt. *Marshrutky* (600 AMD, 1 Std.) fahren von Jerewans Bushaltestelle Hyusisayin Avtokayan (S. 182) zwischen 8 und 18 Uhr nach Sewan (Abfahrt, wenn alle Plätze belegt sind). In Sewan holen *marshrutky* Fahrgäste, die nach Jerewan wollen, an der **Bushaltestelle** (Ecke Nairyan Street & Sayat-Nova Street) in Sewan ab. Nach Dilidschan fahren keine *marshrutky*.

Vom **Taxistand** (Ecke Nairyan- & Sargis-Sevanetsi-Straße) können Taxis für 100 AMD pro Kilometer genommen werden; die Fahrten kosten je nach Ziel in Jerewan 7000 bis 9000 AMD. Nach Dilidschan kostet ein Taxi etwa 5000 AMD, nach Zaghkadsor etwa 4000 AMD. Ein Taxi zu einem der Hotels auf oder nahe der Halbinsel kostet normalerweise 1000 AMD, zum Tufenkian Avan Marak Tsapatagh Hotel am Ostufer können jedoch bis zu 18 000 AMD verlangt werden. Ein vier- oder fünfstündiger Ausflug nach Sewanawank, Hayrawank und die *chatschkare* von Noratus sollten ca. 7000 AMD plus 1000 AMD pro Std. Wartezeit kosten.

Ein Zug verkehrt von Jerewans Almast-Bahnhof (S. 182) im Zeitraum von 15. Juni bis zum 1. Oktober täglich nach Schorza (Fr–So 8.30 Uhr; 600–1000 AMD, 2 Std.).

SÜDARMENIEN

Armeniens südliche Regionen erstrecken sich von Bergkarabach im Osten bis zur aserbaidschanischen Enklave Naxçivan im Westen. In **Wajoz Dsor** („Schlucht der Leiden") befindet sich das Tal der Arpa, in dem Wein angebaut wird. Der Name geht auf die zahlreichen katastrophalen Erdbeben in diesen Gebirgstälern und Felsenlandschaften zurück. In dem Gebiet kann man hervorragend Weinkellereien besuchen oder zu Fuß, zu Pferd oder mit dem Geländewagen abgelegene Pfade erkunden. Doch Vorsicht: Hier gibt es Schlangen!

Die Provinz **Sjunik** ganz im Süden des Landes ist über den hoch gelegenen **Worotan-Pass** zu erreichen. Die Landschaft ist von monumentalen Gebirgsketten, Hochgebirgsweiden mit grasenden Tieren, Wildblumenwiesen und Bienenstöcken geprägt.

ÄLTESTER SCHUH UND ÄLTESTE WEINPRESSE DER WELT

2008 stieß eine Archäologin, die eine Höhle in Wajoz Dsor erforschte, unter einem Haufen Schafdung auf einen uralten Lederschuh. Sie schätzte, dass der Schuh etwa 700 Jahre alt war und aus der Zeit der Mongolen stammte. Doch als der Schuh im Labor untersucht wurde, enthüllte er eine andere Geschichte. Die Tests datierten ihn ungefähr auf das Jahr 3500 v. Chr. Damit ist er der älteste jemals gefundene Schuh der Welt (etwa 300 Jahre älter als der Schuh der aus dem Gletschereis geborgenen Mumie „Ötzi", die im Jahr 1991 in den Ötztaler Alpen gefunden wurde).

Der Schuh hat etwa die Damenschuhgröße 37, war einem rechten Fuß angepasst und besteht aus Leder, das wie ein Mokassin zusammengenäht wurde. Als man ihn fand, war er mit Gras ausgestopft, als ob der Besitzer wollte, dass der Schuh seine Form behielt. (der Verbleib des linken Schuhs ist bis dato unbekannt) Heute ist der Schuh im Geschichtsmuseum von Armenien (S. 163) ausgestellt.

Die Höhle, in der der Schuh gefunden wurde, **Areni-1** (Straße zum Kloster Norawank; 1000 AMD; ⏲10–19 Uhr) genannt, befindet sich nicht auf irgendeinem abgelegenen Berggipfel, sondern gleich hinter dem Restaurant Edem, an der Stelle, wo sich die Hauptstraße gen Süden mit der Straße nach Norawank kreuzt. In derselben Höhle fand ein Team aus armenischen, irischen und amerikanischen Archäologen auch die älteste bekannte Weinpresse der Welt, die für 1000 AMD besichtigt werden kann.

Areni-1 ist nur eine von Tausenden von Höhlen rund um Areni und Arpi, von denen einige auf 1 km Länge (oder mehr) diverse Höhlenkammern aufweisen. Schluchtaufwärts, rund 1 km oberhalb von Areni-1, befindet sich **Magili Karandzav**, eine der tiefsten Höhlen in dieser Gegend, sie ist für ihre große Kolonie von Flughunden bekannt. Hier wurden auch diverse Steinwerkzeuge aus der Jungsteinzeit gefunden.

Einige andere Höhlen, beispielsweise **Arjeri**, **Mozrovi** und **Jerovank**, sind Wunderwelten mit Stalaktiten und Stalagmiten. Diese eignen sich keinesfalls für unerfahrene Höhlengänger und sind am besten im Rahmen einer geführten Tour zu erkunden (für Gelegenheitsbesuche sind diese Höhlen gesperrt).

Die größte Stadt in dieser Region, Goris, präsentiert sich mit bezaubernden Gebäuden aus dem 19. Jh., daneben befindet sich eine geheimnisvolle Geisterstadt aus verlassenen, in das Vulkangestein gehauenen Höhlen. Reisende, die nach Bergkarabach oder in den Iran unterwegs sind, kommen unweigerlich durch Sjunik.

Areni

☎281 / 1800 EW.

Weintrauben werden in dieser Region bereits seit ewigen Zeiten, genauer gesagt seit etwa 6000 Jahren angebaut; das belegt die Entdeckung der weltweit ältesten Weinpresse in der Höhle Areni-1 (s. oben), die von einem internationalen Archäologenteam im Jahr 2008 geborgen wurde. Im Gegensatz zu anderen Regionen kommen die Trauben hier mit den klimatischen Extremen Armeniens zurecht, und die Einheimischen haben die Gelegenheit ergriffen, sie anzubauen. In der Sowjetzeit wurde der Weinbau ausnahmslos privat betrieben, aber die Traditionen sind überliefert worden, und überall entstanden inzwischen hervorragende Weingüter, vor allem entlang der Areni-Jeghegnadsor-Autobahn. Zu den besten gehören Old Bridge (S. 222), Momik Wine Cube, Zorah und Trinity Canyon Vineyards. Wenn noch ein paar malerische B&Bs entstehen, könnte das Areni-Gebiet wohl bald das Napa Valley Armeniens werden.

Wer ins Dorf hineinfährt, dem fallen sofort Straßenstände auf, an denen große Cola-Flaschen zum Verkauf angeboten werden. Doch tatsächlich handelt es sich um Rotwein – getarnt, damit iranische Lkw-Fahrer ihn über die Grenze schmuggeln können.

Schlafen & Essen

Die Betreiber der wenigen B&Bs und Restaurants in dieser Gegend vermuten, Reisende wünschen sich ein festes Menü – also wird das auch angeboten. Vor dem Norawank-Kloster gibt es einige Restaurants, eines im Kloster selbst. An den Ständen entlang der Hauptstraße werden Sommerfrüchte (v. a.Aprikosen) verkauft.

Areni Wine Art B&B $

(☎094-536329; areniwineart@yahoo.com; 2. St 20 Apr.; EZ/DZ 14 000/22 000 AMD; ❄📶) Direkt an Arenis Hauptstraße (Haus 20) bietet dieses vom Inhaber errichtete familiengeführte B&B saubere, schnörkellose Zimmer und einen hübschen Essbereich im Freien. Das Abendessen (4000 AMD) umfasst eine Auswahl an *khoravats* mit *matsoon*, zwei verschiedene Salate, warmen *aveluk* (Sauerampfer), Fladenbrot und Tee oder Kaffee. Zu trinken gibt es einen nicht unbedingt großartigen, aber dafür selbst gekelterten Rotwein und selbst gebrannten Schnaps. Das Frühstück ist typisch armenisch.

Ausgehen & Nachtleben

In der Region Areni gibt es mehrere hervorragende Weinkeller, die Verkostungen anbieten. Trinity Canyon produziert einige der besten Tropfen des Landes, aber leider sprechen die Mitarbeiter kein Englisch, und die servierten Snacks – Fladenbrot aus dem Kühlschrank und salziger Käse – sind nicht gerade überwältigend.

Hin Areni Winery WEINKELLEREI

(☎041-234111; www.hinareniwine.am; Yerevan Hwy; Führung & Weinprobe 1000 AMD; ⏲9–20 Uhr) Hin Areni mit prominenter Lage an der Hauptstraße ist ein professionelles Unternehmen, das einen süffigen Rotwein aus Areni-Trauben und einen trockenen Weißwein aus *Voskehat*(Goldsaat)-Trauben produziert; Weingüter in der Nähe bauen beide Sorten an. Die Kellerei kann auf einer kurzen Führung besichtigt werden – am besten während der Weinlese (Ende September bis Anfang Oktober). Bei der Weinprobe werden drei verschiedene Tropfen und Jahrgänge verkostet. Auch mehrgängige Menüs sind erhältlich (3000–5000 AMD).

An- & Weiterreise

Marshrutky fahren von der U-Bahn-Staion Gortsaranayin in Jerewan hierher (2000 AMD, 1 Std. 40 Min., 8–18 Uhr) und weiter nach Jeghegnadsor. Den Fahrer bitten, an der Kreuzung gleich nach der Hin Areni Winery zu halten. Von derselben Kreuzung verkehren *marshrutky* auch in die andere Richtung, die Abfahrtszeiten sind jedoch unzuverlässig. Am besten bei Areni Wine Art darum bitten, am Busbahnhof Jeghegnadsor anzurufen, um den Fahrplan und die Verfügbarkeit von Sitzplätzen zu erfragen.

Für eine Taxifahrt nach oder von Jerewan wird 15 000 AMD verlangt, von und nach Jeghegnadsor 3500 AMD.

Jeghegnadsor

☎281 / 7500 EW.

Jeghegnadsor, eine üppig grüne ländliche Stadt mit kurvenreichen, sich die Hügel hinauf windenden Wegen, ist das beschauliche Verwaltungszentrum des *marz* (Provinz) Wajoz Dsor. Die Stadt ist hauptsächlich ein sowjetisches Konglomerat aus großen öffentlichen Flächen und Wohnblöcken aus Tuffstein, mit wenig Industrie oder Gewerbe; die meisten Einwohner leben von Geldzuwendungen aus dem Ausland oder von der Landwirtschaft. Doch seit ein paar Jahren blüht Jeghegnadsor auf, denn eine Reihe exzellenter B&Bs und Gästehäuser machen die Stadt zur idealen Ausgangsbasis für Ausflüge in die Region – hier lassen es sich gut ein paar Tage verbringen, um Norawank und das Jeghegis-Tal zu erkunden.

Sehenswertes

Ein schöner Spaziergang führt von der Stadt zum Fluss hinunter und zu einer Steinbrücke (13. Jh.), die bereits zur Zeit der Seidenstraße genutzt wurde und die der gleiche Archtitekt plante, der auch in Norawank tätig war. Um hierherzugelangen, die Hauptstraße entlanggehen, rechts abbiegen und nach 400 m links auf einen Feldweg abbiegen (kurz vor der 256-km-Markierung). Nach weiteren 1,3 km ist die Brücke erreicht.

Wajoz-Dsor-Regionalmuseum Jeghegnadsor MUSEUM

(☎0281-23392; 4 Shahumian St; Erw./Kind 700/100 AMD; ⏲Mo–Fr 9–17, Sa 13–16 Uhr) Das frisch renovierte Museum mit seinem hufeisenförmigen Eingang präsentiert in professionell wirkenden Glaskästen eine faszinierende Sammlung archäologischer und ethnografischer Artefakte. Das bemerkenswerteste Exponat ist ein im 14. Jh. angefertigter, kunstvoll gemeißelter *chatschkar*, der in der Nähe des Eingangs steht.

Tanahati-Kloster KLOSTER

Die eindrucksvolle Hauptkirche dieses Klosters war dem hl. Stepanos (Stefan) gewidmet und im 13. Jh. an der Stelle eines Klosters aus dem 8. Jh. erbaut worden. An der Fassade der Kirche sind signifikante Steinreliefs zu sehen, darunter das Wappen der mächtigen Orbeli-Familie (Stier und Löwe) am Tambour und, oberhalb des Portals, ein Wappen der Familie Proschjan (ein Adler mit einem Lamm in den Fängen).

Um hierherzukommen, an der T-Kreuzung nach dem **Museum der Gladsor-Universität** (☎0281-23705; Vernashen; 1000 AMD; ⏲Di–So 9–17 Uhr) rechts abbiegen. Zum Kloster sind es von hier aus noch 5 km.

Schlafen

Zu schade, dass Jeghegnadsor nicht ein paar seiner wunderbaren familiengeführten B&Bs, Gästehäuser und Campingplätze dem Rest des Landes abgeben kann, denn hier gibt es unglaublich viele davon.

Crossway Camping CAMPINGPLATZ $
(☎094-789391; www.armcamping.am; Yerevan Hwy; Zeltplatz 3000 AMD, Schlafplattform 3700 AMD, Bus 3700 AMD, DZ 6500 AMD; P) Der Campingplatz in Familienbesitz am Ortseingang rühmt sich einer spektakulären Kulisse aus rosafarbenen Bergen und ist von Ackerland umgeben. Vorhanden sind zwei Doppelzimmer, Schlafplattformen (samt Matratzen und Schlafsäcken), Zeltplätze (eigenes Zelt mitbringen) und ein alter sowjetischer Bus mit atypischer, weil psychedelischer Dekoration. Zu den Gemeinschaftseinrichtungen des Campingplatzes gehören eine Küche, ein Speisepavillon und Waschmaschine (500 AMD pro Kessel) sowie ein Swimmingpool.

Gohar's Guest House B&B $
(☎094-332993; sargisyan@hotmail.com; 44 Spandaryan St; EZ 10 000–12 000 AMD, DZ 18 000–20 000 AMD, FZ 25 000 AMD; @) Dieses nette B&B gehört Gohar Gevorgyan, die es sauber und ordentlich hält und aus selbst angebauten Bio-Produkten leckere Mahlzeiten zubereitet (Abendessen 5000 AMD). Die Gästezimmer verteilen sich auf zwei Gebäude. Zudem gibt es eine Gemeinschaftsküche, eine Waschmaschine, eine von Weinreben überdachte Terrasse und einen kleinen Pool. Gohar spricht nur Armenisch und Russisch, ihre Tochter und ihre Enkelin können auch Englisch und Französisch.

NICHT VERSÄUMEN

VON DER UNTERGEHENDEN SONNE GEKÜSST: NORAWANK

Das im Jahr 1205 von Bischof Howhannes gegründete und in den 1990er-Jahren sorgfältig renovierte **Norawank** (Neues Kloster; Noravank Monastery Rd; Parkplatz 200 AMD; ⏲7–21 Uhr) ist eine der spektakulärsten Attraktionen des Landes und sollte bei keinem Armenienbesuch fehlen. Bei Sonnenuntergang werden die rötlichen Farbtöne der dramatischen Klippen, die das Kloster umgeben, durch die untergehende Sonne akzentuiert, und das rötlich-goldene Baumaterial, aus dem die Kirchen erbaut wurden, erhält einen leuchtenden Glanz – ein wunderbarer Anblick.

Zum Klosterkomplex gehört die Kirche **Surb Karapet**, die im 13. Jh. neben der Ruine eines früheren Gotteshauses errichtet wurde, die ebenfalls Johannes dem Täufer geweiht war. An diese grenzt eine ebenfalls im 13. Jh. errichtete kleine Kapelle **Surb Gregor**, die einen sehenswerten Grabstein beherbergt, in den ein Fabelwesen eingemeißelt ist, das halb Mensch und halb Löwe darstellt.

Das größte, häufig fotografierte Bauwerk ist die Kirche **Surb Astvatsatsin** (1339) über dem Mausoleum von Burtel Orbelian, der hier mit seiner Familie bestattet ist. Historiker sagen, dass die Kirche an die turmartigen Grabbauten erinnert, die in den frühen Jahren des Christentums entstanden waren. Über dem Portal befindet sich eine hervorragende bildhauerische Darstellung von Jesus, flankiert von Petrus und Paulus.

Ein unscheinbares **Museum** (500 AMD; ⏲9–21 Uhr) mit Drucken, einigen alten Münzen und Büchern befindet sich rechts neben dem Eingang.

Rund um das Kloster wurden Picknickplätze angelegt und sind Quellen zu finden. Außerdem existiert hier ein hervorragendes **Restaurant** (Menü 3500–4500 AMD; ⏲7.30–20 Uhr). Da sich das Tal an einem Sommertag ganz schön erwärmen kann, sollte man am besten morgens oder spätnachmittags hierherkommen.

Viele Reisebüros in Jerewan, das etwa 90 Autominuten entfernt liegt, bieten Ausflüge nach Norawank an – viele kombinieren den Besuch mit einem Stopp am Kloster Chor Virap (S. 183) und bei einem Weingut. *Marshrutky* von Jerewan oder Jeghegnadsor können Besucher an der Abzweigung von der Landstraße, in der Nähe des Restaurants Edem, absetzen. Von dort sind es noch 7,5 km bis nach Norawank. Per Anhalter kommt man gut voran, insbesondere an den Wochenenden.

★Green Stone B&B B&B $$
(☎094-555222; www.greenstone.am; 5 Gladzoryan St, 2. Gasse; EZ/DZ 20 000/30 000 AMD;) Der Morgen in diesem spektakulären B&B läuft in etwa so ab: Die Gäste werden vom Hahnengeschrei geweckt und gehen dann auf den Balkon mit Blick auf den Garten. Nach der Dusche mit Bio-Duschgel geht es im Bademantel an den Pool hinunter, um eine Runde zu schwimmen, ehe man sich das üppige Frühstück mit selbst gemachten Marmeladen, Bio-Produkten, und Eiern schmecken lässt. Das Abendessen (mit Wein 7500 AMD) ist ähnlich hervorragend. Das Green Stone ist eine der wenigen Unterkünfte, die nicht nur Solarenergie für Warmwasser und Strom nutzen, sondern auch selbst recyceln und kompostieren.

Essen

An der Hauptstraße und am Flussufer gibt es mehrere Restaurants mit guter armenischer Küche wie Kebabs, *khoravats* und Salaten. Die meisten servieren auch die Regionalspezialität „vergrabener Käse“ aus Ziegenmilch und Kräutern, der in Tontöpfen reift. Stände an der Straße zwischen Areni und Jeghegnadsor verkaufen Wassermelonen und andere Früchte, Honig, Nüsse sowie selbst gemachte Weine und Konserven.

Ausgehen & Nachtleben

Hier befindet man sich in einem Weinland, und deshalb ist der Genuss eines Glases Rotwein aus Areni-noir-Trauben ein Muss.

★Old Bridge Winery WEINGUT
(☎093-800240; www.oldbridgewinery.com; 1 Yerevanyan Ave; Weinprobe 4000 AMD; ⏲12–15 & 16–19 Uhr;) Diese grandiose Kellerei, benannt nach der nahe gelegenen Seidenstraße-Brücke aus dem 13. Jh., bietet die wohl schönste Weinprobe der Region an. Die Rotweine (die Spezialität der Kellerei) werden aus den dunkelhäutigen Areni-noir-Trauben

Wajoz Dsor & Sjunik

ABSEITS DER ÜBLICHEN PFADE

SPITAKAWOR

Nur zu Fuß oder mit einem Geländewagen gelangt man zum **Kloster Spitakawor**, das im 14. Jh. an der Stelle einer Basilika aus dem 5. Jh. errichtet wurde. Das Kloster umfasst eine Kirche, einen *gawit* (Vestibül) und einen Glockenturm. An der Fassade der Kirche sind ein paar außergewöhnliche Steinmetzarbeiten zu erkennen. Garegin Nschdeh, ein armenischer Militärkommandant aus dem 20. Jh., hat auf dem Friedhof seine letzte Ruhestätte gefunden. Nschdeh kämpfte in den Balkankriegen gegen das Osmanische Reich und kommandierte im Ersten Weltkrieg eine Truppe armenischer Freiwilliger. Im Jahr 1921 war er der Premierminister der kurzlebigen Republik Bergarmenien.

Um zum Kloster zu gelangen, geht es am Museum der Gladsor-Universität (S. 221) vorbei zu einer T-Kreuzung. Links führt eine 8,5 km lange kurvenreiche und unbefestigte Straße zum Kloster. Zu Fuß geht man einen direkteren, lediglich 6 km langen Weg: Am Museum vorbei und durchs Dorf, über den Bach und am Westrand der Schlucht geradeaus – der Bach und ein schmaler Damm befinden sich dann zur rechten Hand (die Straße für die Fahrzeuge sollte man ignorieren, da sie einen anderen Verlauf nimmt). Den Pfad weiter hochgehen, dann geht es erst links auf eine Weide und danach rechts. Auf einer Anhöhe ist hier das Kloster zu sehen.

gekeltert und in Eichenfässern gereift. Weinproben finden in einem wunderschönen Raum mit Blick auf die schneebedeckten Berge statt. Zu den jeweils drei verkosteten Weinen gibt es großzügig belegte Platten mit Käse, Oliven und Walnüssen.

An- & Weiterreise

Zwischen 8 und 18 Uhr fahren *marshrutky* in Jerewan beim Stand neben der U-Bahn-Station Gortsaranayin nach Jeghegnadsor ab. In Jeghegnadsor starten *marshrutky* (1200 AMD, 2 Std.) am Busbahnhof an der Kreuzung auf der Hauptstraße nach Jerewan, sobald sie voll belegt sind. Sie halten unterwegs in Areni.

An der Kreuzung fahren *marshrutky* stündlich nach Vajk (200 AMD) und täglich ein Bus nach Jermuk (700 AMD, 14 Uhr).

Marshrutky und Taxis aus den Dörfern in der Umgebung halten morgens am Bus- und Taxistand am Ende der Narekatsky Street. Sie befördern Pendler, die in der Stadt arbeiten. Am Spätnachmittag fahren sie wieder zurück. Taxis kosten 3000 AMD nach Norawank, 7000 AMD nach Jeghegis, 12 000 AMD nach Jermuk und 20 000 AMD nach Tatew oder Goris.

Jeghegis-Tal

Im schönen, von hoch aufragenden Gipfeln umgebenen Jeghegis-Tal liegen malerische Dörfer mit mittelalterlichen Kirchen. Das Jeghegis-Tal und die umliegenden Täler lohnen einen ein- oder zweitägigen Ausflug, jedoch sind ein Auto und feste Wanderstiefel erforderlich. Vorsicht vor Giftschlangen!

Sehenswertes

Tsakhatskar-Kloster & Smbataberd

Etwa 1 km vom Dorf Artabujnk entfernt weist ein Schild den Weg nach links zum Tsakhatskar-Kloster aus dem 10. Jh. Diese Ansammlung zerbröckelnder Kirchen und alter *chatschkare* ist lediglich mit einem Geländewagen oder zu Fuß zu erreichen (Vorsicht vor den Schlangen!). Vom Bach aus geht es auf dem Hauptweg rechts (der Talseite mit den Strommasten) hoch; schließlich ist linker Hand das Kloster zu sehen. Die Wanderung vom Bach bis zum Kloster dauert ungefähr 1½ Stunden.

Vom Kloster geht es dann auf demselben Weg zurück, bei der Gabelung aber links den Hang hinauf nach Smataberd. Der Abschnitt bis zur Festung dauert rund eine halbe Stunde und ist ebenfalls am besten mit Vierradantrieb zu bewältigen. Für die Wanderung von Tsakhatskar nach Smataberd sind etwa 45 Minuten zu veranschlagen und für den Rückweg zum Bach noch einmal 30 Minuten. Auf der anderen Seite von Smataberd bietet sich eine schöne Sicht auf das Tal.

Dorf Jeghegis

Um ins Dorf Jeghegis zu gelangen, ist an der Gabelung hinter Schatin der rechte Weg zu nehmen. Im Dorfteil links der Hauptstraße befinden sich drei überwucherte Kirchen: die **Sankt-Astvatsatsin-Kirche**

Jeghegis-Tal

(18. Jh.) mit ihrem grasbewachenen Dach, die **Surb-Karapet-Kirche** (13. Jh.) und die sehr ungewöhnliche **Surb Zorats** (14. Jh.), bei der sich die Gläubigen vor einem Altar im Freien versammeln. Es heißt, dieser Hof wurde so gestaltet, dass Pferde und Soldaten gesegnet werden konnten, ehe sie in den Kampf zogen. Surb Karapet und Surb Zorats sind schwer zu finden: Von der Sankt-Astvatsatsin-Kirche geht es den Hügel hoch, dort rechts und dann links und an der Stelle mit ein paar *chatschkaren* noch einmal nach rechts. Surb Karapet steht an einer anderen Straße rechts, Surb Zorats befindet sich geradeaus, um eine Ecke (links) auf einem Feld auf der rechten Seite.

An der Hauptstraße am nordöstlichen Dorfrand steht auf einem Schild „Arates 9,7 km". Dort ist der Wagen abzustellen, um zu Fuß einen gewundenen Feldweg bis zu einer wackeligen metallenen Fußgängerbrücke über dem Fluss zu gehen. Wer sich traut, diese Brücke zu überqueren, gelangt auf einen etwa 800 Jahre alten **jüdischen Friedhof** – auf einigen Grabsteinen sind die hebräischen Inschriften noch gut zu erkennen, darunter Bibelverse und die Namen der Verstorbenen. Ehe dieser Friedhof entdeckt wurde, gab es keinerlei Hinweise darauf, dass Juden in Armenien lebten.

Dieser Friedhof war etwa 80 Jahre lang in Gebrauch – der älteste Grabstein ist aus dem Jahr 1266, der jüngste stammt aus dem Jahr 1346. Forscher sind der Ansicht, dass diese jüdische Gemeinde einstmals aus Persien kam und auf der Seidenstraße hierher reiste. Die Gründe für deren Verschwinden sind nach wie vor ein Rätsel.

Schlafen

Arevi HOTEL $

(☎093-306556; www.arevi.am; Jeghegis; EZ/DZ 22 000/25 000 AMD;) Das Arevi unterhalb einer dramatischen Felswand be-

Jeghegis-Tal

Highlights

1 Norawank A4

Sehenswertes

2 Areni-1-Höhle A3
3 Wassergalerie F1
4 Haare der Meerjungfrau F1
5 Museum of Gladzor University C3
6 Kloster Spitakawor C2
7 Sankt-Astvatsatsin-Kirche A4
8 Tanahat (Kloster Tanahati) C3
9 Wajoz-Dsor-Regionalmuseum Jeghegnadzor B3

Aktivitäten, Kurse & Touren

10 Armenia Wellness & Spa Hotel, Jermuk F1
11 Jermuk Ski Resort F2

Schlafen

12 Areni Wine Art A4
13 Arevi C1
14 Crossway Camping B3
15 Gohar's Guest House B3
16 Grand Resort Jermuk F1
17 Green Stone B&B B3

Essen

18 Gndevank Restaurant F2

Ausgehen & Nachtleben

19 Hin Areni Wine Factory A4
20 Old Bridge Winery B3

steht vollständig aus recycelten Schiffscontainern und wird mit Solarstrom versorgt. Die Zimmer sind modern und farbenfroh und haben spitze Winkel. Der Besitzer ist auch Trekking-Guide und führt Touren im ganzen Land durch, beispielsweise auf die schneebedeckten Gipfel des Aragaz (S. 192) und des Ararat (in der Türkei).

Das Frühstück ist inklusive, das herzhafte Abendessen kostet 5000 AMD extra.

An- & Weiterreise

Um in diese Gegend zu gelangen, bei Getap die Autobahn Jerewan–Goris verlassen und nach 12 km rechts (gen Osten) in Richtung Schatin abbiegen. Die Sehenswürdigkeiten sind gut ausgeschildert. Etwa 2 km hinter dem Dorf Schatin zweigt eine Straße das Tal hoch in Richtung Artabujnk ab (gen Westen)

Öffentliche Verkehrsmittel sind in diesem Gebiet eher rar. *Marshrutky* und Taxis fahren von den Dörfern morgens nach Jeghegnadsor und am Spätnachmittag wieder zurück. Taxis von Jeghegnadsor kosten 7000 AMD oder den Standardpreis von 100 AMD pro Kilometer; Fahrgäste sollten mit dem Fahrer unbedingt den Zeitpunkt der Rückfahrt vereinbaren.

Dschermuk

287 / 4200 EW.

Seit sowjetischer Zeit ist die noble Kurstadt Dschermuk, dank ihrer hoch geschätzten Sanatorien mit Mineralwasser-Anwendungen, ein ziemlich beliebter Urlaubsort. Einstmals belegten die Leute bis zu 18-tägige Kurse mit medizinisch betreutem Eintauchen in Dschermuks Wasser. Die Stadt ist auch wegen der herrlich kühlen Sommertemperaturen, der einfach zu bewältigenden bzw. anspruchslosen Skipiste und der atemberaubenden üppigen Landschaft beliebt, die bei der Anfahrt gut zu bestaunen ist.

Außerhalb der Hauptsaison im Juli und August verwandelt sich Dschermuk in eine Geisterstadt, dann ist es hier nachts geradezu gespenstisch ruhig.

ABSTECHER

DER SELIM-PASS

Diese Straße über das Wardenis-Gebirge, die die Provinzen Gegharkunik und Wajoz Dsor verbindet, ist eine der spektakulärsten Routen des Landes. Der Pass steigt bis auf rund 2410 m an und ist in den Wintermonaten tief verschneit.

Direkt unterhalb der höchsten Stelle des Passes auf der Wajoz-Dsor-Seite befindet sich die **Selim-Karawanserei**, die im Jahr 1332 auf Befehl von Prinz Chesar Orbelian erbaut wurde, um den Karawanen auf der alten Handelsroute zwischen Dwin und Partaw Unterschlupf zu bieten. Das robuste Gebäude aus Basalt liegt auf einem windgepeitschten Plateau und beherbergt einen dreischiffigen Saal, ein Vestibül, eine überkuppelte Kapelle und kleine Räume, in denen die Reisenden einstmals nächtigten. An der Fassade sind zwei Basrelief-Statuen mit den Insignien der Orbelian-Dynastie zu erkennen. Die irgendwann zwischen dem 15. und 16. Jh. zerstörte und in den 1950er-Jahren rekonstruierte Karawanserei ist den Elementen ungeschützt ausgesetzt. Von den Picknicktischen davor bietet sich eine wunderbare Aussicht auf das Jeghegis-Tal.

Auf dieser Straße verkehren keine öffentlichen Transportmittel. Eine Taxifahrt zwischen Jeghegnadsor und Martuni am Ufer des Sewansees kostet rund 20 000 AMD.

Sehenswertes

Wassergalerie QUELLE

GRATIS Diese im Jahr 1956 errichtete Säulenkonstruktion beinhaltet fünf Steinurnen, in die durch Rohre in der Wand Mineralwasser fließt. Das Wasser ist zwischen 30 und 53 °C warm und soll über diverse Heilkräfte verfügen, beispielsweise hilft es bei Magen- und Leberproblemen, bei Herzerkrankungen und sogar gegen Krebs.

Haare der Meerjungfrau WASSERFALL

(Parkplatz 200 AMD) Laut einer lokalen Legende war die schöne Tochter eines armenischen Aristokraten sehr begehrt, sie hatte jedoch nur Augen für den hübschen Hirtensohn. Jeden Tag warf sie ein Seil in die Schlucht, sodass er zu ihr ins Schloss hochklettern konnte. Als ihr Vater das sah, verwünschte er sie: Wenn sie den Hirtensohn noch einmal treffen sollte, würde sie zu einer Meerjungfrau werden. Natürlich trafen sie sich wieder, und der Fluch wurde wahr – sie wurde in eine Meerjungfrau verwandelt und ihre Haare in diesen Wasserfall.

Die Straße gegenüber der Stadt, an der **Statue** des armenischen Diplomaten Israel Ori (1659–1711), nehmen und auf der kurvenreichen Straße weiterfahren, vorbei an einer **Felsformation**, die der „Symphonie der Steine" sehr ähnlich ist. Bald ist auch schon der Parkplatz erreicht.

Aktivitäten

Die meisten Kurgäste kommen in den Ferien, in den Monaten Juli und August.

Beim Armenia Wellness & Spa werden Geländewagen für den Ausflug zu einem **natürlichen Geysir** ausgeliehen. Hin und zurück kostet die Fahrt 15 000 AMD, sie dauert ungefähr 2 Stunden.

Armenia Wellness & Spa Hotel, Jermuk KURHOTEL

(☎ 093-155555; www.jermukarmenia.com; 2 Miasnikyan St; EZ/DZ 35 000/60 000 AMD, Suite 80 000–110 000 AMD; ⏲ Kurbad Mo–Sa 9–17 Uhr) Diese regionale Institution stammt noch aus der grauen Sowjetära. Hier werden heiße Bäder, Schlammbehandlungen, Sauna und Hydrotherapie angeboten. In den zahlreichen Räumlichkeiten der Anlage werden viele unterschiedliche Anwendungen praktiziert, darunter auch Sauerstoff-Cocktails sowie Prostata-Massagen und gynäkologische Waschungen – ja, wirklich! Die Behandlungen kosten zwischen 500 und 10 000 AMD, Massagen 7000 AMD. Das dazugehörige Hotel bietet seinen Gästen Vollpension.

Skiresort Dschermuk WINTERSPORT

(Skilift hin & zurück 1500 AMD; ⏲ 10–19 Uhr) Das Skigebiet von Dschermuk ist klein (es gibt lediglich eine 2,6 km lange Piste), aber dafür sind die Anlagen modern und die Ausrüstungen in gutem Zustand. Der Sessellift ist ganzjährig in Betrieb, und oben von den Bergen und Hängen bietet sich ein herrlicher Panoramablick. Auf dem Gipfel gibt es ein Café, an der Basisstation ein Steakhaus. Leihskier und -snowboards kosten etwa 6000 AMD und sind von November bis März erhältlich.

Schlafen & Essen

Im Juli und August sind viele Gäste- und Kurhäuser geöffnet, dagegen sind im Rest des Jahres die Optionen spärlich. Im Juli und August können sich die Preise je nach Nachfrage auch verdoppeln.

Außerhalb der Hotels und Ferienanlagen gibt es nicht viele vernünftige Restaurants.

Grand Resort Jermuk HOTEL $$
(060-740000; www.grandresortjermuk.com; 7 Shahumyan St; EZ/DZ mit Frühstück 54 000/59 000, mit Vollpension 61 000/71 000 AMD; P ⊖ ❄ @ ≋) Dieser rosarote Monolith mitten auf dem See gegenüber der Wassergalerie ist das luxuriöseste Hotel in Südarmenien. Früher gehörte es zur Hyatt-Gruppe, inzwischen ist es in Privatbesitz. Zu den Annehmlichkeiten gehören ein großes Hallenbad, Sauna, Fitnessraum, Billardtisch, medizinisches Zentrum und Wellnessbereich (Massagen 15 000–30 000 AMD) sowie ein Restaurant mit internationaler Küche (Hauptgerichte ab 1600 AMD).

Gndevank Restaurant ARMENISCH $$
(0287-21690; 24 Shahumyan St; Hauptgerichte 1000–3500 AMD; 9–23 Uhr;) Dieses achteckige *Khoravats*-Restaurant mit seinen mittelalterlichen Stühlen und einem Kronleuchter ist eines der populärsten Speiselokale der Stadt, auch wenn der Service zuweilen zu wünschen übrig lässt und das Essen nichts Besonderes ist. Von der Hauptbrücke kommend rechts abbiegen (vom Stadtzentrum weg); das Restaurant befindet sich etwa 400 m geradeaus in einem Haus mit Holzfassade.

An- & Weiterreise

Dschermuk liegt 177 km von Jerewan entfernt, etwa zwei Stunden auf der Fernstraße, dann 26 km auf einer Nebenstrecke. In die Stadt gelangt man über eine Brücke, die die Arpa-Schlucht überquert; am Ende der Brücke links und dann an dem kleinen See rechts abbiegen, um das Grand Resort Jermuk, die Wassergalerie und das Armenia Wellness & Spa Hotel zu erreichen.

In der Hauptsaison fahren *marshrutky* (2000 AMD, 2½ Std.) von Jerewans Kilikya Avtokayan (S. 181) um 13 und 16 Uhr nach Dschermuk. *Marshrutky* von Dschermuk nach Jerewan starten um 8 und um 11 Uhr. Täglich verkehrt ein Bus nach Jeghegnadsor (700 AMD, 1 Std.) und nach Vajk (700 AMD). Die Bushaltestelle befindet sich neben der Bank in der Nähe des Grand Resort Jermuk. Private Taxis nach Jerewan kosten 25 000 AMD.

Sissian

283 / 14 800 EW.

Sissian liegt auf einer Hochebene, auf der bis März oder sogar April noch Schnee liegt. Auch der Herbst endet hier früh. Die Stadt hat einen Kern mit ziemlich maroden Gebäuden, die aus dem frühen 20. Jh. stammen. Sissian liegt auf beiden Seiten des Flusses Worotan. Die Häuser verfallen, die Arbeitslosenquote ist hoch, und der Fluss ist leider häufig vermüllt – ein trauriges Schicksal für einen Ort, der in der Sowjetzeit einigermaßen wohlhabend war.

Das Gebiet war lange vor der Stadtgründung besiedelt, das belegen Funde in der Umgebung. Dort gibt es ein bronzezeitliches Gelände mit Gräberfeld und Mauerresten einer Siedlung. Diese prähistorische Stätte, Karahundsch (auch Zorakarer) genannt, ist der einzige Grund, um nach Sissian zu fahren. Der Aufenthalt sollte so kurz wie möglich sein, da die touristische Infrastruktur in Sissian ziemlich unterentwickelt ist.

Sehenswertes

Sisavank-Kirche KIRCHE
Die im 7. Jh. erbaute Sisavank-Kirche wurde erst im 20. Jh. restauriert. Sie kombiniert einen eleganten quadratischen Grundriss mit einigen markanten Skulpturen königlicher und kirchlicher Mäzene davor sowie im Innenraum. Der hübsche Friedhof neben der Kirche lohnt einen Spaziergang.

Geschichtsmuseum von Sissian MUSEUM
(0283-23331; www.sisianmuseum.am; 1 Adonts St; 500 AMD, Führung 2000 AMD; Di–So 11–18 Uhr) Die Einwohner der Stadt sind sehr stolz auf ihr Museum, obwohl es eine eher bescheidene Sammlung von Teppichen, archäologischen Artefakten und ethnografischen Exponaten zeigt.

Der **Skulpturenpark** vor dem Museum präsentiert *chatschkare* und ein paar Steine, die die Form eines Widders aufweisen. Zudem sind ein paar Felsbilder mit Tiermotiven von Ughtasar zu sehen.

Schlafen & Essen

Da Unterkünfte in Sissian Mangelware sind, sollte man nach Möglichkeit andernorts übernachten. Es gibt leider auch keine empfehlenswerten Restaurants.

Hotel Dina HOTEL $
(093-334392; www.dinahotel.am; 35 Sisakan St; EZ/DZ 8000/14 000 AMD, ohne Bad und Frühstück

ABSTECHER

SEHENSWERTES RUND UM SISSIAN

Rund 220 bis zu 3 m hohe, aufrecht stehende Basaltsteine formen Reihen und Kreise. Einige der Steine sind mit Löchern versehen, die auf den Sternenhimmel ausgerichtet sind, weshalb die prähistorische Stätte **Karahundsch** (auch Zorakarer genannt) gern als Armeniens Stonehenge bezeichnet wird. Seriöse Wissenschaftler lehnen diese Bezeichnung als „pseudoarchäologische Spekulation" ab. Das Gelände befindet sich auf einer Anhöhe oberhalb der Flussebene und wird von Bergen gesäumt; das etwa 7 ha große Feld von Karahundsch ist mit Gräbern übersät, die in der mittleren Bronzezeit (2000 v. Chr.) entstanden. Steinreihen definieren ein ovales Areal mit einem Grabhügel in der Mitte, mit einer 170 m langen nördlichen Abfolge und einer 160 m langen südlichen Allee. Rund 70 Steine haben Löcher mit etwa 5 cm Durchmesser. Die prähistorische Stätte soll einer Theorie zufolge eine astronomische Beobachtungseinrichtung sein: Mit Hilfe von Löchern in manchen Megalithen, die auf den Himmel gerichtet sind, könne man u. a. Sonnenwenden und Tagundnachtgleichen bestimmen. Die Erbauer sollen ein profundes astronomisches Wissen gehabt haben, einschließlich der Tierkreiszeichen- und Mondphasen und verehrten eventuell auch Sterne, z. B. Sirius.

Die Stätte sieht nicht gerade atemberaubend aus (es gibt beispielsweise keine quer liegenden Decksteine wie in Stonehenge), aber der angenehme 45-minütige Spaziergang von der Stadt aus und der wunderbare Panoramablick machen den Ausflug zu einem lohnenden Erlebnis. Karahundsch liegt 6 km nördlich von Sissian und ist etwa 700 m vor der Landstraße auf der linken Seite ausgeschildert. Das Gräberfeld steht auf einem Feld rund 400 m von der Abzweigung entfernt.

Der **Schaki-Wasserfall** befindet sich 4 km von Sissian entfernt, in der Nähe des gleichnamigen Dorfs. Der rund 18 m hohe Wasserfall stürzt über dem Fluss Schaki eine breite Felsenwand hinab. Einheimische picknicken entlang des Wanderwegs, der in etwa zehn Minuten vom Parkplatz zum Wasserfall führt. Da das Wasser von Schakis Wasserkraftwerk genutzt wird, ist der Wasserfall nur von 11 bis 18 Uhr „aktiviert".

Von Sissian, nur etwa 6 km flussabwärts gelegen, liegt das Dorf **Aghitu** (Aghudi), dass für sein markantes**Turmgrab** aus dem 7. Jh. bekannt ist. In der Nähe sind Drachensteine aus dem 2. und 3. Jh. v. Chr. zu sehen. Die Straße verläuft an der tiefer werdenden Schlucht entlang über Waghatin nach **Worotnawank**, etwa 12 km von Sissian entfernt auf der Südseite des Flusses Worotan. Die erste Kirche des Worotnawank-Festungskomplexes ließ Königin Shahandukht im Jahr 1000 errichten. Sieben Jahre später baute ihr Sohn Sevada eine zweite Kirche.

Die Felsenzeichnungen von **Ughtasar** (Pilgerberg) in den Bergen nördlich von Sissian sind noch älter als die Anlage von Karahundsch. Sie befinden sich auf rund 3300 m über dem Meeresspiegel rund um den See auf dem Berg Tsghuk. Die Stätte ist nur zwischen Juni und September zugänglich – und dann auch nur, wenn es kein zu kalter Sommer ist. Bilder von hüpfenden, tanzenden Tieren (z.B. Steinböcke, Ziegen) und Menschen schmücken die Felsen und Steinblöcke rund um den kleinen See. Es ist ein abgelegener, von Gipfeln umgebener Ort, man kann sich nur wundern, warum einst Menschen an solch einen unwirtlichen Platz wanderten, um ihre Spuren im Stein zu hinterlassen. Die Wege sind steil und felsig, und ohne Jeep und Guide ist man aufgeschmissen. Glücklicherweise kann ein Guide für bis zu vier Personen angeheuert werden (pro Pers. 30 000 AMD). Den Kontakt stellt das Hotel Dina (S. 227) in Sissian her.

Die Ruinen des **Tanahat Wank** (nicht zu verwechseln mit dem bekannteren Tanahati-Kloster bei Jeghegnadsor, S. 220) befinden sich 17 km südwestlich von Sissian, jenseits des Tolors-Stausees. 1280 wurde im Kloster eine Hochschule eingerichtet. Das von den Einheimischen Karmir Wank („Rotes Kloster") genannte Tanahat-Kloster thront auf einem hohen Felsvorsprung oberhalb einer Schlucht. Die hier lebenden Mönche waren so fromm und asketisch, dass sie auf Käse, Öl und Suppe verzichteten und sich ausschließlich von Gemüse ernährten, daher der Name Tanahat – „der Suppe beraubt".

Fahrten zu diesen Attraktionen können direkt mit einem Taxifahrer ausgehandelt oder aber über das Hotel Dina organisiert werden.

3000 AMD; P) Sein schönes Äußeres und der hübsche Vorgarten wecken Hoffnungen, die aber bei der Inspektion der schäbigen braunen Zimmer des zentral gelegenen Hotels enttäuscht werden. Sie sind zwar einigermaßen sauber, aber nicht besonders komfortabel. Trotzdem gilt das Dina als die beste Unterkunft der Stadt. Die Manager sprechen etwas Englisch und können bezüglich Ausflügen und Verkehrsmitteln helfen.

An- & Weiterreise

Der Taxi- und *Marshrutka*-Stand befindet sich in der Israeliyan Street nahe der Brücke. Es fährt nur ein *marshrutka* am Tag von Jerewans Kilikya Avtokayan (3000 AMD, 4 Std., 9 Uhr) hierher; in Sissian sollte man der Fahrer persönlich nach der Abfahrtszeit fragen.

Eher unregelmäßig verkehren *marshrutky* nach Goris (1000 AMD, 30 Min.). *Marshrutky* fahren auch via Goris und Schuschi nach Stepanakert (3000 AMD, 3 Std., Mo, Mi & Fr 10.30 Uhr).

Goris

284 / 20 300 EW.

Die endlos sich durch die Schluchten und über die Berge von Sjunik windenden Straßen treffen sich in Goris an einer großen Kreuzung, wodurch die Stadt eine unvermeidliche Station zwischen Jerewan und Stepanakert oder der iranischen Grenze ist. Die baumgesäumten Straßen und die eleganten Steinhäuser aus dem 19. Jh. von Goris sind eine kostbare Seltenheit in einem Land, das von profanen Funktionsbauten aus der grauen Sowjetära weitgehend seiner Vergangenheit beraubt wurde. Die Stadt ist etwas heruntergekommen, insbesondere rund um ihren verfallenen zentralen **Parc de Vienne**, und dennoch ist Goris ein ausgezeichneter Ausgangspunkt, um ein paar Tage in den Gästehäusern zu verbringen und die vulkanischen Felsnadeln in der Umgebung zu erkunden. Nicht versäumen sollte man die verlassene Höhlensiedlung Alt-Chndsoresk 10 km östlich der Stadt.

Besonders lohnenswert ist ein Besuch im Juni, wenn in Goris das Schafscherer-Fest stattfindet oder im Juli das *Oghee*-Festival.

Sehenswertes

★ Alt-Chndsoresk HÖHLEN

Die in die vulkanischen Sandsteinwände von Chor Dsor („Tiefe Schlucht") gehauene Alt-Chndsoresk war bereits im 13. Jh. besiedelt. Gegen Ende des 19. Jhs. war es die größte Stadt in Ostarmenien, aber nach der Zerstörung durch ein Erdbeben (1931), wurde sie aufgegeben (bis auf eine kurze Phase während des Bergkarabach-Krieges, in dem die Höhlen als Unterschlupf dienten). Heute ist Alt-Chndsoresk eine Geisterstadt aus Höhlen und Kirchen (17. Jh.), die eine mehrstündige Erkundung lohnt.

Von Goris aus auf der Hauptstraße etwa 6 km fahren, dann rechts auf einen Feldweg abbiegen und noch einmal 3 km bis kurz vor das Dorf Chndsoresk. Auf der holprigen Straße gelangt man zu einem Aussichtsplatz mit Café (Mai–Okt. geöffnet) sowie zu einer knarzenden, rund 160 m langen Hängebrücke über der Schlucht. Oder ans Dorfende von Chndsoresk fahren und der geteerten Straße rechts den Hügel hinab folgen.

Mittelalterliche Höhlenbehausungen von Goris HÖHLEN

Laut den Einheimischen wurden die Höhlenbehausungen in Alt-Goris, die in den Hügel östlich der Stadt gehauen sind, im 5. Jh. gebaut und bewohnt. Mehrere Wege führen über einen Sattel hinauf, von dem sich ein wunderbarer Blick über Goris und vulkanische Felsnadeln bietet, die den „Feenkaminen" in der Türkei ähneln. Es lohnt sich, die Höhlenräume zu besichtigen, von denen viele untereinander verbunden sind und gewölbte „Regalwände" aufweisen.

HIKEArmenia (S. 181) beschreibt auf seiner App eine eineinhalbstündige markierte Wanderung, die vom Friedhof aus den Berg hochführt. Die Tour ist zwar ziemlich einfach, aber die Wege können teilweise rutschig sein – gute Schuhe anziehen und aufpassen, wo man hintritt.

Museum von Axel Bakunts MUSEUM

(0284-22966; 41 Mesrop Mashtots St; 500 AMD; Di–So 10–17 Uhr) In dieser schönen Villa mit Steinmauern, Holzveranda und einem hübschen Innenhofgarten wohnte der Schriftsteller Axel Bakunts, der 1937 im Zuge von Stalins „Großer Säuberung" hingerichtet wurde. Im Haus sind persönliche Gegenstände und Möbel aus dem späten 19. und frühen 20. Jh. zu sehen. In der Umgebung gibt es noch viele Gebäude aus dem 19. Jh.

Schlafen

Hotel Zanger HOTEL $

(098-778977; zangerhotel@yahoo.com; 13 Bakunci St; EZ/DZ 12 000/13 000 AMD, ohne Bad 10 000/14 000 AMD; P) Das hellrosa Haus

Goris

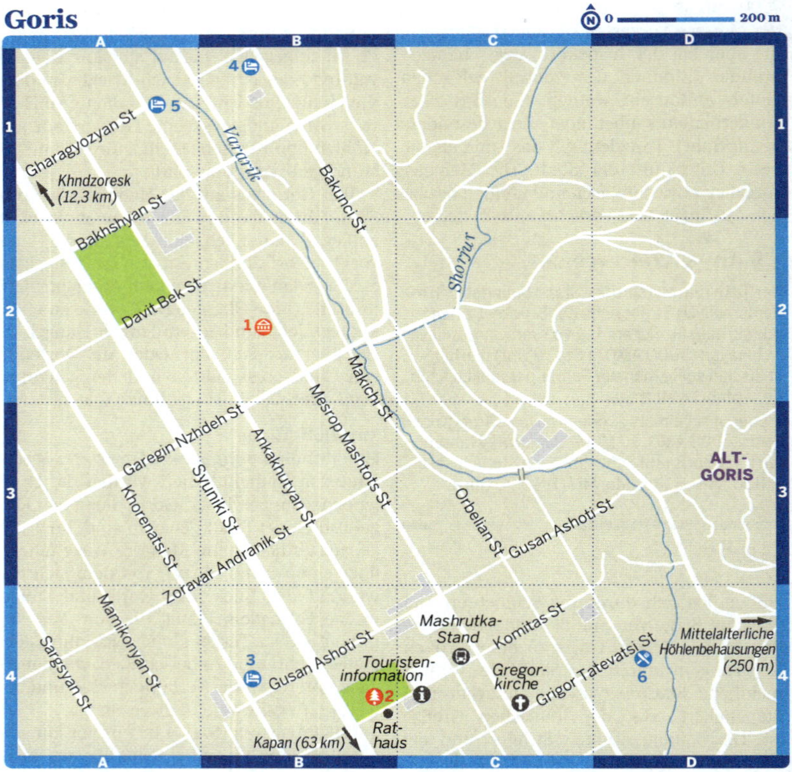

wirkt irgendwie abweisend und passt so gar nicht in seine historische Umgebung; aber dafür bietet das Hotel in einer ruhigen Straße preisgünstige, saubere und komfortable Zimmer mit Satelliten-TV und ist deshalb zu empfehlen. Der Service ist freundlich, im Sommer genießen die Gäste das Frühstück im Hinterhof.

Hostel Lovely Goris HOSTEL $
(☎ 093-287902; jirmar28@yandex.ru; 55 Khorenatsi St; B 3500 AMD, DZ mit/ohne Bad 10 000/8000 AMD; 📶) Das vom lokalen Künstler Jirayr Martirosyan und seiner Familie betriebene, etwas schäbige und doch freundliche Hostel ist seit Langem die erste Wahl für Rucksacktouristen in Goris, obwohl es dringend renovierungsbedürftig ist. Drei Doppelzimmer teilen sich im Obergeschoss ein schmuddeliges Bad, unten befinden sich zwei einfache Schlafsäle. In den staubigen Gemeinschaftsbereichen im Freien gibt es ein paar Hängematten. Das Abendessen kostet 4000 AMD.

Mirhav Hotel HOTEL $$
(☎ 0284-24612; hotelmirav@yahoo.com; 100 Mesrop Mashtots St; EZ/DZ/3BZ 25 000/30 000/36 000 AMD; P 📶) Es nennt sich selbst Boutiquehotel, aber da hier regelmäßig Reisegruppen und Großfamilien absteigen, ist dieser Status nicht verdient. Dennoch ist das

Mirhav die beste Unterkunft in Goris, denn es bietet attraktiv gestaltete Gemeinschaftsräume, verschiedene Zimmertypen in zwei Gebäuden, einen hübschen Garten auf der Rückseite und ein erstklassiges Restaurant.

Essen

Tur Baza Cafe CAFÉ $

(☎ 0284-30078; 1 Tatevatci; Hauptgerichte ab 600 AMD; ⏲ 9–24 Uhr) Mit einer bezaubernden blumengeschmückten Terrasse, Tischen mit Blick auf den Fluss, kaltem Bier vom Fass und einer umfangreichen Speisekarte mit preiswerten armenischen Gerichten ist dieses Café der sicherlich angesagteste Ort in Goris. Das Personal spricht leider nur schlecht Englisch, ist aber freundlich, und die Terrasse ist abends romantisch beleuchtet. Insgesamt ein angenehmer Ort, um nach einem mit Höhlenerkundungen angefüllten Tag so richtig zu entspannen.

Mirhav Restaurant ARMENISCH $$

(☎ 0284-24612; Mirhav Hotel, 100 Mesrop Mashtots St; Hauptgerichte 3200 AMD) Das Speisenangebot des Restaurants im Mirhav Hotel ist interessanter als das durchschnittlicher armenischer Speiselokale – es gibt Eintöpfe, Pilaws und köstliche Salate. Der Service ist eher langsam, es kann eine Weile dauern, bis das Essen auf den Tisch kommt. Die Tische stehen in einem schönen Gastraum sowie im Garten hinterm Haus.

Ausgehen & Nachtleben

Die Einheimischen machen guten Früchte-*oghee,* unter anderem die köstlich-starken Varianten mit Maulbeere und Kornelkirsche *(hone).* Auf dem Markt *(shuka)* in der Syuniki-Straße sollten sie zu finden sein.

Praktische Informationen

Touristeninformation (☎ 093-189923; goristourism@gmail.com; 7 Komitas St; ⏲ Mo–Fr 9.30–17.30, Sa & So 10–17 Uhr) Dieses hilfreiche Informationsbüro gegenüber dem Parc de Vienne bietet Unterstützung auf Englisch, Französisch, Russisch und Armenisch.

An- & Weiterreise

Täglich fahren zwei *marshrutky* von Jerewan nach Goris (2500 AMD, 6 Std.). Abfahrt ist um 9 und 16 Uhr an Jerewans U-Bahn-Station Sasuntsi Davit. Kurz nachdem sie am *Marshrutky*-Stand (26 Komitas St) angekommen sind, kehren sie wieder zurück. Sammeltaxis von Jerewan nach Goris (4½ Std.) kosten 4500 AMD pro Person. Da die Fahrer Fahrgäste in der ganzen Stadt abholen, muss das Taxi im Voraus bestellt werden – am besten in der Unterkunft darum bitten.

Marshrutky verkehren um 8.30 und 15.30 Uhr von Goris nach Tatew und um 7.30 und 14.30 Uhr in umgekehrter Richtung (700 AMD, 1 Std.). Ein Taxi kostet 8000 AMD.

Einmal am Tag fährt eine *marshrutka* von Goris nach Stepanakert (2000 AMD, 10.30 Uhr). Abfahrt ist an der Kreuzung der Hauptstraße mit Mesrop-Mashtots-Straße. Visa werden an der Bergkarabach-Grenze oder in der Botschaft (S. 244) in Jerewan ausgestellt. Wer diesen *marshrutka* verpasst, kann an der Kreuzung auf andere warten, die aus Jerewan kommen und hier durchfahren (jeden Nachmittag vier oder fünf *marshrutky*); wenn Plätze frei sind, werden Fahrgäste noch mitgenommen. Ein *marshrutka* nach Kapan kostet 1500 AMD (1½ Std., 11 Uhr).

Tatew

☎ 284 / 900 EW.

Das winzige ländliche Dorf Tatew thront auf einem Plateau über dem Fluss Worotan und bietet eine grandiose Sicht auf die Gipfel in Bergkarabach. Im 13. Jh. war Tatew das politische Zentrum der Region und herrschte über 680 Dörfer. Heute ist der Ort für ein berühmtes mittelalterliches Kloster und die Seilbahn „Wings of Tatev" („Flügel von Tatew") (S. 233) bekannt, die längste Nonstop-Schwebebahn der Welt.

Sehenswertes

Kloster Tatew KLOSTER

(⏲ 10–19 Uhr) Die Bischöfe von Sjunik ließen im 9. Jh. die Hauptkirche **Surb Pogos-Petros** (Sankt Peter und Paul) errichten, um bedeutende Reliquien unterzubringen. Das Gotteshaus birgt verblichene Reste von Fresken, kunstvolle Steinmetzarbeiten und Porträts der wichtigsten Gönner an der Nordseite. An den meisten Tagen stehen hier Gläubige an, um gesegnet zu werden. Die **Surb-Grigor-Kirche**, die 1295 an der Stelle eines Gebäudes aus dem 9. Jh. erbaut wurde, schmiegt sich an die Hauptkirche. Über dem Pförtnerhaus befindet sich eine Kapelle im Miniaturformat.

In der Blütezeit des Klosters lebten und arbeiteten 600 Mönche in diesem Komplex; der Heilige der armenisch-apostolischen Kirche, Surb Grigor Tatevatsi (hl. Gregor von Tatew, 1346–1409), wurde hier bestattet.

Im Hof ist eine achteckige, 8 m hohe Säule beachtenswert. Sie wird von einem Gesims mit einem *chatschkar* darauf bekrönt. Das Standbild aus dem 9. Jh. gerät bereits durch leichte Erschütterungen der Erde (z. B. Pferdegetrappel) ins Wanken.

Die im 17. Jh. angefügten Wehranlagen wurden restauriert und beherbergen Speisesäle, Türme und Bibliotheken. Vor dem Haupttor präsentiert eine **Ölpresse-Ausstellung** Samen, Werkzeuge und alte Maschinen, die in früheren Zeiten bei der Ölgewinnung verwendet wurden.

Teufelsbrücke BRÜCKE

(Straße Halidsor–Tatew) Wer nach Tatew wandert oder fährt, statt die Schwebebahn zu nehmen, sollte auf halbem Weg zwischen der Seilbahn und dem Dorf Tatew einen kleinen Halt einlegen, um sich die sagenumwobene Teufelsbrücke anzusehen. Die Legende besagt, dass vor Jahrhunderten die Dorfbewohner auf der Flucht vor einer Rebellenarmee vom tosenden Fluss aufgehalten wurden. Ehe die Eindringlinge jedoch angreifen konnten, schuf ein riesiger herabfallender Fels wie von Geisterhand eine Brücke, und die Menschen konnten sich in Sicherheit bringen.

Aktivitäten

Die spektakuläre bergige Landschaft ist geradezu ideal für kurze Wanderungen, beispielsweise zum Dörfchen **Svarants** (20 Min.). Ein anderer Weg führt gen Norden auf den Gipfel des **Petroskhatch-Bergs** (3½ Std. hin & zurück).

Weitere beliebte Wanderziele von Tatew aus sind die überwucherte Kirche **Mets Anapad** (2½ Std.), **Harjis** (6 Std.), **Ltsen** (5–6 Std.), die Teufelsbrücke (1 Std.) und **Tanzatap** (1 Std.).

Die Touristeninformation verteilt Kartenmaterial und Informationen, außerdem vermittelt sie Guides. Auch das Ticketbüro der Seilbahn „Wings of Tatev" („Flügel von Tatew") kann Führer organisieren.

ABSTECHER

AUF UND AB IM SÜDEN

Reisende, die von Goris nach Meghri an der iranischen Grenze fahren wollen, müssen sich – und ihren Magen – auf eine rund 160 km lange Strecke mit ständigen Haarnadelkurven einstellen, denn die Straße verläuft im Auf und Ab durch die Berge des südlichen Sjunik. Die meisten Personen, die in dieser Region unterwegs sind, sind entweder Reisende, die in den Iran wollen, oder aber neugierige Ausflügler, die jeden einzelnen Zentimeter des armenischen Bodens kennenlernen möchten. Die Fahrt selbst ist wahrscheinlich die aufregendste und herausforderndste im ganzen Land.

Der erste, 68 km lange Abschnitt, führt von Goris nach Kapan. Die interessanteste Sehenswürdigkeit an dieser Route ist das Kloster **Bgheno-Norawank**, das vor der Welt verborgen war, bis der Schriftsteller Axel Bakunts 1920 zufällig im Wald darauf stieß. Die Hauptkirche stammt von 1062 und ist mit kunstvoll gemeißelten biblischen Reliefs verziert. Dies ist ein guter Platz zum Zelten oder für eine Pause auf einer Radtour. Am Abzweig von der Landstraße weist ein Schild zum nahen Dorf **Bardzrawan**. Nach 3,1 km auf einer holprigen Straße geht es rechts ab, die Kirche ist dann nach 150 m zu sehen.

Weiter die Landstraße entlang befindet sich ein Militärstützpunkt (Karmerkar) und eine Abzweigung auf die 3 km lange Zufahrtsstraße zum Dorf **Davit Bek**. Die Ortschaft grenzt an einen idyllischen Fluss mit Kaskaden und Schwimmbecken; für den Weg dorthin ist aber gutes Schuhwerk nötig. Vom Dorf gelangt man auf einem angenehmen 40-minütigen Spaziergang zu einem **heidnischen Tempel**.

Auf der letzten Talfahrt Richtung Kapan kommt ein bizarrer türkisblauer See in Sicht. Diesen **künstlichen See** schaffen die Rückstände einer nahe gelegenen Kupfermine – er mag zwar wie das Karibische Meer aussehen, ein Bad ist dennoch nicht zu empfehlen.

Kapan liegt auf dem halben Weg nach Meghri und bietet sich logischerweise für die Übernachtung an. Von Kapan führen zwei Straßen weiter nach Meghri: eine 75 km lange Route via **Kadscharan** und eine neuere, landschaftlich reizvollere 94 km lange Route durch das **Naturreservat Schikahogh**. Der schönste Abschnitt des Naturschutzgebiets ist das Tal des Flusses Tsav, wo im Dörfchen **Nerkin Hand** ein uralter Hain mit riesigen Platanen steht. Die Eichen- und Hainbuchenwälder beiderseits des Tsav gehören zum Naturschutzgebiet, für das etwa 100 km² große Gebiet mit Schluchten und Wäldern ist allerdings ein Geländewagen erforderlich.

Schlafen

Im winzigen Tatew gibt es mindestens vier B&Bs. Sie sind nicht gut ausgeschildert, aber das Dorf ist klein – man kann einfach Leute fragen oder im Voraus das Informationszentrum kontaktieren, um zu reservieren.

Harsnadzor LODGE $
(☎099-007171; harsnadzor@gmail.com; Halidzor; EZ/DZ ohne Bad 8000/15 000 AMD, mit Bad 20 000/25 000 AMD, Familienhütten 35 000–70 000 AMD;) 13 km von Tatew entfernt, in der Nähe der Seilbahn „Flügel von Tatew", bietet diese sehr beliebte Öko-Lodge rustikale Hütten am Rand der Schlucht – mit herrlicher Aussicht. Die solarbeheizten Duschhäuschen mit durchsichtigem Dach sind ein netter Touch. Das Frühstück ist einfach, das dazugehörige Restaurant ist auf *khoravats* spezialisiert.

Essen

Snacks wie *gata* und süße *sujuk* gibt es außerhalb des Klosters. Das Café im Informationszentrum serviert zu Frühstück, Mittag- und Abendessen köstliche selbst gekochte Gerichte (Hauptgerichte 1300–5000 AMD), u. a. auch vegetarische Optionen.

Praktische Informationen

Touristeninformation Tatew: Zentrum & Café (☎093-880230; www.tatevinfo.com; 10–21 Uhr) Vom Kloster den Hügel hoch befindet sich ein Informationszentrum mit Café, betrieben von der überschwänglichen Anna Arshakyan, die Armenisch, Englisch, Italienisch und Russisch spricht. Dies ist der richtige Ort, um sich über Wanderungen in der Gegend zu erkundigen, sich Straßenkarten zu beschaffen und nach B&Bs zu fragen.

An- & Weiterreise

Seibahn Flügel von Tatew (☎060-463333; www.tatever.am; Halidsor; einfach/hin & zurück mit festgelegter Zeit 5500/7000 AMD, hin & zurück ohne festgelegte Zeit 9000 AMD, Kind 100 AMD; Okt.–April Di–So 10–18 Uhr, Mai 10–19 Uhr, Juni 9–20 Uhr, Juli–Sept. 9–20 Uhr) Die längste Nonstop-Seilbahn der Welt führt von Halidsor über die klaffende Worotan-Schlucht zum Kloster Tatew. Bei ihrer 5,4 km (12 Min.) langen Fahrt schwebt die Gondel über atemberaubende Landschaft, aber der Preis ist dennoch exorbitant (Armenier zahlen dagegen lediglich 500 AMD). Die Gipfelstation ist funkelnagelneu und verfügt über ein gutes Restaurant mit herrlicher Aussicht (Hauptgerichte ab 1600 AMD). Alle 15 Minuten fährt eine Gondel (mit einer Kapazität von bis zu 30 Personen) los.

Marshrutky verkehren von der Bushaltestelle (S. 231) an der Komitas-Straße in Goris um 8.30 und 15.30 Uhr nach Tatew (700 AMD, 1 Std.). Von Tatew nach Goris fahren welche um 7.30 und 14.30 Uhr ab. In Tatew drehen die *marshrutky* ihre Runde, um die Fahrgäste entsprechend dem Fahrplan einzusammeln. Am besten an der Abzweigung zur Straße nach Halisdor warten. Ein privates Taxi nach Goris kostet 8000 AMD. Sammeltaxis von Jerewan nach Halidsor fahren an mehreren Plätzen in der Stadt los und sollten rund 6000 AMD kosten. Fahrgäste müssen die Abholung vorher vereinbaren – am besten in der Unterkunft darum bitten. In Halidsor gibt es keinen Taxistand, Fahrgäste müssen also ein *marshrutka* nehmen oder mit dem Taxi nach Tatew fahren. Das Informationszentrum kann in allen Fällen behilflich sein.

Kapan

☎285 / 42 300 EW

Kapan, die größte Stadt in der Provinz Sjunik, ist von hohen Bergen umgeben, zahlreiche Täler durchschneiden die Bergwelt. Der Name der Stadt kommt vom armenischen Wort *kapel* („verschließen") und bezieht sich auf die Lage zwischen den hier zusammenlaufenden Gebirgsketten.

Im 18. Jh. war Kapan eine Basis von Davit Bek, einem armenischen Freiheitskämpfer, der es mit muslimischen Invasoren aufnahm, die an der Südgrenze des Landes eindrangen. In der Sowjetära wuchs das Dorf rasant, als russische Geologen, die hier das Potenzial für den Abbau von Erzvorkommen sahen, einen riesigen Bergbaukomplex planten. Es gibt hier im Untergrund so viel Metallerz, dass Kompasse in einigen Teilen der Stadt nicht funktionieren.

Kapan ist der größte Verkehrsknotenpunkt in Südarmenien, und viele Läden, mehrere Hotels und Cafés machen die Stadt zu einer guten Zwischenstation auf dem Weg zur iranischen Grenze.

Sehenswertes

Der mächtige **Berg Khustup** (3210 m) erhebt sich hoch über die Stadt. Der Weg auf den Gipfel führt durch das Dorf Verin Vachagan, etwa 3 km südwestlich von Kapan. Zum Fuß des Berges, wo sich eine kleine Kirche befindet und sich herrliche Ausblicke auftun, sind es rund 7 km. Nach einer weiteren etwa dreistündigen Wanderung ist schließlich der Gipfel erreicht.

Wahanawank KIRCHE

Die Hauptattraktion in der unmittelbaren Umgebung von Kapan sind die Überreste des Klosters Wahanawank aus dem 10. Jh., das etwa 7 km von Kapan entfernt an der Straße nach Kadscharan liegt. Einstmals war das Kloster das religiöse Zentrum der Könige von Sjunik. Ein Versuch, das Kloster ab 1978 zu restaurieren, wurde später wieder aufgegeben; die Kirche blieb ohne Dach, bis ihr 2006 ein schrilles, sehr modern wirkendes Dach aufgesetzt wurde.

Schlafen

Die besten Hotels teilen sich dasselbe Gebäude. Wer jedoch eine rustikale Campingerfahrung machen möchte, kann es auf dem ARK-Armenia-Campingplatz (www.arkarmenia.com), etwa 1 km die Azatamartikneri-Straße hoch, versuchen.

Hotel Mi & Max HOTEL $

(☎ 0285-20300; mimaxhotel@rambler.ru; 8. & 9. Stock, 2 Demirchyan St; DZ/Deluxe-Zi. 12 000/20 000 AMD; ❄📶) Dieses Hotel innerhalb eines Hotels bestätigt das alte Sprichwort, dass es nicht immer klug ist, etwas nach dem ersten Eindruck zu beurteilen. Das Mi & Max nimmt die obersten Etagen des abgenutzten Hotels Lernagorts aus der Sowjetzeit ein und bietet moderne, lichtdurchflutete Zimmer mit guten Betten, unglaublich weicher Bettwäsche, Satelliten-TV und stilvollem Dekor. Die Deluxe-Versionen verfügen über eine gemütliche Sitzecke und ein größeres Badezimmer.

Essen

Rund um den Demirchyan-Platz gegenüber vom Hotel Lernagorts gibt es eine Reihe von Cafés. Lebensmittelläden, Supermärkte und Bäckereien säumen die Shahumian-Straße.

Elegant Restaurant ARMENISCH $

(☎ 077-499934; 32 Shahumian St; Hauptgerichte 600–3200 AMD; ⏲11–24 Uhr; ❄📶) So nobel, wie es in Kapan eben sein kann: Das große Lokal dient als Café, Bar und Restaurant und ist bei Einheimischen, die abends gerne ausgehen möchten, sehr beliebt. Das Speisenangebot ist anders als sonst üblich, mit einer guten Auswahl an frischen Salaten und Pizzas. Typisch armenisch ist beispielsweise die Pizza mit *dolma*.

Xacmeruk Cafe CAFÉ $

(Demirchyan Sq; Salate 650–1300 AMD, Pizzas 2200–3000 AMD; ⏲12–24 Uhr; 📶) Das nette Café mitten im Park am Demirchyan-Platz ist perfekt, um einen Nachmittag entspannt zu verbringen oder bei einem Autoausflug eine Pause einzulegen. Auf der Karte stehen Smoothies, Säfte, Alkoholisches, Eiscreme, Salate, Pizzas und Nudelgerichte.

An- & Weiterreise

Vom *Marshrutky*-Stand bei der U-Bahn-Station Sasunti Davit in Jerewan fährt täglich um 7 Uhr eine *marshrutka* nach Kapan (5000 AMD, 8 Std.).

Von Kapan verkehrt täglich um 9 Uhr ein *marshrutka* nach Jerewan (5000 AMD, 6–8 Std.). Abfahrt ist an der Haltestelle vor dem Hotel Lernagorts. Von dort fahren auch Sammeltaxis nach Jerewan (6000 AMD), sobald alle Plätze belegt sind.

Normalerweise verkehrt mindestens ein *marshrutka* am Tag nach Goris (1500 AMD, 1½ Std.). Die Abfahrt befindet sich an der Bushaltestelle an der Hauptstraße in der Nähe der Davit-Bek-Statue.

Wer in den Iran möchte, nimmt den *marshrutka* (2000 AMD), der einmal täglich zwischen 14 und 15 Uhr über Meghri (1500 AMD) nach Agarak (2000 AMD) fährt.

Meghri

☎ 286 / 4500 EW.

Das strategisch gelegene Meghri, Armeniens Brückenkopf zum Iran, lohnt wegen seiner schönen Steinhäuser und der herrlichen Landschaft einen Besuch. Die Stadt liegt tief in der üppig bewässerten Schlucht des Meghri-Flusses, umgeben von schroffen, zerklüfteten Berggipfeln. Den rund um die Uhr geöffneten Grenzübergang passiert man an der Araks-Brücke bei Agarak (4200 Einwohner), 8 km von Meghri entfernt.

Bereits im Iran, von Agarak aus direkt am anderen Flussufer gelegen, befindet sich das alte Dorf Noordoz (auch Noghdoz oder Norduz geschrieben) – die Minarette der dortigen Moschee sind in der Ferne zu erkennen. Dies ist heikles Grenzgebiet, also aufpassen, wohin man die Kamera richtet.

Reisende, die aus dem Iran kommen, werden erfreut sein zu hören, dass die Restaurants in Meghri Alkohol servieren, aber richtige Kneipen gibt es nicht.

Sehenswertes

Das Kloster von Meghri ist die im 17. Jh. errichtete überkuppelte Backsteinkirche **Surb Hovannes**. Im Stadtzentrum steht die schöne **Surb-Astvatsatsin-Kirche** mit

DIE DIASPORA

Seit nahezu 200 Jahren ist die armenische Diaspora über weite Teile der Welt verstreut, mit Gemeinden in mehr als 85 Ländern – vor allem der Völkermord in der osmanischen Zeit führte zur dramatischsten Abwanderung. Heute leben schätzungsweise 8 Mio. Armenier außerhalb ihres Heimatlandes und gerade einmal 3 Mio. im Land selbst.

In aller Welt machen sich Armenier weiterhin einen Namen. In Äthiopien komponierte der Armenier Kevork Nalbandian die äthiopische Nationalhymne. In Frankreich wurde Charles Aznavour mit seinem sanften Tenor das französische Äquivalent zu Frank Sinatra. In den USA, wo ungefähr 460 000 Einwohner armenische Wurzeln haben, erfanden armenischstämmige Amerikaner den Geldautomaten (Luther George Simjian) und die Magnetresonanztomografie (Raymond Vahan Damadian). Armenischer Herkunft sind auch Tennis-Superstars (Andre Agassi), Sängerinnen (Cher) und kalifornische Anwälte, deren Kids vermutlich die berühmtesten Personen der Welt sind, nur weil sie eben berühmt sind (Robert Kardashian und seine Kinder Kim, Rob, Khloé und Kourtney).

An jedem beliebigen Tag in Jerewan kann man Diaspora-Armenier hören, die sich bei einem Kilikien-Bier auf Englisch unterhalten. Viele von ihnen kommen, um am „Birthright Armenia" teilzunehmen, inspiriert durch das gleichnamige israelische Programm, das junge Mitglieder der Diaspora im Alter von 21 bis 32 Jahren einlädt, mindestens neun Wochen als Freiwillige im Land zu arbeiten. Ein hoher Prozentsatz von ihnen bleibt länger und baut Geschäfte auf, gründet Familien und trägt dazu bei, die armenische Heimat zu unterstützen, die ihre Vorfahren gezwungen waren zu verlassen.

einer auffälligen achteckigen Kuppel, die ebenfalls im 17. Jh. erbaut und später mit Fresken ausgeschmückt wurde. Und am anderen Flussufer, in Pokr Tagh, befindet sich die mit zwei Säulenreihen versehene **Surb-Sargis-Kirche**; eindrucksvoll sind die sorgfältig restaurierten Fresken.

Schlafen & Essen

Es gibt ein paar einfache B&Bs in der Stadt und das Hotel Meghri nahe der Grenze. Dort, wo die Landstraße auf die Hauptstraße trifft, die in die Stadt hineinführt, befinden sich ein paar Cafés und Restaurants sowie ein Supermarkt.

An- & Weiterreise

Vom *Marshrutky*-Stand bei der U-Bahn-Station Sasuntsi Davit in Jerewan fährt täglich um 7 Uhr ein *marshrutka* über Meghri (7000 AMD, 9 Std. im Sommer, 11 Std. im Winter) nach Agarak.

In Meghri macht sich täglich um 7 Uhr ein *marshrutka* vom Hotel Megri beim zentralen Platz, Block 2, auf dem Weg nach Jerewan. Morgens fährt auch ein Bus nach Kapan (1500 AMD). Ein Taxi von Agarak oder Meghri nach Kapan sollte 15 000 AMD kosten (90 Min.), ein Taxi zwischen Meghri und Agarak 1000–2000 AMD.

Auf der anderen Seite der Grenze gibt es keine Busse. Ein Taxi nach Dscholfa (1 Std.) kostet etwa 15 US-Dollar. In einem Laden vor dem iranischen Einreisebüro gibt es eine Wechselstube.

ARMENIEN VERSTEHEN

Armenien aktuell

Armenien *fühlt* sich entschieden anders als in der Zeit vor der Samtenen Revolution von 2018. Das Land warf die alte Garde hinaus, die seit der Unabhängigkeit und dem Zerfall der Sowjetunion an seiner Spitze stand. An ihre Stelle trat eine beliebte Zentralregierung mit einer Antikorruptions-Agenda. Die Aufregung ist spürbar, und die Moral war in der jüngsten Vergangenheit nie so hoch wie jetzt. Aber noch ist unklar, wie viel konkrete Veränderungen in einem Land eintreten werden, das mit Arbeitslosigkeit, Armut und Bevölkerungsrückgang zu kämpfen hat.

Viva la Revolución!

Eines der bedeutendsten Ereignisse in der jüngsten armenischen Geschichte begann am 31. März 2018, als der Parlamentsabgeordnete und ehemalige Journalist Nikol Paschinjan (geb. 1975) einen Protestmarsch von Gjumri nach Jerewan initiierte. Sein Ziel war es, zu verhindern, dass der zweimalige Präsident Sersch Sargsjan (geb. 1954) das neu geschaffene Amt des Premierministers annehmen konnte, was ihm praktisch eine dritte Amtszeit eingebracht hätte.

EINE NACHNAMEN-FIBEL

Der größte Teil der armenischen Familiennamen enden auf „-ian", „-yan" oder „-jan". Das Suffix bedeutet „von" und bezieht sich entweder auf einen Ort (Maraschlian von Marasch, Vanetsian von Van), auf einen Elternteil (Davidian, Sohn von David), einen Berufsstand (Najarian, Sohn eines Zimmermanns; Boyajian, vom türkischen Wort boyaj für jemanden, der Stoffe färbt) oder aber auf den Status oder persönliche Eigenschaften (Melikyan, Sohn eines Königs; Sinanjan, von einem türkischen Wort für einen gut ausgestatteten Herrn abgeleitet). Namen mit dem Präfix „Ter" bedeuten, dass ein Vorfahre ein verheirateter Priester (Ter Hayr) war, beispielsweise bei Ex-Präsident Lewon Ter-Petrosjan. In westarmenischen Namen kann es auch „Der" heißen, wie in Der-Bedrossian. Familien, deren Name auf „-runi" enden, beispielsweise Siruni oder Artsruni, waren einstmals adelig.

Im Lauf der folgenden Wochen schlossen sich verärgerte Armenier in Jerewan und im ganzen Land Paschinjan an und forderten „Merzhir Serzhin!" („Lehnt Schersch ab!"). Hundertausende gingen auf die Straße, aber die Demostrationen verliefen weitgehend friedlich, was zu der Bezeichnung „Samtene Revolution" führte. Am 23. April gab Sargsjan sein Präsidentenamt auf.

Etwa eine Woche später brachte ein Generalstreik das Land zum Erliegen, und rund 150 000 Menschen versammelten sich auf dem Platz der Republik und forderten, dass Paschinjan zum Premierminister ernannt würde. Am 8. Mai wurde ihr Wunsch erfüllt, und sieben Monate später gewann Paschinjans Parteibündnis „Jelk" („Ausweg") in einer vorgezogenen Neuwahl 70,4 % der Wählerstimmen.

Ein schwieriger Weg in die Zukunft

Die Paschinjan-Regierung hatte versprochen, die Korruption zu zerschlagen und die hohe Arbeitslosen- und Armutsrate zu bekämpfen, aber es ist noch zu früh, um einzuschätzen, wie viel Einfluss ihre Politik tatsächlich haben wird. 2018 verzeichnete Armenien einen Anstieg des Bruttoinlandsprodukts um 5,5 % – dies klingt gut und schön, allerdings konnte im Jahr 2017 noch ein Wachstum von 7,5 % verzeichnet werden. Von den 30 % zwischen 1960 und 1988 ist das weit entfernt. Die Weltbank schätzt, dass das Wachstum so langsam bleiben wird, da die Investoren der neuen Regierung erst einmal abwartend gegenüberstehen.

Die Arbeitslosenquote lag 2018 bei 15,7 % – der niedrigste Stand seit zehn Jahren, aber im Vergleich zu den Nachbarländern ist die Rate noch immer sehr hoch. Für die Zeit nach der Revolution liegen noch keine Armutsstatistiken vor, aber von 2016 auf 2017 sank die Rate von 29,4 % auf 25,7 %. Von diesen Personen leben 12,3 % von weniger als 3,20 US-Dollar am Tag.

Bei einem Spaziergang durch Jerewans Innenstadt mag diese Art von Armut etwas unwahrscheinlich erscheinen, aber bei Reisen in ländlichen Regionen wird einem schnell klar, dass die Armenier, die versuchen, ihren Lebensunterhalt zu verdienen, große Schwierigkeiten haben, über die Runden zu kommen.

Mit Freunden wie diesen

Paschinjan hat nicht vor, die Beziehungen des Landes zu den USA, Russland und dem Iran zu verderben – eine Dreierkombination aus „Freundschaften", wie sie nur wenige Staaten vorweisen können. Die USA unterhält in Jerewan eine riesige Botschaft (auf 8,9 ha Fläche), und die United States Agency for International Development (USAID) sowie das US-Außenministerium finanzieren eine Reihe von wirtschaftlichen und kulturellen Hilfsprogrammen.

Paschinjan hat versprochen, den Handel an der südlilchen Landesgrenze mit dem Iran zu verbessern, und hat nicht vor, die von Russland angeführte Eurasische Wirtschaftsunion zu verlassen, der Armenien 2015 beigetreten ist, statt sich um den EU-Beitritt zu bemühen. Der neue Premierminister plant auch, den russischen Stützpunkt von rund 3000 Soldaten in Gjumri als Schutz gegen die Türkei beizubehalten, was jegliche Chance auf einen NATO-Beitritt nahezu zunichte macht.

Unaufhörlicher Konflikt

Obwohl der Bergkarabachkrieg 1994 offiziell endete, sind die Beziehungen zu Aserbaidschan nach wie vor brandgefährlicher als ein Feuer. Gefechte zwischen Scharfschützen jenseits der Grenze sind fast an der Tagesordnung, wobei die Streitkräfte auf beiden Seiten Verluste zu beklagen haben. Die Grenzen mit Aserbaidschan und der Türkei sind aufgrund des anhaltenden Streits offiziell geschlossen und werden voraussichtlich auch nicht so bald wieder geöffnet.

Seit seinem Amtsantritt drängt Paschinjan auf ein international vermitteltes Friedensabkommen mit Aserbaidschan über das umstrittene Gebiet Bergkarabach (von Armeniern Arzach genannt), hat bislang aber in keiner Weise Pläne angedeutet, um des Friedens willen Territorium aufzugeben – das wäre aber aus aserbaidschanischer Sicht eine Voraussetzung.

Vorbei, aber niemals vergessen

Die Armenier haben Medz Yeghern (das „Große Verbrechen"), das vom Osmanischen Reich zwischen 1915 und 1922 begangen wurde, bei Weitem nicht vergessen. Praktisch jeder Armenier will immer noch, dass die internationale Gemeinschaft die Massaker und Deportationen zum Völkermord erklärt. Bis heute sind 31 Staaten, darunter Kanada, Frankreich, Deutschland und Russland, sowie 49 US-Bundesstaaten dem Ruf Armeniens gefolgt. Die Türkei gehört nicht dazu, und es besteht wenig Hoffnung, dass Präsident Recep Tayyip Erdoğan die Haltung seines Landes ändern wird.

Paschinjan sagt, er wünsche sich eine Verbesserung der Beziehungen zur Türkei und eine Öffnung der Grenze, aber ohne eine Lösung des Bergkarabachkonflikts und ohne eine Erklärung zu Medz Yeghern, die Armenien akzeptieren kann, ist auch an dieser Front kaum eine Veränderung abzusehen.

Geschichte

Am Anfang ...

Wie bei vielen Ländern sind die Ursprünge Armeniens nicht klar. Laut der Bibel sind die Armenier Nachfahren von Hayk, dem Ururenkel von Noah, dessen Arche nach der Sintflut am Berg Ararat strandete. Entsprechend ihrer Abstammung bezeichnen die Armenier ihr Land als Hayastan, Land des Hayk-Stammes. Griechische und persische Aufzeichnungen erwähnen die Armenier erstmals im 6. Jh. v. Chr. als Volk, das in der Gegend des Vansees (heute türkisches Staatsgebiet) lebte.

Das armenische Hochland nördlich des Fruchtbaren Halbmonds ist schon seit langer Zeit besiedelt, und Historiker nehmen an, dass die damaligen Fortschritte im Bergbau sowie in chemischen und metallurgischen Technologien wichtige Beiträge zur Zivilisation darstellten. Wegen der Invasionsrouten, die in vier Himmelsrichtungen offen waren, lagen die frühen armenischen Könige immer wieder im Krieg gegen das Persische Reich und die Völker des Mittelmeers. Die griechische und die römische Kultur vermischten sich mit persischer Engelsanbetung und dem Zoroastrismus.

Im 1. Jh. v. Chr. erreichten Armeniens Grenzen unter Tigranes II. ihre größte Ausdehnung. Seine Siege über das Seleukidenreich brachten Territorien im heutigen Libanon und Syrien bis Aserbaidschan ein.

Christentum & das geschriebene Wort

Aufgrund der religiösen Entwicklung vor Ort kamen bereits 40 n. Chr. christliche Missionare in armenische Dörfer, darunter die Apostel Bartholomäus und Judas Thaddäus. Der Überlieferung nach erklärte König Trdat III. im Jahr 301 das Christentum zur Staatsreligion. Seinen Moment der Offenbarung hatte er, nachdem der hl. Gregor der Erleuchter ihn geheilt hatte. Gregor war zuvor zwölf Jahre lang in einer schlangenverseuchten Grube eingesperrt gewesen, die sich unter dem heutigen Kloster Chor Virap befinden soll. Eine von Historikern bevorzugte Version besagt, dass Trdat die Schaffung einer nationalen Einheit anstrebte, um dadurch das zoroastrische Persien und das heidnische Rom abzuwehren. Was auch immer zu seiner Konvertierung zum Christentum führte – die Kirche ist seither eine Säule der armenischen Identität.

Eine weitere Säule der Nation entstand im Jahr 405, als Mesrop Maschtoz sein revolutionäres armenisches Alphabet einführte. Die von ihm entwickeltem 35 Buchstaben waren zugleich als Zahlensystem konzipiert. Für armenische Kaufleute war die Schrift im Geschäftsleben unverzichtbar. Gleichzeitig übersetzten mittelalterliche Gelehrte wissenschaftliche und medizinische Texte aus dem Griechischen und Lateinischen.

Königreiche & Eroberer

Der politische Einfluss aus Rom und Persien wich einer neuen Autorität, als Westarmenien 387 an Konstantinopel und Ostarmenien 428 an die Sassaniden fiel. Die Araber kamen um das Jahr 645, und der Druck aus Bagdad, zum Islam zu konvertieren, wurde langsam stärker. Als sich die Armenier weigerten, wurden sie so hoch besteuert, dass viele in oströmisch (Byzanz) beherrschte Gebiete auswanderten und sich armenischen Gemeinden in einer ständig anwachsenden Diaspora anschlossen.

Bessere Bedingungen entstanden im 9. Jh., als der Kalif (der religiös-politische Herrscher der Muslime) wieder einen armenischen Monarchen erlaubte – dieser kam in Gestalt von König Aschot I., dem ersten Oberhaupt der Bagratiden-Dynastie. Für eine Weile diente Ani (heute in der Türkei) als Hauptstadt. Invasoren, darunter die Seldschuken (türkische Fürstendynastie) und die Mongolen, plünderten und beherrschten und teilten Armenien auf.

Im 17. Jh. lebten die armenische Bevölkerung in den Reichgebieten der osmanischen Türkei und Persiens, mit Diasporakolonien von Indien bis Polen. Es existierte kein einheitliches armenisches Staatsgebiet, in abgelegenen Gebirgsregionen gab es armenische Kleinfürstentümer, andere Regionen waren entvölkert. Der Sitz der Armenischen Kirche wurde im Lauf der Jahrhunderte von Etschmiadsin an den Vansee und dann weiter gen Westen verlegt.

Die armenische Frage

Der Sieg Russlands im Russisch-Persischen Krieg (1826–1828) brachte den östlichen Teil Armeniens im Jahr 1828 unter die Oberhoheit des Russischen Reichs. Die Armenier begannen in ihre Heimat zurückzukehren und bildeten schon bald wieder die Bevölkerungsmehrheit (auf dem Gebiet des heutigen Armenien). Die zaristischen Befehlshaber versuchten, die Unabhängigkeit der Armenischen Kirche zu brechen, aber die Bedingungen waren nach wie vor denen in der osmanischen Türkei vorzuziehen, wo immer noch viele Armenier lebten. Als die Armenier in den ostanatolischen Gebieten des Osmanischen Reichs auf mehr Rechte drängten, veranlasste die osmanische Regierung in den Jahren 1894 bis 1896 mehrere Massaker, bei denen 80 000 bis 300 000 Armenier getötet wurden.

Die europäischen Mächte sprachen häufig von der „armenischen Frage" hinsichtlich der Armenier als christliches Volk, das im Osmanischen Reich lebt. Im Ersten Welt-

KOMITAS & SOGHOMON TEHLIRIAN

Zwei Persönlichkeiten des Medz Yeghern (dem „Großen Verbrechen") sind ganz besonders in Erinnerung geblieben. Soghomon Soghomonian, besser bekannt als Komitas, steht für die Verluste. Er war ein *vardapet* (Mönch) der Armenischen Kirche und reiste durch die Dörfer Armeniens, sammelte Volkslieder und arbeitete daran, die Mysterien mittelalterlicher liturgischer Musik des Landes zu entschlüsseln. 1910 ging er nach Istanbul, um die armenische Volksmusik einem breiteren Publikum vorzustellen. Dort wurde er am 24. April 1915 zusammen mit 250 weiteren armenischen Intellektuellen verhaftet und deportiert. Komitas war einer von wenigen, die das überlebten – während fast alle anderen Deportierten ermordet wurden. Er wurde befreit und nach Frankreich gebracht. Verständlicherweise hatten die furchtbaren Ereignisse, deren Zeuge er geworden war, eine schreckliche Wirkung auf ihn, sein physischer und psychischer Zustand verschlechterte sich. 1937 starb er in einer psychiatrischen Klinik in Paris. Seine Ideen, den alten Harmonien und Chorälen Leben einzuhauchen, gingen mit ihm verloren.

Soghomon Tehlirian steht für eine andere Facette des Medz Yeghern. Nachdem er bei den Massakern seine Familie verloren hatte, kam er um 1920 nach Berlin, wo er am 15. März 1921 den Mann erschoss, der für viele als der Hauptverantwortliche für die Massenmorde galt: Mehmet Talât Pascha. Im folgenden Prozess sagten Überlebende und Zeugen über die Gewaltmärsche, Massaker, Folterungen und Vergewaltigungen sowie über Talâts vorrangige Rolle bei der Inszenierung dieser Ereignisse aus. Tahlirian wurde von einem deutschen Gericht freigesprochen. Später wanderte er nach Amerika aus. Auch andere hochrangige türkische Beamte kamen Anfang der 1920er-Jahre bei Attentaten ums Leben. Verantwortlich dafür war ein geheimes Sonderkommando („Operation Nemesis"), das von der Partei der Daschnaken ins Leben gerufen wurde. Ziel war es, die Verantwortlichen für den Völkermord an den Armeniern zu töten.

krieg stellten sich einige osmanische Armenier auf die Seite Russlands, in der Hoffnung, einen eigenen Nationalstaat gründen zu können. Dies wurde von den Türken als illoyal angesehen. Das regierende Komitee für Einheit und Fortschritt, auch als Jungtürken bekannt, ordnete die Enteignung und Zwangsdeportation aller armenischen Untertanen im Osmanischen Reich an – diese Aktion wurde abwechselnd als Genozid, Massenmord oder Medz Yeghern („Großes Verbrechen") bezeichnet. Weniger sicher – und bis heute umstritten – ist die Frage, ob die Jungtürken auch Pogrome angeordnet und ein Dekret zur Ausrottung aller Armenier erlassen haben. Heute behaupten die Armenier, es habe einen besonderen Befehl zum Völkermord gegeben; die Türken bestreiten dies energisch. Ungeachtet dieser Diskussion ist eine Tatsache doch unausweichlich: In den Jahren 1915 und 1916 wurden zwischen 300 000 und 1,5 Mio. Armenier in der Türkei getötet oder in die syrische Wüste deportiert, wo sie schließlich auf grausame Weise zu Tode kamen.

Die erste unabhängige armenische Republik entstand 1918, nachdem im Zuge der Oktoberrevolution in Russland von 1917 russische Truppen aus den besetzten Teilen des osmanischen Armeniens abzogen. Die Republik war umgehend mit einer Welle von hungernden Flüchtlingen, der Grippeepidemie von 1918 und Kriegen mit den benachbarten türkischen, aserbaidschanischen und georgischen Streitkräften konfrontiert. 1918 wehrte sie die einfallenden Türken ab und überließ dem US-Präsidenten Woodrow Wilson die endgültige Festlegung der Grenze. In der Zwischenzeit gruppierten sich die Türken unter Mustafa Kemal (später Atatürk) neu und überrannten Teile des Südkaukasus. Es kam in der Folgezeit zu diversen Kriegen bzw. Verhandlungen. Schließlich einigten sich Atatürk und Lenin auf einen Vertrag, der das künftige Schicksal der Armenier nachhaltig bestimmen sollte.

Die armenische Regierung unter Anführung der Daschnaken, einer Partei armenischer Unabhängigkeitskämpfer, kapitulierte 1921 vor den Bolschewiken, um die letzten Provinzen des alten Armeniens zu erhalten. Das Sowjetregime verzichtete auf Bergkarabach und Naxçivan (Nachitschewan) im Tausch gegen Aserbaidschan und nahm sowohl Aserbaidschan als auch Armenien in der Sowjetunion auf. Jerewan wurde in den 1920er-Jahren weitgehend wieder aufgebaut; in den folgenden Jahrzehnten entwickelte sich Armenien zu einem wichtigen sowjetischen Produktions- und Technologiezentrum. Auch viele Forschungsinstitute wurden hier gegründet.

Unabhängigkeit

Die Debatte über die mehrheitlich armenische Region Bergkarabach auf aserbaidschanischem Territorium brachte eine neue Gruppe von Führungskräften im Zuge der *Glasnost*-Reformen des sowjetischen Staatspräsidenten Gorbatschow in die Verantwortung. Am 21. September 1991 stimmten die Armenier für die Unabhängigkeit, und Lewon Ter-Petrosjan, ein damals 40-jähriger Wissenschaftler und Leiter des Bergkarabach-Komitees, wurde Präsident. Der Krieg mit Aserbaidschan über Bergkarabach eskalierte ausgerechnet zu einem Zeitpunkt, als die Wirtschaft im freien Fall war.

Nach dem Krieg veranlassten Gerüchte über Staatsstreiche und Attentate Ter-Petrosjan, die Bürgerrechte aufzuheben und Daschnaken-Anführer und -Kämpfer aus dem Bergkarabachkonflikt zu inhaftieren. Einige waren drei Jahre als politische Gefangene in Haft. Ter-Petrosjan wurde zwar 1996 für eine weitere fünfjährige Amtsperiode wiedergewählt, trat jedoch 1998 – ohne Unterstützung und unbeliebt – ab.

Im März 1998 trat an seine Stelle Robert Kotscharjan, ein Kriegsheld aus dem südlichen Bergkarabach. Kotscharian versuchte bald, die Armenier in der Diaspora für sich zu gewinnen, insbesondere die einflussreiche Fraktion der Daschnaken.

Ende der 1990er-Jahre stand die neue Klasse der wohlhabenden Importbarone in schockierendem Kontrast zur Armut des Landes. Die Wut über diese Diskrepanz war zumindest teilweise für das schreckliche Massaker in der Nationalversammlung 1999 verantwortlich, als bewaffnete Männer unter den Rufen, die Barone würden das Blut der Nation trinken, acht Abgeordnete erschossen und sechs weitere schwer verwundeten. Das Ereignis löste eine Welle von Auswanderungen und endlosen Beschuldigungen aus, aber der 1700. Jahrestag der Gründung der Armenischen Kirche im Jahr 2001 markierte so etwas wie einen Wendepunkt in den Geschehnissen des Landes. Die Erinnerung an das Leiden und die Umwälzungen seit der Unabhängigkeit ist zusammen mit dem Berg Ararat eine ständi-

RABIZ-MUSIK

Rabiz ist eine Kurzform des russischen Begriffs *raboche'e iskustvo* (Arbeiterkunst). Sie ist Unterhaltung und Lebensstil zugleich – die Jungs, die Seidenhemden und Goldketten tragen, zu schnell fahren und dabei rauchen und in ihr Handy quatschen. Fragt man einen hippen Studenten, wird er sagen, dass die armenische Popkultur in die laute, protzige, dröhnende *Rabiz*-Kultur einerseits und guten Geschmack andererseits eingeteilt wird. Zu *Rabiz* gehört auch eine höchst einfallsreiche Szenesprache. *Rabiz* ist die Musik der *Marshrutka*-Fahrer, eine Mischung aus einfältigem Pop und übertrieben tragischen Balladen (Mädchen hat Krebs, Junge sagt, er töte sich selbst, ehe sie stirbt), die in den armenischen Herzen einen sehr sentimentalen Nahost-Akkord anschlagen. Die Fans wollen eine Musik, die sie zum Weinen bringt, leidenschaftliche Liebeslieder und ausgelassene Tanzrhythmen. Diese Art von Musik dröhnt auf Griechisch, Russisch, Türkisch und Arabisch aus zahllosen Taxis. Die armenische Variante stammt aus Los Angeles, Beirut, Moskau und Jerewan, wo sie bis spät in die Nacht in den Bars, Clubs und *Khoravats*-Lokalen (Grillrestaurants) zu hören ist.

ge Erinnerung an das, was man alles verloren hat. Aber seit der Samtenen Revolution von 2018 sind die meisten Armenier nun fest auf das 21. Jh. fokussiert.

Künste

Film

Die bekannteste Figur der armenischen Filmszene ist der Regisseur Sergei Parajanov, der vor allem mit seinen Avantgardefilmen Berühmtheit erlangte, die er zwischen 1951 und 1990 produzierte. Dazu gehörten die international gefeierten Filme *Sayat Nova (Die Farbe des Granatapfels)* von 1969, *Die Legende der Festung Suram* (1985) und *Kerib, der Spielmann* (1988). Sein letztes Werk, *The Confession*, blieb jedoch unvollendet, weil er 1990 vor dessen Fertigstellung starb; ein Teil des Original-Filmmaterials blieb jedoch erhalten und wurde in Michail Wartanows Film *Parajanov: The Last Spring* (1992) verwendet.

Der kanadisch-armenische Arthouse-Regisseur Atom Egoyan hat bereits mehrere Filme über armenische Themen produziert, darunter *Calendar* (1993) über eine sich auflösende Ehe, teilweise vor Ort in Armenien gedreht, und *Ararat* (2002), ein Film im Film, der von dem schwierigen Thema des „Großen Verbrechens" handelt. Egoyans Film *Remember* (2015) greift ebenfalls die Themen der historischen Erinnerung, Gerechtigkeit und Veranwortlichkeit auf. Der Film erzählt die Geschichte eines jüdischen Holocaust-Überlebenden, der beschließt, sich an dem nationalsozialistischen Offizier zu rächen, der seine Familie in einem Konzentrationslager getötet hat.

Ehe 2016 der Film *The Promise* mit Oscar Isaac, Charlotte Le Bon und Christian Bale in die Kinos kam, gab es große Vorfreude und Kontroversen. Dies war der erste Big-Budget-Film über den Medz Yeghern. In den Tagen nach dem Debüt des 100-Million-Dollar-Films (vollständig finanziert von dem armenisch-amerikanischen Milliardär Kirk Kerkorian) auf dem Toronto Film Festival überfluteten Zehntausende von negativen Ein-Stern-Bewertungen die Online-Kritik-Seiten „Rotten Tomatoes" und „IMDB" – laut dem Regisseur Terry George war dies ein koordinierter Schlag derer, die dagegen sind, dass die Massaker als Völkermord bezeichnet werden. Armenier reagierten mit einer Flut von Zehn-Sterne-Kritiken. Am Ende war der Film ein Flop und bescherte dem Studio, das ihn ermöglichte, einen Verlust von 102 Mio. US-Dollar.

Spitak (2018) war Armeniens Beitrag zu den 91. Oscarverleihungen, der Film wurde allerdings nicht nominiert. Er handelte von den verheerenden Ereignissen von 1988, als ein Erdbeben die Stadt Spitak praktisch von der Landkarte löschte. Der Soundtrack stammte von Serj Tankian, Mitglied der armenisch-amerikanischen Heavy-Metal-Band System of a Down.

Musik

Die mythisch komplexen Harmonien der armenischen religiösen Musik sind teilweise verloren gegangen, aber in der armenischen Liturgie gibt es noch viele schöne, melancholische Chorgesänge.

Der Dichter, Musiker und Komponist Sayat Nova, der im 18. Jh. lebte, wird häufig als größter Liedermacher im Südkaukakus bezeichnet. Seine Karriere begann er am Hof von Erekle II. von Georgien, doch wegen seiner verbotenen Liebe zur Tochter des Königs vertrieb ihn dieser. Nova wurde zum umherziehenden Troubadour. Die meisten seiner erhaltenen Balladen sind in aserbaidschanischer Sprache verfasst, der Lingua franca des Südkaukasus in jener Zeit.

Zu den großen Komponisten des 19. und 20. Jhs. gehörten Komitas Vardapet, dessen Werke für Chor und Orchester die armenische Musik auf internationales Niveau brachten, und Armen Tigranjan mit seinen Opern *Anoush* (1912) und *Davit Bek* (1950). Vor allem zwei Ballettpartituren machten Aram Chatschaturjan bekannt: *Gayaneh* (1942) mit dem weltberühmten „Säbeltanz" und *Spartacus* (1954).

Die Volksmusik wird von Ortsgruppen, Nachtclubs und *Khoravats*-Lokalen munter am Leben gehalten. Der *duduk*, ein Blasinstrument mit Doppelrohrblatt aus Aprikosenholz, bestimmt den Soundtrack der Reisen durch Armenien. Seinem Triller, der traditionelle Musik und viele moderne Popsongs prägt, die aus den Lautsprechern der Taxis dröhnen, ist nicht zu entkommen.

Gute traditionelle Musik veröffentlicht das Label RealWorld, beispielsweise die Alben des *Duduk*-Meisters Djivan Gasparian. Ebenfalls empfehlenswert sind Parik Nazarian, Gevorg Dabagian und das Album *Minstrels and Folk Songs of Armenia*, das von Parseghian Records veröffentlicht wurde.

Die aktuellen armenischen Charts führen beispielsweise Iveta Mukuchyan und Aram Mp3 an, die beide schon am Eurovision Song Contest teilnahmen.

Bildende Kunst

Unter den vielen bemerkenswerten armenischen bildenden Künstlern des 19. und 20. Jhs. ragen drei heraus: Vardges Sureniants (1860–1921), Martiros Sarjan (1880–1972) und Jervand Kotschar (1899–1979). Alle drei waren für ihre Gemälde bekannt und Kotschar auch für seine beachtlichen Skulpturen. Viele Werke von Sureniants sind Teil der Sammlung der Nationalgalerie Armeniens; sowohl Kotschars als auch Sarjans Leben und Werk ist in Jerewan jeweils ein Museum gewidmet.

Im Sarjan-Park hinter dem Opernhaus steht eine grandiose Statue dieses großen Künstlers. Passenderweise findet in diesem Park auch Jerewans Kunstmarkt statt, auf dem sich Kunstmaler treffen, um gegenseitig ihre Werke zu kritisieren und diese auch zu verkaufen. Die meisten Gemälde zeigen religiöse Ikonografien oder haben vertraute armenische Landschaften als Motiv.

Zu den namhaften zeitgenössischen Künstlern gehören Arthur Sarkissian, Karen Petrosyan, Armen Gevorgyan und Laura Avetisyan. Alle sind mit ihren Werken in der Sammlung des Museums für Moderne Kunst in Jerewan vertreten.

Theater & Tanz

Das Theater ist tief in der armenischen Kultur verwurzelt – eine Festung aus dem 10. Jh. in Saimbeyli in Kilikien weist drei Stockwerke mit Theatern und zwei Stockwerke mit Bibliotheken auf.

Die hellenistischen Könige Armeniens förderten das Theater im 3. Jh. v. Chr., griechische Dramen wurden König Tigran dem Großen vorgeführt. Allein in Jerewan gibt es derzeit ein halbes Dutzend Theaterhäuser, die auf Operetten, zeitgenössische Stücke und Drama-Revivals spezialisiert sind.

Armenien hat eine lange Tradition von Volkstänzen. Besucher haben vielleicht das Glück, zufällig eine Aufführung auf einem öffentlichen Platz zu erleben. Die feiernden Gäste auf Landhochzeiten sind vielleicht nicht so professionell, aber doch sehr authentisch. Armenien verfügt über eine reiche Vielfalt an Tänzen und Trachten, die direkt von einem mittelalterlichen Frühlingsfest stammen könnten. Auch in Jerewan gibt es Tanz- und Ballettensembles.

Speisen & Getränke

Die armenische Küche ist Hunderte, wenn nicht Tausende von Jahren alt und kombiniert auf dem eigenen fruchtbaren Boden angebaute frische Produkte und Gewürze mit übernommenen Aromen aus allen Ländern ihrer Diaspora. Wer zum Abendessen eingeladen wird, sollte annehmen – es könnte möglicherweise die schönste Erinnerung an den Urlaub in Armenien werden.

Grundnahrungsmittel & Spezialitäten

Die armenische Küche kombiniert Elemente aller historischen Nachbarn – der Araber,

SPEISEKARTE

abour	Suppe
basturma	geräuchertes Rindfleisch oder Schinken
biber	Paprikaschote
bourek	gefüllter Blätterteig
dolma	mit Reis oder Fleisch gefüllte Wein- oder Kohlblätter
eetch	Bulgursalat
gala	süßes Brötchen oder Brot
ghapama	mit Reis und Trockenfrüchten gefüllter gebackener Kürbis
harissa	Brei aus Weizen und Fleisch, sehr lange gekocht
hats	Brot
hav	Hühnchen
hummus	gemahlene Kichererbsenpaste mit Öl
ishkhan	Sewan-Forelle
kadayif	knuspriges Gebäck
kebab	Hackfleisch am Spieß
khaghogh	Weintrauben
khamaju	Fleischpastete, ähnlich der georgischen Käsepastete
khash	Wintereintopf aus allerlei Tierteilen, auch Kuh- oder Ochsenfüßen
khashlama	Lammeintopf mit Bier oder Wein
khoravats	Grillgericht, meist aus Schweine-, Lamm- oder Rindfleisch, auch Gemüse und Fisch (kein Kebab)
khoz	Schweinefleisch
kyufta	Hackbällchen mit Zwiebel und Ei
lahmajo (lahmajoon)	dünne Pizza, mit Tomaten, gehacktes Lammfleisch und diversen Gewürzen belegt
lavash	dünnes, ungesäuertes Brot
loleek	Tomate (auch *pomidor*)
matsoon	Joghurt
oghee	Obstbrand
paneer	Käse
patlijan	Aubergine
pomidor	Tomate (auch *loleek*)
shaker	Zucker
siga	Flussforelle
spas	Joghurtsuppe
sujuk	Räucherwurst
süßes sujuk	Süßigkeit aus Pflaumen und Walnüssen
tabouleh	klein gehackter grüner Salat mit Hartweizengrieß
tan	Joghurtgetränk
tavar	Rindfleisch
tsiran	Aprikose
vochkhar	Lammfleisch

der Russen, der Griechen und der Perser –, ist aber dennoch unverwechselbar. Die Qualität der lokalen Produkte ist hoch, und Obst und Gemüse sind immer frisch und voller

Aroma. Der Grund dafür ist, dass Nutzpflanzen oftmals in kleinem Maßstab in Dörfern und Hinterhöfen im ganzen Land ohne den Einsatz von Gewächshäusern oder Pestiziden angebaut werden. Dass das Fleisch nicht aus riesigen Zuchtanlagen stammt, erkennt man an den Staus, die Kuh- und Schafherden häufig verursachen.

Wenn es in Armenien ein typisches Wort für Mahlzeiten gibt, dann ist das *khoravats* (gegrilltes Fleisch). Schweinefleisch ist am beliebtesten, aber auch Lamm, Rind und gelegentlich Hühnchen sind erhältlich. *Ishkhan khoravats* ist gegrillte Forelle aus dem Sewansee. *Siga* ist ebenfalls ein schmackhaftes Gericht mit gegrilltem Fisch. Auch Kebabs werden häufig gegessen. Das wichtigste Kraut ist Dill – die Armenier verwenden ihn in zahllosen Gerichten, hauptsächlich aber in Salaten.

Im Großen und Ganzen hat die westarmenische Küche einen levantinischen Einfluss, während die ostarmenische Küche russische und georgische Elemente einbezieht. Neben *khoravats* gehören *dolma* (in Weinblättern gewickelter Reis), *spas* (Joghurtsuppe) und ungesäuertes Fladenbrot aus dem Backofen zu den Grundnahrungsmitteln. *Khash* ist ein dicker Wintereintopf aus verschiedenen Tierteilen. Es gibt Vorspeisen wie kalte Salate, nach Bauernhof riechenden Käse und Dips wie *matsoon* (saurer Joghurt) und *jajik* (Joghurt mit Gurken und Fenchel). Zu den Wurstwaren gehören *sujuk* (dunkle, scharfe Räucherwurst) und *basturma* (fein geräucherter Schinken).

Strikt vegetarische Restaurants sind in Armenien selten, aber viele Lokale bieten Rote-Bete-Salate und Gemüseeintöpfe mit Tomaten, Reis, Auberginen, Zucchini und vielen Kräutern und Gewürzen an.

In Westarmenien werden Hummus, Taboulé, Laban, *fatayer* (Käse- oder Spinatpasteten) und andere vegetarische Gerichte gegessen, die stark mit der libanesischen Küche assoziiert werden.

Getränke

Das in Armenien beliebteste Getränk ist *soorch* (armenischer Kaffee), auf den auch die Georgier, Griechen und Araber Anspruch erheben. Der starke, fein gemahlene, köstliche Kaffee wird in kleinen Tassen (mit dickem Kaffeesatz am Boden) serviert. Er passt gut zu Honiggebäck wie Baklava. Auch Tee ist populär. Es gibt auch eine interessante Auswahl an Mineral- und Tafelwasser, vom salzigen, vulkanischen Jermuk bis zu den leichteren Marken Noy und Dilijan. Fruchtsäfte sind preiswert und lecker.

PROST!

Oghee (etwa wie „orhi" ausgesprochen), sind köstliche Obstbrände, die manchmal auch *vatsun* oder *aragh* genannt werden und im ganzen Land aus der Ernte der dörflichen Obstgärten hergestellt werden. Die Schnäpse mit rund 60 Volumenprozent Alkohol werden aus Äpfeln, Birnen, Aprikosen, Granatäpfeln, Weintrauben, Kirschen, Kornelkirschen, Maulbeeren und Feigen gebrannt. Die besten *oghee* aus Maulbeeren *(t'te)* und Kornelkirschen *(hone)* sind intensiv und klingen lange nach. Der von Ved Alco kommerziell produzierte *oghee* ist weniger stark als der in den Dörfern gebrannte. Um *oghee* zu probieren, muss man nicht lange suchen; er gehört normalerweise fest zu einem *Khoravats*-Abendmahl und wird auch manchmal nach dem Essen angeboten. Am besten ist *oghee* im Herbst, wenn in den Privathaushalten nach der Obsternte in großem Stil Schnaps gebrannt wird.

Die zwei gängigsten Lagerbiere sind Kilikia und Kotayk, die fast überall erhältlich und an einem heißen Sommertag eine gute Erfrischung sind. Kilikia schmeckt ähnlich wie mitteleuropäisches Bier und sollte gut gekühlt sein. Sein Hauptkonkurrent Kotayk wird überall verkauft und ist etwas solider, wenn auch nicht herausragend. Andere beliebte Marken sind Erebuni, das von Kotayk produziert wird, Gyumri und Ararat von der Gyumri Beer Company sowie Aleksandrapol. Neu ist das Dargett-Craftbier, das es in über 20 Geschmacksrichtungen gibt und an ausgewählten Orten im ganzen Land erhältlich ist.

Die Nationalspirituose Armeniens ist *konyak* (Cognac) mit rund 40 % Alkoholgehalt. Es gibt zwar auch andere Produzenten wie z. B. Great Valley, aber das Erzeugnis der ArArAt der Yerevan Brandy Company ist das einzig Wahre – ein milder, intensiver Cognac mit rauchigem, Whisky-ähnlichem Aroma. Armenischer *konyak* hat in Russland und der Ukraine viele Freunde. Selbst Winston Churchill zog ihn der französischen Version vor, Stalin soll ihm kistenweise ArArAt-Cognac geschickt haben.

In Jerewan bieten viele Spitzenrestaurants und Bars hauptsächlich einheimische Rebensäfte an. Die meisten lokal produzierten Rotweine werden aus der Areni-noir-Traube gewonnen, die gut an die heißen Sommer und rauen Winter angepasst ist. Weißweine werden von Weingütern in Tawusch, Lori und Bergkarabach produziert. Lohnenswert sind die Weine von Trinity Canyon, Zorah, Malishka, Maran, ArmAs, Kataro, Norawank, Bagratuni und Karas. Der Weißwein von Tariri ist sehr süffig, ebenso der Karas-Rotwein von Armavir.

PRAKTISCHE INFORMATIONEN

Allgemeine Informationen

AKTIVITÄTEN

Höhlenerkundung In Wajoz Dsor gibt es Karsthöhlen, die noch unerforscht und nur für erfahrene Höhlenforscher geeignet sind. Die Höhlensiedlungen bei Goris, wie Alt-Chndsoresk (S. 229), sind leichter zu erkunden.

Radfahren Armenien ist eine hervorragende Fahrrad-Destination, solange man sich an den vielen Schlaglöchern in den Straßen nicht stört. Eine nützliche Informationsquelle ist Cycling Armenia (www.cyclingarmenia.com), Website mit Routenempfehlungen und anderen Tipps.

Rafting Die beste Art, die Debed-Schlucht zu erkunden, ist das Schlauchboot-Rafting. Infos liefert Rafting in Armenia (S. 206).

PREISE

Unterkünfte

Die nachfolgenden Preiskategorien gelten für eine Übernachtung für zwei Personen in der Hauptsaison, inklusive Frühstück und Steuern:

$ unter 25 000 AMD

$$ 25 000–70 000 AMD

$$$ über 70 000 AMD

Restaurants

Die folgenden Preiskategorien gelten für ein Hauptgericht:

$ unter 3000 AMD

$$ 3000–5000 AMD

$$$ über 5000 AMD

Reiten Hauptsächlich in den Regionen Lori und Wajoz Dsor möglich.

Wandern Im Sommer ist die Besteigung des Aragaz (S. 192) möglich, in den Wäldern bei Dilidschan und im Jeghegis-Tal gibt es wunderbare Wanderwege. Das Büro von HIKEArmenia (S. 181) in Jerewan ist sehr hilfreich.

Vogelbeobachtung Armenien hat unter Ornithologen einen besonders guten Ruf – etwa 350 Arten wurden hier erfasst, darunter ein Drittel aller gefährdeten Arten in Europa, rund 240 Vogelarten brüten hier. Martin S. Adamian und D. Klem Jr. verfassten zu diesem Thema zwei Bücher: *A Field Guide to Birds of Armenia* und *Handbook of the Birds of Armenia*.

Ziplining Hoch über den grünen Hügeln bei Idschewan mit Hilfe einer Seilrutsche schweben (S. 215).

BARRIEREFREIES REISEN

Armenien muss noch viel unternehmen, um die Barrierefreiheit zu verbessern, insbesondere außerhalb von Jerewan. Der Flughafen Zvarnots (S. 182) besitzt Einrichtungen für Rollstuhlfahrer, aber andernorts machen rissige und mit Löchern übersäte Gehwege Rollstuhlfahrern und Menschen mit Sehschwäche das Leben schwer. Nur etwa ein Prozent aller Busse in Jerewan sind rollstuhlgerecht, in den U-Bahn-Stationen gibt es keine Aufzüge. Die Kosten für einen Wagen mit Chauffeur sind nicht exorbitant hoch, sodass dies eine bessere Transportoption sein könnte. Positiv zu vermerken ist, dass etwa ein Dutzend Hotels in Jerewan über Einrichtungen für behinderte Gäste verfügen. Die meistbesuchten Klöster verfügen über Informationen in Brailleschrift.

Wheels on Wheels (☎ 091-016565) hat ein rollstuhlgerechtes Taxi und Leihrollstühle in Jerewan.

Arara (☎ 098-110138; araratour.com) bietet speziell auf Rollstuhlfahrer zugeschnittene Touren aufs Land.

Unter http://lptravel.to/AccessibleTravel sind kostenlose Führer über barrierefreies Reisen herunterzuladen.

BOTSCHAFTEN & KONSULATE

Ein vollständiges Verzeichnis armenischer Botschaften und Konsulate ist auf www.embassy.am zu finden.

Auslandsvertretungen in Jerewan:

Deutschland (Karte S. 164; ☎ 010-523279; www.eriwan.diplo.de; Charents St. 29, Jerewan; ⏲ Mo–Do 8–17, Fr 8–15.30 Uhr)

Österreich (☎ 060-379999; info@austrian-consulate.am; 8 Sayat Nova 29, Jerewan; ⏲ Di, Do, Fr 10–13 Uhr)

Schweiz (☎ 010-529860; www.eda.admin.ch/armenia; Melik-Adamyan St. 2/1, Jerewan; ⏲ Mo–Fr 9–13, 14–18 Uhr)

ETIKETTE

Blumen Wer Blumen schenken möchte, sollte auf eine ungerade Anzahl achten, da Blumen in gerader Anzahl auf Begräbnissen üblich sind.

Einladungen Einladungen zum Abendessen sollten immer angenommen werden. Nach Möglichkeit ein kleines Geschenk mitbringen.

Fotografieren Vor dem Fotografieren sollte immer erst gefragt werden.

Kirche Einige Armenier gehen rückwärts aus Kirchen, mit Blick auf den Altar. Als Ausländer muss man dies nicht tun.

Trinksprüche Wer einen Trinkspruch ausbringen möchte, sollte höflicherweise den *tamada* („Tischmeister") um Erlaubnis bitten. Beim Anstoßen ist es Brauch, als Zeichen der Ehrerbietung sein Glas tiefer als das der Person daneben zu halten. Schenkt man jemandem den Rest einer Flasche ins Glas, muss jener die nächste Flasche bezahlen – höflicher ist es, die letzten Tropfen ins eigene Glas zu geben.

FREIWILLIGENDIENST

Armenian Volunteer Corps (www.armenianvolunteer.org)

Birthright Armenia (www.birthrightarmenia.org)

US Peace Corps (www.peacecorps.gov/armenia)

Workaway (www.workaway.info)

WWOOF (www.wwoof.net)

GEFAHREN & ÄRGERNISSE

- Armenien ist ein sicheres Reiseland.
- Viele Armenier fahren zu schnell und sind unberechenbar, überholen trotz Gegenverkehrs und in unübersichtlichen Kurven.
- Unbehagliches Anstarren ist ein Problem, das hauptsächlich Frauen betrifft.
- Bei Wanderungen im Grenzgebiet zu Aserbaidschan gilt es besonders vorsichtig zu sein, v. a. vor Landminen. Wer aber auf ausgebauten Wegen bleibt, hat nichts zu befürchten.

GELD

In jeder Stadt und den meisten kleineren Ortschaften gibt es Geldautomaten. In Jerewan werden Kreditkarten vielerorts akzeptiert, außerhalb der Hauptstadt braucht man Bargeld.

Geldwechsel

Die besten Bargeldwährungen sind US-Dollar, Euro und Russische Rubel, ungefähr in dieser Reihenfolge. In Jerewan und in Grenzstädten kann auch der Georgische Lari eingewechselt werden. Andere Währungen sind schwer einzutauschen – außer in ein paar großen Banken in Jerewan. Überall in Jerewan und an den *shukas* aller größeren Städte sind Schilder für Geldwechsel mit Nationalflaggen und Kursen zu sehen. Praktisch jeder Laden kann Geld legal wechseln, und viele Lebensmittel- und Kleinwarenläden tun das. Betrügereien scheinen selten zu sein, die Transaktionen sind unkompliziert. Zu vermeiden ist der Umtausch von Dram in Georgien, da dort schlechte Kurse angeboten werden. Der Geldtransfer über Western Union ist in Armenien nicht möglich.

Preise aushandeln

Taxifahrer beklagen sich nicht, wenn der Fahrgast beim Einsteigen den Preis fest vereinbaren

Das armenische Alphabet

ARMENISCH	LATEINISCH	AUSSPRACHE
Ա ա	a	wie in „hätte"
Բ բ	b	wie in „Bett"
Գ գ	g	wie in „gut"
Դ դ	d	wie in „Du"
Ե ե	ye-/-e-	wie „ye" bzw. „e" im englischen „yet"
Զ զ	z	wie in „so"
Է է	e	lang, wie in „Bäder"
Ը ը	e	etwa wie „a" im englischen „ago"
Թ թ	t	wie in „Tipp"
Ժ ժ	zh	wie das „s" im englischen „measure"
Ի ի	ee	„i" wie in „Biene"
Լ լ	l	wie in „lachen"
Խ խ	kh	wie das „ch" in „Loch"
Ծ ծ	ts	wie in „Witz"
Կ կ	k	wie in „Kinder"
Հ հ	h	wie im engl. „here"
Ձ ձ	dz	wie in „Journalist"
Ղ ղ	gh	wie ein frz. „r"
Ճ ճ	ch	wie im engl. „beach"
Մ մ	m	wie in „mit"
Յ յ	y	wie in „ja"
Ն ն	n	wie in „nein"
Շ շ	sh	wie in „Schuh"
Ո ո	vo-/-o-	wie in „Wotan"
Չ չ	ch	wie in „Matsch"
Պ պ	p	wie in „Papa"
Ջ ջ	j	wie in „Journalist"
Ռ ռ	r	ein gerolltes „r"
Ս ս	s	wie in „muss"
Վ վ	v	wie in „Weg"
Տ տ	t	wie in „Tat"
Ր ր	r	wie ein engl. „r"
Ց ց	ts	wie in „Zar"
ՈՒ ու	u	wie in „Schule"
Փ փ	p	wie in „Peter"
Ք ք	k	etwa wie in „Katze"
Օ օ	o	wie im engl. „more"
Ֆ ֆ	f	wie in „fit"

Die ursprünglichen 36 können auch zur Darstellung von Zahlen verwendet werden. Ա (a) bis Թ (t) = 1 bis 9, Ժ (zh) bis Ղ (gh)) 10 bis 90, Ճ (ch) bis Ջ (j) = 100 bis 900 und Ռ (r) bos Ք (k) = 1000 bis 9000.

will und beim Aussteigen darauf beharrt (die Bestellung eines Wagens via gg und Yandex erspart einem jedoch die Mühe). In den Geschäften gelten Fixpreise, aber auf Märkten und an Obst- und Gemüseständen im Freien kann man feilschen, vor allem beim Kauf von mehr als nur einem Artikel.

Trinkgeld

Restaurants Üblicherweise gibt man zusätzlich zu den 10 % Servicegebühr (die auf einigen Bons erhoben wird, vor allem in Jerewan) noch einmal 10 % Trinkgeld.

Taxis Dem Fahrer 10 % Trinkgeld zu geben ist zwar nicht notwendig, wird aber gern gesehen.

GESUNDHEIT

Die medizinischen Einrichtungen in Jerewan können exzellent sein, aber in abgelegeneren Gebieten sind sie häufig sehr schlicht. Ein Arztbesuch kostet normalerweise eine Mindestgebühr von 10 000 AMD. Die Kommunikation mit Ärzten und Krankenschwestern kann jedoch eine Herausforderung sein, wenn man kein Armenisch oder Russisch spricht.

Krankenversicherung

Nicht alle Versicherungen betrachten Armenien als Teil Europas, und sehr wenige versichern ihre Kunden auf Reisen entlang der Grenzen zum Iran und zu Aserbaidschan oder bei Besuchen in Bergkarabach. Einfache medizinische Behandlungen mögen preiswert sein, aber wer eine Versicherung abschließt, sollte darauf achten, dass laut der Police die medinizische Einrichtung direkt bezahlt wird, statt dass der Patient an Ort und Stelle selbst bezahlen muss und die Kosten später bei der Versicherung geltend macht. Solche Policen sind jedoch rar. Wer die Ansprüche später geltend machen muss, sollte alle Dokumente aufbewahren und sich vom Arzt einen medizinischen Bericht geben lassen. Reisende sollten immer ihre Versichertenkarte mit sich führen; dies kann entscheidend sein, um in Notfällen ärgerliche Verzögerungen bei der Behandlung zu vermeiden.

Reisende sollten sich im Vorfeld erkundigen, mit welchem privaten medizinischen Dienst ihre Versicherung in Armenien in Verbindung steht, damit sie diesen im Notfall direkt anrufen können. Die Police sollte idealerweise den Rückflug abdecken – im Fall eines Erdbebens oder eines Krieges kann das essenziell sein.

IN KÄFIGEN GEHALTENE BRAUNBÄREN

Braunbären werden in Armenien zuweilen in Hotels und Restaurants als Touristenattraktion missbraucht und in Käfige eingesperrt. Tierrechtler wie zum Beispiel die Organisation International Animal Rescue setzen sich dafür ein, dass solche Geschäfte nicht mehr unterstützt werden. Lonely Planet empfiehlt, aufgrund der damit verbundenen Tierquälerei, ausdrücklich keine Hotels und Restaurants, in denen Bären in Käfigen gehalten werden.

GRENZÜBERTRITTE

Da die Grenzen mit der Türkei im Westen und mit Aserbaidschan im Osten geschlossen sind, sind Armeniens internationale Verbindungen etwas eingeschränkt. Die Landgrenzen sind sowohl zu Georgien als auch zum Iran offen. Daher betrachten viele auf dem Landweg Reisende Armenien als eine Art Abstecher von Georgien aus und fahren von Tiflis für eine oder zwei Wochen gen Süden, ehe sie wieder nach Georgien zurückreisen. Minibustransfers zwischen Georgien und Armenien sind schnell und verkehren häufig, sodass es einfach ist, zwischen den beiden Staaten hin- und herzufahren. Hotels können beim Organisieren solcher Touren behilflich sein.

Nur eine Handvoll Reisende fahren in den Iran oder vom Iran nach Armenien (wegen der iranischen Visabeschränkungen), aber es gibt tägliche Busverbindungen zwischen Jerewan und Teheran, und *marshrutky* fahren bis zur Grenze.

Wer mit einem in Armenien gemieteten Mietwagen die georgische Grenze passieren möchte, muss das vorab mit dem Autoverleih klären. Nach der Grenzüberquerung ist in einem Büro 300 m hinter der Grenze, in einer Ladenzeile auf der linken Seite, eine Versicherungsgebühr zu entrichten (15/30 Tage 30/50 GEL).

HOMO- UND TRANSSEXUELLE REISENDE

Am 5. April 2019 sprach die Transsexuelle Lilit Martirosyan vor der Nationalversammlung in Jerewan über die Quälereien, Vergewaltigungen, Körperverletzungen und Diskriminierung, denen sie und andere Trans- und Homosexuelle ausgesetzt sind. Die heftigen Gegenreaktionen, insbesondere von Politikern, beweisen, welch weiten Weg dieses Land in Sachen LGBTQ+ noch vor sich hat.

Obwohl die Homosexualität 2003 entkriminalisiert wurde, ist Diskriminierung nach wie vor weit verbreitet, und diejenigen, die ihre Orientierung offen zur Schau stellen, sind nach wie vor in Gefahr. Im Allgemeinen werden LGBTQ+-Reisende nicht diskriminiert, solange sie sich diskret verhalten. Zwei Männer oder zwei Frauen, die nur ein Hotelzimmer buchen oder sich ein Bett teilen, werden nicht automatisch als Liebespaar betrachtet und in der Tat oft als weit weniger skandalös angesehen als ein unverheiratetes gemischtgeschlechtliches Paar, das dasselbe tut. Gleichgeschlechtliche Hochzeiten werden in Armenien nicht durchgeführt, die

Ehen werden aber anerkannt, wenn sie im Ausland geschlossen wurden.

Entsprechende Websites, Interessensvertretungen und Supportgruppen:

Gay and Lesbian Armenian Society (www.galasla.org)

Pink Armenia (www.pinkarmenia.org)

Unzipped: Gay Armenia (www.gayarmenia.blogspot.com)

INTERNETZUGANG

Fast ganz Armenien hat eine 4G-Netzabdeckung, bei Wanderungen in Wäldern oder Gebirgen sowie auf der Straße zwischen Ortschaften kann es aber schwierig sein, ein Signal zu bekommen. Die meisten Unterkünfte bieten kostenloses WLAN.

LANDKARTEN

Die farbigen Faltpläne *Armenia & Mountainous Karabakh* und *Yerevan* sind einigermaßen aktuell. Beide sind erhältlich bei Bookinist (S. 180) und HIKEArmenia (S. 181) in Jerewan.

MIT KINDERN REISEN

Armenien ist ein kinderfreundliches Land. Wickelmöglichkeiten in Lokalen sind selten, da die Armenier ihre Kinder normalerweise nicht in ein Restaurant mitnehmen, höchstens zu besonderen Anlässen. Da die Straßen mit Schlaglöchern übersät und holprig sind, ist das Manövrieren von Kinderwagen zuweilen anstrengend. Kinder lieben den Wasserorgel-Brunnen auf Jerewans Platz der Republik (S. 167) und das Spielen auf der Kinder-Eisenbahn aus der Sowjetzeit (S. 168); Teenager kommen im Yell Extreme Park (S. 215) bei Idschewan auf ihre Kosten.

ÖFFENTLICHE FEIERTAGE

Alljährliche Feiertage in Armenien:

Neujahr 1. Januar

Orthodoxes Weihnachtsfest 6. Januar

Internationaler Frauentag 8. März

Karfreitag variiert von Mitte März bis Ende April

Gedenktag für die Opfer des Völkermordes 24. April

Tag des Sieges und des Friedens 9. Mai

Tag der Republik 28. Mai

Tag der Verfassung 5. Juli

Unabhängigkeitstag 21. September

Gedenktag für die Opfer des Erdbebens 7. Dezember

POST

Der nationale Postdienst Haypost hat Niederlassungen in jeder größeren Stadt. Ein Brief kann einige Wochen unterwegs sein, aber der Service ist ziemlich zuverlässig.

PER ANHALTER UNTERWEGS

Wegen der Unzuverlässigkeit von *marshrutky* und der relativ hohen Taxipreise ziehen es viele Reisende wie Einheimische überall im Land vor, den Daumen zu heben, um eine Mitfahrmöglichkeit zu bekommen. Ob es nun populär ist oder nicht – wirklich sicher ist Trampen nie, davon ist abzuraten. Reisende, die per Anhalter unterwegs sind, sollten wissen, dass sie vielleicht ein kleines, aber möglicherweise ein sehr ernsthaftes Risiko eingehen.

RAUCHEN

Die meisten Hotels haben spezielle Nichtraucher-Etagen oder -Zimmer, in einigen wenigen ist das Rauchen gänzlich verboten. Immer mehr Cafés und Restaurants haben ausgewiesene Nichtraucher-Bereiche. Es gibt Diskussionen über Restriktionen für Raucher in Jerewan, aber bisher ist nichts davon verwirklicht worden.

TELEFON

- Die Landesvorwahl ist die ☎374, die Vorwahl der Region Jerewan ist die ☎10.
- Telefonate innerhalb Armeniens: ☎0 + Ortsvorwahl + Durchwahl.
- Für Anrufe im Mobilfunknetz zuerst die Vorwahl des Mobilfunkanbieters wählen, dann die Durchwahl. Zu beachten ist, dass aus dem Ausland die erste 0 weggelassen wird.
- Für Anrufe ins Ausland zuerst ☎00 wählen.

Mobiltelefone

- Lokale SIM-Karten sind erschwinglich, einfach zu bekommen und funktionieren bei den meisten entsperrten Mobiltelefonen. Daher ist es ideal, einen Prepaid-Vertrag abzuschließen und eine SIM-Karte ins eigene Gerät zu stecken.
- Mobiltelefondienste, betrieben von VivaCell, Ucom und Beeline, sind preisgünstig und weitreichend. Zwischen den Anbietern gibt es kaum Unterschiede, auch wenn VivaCell anscheinend mehr Kunden hat (und Anrufe bei anderen VivaCell-Handys etwas billiger sind).
- Handyempfang hat man so gut wie überall in Armenien, solange man nicht im abgelegenen Hinterland unterwegs ist.
- SIM-Karten können gegen Vorlage des Reisepasses in Läden von VivaCell (www.mts.am), Ucom (www.ucom.am) und Beeline (http://beeline.am) gekauft werden; 10 GB Datenvolumen für 30 Tage kosten etwa 6000 AMD; Für Anrufe und SMS zu Nummern desselben Anbieters zahlt man 5 AMD und zu Nummern

anderer Anbieter 15 AMD. Eine SMS ins Ausland kostet im Durchschnitt 20 AMD.

- In den Niederlassungen der Telefongesellschaften können die SIM-Karten wieder aufgeladen werden.

TOILETTEN

- In neueren Gebäuden und fast überall in Jerewan sind die normalen Sitztoiletten installiert, aber auch Hocktoiletten sind noch gängig, vor allem auf dem Land.
- In einigen älteren Klosetts muss das Papier in einen Abfalleimer geworfen werden.
- Öffentliche Toiletten (in denen Personal eine kleine Gebühr verlangt) sind rar; nur in großen (Bus-)Bahnhöfen gibt es welche.

UNTERKÜNFTE

In der Hauptsaison (Juli & Aug.) gelten höhere Preise, zuweilen auch in der Zwischensaison (Mai–Juni sowie Sept.–Okt.). Sogar außerhalb dieser Zeit ist es ratsam, das Zimmer im Voraus zu buchen, vor allem in Jerewan. Das gilt insbesondere für B&Bs. In der Nebensaison (Nov.–April) sind normalerweise Preisnachlässe möglich.

VISA

Besucher aus der EU und der Schweiz dürfen ohne Visum bis zu 180 Tage im Land bleiben.

Visum-Optionen

Für Kurzaufenthalte benötigen Einreisende aus EU-Ländern und der Schweiz zwar kein Visum, sie müssen aber bei der Einreise einen Reisepass vorlegen.

Visa für die Weiterreise

Georgien Bürger aus über 90 Ländern und Gebieten, aufgelistet auf www.geoconsul.gov.ge, können in Georgien ohne Visum bis zu einem Jahr lang bleiben. Bürger anderer Nationen sollten sich bei Georgiens E-Visum-Portal (www.evisa.gov.ge) ein Visum besorgen.

Iran Es ist möglich, bei der Ankunft auf den Flughäfen von Teheran, Isfahan, Shiraz, Tabriz und Mashad 15 Tage lang gültige Touristenvisa zu erwerben (an anderen Grenzübergängen sind diese Visa nicht erhältlich). Bürger aus zehn Nationen sind dazu jedoch nicht berechtigt, dies betrifft die USA, Großbritannien, Kanada, Afghanistan, Bangladesch, Kolumbien, Irak, Jordanien, Pakistan und Somalia. Personen mit israelischem Pass oder auch nur einem israelischen Stempel aus den letzten 365 Tagen im Pass wird die Einreise verweigert. Die iranische Botschaft in Jerewan stellt Visa erst nach Genehmigung durch das iranische Außenministerium aus, und zwar ausschließlich über ein Reisebüro. Für den gesamten bürokratischen Prozess sind mindestens vier Wochen anzuberaumen, die Botschaft berechnet zusätzlich zur Visagebühr 20 000 AMD für einen Referenzcode. Tatev Travel (S. 180) in Jerewan kann in dieser Angelegenheit und bei der Weiterreise behilflich sein.

Nagorny-Karabakh (Bergkarabach) Wenn man sich bereits in Armenien aufhält, ist es relativ einfach, das besetzte Gebiet, das lokal als Arzach bekannt ist, zu besuchen, obwohl es international als Teil von Aserbaidschan gilt. Visa können am Grenzübergang oder bei der Botschaft in Jerewan (S. 244) erworben werden; dazu ist der Reisepass und ein Passfoto (3 x 4 cm) erforderlich sowie ein Visumsantrag auszufüllen. Touristenvisa sind für 21 Tage kostenlos; für die mehrfache Einreise über drei Monate sind 20 000 AMD zu bezahlen.

Türkei Die Landgrenze zwischen Armenien und der Türkei ist zwar geschlossen, Flüge zwischen Jerewan und Istanbul sind aber möglich. Visa für die Türkei müssen vor der Ankunft erworben werden; siehe www.evisa.gov.tr.

ZEIT

Die Zeit in Armenien ist der Mitteleuropäischen Zeit (MEZ) um drei Stunden voraus. In dieser Zeitzone gibt es keine Sommerzeit, daher sind in den Sommermonaten nur zwei Stunden dazuzurechnen.

ZOLLVORSCHRIFTEN

Es gelten die üblichen Beschränkungen (200 Zigaretten, zwei Flaschen Spirituosen, andere Waren im Wert von bis zu 5000 US-Dollar); eine Einfuhrerklärung für Fremdwährungen ist nicht erforderlich. Wer Gegenstände ausführen möchte, die von kulturellem, historischem oder nationalem Wert und über 50 Jahre alt sind (Teppich, Samowar usw.), muss im **Kulturministerium** (Karte S. 164; ☎ 011-234702; www.mincult.am; 51 Komitas St, Jerewan) ein Zertifikat einholen. Für Reisende, die kein Armenisch sprechen, ist es einfacher, wenn das Geschäft, in dem dieser Artikel gekauft wurde, sich um die Genehmigung kümmert. Ansonsten kann der bürokratische Aufwand ziemlich verwirrend sein.

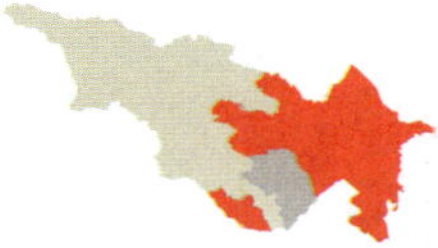

Aserbaidschan

☎ 994 / 9 981 460 EW.

Inhalt ➡

Gut essen

- ➡ Şirvanşah Muzey-Restoran (S. 269)
- ➡ Calğalıq Restoranı (S. 314)
- ➡ Saat Meydanı (S. 330)
- ➡ Qafqaz Karavansaray (S. 301)
- ➡ Paris Bistro (S. 267)

Schön übernachten

- ➡ Karavansaray Hotel (S. 306)
- ➡ Sultan Inn (S. 264)
- ➡ Quba Palace Hotel (S. 289)
- ➡ MinAli Boutique Hotel (S. 307)
- ➡ Xan Lənkəran (S. 323)

Auf nach Aserbaidschan!

Ein Gewirr von Gegensätzen und Widersprüchen kennzeichnet Aserbaidschan – das „Land des Feuers", wie es von jeher genannt wird. An einer Schnittstelle zwischen Europa und Asien gelegen, war es einst mit den Schicksalen alter historischer Reiche verflochten. Seit den von Kriegen geprägten 1990er-Jahren hat sich das Land zu einer „neuen Nation" mit florierender Erdölindustrie entwickelt. Seine außergewöhnliche Transformation spiegelt sich auch in seinen Auftritten als Gastgeber des Eurovision Song Contest (2012), der Formel 1 (seit 2016) und der UEFA Europa League 2019 wider. Baku, Aserbaidschans Hauptstadt, liegt im milden Klima einer Bucht des Kaspischen Meeres. Mit seiner zum Unesco-Welterbe zählenden Altstadt und der schillernden Architektur des 21. Jhs. setzt die Stadt markante Kontrapunkte. Landeinwärts umgibt sie eine Halbwüste mit Schlammvulkanen und seltsamen Feuerphänomenen. Knapp drei Autostunden von Baku entfernt liegen zeitlose ländliche Dörfer im Schatten des Großen Kaukasus. Als Urlaubsziel wurde Aserbaidschan lange Zeit wenig beachtet. Inzwischen zieht das Land immer mehr Touristen an. Auf jeden Fall lohnt es sich, das Land bald zu besuchen.

Reisezeit

- ➡ Von April bis Juni ist die aserbaidschanische Tiefebene besonders schön. Regen trübt hin und wieder den klaren Himmel und belebt die grünen, blütenübersäten Felder.
- ➡ Im Oktober herrscht in Baku ein angenehmes Klima, während die ländlichen Regionen braun und ausgetrocknet sind.
- ➡ Im Sommer wird es in den tief gelegenen Gebieten schwülwarm. Für Bergwanderungen ist Ende Juli die beste Zeit.
- ➡ Trotz des milden Winterwetters am Kaspischen Meer braucht man in Baku einen warmen Mantel und für Ausflüge ins Landesinnere noch einen Pullover zum Unterziehen.
- ➡ Die Top-Skisaison reicht von Januar bis Februar – in Xınalıq oder Lahıc ist es eisig kalt

Highlights

1 Baku (S. 252) Der mitteraltliche Stadtkern kontrastiert in der lebendig-dynamischen Hauptstadt Aserbaidschans mit der ultramoderner Skyline.

2 Şəki (S. 303) In der von der Unesco gelisteten Altstadt taucht man in die Welt von Palästen aus dem 18. Jh. und eine unvergessliche Karawanserei ein, heute ein Hotel – und das alles vor der Kulisse bewaldeter Berge.

3 Festung Alinja (S. 331) Aserbaidschans Machu Picchu erklimmen.

4 Xınalıq (S. 291) Immer wieder Fotostopps inmitten von Wäldern, Schluchten und Bergpässen einlegen, die zu dieser märchenhaften Bergsiedlung führen, in der sogar eine ganz eigene Sprache gesprochen wird.

5 Qobustan (S. 277) Felszeichnungen aus der Stein- und Bronzezeit und eine nahe gelegene Ansammlung wunderbar bizarrer Schlammvulkane.

6 Lahıc (S. 297) Den Schlägen der Kupferschmiede lauschen, die durch die holprig gepflasterte Hauptstraße dieses malerischen alten Dorfes hallen.

7 Ateşgah (S. 279) Im historischen Feuertempel etwas über das spirtuelle Bild einer ewig brennenden Flamme erfahren.

Derbent
0
100 km
Nabran
Yalama
Chirakhchay
RUSSLAND
Xudat
Kursarchay
Kudialchay
Xaçmaz
KASPISCHES MEER
Qusar
Samur
Aniq
Quba
Şahdağ (4243 m)
Laza
Gəndov
Bazardüzü Dağ (4467 m)
Şahnabad
Xınalıq
Şabran
Söhüb
Babadağ (3629 m)
Çirax Qala
Siyəzən
Oğuz
Xaçmaz
Qonaqkənd
Padar
Qəbələ
Zarat
Karasu
Beşbarmaq Dağ (520 m)
Lahıc
Altıağac
Sumağallı
Shuraabad
Nationalpark Altı Ağac
Blue Planet
İsmayıllı
Pirqulu
Kozluchay
Hacı Zeynalabdin (HZ Tağıyev)
Ivanovka
Girdimanchay
Hacıhətəmli
Şamaxı
Ağdaş
Göyçay
Qobustan-Mərəzə
Sumqayıt
Maştağa
Halbinsel Abşeron
Karamaryam
Mərdəkən
Ağsu
Bico
Ateşgah
Ləki
Ucar
Göylər
Qala
Boyat
Müsüslü
ASERBAIDSCHAN
Çeyildağ (Umbakı)
Baku
Suraxanı
Zirə
Kürdəmir
Puta
Məmmədli
Padar
Aktau (Kasachstan)
Sığırlı
Zərdab
Qarasu
Qubalıbalaoğlan
Rəncbər
Qobustan
Nationalpark Abşeron
Hacıqabul
Ağcabədi
Schlammvulkane
Daşgil
Kür
Sabirabad
New Baku International Seaport
Ağ Göl
Nationalpark Ağgöl
Araz
Qaratəpə
Ələt
İmişli
Saatlı
Şirvan
Turkmenbashi (Turkmenistan)
Beylaqan
Nationalpark Şirvan
Salyan
Daşburun
Parsabad
Araz
Biləsuvar
Horadiz
Banka
Neftçala
Cəlilabad
KASPISCHES MEER
Göytəpə
Quareh Su
Sambur Chay
Vilaş-See
Masallı
Boradigah
Yardımlı
Liman
Nərimanabad
Lerik
Lənkəran
Piran
Kələxan
Hirkan Village
Pensar
Quareh Su
Toradi
Astara (Aserbaidschan)
Nationalpark Hirkan
Namin
Meshgin Shahr
Astara (Iran)
Mt. Sabalan (4811 m)
Ardabil

BAKU

012 / 2,26 MIO. EW.

Baku (Bakı auf Aserbaidschanisch), Aserbaidschans Hauptstadt, wirkt wie ein architektonisches Kind der Liebe von Paris und Dubai, wenn auch mit zahlreichen sowjetischen Genen, die halbversteckt im Hintergrund schweben. Nur wenige Städte auf der Welt verändern sich so schnell wie Baku und nirgendwo auf dem Kaukasus vermischt sich Östliches und Westliches so nahtlos und zugleich chaotisch. Im Herzen von Baku liegt İçəri Şəhər (Altstadt; wörtlich übersetzt: „Innenstadt") und zählt zum Weltkulturerbe. Ihre bogenförmige zinnenbewehrte Festungsmauer umschließt das Viertel heute nicht mehr vollständig. Bei Dunkelheit erstrahlen die illuminierten Fassaden der prächtigen Altstadtvillen in einem gleißenden Licht. In den von Bäumen gesäumten Straßen der Fußgängerzonen reihen sich exklusive Boutiquen.

Der zweite Ölboom, der 2006 begann, verwandelte fast die ganze Stadt in einen Schmelztiegel architektonischer Experimente. Einige der schönsten neuen Gebäude sind atemberaubende Meisterwerke.

Durch idyllisch grüne Parks spazieren romantisch schmusende Pärchen oder sie schlendern händchenhaltend über den Bulvar (Uferpromenade) am Kaspischen Meer. Angesichts der sattgrünen Bepflanzung und des opalblauen Meeres erscheint es hier wie ein Witz, dass Baku landeinwärts von einer Wüstenlandschaft umgeben ist.

Geschichte

Baku existierte schon Jahrtausende, als es erstmals in herrschaftliches Licht rückte, nachdem das Erdbeben 1191 Şamaxı, die damalige Hauptstadt der Region, zerstört hatte. Später von Mongolen verwüstet und als Vasall den Timuriden unterworfen, kehrte Baku erst unter Shirvanshah Khalilullah I. (1417–1465) zu seinem alten Glanz zurück. Khalilullah I. vollendete den Bau eines großen Palastkomplexes, den sein Vater begonnen hatte. Als Peter der Große 1723 Baku eroberte, lebten in der Stadt weniger als 10 000 Einwohner, Trinkwassermangel behinderte ein weiteres Wachstum. Alles änderte sich jedoch, als 1872 die kommerzielle Ölförderung dereguliert wurde. Arbeiter und Unternehmer kamen aus dem gesamten russischen Reich nach Baku und seine Bevölkerung wuchs innerhalb von 30 Jahren um 1200 %. Für ausreichend Trinkwasser sorgte inzwischen ein Kanal, der trinkbares Bergwasser von der weit entfernten russischen Grenze bis in die Stadt brachte. Um 1905 produzierte Bakus Ölindustrie rund 50 % des weltweiten Rohölbedarfs. Unermesslich reiche Ölbarone bauten luxuriöse Villen außerhalb der Altstadt, die zunehmend an Bedeutung verlor. Im Gegensatz dazu lebten die meisten Ölarbeiter unter entsetzlichen Bedingungen, was Baku zu einer Brutstätte von Arbeiterunruhen und revolutionären Diskussionen machte. Nach einem Generalstreik 1904 handelten die Ölarbeiter eine Betriebsvereinbarung aus – die erste im damaligen Russland. Doch die Spannungen nahmen weiterhin zu.

Im Zuge der beiden russischen Revolutionen durchlief Baku schwierige, sehr blutige Zeiten: Zwischen einst gutnachbarlich lebenden armenischen und aserbaidschanischen Gemeinden kam es zu einer ganzen Reihe brutaler Massaker. Als 1918 die Aserbaidschanische Demokratische Republik ausgerufen wurde, stand Baku zunächst noch unter der Kontrolle der Bolschewiki – mit Unterstützung einer kleinen britischen Truppe. Die heimlich aus dem Iran angerückten Briten hegten die Hoffnung, die Ölfelder gegen die Türken (Großbritanniens Feind im Ersten Weltkrieg) verteidigen zu können. Türkische und aserbaidschanische Truppen stürmten jedoch die Stadt und die Briten mussten im Schutz der Dunkelheit auf dem Seeweg den schmachvollen Rückzug antreten. Am Ende des Ersten Weltkriegs mussten auch die Türken die Stadt verlassen. Baku war die Hauptstadt des unabhängigen Aserbaidschan bis am 28. April 1920 die Rote Armee einmarschierte.

Die Sowjets befahlen, die großen Villen der Ölbarone in kleinere Wohnungen zu unterteilen. Während Stalins antireligiöser Kampagne in den 1930er-Jahren wurden in Baku majestätische Moscheen und eine prächtige Kathedrale zerstört. Im Zweiten Weltkrieg blieb Baku von der Eroberung durch deutsche Truppen verschont, obwohl es auf Hitlers Wunschliste ganz oben stand. Nach dem Krieg verringerten sich die Ölinvestitionen zunehmend. Erst nach der Unabhängigkeit von der Sowjetunion wurden sie wieder in Angriff genommen. Um 2006 startete der zweite große Ölboom, der bis zum heutigen Tag anhält.

Religion in Baku

Obwohl die muslimische Bevölkerung überwiegt, ist Baku eine kosmopolitische Stadt, in der es mehr Kneipen als Moscheen gibt.

Manche der einheimischen Frauen tragen ein Kopftuch, viele andere wiederum folgen in ihrem Alltag Schönheits- und Modevorstellungen, die eher von Instagram und russischem Glamour inspiriert sind. Frauen in einer Hidschāb-Kleidung, die den Körper von Kopf bis Fuß verschleiert, sind meistens Touristinnen aus den arabischen Staaten am Persischen Golf. Der Zustrom an Besuchern aus dem Nahen Osten hat einige Spitzenhotels veranlasst, nur Frauen vorbehaltene Badezeiten oder Poolbereiche einzuführen.

Zu den gut besuchten Moscheen gehören die Təzə-pir Məscidi (S. 260) und die **Əjdərbəy Məscidi** (nördlich vom Təzə Bazar; S. 273). Außerdem gibt es von Weihrauchduft erfüllte russisch-orthodoxe Kirchen, eine katholische Kapelle sowie zwei aktive Synagogen.

Sehenswertes

Großen Spaß macht es, einfach durch Bakus Straßen zu schlendern, die Gassen in der Altstadt zu erkunden und in der Kühle des Abends über den Bulvar zu flanieren.

Altstadt

Fotogene Festungsmauern umsäumen **İçəri Şəhər**, Bakus Altstadt mit ihrer markanten mittelalterlichen Architektur. Das gesamte Altstadtterrain zählt als Einheit zur Weltkulturerbeliste der Unesco. Karawansereien, kleine Moscheen, zahlreiche Kunstgalerien, Dutzende stimmungsvolle Restaurants und stille Seitengassen ergeben eine gegensätzliche Mischung für faszinierende Erkundungstouren. An der nordöstlichen Ecke der mächtigen Altstadtbefestigung liegt ein Durchgang mit zwei Torbögen. Im Innere des Doppeltors befindet sich eine **Touristeninformation** (Karte S. 258; www.icherisheher.gov.az; Qüllə küç; ⏲10–19 Uhr). Sowohl hier als auch am Kartenschalter des Jungfrauenturms können sich Besucher über geführte Stadtspaziergänge oder Audioführungen informieren.

★ **Jungfrauenturm** HISTORISCHES BAUWERK
(Qız Qalası; Karte S. 258; Erw./Stud. 15/6 AZN; ⏲Mitte April–Mitte Okt. 10–18.30 Uhr, Mitte Okt.–Mitte April 9–17.30 Uhr) Der 29 m hohe, zylindrische Steinturm ist das wichtigste historische Wahrzeichen von Baku. Von der Aussichtsplattform auf dem Dach reicht der Blick über die Altstadt und weit über die Bucht von Baku. Wann der Turm erbaut wurde, wird viel diskutiert. Möglicherweise ist er jahrtausendealt, allerdings scheint der

GUT ZU WISSEN

Währung
Manat (AZN)

Sprache
Aserbaidschanisch

Notfälle
☎102 Polizei, ☎103 Krankenwagen

Visum
Erforderlich, aber in der Regel problemlos zu bekommen. Deutsche, Österreicher und Schweizer sollten es in einer aserbaidschanischen Auslandsvertretung oder auf https://evisa.gov.az wenigstens 24 Stunden vorher beantragen; wer es 72 Stunden vorher beantragt, spart Geld. Vor Reiseantritt ausdrucken.

Nützliche Websites
Empfehlenswerte Informationsquellen sind **Aserbaidschan** (http://azerbaijan.travel)

Visions of Azerbaijan (www.visions.az)

Today.az (www.today.az)

Azerbaijan.az (www.azerbaijan.az)

Azerbaijan International (www.azer.com)

GoMap (http://gomap.az)

Window to Baku (www.window2baku.com)

Wechselkurse

Euro	1 €	1,84AZN
Schweiz	1 SFr	1,74 AZN

Aktuelle Wechselkurse auf www.xe.com.

Tagesbudget
- Bett in einem Schlafsaal: 5–20 AZN
- Preiswertes Hotelzimmer: 50 AZN
- SIM-Karte mit Guthaben: 6 AZN
- Bier in einer einheimischen/Expat-Kneipe: 1/5 AZN
- Flasche Wasser: 40 q
- Fahrt im Nachtzug: 9 AZN
- Typisches 2-Gänge-Menü: 10–20 AZN
- Museumseintritt: 2–10 AZN
- Busfahren in Baku: 30 q

Baku Zentrum

0
500 m
E
F
G
H
1
2
3
4
5
6
7
Heydar Aliyev Center (700 m)
Yusif Səfərov küç
Mirəli Qaşqay küç
Sahib Zeynalov küç
Təbriz küç
Xətai pr
Səfərəliyeva küç
Xocali pr
28 May Metro-Station
Bahnhof
Cəfər Cabbarlı Sq
Dilara Əliyeva küç
Səməd Vurğun-Garten
Cəfər Cabbarlı Metro-Station
Azadlıq pr
Sabit Orucov küç
Nizami küç
Zorge küç
Puşkin küç
Fikrət Amirov küç
Gagarin (Cəvanşir) Bridge
MediClub
Fashion Ave
Nobel pr
Ağ Şəhər Bulvar
28 May küç
Rəşid Behbudov küç
Xaqani küç
Üzeyir Hacibəyli küç
Neftçilər pr
Azadlıq Sq
Sahil-Garten
Zərifə Əliyeva küç
Sahil
Bülbül pr
Gebiet im Bau
Sadko-Pier
Bucht von Baku
5
6
8
12
13
15
18
19
23
25
27
29
30
32
33
34
38
42
43
44
49
51
52
53
56
57

Baku Zentrum

Highlights
1 Flame Towers ... B7

Sehenswertes
2 Bulvar ... D5
3 Teppichmuseum ... C7
4 Caspian Waterfront Mall ... C7
5 Crescent Moon Building ... G4
6 Dom Soviet ... F3
7 Fəxri Xiyaban ... A6
8 MOMA ... H3
9 Museum Centre ... D4
10 Şəhidlər Xiyabanı ... B7
11 Təzə Pir Mosque ... B4

Aktivitäten, Kurse & Touren
12 Baku Sightseeing ... G3
13 Mirvari ... E5
14 Tazə Bəy Hamamı ... B5

Schlafen
15 Dinamo Hotel ... E4
16 Fairmont Flame Towers ... B6
17 Kaha Hostel ... D3
18 Landmark Hotel ... F3
19 Old Yard Hotel ... E3
20 Sahil Hostel ... D4
21 Travel Inn Hostel ... D4

Essen
22 7/40 ... D3
23 Bravo ... F3
24 CafeCity Five ... A1
25 CafeCity Wine ... E4
26 Chinar ... C6
27 Entrée ... E3
28 Imereti ... D4
29 JW Marriott Absheron Hotel ... G3
30 Landmark Building ... F3
Park Bulvar Mall ... (s. 44)
31 Partizan ... D3
32 Port Baku ... G3
33 SAHiL ... E4
34 Samik Cafe & Restaurant ... F3
35 Şirvanşah Muzey-Restoran ... C2
36 Spar ... D3

Ausgehen & Nachtleben
37 Avto Stop ... D3
38 Bar 360 ... F4
39 Crazzy Bear ... D3
40 Old School Cafe ... C3

Unterhaltung
41 International Muğam Centre ... C6
42 Pantominetheater ... E2
43 Oper & Ballett ... E3
44 Park Bulvar Cinema ... E4

Shoppen
45 Baku Book Center ... D4
46 Baku Lamborghini ... A7
47 Dolce & Gabbana ... D5
48 Park Bulvar Mall ...
49 Port Baku Mall ... G3
50 Təzə Bazar ... D2

Information
51 Amrah Bank ... E3
52 Amrah Bank Exchange ... F3
Kapital Bank ... (s. 20)
53 Touristeninformation ... E4

Transport
54 2Təkər ... D3
55 RentaSport ... C3
56 SCAT Airlines ... G3
57 SW Travel ... E3
58 Velopark ... C7

Großteil des heutigen Bauwerks aus dem 12. Jh. zu stammen. Der aserbaidschanische Name Qız Qalası wird im Allgemeinen mit Jungfrauenturm übersetzt, jedoch seltener mit Mädchenturm. Fast unweigerlich ranken sich um einen Turm mit solch einem Namen zahlreiche Mythen und Legenden. Einige Varianten veranschaulichen die kleinen, aber fantasievollen **Multimedia-Installationen**, die gleich mehrere Stockwerke des Turms schmücken.

„Jungfrauenturm" trifft es wohl am besten. Architektonisch betrachtet, denkt man bei dem Turm wohl eher an wehrhafte Uneinnehmbarkeit als an Mädchenschicksale. Mit seinen 5 m dicken Mauern an der Basis und dem eigenartigen länglichen, turmhohen Anbau bildete er in seiner Ursprungszeit ein ausnehmend massives Bollwerk.

Etwas abseits vom Turm liegt ein kleiner ehemaliger mittelalterlicher Marktplatz, von dem aber nur noch einige historische Steine zu sehen sind. Manche vermuten, es sei der Platz, an dem der hl. Bartholomäus, ein Jünger Jesu, gemartert wurde.

Shirvanshah-Palast PALAST

(Şirvanşahlar Saray Kompleksi; Karte S. 258; ☎ 012-4921073; http://shirvanshah.az/?lang=3; Qəsr küç 76; Erw./Stud./Kind 15/5/0,20 AZN, Führung/Audiotour 20/15 AZN; ⏲ Mitte April–Mitte Okt. 10–18.30 Uhr, Mitte Okt.–Mitte April 10–17.30 Uhr) Das prächtige Ensemble aus Sandsteinmauern und Kuppeln war einstmals der Sitz der Herrscherdynastie, die im Mittelalter den Nordosten von Aserbaidschan regierte.

Das größtenteils aus dem 15. Jh. stamende Bauwerk wurde im Jahr 2003 geradezu akribisch sorgfältig restauriert. Zusätzliche Ausstellungsstücke sowie ein oder zwei unterhaltsame audiovisuelle Überraschungen erhöhen die Anziehungskraft des Palastes. Besucher beginnen ihren Rundgang am besten in dem großen Ehrenhof. Von dort führt auf der linken Seite ein schmales Tor zum Innenhof der im Jahr 1428 erbauten Divanxanə – eine offene achteckige Rotunde. Hier versammelte Shirvanshah Khalilullah I. seinen Hofstaat, der anscheinend ziemlich klein gewesen sein muss, gemessen an der geringen Größe der Divanxanə.

Wer den gesamten Palastkomplex überblicken möchte, ohne Eintritt zu bezahlen, konsumiert einfach auf der Dachterrasse vom Floors (S. 270) ein Getränk.

Cümə-Moschee MOSCHEE

(Cümə məscidi; Karte S. 258; Zeynallı küç) Von außen wirkt die Freitagsmoschee der Altstadt relativ gedrungen. Ihre Innenräume schmücken jedoch filigrane Schnitzereien. Außerdem zieren wunderschöne ornamentale Motive die gesamte Innenfläche der zentralen Kuppel, unter der ein imposanter Lüster hängt. Das jetzige Bauwerk stammt aus dem Jahr 1899 und ersetzt die ursprüngliche Moschee, die im 12. Jh. an dieser Stelle errichtet wurde. Das Minarett der Moschee wurde im Jahr 1437 erbaut.

QGalerie GALERIE

(Karte S. 258; ☎012-4927481; www.qgallery.net; Qüllə küç 6; ⌚So–Fr 10–19, Sa 11–19 Uhr) Von allen kostenlos zugänglichen kommerziellen Galerien in Bakus stimmungsvoller Altstadt verfügt die QGalerie über die schönste Sammlung aserbaidschanischer Kunst des 20. Jhs. In ihren Ausstellungen präsentiert sie häufig Werke einiger der renommiertesten Künstler der Nation, darunter Werke des verehrten neoimpressionistischen Malers Səttar Bəhlulzadə (1909–1974), dessen farbenfrohe Landschaftsgemälde an Vincent van Gogh erinnern.

Vahid-Garten PLATZ

(Əliağa Vahid bağı; Karte S. 258) Ein Bogentor in der Altstadtmauer führt von der Metrostation İçərişəhər zu einem hübschen kleinen Garten. Dominanter Blickfang ist eine prächtige, fantasievolle Kopfbüste des **Dichters Aliagha Vahid** (1895–1965). Figuren aus seinen Werken sind subtil in die Linien des Haupthaars eingebunden.

Miniaturbücher-Museum MUSEUM

(Karte S. 258; İçeri Şəhər ⌚Di & Mi, Fr–So 11–17 Uhr) GRATIS Zu den bezaubernden Kuriositäten der Stadt gehört dieses Museum mit seiner Sammlung winzig kleiner Bücher. Fürs Lesen braucht man eine starke Lupe. Während es allein schon überrascht, dass

DIE KUNSTSZENE IN BAKU

Baku strotzt förmlich vor künstlerischer Energie. Obwohl das **Staatliche Kunstmuseum** (Milli İncəsənət Muzeyi; Karte S. 258; www.nationalartmuseum.az; Niyazi küç 9–11; Erw./Jugendl./Student 10/5/2 AZN; ⌚Di–So 10–18 Uhr) sehr kompetent und wunderbar ausgestattet wurde, ist es zweifellos interessanter (und vor allem preiswerter), durch die exzellenten kleinen Verkaufsgalerien zu bummeln. Zu den einfallsreichsten gehören die QGallery (siehe oben), **Kiçik Qalart** (Karte S. 258; Qəsr Gardens; ⌚Di–So 15–21 Uhr), Die **Bakı Gallery** ('Bakı' Rəsm Qalereyası; Karte S. 258; Qəsr, 1st Lane 84; ⌚11–19 Uhr), Artım, das **Zentrum für moderne Kunst** (Müasir İncəsənət Mərkəzi; Karte S. 258; https://clubartcenter.blogspot.com; Qüllə küç 15; ⌚Di–So 11–20 Uhr) und **Ali Şamsis Studio** (Karte S. 258; ☎055-7129894; www.ali-shamsi.com; Kiçik Qala küç 84; ⌚wechselnde Öffnungszeiten), dessen interessantes Äußeres ein ziemlich beliebter Ort für Selfies ist selbst für solche Passanten, die gar nicht hineingehen wollen.

Inzwischen wurde das Wohnhaus des größten noch lebenden aserbaidschanischen Malers Tahir Salahov in ein **Museum** (Karte S. 258; www.facebook.com/TahirSalahovmuseum; İlyas Əfəndiyev küç 55/3; Erw./Stud. 2/0,60 AZN; ⌚9–17.30 Uhr) verwandelt; so ist es eine Hommage an sein Werk, die aus zahlreichen seiner späten (wenn auch nicht typischen) Gemälden plus Fotos besteht, die ihn bei einem Treffen mit verschiedensten Leuten zeigen, von Leonid Breschnew bis Michael Jackson.

Das innovative, verrückte Restaurant Mayak 13 (S. 268) vermittelt viel vom Gefühl, wie es sich auch bei einem Besuch in der ortsansässigen hervorragenden modernen Kunstgalerie MOMA (S. 262) einstellt. Was aktuellste Installationen betrifft, ist es schwer, das Kunstkollektiv Yarat zu schlagen – sein Contemporary Art Centre am Bulvar übertrumpft mit seiner nachdenklich stimmenden Provokation alle anderen.

Baku Altstadt & Brunnenplatz

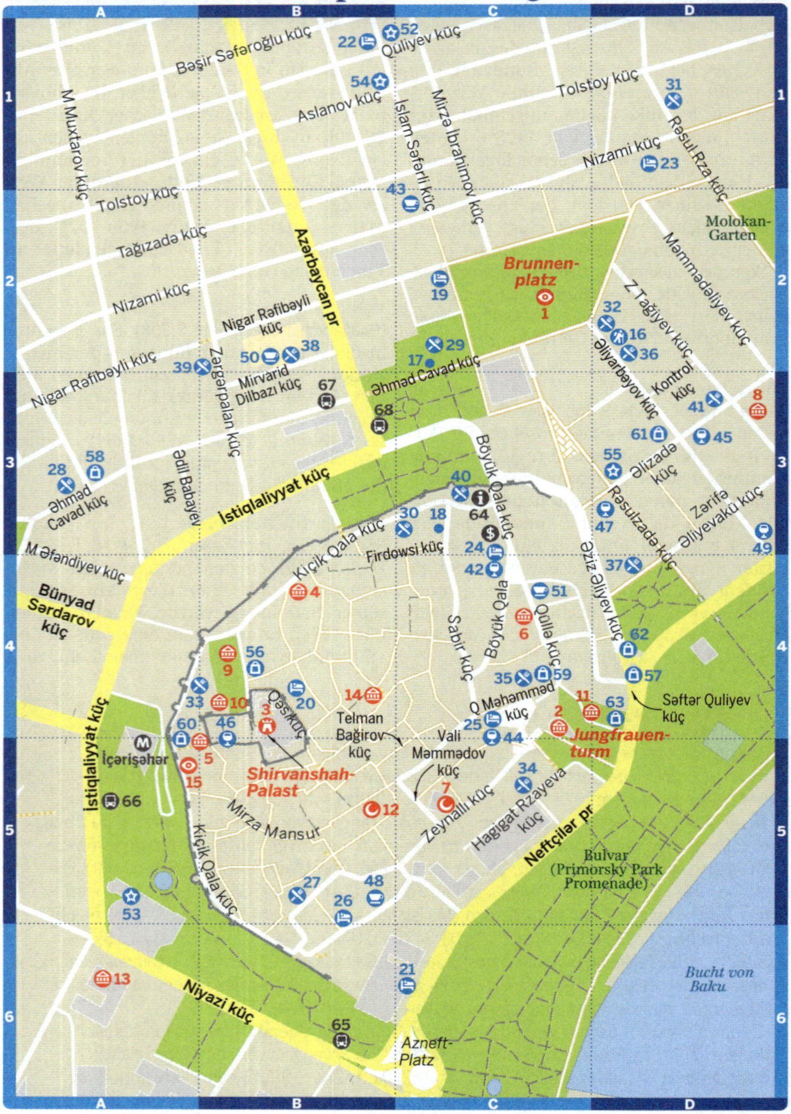

überhaupt so viele Publikationen in einem winzigen Format gedruckt wurden, ist der Umfang der Sammlung umso erstaunlicher. Zu verdanken sind die Tausende Exponate der lebenslangen Sammelleidenschaft von Zərifə Salahova, die auch im Jahr 2002 dieses Museum eröffnet hat.

Sınıq-Qala-Minarett MOSCHEE
(Məhəmməd Məscidi; Karte s. oben) Die kleine Mohammed-Moschee, von der einige Bestandteile mindestens aus dem Jahr 1079 stammen, gilt als die älteste in Baku. Das Minarett erhielt den Spitznamen Sınıq Qala („Zerbrochener Turm"),

Baku Altstadt & Brunnenplatz

Highlights
1 Brunnenplatz ... C2
2 Maiden's Tower ... C4
3 Palace of the Shirvanshahs ... B4

Sehenswertes
4 Ali Şamsi's Studio ... B4
5 Artım ... B5
6 Center of Contemporary Art ... C4
7 Cümə-Moschee ... C5
8 Historical Museum ... D3
9 Kiçik Qalart ... B4
10 Museum of Miniature Books ... B4
11 QGallery ... C4
12 Sınıq Qala-Moschee ... B5
13 State Art Museum ... A6
14 Tahir Salahov House Museum ... B4
15 Vahid Gardens ... A5

Aktivitäten, Kurse & Touren
16 BagBaku ... D2
17 Gani's Free Walking Tour ... C2
18 TES Tour ... C3

Schlafen
19 Azcot Hotel ... C2
20 Buta Hotel ... B4
21 Four Seasons Baku ... C6
22 Royal Palace Hotel ... B1
23 Sapphire City Hotel ... D1
24 Shah Palace Hotel ... C3
25 Sultan Inn ... C4
26 Sweet House Boutique Hotel ... B5

Essen
27 Art Club ... B5
28 Bravo ... A3
29 CafeCity ... C2
30 Cizz-Bizz ... C3
31 Elxanoğlu ... D1
32 Firuzə ... D2
33 Mayak 13 ... B4
34 Muğam Club ... C5
35 Museum Inn ... C4
36 Namaste ... D2
37 Paris Bistro ... D4
38 Passage 1901 ... B2
39 Paul's ... B2
40 Qaynana ... C3
41 Zakura ... D3

Ausgehen & Nachtleben
42 Barfly ... C4
43 Coffee Moffie ... C2
44 Enoteca Meydan ... C4
45 Finnegans ... D3
46 Floors ... B5
47 Hard Rock Café ... D3
48 İçərişəhər Bookhouse Cafe ... B5
49 Kefli Local Wine & Snacks ... D3
50 Kofetearea ... B2
51 Qadım Bakı ... C4

Unterhaltung
52 Etud ... B1
53 Filarmoniya ... A5
54 Le Château ... B1
55 Theatre Ticket Booth ... D3

Shoppen
56 Bakı Gallery ... B4
57 Bvlgari ... D4
58 Çiraq Books ... A3
59 Karavansara Bazarı ... C4
60 Ovdan ... A5
61 Rolls Royce ... D3
62 Tiffany ... D4
63 Tom Ford - Men ... D4

Information
64 Old City Information Centre ... C3

Transport
65 Aznet Bus Stop ... B6
66 İçəri Şəhər Bus Stop ... A5
67 Monolit Bus Stop ... B3
68 MUM Bus Stop ... B3

nachdem bei einem Bombardement der russischen Marine 1723 der regionaltypische Moscheeturm beschädigt wurde. Rund ein Jahrhundert später wurde das Minarett repariert, allerdings blieb der Name bis heute erhalten.

Artım GALERIE
(Karte S. 258; Kiçik Qala küç 5; ⌚ Do–So 12–20 Uhr) GRATIS Vom kleinen Hit bis zum Misserfolg reicht die Bilanz der Wechselausstellungen des experimentellen Kunstraums Artım. Die Galerie gibt jungen und aufstrebenden aserbaidschanischen Künstlern eine hoffnungsvolle Plattform. Wer sich in das oberste Stockwerk schleicht, kann von dort den Shirvanshah-Palast in einem perfekten Ausschnitt fotografien.

Stadtzentrum Baku

★ Brunnenplatz PLATZ
(Fəvvarələr meydanı; Karte S. 258) Der begrünte Platz im Herzen des Zentrums ist ein beliebter Treffpunkt. Seinen Namen verdankt er seinen vielen Brunnen mit Fontänen und Wasserspielen. Einen davon krönen große silberglänzende Kugeln, in denen sich wie in einem Fischaugenobjektiv Bäume und Fassaden umliegender Häuser widerspiegeln.

Historisches Museum MUSEUM

(Karte S. 258; ☎012-4933648; www.azhistorymuseum.az; HZ Tağiyev küç 4; Ausländer/Einheimische 10/5 AZN; ⏲Di–So 10–18 Uhr, letzter Einlass 17 Uhr) Die gut präsentierten Ausstellungen über Aserbaidschans Geschichte und Kultur vernachlässigen das eine oder andere Jahrhundert. Bei echtem Interesse an den Themen gibt es jedoch mehr als genug zu sehen, um gut und gern ein paar Stunden in dem Museum zu verbringen. Doch auch nur ein kurzer Besuch lohnt sich, denn das Museum befindet sich in der opulenten, zwischen 1895 und 1901 erbauten Villa von Hadji Zeynal Abdin Tağiyev. Er war Ende des 19. Jhs. einer der größten Ölbarone in Baku.

Besonders sehenswert sind der neomaurische „Orientalische Saal" und Tağiyevs restauriertes Schlafzimmer im Jugendstil. Für Studenten ist der Eintritt am ersten Mittwoch im Monat kostenlos.

Museumszentrum MUSEUM

(Karte S. 254; Neftçilər pr 123; ⏲Di–So 10–17.30 Uhr) Früher befand sich in dem neoklassizistischen Gebäude ein Lenin-Museum. Seine strenge, aber fotogene Fassade lässt sich am besten von der anderen Seite des Bulvar betrachten. In der obersten Etage des Museumzentrums finden Wechselausstellungen statt, die häufig gut sind und meistens keinen Eintritt kosten. Das eher spärliche **Musical-Museum** (1 AZN) im ersten Stockwerk lehrt, wie man einen Tarzan in Aserbaidschan sieht. Im zweiten Stock zeigt das **Museum der Unabhängigkeit** (5 AZN) unverhohlen parteiisch die politische Geschichte der Nation.

Təzəpir-Moschee ARCHITEKTUR

(Təzəpir Məscidi; Karte S. 254; ☎012-4923855; http://qafqazislam.com; Sübhi küç) Die größte historische Moschee im Stadtzentrum von Baku wurde zwischen 1903 und 1914 errichtet, finanziert von einer Philanthropin. Seit einer späteren Renovierung sind die Spitzen der Minarette vergoldet und die Fassaden tragen eine Steinverkleidung. In einem Gebäudeteil der Moschee befindet sich das kaukasische Islamzentrum.

Bulvar

Der Bulvar, Bakus lang gezogene **Strandpromenade** (Karte S. 254), verläuft entlang der Bucht. Brunnen, Fahrgeschäfte, eine zunehmende Anzahl an markanten, modernistischen Gebäuden sowie die parkähnliche Gestaltung machen ihn zu einem überaus beliebten Treffpunkt von Familien, Amateuermusikern und Liebespaaren. Der lebendigste Bulvar-Abschnitt mit seltenen Baumarten, Kakteen, Fahrgeschäften und Cafés liegt hinter der **Park Bulvar Mall** (Karte S. 254; www.parkbulvar.az; Neftçilər pr 78; ⏲9–24 Uhr; 📶👪). Nahe dem Teppichmuseum gibt es sogar ein **Klein-Venedig**, eine kompakte Parklandschaft mit Kanälen und Gondeln zum Leihen.

Ganz in der Nähe liegt die Caspian Waterfront Mall (S. 273), ein fünfstöckiges Bauwerk, dessen imposante Architektur an eine gigantische Blüte erinnert (soll nach einigen Verzögerungen schon bald eröffnet werden). Von hier aus verläuft der Yeni Bulvar („neue Promenade") ohne jeglichen Schatten. Wer auf dieser Strecke etwas weniger schwitzen möchte, leiht sich jetzt am besten im **Velopark** (Karte S. 254; Yeni Bulvar; City-/Mountainbike pro Std. 3/5 AZN) ein Fahrrad aus. Weiter geht es dann vorbei am **Baku Eye** (Şeytan çarxı; ☎050-2956370; Bulvar; Erw./Kind 6–12 Jahre/Kind unter 6 Jahren 5/3/frei AZN; ⏲12–22 Uhr; bei windigem Wetter geschl.), einem etwa 60 m hohen Riesenrad, bis zum **Platz der Nationalflagge** (Dövlət Bayrağı meydanı), – dessen Fahnenmast für kurze Zeit (2010) der höchste der Welt war.

Jenseits des Platzes befindet sich eine umgebaute ehemalige Marinewerft, die heute mehrere Spitzenrestaurants und eine Dampfmaschine sowie das Yarat, ein kreativ-innovatives Zentrum für zeitgenössische Kunst, beherbergt.

Bitte beachten: Um auf den Bulvar zu gelangen, muss man den verkehrsreichen Neftçilər prospekti überqueren. Möglich ist dies allerdings nur durch die wenigen Unterführungen (am Platz der Nationalflagge, am Teppichmuseum oder Puppentheater) oder an der Verkehrsampel an der Park Bulvar Mall.

★ Yarat – Zentrum für zeitgenössische Kunst GALERIE

(www.yarat.az; Europa-Park; ⏲Di–Fr & So 11–20, Sa 11–23 Uhr; 🚌5) GRATIS Yarat bedeutet auf Deutsch „erschaffen bzw. kreieren" – es ist ein Credo, das sich in den zahlreichen, zum Nachdenken anregenden Installationen dieses Kunstzentrums widerspiegelt. Das Yarat schreckt auch nicht vor soziopolitisch relevanten Anspielungen zurück.

Inspirierend wirkt sogar das **Café**, das rund um eine alte Metallpresse angeordnet ist. Das zum Schaustück umfunktionierte Gerät gehört zu den geretteten Überbleibseln der früher hier ansässigen Werkstätten der umgebauten Marinewerft.

Teppichmuseum MUSEUM

(Xalça Muzeyi; Karte S. 254; www.azcarpetmuseum.az; Bulvar; Erw./Stud. 7/3 AZN, Audiotour/Führung 3/8 AZN; ⌚Di–Fr 10–18, Sa & So 10–20 Uhr) Vom Flachgewebe bis hin zu modernistischen Bildteppichen zeigt das Museum in informativen Ausstellungen seine exzellente Sammlung aserbaidschanischer Teppiche. Gebaut wurde das Museumsgebäude im Jahr 2014 von dem österreichischen Architekten Franz Janz – „maßgeschneidert" in Form einer stilisierten Teppichrolle, die gerade ausgerollt wird. Auf dem Papier sah die Idee wahrscheinlich großartig aus, brachte jedoch einige Präsentationsprobleme mit sich. So sind beispielsweise manche Exponate auf schrägen oder gewölbten Flächen nicht gerade ideal platziert.

In dem museumseigenen Teppichgeschäft erhalten Besucher beim Teppichkauf auch die erforderliche Ausfuhrgenehigung für Teppiche, die größer als 2 m² sind. Sonntags ist die Genehmigungsstelle geschlossen. Wichtig: Über die Zollbestimmungen im eigenen Heimatland und die damit verbundenen Kosten sollte man sich vor dem Antritt der Reise ganz genau informieren.

Dom Soviet ARCHITEKTUR

(Regierungspalast; Karte S. 254; Azadlıq Sq) Bakus Regierungspalast ist ein gigantisches Bauwerk und das markanteste Gebäude aus der Sowjetzeit. Dominante Bogengänge an jedem Stockwerk und eine Reihe beeindruckender Dachzinnen in Form von Mini-Obelisken prägen das imposante Bild. Am fotogensten ist der Bau am frühen Abend, wenn er beleuchtet ist. Gute Standorte fürs Fotografieren sind die oberen Etagen des JW Marriott Hotels oder an den Springbrunnen am gegenüber liegenden Bulvar.

Crescent Moon Building ARCHITEKTUR

(Karte S. 254; Bulvar) Mehrere schillernde Wolkenkratzer entstehen derzeit an der Crescent Bay gegenüber von Bakus Hafen. Zu dem Bebauungsprojekt zählt auch ein riesiges Gebäude in Form einer auf die Spitzen gestellten Mondsichel. Damit bildet es einen phänomenalen architektonischen Blickfang. Aufgrund technischer Probleme am oberen Bogen wurden die Bauarbeiten jedoch vorläufig eingestellt. Wenn das Bauwerk einmal fertiggestellt ist, dürfte es ein weiteres architektonisches Vermächtnis der Stadt sein.

Rund um die Flame Towers

Für einen schönen Blick über die Bucht und das Stadtzentrum lohnt es sich, die Hügelspitze zu erklimmen, auf der Bakus unverwechselbare ikonische Flame Towers thronen. Vom Bulvar führt eine Treppe bis zum Hügelkamm, der Fußweg dauert etwa 15 Minuten. Wer lieber fährt, nimmt am besten die **Seilbahn** (Funikulyor; Şövkət Ələkbərova küç; 1 AZN; ⌚Di–So 10–13 & 14–22 Uhr) oder steigt in den Bus 18 an der Haltestelle am **Monoliten** (Karte S. 258; Ahmad Cavad küç) gleich westlich vom Brunneplatz.

★Flame Towers ARCHITEKTUR

(Alov Qüllələri; Karte S. 254; Mehdi Hüseyn küç; Lichtshow nach Einbruch der Dunkelheit bis Mitternacht; 🚌6, 18) Das Wolkenkratzer-Trio wurde 2013 fertiggestellt. Mit seinen geschwungenen blauen Glasfassaden manifestiert es Bakus zeitgenössische architektonische Handschrift. Selbst aus großer Entfernung bilden die 28 bis 33 Stockwerke hohen Turmriesen einen imposanten Blickfang. Nachts wirken die drei Türme besonders spektakulär, wenn die Fassaden in wahren Lichtshows erstrahlen. Das Spektrum reicht von Flammeneffekten über herabfließendes Wasser bis hin zur aserbaidschanischen Nationalflagge.

Şəhidlər Xiyabanı FRIEDHOF

(Allee der Märtyrer; Karte S. 254; Gülüstü-Park; ⌚24 Std.) Das Parkareal auf der Anhöhe erstreckt sich südlich der Flame Towers. Besonders bemerkenswert ist seine Allee der Märtyrer – eine düstere Reihe an **Grabdenkmälern** von Einwohnern der Stadt, die im Jahr 1990 den Truppen der Sowjetunion in Baku zum Opfer fielen. Auch Grabmäler von frühen Märtyrern des Bergkarabach-Konflikts sind hier zu finden.

Fəxri Xiyaban FRIEDHOF

(Ehrenallee; Karte S. 254; Parlament pr 7; ⌚10–19 Uhr; 🚌6) Seit 1948 ist der schöne, von Bäumen beschattete Friedhof vor allem für Personen des öffentlichen Lebens in Aserbaidschan vorgesehen. Viele der Grabmäler sind beeindruckende Werke der Bildhauerkunst. Hier hat auch Heydar Əliyev (Aliyev) seine letzte Ruhestätte gefunden, der frühere Präsident des Landes. Der Besuch seines Grabmals steht auf der Agenda für offizielle Gäste der Stadt in der Regel an erster Stelle.

Östlich vom Stadtzentrum

Von den öffentlichen Verkehrsmitteln fährt der Bus 5 vom Bahnhof zum MOMA und dann weiter bis zum Heydar Aliyev Center. Einen Block südlich des Zentrums liegt die Haltestelle, von der aus der Bus 5 über den Bahnhof zur Altstadt fährt.

★ **Heydar Aliyev Center** ARCHITEKTUR
(Heydər Əliyev Mərkəzi; www.heydaraliyevcenter.az; Heydər Əliyev pr 1; Erw./Stud. 15/2 AZN; Mo–Fr 11–18, Sa & So 11–17 Uhr; 1, 2, 5) Wellen, Wölbungen und Spitzen des atemberaubenden Bauwerks scheinen miteinander zu verschmelzen. Mit dem gewaltigen Gebäudekomplex hat die Archiktektin Zaha Hadid ein majetätisches Beispiel der dynamisch fließenden Formensprache der Architektur des 21. Jhs. geschaffen. Über das außergewöhnliche Aussehen des Bauwerks nachzudenken und es aus allen nur möglichen Blickwinkeln zu fotografieren, ist ein wahres Vergnügen. Genauso beeindruckend ist jedoch auch der Innenbereich, der u. a. Konzertsäle und Ausstellungsflächen umfasst. Wohl den besten Teil der Dauerausstellung bildet die Sammlung „Schätze von Aserbaidschan", die durch kulturelle Höhepunkte des Landes führt.

MOMA KUNSTMUSEUM
(Baku Museum of Modern Art, Bakı Müasir İncəsənət Muzeyi, MIM; Karte S. 254; 012-4908404; www.moma.az/en; Yusif Səfərov küç 5; Erw./Stud./Kind 5/2/frei AZN; Di–So 11–21 Uhr, letzter Einlass 20 Uhr; 1, 2) Mit ihrer fröhlichen Ausstrahlung und architektonischen Details sind die Innenräume des MOMA perfekt auf seine Besucher zugeschnitten. Eine Konstruktion aus Verstrebungen und Rohren schafft zahlreiche ruhige Aussichtsplätze. An den meisten können die Besucher sich auf Sitzsäcken niederlassen und die umfangreiche Sammlung an bewusstseinsverändernden Kunstwerken eingehend betrachten. Aserbaidschanische Kunst nach 1980 nimmt den größten Teil ein. Im Obergeschoss sind auch einige Gemälde aus den frühen 1920er-Jahren zu sehen, außerdem drei Werke von Pablo Picasso sowie je ein Gemälde von Salvador Dalí und Marc Chagall.

Die Busse 1 und 2, die vom Bahnhof Richtung Osten fahren, halten direkt gegenüber vom Museum an einer zwölfspurigen Straße mit dichtem, dröhnendem Verkehr. Die Haltestelle für den Rückweg zum Bahnhof liegt zwei Blocks weiter nördlich.

Azər-İlmə GALERIE
(012-4659036, 050-2509607; http://azerilme.az/en; Şəmsi Rəhimov küç 2; 9–13 & 14–18 Uhr; 88) In der erstaunlich eindrucksvollen Vorstadt-Galerie können Besucher bei der Herstellung handgewebter Teppiche zuschauen. Die verwendete Wolle wird mit Pflanzenfarben gefärbt. In einer Art musealen Ausstellung zeigt die Galerie eine Sammlung traditioneller Handwerkskunst. Die Führung (auch auf Englisch) ist kostenlos – außerdem besteht keinerlei Kaufdruck. Besucher sollten sich am besten vorher telefonisch anmelden.

Aktivitäten

Tazə Bəy Hamamı BADEHAUS
(Karte S. 254; 012-4373444, 012-4926440; www.tazebey.az; Şeyk Şamil küç 30; Baden 23 AZN; 10–24 Uhr) Gewölbedecken sowie eine ausufernde Fülle an Nippes und kitschigen Statuen prägen das Ambiente des 1886 erbauten Hamams. Weniger pompös als das Sauna- und Badeareal mit modernem kleinem Pool zeigt sich der Barbereich. Wer nicht baden, sondern einfach nur mal in die Atmosphäre eines Hamams reinschnuppern möchte, kann hier in aller Ruhe einen Drink nehmen. Das Gegenstück, **İncə Kaprizlər**, der Hamam für Frauen, befindet sich drei Häuser weiter, ist allerdings nicht ganz so exzentrisch ausgestattet.

Mirvari BOOTSTOUR
(Karte S. 254; Sadko Pier; Standard/De luxe 3/10 AZN; Mai–Okt. i. d. R. 19–23 Uhr bei gutem Wetter) Bei gutem Wetter lohnt sich die angebotene Rundfahrt durch die Bucht Die Vergnügungstour auf einer eleganten Motoryacht mit drei Decks dauert rund 30 Minuten und führt nicht weit aufs Meer hinaus. Hauptattraktion ist der Blick auf die Lichter der Stadt, deshalb finden viele dieser Touren in der Dunkelheit statt.

Geführte Touren

Einige junge Leute führen kostenlose Stadtrundgänge durch, wobei sie natürlich am Ende der Tour ein Trinkgeld erwarten. Zu den besten Stadtführern zählt **Gani** (Karte S. 258; https://bakufreetour.com; Beginn 11 Uhr): Sein Englisch ist gut und er hat eine Mappe mit historischen Karten und Bildern dabei, um seine Erläuterungen an dem ein oder anderen Ort anzureichern. Der Rundgang dauert rund 2½ Stunden und die erforderliche Anmeldung erfolgt über die oben genannte Website.

Geführte Stadtrundgänge, die auch etliche Innenräume von Bakus wichtigsten Bau- und Kulturdenkmälern einschließen, bietet **Baku Sightseeing** (Karte S. 254; 050-2911103; www.bakusightseeing.com; Azadlıq Sq 674; telefonische Buchung 24 Std., Büro Mo–Fr 9–20, Sa & So 10–19 Uhr). Der ausgesprochen professionelle Tourveranstalter organisiert auch einige skurrile Privatfüh-

Stadtspaziergang
Durchs Zentrum von Baku

START JUNGFRAUENTURM
ZIEL FLAMMENTÜRME
LÄNGE/DAUER 4 KM; MINDESTENS 3 STUNDEN

Vom **1 Jungfrauenturm** (S. 253) bummelt man über die **2 Zeynallı küç** zur **3 Cümə-Moschee** (S. 257) und sucht sich dann einen Weg durch die **4 Seitenstraßen** der Altstadt bis zum **5 Shirwanshahs-Palast** (S. 256). Unterwegs wirft man kurz einen Blick in einige Kunstgalerien, ins **6 Museum für Miniaturbücher** (S. 257) und den kuriosen Laden **7 Ovdan** (S. 273). Von der İçəri Şəhər geht es dann auf die prachtvolle İstiqlaliyyət küç unweit der **8 Filarmoniya** (Philharmonie) (S. 272). In nordöstlicher Richtung führt der Weg dann am **9 Rathaus von Baku** (spätes 19. Jh.) und dem **10 Institut für Manuskripte** und dem **11 İsmailiyya-Palast** vorbei.

Jenseits davon liegt das **12 Doppeltor** der Altstadt, das an eine Burg erinnert. Auf der linken Seite befindet sich das **13 Nizami-Literaturmuseum**, dessen Fassade mit Statuen verehrter Dichter geschmückt ist. Dahinter liegt der **14 Brunnenplatz** (S. 259). Von hier lohnt ein Bummel durch die Fußgängerzone **15 Nizami küç**. Dann durchquert man den **16 Malakan Parkı**, wandelt an den Boutiquen der **17 Rəsul Rza küç** vorbei und besucht das **18 Museumszentrum** (S. 260). Die Straßen Richtung Nordwesten wimmeln nur so von Lokalen und alten Prachtbauten, u. a. das **19 Historische Museum** (S. 260).

Danach durchstöbert man **20 Boutiquen** an der Əziz Əliyev küç, geht dann durch die Fußgängerunterführung und kommt neben dem **21 Puppentheater** heraus. Dann empfiehlt sich ein Bummel über den **22 Bulvar** (S. 260) und ein Blick über die Gewässer des kaspischen Meeres. Schließlich kommt man an **23 Veneziya** (Kleinvenedig) vorbei. Bewunderswert ist das **24 Internationale Muğam Center** (S. 273) und das **25 Teppichmuseum** (S. 261). Zurück geht es dann zum Brunnen **26 Bahram Gur**. Danach fährt man mit der **27 Standseilbahn** zum Hochlandpark, um die Aussicht zu genießen und die **28 Flame Towers** (S. 261) zu bewundern.

rungen beispielsweise Touren mit der Metro oder den Besuch von Teehäusern. Die vielleicht beste Tour ist „Hello Comrades" („Hallo Genossen"), die Einblicke in die einstige Sowjetära der Stadt gibt.

Dutzende von Tourveranstaltern bieten Gruppenausflüge oder individuell maßgeschneiderte Touren zu Zielen in ganz Aserbaidschan. Für einen Besuch des Nationalparks Qobustan (S. 277) oder der Halbinsel Qəbələ oder Xınalıq (S. 291) mag sich das lohnen. Weniger sinnvoll erscheint jedoch der überaus strapaziöse Tagesausflug nach Qəbələ oder in das Bergdorf Xınalıq. Für den Besuch solcher Orte die Fahrt samt Übernachtung selbst zu organisieren, ist zwar etwas kniffliger, aber im Endeffekt ist es jedoch zufriedenstellender und in der Regel auch noch preiswerter.

Eine wunderbare Ausflugsvariante bietet der sehr empfehlenswerte Tourveranstalter Camping Aserbaidschan (S. 339). Seine Spezialität sind geführte Gruppenwanderungen, die meistens eine Mahlzeit in einem rustikalen Dorf an der Route einschließen. Die Teilnehmer werden zum Ausgangspunkt der Wanderung gebracht und vom Endpunkt wieder abgeholt.

Mehrere Nachahmer wie z. B. Mountain-Host (www.facebook.com/mountainhost.az) und BagBaku (S. 339) bieten weitgehend ähnliche Gruppenwanderungen an.

Festivals & Events

Großer Preis von Aserbaidschan SPORT
(www.bakucitycircuit.com; Juni) Das Formel-1-Rennen auf dem spektakulären Baku City Circuit (Stadtkurs in der Innenstadt von Baku) zählt zu den größten Sportereignissen des Kaukasus. Unzählige Kameras verfolgen das Rennen und schicken Bilder von Bakus schönen Straßenzügen in alle Welt. Vor dem Start beschert der Stadtkurs allerdings den Einwohnern von Baku ein wochenlanges Verkehrschaos. Der Boxenbereich befindet sich auf dem Azadlıq meydanı, dem großen Platz vor dem Dom Soviet.

Der Formel-1-Grand Prix von Aserbaidschan musste 2020 wegen der COVID-19-Pandemie offiziell verschoben werden.

Baku Jazz Festival MUSIK
(www.bakujazzfestival.com; Okt.) In den vergangenen Jahren gehörten Herbie Hancock und Aziza Mustafa Zadeh zu den Hauptakteuren des Weltklasse-Jazzfestivals in Baku. Über das Programm und die Veranstaltungsorte informiert detailliert die englischsprachige Website.

Schlafen

Altstadt

★ **Buta Hotel** GÄSTEHAUS $
(Karte S. 258; 050-3181439, 012-4923475; www.butahotel.com; Qəsr küç 16; Vorausbuchung EZ/DZ 76/85 AZN, Buchung vor Ort 60/70 AZN;) Eine Art Kleinod ist das gepflegte Hotel mit seinen neun Zimmern. Kissen und traditionelle Kupferarbeiten schmücken die Eingangshalle. Auf der Treppe zu den Zimmern kommt man an Radierungen mit historischen Motiven und einigen Antiquitäten vorbei. Einen guten Eindruck machen die schnörkellosen, sauberen Zimmer mit gut funktionierenden Duschen, Laminatfußböden und den hübschen unterschiedlichen Bildern. Das Frühstück wird auf dem Dach in einem verglasten Speiseraum mit herrlichem Ausblick eingenommen (dritte Etage ohne Aufzug). Eine schöne Aussicht bietet auch das Badezimmerfenster des besonders geräumigen Zimmers Nr. 7.

★ **Sultan Inn** BOUTIQUEHOTEL $$
(Karte S. 258; 055-4040029, 012-4372305; www.sultaninn.com; Böyük Qala küç 20; EZ/DZ 160/180 AZN;) Mit seinen elf Zimmern, superhohen Decken, vergoldeten Türen und einem sehr zuvorkommenden Service ist dem luxuriösen Boutiquehotel eine ausgewogene Balance zwischen opulenter Eleganz und gemütlichem Komfort gelungen. Ein besonders großer Vorteil ist seine ideale Lage im Zentrum der Altstadt.

Sweet House Boutique Hotel GÄSTEHAUS $$
(Karte S. 258; 050-5560504; info.sweethousehotel@gmail.com; Vali Məmmədov küç 6; Zi 80–100 AZN;) „Sweet" (im Sinne von schnucklig oder niedlich) ist die treffende Bezeichnung für das kleine Labyrinth aus Zimmern und Innenhöfen. Um das liebenswerte Gästehause zu kreieren, wurden ein paar kleine Häuser und sogar eine efeubewachsene Bauruine aufbereitet. Die Altstadtlage ist ideal, die Besitzer sprechen gut Englisch. Bei Buchung direkt vor Ort beträgt der Zimmerpreis nur um die 50 AZN.

Shah Palace Hotel DENKMALGESCHÜTZTES HOTEL $$$
(Karte S. 258; 012-4970405; www.shahpalacehotel.com; Böyük Qala küç 47; Zi 200 AZN;) Wer das charmante Hotel betritt, könnte ein wenig erschreckt vermuten, er sei in einem Märchenpalast aus Tausendundeiner Nacht gelandet. Vier Etagen mit umlaufenden Ko-

lonnadengängen säumen einen Innenhof, in dem wahre Vogelkonzerte erklingen. Zu seinen schmückenden Elementen zählen archäologische Funde, die man aus alten Schächten geborgen hat.

Die Fülle an Vergoldungen und Brokat in den Zimmern überfordert beinahe die Sinne. Doch jemand, der solchen Glanz und Glamour mag, liegt mit dem Hotel genau richtig. Vorhanden sind auch eine kleine Sauna und ein prächtiger Hamam. Bei Bezahlung mit der Kreditkarte wird ein Aufschlag von 18 % berechnet.

Four Seasons Baku LUXUXHOTEL $$$
(Karte S. 258; ☎ 012-4042424; www.fourseasons.com/baku; Neftçilər pr; DZ/Suite ab 421/799 AZN; ❄@📶🏊) Das Interieur und ein Design mit zahlreichen Pflanzenmotiven spiegeln in dem majestätischen Hotelpalast eine Ästhetik der schönen Künste wider. Sein Erscheinungsbild passt perfekt in das neue, von Paris inspirierte Selbstverständnis des Zentrums von Baku. Allerdings hat der riesige Pool- und Spa-Bereich eher einen römischen Touch. Unter den zahlreichen mondänen Unterkünften der Stadt ist das Four Seasons mit seiner idealen Kombination aus Komfort, Lage und zeitlosem Stil (fast) unschlagbar – vorausgesetzt, man kann sich den Übernachtungspreis leisten.

Stadtzentrum

★ Sahil Hostel HOSTEL $
(Karte S. 254; ☎ 050-8882101; www.sahilhostel.com; 3. Stock, Zərifə Əliyeva küç 61; B/EZ/DZ 12/48/52 AZN; ❄@📶) An diesem großen, modernen und blitzsauberen Hostel lässt sich so gut wie nichts bemängeln. Angefangen von der zentralen Lage über die ausgezeichneten Schlafsäle bis hin zu dem mehrsprachigen Personal und der coolen Lounge mit Bar passt alles. Für zwei Personen sind die Doppelzimmer eine gute und vor allem eine sehr preiswerte Option.

Kaha Hostel HOSTEL $
(Karte S. 254; ☎ 050-4741555; www.facebook.com/kahahostel; Qoqol/Mardanov küç 13; B 12–19 AZN, DZ ohne Bad 43 AZN; ⏲ 24 Std.; ❄📶) Das Kaha ist ein gut ausgestattetes Hostel mit hohen Räumen. Geführt wird es von mehrsprachigen, weltoffenen und umweltbewussten Betreibern, denen es offenbar mehr um eine gesellige, soziale Atmosphäre geht als ums Geldverdienen. Mit ihrem großen Holztisch hat die Lounge sich zu einem beliebten multikulturellen Kommunikationstreffpunkt entwickelt. Einige Schlafsäle sind ziemlich beengt und die Betten quietschen ein wenig. Doch jedes Bett hat eine eigene Lampe und eine eigene Steckdose. Ausreichend große Schließfächer, eine kleine Küche, eine rund um die Uhr besetzte Rezeption runden die unterhaltsame Unterkunft ab. In der Umgebung des Hostels befinden sich die preiswertesten und am stärksten alternativ ausgerichteten Bars und Cafés der Stadt.

Travel Inn Hostel HOSTEL $
(Karte S. 254; ☎ 012-4981008; info@travelinnhostel.com; 2. Stock, Xaqani küç 20; B 10–12 AZN; ⏲ 24 Std.; ❄📶) Mit reichlich Schließfächern und zahlreichen Badezimmern ist das komfortable Hostel eine runde Sache. Weitere Vorteile sind hohe Räume, eine gute Klimaanlage, Gemeinschaftsküche, Fernsehraum und eine 24 Stunden besetzte Rezeption.

Royal Palace Hotel HOTEL $
(früher Baku Palace Hotel; Karte S. 258; ☎ 070-3961071, 012-5961071; www.instagram.com/royalpalacebaku; İslam Səfərli küç 23; Zi ab 50 AZN, Juni–Aug. ab 80 AZN; ❄📶) Ein kompletter Umbau hat ein ehemaliges Luxusapartmenthaus in das heutige Royal Palace Hotel umgewandelt. Alle Zimmer sind vollständig renoviert und verfügen über extravagante Dekors, Wasserkocher und nagelneue Badezimmer. Der Weg zu den Zimmern führt über Korridore mit Marmorfußboden und eine weit geschwungene Treppe, die sich um einen langen Kristallleuchter windet.

Sapphire City Hotel LUXUXHOTEL $$
(Karte S. 258; ☎ 012-4988006; www.sapphire.az; Nizami küç 64; Zi ab 180 AZN; ❄📶) Die Lobby mit Kronleuchtern, frischen Orchideen, vergoldeten Rokokomöbeln und elegant gekleidetem Personal bildet den Auftakt zu den ähnlich mondän ausgestatteten Gästezimmern. Das Hotel liegt ideal zentral nur einen Block vom Brunnenplatz entfernt.

Azcot Hotel HOTEL $$
(Karte S. 258; ☎ 012-4972507; www.azcothotel.com; Nigar Rəfibəyli küç 38b; EZ/DZ ab 80/100 AZN; ❄📶) Das Hotel befindet sich in einem ehemaligen herrschaftlichen Wohnhaus von 1885 und liegt fabelhaft zentral. Historische Sofas, große chinesische Vasen und geschmackvolle Landschaftsgemälde prägen das Ambiente der Korridore. Das Azcot hat keineswegs den Charakter eines großen Geschäftshotels. Seine 48 geräumigen Zimmer sind mit Minibar und Wasser-

kocher und funktionellem Mobiliar ausgestattet. Die eine odere andere Gebrauchsspur wirkt allerdings etwas seltsam.

In den Flame Towers

Fairmont Flame Towers LUXUSHOTEL $$$
(Karte S. 254; ☎ 012-5654848; www.fairmont.com/baku; Mehdi Hüseyn küç 1a; Zi ab 268 AZN; ❄📶🏊) Das spektakuläre Hotel befindet sich in einem der ikonischen Flame Towers. In ihrer TV-Dokumentation von 2019 über ihre Kaukasusreise charakterisiert die britische Schauspielerin Joanna Lumley den Kronleuchter im Atrium des Fairmont hellauf begeistert als „gigantisches Collier mit tausend Diamanten". Gezeigt wird in dieser Sendung auch die Präsidentensuite – der Preis von 5000 € pro Nacht verlockt wohl kaum, sie zu buchen.

Bahnhofsviertel

Old Yard Hotel GÄSTEHAUS $
(Karte S. 254; ☎ 012-4934167, 077-5312121; oldyardhotel@gmail.com; Azadlıq pr 28; EZ/DZ 45/55 AZN; ❄📶) In den einfachen Zimmern des preiswerten Hotels nahe am Bahnhof gibt es Wechselstrom und einen ganz guten WLAN-Empfang. In dem Aufenthaltsraum mit kleiner, aber gut ausgestatteter Küchenzeile können die Gäste sich treffen. Wasser, Tee und Instantkaffee stehen zur freien Verfügung. Die kleine Rezeption liegt in einem Innenhof, Hinweisschilder am Azadıq prospekti führen zu dem Durchgang, wo an der Hausfassade „Azadıq 16/21" steht.

★ **Landmark Hotel** BUSINESSHOTEL $$$
(Karte S. 254; ☎ 012-4652000; www.thelandmarkhotel.az; Nizami küç 90a; DZ/Suite 192/299 AZN; ❄@📶🏊) Atemberaubende Ausblicke ergänzen den schlichten Stil der Zimmer, der durch Patchworkarbeiten an dem großen Kopfteil der Betten aufgelockert wird. Riesig groß ist der Duschkopf der Regenschauerdusche in den deckenhoch gefliesten Badezimmern. Zutritt zu der Selbstbedienungsbar im obersten Stockwerk haben nur die sogenannten „Exekutive-Gäste". Im Frühstückszimmer – ebenfalls mit herrlicher Aussicht – kann jeder Gast ein exzellentes Frühstücksbüfett genießen. Vorhanden sind auch ein großer Fitnessbereich, eine Sauna sowie ein langer, wenn auch schmaler Swimmingpool. Der Weg zum eigentlichen Hoteleingang ist etwas schwierig: Im Erdgeschoss muss man einen Schalter passieren, der anscheinend nur der Sicherheit dient, dann geht es an einer Reihe ziemlich verwegener Wandgemälde vorbei zum Aufzug, mit dem man dann erst mal zum Einchecken in den 19. Stock fährt.

Dinamo Hotel DESIGNHOTEL $$$
(Karte S. 254; ☎ 012-3772000; www.dinamohotelbaku.com; Zərifə Əliyeva küç 32; Zi ab 250 AZN, Suite 380 AZN; ❄📶🏊) Beim Umbau eines ehemaligen Sportzentrums aus der Sowjetzeit in ein Art-déco-Designhotel mit 28 Zimmern hat man keine Kosten gescheut. Es strotzt nur so vor Superlativen: Zahlreiche Trophäen und andere Objekte erinnern an sportliche Triumphe. An Hightech mangelt es nicht, wie z. B. elektronisch gesteuerte Jalousien oder das elektronisch ausfahrbare Dach des wunderschönen Swimmingpools. Hinzu kommen ein Küchenchef mit mehreren Michelin-Sternen und ein weißer Bentley, der die Gäste bei Bedarf transportiert.

Am Busbahnhof

Crossway Hotel HOTEL $
(☎ 055-2247171, 012-4060133; www.crossway.az; 4. Stock, Busbahnhof, Sumqayıt Hwy; EZ/DZ/Suite 20/40/50 AZN; ❄📶; 🚌 14, 37, 96) Der Busbahnhof liegt meilenweit von der Stadt entfernt. Wenn der ausgewählte Bus am frühen Morgen startet, lohnt es sich, in dem günstig gelegenen Crossway zu übernachten. Abgesehen von einigen alten Teppichböden, ist das Preis-Leistungs-Verhältnis in Ordnung. Luxuriös sind die Zimmer nicht, aber die Betten sind bequem und im Bad stehen Toilettenartikel zur Verfügung. Das Personal an der Rezeption spricht Englisch, das Hotelrestaurant ist 24 Stunden geöffnet. Ziemlich schick sieht die Atrium-Lounge aus.

Essen

Bakus kulinarische Szene ist ein besonderes Vergnügen. Zahlreiche gute Mittelklasserestaurants bieten wochentags Mittagmenüs für 10 AZN oder sogar weniger an. In einigen besonders günstigen Restaurants kosten komplette Mahlzeiten nur 5 AZN. Genauer hinschauen lohnt sich beim Bestellen von Tee: In manchen Lokalen im Lounge-Stil kostet das Set aus Tee und Marmelade 30 AZN oder mehr. Zahlreiche Restaurants in Baku sind halal, mindestens eines ist koscher (S. 269).

Altstadt & Brunnenplatz

Eine verlockende Ansammlung touristenfreundlicher Restaurants liegt im Schatten der nördlichen Altstadtmauer entlang des Kiçik Qala prospekti. Auch in den Straßen rund um den Brunnenplatz befinden sich zahlreiche Speiselokale. In der Nähe vom Axundov-Platz ist ein **Bravo-Supermarkt** (Karte S. 258; Əhməd Cavad küç 3; ⌚ 24 Std.).

In der Bäckerei **Elxanoğlu** (Karte S. 258; Rəsul Rza küç 28g; Qutab (gefülltes Fladenbrot) 0,5–1 AZN; ⌚ 24 Std.) bekommt man warmes Brot, das frisch aus dem *təndir* (Lehmofen) kommt – für 50 q (50 Qəpik).

Firuzə ASERBAIDSCHANISCH $

(Karte S. 258; ☎ 012-4934934; Əliyarbəyov küç 28a; Hauptgerichte 5–15 AZN, Steak/Fisch 19/22 AZN, Bier/frischer Saft ab 3/6 AZN; ⌚ 12–1 Uhr) Das Restaurant befindet sich in einem attraktiven Gewölbekeller am Brunnenplatz und ist bereits seit langer Zeit sehr beliebt. An den Wänden hängen aserbaidschanische Teppiche, deren Muster sich in den Stickereien der Tischdecken widerspiegeln.

Dank einer guten Klimaanlage und des Nichtraucherbereichs lässt sich das phänomenal umfangreiche aserbaidschanische Menü unbeschwert genießen. Zur Auswahl stehen einige köstliche vegetarische Gerichte, beispielsweise das knoblauchreiche *badımcan sırdağı* (ein Gericht aus Auberginen, Kartoffeln und Tomaten). Der Serviceaufschlag beträgt 10 %.

★ **Paris Bistro** FRANZÖSISCH $$

(Karte S. 258; ☎ 012-4048215; www.facebook.com/ParisBistroAz; Zərifə Əliyeva pr 1/4; Hauptgerichte 10–19 AZN, Snacks 6–15 AZN, Kaffee/Bier/Wein/Bubble Tea ab 3,50/4/7,50/9 AZN; ⌚ 24 Std.; 📶) In diesem Meisterwerk der französischen Bistro-Gastronomie lässt sich kaum glauben, dass die Champs-Élysées nicht gleich um die Ecke sind. Das Bistro trifft den Pariser Stil auf den Punkt, bis hin zu den Platanen an der Terrasse, die an einen Park grenzt. Die Kellner in bordeauxroten Schürzen servieren flink und fleißig Schnecken mit viel Knoblauch, Entenbrust mit Tapenade oder Crème brûlée.

Passage 1901 MULTIKULTURELL $$

(Karte S. 258; ☎ 012-5555556; www.facebook.com/Passage-1901-396317184089820; Mirvarid Dilbazı küç; Hauptgerichte 7–16 AZN; ⌚ 9–23 Uhr; 📶) Wer gutes, preiswertes aserbaidschanisches Essen an einem ungewöhnlichen Ort genießen möchte, besucht den zentralen Restaurantbereich dieser ehemaligen Markthalle. Mit ihrem gewölbten Dach und zahlreichen Elementen aus den 1950er-Jahren beschwört sie die nostalgische Erinnerung an Basare im sowjetischen Stil herauf.

Qaynana ASERBAIDSCHANISCH $$

(Karte S. 258; ☎ 070-4340013; www.facebook.com/qaynanarestaurant; Kiçik Qala 126; Hauptgerichte 8–16 AZN, Qutab 1 AZN, Bier 4,40 AZN; ⌚ 8–23 Uhr; 📶) Durch große Fenster fällt das Tageslicht auf eine Fülle an Gurkengläsern und Wandteppichen. Fröhliche Musikklänge steigern die schöne Atmosphäre und im Hintergrund sorgt ein *təndir* (Lehmofen) pausenlos für warmes Brot, das zu aserbaidschanischen Spezialitäten gereicht wird.

CafeCity INTERNATIONAL $$

(Karte S 258; www.cafecity.az; İslam Səfərli küç 1a; Hauptgerichte 9–17 AZN, Bier ab 3 AZN; ⌚ So–Do 9–24, Fr & Sa 9–1 Uhr; 📶) In der Speisekarte zeigen Fotos die angebotenen Köstlichkeiten der aserbaidschanischen und internationalen Küche. In einem separaten Teil wird die Auswahl an *sağlam həyat* (gesundem Essen) vorgestellt. Einrichtung und Dekor des Restaurants sind modisch orientiert, aber nicht übermäßig anspruchsvoll. Die drei CafeCity-Filialen befinden sich in eleganten Altbauten, in die sich ihr Ambiente harmonisch einfügt. Zum Hauptrestaurant an der İslam Səfərli küç gehört eine gefragte Sommerterrasse direkt am Brunnenplatz. Ausgesprochen beliebt sind auch die Filiale an der **Statistika** (Regierungsbehörde; Karte S. 254; İnşaatçılar pr 112a; Hauptgerichte 5–25 AZN; ⌚ 9–24 Uhr; 📶) und die Weinbar am **Sahil-Park** (Karte S. 254; Rəşid Behbudov küç 8; Hauptgerichte 8–24 AZN; ⌚ 9–1 Uhr; 📶).

Cizz-Bizz ASERBAIDSCHANISCH, INTERNATIONAL $$

(Karte S. 258; ☎ 012-5055001; www.facebook.com/cizzbizzoldcity; Kiçik Qala küç 114; Hauptgerichte 8,30–17,60 AZN, Beilagen 3,30 AZN, Kaffee/Bier/Wein/Cocktails ab 4/4/6/6 AZN; ⌚ 8–2 Uhr) Steinfußböden, hängende Blumenkörbe, eine schattige Terrasse und ein konstruiertes, aber gut durchdachtes Dekor in einer Art historisierendem Altstadtstil prägen den Charakter des weitläufigen Restaurants. Mit solch einem Ambiente ist das Cizz-Bizz verständlicherweise ein Magnet für Altstadtbesucher. Auf der Speisekarte stehen eine ganze Reihe Klassiker der aserbaidschanischen Küche. Zu den internationalen Alternativen zählen Forelle (11 AZN) und Huhn in Weinsoße (16,50 AZN).

Museum Inn INTERNATIONAL $$

(Karte S. 258; ☎ 012-4971522; www.museuminn.az; Q Məhəmməd küç 3; Hauptgerichte 8–30 AZN, Bier ab 4 AZN; ⌚ 12–23 Uhr; 📶) Das Restaurant des etwas kitschigen Achtzimmer-Hotels liegt im Obergeschoss. Die beiden Tische an dem großen Fenster bieten einen perfekten Ausblick auf den Jungfrauenturm (S. 253), den kein anderes Altstadtrestaurant aufweisen kann. Preisgünstig sind die ziemlich gut schmeckenden Nudelgerichte. Zur Auswahl stehen auch einige internationale und einheimische Gerichte.

Namaste INDISCH **$$**
(ehemals Adams Curries; Karte S. 258; https://www.facebook.com/authenticurries; Əliyarbəyov küç 12; Hauptgerichte 9–20 AZN, Reis 4 AZN; 13–23.30 Uhr;) Im Ausgehviertel von Baku gibt es inzwischen eine Fülle an Restaurants mit exotischer Länderküche wie der indischen. Das Namaste jedoch ist ein Familienbetrieb, der mit seinen beständig guten Currys schon seit Langem in Bakus Gastroszene fest etabliert ist.

Zakura JAPANISCH **$$**
(Karte S. 258; 012-4981818; www.zakura.az; Əlizadə küç 9; Hauptgerichte ab 8 AZN; 11.30–22.30 Uhr;) Während in Baku Restaurants mit japanischer Küche eher zum höheren Preissegment zählen, serviert das Zakura in stilvollem, modernistischem Ambiente hochwertiges Essen zu einem günstigen Preis. Das Mittagsmenü unter der Woche wird als eines der besten „Gastro-Schnäppchen" in der Stadt gehandelt.

★ Paul's STEAK **$$$**
(Karte S. 258; 055-5200092; www.pauls-baku.com; Zərgəpalan küç; Steak 25,50–63 AZN, Beilagen/Dips 6/2 AZN, Bier 4,50–9,90 AZN; Mo–Sa 18–22 Uhr;) Das Paul's ist auf eine angenehme Weise unaufdringlich und schlicht. Die Auswahl an Gerichten ist zwar klein, aber wenn es um hochwertige, perfekt zubereitete Steak geht, ist das deutsch-österreichische Gartenlokal nicht zu übertreffen. Zu den weiteren Spezialitäten zählen Schaschlik aus Schweinefleisch, Bratwurst und Thüringer Bratwürste. Während in den Sommermonaten die meisten Gäste im schattigen Biergarten unter Platanen Platz nehmen, spielt sich der Betrieb im Winter in einer Holzhütte ab. Am Wochenende ist eine Reservierung zu empfehlen.

Art Club ASERBAIDSCHANISCH **$$$**
(Karte S. 258; 050-4442013, 012-4922013; www.artgroup.az; Zeynallı küç 9; Kebabs 10–17 AZN, Hauptgerichte 25–60 AZN; 12–23 Uhr;) Silberne Taubenskulpturen über dem Eingang begrüßen die Gäste des Restaurants, das zugleich eine Galerie ist. An den Wänden hängen Leinwandgemälde und durch runde Glasscheiben im Fußboden blickt man auf darunter präsentierte Kunstobjekte.

Die Preise für das Essen sind hoch, aber ebenso dessen Qualität, außerdem strahlt das Ambiente große Ruhe aus.

Mayak 13 FUSION **$$$**
(Karte S. 258; 077-5050304, 012-5050304; https://instagram.com/mayak_13; Kiçik Qala 54; Hauptgerichte 14–35 AZN; 12–22.30 Uhr;) Wem die karikaturartigen Werke von Altay Sadikhzade in Bakus MOMA gefallen, der mag bestimmt auch das exzentrische Interieur seines Cafés Mayak 13. Cafe. Eine ausladende, wunderbar absurde Installation aus zerrissenen Segeln und Seilen hängt von der Decke herab. Maritimer Krimskrams sowie naiv gemalte Leuchttürme, Landschaften und Porträts an den nackten Wänden setzen witzige Akzente. Die kleine Auswahl an aserbaidschanisch-europäischen Fusionsgerichten wird wunderschön angerichtet und ganz klassisch serviert. Wie typisch für die Nouvelle Cuisine sind die Portionen klein. Das Majak 13 ist selten überfüllt, an manchen Abenden hat man das Restaurant ganz allein für sich, was den surrealen Touch des Erlebnisses verstärkt.

Muğam Club ASERBAIDSCHANISCH **$$$**
(Karte S. 258; 012-4924085; Həqiqət Rzayeva küç 9; Hauptgerichte/Kebabs ab 20/15 AZN; 11–23 Uhr) Rundum laufende Säulengänge umschließen den überdachten Innenhof der historischen Karawanserei. Lediglich zwei Zwergfeigenbäume und ein plätschernder Brunnen schmücken den Hof. Die fotogene, einstöckige Karawanserei gehört zur Essenz der sehenswertesten Orte in Baku. Die Preise für die durchweg guten aserbaidschanischen Gerichte sind sehr hoch. Allerdings ist der Restaurantbetrieb vor allem für Feste großer Gruppen und weniger für Einzelgäste gedacht.

Stadtzentrum

Mehrere Spitzenrestaurants befinden sich im **JW Marriott Absheron Hotel** (Karte S. 254; www.facebook.com/JWMarriottAbsheronBaku; Azadlıq Sq 674; unterschiedl. Öffnungszeiten je nach Restaurant;) am südlichen Ende des Bulvar. Zahlreiche weitere Speiselokale reihen sich entlang der Restaurantmeile im Windschatten der schicken, wenn auch eher seelenlosen **Port Baku Mall** (Karte S. 254; Fashion Ave; 9–23 Uhr;) sowie in der **Park Bulvar Mall** (Karte S. 254; www.parkbulvar.az; Bulvar; 10–24 Uhr). Im Hinblick auf die vielen Büroangestellten in der Gegend bieten das Restaurant-Trio mit ostasiatischer Küche im **Landmark Hotel** (Karte S. 254;

Nizami küç; ⌚unterschiedliche Öffnungszeiten je nach Restaurant; 📶) unter der Woche ein ausgezeichnetes Mittagessen.

Zu den zahlreichen Supermärkten im Stadtzentrum, die rund um die Uhr geöffnet haben, gehören **Spar** (Karte S. 254; Səməd Vurğun küç 59; ⌚24 Std.) und **Bravo** (Karte S. 254; Xaqani küç; ⌚24 Std.).

Café & Restaurant

Samik ASERBAIDSCHANISCH **$**

(Karte S. 254; ☎012-4983933; 28 May küç 76a; Hauptgerichte 2,20–6,50 AZN, Fisch 4–11 AZN, Beilagen 1–2,50 AZN, Tee pro Glas/Kanne 0,60/2,50 AZN; ⌚24 Std.; 📶) Das Samik ist eines der preisgünstigsten Lokale im Stadtzentrum. Mit den Vergoldungen an seiner Gewölbedecke und den hübsch bestickten Tischdecken strahlt es dennoch einen Hauch von Eleganz aus. Es hat rund um die Uhr geöffnet und seine einfachen kaukasischen Gerichte sind speziell für Reisende, die mit dem Morgenzug in Baku eintreffen, ein Geschenk des Himmels.

★ Şirvanşah Muzey-Restoran ASERBAIDSCHANISCH **$$**

(Karte S. 254; ☎050-2420903, 012-5950901; www.facebook.com/shirvanshahmuzeyrestoran; Salatın Əsgərova küç 86; Hauptgerichte 5–15 AZN; ⌚12–23 Uhr) Dieser verführerische Ort in einer bescheidenen Straße begann seine Existenz im 19. Jh. als Badehaus. Nach einem Umbau entstand eine gelungene Kombination aus Restaurant und beeindruckendem ethnografischem Museum für Kunsthandwerk und Nippes. Sogar als Filmkulisse hat es schon mal gedient. Die Auswahl an soliden aserbaidschanischen Gerichten deckt ein breit gefächertes Spektrum ab. Doch eigentlich ist die Atmosphäre der wahre Magnet. Mehr als ein Dutzend Räume widmen sich Motiven unterschiedlicher Epochen, angefangen von rustikalen Werkstätten von Kunsthandwerkern bis hin zu Büros sowjetischer Apparatschiks.

Partizan RUSSISCH **$$**

(Karte S. 254; ☎077-6194145; www.instagram.com/partizanrestaurant; Bəşir Səfiroğlu küç; Hauptgerichte 8–21 AZN; ⌚11–23 Uhr) Eine Mixtur aus Spaß, theatralischem Gehabe und kostümiertem Personal erwartet die Gäste im Partizan. Das klingt jedoch kitschiger als es ist. Als Sowjetsoldaten verkleidete Kellner verlangen ein Passwort (d. h. die Buchungsnummer). Manchmal geben sie den Gästen in bellendem Befehlston Anweisungen oder beginnen urplötzlich mit einem Waffentanz, während der Akkordeonspieler wild „Kalinka“ spielt. Die Speisekarte mit überwiegend traditionellen russischen und aserbaidschanischen Gerichten kommt als *Prawda* „verkleidet“.

An der Hausfassade ist kein Schild, aber das Partizan lässt sich leicht finden: Es liegt gegenüber vom Pub Lucky 13 in der kurzen Gasse, die die Bəşir Səfiroğlu küç mit der Əlövsət Quliyev küç verbindet. Das Restaurant ohne vorherige Buchung zu besuchen, ist mehr oder weniger ein Glückspiel.

Entrée CAFÉ, BÄCKEREI **$$**

(Karte S. 254; www.facebook.com/Entree.az; Dilarə Əliyeva küç; Snacks/Hauptgerichte ab 2,50/8 AZN; ⌚9–22 Uhr; ❄📶) Das Entrée ist eine attraktive Bäckerei-Café-Kette. Ihr Flaggschiff ist in Baku: eine große, gemütliche Filiale mit verglaster Küche, bequemen Sitzgelegenheiten und ausgezeichnetem Kaffee.

Imereti GEORGISCH **$$**

(Karte S. 254; ☎012-4934181; Xaqani küç; Hauptgerichte 3–12 AZN, xacapuri 8; ⌚10–23 Uhr) Mehrere andere, durchaus schickere Restaurants im Stadtzentrum bieten eine ähnliche Speisekarte wie das Imereti. Doch viele Gäste bevorzugen seit Jahren dieses kleine und schlichte Kellerlokal mit seiner gemütlichen Atmosphäre, seinem authentischen georgischen Essen und dem hausgemachten Wein (pro Liter 15 AZN).

SAHiL ASERBAIDSCHANISCH **$$$**

(Karte S. 254; ☎012-4048212, 050-2850022; www.sahilbaku.az; Neftçilər pr 34, Bulvar; Hauptgerichte 12–28 AZN, Stör 40–250 AZN; ⌚12–24 Uhr; 📶) Mit einer lupenreinen aserbaidschanischen und persischen Küche in einer freundlichen, entspannten Umgebung direkt am Bulvar wartet das Sahil auf. Es gehört zu den wenigen Restaurants, die *shah plov* (Pilaw mit zahlreichen Zutaten zu einer riesigen Kugel geformt) portionsweise servieren und *mirza ghassemi* (ein köstlicher südkaspischer Auberginen-Knoblauch-Brei) anbieten. Wenn Geld keine Rolle spielen sollte, kann man hier auch Kaviar und gefüllten Stör genießen.

7/40 KOSCHER **$$$**

(Karte S. 254; ☎051-2500784, 012-4048224; www.facebook.com/7_40_baku_kosher; Səməd Vurğun küç; Meze (spez. Vorspeisen) 5–11 AZN, Hauptgerichte 14–27 AZN, Falafel 7 AZN; ⌚So–Do 11–23, Fr 11–16 Uhr; 📶) Zu 100 % koscheres Essen ist der Hauptmagnet des entspannten Restaurants der gehobenen Preisklasse. Unabhängig von Ernährungsweisen oder Religion, die Speisekarte bietet auf jeden Fall eine

Menge köstlicher kulinarischer Kreationen. Dazu zählen beispielsweise mit Lammfleisch gefüllte Quitten (15 AZN) sowie mit Wodka und Mandarinen zubereitete Brathähnchen. Außerdem werden alkoholische Getränke ausgeschenkt.

Chinar ASIATISCH $$$

(Karte S. 254; ☎ 012-4048211, 051-4048211; www.chinar-dining.az; Şövkət Ələkpərova küc 1; Snacks 8–21 AZN, Hauptgerichte 14–44 AZN, Cocktails ab 10 AZN; ⌚ So–Do 12–1, Fr & Sa 12–2 Uhr, ab 23 Uhr reduzierte Speisekarte; 📶) Raffinierte ostasiatisch-asiatische Fusiongerichte sind die spektakuläre Spezialität des trendbewussten Lounge-Restaurants. Steaks und echter Kaviar (250 AZN) stehen ebenfalls auf dem kulinarischen Programm. Ab 23 Uhr wird auf Barbetrieb umgestellt, dann gibt es Sushi bis zum Geschäftsschluss.

Mithilfe der QR-Codes in der Speisekarte kann man Fotos von den einzelnen Gerichten aufs Handy runterladen. Der Serviceaufschlag beträgt 5 %.

Batamdar

Teleqüllə INTERNATIONAL $$$

(☎ 070-7707070, 012-5370808; www.telequlle.az; Ak Abbaszadə küç 2; Kebabs 10–25 AZN, Hauptgerichte 20–50 AZN, Bier/Wein/Cocktails ab 6/8/15 AZN; ⌚ 10.30–23 Uhr) Die einzige Möglichkeit, Bakus ikonischen Fernsehturm aus der Sowjetzeit zu betreten, besteht in dem Besuch dieses Drehrestaurants. Und der Ausblick ist wirklich atemberaubend. Die Preise für Speisen und Getränke sind hoch, aber dafür stehen in der Speisekarte auch interessante Gerichte, beispielsweise Stör mit Granatapfel (40 AZN) oder Rinderfilet in Kognak-Gorgonzola-Soße (30 AZN). Gefordert werden die Tischreservierung und die Vorauszahlung eines Mindestverzehrs in Höhe von 20 AZN pro Person, der dann mit den tatsächlich konsumierten Speisen und Getränken verrechnet wird.

Wer zum Fernsehturm möchte, nimmt am besten an den Flame Towers den Bus 3 und fährt bis zur Haltestelle Zoologisches Institut. Anschließend geht es zu Fuß auf einem etwas steilen Weg in etwa sieben Minuten bis zum Eingangsportal des Fernsehturms. Von hier aus führt ein 85 m langer und surrealer Tunnel voller Lichter und Vergoldungen zum Aufzug.

Die preiswertere Alternative zum Restaurantbesuch ist, auf der Terrasse im Erdgeschoss des Fernsehturms einen Drink und den ebenfalls schönen Ausblick zu genießen.

Ausgehen & Nachtleben

Bars im Stil anderer Länder finden sich konzentriert südlich vom Brunnenplatz Richtung Əlizadə küç. Dort gibt es sogar ein **Hard Rock Cafe** (Karte S. 258; ☎ 012-4048228; www.hardrockcafe.com/location/baku; Əziz Əliyev küç 8; Bier/Cocktails ab 6/11 AZN, Burger 16–24 AZN; ⌚ 12–1 Uhr; 📶). Wesentlich preiswerter ist das Bier (ab 1 AZN) in den Bars und quirligen Cafés an der Qoqol küç oder etwas versteckt in den nahen Nebenstraßen, insbesondere der Aslanov küç und der Tolstoy küç. Weiter verstreut liegen die neuen plüschigen Lounge-Bars und Teesalons. Idealerweise mit einer Platin-Kreditkarte in der Tasche lässt sich die glamouröse Nachtclubszene der Stadt am besten genießen, beispielsweise im **Enerji** (☎ 050-7007057; www.enerji.az; National Flag Sq; ⌚ So–Do 12–24, Fr & Sa 12–16 Uhr). Streng an den im Moment angesagten Dresscode der Hipsterszene halten sich die Gäste des Rave-Clubs **iN** (https://inclubbaku.com; Ceyhun Səlimov küç 18a; ⌚ siehe Website).

Pubs & Bars

★ Old School Cafe BAR

(Karte S. 254; www.facebook.com/oldschool.cafeandshop; Topçubaşov küç; ⌚ 12–2 Uhr; 📶) Old School ist ein toller und ziemlich schräger Treffpunkt der jungen, intellektuellen Szene der Stadt. Das Türschild ist eine Schreibmaschine und der Gastraum ist geradezu übersät mit Uhren, Kameras und Stühlen alter Schulen (daher der Name). Gelegentlich finden Live-Konzerte statt, doch hauptsächlich geht es hier darum, miteinander zu reden und in aller Ruhe ein Bier oder einen Kräutertee zu genießen.

Floors BAR

(Karte S. 258; ☎ 070-4920117; www.facebook.com/floorsbaku; Qəsr dongəsi 1; trockener/süßer Wein 9/7 AZN, Kurze (Schnaps) 5 AZN, Bier 4 AZN; ⌚ 16–2 Uhr; 📶) Jede Etage der verführerischen Altstadtbar besitzt einen ganz eigenen Charakter, beispielsweise die Galerie-Lounge auf der zweiten Ebene. Am spektakulärsten ist allerdings die Dachterrasse mit Blick auf den Shirvanshah-Palast (S. 256). Am späten Nachmittag diesen herrlichen Ausblick zu genießen, ist allein schon den Preis eines Drinks wert.

Avto Stop PUB

(Karte S. 254; Qoqol küç 21c; ⌚ 12–23 Uhr) Ein gewisser Graffiti-Charme macht den Avto Stop zur flippigsten Bar an der Qoqol (Mardanov) küç. In dieser Straße gibt es eine ganze Reihe an preiswerten und einladenden (wenn auch verrauchten) Bars, in denen das Bier nur 1,20 AZN kostet und die auch noch länger geöffnet haben.

Finnegans PUB

(Karte S. 258; www.facebook.com/finnegansbaku; Əlizadə küç 8; Bier ab 5 AZN; ⏲11–1 Uhr; 📶) Schon lange vor Ort gibt es das originalgetreue anglo-irische Pub mit seinen großen schmiedeeisernen Kronleuchtern an den hohen Gewölbedecken. Für live gespielten Bluesrock ist das Finnegans eine der besten Adressen in der Stadt. Wem der Sinn nicht danach steht oder etwa das Bier zu teuer ist, findet in der erweiterten Nachbarschaft zahlreiche Alternativen.

Crazzy Bear PUB

(Karte S. 254; www.facebook.com/crazzybear.az; Bəşir Səfəroğlu küç 197; ⏲17–2 Uhr; 📶) Bei um die 20-jährigen Einheimischen ist das Crazzy Bear sehr beliebt. Seine Betreiber haben es selbst zum „Konzept-Pub" erklärt. Zum ziemlich auffälligen Dekor zählt ein abgetrenntes Autoheck und diverse Schilder begrüßen die Nachtschwärmer mit der unmissverständlichen Aufforderung „Eat, drink und rock" („Iss, trink und rock"). Für eine Diskonacht in einem weder schäbigen noch allzu glamourösen Ambiente ist das Crazzy Bear also bestens geeignet.

Barfly BAR

(Karte S. 258; www.facebook.com/barfly.baku; Böyük Qala küç 41; ⏲15 Uhr bis spätnachts) Am Nachmittag finden gemütliche Weinprobe statt (30 AZN, inkl. fünf aserbaidschanischer Käsesorten). Ab 22 Uhr jedoch tummeln sich hier hippe Gäste, während der Barkeeper mit seinen Flaschen jongliert und in der Regel ein DJ die Stimmung anheizt.

Bar 360 BAR

(Karte S. 254; 24. Stock, Hilton Hotel, Azadlıq pr 1b; ⏲17–2 Uhr; 📶) Genau wie ein Drehrestaurant dreht sich der Raum dieser noblen Bar und bietet so langsam wechselnde Ausblicke auf die Stadt. Bei den hohen Preisen lohnt sich die Happy Hour, deren Angebote sich immer wieder mal ändern.

Weinlokale

★ Kefli Local Wine & Snacks WEINLOKAL

(Karte S. 258; ☎051-3089909; www.facebook.com/kefliwinebar; Əliyarbəyov küç 4a; ⏲So–Do 15–1, Fr & Sa 15–3 Uhr) Im Kefli können die Gäste eine Weinreise durch Aserbaidschan unternehmen. In der buchähnlich dicken Weinkarte sind die einheimischen Flaschenweine sortiert nach Trauben- bzw. Granatapfelsorten aufgeführt. Etwa 20 Weine werden auch glasweise ausgeschenkt.

Enoteca Meydan WEINLOKAL

(Karte S. 258; ☎070-4977414; www.facebook.com/enotecaMeydan; Böyük Qala küç; ⏲11–1 Uhr; 📶) Die kleine Weinhandlung mit Verkostungsbar besitzt eine angenehm unaufdringliche Atmosphäre. Geführt wird die Enoteca von Experten, die so gut wie alles wissen, was es über aserbaidschanische Weine und ihre Jahrgänge zu wissen gibt.

Kaffee & Tee

İçərişəhər Bookhouse Cafe CAFÉ

(Karte S. 258; Vali Məmmədov küç; Tee 2–5 AZN; ⏲15–22 Uhr; 📶) Gemütlich, ruhig und etwas verschroben wirkt das von Frauen geführte Café. Man fühlt sich wie im Wohnzimmer von intellektuellen Freunden mit einer ausgeprägten Vorliebe für Wandmalereien und markante Porträtzeichnungen. Mit seiner entspannten Atmospäre ist es ein idealer Ort für ein tête-à-tête und tiefschürfende Gespräche bei einer Kanne Kräutertee. Als Lektüre stehen zahlreiche Bücher bereit, leider alle in aserbaidschanischer Sprache.

Coffee Moffie CAFÉ

(Karte S. 258; ☎050-9641380; www.facebook.com/coffeemoffiebaku; İslam Səfərli küç 9; ⏲9–24 Uhr; 📶) Bei der „Laptop-Truppe" ist das Moffie sehr beliebt, es eignet sich aber auch perfekt für einen ruhigen Plausch bei einem Glas Weißwein oder des regionalen Granatapfelweins. Mit den zahlreichen Filmplakaten und den gemalten Fußabdrücken an den Wänden und dem ramponierten alten Klavier verbindet sich in dem netten Café eine unkonventionelle mit einer gemütlichen Atmosphäre.

Kofetearea CAFÉ

(Karte S. 258; Passage 1901, Mirvari Dilbazı küç; Kaffee 3,5–7 AZN; ⏲Mo–Fr 10–20, Sa & So 12–20 Uhr; 📶) Der Kaffee im Kofetearea zählt zu den besten in Baku. Kein Wunder, schließlich wird er mit einer La-Marzocco-Espressomaschine und aus vor Ort frisch gerösteten Kaffeebohnen zubereitet. Das Café befindet sich in der großen Passage 1901 (S. 267) und lässt sich dort leicht finden. Vom Brunnenplatz ist es über die Unterführung in fünf Gehminuten zu erreichen.

Qadım Bakı TEEHAUS

(Old Baku Tea House; Karte S. 258; ☎012-4370818; Qüllə küç 22 Tee Kanne/Samovar 5/15 AZN; ⏲13–1 Uhr; 📶) Teppiche über Teppiche bedecken

TEURES BAKU

Die vielen hochwertigen Boutiquen richten sich an die neureiche Oberschicht Bakus, aber auch an die in letzter Zeit eingefallenen hochrangigen Touristen aus den Golfstaaten. Eine gewisse Auswahl solcher Geschäfte befindet sich am südlichen Ende der Əziz Əliyev küç, wo man **Tiffany** (Karte S. 258; ☎050-2919970; Əziz Əliyev küç 1c; ⌚Mo–Sa 11–20 Uhr) und **Bvlgari** (Karte S. 258; Əziz Əliyev küç 1a; ⌚11–20 Uhr) findet. Um die Ecke befindet sich in einem typischen, mit Stuckelementen verzierten Prachtbau der Herrenausstatter **Tom Ford** (Karte S. 258; www.tomford.com/men; Neftçilər pr 23a; ⌚Mo–Sa 11–20 Uhr). Dieses Haus war im Jahr 1944 das geheime Übernachtungsquartier Charles de Gaulles auf seiner Reise nach Moskau. Zahlreiche weitere prominente Boutiquen, darunter **Dolce & Gabbana** (Karte S. 254; Neftçilər pr 45b; ⌚11–20 Uhr) und Gucci liegen am Bulvar nahe dem Museumszentrum.

Eine **Rolls-Royce-Vertretung** (Karte S. 258; www.rolls-roycemotorcars-baku.az; Əlizadə küç 5; ⌚Mo–Fr 9–18, Sa 10–16 Uhr) befindet sich in dem ehemaligen Gebäude der Gorodskoi Bank (1901) mit seinem prächtigen Mauerwerk. **Baku Lamborghini** (Karte S. 254; ☎012-4048410; www.facebook.com/lamborghiniStoreBaku; Parlament pr 4; ⌚Mo–Sa 10–19 Uhr) liegt am Fuße der Flame Towers, während Ferrari und Bentley Ausstellungsräume in der Nähe der Port Baku Mall eingerichtet haben, wo man unter anderem auch Boutiquen von Alexander McQueen und Stella McCartney findet.

die Fußböden und Wände des gemütlichen Teehauses. Bunte marokkanische Lampen beleuchten seine gewölbeartigen Räume, in die nur diffuses Tageslicht durch wenige *Şəbəkə*-Fenster (künstlerisch gestaltete Buntglasfenster) eindringt. Essen wird zwar angeboten, doch hauptsächlich geht es hier darum, in aller Ruhe ein klassisches Gedeck aus Tee, Marmeladen und *paxlava* (Baklava) zu genießen. Eine Shisha (Wasserpfeife) kostet 25 AZN für bis zu zwei Stunden Rauchvergnügen. Alkoholische Getränke sind hier nicht erhältlich.

☆ Unterhaltung

Baku besitzt eine lebendige Unterhaltungsszene. Die Theatersaion reicht von Mitte September über den Jahreswechsel bis Ende Mai. Eintrittskarten für die unterschiedlichen Spielstätten gibt es in einer **Kartenverkaufsstelle** (Teatri və Konsert Biletləri; Karte S. 258; Əlizadə küç 4; ⌚11–15 & 16–18 Uhr), die sich in der Fußgängerzone südlich vom Brunnenplatz befindet, oder online auf der Website iTicket (https://iticket.az).

Das Restaurant im Muğam Club (S. 268) veranstaltet häufig Dinner-Shows mit traditioneller Musik und kaukasischen Tänzen. In etlichen Restaurants an der Nordmauer der Altstadt finden Gesangsauftritte unterschiedlicher Genres statt.

Informationen zu den aktuellen Veranstaltungen gibt es auf Englisch unter http://salambaku.travel oder auf Aserbaidschanisch unter https://citylife.az.

Etud LIVEMUSIK

(Karte S. 258; ☎050-7666690; www.facebook.com/etudbaku; İslam Səfərli küç 23; ⌚15–2 Uhr) An der Treppe, die hinunter zu dem sehr bescheidenen Kellerlokal führt, gibt es kein Hinweisschild. Wer zufällig den richtigen Abend erwischt, kann hier jedoch eine der experimentellesten und ekletischesten Musikveranstaltungen der Stadt hören.

Die Getränke sind preiswert, außerdem besteht kein Gedeckzwang.

Le Château LIVEMUSIK

(Karte S. 258; www.facebook.com/lechateaubaku; İslam Səfərli küç; ⌚15–2 Uhr) Le Château gehört zu den markantesten Spelunken der Stadt. Die Live-Jams (in der Regel an den Wochenenden von 21 bis 23 Uhr) bilden eine unglaublich lässige Musikkulisse für das lebhafte Stimmengewirr, das hier stets herrscht. Der Eintritt ist kostenlos – und das Bier gibt es bereits ab 2 AZN.

Filarmoniya KONZERTHALLE

(Azərbaycan Dövlət Filarmoniyası; Karte S. 258; ☎012-4972901, Kartenbüro 012-4973609; www.instagram.com/filarmoniya_baku; İstiglaliyyat küç 10; ⌚Kartenbüro 11–19 Uhr) Mit ihren Zwillingstürmen gehört die Konzerthalle im mediterranen Stil zu den Wahrzeichen der Stadt. Das im Jahr 1910 erbaute Gebäude war ursprünglich als ein Kasino der Ölboomzeit konzipiert. Die Innenräume sind genauso beeindruckend wie die Architektur, sie bilden einen wunderschönen Rahmen für sehr vielfältige Konzerte.

International Muğam Centre KONZERTHALLE
(Beynəlxalq Muğam Mərkəzi; Karte S. 254; ☎ 012-4978972; www.mugamradio.az; Neftçilər pr 9) Stilisierte Musikinstrumente standen Modell für die Architektur der stilvollen Konzerthalle. Auf dem spärlichen Programm stehen Konzerte in unterschiedlichen Musikstilen.

Pantomimetheater PANTOMIME
(Dövlət Pantomima Teatrı; Karte S. 254; ☎ 012-4414756; http://pantomima.az; Azadlıq pr 75/49; Eintrittskarten ab 5 AZN) Wunderschöne, kreative Pantomineaufführungen stehen auf dem Programm des kleinen Theaters in einer ehemaligen Kapelle von 1900. Vorstellungen finden nur am Wochenende statt.

Oper & Ballett OPER, BALLETT
(Azərbaycan Dövlət Akademik Opera və Balet Teatrı; Karte S. 254; ☎ 012-4931651; www.tob.az; Nizami küç 113; ⏲ Mitte Sept.–Mai) Das im Jahr 1910 erbaute Theater besitzt eine sehr markante Fassade mit zwei Türmen. Sein klassisches, glanzvolles Interieur könnte allerdings ein wenig Auffrischung gebrauchen.

Unter den wechselnden Aufführungen beider Sparten sind einige als grandios zu bezeichnen, andere sind dagegen eher alltägliche Repertoirevorstellungen. Die Opern werden meistens in der Originalsprache des Librettos gesungen (deshalb sollte man sich vorher schnell im Internet über die jeweiligen Inhalte informieren).

Park Bulvar Cinema KINO
(Karte S. 254; ☎ 012-5987414; https://parkcinema.az/kinoteatrlar/park-bulvar?lang=en; Park Bulvar Mall, 3. Stock, Neftçilər pr 78) In diesem großartigen Multiplexkino werden manchmal auch 3D-Filme ausgestrahlt.

Shoppen

Die Nizami küç hieß in der Sowjetzeit noch Torgovaya (Handelstraße), und unter diesem Namen ist sie immer noch bekannt. Heute ist sie eine Fußgängerzone sowie eine beliebte Einkaufs- und Flaniermeile. Exklusivere Boutiquen finden sich südlich der Nizami küç an der Rəsul Rza küç und Əziz Əliyev küç sowie in westlicher Richtung an der 28 May küç und außerdem an der Nordseite des Bulvar.

Zu den Shoppingzentren im Stil des 21. Jhs. zählen die Park Bulvar Mall (S. 260), 28 Mall, Ganjlik Mall und die **Port Baku Mall** (Karte S. 254; www.portbakumall.az; Neftçilər pr 151; ⏲ 10–22 Uhr; 📶) sowie die **Caspian Waterfront Mall** (Karte S. 254; Yeni Bulvar), deren Eröffnung nach einigen Verzögerungen in naher Zukunft geplant ist.

Ovdan LEBENSMITTEL & GETRÄNKE
(Karte S. 258; ☎ 050-4434443; İçəri Şəhər; ⏲ 8–22 Uhr) Der hübsche kleine Laden verkauft regionale Spezialitäten wie Süßigkeiten und Konfitüren sowie mehrere Varianten von Halva und *paxlava* (Baklava). Er befindet sich in einem Gewölbe, dessen Eingang in einem Tunnel liegt, der im Mittelalter zu einer Zisterne führte. Der Tunnel liegt gleich links vom Ausgang Richtung Altstadt der Metrostation İçərişəhər.

Baku Book Center BÜCHER
(Karte S. 254; ☎ 012-5059999; http://bakubookcenter.az; Üzeyir Hacıbəyli küç 5; ⏲ 10–21 Uhr; 📶) Im Zeitalter des Rückgangs der Buchhandlungen ist der 2018 eröffnete „Buchpalast" ein kleines Wunder. Regelmäßig finden hier Signierstunden von Buchautoren und Buchausstellungen statt

Çiraq Books BÜCHER
(Karte S. 258; ☎ 012-4923289; www.facebook.com/chiraqbookstore; Yusifbəy İbrahimli küç 2a; ⏲ Mo 10–17, Di–Sa 10–20 Uhr) Seit zwei Jahrzehnten ist Çiraq die führende Buchhandlung für englischsprachige Bücher in Baku. Die Auswahl an Klassikern, Bestsellern und Reiseführern in englischer Sprache ist ziemlich gut. Darüber hinaus umfasst ihr Sortiment die einschlägige aserbaidschanische Literatur. Vorhanden ist auch eine gute Souvenirabteilung.

Karavansara Bazarı GESCHENKE & SOUVENIRS
(Karte S. 258; Qüllə küç; ⏲ 9–21 Uhr) Die meisten Waren in dem Geschenke- und Souvenir-Shop sind ein wenig kitschig. Ein kurzer Besuch lohnt sich aber allein schon, um die Architektur einer der fotogensten Karawansereien der Stadt zu bewundern.

Təzə Bazar MARKT
(Karte S. 254; Səməd Vurğun küç; ⏲ ca. 7–18 Uhr; 🚌 88a) Alles von Kaviar (manchmal auch mit Verkostung) über fotogen aufgestapeltes Obst bis hin zu allerlei Haushaltswaren und Tee aus der Region Lənkəran findet sich auf diesem Markt. Er liegt verhältnismäßig zentral und ist täglich geöffnet.

Praktische Informationen

GELD

Geldautomaten sind in Baku weit verbreitet. Viele Hotels und einige Restaurants akzeptieren Kreditkarten. Zu den Banken, die größere Euro- oder Dollarbeträge umtauschen, zählen die **Kapital Bank** (Karte S. 254; Zərifə Əliyeva küç 63; ⏲ Mo–Fr 9–17 Uhr) in der Nähe des Museumszentrums oder die Filiale der **Amrah Bank** (Karte

S. 254; 28 May küç 74; ⏲ Mo–Fr 10–17 Uhr) am Bahnhof oder die am **Sahil-Park** (Karte S. 254; Xaqanı küç 59; ⏲ Mo–Fr 9–17 Uhr). Im Gegensatz zu anderen Stadtgebieten ist der Umrechnungskurs in den Wechselstuben in der Umgebung des Brunnenplatzes und in der Altstadt mindestens 2 % schlechter, zudem öffnen sie auch später. Nebenbei interessant: Die **Günay Bank** (Karte S. 258; Qüllə küç; ⏲ 9–22 Uhr) tauscht auch UAE-Dirham (Währung der Vereinigten Arabischen Emirate) um.

TOURISTENINFORMATION

Touristeninformation (Baku Tourism Information Center; Karte S. 254; ☎ 012-4981244; www.facebook.com/BakuTourismInformationCenter; Üzeyir Hacıbəyli küç 70; ⏲ Mo–Fr 9–18, Sa & So 11–16 Uhr)

An- & Weiterreise

BUS & SAMMELTAXI

Fast alle Fernbusse starten am **Zentralen Busbahnhof** (International Bus Terminal, Avtovağzal; Bakı Beynəlxalq Avtovağzal Kompleksi; ☎ 012-4060158; https://avtovagzal.az; Sumqayıt Hwy; 🚌 14, 37, 96, Ⓜ Avtovağzal) bzw. kommen dort an. Er liegt rund 8 km nördlich des Stadtzentrums.

Die Metrostation Avtovağal befindet sich direkt am Busbahnhof und ist von der im Stadtzentrum gelegenen Metrostation Memar Əcəmi bequem zu erreichen (die Metro hält unterwegs nur einmal).

Die Busfahrkarten muss man an dem für die Zielorte bzw. Buslinie zuständigen Fahrkartenschalter (*kassa*) kaufen. Die Schalter für Zielorte in der Türkei oder im Iran befinden sich auf Deck 1 (Tickets am besten mehrere Tage vor der Abfahrt kaufen). Die Fahrkarten für Destinationen innerhalb von Aserbaidschan und in Georgien gibt es auf der Abfahrtsebene (Deck 1). Hier befinden sich *kassa* 1 bis 10 neben dem Bussteig A3 und *kassa* 11 bis 19 neben dem Bussteig B11. Digitale Anzeigetafel informieren, wie viele freie Plätze für den jeweiligen Bus noch zur Verfügung stehen. Wer seine Fahrkarte online im Voraus bucht, muss sich vor der Abfahrt an der *kassa* 16 eine Fahrkarte aus Papier abholen.

Zu den internationalen Zielorten der Fernbusse gehören:

Istanbul (**İstanbul,** Türkei, 70 US$, 32–40 Std., fast tgl., ungefähr um 11 Uhr). Die Route wird von mehreren Busgesellschaften bedient, deren Büros sich an der Frontseite von Deck 1 befinden. Ein Preisvergleich lohnt sich. Wichtig ist, sich nach der genauen Fahrtstrecke zu erkundigen, denn Busse, die über Ankara fahren, brauchen etliche Stunden länger.

Tbilisi (Tiflis, Georgien, 15 AZN, Nachtbus, tgl. 21, 23 und 24 Uhr) *Kassa* 19.

Teheran (Iran, 40 AZN, rund 16 Std., tgl. 15 Uhr) und Täbris (Iran, 30 AZN, rund 11 Std., tgl. 22 Uhr, freitags zusätzl. um 9 Uhr) Fahrkarten und Abfahrt auf Deck 1, Bussteige 1309A und 1309B.

Manche Busse fahren auf einer Alternativroute Richtung Naxçivan. Wer nach Täbris will, steigt dann vor der iranischen Grenze in Julfa aus (25 AZN, 14 Std., 9 oder 21 Uhr, *kassa* 19) und fährt von dort mit einem preiswerten Sammeltaxi nach Täbris.

Inlandbusse verkehren stündlich zu den folgenden Zielorten:

Gəncə (8,40 AZN, 7 Std.) *Kassa* 1.

İsmayıllı (4 AZN, 4 Std.) *Kassa* 15.

Lənkəran (5 AZN, 3 Std.)

Qırmızı Körpü (georgische Grenze; 11,90 AZN, 10 Std.) *Kassa* 1.

Quba (4 AZN, 2½ Std.) *Kassa* 7.

Qusar (4 AZN, 3¼ Std.), um nach Shahdag zu gelangen, *kassa* 6.

ZÜGE AB BAKU

REISEZIEL	FAHRT ÜBER	ABFAHRT	ANKUNFT	FAHRPREIS (AZN)
Astara	Lənkəran	23.50 Uhr	8 Uhr	p/k 7/11
Balakən	Şəki	23.20 Uhr	10 Uhr	p/k 9/14
Gəncə		9 Uhr	13 Uhr	Sitzplatz 10**
Kiew (Ukraine)	Xaçmaz	Sa 1.35 Uhr	Mo 11.35 Uhr	p/k 185/263
Moskau, Kursker Bahnhof (Russland)	Xaçmaz	Do 1.35 Uhr	Sa 4.15 Uhr	p/k 208/278
Qazax	Gəncə	23 Uhr	11.50 Uhr	p/k 9/14
Tbilisi (Tiflis, Georgien)	Gəncə	20.40 Uhr	12.15 Uhr	p/k 25/35

p/k = platskart/kupe (offenes Stockbett/Schlafabteil 2. Klasse)
** = fährt tagsüber; für einen Schlafwagen nimmt man den Zug von Qazax nach Gəncə

Şəki (8,40 AZN, 5½–6½ Std.), die Busse fahren über Ağdaş, während die Minibusse die weitaus schönere Route über Şamaxı nehmen.

Zaqatala (8,50 AZN, 8 Std.)

Sammeltaxi

Sammeltaxis kosten in der Regel ungefähr das 2,5-Fache des Preises einer Busfahrt (oder bei Nutzung aller Plätze das 10-Fache). Sammeltaxis, die zu den Hauptzielorten fahren, warten an zwei Stellen auf dem Parkplatz gleich nördlich vom Busbahnhof. Der Stand der Sammeltaxis nach Şamaxı und İsmayıllı befindet sich allerdings etwa 1 km weiter Richtung Stadtzentrum am Şamaxinka (Moskva pr; g 65), einem riesigen, chaotischen Kreisverkehr (von Baku verkehrt der Bus 14 oder Bus 65 vom Azneft-Platz zum Şamaxinka).

FLUGZEUG

Bakus **Heydar Aliyev International Airport** (GYD; www.airport.az; Bina; 🚌 H1) bietet Flugverbindungen zwischen Baku und zahlreichen Städten in Europa, Russland und Zentralasien, außerdem von und nach Dubai, New York, Qatar, Teheran, Tel Aviv sowie Batumi und Tiflis in Georgien.

Die Fluggesellschaft AZAL (www.azal.az) bietet zum Festpreis Inlandsflüge nach Gəncə (61 AZN; 3-mal in der Woche) und Naxçivan (70 AZN; mind. 4-mal tgl.). Tickets für diese Flüge sind online (Website der AZAL) oder auch bei **SW Travel** (Karte S. 254; ☎ 012-598880; www.swtravel.az; Nizami küç 126c; ⏲ 9–20 Uhr) erhältlich.

Die meisten Langstreckenflüge starten und landen an Terminal 1 (T1). Das Terminal hat die Form eines modernistisch stilisierten Dreispitzes sowie zahlreiche sehr fotogene Designelemente aufzuweisen, darunter so markante wie die kokonähnlichen Gebilde mit Cafés und Bars.

Inlandsflüge und internationale Billigflüge der Fluggesellschaften Buta Airways und WizzAir nutzen Terminal 2. Der 4-minütige, ungeschützte Fußweg dorthin verläuft quer über den Parkplatz. Terminal 2 besitzt eine filigrane Außenhülle, die bei nächtlicher Beleuchtung von außen faszinierend wirkt, von innen aber keinen besonderen Eindruck macht.

Vom/zum Flughafen

Der Shuttlebus (www.aeroexpress.az) zwischen Flughafen und dem Bahnhof in Baku fährt vor Terminal 1 ab (6–19 Uhr halbstündl.; 19–21 Uhr alle 40 Min.; 21–6 Uhr stündl.). Die einfache Fahrt kostet 1,30 AZN, der Fahrpreis muss aber vorher auf eine elektronische BakıKart (S. 277) geladen werden. Kaufen kann man die Karte an den Automaten direkt vor den Eingangstüren von Terminal 1 sowie in der nördlichen Eingangshalle von Terminal 2. Der Shuttlebus hält auch am Terminal 2. Die etwas schwer zu erkennende Haltestelle liegt etwas abseits der überdachten Ein- und Aussteigespur.

Taxis im Stil der Londoner Taxis stehen in meterlangen Schlangen vor Terminal 1. Der Fahrpreis beginnt bei 25 AZN und erhöht sich je nach Ziel – Baku ist groß. Wer für die Fahrt zum Flughafen ein **Taxi189** (☎ 189; www.189taxi.az; ⏲ 24 Std.; 📶) vorbestellt, zahlt möglicherweise weniger als 20 AZN.

SCHIFF/FÄHRE

Die **Caspian Shipping Company** (☎ 012-4043900, Infos zu Verbindungen nach Kasachstan 055-9999124 und nach Turkmenistan 055-9999061; https://asco.az/en; 🚌) bietet Fährverbindungen nach Türkmenbaşy (Turkmenistan) sowie nach Kuryk (30 km von Aqtau entfernt, Kasachstan). Passagiere werden zwar mitgenommen, aber die Fähren haben nur wenige Kabinen. Die meisten Fähren sind Frachtschiffe ohne jeden Luxus und ohne festen Fahrplan. Mitunter fahren sie mehrmals in der Woche oder vielleicht auch erst irgendwann. Die Abfahrt kann sich über mehrere Tage hinziehen, wenn sich Schiffe am Abfahrtsdock stauen. Nach Aqtau ist ein Flug mit der **SCAT** (Karte S. 254; ☎ 050-4693379, 051-3447777; www.scat.kz/en/; Rixard Zorge küç 13c) oder AZAL unter dem Strich häufig billiger, sogar wenn man ein Fahrrad mitnimmt.

Der Kauf einer Fahrkarte ist eine Zerreißprobe: jeden Morgen anrufen und falls die Abfahrt einer Fähre zum gewünschten Zielort bestätigt wird, ungefähr um 15 Uhr noch mal anrufen und dabei seinen Namen ausdrücklich auf die Passagierliste dieser Fähre setzen lassen. Festgelegt wird dann auch der Zeitpunkt, an dem man an der Anlegestelle im **New Baku International Seaport** (https://portofbaku.com; Ələt) erscheinen muss. Die (rechtzeitige) Anfahrt erfolgt auf eigene Faust. Der Hafen liegt bei Ələt, d. h. stolze 75 km südlich von Baku. Wer nicht über ein eigenes Fahrzeug verfügt (und einen Fahrer, der es nach Baku zurückbringt), kann sich in Baku ein Taxi nehmen (30 AZN, 1 Std.). Die Alternative ist der Bus 195 (1 AZN, 80 Min.), entweder von der Haltestelle am **Lökbatan Dairəsi** (Salyan Highway; 🚌 125, 195) oder auch am nahen Binə Bazar (an der westlichen Endstation der Stadtroute vom Bus 125). Nachdem der Bus 195 Baş Ələt durchquert hat, muss man an einem großen Kreisverkehr aussteigen und sich am dortigen Taxistand für die letzten 3 km zum Hafen ein Taxi nehmen (5 AZN).

ZUG

In allen Nachtzügen ist der Liegewagen, inklusive Bettlaken, in dem moderaten Fahrpreis inbegriffen. Jeder Fahrgast muss sowohl beim Fahrkartenkauf als auch beim Einsteigen in den Zug seinen Pass vorlegen. Wer nach mehr als 14 Tagen nach seiner Ankunft in Aserbaid-

Baku Metro

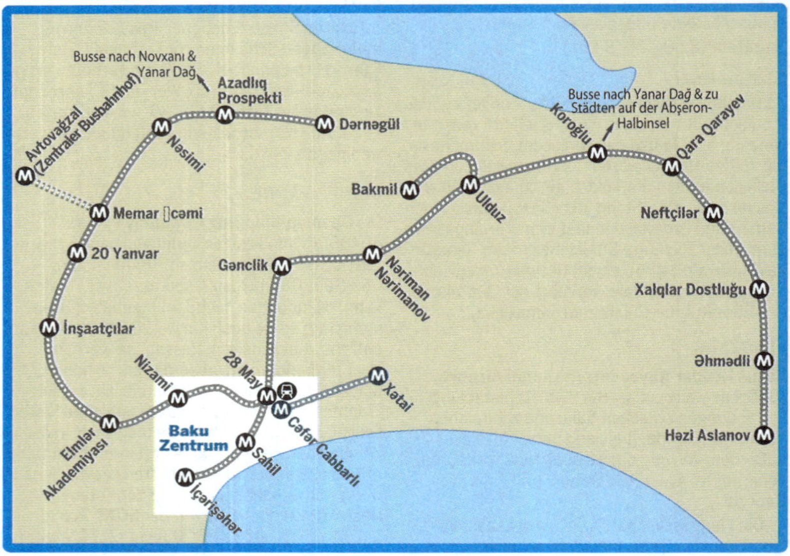

schan eine Zugfahrkarte für eine Destination außerhalb der Landesgrenzen kaufen will, muss zudem sein Visum vorlegen (zusätzlich eine Kopie mitbringen).

Unterwegs vor Ort

FAHRRAD

RentaSport (Karte S. 254; ☎ 051-8518011; Rəsul Rza küç 59; pro Tag 20–30 AZN; ⏰10–23 Uhr) verleiht Mountain Bikes. **2Təkər** (Karte S. 254; Səməd Vurğun küç 61c; ⏰Mo–Sa 11–20, So 11–19 Uhr) repariert Fahrräder. Wer nur mal schnell den Yeni Bulvar hinunter zum Yarat radeln möchte, kann sich stundenweise ein Citybike bei Velopark (S. 260) ausleihen. In der Regel ist der Pass als Pfand zu hinterlegen.

ÖFFENTLICHE VERKEHRSMITTEL

Die Metro verbindet die Altstadt (İçərişəhər) mit dem Bahnhof (28 May) und einer ganzen Reihe Vororten. Für Erkundungstouren besonders nützlich sind die Metrostationen Koroğlu, Qara Qarayev und Neftçilər, von denen Busse abfahren, die zu etlichen Städten auf der Halbinsel Abşeron führen. Unabhängig von der Länge der Strecke kostet eine Metrofahrt einheitlich 30 q. Für die Metro und die meisten Busse ist die BakıKart, eine Prepaidkarte, erforderlich.

Streckenkarten der Metro und Buslinien finden sich auf der Website www.gomap.az und zum großen Teil auch unter www.bakubus.az. Wichtige Buslinien sind z. B.:

Bus 1 & 2 (Karte S. 254) Fahren zum Heydar Aliyev Center und darüber hinaus.

Bus 5 Verbindung zwischen Flaggenplatz und (nach einem kurzen Fußweg) dem Heydar Aliyev Center.

Bus 14 (Karte S. 254) Verbindet den Busbahnhof mit dem Bahnhof, die Strecke verläuft über Yasamal und das Hyatt-Hotel-Areal.

Bus 21 (Karte S. 254) Die Strecke verläuft vom Vurğun Bağı, dem Park südlich vom Bahnhof, Richtung Osten an der Küste entlang.

Bus 88 Sehr praktische Nord-Süd-Route mit Behbudov in Richtung Norden und dem Azadlıq prospekti Richtung Süden, die parallel zum Bulvar auch an der Altstadt vorbeiführt.

Bus 88a Fährt Richtung Norden auf der Səməd Vurğun küç und hält u. a. am Təzə Bazar.

Bus 125 Startet am Bahnhof u. a. mit Halt am Şıxov Beach und der Bibi-Heybət-Moschee zum Binə Bazar.

TAXI

Die tief purpurroten Taxis im Londoner Stil von **BakıTaksi** (☎ 9000; http://btx.az) sind die einzigen Taxis in Baku mit einem Taxameter. Häufig preiswerter sind die telefonisch vorbestellbaren Taxis wie z. B. die von Taxi189 (S. 275). Bolt (Mindestpreis 1,50 AZN) und Uber (Mindestpreis 1,60 AZN) sind App-basierte Fahrdienste mit eigenständigen Fahrern. Abgerechnet wird der Fahrpreis über einen Uber- bzw. Bolt-Account per Kreditkarte (unbedingt vorher über den Einsatz von Kreditkarten bei Fahrdiensten im Ausland genau informieren!). Bolt akzeptiert auch Barzahlung, was für Reisende wesentlich einfacher ist. Ein Überblick über die Taxiunternehmen und Fahrdienste in Baku findet sich unter www.bakutaxi.info (mit Bewertungen auf Russisch).

RUND UM BAKU

Die beliebtesten Tagestouren führen Richtung Süden zu den Felszeichnungen im Nationalpark Qobustan und den abgelegenen Schlammvulkanen oberhalb von Ələt. Häufig geht es dann weiter in den Osten von Abşeron zu Highlights wie z. B. dem Yanar Dağ („Brennender Berg") und dem Feuertempel in Suraxanı. Etliche geführte Tagestouren starten und enden am Heydar Aliyev Center. Je nach Tourveranstalter variiert das Tagesprogramm ein wenig. Bei den Preisen kommt es darauf an, ob z. B. Eintrittsgebühren oder Mahlzeiten bereits inbegriffen sind. Wer lediglich eine Transportmöglichkeit sucht, kann das günstige Angebot (nur 50 AZN pro Person) von **TES Tour** (Karte S. 258; ☎ 055-6991040, 012-4925506, Whatsapp 050-4925506; www.testour.az; Sabir küç 21) nutzen. Diese Transportmöglichkeit wird oft auch in Hostels verkauft.

Südlich von Baku

Südlich von Baku geht das Stadtgebiet in eine Halbwüste über, wo Attraktionen wie Felszeichnungen und Schlammvulkane zu finden sind. Gesäumt wird die Landschaft vom opalblauen Meer, das in Küstennähe von Ölbohrinseln übersät ist.

Sehenswertes

Felszeichnungen im Nationalpark Qobustan ARCHÄOLOGISCHE STÄTTE
(☎ 012-5446627; www.gobustan-rockart.az/en; Ausländer/Einheimische/Stud. 10/4/1 AZN; ⏲ 10–18 Uhr, letzter Einlass 17 Uhr) Die Fundstätten mit Tausenden in Felsen geritzte Figuren – Petroglyphen oder allgemein Felszeichnungen genannt – zählen zum Unesco-Weltkulturerbe. Die Felszeichnungen sind rund 12 000 Jahre alt und zeigen beispielsweise Motive wie Nutz- und Wildtiere oder Schamanen. Vermutlich wurden die Darstellungen in die Felswände von Höhlen geritzt, die jedoch im Lauf der Zeit einstürzten. Übrig geblieben sind Berge an riesigen, schroffen Felsbrocken, an denen die Felszeichnungen gefunden wurden. Selbst bei wenig Interesse an steinzeitlichem „Gekritzel" beeindrucken darüber hinaus die fast unheimliche Landschaft des Nationalparks und der Ausblick von hohen Hügeln auf die fernen Ölbohrtürme und das stets faszinierende türkisblaue Kaspische Meer.

Der Besuch des Nationalparks beginnt 3 km westlich der Stadt Qobustan in einem hochmodern angelegten Museum. Eine Einführung vermittelt, was die Besucher an dem 2 km entfernten Höhenkamm erwartet. Englischsprechendes Personal bietet Führungen (15 AZN) an, die helfen, die Petroglyphen zu finden und leichter zu entschlüsseln. Es steht aber jedem frei, das Gelände auf eigene Faust zu erkunden. Nicht verpassen sollte man die Felszeichnung mit dem extrem schmalen Boot, das dem Sonnenuntergang entgegensegelt. Ein Vergleich mit Abbildungen ähnlicher steinzeitlicher Bootstypen in Norwegen hat den Forschungsreisenden, Anthropologen und Ethnologen Thor Heyerdahl (1914–2002) zu der Vermutung veranlasst, die Skandinavier könnten eventuell aus der Region stammen, die im heutigen Aserbaidschan liegt.

Schlammvulkane VULKAN
(Palçıq Vulkanları) GRATIS An der Spitze des völlig kahlen kleinen Hügels Daşgil verbirgt sich eine Ansammlung kleiner Schlammvulkane, gewissermaßen eine ganze Familie „geologischer Pupser". In den Kratern der kegelförmigen Hügelchen gurgelt, blubbert und trieft es und manchmal spucken sie vehement dicken, kalten, grauen Schlamm

BAKIKART

Um die U-Bahn und die meisten Stadtbusse im Stadtzentrum nutzen zu können, besorgt man sich die BakıKart, eine aufladbare elektronische Geldbörse. Sie funktioniert ähnlich wie die Oyster-Card in London, allerdings mit dem Unterschied, dass man sie nur beim Betreten auslesen lässt, nicht beim Verlassen des Verkehrsmittels.

Diese Karten werden an Automaten verkauft, die sich an U-Bahnstationen und größeren Bushaltestellen befinden. Eine Plastikkarte (2 AZN) kann immer wiederbenutzt werden. Auf eine Einwegkarte aus Papier (20 q) kann nur das Guthaben für ein oder zwei Fahrten geladen werden.

Rund um Baku

aus. Das ist spannender als es sich anhört, denn selbst bei geringer Aktivität entsteht das gruselige Gefühl, die Vulkane könnten lebendige Wesen sein.

Von Qobustan (Stadt) führen zwei Routen zum Daşgil: Die direkte, etwa 10 km lange Strecke verläuft an der Westseite der Eisenbahngleise, ist aber unbefestigt, holprig und staubig. Der längere, aber bequemere Weg zweigt vom Qazax Highway (der Hauptautobahn) bei Km 69 (Ələt) ab: danach die erste Straße links nehmen (auf dem Hinweisschild steht „Şpal Zavodu"), nach dem Überqueren der Bahngleise gleich rechts abbiegen, um einem unbefestigten Weg 3 km geradeaus folgen. Dann geht es noch 300 m einen steilen, abgetragenen Hang hinauf zu einem Parkplatz und zum Vulkanbereich. Bei nassem Wetter ist dieser kurze Abschnitt gefährlich rutschig.

Bibi-Heybət-Moschee MOSCHEE

(Bibiheybət Məscidi; Salyan Hwy) Auf dem Weg zum Nationalpark Qobustan lohnt sich ein kurzer Abstecher zu der 1998 im neoosmanischen Stil erbauten Moschee. Ursprünglich stand hier eine Moschee aus dem 13. Jh., die jedoch im September 1937 von den Sowjets abgerissen wurde, um die Straße zu verbreitern. Die Innenräume sind beeindruckend, während der Ausblick von der hinteren Terrasse auf den Erdölhafen, der rund 5 km südlich von Baku liegt, ein wenig befremdlich wirkt. Errichtet wurde die ursprüngliche, im Jahr 1281 eingeweihte Moschee zu Ehren von Ukeyma, einer Tochter von Musa al-Kazim, dem siebten Imam der Schiiten. Sie war eine Schwester von Rahima (begraben in Nardaran auf der Halbinsel Abşeron) und Fatima (begraben in Ghom, Iran).

Şixov Beach BEACH

(Şıx çimərliyi; 🚌125) Von Zentrum von Baku aus gesehen, ist der Şixov Beach der nächstgelegene Strand. Fotografen finden hier faszinierende Motive wie umhertollende Strandbesucher vor einer „romantischen" Kulisse aus riesigen Ölbohrplattformen.

ℹ An- & Weiterreise

Im Rahmen einer geführten Tour lassen sich Qobustan und seine Attraktionen am einfachsten erreichen. Die Alternative ist der Bus. Vom Bahnhof in Baku fährt der Bus 125 – u. a. mit Halt an der Bibi-Heybət-Moschee und am Şixov Beach – zum Binə Bazar (dem riesigen Großmarkt). Dort oder am nahen Lökbatan dairəsi (S. 275) steigt man um in den Bus 195 nach Qobustan (1 AZN, 45 Min.). An der Endhaltestelle am südlichen Ende von Qobustan (Stadt) sind ein paar langweilige Shops, in denen Taxifahrer auf Fahrgäste warten. Die Fahrt zu den Felszeichnungen in Kombination mit den Schlammvulkanen kostet in der Regel zwischen 30 und 40 AZN. Im Preis inbegriffen sind so viele Personen wie das Taxi Sitzplätze hat, die Wartezeit und die Rückfahrt zur Endhaltestelle. Allerdings spricht kaum einer der Fahrer Englisch.

Halbinsel Abşeron

Die Halbinsel Abşeron erstreckt sich nördlich und östlich von Baku und lässt sich leicht beschreiben. Bis in die 1990er-Jahre bedeckten das Gebiet öde, nicht gerade ertragreiche landwirtschaftliche Flächen mit zahlreichen Salzseen. Zudem durchnässte abfließendes Erdöl die Erdböden. Einige Areale mit ihren rostigen Ölbohrtürmen sind noch erhalten, meistens hinter hohen Mauern verborgen. Immer schneller jedoch verschmelzen ehemalige Dörfer zu einem ausufernden Ballungsraum, der die Landschaft zersiedelt.

Inmitten dieser landschaftlichen Belanglosigkeit tauchen etliche historische Burgtürme auf, aber vor allem flackernde Feuer, die zoroastrische und hinduistische Pilger anzogen und inspirierten. Unter der kulturellen Oberfläche bewahrt eine traditionell konservative Bevölkerung einige der seltsamsten Elemente des Volksglaubens in Aserbaidschan. Es ist eine überaus eigenartige und zugleich faszinierende Gegend.

Zu den stimmungsvollen, wenn auch touristisch orientierten Restaurants auf der Halbinsel zählen das beeindruckende **pseudomittelalterliche Café-Restaurant** im Außenbereich des Ateşgah (Feuertempel) von Suraxanı sowie der denkwürdige Gala Bazaar zwischen Qala und Mərdəkən. Weitere Restaurants gibt es in Mərdəkən.

Sowohl Restaurants als auch Hotels finden sich auch entlang der Nordküste der Halbinsel, obwohl die Gegend wenig ausländische Besucher anlockt. Mit ein wenig Geduld kann man die Sehenswürdigkeiten mit Bussen erreichen, die in Baku vor der Metrostation Ulduz oder am Südausgang Metrostation Koroğlu abfahren.

Suraxanı

Der einzigartige **Ateşgah** (Atəşgah Məbədi; ☎012-4524407; http://unesco.preslib.az/az/page/TNkh1GCDYE; Atamoğlan Rzayev küç; Ausländer/erw. Einheimische/Stud. 4/2/1 AZN; ⌚9–19 Uhr; 🚌184) ist ein Feuertempel aus dem 18. Jh. Der große Komplex wirkt wie eine Festungsanlage. Sein Herzstück ist ein viereckiger Bau mit vier rechtwinkligen Pfeilern, die vier Torbögen bilden und das Kuppeldach tragen. In der Mitte des Monuments brennt in einer Feuerstelle eine ewige Flamme. Es steht in einem etwa dreieckigen Innenhof, den gemauerte Gebäude mit einfachen Zellen säumen. Ursprünglich wurden die Zellengebäude für Anhänger des indischen Shivaismus errichtet, heute beherbergen sie ein informatives Museum. Der Atəşgah befindet sich in der Gemeinde Suraxanı, die darüber hinaus nichts Sehenswertes zu bieten hat. Bis der unterbrochene Zugverkehr irgendwann wieder aufgenommen wird, sollten Besucher aus Baku am besten mit dem Bus 184 hierherkommen. In Baku fährt er vor der Metrostation Ulduz ab und hält in Suraxanı vor dem Nordeingang des Bahnhofs. Der Weg zum Feuertempel führt erst mal durch den Bahnhof, um die Gleise zu überqueren. Danach geht es links durch ein imposantes Steintor und anschließend etwa drei Minuten geradeaus an einem Café-Restaurant im Stil einer Fürstenhalle vorbei bis zum Eingang.

Wer weiter Richtung Osten fahren möchte, nimmt am Bahnhof von Suraxanı den Bus 104 und steigt nach etwa 15 Minuten Fahrt an der Stelle aus, an der die Straße im rechten Winkel nach Süden abbiegt. In nördlicher Richtung (1 Minute Fußweg) befindet sich gut sichtbar eine Bushaltestelle (Heydar Əliyev prospekti 402). Von hier verkehrt der Bus 136 nach Mərdəkən und der Bus 101 nach Qala.

Qala

Ein rekonstruierter Festungsturm und die Statue eines furchterregenden Kriegers vor seinen Mauern beherrschen den Blick auf das kleine historische Dorf Qala. Einen Steinwurf entfernt liegt der Eingang zum **Qala Ethnographic Complex** (☎012-4593714; Qala Village; Eintritt 2 AZN, Führung/Festung 3/2 AZN; ⌚9–18 Uhr; 🚌136), einem beeindruckenden Freilichtmuseum. Auf dem weitläufigen begrünten Gelände stehen etliche Häuser im traditionellen Baustil der Halbinsel Abşeron, u. a. voll möblierte Wohnhäuser, eine Schmiede und eine Töpferwerkstatt. Darüber hinaus beherbergt der Komplex eine Fülle an archäologischen Fundstücken und Petroglyphen (nicht alle als Original). Auch sehr sehenswert: die kostenlose Ausstellung von Kunstobjekten aus recyceltem Müll in einem Gebäude auf der anderen Seite der Straße. Man sollte sich Zeit nehmen, um durch die windgepeitschte Dorflandschaft zu schlendern. Mehrere der ländlichen Gebäude befinden sich in unterschiedlichen Stadien der Restaurierung.

Wichtig zu wissen: Da es auf dem Gelände kaum Schatten gibt, kann ein Besuch im Hochsommer ziemlich anstrengend sein.

Von Baku aus lässt sich Qala am einfachsten erreichen im Rahmen des dreistündigen Ausflugs (15 AZN, Start tgl. 15 Uhr), den man am Kartenschalter des Jungfrauenturms (S. 253) buchen kann. Die Alternative ist der Bus 101 Richtung Türkan, der in Baku vor der Metrostation Ulduz abfährt. Von der Haltestelle in Qala sind es nur 300 m zu Fuß auf der Sülh küc in westlicher Richtung bis zum Ethnographic Complex. Der Bus 182 verbindet Qala mit Mərdəkən.

Gala Bazaar ASERBAIDSCHANISCH **$$**
(www.galabazaar.az/en/restaurant; Qala yolu; Kebabs 8–10 AZN, Fisch 35 AZN, Salate 2–5 AZN; ⌚9–23 Uhr; P 📶 👪) Unverkennbar ist der Gala Bazaar einem antiken Basar mit Karawanserei nachempfunden. Sein einfallsreiches Dekor reicht von maurischen Steinbögen bis hin zu südfranzösischen Fensterläden. Der umgrenzte Innenhof mit Bäumen, Hamam, Feuerstelle, Tischen und Sitzbänken sowie einem Kinderspielplatz und einer Bühne für live gespielte Geigenmusik ist riesengroß.

Mərdəkən & Şüvəlan

Weder Mərdəkən noch Şüvəlan sind besonders attraktive Ortschaften. Mit der Zeit sind die beiden Gemeinden zu einem ausgedehnten urbanisierten Ballungsraum zusammengewachsen. Von den meisten Ausflugsrouten liegen sie weit entfernt, dennoch locken hier einige faszinierende Stätten, die Legenden und Aberglauben der Halbinsel Abşeron offenbaren.

Der Bus 136, der in Baku vor der Metrostation Koroğlu abfährt, hält auf seiner Route in der Nähe der drei interessantesten Sehenswürdigkeiten.

Mir Mövsüm Ağa Ziyarətgahı — ISLAMISCHER SCHREIN

(unterschiedl.; 136) Einer der faszinierendsten Schreine des Landes befindet sich in dem Gebäudekomplex, dessen Kuppel wunderschöne zentralasiatische Muster schmücken. In den Innenräumen setzen facettenreiche Spiegelmosaike glitzernde Akzente. Die meisten Aserbaidschaner glauben fest daran, der Schrein besitze die Kraft, Wünsche zu erfüllen. Anscheinend zu Recht, denn die Bittsteller kehren in Scharen zurück, um mit angemessenen Spenden ihre Dankbarkeit zu zeigen. Der im Schrein ruhende Heilige war kein Gelehrter oder Krieger, sondern ein im 20. Jh. verstorbener Invalide, dessen „Segnung" in so weichen Knochen bestand, dass er weder gehen noch stehen konnte.

Im hinteren Teil des Areals ist ein Friedhof mit einer beeindruckenden Mischung aus islamischen, sowjetisch-atheistischen und christlichen Gräbern. Der Gebäudekomplex liegt am östlichen Ende von Şüvəlan, ungefähr 4 km östlich des Zentrums von Mərdəkən. Der Bus 136 hält in der Nähe des Eingangs.

Pir Həsən — SCHREIN

Tatsächlich, kein Witz: Auf dem Areal des Pir Həsən können Besucher sich eine Flasche auf dem Kopf zerschlagen lassen. Angeblich ist das ein Heilmittel gegen Nervosität. Ausgeführt wird die rabiate Maßnahme im hinteren Teil eines hübschen Schaugartens. Dessen Schwerpunkt bildet ein steinerner Pavillon mit dem Grab des Ölbarons Zeynalabdin Tağıyev, umgeben von archäologischen Fragmenten. Um zum Pir Həsən zu gelangen, biegt man im Zentrum von Mərdəkən an der Ampel direkt westlich des Arboretums („Dendroloji Parki") Richtung Norden ab, um dann in westlicher Richtung auf die Ramin Qazımov küç abzubiegen. Nach einem kurzen Stück führt eine Straße Richtung Norden zum Pir Həsən.

Halbinsel Abşeron

Burg Mərdəkən BURG

(Böyük Mərdəkan Qəsri; Spenden erwünscht; ⌚8–20 Uhr) Der 22 m hohe Turm mit quadratischem Grundriss stellt ein imposantes Bauwerk dar. Dennoch schafft er es, sich fast im Netzwerk ländlicher Seitenstraßen zu verstecken. Einige Quellen behaupten, die Burg sei im 12. Jh. für den Shirvanshah Ahistan I. erbaut worden. Mag sein, aber ein Großteil ihrer beeindruckenden Architektur stammt definitiv von zwei Restaurierungen im 20. Jh. Im Inneren der Burg gibt es nur wenig zu sehen. Besucher können jedoch zum Turmdach im fünften Stockwerk hinaufsteigen – über unbeleuchtete Treppen mit ziemlich unsicheren Stufen. Den Schlüssel für die Turmtür hat der Verwalter, der in einem der benachbarten Häuser wohnt.

Der Eingang zum Turm liegt abseits der Kolxoz küç, rund 1,5 km westlich vom Pir Həsən. Von dort braucht man nur der Ramin Qazimov küç in westlicher Richtung zu folgen. Südlich vom Turm hält an der Yesenin küç der Bus 136 nach Baku (nur ein dreiminütiger Fußweg).

Yanar Dağ

Rund 10 m lang ist der Abschnitt mit sanft flackernden „ewig brennenden Feuern" am Hang des **Yanar Dağ** (Brennender Berg; http://yanardag.az; Məmmədli Village; Ausländer/Einheimische 9/2 AZN, Stud. 1 AZN; ⌚9–20 Uhr, manchmal auch länger; P 🚻). Einige behaupten, die Flammen seien seit Tausenden Jahren niemals erloschen. Andere vertreten die These, ein Schafhirte habe in den 1950er-Jahren an dieser Stelle austretende natürliche Gase durch eine weggeworfene Zigarette entzündet. Yanar **Dağ** bedeutet auf Deutsch „Brennender Berg", eine ziemlich irreführende Bezeichnung für einen eigentlich recht kleinen Hügel. Aufgrund eines neuen kreativen Konzepts wurde das Areal 2019 am Yanar **Dağ** gründlich aufgefrischt; zu den Neuerungen zählen z. B. eine Ausstellungsfläche, Aktivitäten für Kinder, eine Zuschauertribüne mit Blick auf die Flammen sowie Tafeln mit Informationen über einige urzeitliche Gesteinsbrocken in der Nähe. So wurde aus der kleinen Kuriosität eine erfolgreiche Touristenattraktion.

In Baku fährt von der Metrostation Koroğlu der Bus 217 (50 q, 40 Min.) und von der Metrostation Azadliq prospekti der Bus 147 (50 q, 30 Min.) zu dem Areal am Yanar **Dağ**.

Ramana

Auf einem Felsvorsprung thront die **Burg Ramana** (🚌204 ab Metrostation Koroğlu) hoch über dem gleichnamigen Dorf. Sie gehört zu den imposantesten Burgen auf der Halbinsel Abşeron. Für Besucher durchaus informativ könnte der Ausblick auf schmutzige alte Ölfabriken, Tiefpumpenantriebe und Abflussbecken sein.

NORDASERBAIDSCHAN

Von den vielen Attraktionen in Aserbaidschan können nur wenige den markanten Charakter des Nordens übertreffen: der majestätische Anblick der hochaufragenden

Halbinsel Abşeron

Highlights
1 Heydar Aliyev Center B2
2 Yarat - Zentrum f. zeitgenössische Kunst .. C3

Sehenswertes
3 Ateşgah-Feuertempel C2
4 Azər-İlmə B2
5 Baku Eye C3
6 Bibi-Heybət Moschee B2
7 Seilbahn C2
8 Burg Mardakan C1
9 Mir Mövsüm Ağa Ziyarətgahı C1
10 Platz der Nationalflagge C3
11 Pir Həsən C1
12 Qala Ethnographic Museum Complex C2
13 Burg Ramana B2
14 Şixov Beach B3
15 Yanar Dağ B1

Schlafen
16 Crossway Hotel B2

Essen
17 Gala Bazaar C1
18 Teleqüllə C3

Ausgehen & Nachtleben
19 Enerji C3
20 iN B2

Information
21 Hayat Clinic Medical Center C2

Transport
22 Lökbatan dairəsi B2
23 Hauptbusbahnhof B2
24 Şamaxinka B2

1

JUAN CARLOS MUNOZ/GETTY IMAGES ©

2

4

SAXSAGAN/SHUTTERSTOCK ©

CHRISTIAAN VAN HEIJST/500PX ©

ELNUR/SHUTTERSTOCK ©

1. Palast des Shirvanshah (S. 256)
Der Palast (15. Jh.) in der Altstadt von Baku war einst Residenz der Dynastie, die über den Nordosten Aserbaidschans herrschte.

2. Quba (S. 286)
Berglandschaften wie aus dem Bilderbuch und mitten darin einsame Dörfer sind typisch für die Region.

3. Teppichmuseum (S. 261), Baku
Das Äußere dieses faszinierenden Museums ähnelt einem aufgerollten Teppich; entworfen hat es der Österreicher Franz Janz.

4. Baku (S. 252)
Die Flame Towers (S. 261) vom Architektenteam HOK sind ein markantes Wahrzeichen der Stadt.

Gebirgslandschaft mit ihren rätselhaften, anscheinend zeitlosen Bergdörfern. Kontrast und Ergänzung zugleich bildet das moderne, komfortable Skiresort Shahdag. Darüber hinaus beeindrucken auch die landschaftlichen Facetten im Flachland, wie die vielfarbigen Halbwüsten Richtung Xızı, die schroffen Klippen an der Burg Çirax und dem Beşbarmaq Dağ oder die Apfelplantagen und Golfplätze von Quba.

Von Baku nach Quba

Die meisten Highlights liegen ganz im Norden der Region. Wer mit dem eigenen Auto fährt, kann schon unterwegs etliche interessante Landschaften und Orte erkunden.

Sehenswertes & Aktivitäten

Candy Cane Mountains NATURPHÄNOMEN
(Autoroute Giləzi–Xızı) Bekannter als der aserbaidschanische Name Şəkər əsası dağları ist die adäquate englische Bezeichnung Candy Cane Mountains („Zuckerstangenberge"). Ihr namengebender Blickfang sind ihre in leuchtendem Pink-Weiß gestreiften Hügel. Bei genauem Hinschauen erkennbar, sind die farbenfrohen Hänge mit kleinen Fossilien übersät. Das Gebiet liegt 15 km östlich der Autobahn (Baku–Quba); bei Giləzi auf die Straße nach Xızı abbiegen, die über Xızı hinaus auch zu den malerischen Wäldern des Nationalparks Altıağac führt.

Beşbarmaq Dağ BERG
(Fünffingerberg; Abfahrt Siyəzən, Km 3,5; 2 AZN) Auf dem grasbewachsenen, lang gestreckten Bergkamm des Beşbarmaq Dağ thront eine markante Felsformation mit phallusförmigen Spitzen. Die mythenumrankten, extrem steilwandigen Felsen ziehen zahlreiche Pilger an, darunter viele Frauen. Von einem Parkplatz am Fuß der Felsformation erklimmen sie über einen steilen, zum Teil mit Leitern versehenen Klettersteig den Felsgipfel, um dort die Felsen zu küssen. Manche sprechen während der etwa 20-minütigen Kletterpartie Gebete in der Hoffnung auf geistige Stärke, Glück und auf göttliche Hilfe, um schwanger zu werden. In den Felsnischen verbergen sich heilige Männer, die bereitwillig ihre Hilfe anbieten – jedoch nur mit Gebeten.

Während der Fahrt auf der Autobahn Baku–Quba lässt sich die Felsformation schon aus einiger Entfernung erkennen. Sie liegt auf einer Höhe von 520 m, ihre Silhouette ähnelt einem „Stinkefinger". Der Haltepunkt liegt bei Km 88 an einer Moschee, die von Imbissbuden umgeben ist. Hier halten auch die Busse, die zwischen Baku und Xaçmaz sowie Baku und Quba verkehren. Von der Moschee führt ein Pfad zum Gipfel der Felsen. Doch der mehrstündige Aufstieg strengt sehr an und um ans Ziel zu gelangen, muss man unterwegs die einzige Stelle finden, an der sich der Pfad mit einem betonierten Kanal kreuzt.

Viel einfacher ist es, zu dem Parkplatz auf dem Bergkamm zu fahren. Die 6 km lange Zufahrtsstraße ist unbefestigt und steil, aber bei trockenem Wetter für fast jedes Auto befahrbar. Nach einem Regen jedoch kann die Fahrt im oberen Abschnitt ziemlich schwierig werden. Die Strecke beginnt rund 10 km südlich von Siyəzən auf der „alten Straße", von der man an dem grünen Schild mit der Aufschrift „Xıdır Zində Piri" in die Straße neben der längst geschlossenen Fabrik Karabağ Kafesi abbiegt.

Blue Planet Kitesurfing KITESURFEN
(☎050-2770730; www.kitesurfing.az; Shuraabad Beach; Zugang zum Strand Mo–Fr/Sa & So N20/25 AZ, Kiteboard Std./Tag 90/180 AZN, Stand-up-Paddleboard Std./Tag 10/30 AZN; ⏲Mitte Mai–Ende Sept. 9–19 Uhr; Unterricht auf Anfrage) Aserbaidschans Kite-Zentrum bietet die einzigartige Gelegenheit in einer kaspischen Lagune zu kiten – meistens bei relativ ruhigem Flachwasser, herrlichem Sonnenschein und zuverlässigem Wind. Neben regulären Kite-Kursen wird auch Einzelunterricht (ab 320 AZN) angeboten, jeweils mit Buchung ein paar Tage im Voraus. Das Kite-Zentrum und sein **italienisches Café-Restaurant** liegen 16 km abseits von der Autobahn Baku–Quba (Richtung Shuraabad) auf einer abgelegenen Landzunge. Der Tagespass umfasst den Zutritt zum Strand sowie zum Swimmingpool, inklusive Handtücher, Sonnenschirm und Liegestuhl.

Schlafen & Essen

Qalaaltı Hotel & Spa SPA-HOTEL $$$
(☎051-2252800; https://qalaalti.az; Qalaaltı Village; DZ/Suite 149/179 AZN; P❄📶🏊) Den Hauptanziehungspunkt des Resorts Qalaaltı bildet für Einheimische ein regionales schwefelhaltiges Quellwasser. Das ziemlich unappetitliche Heilwasser wird als Trinkkur verordnet. Willkommen im Resort sind aber auch Hotelgäste, die keine Kur machen. Die riesigen, luxuriösen Zimmer haben Ausblick auf das Kaspische Meer und morgens auf einen wunderschönen Sonnenaufgang. Über-

Norden & Nordwesten von Aserbaidschan

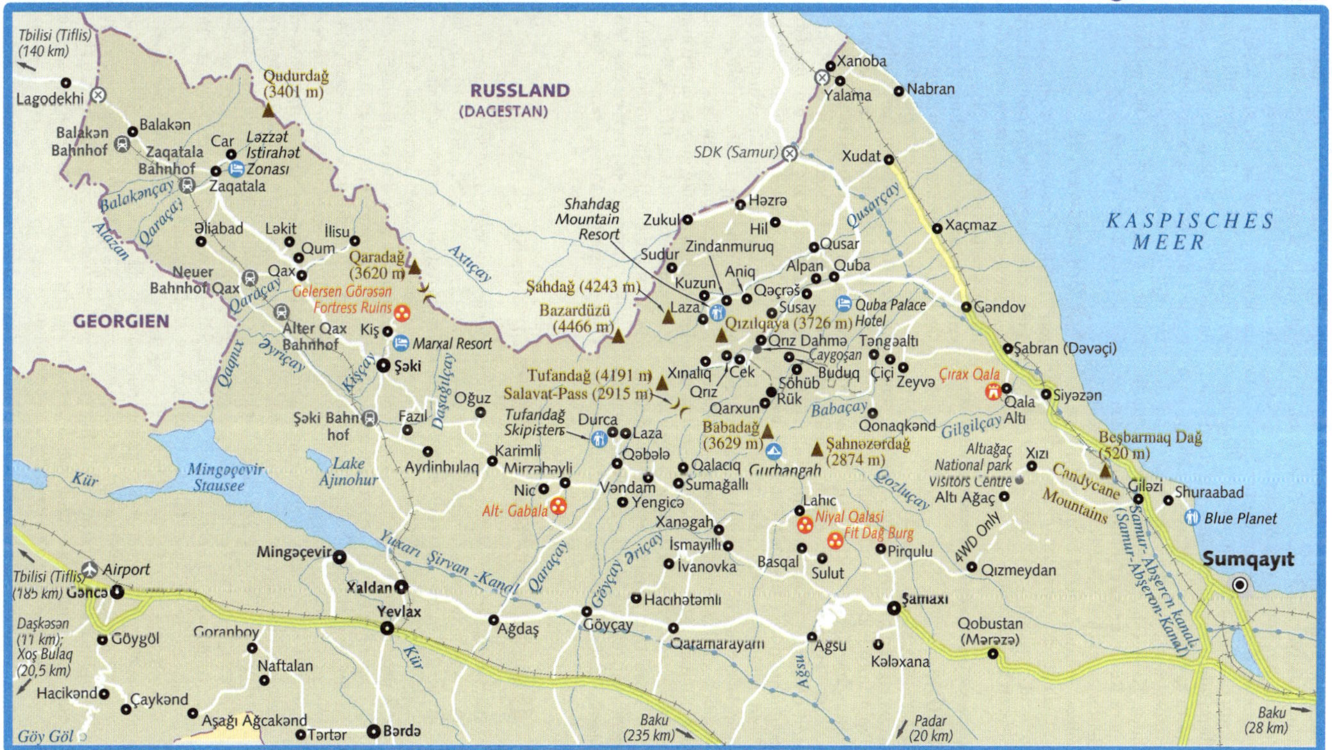

troffen wird die herrliche Aussicht nur von dem außergewöhnlichen Infinity-Pool. Ein zusätzlicher Vorteil des Aufenthaltes ist der bequeme Weg zur sehenswerten **Çirax Qala** (Burg Çirax), einer der am besten erhaltenen Burgruinen im ländlichen Aserbaidschan. Gäste gelangen auf einem Waldweg vom Resort direkt auf die Hügelkuppe mit der Burg. Nicht-Gäste müssen eine umständlichere Route in Kauf nehmen, und das bedeutet eine 4 km lange Fahrt durch schlammiges Gelände und 15 Minuten Fußweg.

Qalaaltı ist erreichbar über die weitgehend befestigte Landstraße zwischen Siyəzən und Şabran.

Quba

☎ 023 / 38 000 EW. / HÖHE 580M

Quba ist berühmt für seine Äpfel und seine Teppichproduktion und umfasst drei sehr unterschiedliche Stadtteile. Die Altstadt von Quaba liegt mit ihrem engen Straßennetz und niedrigen Häusern oberhalb der tiefen Schlucht, durch die der Fluss Qudiyalçay fließt. Im 18. Jh. diente es Fath Ali Khan, einem Herrscher des regionalen Khanats, als Hauptstadt. Nachdem das Russische Reich das Khanat 1806 annektierte, entwickelte es sich kurz über lang zu einem verschlafenen Nest. Den zweiten Stadtteil bildet die bemerkenswerte jüdische Siedlung Qırmızı Qəsəbə auf der anderen, nördlichen Seite des Flusses. In östlicher Richtung erstreckt sich die Neustadt von Quba über 3 km bis zum Flaggenplatz. Dort beherrscht ein monumentales – im 21. Jh. errichtetes – Trio aus öffentlichen Gebäuden mit pompösen Fassaden und Giebeln das Bild. Quba ist heute ein beliebtes, sehenswertes Touristenziel und insbesondere ein idealer Ausgangspunkt, um die entlegenen Bergdörfer in der Umgebung zu erkunden.

Sehenswertes

Ein Highlight in Quba ist ein Spaziergang durch die ruhigen, baumbestandenen Straßen der Altstadt bis zum **Meydan**, dem zentralen grasbewachsenen Platz. Im Hintergrund zu sehen ist die **Cümə Məscid** (Fətəli Xan küç), Qubas Hauptmoschee mit einem charakteristischen, spitz zulaufenden Dach. An der **Ərdəbil küç** stehen mehrere typische Altstadthäuser mit rundbogigen Hauseingängen und balkonartigen Erkern. In der Straße befindet sich auch die **Hacı Cəfər Məscid** (Ərdəbil küç 60), ein Backsteinbau mit farbenfrohen Elementen, z. B. an den Fenstern und der Tür. Ursprünglich war die Moschee eine im 19. Jh. errichtete Kirche mit quadratischem Grundriss. Ebenfalls in der gleichen Straße gibt es ein historisches **Hamam-Gebäude** (☎ 070-5955981; Ərdəbil küç 33) mit bienenkorbförmigem Dach. Zwei Aspekte machen das **Historische Museum** (Tarix-diyarşünaslıq Muzeyi; Nizami Park; 2 AZN;

WANDERN IM NORDEN ASERBAIDSCHANS

Der aserbaidschanische Tourismusverband plant gerade, in den nächsten Jahren mehrere Wanderwege zu beschildern, um Trekkern die Orientierung zu erleichtern. Bis dahin schließt man sich zur Erkundung des ausgedehnten Netzes an wunderschönen Fußwegen und Trampelpfaden im Norden Aserbaidschans einer der zwanglosen Touren an, wie sie von kleinen Agenturen wie Camping Azerbaijan (S. 339) und BagBaku (S. 339) durchgeführt werden. Diese bieten verschiedene Wanderungen in der Region an, und das zu sehr vernünftigen Preisen (einschließlich Hin- und Rückfahrt von/nach Baku). Man meldet sich einfach online für eins der Angebote an. Die meisten finden an Wochenenden statt, für manche ist auch eine Übernachtung in typischen Privatunterkünften vorgesehen. Eines der beliebtesten Dörfer, die als Ausgangspunkt für solche Abenteuer fungieren, ist das zeitlose Qriz (S. 290), ein Ort, der normalerweise weit ab der touristischen Pfade liegt und nur wenige Versorgungsmöglichkeiten bietet. Um zu Fuß von Cek nach Qriz zu gelangen, durchquert man eine Schlucht. Ab Qriz führen dann beliebte Wanderungen zu einem Wasserfall, der besonders im Winter fotogen ist, wenn er gefroren ist. Das hübsche Laza (S. 294) eignet sich ebenfalls wunderbar für kurze Wanderungen zu einem Wasserfall, ist aber wie das sagenumwobene alte Dorf Xınalıq (S. 291) durch die vielen bürokratischen Hürden, die einen reibungslosen Zugang zu den höher gelegenen Teilen des **Nationalparks Shahdag** (www.eco.gov.az/index.php?pg=86; ab 2 AZN) behindern, als Ausgangspunkt für viele längere Wanderungen nicht so gut geeignet. Das soll sich allerdings in den kommenden Jahren ändern.

⌚9–13 & 14–18 Uhr) besonders interessant: seine breit gefächerte Sammlung an Teppichen in regionalen Stilen sowie seine burgähnliche Architektur, die einen Ausblick auf den schönen **Nizami-Park** ermöglicht. Im Schatten seiner Kastanienbäume und Platanen spielen alte Männer, die alle eine flache Mütze tragen, Domino. An der Treppe, die hinunter zu einer steinernen Fußgängerbrücke führt, vermitteln Statuen von Dichtern, Bauern und Sportlerinnen einen nostalgischen Eindruck vom sowjetischen Optimismus. Am gegenüberliegenden Flussufer befindet sich Qırmızı Qəsəbə.

Qırmızı Qəsəbə SIEDLUNG

(Krasnaya Sloboda) Dem Stadtzentrum gegenüber liegt am anderen Flussufer die berühmte jüdische Siedlung Qırmızı Qəsəbə. In ihren beiden Synagogen, darunter die **Große Synagoge** (Altı Günbəz sinaqoqu), wird ein reges Gemeindeleben gepflegt. Die seit Langem ungestörte Existenz von Qırmızı Qəsəbə wird oft als Beweis für Aserbaidschans Geschichte der religiösen Toleranz angeführt. Oberflächlich verglichen, scheint die Siedlung wirtschaftlich besser gestellt zu sein als die beiden anderen Stadtteile.

Quba 1918 – Genozid-Gedenkstätte GEDENKSTÄTTE

(Quba Soyqırımı Memorial Kompleksi; Yusif Qazimov küç; ⌚Mo–Fr 9–18, Sa & So 10–17 Uhr) GRATIS An der Gedenkstätte ragen zwei beeindruckende pyramidenähnliche Betonmonumente über einem unterirdischen Museum in die Höhe. Mit großem Engagement widmet sich das Museum dem Gedenken an die Massaker im April und Mai 1918. In dem damals noch größeren Distrikt Quba verwüsteten überwiegend bolschewistisch-armenischen Truppen rund 122 Dörfer. Etwa 16 780 meist unbewaffnete Zivilisten – Aserbaidschaner, Juden, Awaren und Lesgier – wurden ermordet und in Massengräbern beerdigt. Eines dieser Gräber wurde im Jahr 2007 am Ort der heutigen Gedenkstätte entdeckt. Ausstellungsstücke und Informationstafeln sind auch auf Englisch beschriftet, außerdem steht ein englischsprachiger Audioguide kostenlos zur Verfügung.

Im Morgenlicht wirken die gegenläufig angeordneten Monumente mit den schneebedeckten Bergen im Hintergrund besonders eindruckvoll. Wer frühmorgens auf der Nəriman Nərimanov küç (teilweise Fußgängerzone) in Richtung Gedenkstätte unterwegs ist, hat den besten Ausblick auf dieses anrührende Bild.

ABSEITS DER ÜBLICHEN PFADE

XAÇMAZ

Die nur wenig besuchte Stadt Xaçmaz trägt viele seltsam **bizarre Monumente** zur Schau – riesige Laternen, eine zweistöckige Wäscheklammer, die heiligen drei Könige aus der Bibel und kitschig verzierte Brunnenhäuser, die in den Regenbogenfarben leuchten. Eine Mini-Tower-Bridge aus Sandstein überspannt die Kreuzung der Hauptstraße. Die Anreise erfolgt mit zweistündlich fahrenden Minibussen ab Quba, und drei gute und dennoch preisgünstige Hotels liegen fußläufig zum Busbahnhof von Xaçmaz.

Qədim Quba WORKSHOP

(☎023-3353270; Heydar Əliyev pr 132; ⌚Mo–Sa 8–12 & 13–17 Uhr) Quba ist berühmt für seine handgefertigten Teppiche. Wie diese hochqualitativen Teppiche hergestellt werden, lernen die Teilnehmer dieses Workshops direkt in der Praxis kennen.

Aktivitäten

Aserbaidschan National Golf Course GOLF

(☎050-2189621; www.qubapalace.com; Amsar–Ispik Rd; 9-/18-Loch-Runde ab 77/102 AZN, Leihgebühr für Schuhe/Schläger/Trolley/Buggy 15/30/15/40 AZN; ⌚Startzeiten 9–16 Uhr) Aserbaidschans führender Golfplatz entspricht den internationalen PGA-Standards und ist auch für Nichtmitglieder des Golfclubs geöffnet. Die Monate März, April und Oktober eignen sich am besten, um hier den Golfschläger zu schwingen.

Schlafen

Zwei moderne Hostels sind geplant, aber im Stadtsäckel von Quba sieht es düster aus und die ohnehin schmalen Budgets konzentrieren sich auf andere Projekte. Das **Xınalıq Hotel** (☎023-3354445; xinaliqotel@mail.ru; 22-c Məhəllə 22; EZ/DZ/3BZ/4BZ mit Bad 15/25/40/50 AZN, B/DZ/3BZ/4BZ mit Gemeinschaftsbad 10/20/30/40 AZN) liegt etwas versteckt im Basar und ist nicht schlechter als der Preis vermuten lässt. In dem kleinen, lauten **Oskar Hotel** (☎077-6276888; Heydar Əliyev pr 200; DZ 25 AZN) sind die Bäder verflixt eng. Für das nervige **Hostel Bey** (Hostel Bai Guba; B 20 AZN) spricht nur seine günstige Lage und sein überaus freundlicher Betreiber. Neuer und gepflegter ist das **Motel**

Quba
0
400 m
DAĞLI
QIRMIZI QƏSƏBƏ
Qudiyalçay River
Krasnaya Sloboda
Qusar (13 km)
M Əsədov küç
Fətəlixan küç
Xətai küç
Maarif küç
Səməd Vurğun küç
Fətəlixan küç
Aslanov küç
Gənclər küç
Cəfər Cabbarlı küç
Vaqif küç
(1,6 km); Qusar (13 km)
Şane Hotel (800 m); Flag Sq (1,7 km); (2,5 km); Golf Course (8 km); Quba Palace Hotel & Chalette (8 km); Xaçmaz (27 km)
Heydər Əliyev pr
Sammel-Taxis nach Qusar
Natavan küç
Bazaar
Qarabağ küç
N İbrahimov küç
Axundov küç
Azizbəyov küç
Heydər Əliyev pr
Azadlıq
Bakıxanov
Meydan
Ərdəbil küç
Fətəli Xan küç
Rəsulzadə
İstiqlal
Nərimanov küç
Hikmət Hüseynov
Musabəyev
Səməd Vurğun
M Əsədov küç
Ə Əliyev
Hüseynzadə
Orucov küç
20 Yanvar
Qarimov küç
N Nərimanov küç
Spazierweg zur Quba 1918-Genozid-Gedenkstätte (250 m)
Quba 1918-Genozid-Gedenkstätte (550 m); Qəçrəş (5 km); Xınalıq (50 km)
1
2
3
4
5
6
7
8
9
10
11
12
13
14
15
16
17
A
B
C
D
E
F
G

Quba

Sehenswertes

Schlafen

Essen

Ausgehen & Nachtleben

Alfa-M (B 20 AZN) am alten Busbahnhof; für Frauen jedoch nicht wirklich zu empfehlen.

Die einzige Mittelklasse-Unterkunft im Zentrum von Quba, das **Şahdağ Quba Hotel & Spa** (050-6666033, 050-6666044; http://shahdaghotel.az; Nizami Park; EZ/DZ/Suite 95/120/150 AZN;), ist ein Neubau. Seine Zimmer sind akzeptabel, aber enttäuschend schlecht ausgestattet. Die besseren Übernachtungsmöglichkeiten liegen in den Vororten und der ländlichen Umgebung.

Şane Hotel HOTEL $$

(023-3356171; www.shane.az; Heydar Əliyev pr 227t; DZ/3BZ/Suite 70/80/100 AZN; ; 1) Hochwertige und reinweiße Bettlaken, bequeme Betten, Möbel aus Kastanienholz und der angemessene Zimmerpreis machen es leicht, dem Sane Hotel die stellenweise kitschigen Elemente zu verzeihen. Darunter fällt auch die Lage am Stadtrand an einer Hauptverkehrsstraße.

Die Speisekarte im **Restaurant** enthält einige witzige Versuche, die Namen der Gerichte auf Englisch zu übersetzen.

★ **Quba Palace Hotel** RESORT $$$

(050-2818150; https://qubapalace.com/en; Amsar–Ispiq road; Zi ab 270 AZN;) Das luxuriöse Palace im stylischen Stil des 21. Jhs. liegt oberhalb des Aserbaidschan National Golf Course (S. 287). Obwohl es ein Fünf-Sterne-Hotel ist, lässt sich während der Nebensaison in der Mitte der Woche häufig ein Zimmer zu einem echten Schnäppchenpreis von 150 AZN ergattern.

Das Hotel befindet sich etwa 8 km südlich des Zentrums von Quba.

Essen

Eine Handvoll Speiselokale liegt verstreut zwischen dem Basar und dem Meydan, einige weitere befinden sich am Flaggenplatz. An der Qəçrəş küç Richtung Xınalıq tauchen über mehrere Kilometer am Waldrand immer wieder Kebab-Imbisse auf. In einigen Restaurants erhalten Ausländer eine zweite Version der Speisekarte mit höheren Preisen. Eine lokale Spezialität ist *bükmə*, ein süßer Snack aus Weizenschrot mit einer Füllung aus Sirup und Nussstückchen.

Şah Plov CAFETERIA $

(Əlqulu Nərimənov küç; Hauptgerichte 3–7 AZN; 9–22 Uhr) Hier gibt es preiswerte herzhafte Gerichte und gutes, eiskaltes Bier der aserbaidschanischen Marke NZS (1 AZN).

Mahir Fastfood CAFÉ $

(070-3649413; Meydan; Snacks 2,60–6 AZN, Tee/Kaffee 0,80/1,5 AZN; 9–23 Uhr;) Eigentlich wirkt der Name etwas zu bescheiden für das Café in dem blockhausartigen Gebäude. Seine große, verglaste Terrasse erstreckt sich meterlang am zentralen Platz, den Kastanien und Weiden säumen. Neben Burger, Pizzas und Pommes gibt es auch eine kleine Auswahl an Kuchen sowie guten Espresso aus einer einfachen, aber professionellen Maschine.

Näher am Basar betreibt Mahir noch eine Filiale, in der Kuchen und die auch als „türkische Pizza“ bekannte Spezialität **Lahmacun** (070-3579413; Heydar Əliyev pr 182; Lahmacun/Dönər ab 1,50/1,70 AZN; 8.30–20 Uhr) zum Kauf angeboten werden.

Sərin ASERBAIDSCHANISCH $$

(Anar 050-8814141; Hauptgerichte 12 AZN, Fisch 26 AZN, Kebab 5–8 AZN;; 8–23 Uhr) Die köstliche regionale Spezialität im Sərin ist ein langsam gekochter Eintopf mit *bozport* (Lamm), *kəvər* (Porree) und frischen Kräutern oder mit *buzdamac* (Rindfleisch), Möhren und Knoblauch. Serviert wird das Gericht in kleinen Portionen. Platz nehmen können die Gäste bei gutem Wetter in einem schönen Waldgarten, der allerdings tief im Schatten liegt.

Das Lokal ist seit Jahren sehr beliebt; glücklicherweise spricht der Geschäftsführer Amar ein wenig Englisch.

Ausgehen & Nachtleben

In den Teehäusern im Nizami-Park zahlen Einheimische für eine Kanne Tee 1 AZN, während Ausländern manchmal wesentlich mehr berechnet wird. Reisende erkundigen sich besser vor dem Bestellen nach dem Preis. Bier (1 AZN) wird ebenfalls in den Teestuben ausgeschenkt, wie auch in einigen anderen Lokalen in der Nähe des Basars, z. B. im **Çay Evi 004** (Sahil küç; ⌚10–23 Uhr), das einem Gartenlokal ähnelt. Stylischer, aber wesentlich teurer ist das **Lucky** (☎050-7770609; www.facebook.com/luckyquba; Heydar Əliyev pr; Hauptgerichte 6–12 AZN; ⌚8–1 Uhr) Das Shisha-Set kostet 35 AZN. Alkoholische Getränke sind nicht erhältlich.

An- & Weiterreise

Qubas zylinderförmiger **Busbahnhof** (Yeni Avtovağzal; 🚌1) liegt etwa 800 m nördlich vom Flaggenplatz an der Umgehungsstraße Richtung Qusar. Zu den Zielorten der Busse zählen beispielsweise:

Baku (4 AZN, 2½ Std.) bis 17.30 Uhr mind. stündl.

Qusar (inkl. Laza) Bus (0,50 AZN, 25 Min.) bis 18 Uhr alle 3 Std. Sammeltaxi (pro Pers./ganzes Taxi 1/4 AZN); Haltestelle am Kreisverkehr in der Nähe des Basars, erspart den Weg zum Busbahnhof.

Xaçmaz Minibus (1 AZN, 35 Min.) 2-mal in der Stunde.

Xınalıq (über Cek) Jeeptaxi (pro Pers./alle Plätze im Fahrzeug 10/40 AZN, 1¾ Std.), Abfahrt gegenüber dem Xınalıq Hotel, dort warten die Fahrer meistens zwischen 14 und 16 Uhr auf Kundschaft. Für alle Plätze im Fahrzeug zahlt man in der Regel einfach/hin und zurück 40/50 AZN. In älteren Jeepmodellen kostet die Fahrt manchmal 10 AZN weniger.

Unterwegs vor Ort

Tagsüber startet der Bus 1 (0,30 AZN) regelmäßig am Busbahnhof und fährt dann über den Flaggenplatz, den Heydar Əliyev prospekti, den Basar und durch die Altstadt. Die Route endet kurz vor der Hauptzufahrt zur Genozid-Gedenkstätte. Von hier aus fährt er über die Əliqulu Nərimanov küç zum Busbahnhof zurück.

Von Quba nach Xınalıq

Die Fahrt von Quba nach Xınalıq dauert weniger als zwei Stunden. Die Strecke ist faszinierend und sehr abwechslungsreich. Anfangs verläuft sie durch dichte Wälder mit zahlreichen Picknickplätzen. Hinter **Qəçrəş** bieten grasbewachsene Hügel Aussichtspunkte mit Blick auf die Obstgärten am Flussufer und die Ausläufer der Berge. Bei **Minarə** taucht ein allein stehendes Teehaus auf, das wirkt, als sei es an der Felswand in seinem Rücken festgeklebt.

Kurz danach durchquert die Straße die erste von zwei beeindruckenden Schluchten. Die zweite folgt am **Çaygoşan** (Strecke Quba–Xınalıq, Km 37–39), einem menschenleeren, grasbewachsenen Picknickplatz in einem wunderschönen Tal, das von hoch aufragenden Felswänden gesäumt ist. In ihrem weiteren Verlauf windet sich die Straße hoch hinauf bis über die Baumgrenze und führt vorbei an einem spektakulären Aussichtspunkt bei Km 38,3 bis zu dem winzigen Dorf **Cek** (Strecke Quba–Xınalıq, Km 43) – das „C" im Ortsnamen wird ausgesprochen wie das „J" bei Jeep.

Etwa 1,5 km hinter Cek führt ein Wanderweg hinunter in die Schlucht, überquert eine saisonale bestehende Brücke und geht auf der anderen Seite steil hinauf zum Klippenplateau und zu dem Dorf **Qrız**. Diese herrliche Wanderung dauert etwa einen halben Tag. In manchen Jahren wird die Brücke weggeschwemmt, danach lässt sich der Fluss nur auf dem Rücken eines Pferdes durchqueren. Anderenfalls muss man zwangsläufig wieder zum Ausgangspunkt zurückzuklettern. Von Qrız führt dann eine etwa 4 km lange und ziemlich holprige Strecke zum Picknickplatz Çaygoşan an der Straße nach Quba.

Schlafen & Essen

Zwischen Quba und Qəçrəş sowie auf dem halben Weg der Route Xınalıq–Quba liegen am Straßenrand zahlreiche kleine Kebabrestaurants. Viele bieten auch Unterkünfte in Bungalows an. Teilnehmer von Gruppentouren nehmen häufig ihr Mittagessen im geschäftigen MəstDərgah ein. Dessen Sommerterrasse ragt in einen Teich hinein, in den ein Wasserfall plätschert.

MəstDərgah RESORT **$$**
(☎077-7324040; www.facebook.com/Mastdargah; Strecke Quba–Xınalıq, Km 32; DZ/4BZ/Hütte 80/150/250 AZN; ❄📶) Die gut ausgestatteten Holzhütten in dem Boutique-Resort sind die komfortabelsten Unterkünfte an der Strecke Quba–Xınalıq. Seine Lage in dem Dorf Qrız Dəhnə (nicht Qrız) mit steil aufragenden Felsen im Hintergrund ist wunderschön.

Xınalıq

023 / 700 EW./ HÖHE 2335 M

Xınalıq (transkribiert auch häufig Khinalug) liegt auf 2335 m Höhe – manche betrachten es als das höchstgelegene Dorf in Europa. Der obere Teil der Siedlung liegt auf einem steilen Hügelkamm mit markant abgestuften Terrassen. Hier stehen zahlreiche, noch gut erhaltene alte Steinhäuser. Häufig strahlt die Szenerie eine faszinierende Magie aus, wenn gespenstische Wolken den Hügelkamm umhüllen, dann plötzlich aufreißen und einen Rundumblick auf die Berglandschaft des Kaukasus freigeben.

Abgesehen von den atemberaubenden Ausblicken und der herrlichen Anreise ist der Aufenthalt bei den Menschen in Xınalıq die Hauptattraktion. In dem Dorf lebt ein zähes Hirtenvolk, das seine eigene Sprache (Ketsh) und Kultur hat. Da die Nächte außerhalb des Hochsommers eisig kalt sein können, sollten Besucher sich unbedingt warme Kleidung mitbringen.

Sehenswertes & Aktivitäten

In dem Dorf gibt es zwei kleine **Museen,** die aber längst nicht so interessant sind wie die Privatsammlung an historischen und kulturellen Kuriositäten in Hajibala's Homestay (s. rechts). Zu den bedeutenden Attraktionen des Dorfes zählt der **Ateshgah**. In dem Schrein brennt eine ewige Flamme, er liegt an einem Berghang mit herrlichem Ausblick auf malerische Täler. Wer von Xınalıq zu dem Schrein wandern und wieder zum Ausgangspunkt zurückkehren will, muss derzeit jedoch vorher ein verblüffendes Problem lösen. Für die insgesamt fünfstündige Wanderung fordert eine kuriose Bürokratie etliche Genehmigungen, deren Erteilung gut und gern einen Monat dauert. Xeyraddin Gabbarov bei **ME Travel** (Mountain Eagle Travel; Whatsapp 050-2259250; www.xinaliq.com) spricht Englisch und organisiert für diese Wanderung sowie für einige andere Wanderrouten die erforderlichen Genehmigungen. Ohne behördliche Stempel darf niemand genehmigungspflichtige Touren unternehmen. Die Touristenbehörde hofft, dass sich die Situation möglichst rasch vereinfacht. Nicht genehmigungspflichtig ist die Route einer Tageswanderung, die an der Straße nach Quba startet. Zunächst geht es entlang der Straße ungefähr 8 km zurück bis zum Km 48,5 (eine Mitfahrgelegenheit lässt sich in der Regel leicht finden). An der Stelle führt eine 2 km lange Seitenstraße Richtung Norden zu dem attraktiven kleinen Dorf **Qalay Xudat**. Von dort folgt man dem unbefestigten Höhenweg, der hoch über dem Tal nach Xınalıq, zurückführt.

Schlafen & Essen

In Xınalıq nennt sich eine Unterkunft „Otel", was möglicherweise zu hohe Erwartungen erweckt. Beim „Otel" sowie bei allen anderen Unterkünften in dem Dorf, die zum Teil auch online buchbar sind, handelt es sich um schlichte Häuser und Zimmer mit einfachen Betten und mit Außentoiletten. Die meisten davon haben nicht einmal ein Hinweisschild. Der Preis für ein Zimmer beträgt zwischen 20 und 25 AZN pro Person. Inbegriffen sind in der Regel das Frühstück und jede Menge Tee. Das Abendessen wird häufig extra berechnet. Die einzigen Alternativen zum Essen in der Unterkunft sind ein kleiner Dorfladen und ein nur während der Saison geöffneter *Qutab*-Stand (Pfannenkuchenstand).

Hajibala's Homestay PRIVATUNTERKUNFT $
(023-3349051, 051-8500142; Xınalıq; inkl. Frühstück 20–25 AZN, Halbpension 35 AZN) Der Besitzer des vergleichsweise komfortablen alten Hauses ist der Dorfschreiber. Er spricht gut Russisch und hat sein ganzes Haus mit historischen Kuriositäten aus dem kulturellen Leben des Dorfes dekoriert. Seine Gästezimmer verfügen über neuartige Lampen, die per Fernsteuerung die Farbe wechseln. Von einer Innentoilette kann man allerdings hier auch nur träumen, aber das ist nun einmal ganz normal für Xınalıq.

An- & Weiterreise

Wer nicht mit dem eigenen Fahrzeug unterwegs ist, kehrt am besten mit dem Jeeptaxi nach Quba zurück. Die Besitzer der Unterkünfte in Xınalıq helfen in der Regel gerne dabei, einen Platz in einem Jeeptaxi zu besorgen. Abfahrt ist meistens am frühen Morgen.

Laza & Skigebiet Shahdag

023 / 250 EW.

Auf der Fahrt nach Qusar (13 km nördlich von Quba) Richtung Westen ist an klaren Tagen der majestätische **Şahdağ** (4243 m) schon von Weitem sichtbar. Besonders beeindruckt der Ausblick in der Nähe des historischen Dorfes Ənig, in dem sich eine alte Moschee mit einer markanten Metallkuppel befindet. Rund 10 km weiter, gleich hinter

WANDERTOUREN AUF DEN BABADAĞ

DER HEILIGE BERG BABADAĞ

START GURBANGAH
ZIEL GURBANGAH
LÄNGE/DAUER 14 KM, 8 STUNDEN
SCHWIERIGKEIT MITTELSCHWER

SAISON NUR IM JULI & AUGUST

Der kahle, 3629 m hohe Gipfel des Babadağ ist nicht der spektakulärste Berg Aserbaidschans, aber sein Gipfel ist bei Weitem am einfachsten zu erklimmen. Von oben hat man einen Rundumblick, zudem ist der Berg den Einheimischen heilig. Daher sind die Mitwanderer auf dieser Route oft eher Pilger als sportliche Wanderer.

Hintergrund, warum der Berg heilig wurde, ist das mythische Verschwinden Həzərət Babas, eines Einsiedlers im 12. Jh., der von seinen Feinden bedrängt worden war, seinen Glauben aufzugeben und sich daraufhin in die Berge zurückzog. In einer Geschichte, die genauso gut in der Bibel stehen könnte, wird erzählt, wie er höher und höher stieg und mit Steinen versuchte, einen Dämon abzuwehren, der ihn zur Umkehr bewegen wollte. Auf dem Gipfel angekommen, soll Baba dann einfach verschwunden sein: vermutlich eine metaphorische Darstellung seines Eingehens in eine Art Sufi-Nirwana.

Heutzutage glauben die Pilger, dass sie beim Erreichen des Berggipfels einen Wunsch frei haben, und dass sie sich nach sieben Aufstiegen so viele Verdienste erarbeitet hätten wie mit einer Pilgerreise nach Mekka.

☆ Reiseplanung

Auch wenn es Tourenveranstalter gibt, die Wanderpakete anbieten (beispielsweise https://tours.cbtazerbaijan.com), ist der Aufstieg nicht viel mehr als eine steil ansteigende Wanderung, die man bei gutem Wetter auch gut alleine im Schlepptau aller anderer hin und zurück bewältigen kann (nur im Juli und August).

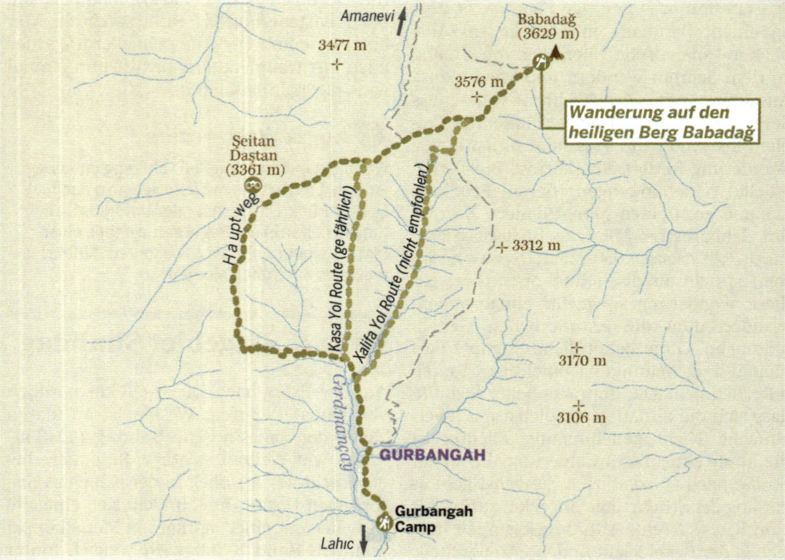

Der Aufstieg auf Aserbaidschans „heiligen Berg" ist eine anstrengende, aber technisch anspruchslose Mittsommerwanderung und bietet umwerfende Ausblicke. Wer vor Sonnenaufgang von Lahıc startet, kann es in einem Tag schaffen.

Bis zum Ausgangspunkt der Wanderung in Gurbangah hat man bereits eine zweistündige, sehr holprige Jeepfahrt von Lahıc aus hinter sich gebracht (einfache Fahrt 100 AZN, hin & zurück innerhalb von 24 Std. rund 140 AZN), und das auf einem Weg, der in der Regel bis Mitte Juni nicht passierbar ist. Dann wird er mit einem Bulldozer in so etwas wie eine Straße plattgewalzt.

Gurbangah besteht nur aus einigen Teebuden (mit Schlafplätzen) und einem Bereich zum Zelten. Die meisten Wanderer ruhen sich hier nur einige Stunden aus und starten dann weit vor dem Morgengrauen, um die größte Hitze zu meiden – es gibt nämlich keinen Schatten an den Berghängen. Daher sind die beliebtesten Wanderwochen im dritten Mondmonat, wenn der Mond hell leuchtet und spät aufgeht. Eine Kopflampe ist aus diesem Grund unbedingt empfehlenswert.

Beim Aufstieg sollte man sich nicht wundern, wenn neben dem Wanderweg hier und da Pullover und Sweatshirts herumliegen. Der Grund: Wenn es den Leuten so langsam warm wird, lassen sie ihre Pullover am Wegesrand liegen und sammeln sie auf dem Rückweg wieder ein.

☆ Aufstiegsrouten

Es gibt drei verschiedene Varianten für den Aufstieg von Gurbangah zum Babadağ, aber zwei davon sind gefährlich steil, weil sie fast senkrecht einen Geröllhang hochführen. Der weitaus einfachste **Hauptweg** führt über den **Gırdmançay** (Fluss) und geht dann in einem großen Halbkreis Richtung Westen weiter. Er führt an einigen nur zur Saison dort vorhandenen Teeständen vorbei und steigt dann zu einem der einzigartigen Highlights des Berges an, dem **Şeitan Daştan** („steinige den Teufel!"). Dies ist ein herrlicher Aussichtspunkt, an dem die Pilger beinahe wörtlich die Geschichte von Həzərət Baba nachspielen, indem sie Steine in die Luft werfen, um damit im übertragenen Sinne den Satan abzuwehren.

Nach einem rund vierstündigen Anstieg folgt man einem kleinen metallenen Schild mit der kyrillischen Aufschrift „Quba", das nach schräg unten Richtung Norden zeigt. Das ist die Strecke für den Rückweg, wenn man nach Amanevi weiter will. Von dieser Stelle steigt der Pfad knapp über eine Stunde stetig ostwärts bis zum Gipfel an, wo außer der Panoramaansicht ein winziges, halbverfallenes **Heiligtum** steht.

Gleich daneben wartet in der Regel eine Schlange frommer Pilger, die darauf warten, Gebete mit einem *mollah* („heiligen Mann") zu sprechen, der ihre Stirn in einem einfachen Ritual, das allerdings eher hinduistisch als muslimisch wirkt, mit „heiligem Schlamm" kennzeichnet.

☆ Alternativer Abstieg

Die meisten Wanderer kehren auf demselben Weg, den sie gekommen sind, nach Gurbangah zurück. Es ist jedoch auch möglich, in etwa sechs Stunden nordwärts nach Amanevi (ein Weg ab Gurbangah insgesamt 17 km) abzusteigen, einem kleinen Hirtenlager am Fluss, wo man zwar Unterschlupf, aber weder Betten noch Toiletten findet.

Wer nach Amanevi kommt, braucht vermutlich sprachliche Unterstützung, denn die Nordroute wird weitaus weniger genutzt; man kommt am Camp an und findet dort unter Umständen niemanden vor. In dem Fall benötigt man sowohl ein eigenes Zelt als auch die sonstige, dringend benötigte Schlafausrüstung. Auf der Nordroute bieten sich dem Wanderer viele schöne Aussichten über das tiefe Flusstal, dessen Nebentäler sich wie Tentakel ins Bergmassiv ausstrecken. Auch gibt es zwei einladende Zwischenstopps auf Wiesen mit saisonal eingerichteten Hirtenlagern. Anmerkung: Vorsicht vor den Hunden! Eine dritte Wiese, etwas weiter unten gelegen, eignet sich gut als Campingplatz, falls es zum Weitergehen zu spät sein sollte.

Von Amanevi zum nächstgelegenen Dorf Qarxun sind es rund 13 km stromaufwärts am Fluss entlang. Gelegentlich fährt ein sechsrädriger Truckbus. Man braucht vermutlich einen zweiten Tag, um die Strecke zu Fuß zu bewältigen. An den meisten Tagen fährt morgens um 6 Uhr ein Sammel-Jeeptaxi von Qarxun nach Quba.

Aladaş, liegt Aserbaidschans führendes Skigebiet mit seinen Skiliften, ultraluxuriösen Hotels und Gourmetrestaurants (alle saisonabhängig geöffnet). Von dort führt eine ziemlich holprige Straße nach 5 km in das bescheidene Dorf Laza. Keine Ortschaft in ganz Aserbaidschan kann mit so einer spektakulären Kulisse aufwarten.

Kurz hinter Laza erstreckt sich der Nationalpark Shahdag (S. 286). Einen Bremsklotz für Erkundungstouren bilden seine strengen Besuchsvorschriften. Mit den erforderlichen Genehmigungen in der Tasche machen jedoch das Wandern und Bergsteigen in dem Park großen Spaß.

Sehenswertes & Aktivitäten

Veranstalter von Gruppenwanderungen, darunter der Camping Aserbaidschan (S. 339), organisieren mitunter Wanderungen auf der Route Sudur–Elik–Kuzun. Im Verlauf der Strecke eröffnen sich herrliche Ausblick auf der Nordseite des Shahdag-Gebirges – eine seltene Chance, weil kaum jemand die hierbei besonders aufwendigen Genehmigungsprozeduren alleine meistern kann. Zu den erlaubnisfreien Erkundungstouren zählen Wanderungen durch die Schlucht, einige Routen zu den zerklüfteten Gipfeln des Qızıl Qaya sowie der Aufstieg an Lazas größtem Wasserfall entlang zu den Schafweiden. Wer von dort nach Qrız (S. 290) weiterwandern will, braucht für die Tour einen ganzen (ziemlich langen) Tag.

Die früher beliebteste Tageswanderung in Aserbaidschan führte von Laza zu dem Ateshgah und weiter bis nach Xınalıq. Jedoch ist sie seit Jahren wegen bürokratischer Probleme kaum mehr möglich. Immerhin besteht die Hoffnung, dass die Route 2020 oder 2021 wieder freigegeben wird. Bis dahin kann der Tourveranstalter Mevlud Azizov mit einem Vorlauf von mehreren Wochen die notwendigen Genehmigungen organisieren. Das kostet 50 AZN pro Person zuzüglich Bergführergebühr.

Laza DORF

Laza besteht aus verstreut liegenden Häusern. Umgeben ist das Dorf von hochaufragenden Bergen mit grasbewachsenen Hängen und schmalen Wasserfällen, die in Kaskaden über gefährliche Klippen in die Tiefe stürzen. Eine Felsnadel, auf der eine kleine Moschee mit Metallkuppel thront, fügt dem atemberaubenden Panorama einen fotogenen Blickfang hinzu.

Shahdag Mountain Resort SKI FAHREN

(Şahdağ Turizm Kompleksi; http://shahdag.az; Strecke Qusar–Laza, Km 39; Tagesskipass 30 AZN; Skilifte Mitte Juni–Sept. & Mitte Dez.–Ende März, aber wetterabhängig) Aserbaidschans Top-Skiresort ist unterteilt in einen unteren Bereich (auf 1435 m Höhe) mit dem Zirve Hotel. Im oberen Bereich auf 1650 m Höhe befindet sich das „Resort-Dorf“, das im Wesentlichen ein Trio aus schicken Fünf-Sterne-Hotels umfasst. Vier Sessellifte und eine Gondelbahn befördern die Skifahrer zu den insgesamt 17 km langen Pisten, vorwiegend in Blau und Rot gekennzeichnete Abfahrten. Die oberste Piste beginnt auf einem Bergrücken in rund 2525 m Höhe. Aus der Ferne wirkt das Skigebiet wie ein in Hängen abgestuftes Amphitheater.

Im Sommer werden etliche Outdoor-Aktivitäten angeboten, darunter Quadfahrten und geführte Wanderungen.

Schlafen & Essen

Azizov Family Homestay PRIVATUNTERKUNFT $

(Khaled 051-4172600; Laza; pro Pers. ab 20 AZN) Nahe am Dorfeingang befindet sich ein kleiner Laden. In dem Haus davor und dahinter bietet die Familie Azizov Privatunterkünfte. Darüber hinaus vermietet sie auch frei stehende Bungalows (30–50 AZN) am anderen Ende von Laza in der Nähe des Wasserfalls an der Strecke Richtung Suvar.

Park Qusar RESORT $$

(055-4243333; www.facebook.com/parkqusar; Qusar–Laza Rd, Km 30,2, Əniq; DZ/4BZ ab 90/160 AZN; P) Das ausgezeichnete ländliche Resort verfügt über voll ausgestattete, aus Pinienholz gebaute Bungalows mit einem spektakulären Ausblick auf das gesamte Şahda-Massiv. Eine ganze Reihe an Möglichkeiten für sportliche Aktivitäten und ein bemerkenswert preisgünstiges Restaurant befinden sich ebenfalls auf dem Gelände.

Vom Dorf Əniq verläuft der Weg zum Resort quer durchs Tal. Nach 10 km auf der Straße zwischen Qusar und Laza, kurz vor den Skiliften des Skigebiets Shahdag, biegt bei Km 30,2 die 1,4 km lange Zufahrtsstraße ab. Von Qusar kostet das Taxi 10 AZN. Das Resort ist das ganze Jahr über geöffnet.

Shahdag Hotel & Spa HOTEL $$$

(012-3101110, von örtlichem Mobiltelefon 1110; EZ/DZ ab 179/195 AZN, Nebensaison 119/135 AZN; P) *Şəbəkə*-Paneele (künstlerisch gestaltete Buntglaspaneele) und Lampen, die an umgedrehte orientalische Sonnenschirme erinnern, schaffen in dem gemütlichen

Rund um den Berg Babadağ & Quba

Shahdag Hotel eine warme, aber dennoch stilvolle Atmosphäre. Das Spitzenklassehotel mit über 170 Zimmern verfügt über ein Spa, das sich am traditionellen Ovdan orientiert, sowie einen stattlichen Indoor-Pool. Als einziges der drei Hotels im „Resort-Dorf" hat es ganzjährig geöffnet.

ℹ Praktische Information

Mevlud Azizov (☎ Whatsapp 070-9014048; misha_971@mail.ru; Laza) Mevlud (Mischa, die Koseform von Michael) spricht ein wenig Englisch und ist ein lizenzierter Bergführer mit jahrelanger Erfahrung. In den Bergen rund um Laza kennt es sich bestens aus.

Für genehmigungspflichtige Wandertouren, z. B. die Tour Laza–Xınalıq oder etliche Routen im Nationalpark Shahdag, besorgt Mevlud die erforderlichen behördlichen Papiere. Teilnehmer müssen mindesten einen Monat im Voraus Kontakt mit ihm aufnehmen. Zum einen benötigt er bestimmte Unterlagen, z. B. eine Kopie vom Pass, zum anderen ist es sehr kompliziert und zeitaufwendig, die Genehmigungen zu bekommen. Die Kosten betragen 50 AZN pro Person (plus Bergführergebühr).

ℹ An- & Weiterreise

Ein- bis zweimal stündlich fahren Busse von Baku (4 AZN, 3 Std.) und von Quba (0,50 AZN, 25 Min.) in die lesginische Stadt Qusar. Von dort dauert die Fahrt zum Skigebiet rund 40 Minuten. Ein Taxi kostet im Sommer nur 15 AZN, während der Skisaison jedoch wesentlich mehr.

NORDWESTEN VON ASERBAIDSCHAN

Die attraktivste Route zwischen Baku und Tiflis (Georgien) ist die landschaftlich reizvolle Strecke quer durch die Halbwüste. In der Region der einst mächtigen Dynastie der Şamaxı (Shirvanshahs) führt sie an Weinbergen vorbei in den grünen Nordwesten von Aserbaidschan. Dort prägen Wiesen, bewaldete Hügel und hohe Berggipfel das Landschaftsbild. Nicht versäumen sollten Reisende einen Abstecher in das Kupferschmieddorf Lahıc und nach Qəbələ mit seinen glamourösen Resorts sowie in die Altstadt von Şəki, die zum Unesco-Weltkulturerbe zählt. Ebenso faszinierend sind das Städtchen Qax und die Haselnussstadt Zaqatala. In den Dörfern gibt es viele archäologische Stätten zu entdecken. Am einfachsten lässt sich die Reise in den Nordwesten mit einem eigenen Fahrzeug durchführen.

Şamaxı

☎ 020 / 36 800 EW. / HÖHE 745 M

Jahrhundertelang war die nordaserbaidschanische Stadt Şamaxı (Shemakha), nicht Baku, die bedeutendste Stadt des Landes. Abgesehen von einigen alten Grabstätten haben Erdbeben und Invasionen fast alle Zeugnisse der antiken Vergangenheit zerstört. Zu den besonders sehenswerten Orten zählt die **Große Moschee in Şamaxı** (Şamaxı Cümə Məscidi; Şirvani küç; ⏲ 3–24 Uhr). Sie gilt als die zweitälteste Moschee im Kaukasus, theoretisch, denn von der ursprünglichen Substanz ist kaum noch etwas vorhanden. Das heutige imposante Bauwerk entstand im Wesentlichen im letzten Jahrzehnt. In der Moorlandschaft ungefähr 20 km nördlich der Stadt thront auf einem Hügel eine **Rəsədxana** (Sternwarte; Astrophysikalisches Observatorium Şamaxı; Şamaxı Astrofizika Rəsədxanası; ☎ Sabahaddin 055-2513644; http://shao.az; ⏲ Museum 8–18 Uhr, Beobachtung des Sternenhimmels 22–2 Uhr). In der Sternwarte befindet sich das führende Institut für Astrophysik des Landes. Auf dem Weg von Lahıc über die frisch asphaltierte Landstraße finden sich etliche Ausblicke, um schöne Aufnahmen von dem fotogenen Komplex zu machen. An dieser Strecke liegen auch der Şamaxı Safari Park und das Dorf Dəmirçi, in dem es eine kleine Moschee aus dem 8. Jh. und ein neues **Archäologisches Museum** (Dorf Dəmirçi; ⏲ 8–18 Uhr) GRATIS gibt.

İsmayıllı

☎ 020 / 21 700 EW. / HÖHE 660 M

Hauptsächlich als Verkehrsknotenpunkt für die Weiterfahrt nach Lahıc ist die kleine Stadt İsmayıllı hilfreich. Schöne alte Bäume beschatten ihren recht hübschen zentralen Platz. Faszinierend wirkt eine lange, erst jüngst im Stil einer Festungsanlage erbaute Mauer. Witzigerweise hat der Bau keinerlei historischen Bezug. Auf einer Anhöhe, etwa 15 km südlich der Stadt, befindet sich das Dorf **İvanovka**, in dem hauptsächlich Molokanen (Mitglieder einer russischen, antiorthodoxen Gemeinschaft) leben. Als letzte Gemeinde des Landes betreibt sie nach wie vor eine landwirtschaftlicher Kolchose im sowjetischen Stil.

In einiger Entferung, nach einer Fahrt durch eine herrliche, malerische Landschaft, liegt das abgelegene **Weingut Chabiant** (Şato Monolit, Chateau Monolith; ☎ Tilly 055-5459001, Xalid 051-2504393; Dorf Hacıhətəmli; ⏲ Führung nach tel. Voranmeldung, Jan. geschl.) mit einem Hotel, Swimmingpool und massiven Kellergewölben. Ringsherum erstrecken sich weitläufige Weinberge.

An- & Weiterreise

Der **Busbahnhof** (Avtovağzal) liegt am nördlichen Rand des Stadtzentrums gleich hinter einem Areal mit kleinen Läden, das in eine der Ecken der neuen „Festungsmauer" integriert wurde. Am Busbahnhof starten z. B. Busse nach Baku (12-mal tgl.), nach Gəncə (8 und 14 Uhr) und nach Bərdə (12 und 14.30 Uhr). Die Haltestelle der Minibusse nach Lahıc (1,50 AZN, 1½ Std., 7, 11, 14 und 16 Uhr) findet man 100 m weiter nordöstlich an dem Kreisverkehr.

Die Strecke nach Şəki oder Oğuz über Qəbələ wird von Minibussen bedient, die in Baku starten und unterwegs in İsmayıllı 2 km westlich des Busbahnhofs an der Kreuzung Heydər Əliyev prospekti halten. Hier können Fahrgäste zusteigen, sofern der Minibus nicht voll ist. Minibusse mit der Nummer 55 auf dem Autokennzeichen stammen aus Şəki. Die Alternative: Vom Busbahnhof den Bus nach Bərdə nehmen, bis Qəbələ mitfahren und dort in einen Bus nach Şəki oder Oğuz umsteigen.

Lahıc

☎ 020 / 950 EW. / HÖHE 1200M

Lahıc ist ein hübsches Bergdorf, das berühmt ist für seine traditionellen Kupferschmieden und den vor Ort gesprochenen Dialekt, der auf dem Persischen basiert. Fast schon touristisch geht es hier an den Wochenenden zu, an denen Leute aus Baku anreisen und sich in grotesken Schaflederkostümen fotografieren lassen. Ein Aufenthalt lohnt sich jedoch, um sich die wunderschönen Moscheen anzusehen und zu beobachten, wie die Nebelschwaden die teilweise bewaldeten Felsen umgeben. Vor allem aber bildet die Ortschaft einen reizvollen Ausgangspunkt für Wanderungen und Begegnungen mit Einheimischen.

Der Anteil der Dorfbewohner, die ein klein bisschen Englisch sprechen, ist hier so hoch wie in beinahe keiner anderen Ortschaft in Aserbaidschan.

Sehenswertes

Zərnava-Brücke WAHRZEICHEN

(Girdimançay Asma Körpü; Lahıc Yolu, Km 9) Beim Bau der wackeligen Hängebrücke ging es darum, den Dorfbewohnern den Weg zu dem Weiler Zərnava zu vereinfachen. Heute benutzen sie fast nur noch Touristen, die Selfie-knipsend ihr Schwindegefühl herausfordern. Die Brücke befindet sich auf halbem Weg zwischen Lahıc und der Straße, die Baku und Qəbələ miteinander verbindet.

Hüseynov küç STRASSE

(Kupferschmiedstraße) Die Hauptstraße von Lahıc ist Fußgängerzone und mit unregelmäßig geformten, glatten, hellen Flusssteinen gepflastert. Gesäumt wird sie von älteren Häusern, die in traditionellem Stil mit ineinander verschachtelten Naturstein- und Holzschichten und Kastenfenster errichtet wurden. Angesichts der vielen Kupferboutiquen, Eis- und Snackverkäufer liegt tagsüber der Gedanke an eine Touristenfalle nicht allzu fern. Auf jeden Fall macht es Spaß, die Fußgängerzone zu erkunden, beispielsweise die nach wie vor aktive schlichte Kupferschmiede in Hausnummer 82. Eine ausgesprochen fotogene Kupferschmiede mit einem höhlenartigen Laden (Ali Baba lässt grüßen) und einer staubigen, musealen Antiquitätenabteilung befindet sich im Haus mit der Nr. 43–45.

Historische Museum Lahıc MUSEUM

(Nizami küç; Spenden erwünscht; ⏲ 9–13 & Di–Sa 14–18 Uhr) Das hübsche, kleine Museum mit seiner Sammlung kultureller Exponate besteht nur aus einem Raum. Es befindet sich in einer ehemaligen Moschee von 1902 gleich neben der Touristeninformation. Die angegebenen Öffnungszeiten lassen sich eher als grobe Orientierung betrachten.

Aktivitäten

Rund um Lahıc und die benachbarten Dörfer verlaufen tolle Wanderwege. Reitausflüge sind ebenfalls möglich. Im Hochsommer kann man sich im Evim Hotel ein Quad ausleihen, ideal für kurvenreiche Fahrten hinauf nach Müdrü.

Bergwanderer treffen beim Aufstieg über die steilen, bewaldeten Hänge immer auf karge Schafweiden *(qışlağ)* mit Ausblick auf die schneebedeckten Gipfel des Kaukasusgebirges. Bei klarem Wetter ragen sie wie greifbar nahe majestätisch in die Höhe. Für einen kurzen Ausflug können Wanderer die Girdmançay-Brücke überqueren, dann 4 km weit auf dem schlammigen Jeep-Pfad Richtung Müdrü hinaufsteigen und auf den oberen Kammstraßen entlangwandern.

An einem Berghang oberhalb des Dorfes Həftəsov gibt es eine Stelle mit einem winzigkleinen Feuer. Großen Spaß macht ein ganztägiger geführter Reitausflug zur Burgruine Fit Dağ und weiter zu den nahen Dörfern Sulut oder Mucu. Von beiden führt eine mit Geländewagen befahrbare Route über Basqal zur Hauptstraße Richtung İsmayıllı. Zwei Autostunden nördlich von Lahıc liegt das Camp Gurbangah, von dem aus Pilger im Juli und August schon vor dem Einsetzen der Morgendämmerung den „heiligen Berg" Babadağ (S. 292) besteigen. Wer daran teilnehmen möchte, sollte eine Stirnlampe mitnehmen. Die Touristeninformation bietet viele weitere Vorschläge für schöne Ausflüge und hilft, passende Führer oder auch Reitpferde zu finden.

Niyal Qalası WANDERN

(Girdaman Qalası) Nur noch ein undefinierbarer Steinhaufen ist von der völlig zerstörten Burg übrig geblieben. Für eine halbtägige Wanderung (Aufstieg 1½ Std., Abstieg geht etwa schneller) ist die Route dorthin sicher interessanter, als der Weg am Flussbett entlang zu einem 4 m hohen Wasserfall. Zu beiden Zielen führen relativ leicht zu verfolgende Wanderwege, die im Kişçay-Tal neben dem Cənnət Bağı Guest House beginnen. Beim Aufstieg zur Burg Niyal müssen Wanderer darauf achten, unterwegs nicht aus Versehen einen talwärts führenden Weg einzuschlagen.

Schlafen

Cənnət Bağı Guest House PRIVATUNTERKUNFT $

(Gästehaus Paradiesgarten; ☎070-2870140, 050-5870140; pgjessylahic@gmail.com; Camping pro Zelt 10 AZN, Zimmer im Haus 15–20 AZN, Hütten 40–60 AZN; ⊙Dez.–Feb. geschl.; P 📶) Reizvolle Kirsch- und Apfelgärten umgeben die einfachen Unterkünfte auf einem schönen privaten Anwesen direkt am Ortseingang. Jede der vier Hütten hat ein eigenes Bad. Den Gästen im Haus stehen Gemeinschaftstoiletten und Duschen im Hof zur Verfügung. Ein Vorteil und sehr beliebt ist der private Hamam (Benutzung im Zimmerpreis inbegriffen, Camper zahlen zusätzlich). Die Englisch sprechende Hausherrin Cəsarət İsmailov („Jessy") ist fast immer anwesend und kann relativ kurzfristig Führer und Pferde organisieren. Leckere Gerichte (Dolma 6 AZN) und Getränke (Bier 4AZN) sind erhältlich.

★ **Rustam Rustamov's Guesthouse** PRIVATUNTERKUNFT $$

(☎050-3658049; http://lahijguesthouse.com; Aracit; EZ/DZ 80/90 AZN; P 🚭 📶) Mit dem Komfort eines Mittelklassehotels, aber getoppt mit dem persönlichen Charme einer tollen Gastfamilie, dürfte das wohl die attraktivste Privatunterkunft in Lahıc sein. Aber es gibt noch mehr Pluspunkte: bequeme Sitzgelegenheit auf einer Veranda, hübscher Obstgarten, schicke private Bar-Lounge und ein Speisesaal, den regionales Kunsthandwerk und Schwerter schmücken. Rustam, der freundliche Gastgeber, spricht Englisch und gibt gerne gute Tipps für Wanderungen.

Das beste Zimmer hat einen großen Balkon mit Schaukelstühlen. Nach vorheriger Absprache sind köstliche Abendessen, zubereitet aus regionalen Produkten, erhältlich. Der Weg dorthin: der Hauptstraße bis zum Ərəcit-Platz folgen und dort rechts abbiegen.

Evim Otel HOTEL $$

(☎051-8800010; www.evimotel.az; EZ/DZ/3BZ/Apt. 60/80/90/140 AZN; P 📶) Das familienfreundliche Hotel wurde in einem semitraditionellen Stil erbaut. Seine angenehmen Zimmer verfügen über Fußböden aus Kiefernholz, Kelims und ein Bad mit relativ schicken Armaturen. Mehrere Zimmerpaare teilen sich Bad und Küchenzeile und bilden so eine Art Mini-Apartments. In einer Ecke des Gartens befindet sich ein Kinderspielplatz mit schützender Mauer an der Straßenseite. Das Hotel liegt südlich der zentralen Kreuzung. Wer mit Auto anreist, fährt auf der Straße am Fluss bis zu der großen Brücke, biegt dort in die Zufahrtsstraße zum Dorf ein und überquert dann neben der alten Brücke die Hauptstraße.

Essen

Auch wenn es sich hinter der ziemlich hässlichen Fassade nicht auf Anhieb vermuten lässt, verfügt das **Lahıc Restaurant** (☎055-4211242; Hauptgerichte 6 AZN; ⊙8–21 Uhr; P) über reizvolle Innenräume und einen Garten mit schattenspendenden Bäumen und herrlichem Blick auf die Berge. Das Restaurant liegt in der Nähe der Schule. Auch in dem hübschen Obstgarten des Cənnət Bağı Guest House gibt es Essen, u. a. die lokale Spezialität *şəkər çörəyi* (Zuckerbrot).

Das Restaurant **Lahıc Riverside** (☎050-6761444; Bridge Approach; Hauptgerichte 3–6 AZN; ⊙7–22.20 Uhr) hat länger geöffnet als die meisten anderen Speiselokal.

Praktische Informationen

Touristeninformation (☎055-6777517, 050-6777517; lahij.tourizm@mail.ru; Nizami küç; ⊙nach tel. Vereinbarung) Kleine, hilfsbereite Touristeninformation neben dem Historischen Museum Lahıc. Das Personal spricht Englisch. Wer einen Führer, Pferde oder eine Privatunterkunft sucht, meldet seine Wünsche am besten gleich beim ersten Telefonat an.

An- & Weiterreise

Lahıc liegt 20 km abseits der Hauptverbindungsstraße zwischen Baku und İsmayıllı, von der die Straße nach Lahıc gegenüber von der Tankstelle Səhih-M/M Richtung Norden abbiegt.

Die Mini-Busse starten an der Hüseynov küç an der kleinen Brücke, die sich auf halbem Weg nach Ərəgit befindet.

Baku Ein Minibus startet fast täglich um 8 Uhr (8 AZN, 4 Std.), Vorausbuchung erforderlich.

İsmayıllı Minibusse (1,50 AZN, 1½ Std.) fahren um 8.30, 11, 13 und 16 Uhr. Ein Taxi (15 AZN) lohnt sich, wenn man unterwegs Foto-Stopps einlegen möchte.

Şəki/Şamaxı Die Gastgeber der Privatunterkünfte können eine Art privates Taxi (um 70 AZN) organisieren, das auf der Fahrt nach Şəki Foto-Stopps einlegt und einen Abstecher nach Alt-Gabala macht. Nach Şamaxı (50 AZN) fährt das Taxi auf der sehr steilen, neuen Straße, die über Dəmirçi führt

Qəbələ

☎ 024 / 18 600 EW. / HÖHE 785 M

Qəbələ, Aserbaidschans wichtigstes Ferienzentrum in der Provinz, ist von hohen Bergen umgeben. Seine vier Seilbahnen sind das ganze Jahr über geöffnet. Ihre Fahrgäste bringen sie in das bewaldete Vorgebirge, das im Winter ein beliebtes Skigebiet ist. Besonders beliebt ist Qəbələ bei Golftouristen, die ihren Aufenthalt in luxuriösen Resorthotels genießen, und das sogar zu erschwinglichen Preisen, insbesondere in der Nebensaison. Die meisten dieser Hotels verfügen über ein schickes Spa und einen großen Swimmingpool. Besser kann ein Ausgangspunkt für Ausflüge in die Wälder und im Winter in den Schnee nicht sein. Veranstaltungen und Tagungen in den Hotels ziehen auch ein breiteres Publikum an.

Sehenswertes

So hübsch das Zentrum von Qəbələ auch sein mag, die Highlights liegen nun mal vor den Toren der Stadt und erfordern, sich mit einem Fahrzeug auf den Weg zu machen. Zu den beliebten Ausflugszielen zählt das ausgezeichnete **Weingut Savalan** (☎ 077-339-6007; www.savalan.az; Ağdaş Yolu; pro Pers. 15–25 AZN; ⏲ tel. Anmeldung) rund 30 km südlich und die Ausgrabungsstätte des antiken Gabala 20 km südwestlich der Stadt. Die interessanten, aber von Touristen überlaufenen **Sieben Wasserfall-Schönheiten** (Yeddi Gözəl Şəlaləsi; Rus yan village; ⏲ Cafés Mai–Sept.) sind 12 km östlich von Qəbələ zu finden. Meistens wird der Besuch der Wasserfälle mit einer Bootsfahrt auf dem **Nohur-See** kombiniert

Durca DORF

(Duruja) Errichtet wurde das fotogene Dorf von halbnomadisch lebenden Schafhirten, deren Familien sich nur im Sommer dort aufhielten. Nach der zweiten oder dritten erforderlichen Seilbahnfahrt (S. 300) sollte man eine Pause einlegen und einen Spaziergang machen. Trotz einiger neuerer Ferienhäuser in der Umgebung blieb das obere Dorf mit seinen alten Steinhäusern bisher weitgehend unberührt. Auch das Tal dahinter mit seinen vielen Wandermöglichkeiten hat seine stille Schönheit bewahrt.

Alt-Gabala ARCHÄOLOGISCHE STÄTTE

(☎ 024-2021257; qebele_qoruq@inbox.ru; Çuxur Qəbələ; Eintritt/Führung 2/10 AZN; ⏲ 9–18 Uhr) Das heutige Qəbələ wurde nach einer in der Antike gegründeten Stadt benannt – Plinius der Ältere erwähnte sie in seiner *Naturalis historia* (Naturgeschichte; 77 n. Chr.). Nachdem Nader Shah (seinerzeit Schah von Persien) die Stadt im 18. Jh. angegriffen und zerstört hatte, geriet sie in Vergesssenheit. Ihre Überreste wurden erst 1959 entdeckt. Alt-Gabala ist heute eine ruhige ländliche archäologische Stätte 20 km westlich von Qəbələ. Zu sehen sind eine große Wiese mit interessanten Funden und die Überreste von zwei massiven Tortürmen. Das brandneue Museum vor Ort zeigt zahlreiche Fundstücke mit informativen Erklärungen.

Die Stätte liegt 4 km abseits der Straße zwischen Qəbələ und Şəki, von der die Zufahrtstraße bei Mirzəbəyli Richtung Süden abbiegt. Mit öffentlichen Verkehrsmitteln lässt sich die Stätte nicht erreichen. Wer nicht über ein eigenes Fahrzeug verfügt, kann sich zwischen Qəbələ und Oğuz ein Taxi nehmen. Die Taxifahrer kennen Alt-Gabala als Abstecher und sind meist auch bereit, einen Schlenker zur albanischen Kirche in Nic, einem Dorf der Uden, zu machen.

Aktivitäten

Um das Skifahren im Winter und das Wandern im Sommer rankt sich ein großes Angebot an anderen Aktivitäten. Dazu zählen je nach Jahreszeit Fahrten mit dem Schneemobil oder einem Quad, die hinter dem Tufandağ Hotel starten. **Canfly** (☎ WhatsApp 050-4999191; www.facebook.com/canflyaz; Tandemflug 200 AZN; ⏲ Juni–Aug., tel. Buchung im Voraus) bietet Tandem-Paragliding. Die Spezialität vom Club **Bum** (Qəbələ atıcılıq klubu; www.

NICHT VERSÄUMEN

BADEN IN ÖL

Die heilenden Eigenschaften spezieller Öle aus Naftalan in Zentralaserbaidschan sind seit Jahrhunderten bekannt und wurden schon von Marco Polo berichtet. In sowjetischer Zeit entwickelte sich die Idee von Ölbädern zu einer wirksamen Behandlung verschiedenster Krankheiten. Heilungssuchende aus der ganzen UdSSR kamen nach Aserbaidschan, um dort zu genesen. Heute ist Naftalan noch immer ein ziemlich bekannter Badeort für Russen und Menschen aus Zentralasien. Aber wenn man nur einmal die Erfahrung machen möchte, muss man gar nicht so weit fahren: Man kann ein Naftalan-Ölbad auch in dem ansprechenden **Qafqaz Thermal Resort** (024-2054393; info@qafqazthermalhotel.com; Yengicə village; EZ/DZ/Ste. ab 110/140/195 AZN;), Wellnesshotel in Yengicə, etwa 17 km von Qəbələ, nehmen.

Ein Haken dabei ist, dass zum eigenen Schutz vor dem Bad (15 AZN) eine medizinische Untersuchung erfolgen muss, um festzustellen, dass das Herz stark genug für dieses besondere Erlebnis ist … und nicht immer steht ein Arzt zur Verfügung.

Man sollte bedenken, dass ein wirklicher medizinischer Erfolg angeblich erst dann eintritt, wenn man mindestens eine Woche lang an einem Behandlungskurs teilnimmt. Demnach ist ein einziges Bad nur gut, um mal etwas Neues zu erleben.

facebook.com/gabalashooting; Bum; 10–19 Uhr; 2) ist das Tontaubenschießen. Im Qafqaz Resort gibt es Bowlingbahnen und im Qabaland sind Skaten, Kartfahren und Paintballschießen möglich. Ein halbes Dutzend Resorts haben ausgezeichnete Swimmingpools, die auch Nichtgäste nutzen können.

Tufandağ-Seilbahn SEILBAHN
(http://tufandag.az; Fahrgäste ohne Skier hin und zurück 10–20 AZN, Skipass halber/ganzer Tag 16/25 AZN, Skidepot 10 AZN; 9–17.30 Uhr oder länger) Die vier Seilbahnen fahren verschiedene Berghänge hinauf, hinunter und wieder hinauf und bringen ihre Fahrgäste auch zu reizvollen Café-Restaurants oder im Winter zu den Skipisten. Am besten nimmt man sich ein paar Stunden Zeit, um aus all den Möglichkeiten das Beste zu machen. Wer es eilig hat, nimmt einfach den Riverside-Lift (L2), der zudem am aufregendsten ist.

Wer keine Skier dabeihat, zahlt 20 AZN für jeweils eine Hin- und Rückfahrt mit allen vier Seilbahnen, Wenn man sich auf zwei Seilbahnen beschränkt, kostet die Fahrkarte 10 AZN. Fahrkarten gibt es an zwei Seilbahnstationen: **Riverside** (9–17.30 Uhr, letzte Rückfahrt 18 Uhr) und Tufandağ (hinter dem gleichnamigen Hotel).

Qabaland VERGNÜGUNGSPARK
(www.facebook.com/Qabaland; Eintritt 3 AZN, zzgl. pro Attraktion 1–4 AZN; Juni–Aug. 12–24 Uhr, Sept.–Jan. & März–Mai 9–20 Uhr, Feb. nur am Wochenende;) Disneyland kann er nicht ganz das Wasser reichen, doch für einheimische Familien ist Aserbaidschans Top-Themenpark ein Glücksfall. Für jedes Alter bietet er etwas. Alle Fahrten werden mit einer im Voraus aufgeladenen Geldkarte bezahlt.

Der Vergnügungspark liegt 3 km nördlich des Zentrums von Qəbələ und vor Ort 300 m östlich des großen Kongresszentrums.

Skifahren

Die Skisaison reicht in der Regel von Mitte Dezember bis Februar. Zur Verfügung stehen zehn Pisten mit einer Gesamtlänge von 17 km, darunter eine leichte, breite, 1,2 km lange Piste, blaugrün markiert. Außerdem gibt es ein paar rot markierte „Killer-Pisten" – der Schwierigkeitsgrad Rot fühlt sich hier ziemlich rabenschwarz an. An der Riverside-Station und am Tufandağ Hotel im Qafqaz-Resort befindet sich jeweils ein ausgezeichneter Skiverleih.

Für Schuhe, Stöcke und Ski oder Snowboard beträgt die Leihgebühr jeweils 25 AZN und für einen Helm 5 AZN. Skibekleidung kann man sich ebenfalls leihen. Nicht verliehen werden Schutz- und Sonnenbrillen, aber zum Kauf angeboten.

Einzelunterricht im Skifahren kostet 35/50 AZN (Dauer ein bis zwei Stunden). Für Gruppenunterricht wird pro Person weniger verlangt, auch Skikurse für Kinder sind preisgünstiger.

Festivals & Events

Gabala International Music Festival MUSIK
(www.gabalamusicfestival.com; Juli) Bei dem hochkarätigem Musikfestival in Qəbələ liegt der Schwerpunkt auf klassischer Musik.

Mit einem der großen, flippigen Open-Air-Musikfestivals, beispielsweise Glastonbury, lässt es sich nicht vergleichen. Angesagt sind Schlips und Kragen. Die Musikveranstaltungen finden hauptsächlich im Heydar Aliyev Congress Center im Riverside Resort statt.

Schlafen

Sechs beeindruckende Hotel-Resort-Komplexe in Qəbələ und seiner Umgebung sind Teil der Qafqaz-Kette (https://qafqazhotels.com). Abgesehen vom luxuriösen Tufandağ Hotel, das gemeinsam mit dem etwa 2 km entfernten Qafqaz Resort Hotel einen riesigen Sportkomplex nutzt, verfügen alle Hotels über hervorragende Swimmingpools und opulente Wellness-Einrichtungen.

Im Stadtzentrum gibt es zwei preisgünstige Hotels, außerdem sind einfache Gästehäuser in der ganzen Gegend vorhanden. Ein Hostel befindet sich in der Nähe der Seilbahnstation Riverside.

Kahran Hostel HOSTEL $
(Kəhran Hostel; ☎070-3032920; www.instagram.com/kahranhostel; İsmayıl bəy Qutqaşınlı pr; B 10–15 AZN) Das Kahran zählt zu den besten Hostels im ländlichen Aserbaidschan. Die Schlafsäle im ersten Stockwerk sind mit schubladenartigen Schließfächern ausgestattet. Den Gästen steht eine sehr große Gemeinschaftsküche zur Verfügung. Im Erdgeschoss gibt es ein Coffeeshop-Café und andere Läden. Die jungen Hostelbetreiber sprechen ausgezeichnet Englisch und sind Mitbesitzer des RaJa Indian & Azerbaijani Cuisine, das lediglich drei Gehminuten vom Hostel entfernt liegt. Das Restaurant wiederum befindet sich etwa 600 m südwestlich von der Seilbahnstation Riverside.

Tufandağ Hotel LUXUSHOTEL $$$
(☎024-2054383; https://qafqazhotels.com; Durca Yolu; EZ/DZ/Suite ab 201/222/332 AZN) Insbesondere für Skifahrer ist das Tufandağ ein ausgezeichneter Ausgangspunkt. Als eines der stilvollsten Hotels in Qəbələ wird es vielleicht nur noch von dem absurd exklusiven Chenot Palace übertroffen. Dessen Frühstücksbüfett gilt als eines der besten in Aserbaidschan. Es liegt an der Straße Richtung Duruca rund 2 km oberhalb vom Qafqaz Resort Hotel, dessen umfangreiche Sporteinrichtungen die Tufandağ-Gäste kostenlos nutzen können.

Erreichen lässt sich das Hotel auch von der anderen Seite des Berges mit zwei Seilbahnfahrten (zuerst bergauf, dann wieder bergabwärts) der Riverside-Seilbahn.

Qafqaz Karavansaray DESIGNHOTEL $$$
(☎024-2054455; https://qafqazhotels.com/en/hotels/qafqaz-karvansaray-hotel; Elçin Kərimov küç; EZ/DZ ab 110/125 AZN, Hochsaison DZ/Suite ab 175/260 AZN) Unter den Designhotels in Qəbələ hat dieses wohl das beste Preis-Leistungs-Verhältnis. Das Ambiente seiner Innenhöfe erinnert an eine opulente Karawanserei. Dagegen setzen Neo-Art-déco-Elemente in seinen ausgezeichneten, allerdings teilweise ein wenig zu raumsparend ausgestatteten Zimmern die prägenden Akzente.

Das **Restaurant** setzt mehr auf eine eher experimentellere Küche als die Speiselokale der anderen großen Resorts. In dem kleinen **Café** gibt es guten Kaffee und ausgezeichnete Kastanien-Halva.

Qafqaz Riverside RESORT $$$
(☎024-2054330; www.qafqazriversidehotel.com; DZ/Suite/Cottage ab 190/250/360 AZN) Opulent, aber nicht übertrieben luxuriös zeigt sich das sechsstöckige Flaggschiff der Qafqaz-Hotels in Qəbələ. Faszinierend ist der Blick talaufwärts auf das wunderschöne Bergpanorama. Zu seinen Einrichtungen zählen ein Swimmingpool sowohl im Innen- als auch Außenbereich, ein Spa mit einem Hamam im klassischen Marmorstil, Shisha-Lounges und eine Billardhalle. Vor allem in den Sommermonaten werden sehr viele Aktivitäten besonders für Familien geboten. Das Resort befindet sich neben einem schönen Waldgebiet und nahe der Talstation der steilsten Seilbahn in Qəbələ.

Qafqaz Riverside liegt etwa 4 km nördlich des Stadtzentrums von Qəbələ und 6 km vom Busbahnhof entfernt.

Essen

Eine klassische Spezialität der Küche von Qəbələ ist *daş arası* (wörtlich übersetzt: zwischen Steinen), eine Methode, Kebabs zwischen heißen Steinen zu braten – mit einem ziemlich fettigen Ergebnis. Verlockender ist *qəbələ aş*, ein reichhaltiges Reisgericht mit Hühnchen und Kastanien, das günstig im Kafe #1 erhältlich ist. Von den Hotelrestaurants bietet das Restaurant im Qafqaz Karavansaray die wohl einfallsreichste Küche. Hoch oben in den Bergen ist das Chalet die erste Wahl.

Kafe #1 ASERBAIDSCHANISCH $
(28 May küç; Hauptgerichte 4–8 AZN; ⏲11–23 Uhr) Die wohl preisgünstigsten Gerichte der einheimischen Küche gibt es im Kafe #1, einem Speiselokal mit einem hübschen Holzinterieur in neoantikem Stil. Allerdings ver-

steckt es sich im Stadtzentrum etwas abseits der 28 May küç. Auf dem einzigen Hinweisschild steht „Təndir", was wohl darauf hinweisen soll, dass hier köstliches Brot ofenfrisch auf den Tisch kommt. Das Fassbier ist wirklich sehr preisgünstig.

Qəbələ Xanlar ASERBAIDSCHANISCH **$$**
(☎ 050-5363634; www.facebook.com/qabalaxanlar; Qutqaşınlı küç; Hauptgerichte ab 6 AZN; ⏲ 10–23 Uhr) In einem der ältesten und angesehensten rustikalen Kebab-Restaurants in Qəbələ gehören witzige wasserbetriebene Mobiles zum einfallsreichen Dekor. Typisch für das Restaurant sind auch seine unterschiedlich gestalteten, strohgedeckten Hütten mit langen Tischen. Die umfangreiche Speisekarte enthält zahlreiche Gerichte, die sich bestens für Gruppenfeste eignen, z. B. *shah plov* (Pilaw in Form einer großen Kugel) und *sac* (Fleisch, Gemüse und Kartoffeln), die auf heißen Wärmeplatten serviert werden, oder *səbət* (gegrillte Schafsrippen) in langen Stücken. Feste für Gruppen müssen im Voraus gebucht werden.

★ **Chalet** INTERNATIONAL **$$$**
(☎ 050-290-2832; Yatmish Gozal; Hauptgerichte 10–22 AZN, Steaks 25–90 AZN; ⏲ Di–So 13–18 Uhr) Das Chalet befindet sich an der Bergstation der Seilbahn Yatmish Gozal (L6). Die Gäste können hier nicht nur die herrliche Bergkulisse genießen, sondern auch hervorragend zubereitete internationale Gerichte. Dazu zählen beispielsweise Fleisch mit Grillgemüse, tolle Pastagerichte und sogar importierte exklusive Steaks. Etwas versteckt im Untergeschoss ist eine mit Fässern dekorierte Weinbar.

An einigen Wochenenden ist das Restaurant bis 23 Uhr geöffnet, solange fährt dann auch die Seilbahn hinauf und wieder ins Tal.

Ausgehen & Nachtleben

Alle Qafqaz Hotels haben Bar-Cafés, die oft die ganze Nacht über geöffnet haben und für die Allgemeinheit zugänglich sind. An mehreren Orten darf man Shisha rauchen. Der Nachtclub im Riverside Hotel steht nur den eigenen Hotelgästen zur Verfügung. Ein gutes Glas Wein und zugleich eine herrliche Aussicht bietet das **Qəbələ Restaurant** (Tufandağ-Seilbahn; ⏲ 10–18 Uhr; 📶), das mit der Seilbahn erreichbar ist. Wer ein preiswertes Bier in Gesellschaft von Einheimischen trinken will, geht ins **Beer Bros** (Heydər Əliyev pr), in dem es lustig und ein wenig schrullig zugeht, wenn auch von Männern dominiert. Der freundliche Besitzer spricht Englisch.

Unterhaltung

Gabala FC FUSSBALL
(FK Qəbələ; http://gabalafc.az/eng) Der FK Qəbələ zählt zu den besten Fußballmannschaften des Landes und hat 2019 den Aserbaidschan Cup gewonnen. Im Allgemeinen sind die Besuche der Heimspiele völlig kostenlos. Das Stadion (Eingang an der Nordseite) befindet sich am westlichen Stadtrand. In der Saison 2010–2011 war Tony Adams, Ex-Spieler beim FC Arsenal und englischer Nationalspieler, Trainer des Teams.

Praktische Informationen

Eine kleine **Touristeninformation** (☎ 024-2052256; Mədəniyyət Evi, Heydər Əliyev pr; ⏲ 10–18 Uhr) befindet sich im westlichen Teil des Gebäudes des Kulturzentrums. Anar, Mitarbeiter im **Travel Center** (☎ 070-3384301; www.travel-center.az; Qutqaşınlı pr 24; ⏲ Mo–Fr 10–13 & 14–18 Uhr oder telefonisch), spricht Englisch und ist ein guter Ratgeber, wenn es um Informationen über die Stadt und die Umgebung geht. Er organisiert eine ganze Reihe ortstypischer bzw. kulturell interessanter Aktivitäten, darunter Reitausflüge, Abendessen in einem Dorf, einen Tag bei einem Schäfer oder Landwirt (inkl. Kühe melken).

Einige Wanderrouten in der Umgebung von Qəbələ liegen im Nationalpark Shahdag. Für einen Besuch benötigt man eine Genehmigung (2 AZN), einen Führer sowie in manchen Fällen auch die Erlaubnis des Militärs. Man kann versuchen, die Tour selbst zu organisieren und die Genehmigungen in der **Parkverwaltung** (Şahdağ Milli Parkı Qəbələ Rayon Şöbəsi; ☎ Səməd 050-3476588; Ecke Heydər Əliyev pr & Aslanov küç; ⏲ Mo–Fr 9–13 & 14–18 Uhr) zu erhalten, aber leider spricht niemand Englisch oder Deutsch. Javid und Rahul im Kahran Hostel (S. 301) helfen ihren Gästen gerne bei der Organisation genehmigungspflichtiger Wanderungen.

An- & Weiterreise

Vom **Gabala International Airport** (GBB; Ağdaş Yolu) fliegt nur dienstags eine Maschine zum Flughafen Moskau-Wnukowo (256 AZN). Andere Flugverbindungen gibt es nicht.

Der **Busbahnhof** (Avtovağzal; Qutqaşınli pr) befindet sich 2 km südlich vom Stadtzentrum, neben der supermodernen Moschee, die im 21. Jh. errichtet wurde.

Wichtige Busverbindungen:

Baku (6 AZN, 3½ Std.), 2-mal stündlich zwischen 7 und 18 Uhr, am Nachmittag seltener. Die Busse machen Halt in İsmayıllı; wer dorthin möchte, zahlt besser den vollen Fahrpreis bis Baku, um nicht zu riskieren, dass ihm aufgrund der relativ kurzen Strecken die Mitnahme verweigert wird. Die Sammeltaxis nach Baku (12 AZN, 3 Std.) starten östlich vom Stadtzentrum an der großen Brücke, auf der anderen Seite des Flusses.

Gəncə (5 AZN, 3 Std.), Abfahrt um 8.15, 8.40, 10 und 15 Uhr.

Şəki (2 AZN, 2 Std.) über Oğuz, Abfahrt um 9, 11, 12 und 15 Uhr. Alternative: mit dem Baku-Bus nach Oğuz fahren und dort umsteigen. Von Oğuz starten die Busse nach Şəki (1 AZN, 40 Min.) stündlich zwischen 8 und 15 Uhr sowie um 17 Uhr. Für den Notfall: In Oğuz befinden sich in der Nähe des Busbahnhofs zwei preisgünstige Hotels. Oğuz und seine Umgebung sind hübsch.

Unterwegs vor Ort

Mehrmals pro Stunde fährt der Bus 2 (30 q) östlich vom Dorf Bum ins Stadtzentrum von Qəbələ, biegt dort auf die Qutqaşınlı küç ab und fährt Richtung Süden (mit Halt am Basar und Busbahnhof) nach Zarağan (bis zur Kreuzung, an der die Straße nach Oğuz abzweigt), um dann dort wieder umzukehren. Wer es eilig hat, nimmt sich am besten in der Nähe der **Kreuzung Qutqaşınlı küç und Heydər Əliyev küç** (Qutqaşınlı küç) ein Sammeltaxi, es fährt die Busroute bis Zarağan, dann weiter über den Flughafen (1 AZN) bis Hacıalılı.

Şəki

☎ 024 / 68 400 EW. / HÖHE 630 M

Şəki (Schäki/Sheki) ruht inmitten einer grünen Landschaft aus wunderschönen bewaldeten Bergen und gilt als die attraktivste Stadt in Aserbaidschan. Im Stadtgebiet befinden sich zahlreiche alte Häuser mit Ziegeldächern, besonders sehenswert ist der glitzernde, kleine Khanspalast (18. Jh.). Der historische Teil der Stadt, in dem auch die Herrscherresidenz liegt, wurde 2019 zum Unesco-Weltkulturerbe erklärt.

Geschichte

Das historische Şəki, vereinfacht gesagt: Alt-Şəki, befand sich in einem höher gelegenen Gebiet – in der Gegend, in der heute das Bergdorf Kiş liegt. Nachdem 1716 Überschwemmungen Alt-Şəki zerstört hatten, baute der rebellische Khan Haci Çələbi die Stadt wieder auf und gründete dort, aufsässig wie er war, in den 1740er-Jahren ein unabhängiges Khanat. Zudem baute er in Nukha (heutiges Şəki) eine zweite Festung. Als 1772 nach einer weiteren, noch katastrophaleren Schlammflut von Alt-Şəki nichts mehr übrig blieb, erklärte er Nukha zu seiner neuen königlichen Hauptstadt.

Nach 1805, als das Khanat an Russland abgetreten wurde, blühte Nukha als Seidenweberstadt auf und bildete bald einen Handelsknotenpunkt an den Karawanenrouten nach Baku, Tiflis und Derbent (Dagestan). Auf dem Höhepunkt der wirtschaftlichen Blüte gab es in Nukha fünf Karawansereien. In den 1960er-Jahren wurde Nukha schließlich in Şəki umbenannt.

Sehenswertes

Innerhalb der Festungsmauern

Die massiven Festungsmauern der Nukha-Zitadelle von Khan Haci Çələbi umgeben heute einen Palast aus dem 18. Jh., eine Touristeninformation, Handwerksbetriebe und ein recht gutes Café-Restaurant – und alle sind umgeben von Grasflächen, auf denen Schafe weiden. Ebenfalls vorhanden sind zwei beeindruckende Museen (Eintritt jeweils 2 AZN), darunter das Museum für nationale angewandte Kunst in einer ehemaligen **„Albanischen“ Kirche** (Ausländer/Einheimische 2/1 AZN; ⏲10–18.30). Der kreisförmige Kirchenbau ist sehr fotogen.

★ **Xan Sarayı** PALAST

(Khanspalast auf dem Festungsgelände; Ausländer/Einheimische 5/2 AZN, Führung 5 AZN; ⏲10–18 Uhr) In den Innenräumen des reich verzierten Palastes von 1762 faszinieren lebendige Wandgemälde und ein schillerndes farbiges Licht, das durch die *şəbəkə* (Buntglasfenster) strömt. Das wunderschöne, vielfältige Interieur trägt mit dazu bei, dass er die Hauptsehenswürdigkeit in Şəki ist; er zählt zu den populärsten Bauwerken im Südkaukasus. In der Zeit des Khanats diente er als Verwaltungsgebäude und ist nur eines von vielen anderen herrschaftlichen Gebäuden, die einstmals auf dem Festungsgelände standen, aber aus unterschiedlichsten Gründen schon lange nicht mehr existieren.

Wer den ummauerten Rosengarten betritt, um sich nur die Fassade des Palastes anzusehen, braucht keinen Eintritt zu bezahlen. Rechts und links vor dem Gebäude steht eine riesige Platane. Die beiden Bäume wurden 1530 gepflanzt. Die Fassade schmücken silberfarbene Stalaktitengesimse sowie Elemente in strengen geometrischen Formen in Dunkelblau, Türkis und Ocker. Die Außenwände des Erdgeschosses sind weitgehend mit sehr aufwendigen Motiven untergliedert. Grazile florale Ornamente überwiegen, einen markanten Blickfang bilden

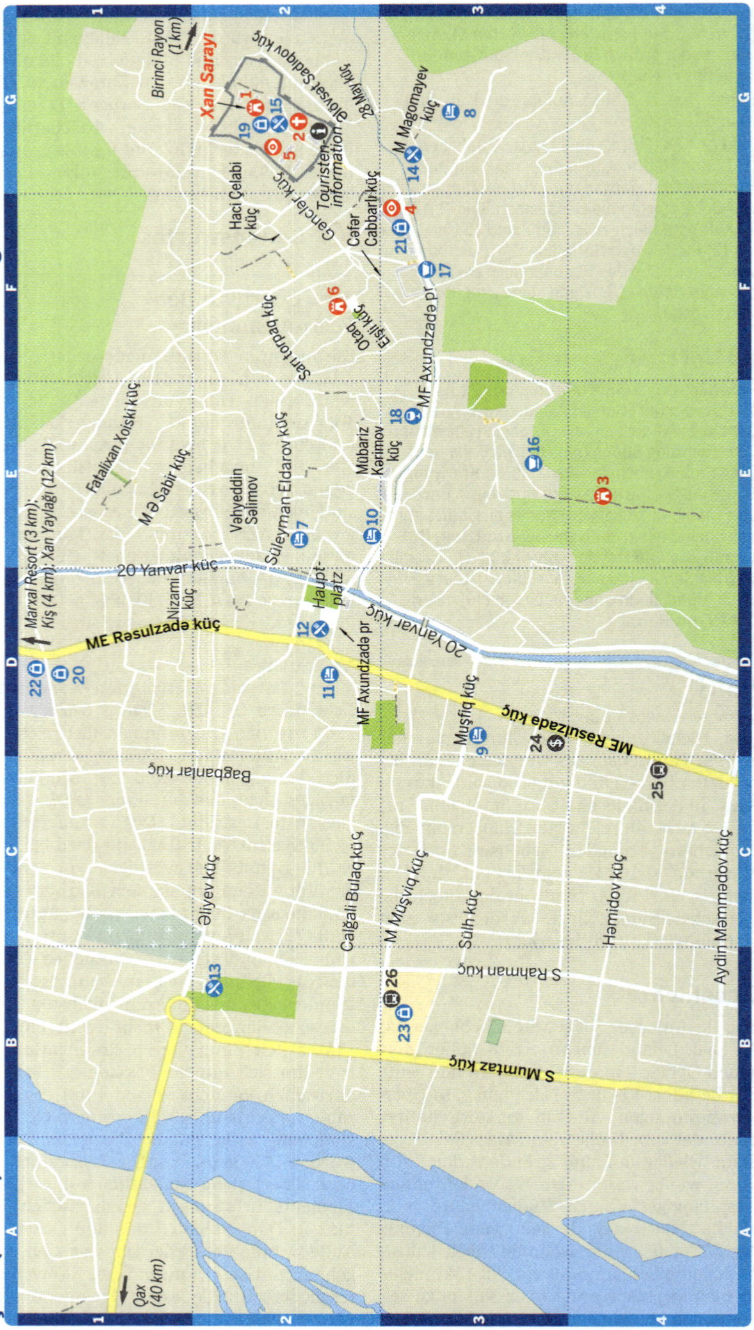
Şəki (Sheki)
500 m
Xan Sarayı
Birinci Rayon (1 km)
Marxal Resort (3 km); Kiş (4 km); Xan Yaylağı (12 km)
Qax (40 km)
Touristen-information
Hauptplatz
Əlövsat Sadiqov küç
28 May küç
M Magomayev küç
Haci Çelabi küç
Gancler küç
Cafer Cabbarlı küç
Sarı torpaq küç
Otaq Eşil küç
MF Axundzadə pr
Mübariz Kərimov küç
Vahyeddin Səlimov
Süleyman Eldarov küç
Fatalixan Xoiski küç
M Ə Sabir küç
20 Yanvar küç
Nizami küç
ME Rəsulzadə küç
Muşfiq küç
Bagbanlar küç
Əliyev küç
Calğali Bulaq küç
M Müşviq küç
Sülh küç
Həmidov küç
Aydin Məmmədov küç
S Rahman küç
S Mumtaz küç

jedoch die Malereien mit heroischen Szenen der Schlacht, die Haci Çələbi 1743 gegen den persischen Kaiser Nader Shah führte. Die Darstellungen zeigen eine Fülle an Details, darunter Schwerter, andere Waffen und abgetrennte Köpfe. Achtung: Fotografieren ist nicht erlaubt!

Şəbəkə-Werkstatt WERKSTATT
(Şəbəkə Şənət Evi; ☎050-6483015; Festungsgelände; ⌚9–20 Uhr) GRATIS Kunstvolle *şəbəkə* (Buntglasfenster) herzustellen, wie sie im Xan Sarayı zu sehen sind, kostet unendlich viel Mühe. Für den komplizierten Holzrahmen müssen Hunderte von handgeschnitzten Holzstückchen zusammengefügt werden, und das ohne irgendeine Metallbefestigung. In der ungezwungenen Atmophäre des Familienbetriebs können Besucher bei der Herstellung aufwendiger Holzrahmen zusehen. Ihnen begegnen hier auch junge Ausbildende, die das Handwerk lernen. In einem kleinen Laden, auf den kein Schild an der Straße hinweist, werden Arbeiten der Werkstatt verkauft und erklärt.

Außerhalb der Festungsmauern

Außerhalb den Festungsmauern verläuft ein kleiner kanalisierter Fluss parallel zur M. F. Axundzadə prospekti vom Festungsareal zum Hauptplatz der neuen Stadt. Die Straße führt vorbei an zwei Moscheen aus dem 19. Jh., zwei großen Karawansereien und zahlreichen Geschäften, die unverwechselbare süße Spezialitäten aus Şəki anbieten. Abseits dieser Straße lädt das Labyrinth der alten Altstadtgassen voller typischer Ziegeldachhäuser zu einem Erkundungsspaziergang ein.

Xanların Evi PALAST
(Palast des Khans von Sheki; Hikmət Ələkbərzadə küç, Otağ Eşiye; Ausländer/Einheimische 5/2 AZN, Führung 5 AZN; ⌚8–20 Uhr) Der wenig besuchte, zweite Khanspalast in Şəki ist kleiner und älter als der Xan Sarayı. Wie der große Palast liegt er ebenfalls inmitten eines Rosengartens. Fünf seiner sechs Räume weisen ein im Großen und Ganzen sehr schlichtes Interieur auf; im sechsten jedoch fasziniert eine Serie an originalen Wandgemälden aus dem Jahr 1765. Die wunderschönen Malereien zeigen Szenen aus den klassischen Geschichten des Dichters Nizami. Rumella, die Englisch sprechende Führerin, wohnt in einem Nebengebäude des Palasts. Sie und ihre Familie kümmern sich seit Jahren um das Bauwerk, auch schon lange bevor es restauriert wurde.

Karavansaray Hotel HISTORISCHES GEBÄUDE
(MF Axundzadə pr 185) GRATIS Auch Nichtgäste des Hotels (S. 306) sollten sich die Karawanserei ansehen. Hinter einem großen Holztor liegt der zentrale Innenhof. Den recht großen Hof säumen einstöckige Arkaden mit stämmigen Säulen. Wenn man das Anwesen betritt, wird man oft vom Personal

Şəki (Sheki)

Highlights
1 Xan Sarayı G2

Sehenswertes
2 Albanische Kirche G2
3 Dili Qala E4
4 Karavansaray Hotel F3
5 Şəbəkə-Werkstatt G2
6 Xanların Evi F2

Schlafen
7 Canal Hostel E2
8 Ilgar's Homestay G3
9 İnci Design Hotel & Hostel D3
Karavansaray Hotel .... (s. 4)
10 MinAli Boutique Hotel E2
11 Şəki Saray Hotel D2

Essen
12 Çələbi Xan Restoran D2
13 Ləziz B2
14 Qaqarin Restoranı G3
15 Xan Bağı G2

Ausgehen & Nachtleben
16 Abidə Çayxana E3
17 Art Club F3
Buta Bar .... (s. 11)
Illy Espresso House .... (s. 21)
18 Ovuçlar Məkanı E3

Shoppen
19 Abad G2
20 Crafts House D1
21 Halvaçi Yəhyə F3
22 Şəki İpek D1
23 Təzə Bazar B3

Information
24 Bank of Baku D3

Transport
25 Bus 11 nach Xan Saray C4
26 Kiş Marshrutka 15 Abfahrtsstelle B3

angesprochen. Worauf man ganz einfach antworten sollte, dass man das Restaurant im rückwärtigen Garten aufsuchen möchte. Zwischen 11 und 19 Uhr dürfen Gruppen offiziell das Anwesen betreten.

Dili Qala FESTUNG

Dili Qala thront auf dem Bergrücken oberhalb der Stadt. Zwar ist das merkwürdige, burgartige Gebilde ein faszinierendes Wahrzeichen der Stadt, aber kein historisches Bauwerk. Geplant war es als Hotel, doch aufgrund der schlechten Bausausführung wurde es nie fertiggestellt. Gräser und Unkraut überwuchern mittlerweile die Überreste und verleihen der Hotelruine einen fotogenen Touch. Auf jeden Fall schön ist der Blick von hier oben auf die Stadt.

Kiş & Umgebung

Albanische Kirche in Kiş KIRCHE

(Kiş Alban Məbadi; Dorf Kiş; Ausländer/Einheimische/Stud./Kind 4/2/1/0,20 AZN, Führung 10 AZN; 8–20 Uhr; 15) Wie eine Art Tempel wirkt die hervorragend renovierte Rundkirche mit hohem, massivem Turm in dem hübschen Dorf Kiş. In dem Bau befindet sich heute ein sehr gut geführtes Museum, in dem u. a. die Exponate in drei Sprachen erläutert werden. Kaum ein anderer Ort eignet sich besser, um relativ viel über das geheimnisvolle Kaukasische Albanien zu erfahren. Dieses christlich geprägte Reich erstreckte sich einst über den größten Teil von Nordaserbaidschan. Die Geschichte des Gebietes, auf dem die Kirche steht, reicht jedoch in weit zurückliegende vorchristliche Zeit. Einen Beweis dafür liefern die bei Grabungen gefundenen bronzezeitlichen Skelette. Ihre Grabstätten sind im Museum unter einer gläsernen Abdeckung zu sehen.

Der erste steile Pfad (auf die Hinweisschilder achten), der am Ende der Kopfsteinpflasterung der Hauptstraße von Kiş rechts abgeht, windet sich über 800 m hinauf zum Museum bzw. zur Kirche.

In dem charmanten Café gegenüber vom Museumseingang treffen Besucher möglicherweise die Verwalterin des Anwesens. Sie organisiert Unterkünfte im Dorf und betreibt auch selbst ein eigenes kleines **Gästehaus** (024-2498833, 050-6310246; ilhame633@mail.ru; Dorf Kiş; Privatzimmer pro Pers. 15 AZN, mit Vollpension 30 AZN).

Xan Yaylağı AUSSICHTSPUNKT

Xan Yaylağı, eine Hochebene mit Sommerweiden, liegt hoch über der Stadt. Der Ausblick auf das Tal und nordwärts auf die Gipfel des Kaukasischen Bergmassivs ist atemberaubend schön.

Am einfachsten erreichen lässt sich der Aussichtspunkt mit einem Geländewagen über einen etwa 7 km langen Waldweg, der vom Marxal Resort im Zickzack hinauf zur Hochebene führt. Wer lieber wandert, beginnt die Tour in Şəki an der Endstation der Minibuslinie *marshrutka* 17 im Stadtteil Birinci Rayon. Die Wanderung dauert ungefähr 3½ Stunden, der Rückweg nur zwei Stunden. Zum Zeitpunkt der Recherche für dieses Buch war diese Route allerdings offiziell gesperrt und wurde sogar bewacht. Falls sie wieder geöffnet wird, gilt es zu beachten: Im Wald leben Bären, daher sollte man die Tour nur in Begleitung eines ortskundigen Führers unternehmen, insbesondere im Frühling.

Aktivitäten

Xan Yaylağı Offroad AUTOTOUR

(055-5003633; Marxal Resort; pro Pers. 22 AZN; 10–18.30 Uhr) Im Rahmen einer geführten Geländewagentour lässt sich der malerische Aussichtspunkt Xan Yaylağı auf der Hochebene am besten erreichen. Die Tour (Mindestteilnehmerzahl: 4 Personen) startet im hinteren Teil des Marxal Resort.

Schlafen

Reisende haben in Şəki die Qual der Wahl zwischen einem imposanten Boutiquehotel, zahlreichen Privatunterkünften und einer Handvoll (in zunehmender Zahl) Hostels sowie einer authentischen Karawanserei. Mindestens zehn weitere Hotels befinden sich im Bau. Rund um Kiş gibt es mehrere ländliche Alternativen, darunter auch das Marxal Resort (S. 307).

★ **Karavansaray Hotel** GASTHAUS $

(055-7555570, 024-2444814; MF Axundzadə pr 185; EZ/DZ/3BZ/4BZ 20/30/36/48 AZN, Suite 50–80 AZN) Allein ein Aufenthalt in der umgebauten, aber authentischen Karawanserei wäre Grund genug, Şəki zu besuchen. Die Zimmer mit gewölbter Backsteindecke sind nicht gerade luxuriös, aber jedes verfügt über einen Sitzbereich und ein kurios veraltetes Bad mit Toilette, so wie man sie in der westlichen Hemisphäre kennt.

Eine Vorausbuchung kann sinnvoll sein, insbesondere wenn man ein Einzelzimmer will, davon gibt es jedoch nur zwei. Reisende können aber auch die Touristeninformationen bitten, eine Reservierung in ihrem Namen vorzunehmen.

Canal Hostel HOSTEL $

(☎077-3112017; www.facebook.com/canalhostel; Eldarov küç 2; B mit/ohne AC 7 AZN /12, DZ AZN25; P ❄ 📶) Das Canal gehört zu den wohl besten Hostels in Şəki. Das weitläufige Haus mit Innenhof liegt verhältnismäßig zentral, allerdings in einer reichlich obskuren Seitengasse. Die Räumlichkeiten sind mehr als einfach gehalten. Immerhin behauptet Asim, der Hostelbetreiber, er könne sämtliche Freizeitaktivitäten vom Leihfahrrad bis zum Gleitschirmfliegen organisieren – und er spricht Englisch. Das Hostel bietet Betten für bis zu 50 Rucksackreisende und jede Menge Abstellplätze für Fahrräder.

Ilgar's Homestay PRIVATUNTERKUNFT $

(☎055-6238295; www.facebook.com/ilgar.azerbaiajanhostels; M. Magomayev 20; B 20 AZN) Wer eine einfache Privatunterkunft statt einem Hostel bevorzugt, dürfte sich bei dem frommen Gastgeber İlqar Ağayev wohlfühlen. Sein Haus hat eine tolle Lage in einem ruhigen Winkel der Altstadt. Neben einer Dusche mit heißem Wasser kann es im Gegensatz zu den meisten traditionellen Privatunterkünften sogar mit einer Innentoilette aufwarten. İlqar spricht Englisch und ist ein hilfsbereiter Gastgeber. Gerne organisiert er für seine Gäste Wanderungen oder Ausritte in die nähere Umgebung.

★ **MinAli Boutique Hotel** BOUTIQUEHOTEL $$

(☎050-4920044, 055-4831155; www.facebook.com/MuzeyHotel; MF Axundzadə küç 11–15; DZ/4BZ/Suite 95/160/120 AZN) Von außen ist es nicht zu erkennen, aber das Hotel wurde rundherum an ein Gebäude von 1892 angebaut. In diesem Baukern befindet sich auch die Lobby, die zugleich eine Art Museum ist, bewacht von einer martialischen Kriegerstatue. Bis ins Detail weist das 2019 eröffnete Hotel einen hohen Standard auf. Araz, der Hotelmanager, spricht sehr gut Englisch. Ein markantes Ambiente prägt die zwölf Zimmer. Die Zimmer Nr. 102, 103, 203 und 204 haben aus Ziegelsteinen gemauerte Fensterbögen und ihre unverputzten Backsteinwände sind mit antiken Teppichen bedeckt. Einen Kontrast bilden die anderen Zimmer mit ihrem modernen, plüschigen Design. Im obersten Stockwerk wird im Frühstückszimmer der museale Charakter fortgesetzt. Ihn schmücken eine Sammlung alter Samoware und verspiegelte Regale mit anderen kostbaren Gegenständen.

İnci Design Hotel & Hostel BOUTIQUEHOTEL $$

(☎055-4700052; www.facebook.com/InciDesignHotel; Mikayıl Müşfiq küçəsi 47a; D/Suite 9/70 AZN) Das Preis-Leistungs-Verhältnis des İnci ist eigenartig. Seine drei Suiten sind nicht nur riesig, sondern auch opulent ausgestattet. Dennoch kosten sie weniger als viele Standardzimmer in anderen Hotels. Die nach Geschlechtern getrennten Schlafsäle haben große Schließfächer die Männerräume verfügen über eine Klimaanlage. Die Leihhandtücher sind kostenlos. Ein wenig Mehr an Toiletten, Licht und Steckdosen wäre allerdings hilfreich. Vorhanden sind auch eine Gemeinschaftsküche und ein hübscher kleiner Garten. Das Personal spricht gut Englisch. Der Weg vom Busbahnhof zum İnci: vier Häuserblocks Richtung Norden gehen, dann in westlicher Richtung abbiegen und einen Block weitergehen.

Şəki Saray Hotel BOUTIQUE HOTEL $$

(☎055-2382724, 024-2443181; www.shekisaray.az; ME Rəsulzadə küç 187; EZ/DZ/Suite 90/100/250 AZN; ❄ 📶), Nicht nur seine Lage mitten der Stadt und der coole Baustil des 21. Jhs. machen das Hotel zu einer guten Wahl. Hinzu kommt der sachliche Stil seiner Zimmer, aufgelockert durch orientalische und modernistische Akzente, kombiniert mit originellen Fotografien und Lampen im marokkanischen Stil. Das Personal spricht Englisch. Im Restaurant werden einige europäische Gerichte angeboten. Außerdem gibt es eine einladende, frauenfreundliche Bar.

Marxal Resort RESORT $$$

(☎055-5003585; www.marxalresort.az; DZ ohne/mit Balkon 150/170 AZN; P 📶 ❄) Das neue glamouröseste Ferienresort der Region beeindruckt mit der stattlichen Größe der Loungebereiche, Innen- und Außenpools. Besonders imposant ist das riesige Wellness-Areal, zu dem die Gäste per Elektrocar oder durch einen Tunnel mit einer psychedelischen, bunten Beleuchtung gelangen. Groß sind auch die Spielbereiche für Erwachsene und Kinder. Das Resort liegt 6 km nördlich des Stadtzentrums auf der Kiş gegenüberliegenden Flussseite. Umgeben ist das weitläufige Gelände von schönen Wäldern, während am Horizont herrliche Berggipfel in die Höhe ragen. Das Resort liegt 300 m höher als Şəki, daher ist es hier kühler als in der Stadt.

✕ Essen

Piti (ein suppenartiger Eintopf mit Kichererbsen und Safran) zählt in Şəki zu den beliebtesten Hauptgerichten. Eine beliebte Spezialität der Stadt sind auch speziell gefüllte Mini-Dolma (kleine gefüllte Weinblätter). An der Straße, die vom Marxal Resort

Richtung Norden führt, sind zahlreiche hübsche ländliche Restaurants zu finden. Einige wesentlich preisgünstigere, wenn auch zum Teil wenig beachtete Speiselokale befinden sich in der Umgebung des Təzə Bazaar.

Ləziz ASERBAIDSCHANISCH **$**
(☎055-6416424, 024-2448783; Axundov Park; Hauptgerichte 4–6 AZN, Salate 1–2,50 AZN, Fassbier 1 AZN; ⏲9–23.30 Uhr) Das Restaurant auf einem weitläufigen Parkgelände liegt abseits der Touristenpfade. Dessen Küche ist alles andere als raffiniert, dafür bietet sie aber ein Essen in hervorragender Qualität. Die Preise sind günstig, da hierher sonst nur Einheimischen kommen – seltener Touristen. Im Freien gibt es schöne Sitzplätze unter Bäumen und die Bedienung kommt mit einem strahlenden Lächeln an den Tisch. Der Servicezuschlag beträgt 10 %.

Çələbi Xan Restoran ASERBAIDSCHANISCH **$$**
(Main Sq; Hauptgerichte/Kebabs ab 4/5 AZN; ⏲9–23 Uhr; ❄) Die Kiefernholzeinrichtung des seit Jahren beliebten Restaurants wirkt so exzentrisch wie eine Kuckucksuhr in Aserbaidschan. Klassische *şəbəkə* mit modernem Rauchglas kombiniert, verleiht der Fassade ein markantes Aussehen. Vor dem Haus sind Tische und Stühle rund um ein Wasserspiel gruppiert und werden von Bäumen beschattet. Die Preise sind moderat, der *piti* (6 AZN) schmeckt ausgezeichnet und für nur 3 AZN kann man sich den Bauch mit Brot und Borschtsch richtig vollschlagen. Bier kostet 4 AZN und Shisha 10 AZN. Der Servicezuschlag beträgt 5 %.

Xan Bağı ASERBAIDSCHANISCH **$$**
(Festungsgelände; Hauptgerichte 5–8 AZN; ⏲9–22 Uhr) Obwohl es das einzige Restaurant innerhalb der Festungsmauern ist, sind die Preise angemessen. Das aserbaidschanische Essen schmeckt gut. Insbesondere die Mini-Dolma à la Şəki sind zu empfehlen. Im Sommer verlieren sich die Tische und Stühle im Freien fast zwischen den wuchernden Pflanzen. Im Winter steht ein kleiner Gastraum zu Verfügung, der von einem Modellboot dominiert wird.

Qaqarin Restoranı ASERBAIDSCHANISCH **$$**
(☎024-2448313; Qazimov küç; Hauptgerichte 4–7 AZN, Bier 2 AZN; ⏲8–23 Uhr) Das bei Einheimischen sehr beliebte Restaurant ist nach dem russischen Kosmonauten Juri Gagarin benannt. Die Sitzplätze im Freien sind sehr schlicht. Unabhängig davon macht es großen Spaß, beim Abendessen zu beobachten, wie die Sonne hinter der Stadt untergeht und die letzten Sonnenstrahlen die Bergrücken im Westen in ein goldenes Licht tauchen. Auf der Speisekarte stehen typische einheimische Gerichte, aber keine Preise, die aber recht moderat sind.

NICHT VERSÄUMEN

PITI ESSEN

Wer sich unsere Empfehlung zu Herzen genommen und *piti* bestellt hat, sieht zunächst einmal nur einen Klumpen Lammfett, der traurig in einer ovalen Tonschale (*dobu*) in einer Brühe schwimmt. Keine Panik! Bevor man anfängt zu essen, sollte man Brot in Stücke reißen und in eine andere Schale geben. Diese bestreut man dann mit Sumak (das leicht violett-rote Gewürz, das auf dem Tisch steht) und gießt dann die *Piti*-Brühe darüber. Die daraus entstandene Suppe wird als erster Gang gegessen. Dann zerdrückt man die verbliebenen festen *Piti*-Teile mit Löffel und Gabel. Ja, inklusive diesem Fettklumpen! Ohne diesen Klumpen würde das Gericht nicht richtig schmecken. Dazu streut man noch eine weitere Prise Sumak darüber und fertig ist der zweite Gang. Hhmm, lecker!

Ausgehen & Nachtleben

Die **Buta Bar** (Şəki Saray Hotel, ME Rəsulzadə küç 187; Bier/Cocktails ab 4/8 AZN; ⏲7–24 Uhr) im Şəki Saray Hotel ist die frauenfreundlichste Lokalität, wenn es um den Genuss von alkoholischen Getränken geht. Der Kaffee schmeckt gut, ebenso in dem gemütlichen **Illy Espresso House** (MF Axundzadə pr; Espresso/Cappuccino 2,50/4,50 AZN; ⏲9–29.30 Uhr). Im Marxal Resort gibt es sogar einen ausgezeichneten österreichischen Kaffee der Marke Julius Meinl.

Nur Männern vorbehalten ist das Teehaus im Füzüli-Park, das NZS-Bier ist sehr preisgünstig. Wer zum **Abidə Çayxana** (Bier 1 AZN; ⏲10–24 Uhr) hinaufgeht, wird mit Fassbier für 1 AZN und einem wunderschönen Ausblick belohnt.

Das zentraler gelegene, recht gemütliche **Ovuçlar Məkanı** (MF Axundzadə pr 43; einheimischen/importiertes Bier ab 1,50/3 AZN; ⏲9–2 Uhr; 📶) eignet sich gut, um in Ruhe ein Bier zu trinken – sofern man sich nicht von den Jagdtrophäen abschrecken lässt. In dem erfrischend klimatisierten **Art Club**

(☎051-7692624; www.instagram.com/Sheki_Art_Club; MF Axundzadə küç; ⏲9–23 Uhr) gehören lokale Süßigkeiten zum *çay dəsgahı* (Teegedeck; 3 AZN). In dem Club finden gelegentlich Workshops, Musikevents, Weinproben und andere Veranstaltungen statt.

Shoppen

Şəki ist berühmt für seine Konfektspezialitäten. Die zahlreichen Geschäfte am M. F. Axundzadə prospekti locken mit grellbunten *nöğul* (Bohnen mit Zuckerguss überzogen). Noch köstlicher sind die knusprigen *mindal* (Nüsse mit Krokant-Karamellguss überzogen). Die mit Abstand bekannteste Spezialität ist *Şəki halvası*, allerdings ist die Bezeichnung für diese lokale, sirupartige Version von *paxlava* (Baklava) missverständlich. **Halvaçi Yəhyə** (MF Axundzadə pr 185/20; ⏲10–23 Uhr) ist besonders berühmt, seit der Präsident des Landes 2015 den Laden gleich zwei Mal besucht hat. Das Geschäft ist einer der Souvenir-orientierten Läden in den Arkaden des Karavansaray Hotel.

Abad KERAMIK

(Festungsgelände; ⏲9.30–18 Uhr) Das Keramikzentrum befindet sich in einem frisch renovierten Gebäude aus dem 19. Jh. In erster Linie ist Abad ein Gemeinschaftsprojekt zur Unterstützung des lokalen Töpferhandwerks. Besucher können den Töpfern bei ihrer handwerklichen Tätigkeit zusehen. Ausgestellt sind Keramikarbeiten, Glaswaren und Miniteppiche. Im Hof gibt es eine *anbar* (Treppe zu einer unterirdischen Wasserquelle) aus dem 18. Jh.

Təzə Bazar MARKT

(🚌5, 8, 11, 16) In dem großen, geschäftigen Basar reicht das riesige Warenangebot von Töpferwaren über Metallarbeiten und Teppiche bis hin zu frischen Lebensmitteln in Hülle und Fülle. Safran gibt es in unterschiedlichen Qualitätsstufen (1 AZN für 100 g sind am günstigsten).

Şəki İpek SEIDENFABRIK

(M.E. Rəsulzadə küç; ⏲9–18 Uhr; 🚌2, 8) Im Showroom von Şəkis *kombinat* (Seidenfabrik) werden wertvolle Teppiche und einige hübsche, einfache Seidentücher gezeigt.

Praktische Informationen

Mehrere Banken gleich südlich vom Şəki Saray Hotel verfügen über Geldautomaten und wechseln Geld. Die Filiale der **Bank of Baku** (M.E. Rəsulzadə küç 149b; ⏲Mo–Fr 9–13 & 14–17, Sa 9–13 & 14–18 Uhr) in der Nähe des Busbahnhofs bietet in der Regel einen recht günstigen Wechselkurs.

Die hilfreiche **Touristeninformation** (1. Stock, Sənətkarlar Evi; ⏲Mo–Fr 9–18, Sa & So 10–18 Uhr) verfügt über Englisch sprechende Mitarbeiter. Sie befindet sich innerhalb der Festungsmauern im ersten Stock des **Zentrums für Kunsthandwerk** (Şəki Şənətkarlar Evi; Festungsgelände; ⏲10 Uhr bis Einbruch der Dunkelheit).

An- & Weiterreise

BUS & TAXI

Der gut organisierte **Busbahnhof** (☎024-244617; M.E. Rəsulzadə küç) liegt rund 700 m südlich vom zentralen Platz. Nützliche Busverbindungen sind z. B.:

Baku (9 AZN, mehr als 20-mal tgl.) letzte Abfahrt 18 Uhr. Die großen Busse nehmen die Route über Xaldan und Kürdamir (6½ Std.), während die Minibusse (5½ Std.) und die Sammeltaxis (15 AZN, 5 Std.) über İsmayıllı fahren.

Balakən (3,50 AZN, 2 Std.) Abfahrt 10.10 und 14 Uhr

Gəncə (4 AZN, 2½ Std.) Abfahrt 8, 9.10, 11.50 und 13.30 Uhr. Alternative: den Bus nach Mingəçevir (2,20 AZN, 1½ Std., 8-mal tgl., letzte Abfahrt 17 Uhr) nehmen und dort in den Bus nach **Gəncə** umsteigen. Schneller geht es, wenn die Autobahn Şəki–Xaldan fertiggestellt sein wird.

Qax (1 AZN, 45 Min.) Abfahrt 8, 10, 11.30, 13, 15, 16.45 und 17.30 Uhr.

Qəbələ (2,50 AZN, 1½ Std.) 6.50, 12 und 14 Uhr.

Zaqatala (3 AZN, 2 Std.) 7.15, 9, 11, 12, 15, 16.30 und 17 Uhr.

ZUG

Da der Fahrkartenkauf in Baku problemlos abläuft, ist die Fahrt Baku–Şəki mit dem Nachtzug Richtung Westen wesentlich einfacher als in umgekehrter Richtung. Der Platz in einem offenen Mehrbettwaggon (*platskart*) kostet 7 AZN. Der Preis für einen Platz in einem Schlafabteil (*kupe*) der zweiten Klasse beträgt 12 AZN. In Şəki fährt der Nachtzug um 23.20 Uhr ab. Fahrkartenkauf und Abfahrt an ein und demselben Tag ist oftmals schwierig bis unmöglich. Einige Reisebüros in Şəki bieten die Buchung von Zugfahrkarten zwar an, können aber die Fahrkarte nicht ausdrucken. Und das bedeutet, man muss sich spätestens eine Stunde vor Abfahrt des Zuges am Fahrkartenschalter seine Fahrkarte im Bahnhof holen.

An der südöstlichen Ecke des Təzə Bazaar gibt es einen **Zugfahrkartenschalter** (Dəmir Yol Kassası; ☎Coşqun 050-6621361; ⏲telefonisch), der ist jedoch oft nicht besetzt. Das bedeutet, man muss sich vorher telefonisch anmelden und zudem eine Fotokopie des Reisepasses mitbringen. Wer eine Fahrkarte für den Nachtzug am selben Tag braucht, sollte den Fahrkartenkauf spätestens bis mittags erledigen, besser aber viel früher.

Der Bahnhof von Şəki liegt 17 km südlich des Stadtzentrums. Gleich nach der Ankunft ein Sammeltaxi in die Stadt zu finden, ist kein Problem. Wenn man jedoch beim Aussteigen aus dem Zug zu lange trödelt, bleibt einem meistens nicht anderes übrig als 700 m in östlicher Richtung zu der AzPetrol-Tankstelle am Kreisverkehr zu laufen – und in die Stadt zu trampen. Für die Fahrt in die Stadt sind alle Fahrzeuge, die Richtung Norden fahren, geeignet.

Unterwegs vor Ort

Die *marshrutky* (Minibusse, Busse; 30 q) verkehren bis ungefähr 20 Uhr. Die Linien 8 und 11 verbinden den Təzə Bazaar mit dem Stadtzentrum. *Marshrutka* 11 fährt über das Karavansaray Hotel zum Xan Sarayı. Die dem Busbahnhof am nächsten gelegene **Haltestelle der Linie 11** (Hämidov küç) befindet sich einen halben Häuserblock nördlich der M. E. Rəsulzadə küç. Die Linie 17 fährt die gleiche Route wie Linie 11, fährt dann aber weiter in den Stadtteil Birinci Rayon. Die Linie 8 hält unterwegs an der Seidenfabrik. Die Linie 15 fährt vom Basar nach Kiş. Zum Marxal Resort fährt die Linie 7.

Für kurze Strecken innerhalb der Stadt verlangen Taxifahrer 2 AZN, eine Taxifahrt zum Bahnhof kostet um 6 AZN.

Qax & İlisu

024 / 14 300 EW. / 630M

In Qax (Aussprache: „Gach") leben teilweise auch georgisch sprechende Menschen, und es gibt drei historische Kirchen, von denen eine direkt neben dem reizend altmodischen Museum steht. Von ihrem mäßig ansprechenden Ortskern erstreckt sich das Stadtgebiet in einer wunderschönen Landschaft Richtung İlisu (15 km nördlich), der ehemaligen Hauptstadt eines alten Sultanats. Die Landschaft wird etwas übertrieben auch als „kleine Schweiz" beworben.

Sehenswertes

Wer aus Richtung Zaqatala anreist, steigt an der BOil Petrol Station aus dem Bus aus und geht drei Blocks südöstlich zum interessanten **Geschichtsmuseum** (Qax Tarix Diyarşünaslıq Muzeyi; Üzeyir Hacıbəli küç 1; 1 AZN; Mo–Sa 10–13 & 14–18 Uhr), das in einem Innenhof einer schönen georgischen Kirche verborgen liegt. Richtung Osten an der wunderbar von Bäumen beschatteten Mustafayev küç stößt man auf den İçəri Bazar. Von dort fährt man per Taxi in das alte, von Bergen umgebene Dorf İlisu. Auf dem Weg dorthin könnte man auf einen kleinen Happen oder Tee im Səngər Qala Restaurant halt machen.

İçəri Bazar VIERTEL

Die Altstadt von Qax liegt rund um den kopfsteingepflasterten İçəri Bazar. Einige Häuser sind hier wie auf einer Burg mit Toren und Kriegerstandbildern geschmückt und wirken damit besonders historisch. Die Hauptattraktion bildet ein kleines Freilichttheater, das besonders an Sommerabenden einlädt, wenn die gedämpften Lichter auf den Tischen durch die Bäume schimmern.

İlisu DORF

Zwei wunderschöne Hochtäler laufen im kleinen İlisu zusammen. Erstaunlicherweise war dieses winzige Dorf mit fotogenen alten Häusern einst die Hauptstadt eines nur kurzlebigen Sultanats im 18. Jh. Viele Häuser haben die Kastenfenster, Torbögen und roten Ziegeldächer erhalten. Außerdem gibt es eine alte Moschee und mehrere übrig gebliebene Befestigungsanlagen. Am äußersten, südwestlichen Zipfel des Dorfes befindet sich der quadratische, fünfstöckige Summaqala-Turm, der etwas übertrieben restauriert wurde. Der Blick von dort oben auf das Tal und auf die in der Ferne aufragenden schneebedeckten Gipfel ist herrlich.

Am nördlichsten Ende von İlisu gibt es eine weitere schöne Aussicht vom Uludağ Restaurant-Resort. Wenn man rechts abbiegt und 40 Minuten bergan wandert, kommt man zu einem in der Region bekannten **Wasserfall** (*şəlalə*). Es ist nicht erlaubt, das Haupttal Richtung Russland hinaufzuwandern (gesperrtes Grenzgebiet). Der wunderliche Weiler **Saribaş** ist mit einem Allradfahrzeug zu erreichen, mit dem man den Fluss unterwegs durchqueren kann.

Schlafen & Essen

Obwohl es nahe dem Zentrum von Qax ein preiswertes, freundliches kleines Hotel gibt, liegen die meisten Unterkünfte und Esslokale entlang der Straße nach İlisu.

Hotel Qax HOTEL $

(Mehmanxana; 055-9682832; Nərimanov küç 3; 2BZ/3BZ mit Klimaanlage 30/40 AZN, B/EZ/2BZ ohne Bad 5/10/20 AZN;) Die einfachen kleinen Zimmer im Hotel Qax sind freundlich und ganz akzeptabel. Meist gibt es nur gemeinschaftlich genutzte, aber saubere Hocktoiletten; die Duschen kosten 2 AZN extra.

Zimmer mit Bad haben auch eine Klimaanlage, einen Sitzbereich und reichlich Steckdosen. Das Hotel liegt mitten in Qax direkt nördlich der Heydər-Əliyev-Statue zwischen dem İçəri Bazar und der Straße nach Kiş. Das Café nebenan serviert preisgünstige, aber sehr gute Mahlzeiten.

İlisu Pansionat COTTAGE **$**
(☎050-3285615; 24/40 AZN pro Person mit Frühstück/3 Mahlzeiten) Das Tolle an diesem kleinen Urlaubsparadies ist die Mischung aus Outdoor-Möglichkeiten (Wanderwege, Bestimmungstafeln zu Flora und Fauna, Hindernisparcours, eine kurze Seilrutsche) und der relativ ruhigen Lage inmitten von Bäumen. Hier gibt es neue und alte Zimmer sowie Cottages mit eigenem Bad. Viele Zimmer sind für vier oder sechs Personen ausgelegt. Außerhalb von Wochenenden bekommen Einzelreisende und Paare in der Regel eine ganze Wohneinheit zu einem Preis, der sonst für eine Person gilt. Im Sommer stößt man auch auf Englisch sprechende Leute. Das İlisu Pansionat liegt auf einer Anhöhe abseits der Wiese an der Ulu-Brücke (17. Jh.) (3 km südlich vom Dorf İlisu).

El Resort HOTEL **$$$**
(☎024-2555202; www.elresort.az; Heydər Əliyev pr; EZ/DZ/Ste. 150/160/190 AZN; P ❄ ☎ ≋) Die modebewussteste Unterkunft in Qax bietet gut ausgestattete, qualitativ hochwertige Zimmer mit seltsam geformten Holzlampen und einer ganzen Reihe an Möglichkeiten: eine Sauna, ein 18 m langes Hallenschwimmbecken, einen großen Fitnessraum, Räume mit Spielen, Billardtische und ein Konferenzzentrum. das El Resort befindet sich 5 km nördlich des Zentrums an der Straße nach İlisu.

Səngər Qala Restaurant & Hotel ASERBAIDSCHANISCH **$$**
(☎024-2593505, 070-9305505; www.facebook.com/pg/Sangarqala; İlisu Yolu; Salate 3 AZN, Kebabs 4–7 AZN, Hauptgerichte 6–9 AZN, shah plov 40 AZN; ⏲9–23 Uhr) Selbst wenn man hier gar nicht essen möchte, lohnt sich ein Zwischenstopp, um dieses Restaurant zu fotografieren, denn es sieht aus wie ein Märchenschloss, umgeben von mit Zinnen versehenen dunklen Steinmauern und im Innern voller skurriler Kuriositäten. Auf der Speisekarte stehen überwiegend Kebab-Gerichte, aber auch Forelle, Bœuf Stroganoff und Spezialitäten wie Wildschwein (18 AZN; muss man vorbestellen). Bier ab 3 AZN.

Im neuen **Hotelbereich** (EZ/DZ 70/98 AZN) wird das Thema Mittelalter weitergeführt. Außerdem gibt es ein gutes, schönes Hallenschwimmbecken und einen Wellnessbereich. Das Səngər Qala liegt etwa 1 km südlich von İlisu.

ℹ An- & Weiterreise

Der Zug von Baku nach Balakən hält an beiden Bahnhöfen von Qax, aber leider liegt weder der eine noch der andere besonders nah zur Stadt. Ein Taxi nach Şəki oder Zaqatala kostet nur 15 AZN. Es lohnt sich, etwas mehr zu bezahlen, um unterwegs noch Zwischenstopps oder Abstecher zu machen.

Der **Busbahnhof** (Avtovağzal; 🚌1) liegt an der Hauptstraße (Heydər Əliyev pr) am äußersten südwestlichen Rand der Stadt. Praktische Verbindungen sind:

Gəncə (6 AZN, 4 Std.) 8 Uhr.

Şəki (1 AZN, 1 Std.) 9.30, 12.15, 16.30, 18.30 Uhr.

Tiflis (8 AZN, 5 Std.) 8.30, 10.30 und 13 Uhr. Man sollte mindestens einige Stunden vor der Fahrt eine Fahrkarte buchen.

Zaqatala (1 AZN, 1¼ Stunden) 7.40, 8.30, 10.05, 12.20, 14, 15.30 und 17.10 Uhr. Drei Linien befahren eine längere Schleife. Von Zaqatala kommend, kann man an der **BOil Petrol Station** (Eyvazov küç) genannten Haltestelle aussteigen und dann drei Blocks ostwärts zum Geschichtsmuseum laufen.

ℹ Unterwegs vor Ort

Die nur sporadisch verkehrende *marshrutka* 1 fährt am Busbahnhof ab, dann zum Kreisverkehr mit der Flagge (1,5 km), durch die Altstadt und schließlich Richtung Norden zum El Resort; allerdings muss man oft lange warten.

Nach İlisu fahren um 7.20, 9.30, 12, 14 und 17 Uhr Minibusse (50 q, 20 Min.) am Busbahnhof ab und kehren fast unmittelbar danach wieder zurück. Ein Taxi von Qax nach İlisu kostet rund 6 oder 15 AZN (hin und zurück) mit ein bis zwei Stunden Aufenthaltszeit zum Sightseeing.

Zaqatala

☎ 024 / 32 000 EW.

Aserbaidschans Zentrum für Haselnüsse liegt am Zusammenfluss zweier breiter Bergflüsse mit den Gipfeln des Großen Kaukaus als spektakulärer Kulisse. In dem kleinen, aber malerischen alten Kern der Stadt befinden sich die Reste einer Festung, zudem ein großer, halb bewaldeter Park an einem Hang, der kontinuierlich bis zum hübschen Dorf Car (Aussprache: „Dschar“) ansteigt. Von dort führt ein Hirtenpfad steil hinauf zu den herrlichen Hochlandweiden. Zaqatalas Unterstadt, wo der Basar und der Busbahnhof zu finden ist, liegt 2 km unterhalb des Stadtzentrums; sie wirkt zwar unscheinbar, aber ideal, um dort zu übernachten und von dort Ausflüge zu unternehmen.

Sehenswertes

Altstadtplatz GARTENANLAGE

(Altstadtplatz) Zaqatalas Altstadt liegt rund um einen hübschen parkähnlichen Platz, der von zwei etwa 30 m hohen Platanen (*çınar*), die in den 1780er-Jahren gepflanzt wurden, beherrscht wird. In südlicher Richtung blickt man auf zahlreiche Häuserfassaden im alten Stil, die am oberen Teil des Heydər Əliyev prospekti liegen. Folgt man dem Weg, vorbei an einer verlassenen orthodoxen **Kirche** mit rundem, trommelartigem Turm, stößt man schließlich auf einen kleinen Eingang zur Festung.

Lediglich rund 300 m südwestlich davon liegt ein bezaubend altmodisches und kleines **historisches Museum** (Heydər Əliyev pr 30; 2 AZN; ⌚9–13 & 14–18 Uhr).

Car DORF

Car ist ein Dorf so klein wie eine Pralinenschachtel und liegt halbwegs versteckt zwischen Blüten und Grün. Pittoreske Häuschen verbergen sich hinter moosbewachsenen Bruchsteinmauern in üppigen Obstgärten. Mehrere rustikale Restaurants liegen verstreut in den bewaldeten Randbezirken des Dorfes.

Festung FESTUNG

(1 AZN; ⌚Mo–Fr 9–13 & 14–18 Uhr) Die russische Festung von Zaqatala erstreckt sich recht weitläufig. Ihre grauen Steinmauern sind massiv, aber nicht wirklich eindrucksvoll. Sie wurde zwischen 1830 und 1860 erbaut und sollte ursprünglich gegen die Angriffe der in Dagestan stationierten Guerrilla-Armee Imam Shamils schützen. Später wurden hier die Matrosen des Kriegsschiffes *Potemkin* eingesperrt – die berühmte Meuterei der Schiffsbesatzung von 1905 in Odessa nahm die russische Revolution vorweg.

Zaqatala

Die Mauern sehen von außen ansprechender aus. Trotz der angegebenen Öffnungszeiten kann man in der Regel zu jeder Zeit in die Festungsanlage hinein.

Aktivitäten

Hohe Bergpässe oberhalb der Baumgrenze von Zaqatala bieten einige der schönsten Ausblicke ganz Aserbaidschans. Man kann jedoch nur zu Fuß oder auf dem Rücken eines Pferdes dort hinauf. Eine schöne Tageswanderung führt auf einem Trampelpfad für Schafe, der ganz deutlich auf einem bewaldeten Kamm vom Westrand Cars hinaufführt, auf die Bergwiesen von **Şamilovka Yaylağı**. Die Route ist sogar auf Google Earth gut sichtbar.

Um zum Ausgangspunkt der Wanderung zu gelangen, steigt man am **Amin-Markt** (Car Yolu) aus der *marshrutka* nach Car aus, überquert die metallene Brücke, geht 900 m westlich und biegt an jeder der beiden Hauptkreuzungen links ab. Der Trampelpfad, der bergan führt, liegt dann auf der rechten Seite, bevor ein kleiner Bach ein kleines Tal schneidet.

Die Touristeninformation organisiert gerne einen Wanderguide für diese (50 AZN) oder andere Wanderungen. Für 300 bis 500 AZN pro Gruppe wird ein dreitägiger Campingausflug zum **Xalaxı Göl**, einem Bergsee auf rund 2000 m Höhe, angeboten – selbstverständlich inklusive Rückweg zum Ausgangspunkt.

Schlafen

Hotel Zaqatala HOTEL $
(050-5173859, 070-9138324; Heydər Əliyev pr 92; B/2BZ/3BZ/Suite 5/20/30/35 AZN, mit Frühstück N8/25/35/40AZ;) Das schlichte, preisgünstige Hotel bietet einen guten Standard mit gepflegten Bädern, selbst in den Männerschlafsälen. Man muss allerdings eigenes Toilettenpapier dabei haben. Nur die „Suiten" sind klimatisiert.

Turqut Motel GASTHOF $
(024-2256229, 050-8550353; İmam Şamil küç; 2BZ ohne/mit Bad 15/20 AZN) Preisgünstige, einfache, aber saubere Zimmer, die meisten mit Klimaanlage, funktionierenden Bädern und Toilettenartikeln. Die einfacheren Zimmer teilen sich eine Sitztoilette (allerdings ohne Brille) auf dem Flur.

Sollte die Rezeption einmal nicht besetzt sein, dann wendet man sich am besten an einen der Kellner, die in dem mit einem Springbrunnen ausgestatteten Biergarten hinter dem Haus anzutreffen sind. Es wird kein Englisch gesprochen.

Grata Hotel HOTEL $$
(024-2253353, 050-2153636; Grata-hotel@mail.ru; Heydər Əliyev pr 100; EZ/DZ/3BZ/Ste. 40/60/90/140 AZN;) Die beste Wahl in der Stadt. Die Zimmer haben europäischen Standard, die Decken sind hoch, es gibt eingebaute Duschecken und eine gut funktionierende Klimaanlage. Nach hinten heraus wartet ein großer Garten im Innenhof auf Essensgäste. Das Hotel liegt sehr nahe am alten Busbahnhof (an der Straße, die zum Stadtzentrum hinaufführt).

Essen & Trinken

Mit Tischen auf dem Altstadtplatz serviert das **Meydan Kafesi** (Altstadtplatz; Tee/Kaffee ab 2/1 AZN; 11–23 Uhr) hervorragenden türkischen Kaffee. Das nahe gelegene **Meydan Dönər** (Heydər Əliyev pr 10; Kebabs 2 AZN) gehört zu den besten Fast-Food-Lokalen für Kebab in ganz Aserbaidschan. Tagsüber findet man die besten Teehäuser im Heydər-Əliyev-Park, aber abends ist der kleinere Zərifa-Əliyeva-Park besser zu erreichen.

Zaqatala

Sehenswertes
1 Festung C2
2 Historisches Museum C2
3 Altstadtplatz C2
4 Kirchen-Ruine C2

Schlafen
5 Grata Hotel A3
6 Hotel Zaqatala A3
7 Turqut Motel D3

Essen
8 Berkli Restoran A4
9 Meydan Dönər C2

Ausgehen & Nachtleben
10 Meydan Kafesi C2
11 Qaqaş D3

Information
12 Touristeninformation C2

Transport
13 Alter Busbahnhof A3
14 Haltestelle für Marshrutka zum alten Busbahnhof C2
15 Zugfahrscheine A4

INSIDERWISSEN

HEILIGES BROT

Wer mal genauer hinter die Apartmentblocks schaut, sieht unter Umständen Tüten mit weggeworfenem altem Brot, die an Bäumen oder Haken abseits des Hausmülls hängen. Der Grund dafür ist, dass Brot als heilig gilt und daher nicht einfach in den Müll oder auf die Erde geworfen werden darf. Daher haben fromme Aserbaidschaner ein Entsorgungsproblem.

Wer mit jemandem zusammen Brot isst, besiegelt damit einen Freundschaftsbund. Wer ein Stück Brot auf den Boden fallen lässt, sollte es zur Entschuldigung küssen. Das gehört hier zum guten Ton.

Berkli Restoran ASERBAIDSCHANISCH **$**
(Vidadi küç; Hauptgerichte 2,50–4 AZN; ⌚9–22.30 Uhr) Ein großes Schwarz-Weiß-Poster des charmanten jungen Alain Delon beherrscht dieses liebenswerte altmodische Restaurant, das ansonsten u. a. mit russischen Winterlandschaften ausstaffiert ist. Auf der kurzen, handgeschriebenen Speisekarte stehen das typische *piti*, *bozbaş* (Gericht in der Regel mit einem Fleischkloß, der in der Mitte mit einer Pflaume gefüllt ist), *xinqal* (Fleischstücke mit oder auf lasagneartigen Nudelplatten) und andere aserbaidschanische Klassiker. NZS-Bier für 1 AZN.

★ **Calğalıq Restoranı** ASERBAIDSCHANISCH **$$**
(☎050-4147998, 024-2267700; www.facebook.com/calgaliq; Aşağı Tala; Hauptgerichte 4–15 AZN) Das Calğalıq ist das Restaurant mit der meisten Atmosphäre weit und breit und ist mit mehr alten kunsthandwerklichen Exponaten ausgestattet als ein durchschnittliches Museum. In dem bezaubernden Garten herrscht wegen all der Frösche ein großes Quaken. Auf der Speisekarte gibt es auch einige georgische Gerichte und sehr regionale, saisonale Spezialitäten wie *maxara* (in einem *sač* gegarte sehr dünne, herzhafte Pfannkuchen). Das Restaurant befindet sich dort, wo man es gar nicht mehr vermutet: rund 2,5 km östlich des beflaggten Kreisverkehrs/alten Busbahnhofs nimmt man die Abzweigung nach Aşağı Tala und fährt dann noch 4 km Richtung Süden.

Ləzzət Istirahət Zonası KAUKASISCH **$$**
(☎070-8872299, 050-3761160; Car; Hauptgerichte 4,50–6,50 AZN, Forelle 9 AZN) Das Ləzzət liegt in einer hübschen Ecke von Car und ist interessant, wenn man Essen oder Getränke aus Dagestan in einem Baumhaus oder einem rustikalen Pavillon im Wald genießen möchte. Aber so richtig einzigartig ist es, den äußerst exzentrischen Inhaber Hacibey Zakatalinski zu treffen. Meist trägt er einen Cowboyhut und einen grauen Spitzbart und erzählt auf lustige Art von sich als dem selbsternannten König von Zaqatala.

Hinter dem Restaurant rund um einen mittig angelegten Rasen befindet sich eine Reihe steinerner **Lehmfachwerk-Häuser** (EZ/DZ 25/30 AZN). Sie sehen zwar seit einiger Zeit etwas vergammelt aus, bieten aber dennoch viel fürs Geld und haben sogar eigene praktisch-zweckbetonte Bäder.

Qaqaş ASERBAIDSCHANISCH
(Imam Şamil küç; Bier 1 AZN; ⌚10–23 Uhr) Dieses preiswerte kleine Restaurant mit Bar, einer Fassade aus Flaschenböden und einem Inneren aus skurrilen mit Holz ausgestatteten Räumen wirkt ganz ursprünglich, sieht dafür allerdings auch etwas alt aus. Auf der Rückseite des Hauses stehen einige nur rudimentär hergestellte Tische aus Holzblöcken. Das vor Ort hergestellte Bier vom Fass mit cremiger Schaumkrone heißt Helles und kostet nur 1 AZN. Die Mahlzeiten fallen im Allgemeinen ziemlich üppig aus.

ℹ Praktische Informationen

Touristeninformation (Zaqatala Turizm və İnformasiya Mərkəzi; ☎024-2254143, WhatsApp 055-3228123; www.facebook.com/zagatalatic; Heydər Əliyev pr 2; ⌚Mo–Fr 8–18 Uhr oder nach Vereinbarung) Kann Wanderguides für Abenteuer in den Bergen organisieren.

Bank Respublika (F. Əmirov 4; ⌚Mo–Fr 9–17.30 Uhr) Ist mit einen Geldautomat ausgerüstet und wechselt US-Dollar zu guten Kursen. Der Kurs für den Euro ist nicht so gut.

ℹ An- & Weiterreise

Vor dem alten Busbahnhof fahren etwa alle 40 Minuten die *marshrutky* nach Balakən (70 q, 35 Min.) oder dann, wenn sie fast voll besetzt sind, ab. Nach 17 Uhr findet man in der Regel ein Sammeltaxi (pro Sitzplatz/Auto 1,20/5 AZN). Auch starten hier Busse nach Qax (1 AZN, 1¼ Std.) und zwar etwa 15 Minuten, bevor sie am neuen Busbahnhof ankommen.

Fernbusse starten am **neuen Busbahnhof** (Yeni Avtovağzal; Zaqatala Beynəlxalq Avtovağzalı) am äußersten östlichen Ende der Stadt mit folgenden Zielen:

Gəncə (5,30 AZN, 4½ Std.) 8.30, 11, 15 und 16.30 Uhr.

Mingəçevir (3,60 AZN, 2½ Std.) 9, 9.50, 14 und 17.10 Uhr.

Qəbələ (4,50 AZN, 4 Std.) 9.30 Uhr.

Qax (1 AZN, 1 Std.) 7.40, 8.30, 10.15, 11.40, 12.30, 14, 15.30, 16, 17.10 Uhr (90 q); außerdem langsamere Verbindungen über die „neue Straße" um 8, 11.10 und 15 Uhr (1,40 AZN, 2 Std.).

Şəki (1,80 AZN, 2½ Std.) 8.30, 9.15, 10.30, 12, 13.30, 15 und 17 Uhr), außerdem ein Bus über Qax um 16 Uhr (2,60 AZN, 3½ Std.). Busse nach Baku (10 AZN) fahren über Kürdamir. Wer die schönere Strecke nehmen möchte, sollte erst nach Şəki reisen, und wer über Nacht reisen möchte, sollte den Zug nehmen, da er viel komfortabler ist.

Der Nachtzug nach Baku (*platskart/kupe* 8/13 AZN, 10 Std.) fährt um 21.10 Uhr vom Bahnhof in Zaqatala ab, der sich 8 km südöstlich der Stadt befindet. Bei der Ankunft sollte man es den anderen Passagieren gleich tun und an der Haltestelle Naib Bulaq (Zaqatala Yolu) aussteigen, die keinen Fahrkartenschalter und kein Bahnhofsgebäude hat, aber an der Straße nach Baku liegt: Minibusse nach Aliabad und Mosul kommen hier vorbei. Wer im Voraus Zugtickets besorgen möchte, sollte dies am **Dəmir-Yol-Kassa-Schalter** (Dəmir Yolu Kassası; ☎ 050-3006665, 070-3128942; alter Busbahnhof; ⏲ 9–13 & 14–21 Uhr) tun, der allerdings etwas versteckt am hinteren Innenhof des alten Busbahnhofs liegt.

ℹ Unterwegs vor Ort

Marshrutky mit der Aufschrift „Qala Düzü" fahren vom Basar zum Kreisverkehr am alten Busbahnhof und dann durch die Altstadt zum Heydər Əliyev Parkı (30 q). Drei- oder viermal pro Stunde (7–18.30 Uhr) absolviert ein Minibus dieselbe Strecke und fährt anschließend weiter nach Car (50 q).

Wer aus der Altstadt zurück zum Grata Hotel möchte, sollte an der Ecke der U Sadıqov küç auf die entsprechende *marshrutka* warten.

Eine ganze Reihe kleiner Busse verbindet die beiden Busbahnhöfe, aber die Wartezeiten können qualvoll sein; ein Taxi kostet 3 AZN.

Balakən

☎ 024 / 12 700 EW.

Balakən ist der erste Ort, den man nach der Überquerung der Grenze in Kachetien aus Richtung Georgien erreicht. Ein großer Fahnenmast kennzeichnet die Hauptkreuzung neben dem Basar. Das komfortable **Hotel Qubek** (☎ 055-4929272, 050-4929272; www.facebook.com/qubekhotel; Səttar Gözəlov küç; EZ/DZ/Ste./3BZ 55/60/70/75 AZN; P ❄ 📶 ✖) befindet sich nur einen kurzen Fußweg nördlich von dort neben einem großen Park mit einer Seilbahn, die eigentlich eher ohne großen Sinn zu sein scheint und lediglich zu Unterhaltungszwecken ihre Fahrgäste hin und wieder zu einem niedrigen felsigen Hügel bringt, auf dem sich eine Statue erhebt.

Im älteren Teil des Stadtzentrums liegt eine hübsche **Moschee** (Balakən Şəhər Mərkəzi Məscidi; Əsədov küç) mit einem wunderschön mit Backsteinen verkleideten Minarett. Sie ist mehr oder weniger die einzige Sehenswürdigkeit in der Ortschaft.

Zwei Blocks in nordöstlicher Richtung befindet sich die **ABB** (Internationale Bank von Aserbaidschan; Əsədov küç 1; ⏲ Mo–Fr 10–17 Uhr), in der man Geld wechseln kann, zudem ist ein Geldautomat vorhanden, der am nordwestlichen Ende der langen Hauptstraße des Ortes zu finden ist.

ℹ An- & Weiterreise

Für Fahrten nach Georgien geht es vom Vorplatz der Tankstelle **MMOil** los (am Kreisverkehr mit der Fahnenstange gelegen). Von hier starten um 11, 12 und 13.30 Uhr Minibusse nach Qubali über Lagodekhi (AZN2). Alternativ nimmt man ein Sammel-/Einzeltaxi zur Grenze (1/4 AZN) und geht anschließend zu Fuß weiter. Wer mit dem Zug ankommt, kann einfach am Bahnhof für 5 AZN ein Taxi nehmen (*tamozhn*) und lässt sich zur Grenze bringen.

Nach Şəki starten Minibusse (3,10 AZN, 3 Std.) um 8.30 und 14 Uhr vom **avtovağzal** (Hauptbusbahnhof; Heydər Əliyev pr 96) neben dem großen Krankenhaus.

Nach Zaqatala verkehren etwa alle 40 Minuten *marshrutky* (70 q, 35 Min.) von einer Haltestelle an der nordöstlichen Ecke des Kulturzentrumparks, rund 700 m westlich des Kreisverkehrs mit der Fahnenstange. Die Fahrzeuge nehmen auch Fahrgäste am Basar und Busbahnhof auf, allerdings könnten die Fahrzeuge bis dahin bereits voll besetzt sein. Das letzte Fahrzeug fährt um 17.30 ab. Wer nach Qax möchte, muss in Zaqatala umsteigen.

ℹ Unterwegs vor Ort

Verschiedene *marshrutky* mit der Aufschrift „şəhər arası" fahren nahe der zentral gelegenen Moschee vorbei, dann rund 2,5 km lang auf der Hauptdurchgangsstraße, die von Osten nach Westen führt, und kommen dabei an der *Marshrutka*-Haltestelle nach Zaqatala, dem Fahnenmast und dem Busbahnhof vorbei. Rund 600 m weiter östlich drehen sie am **AzPetrol Motel** (Heydər Əliyev pr) wieder um. Dort befindet sich auch ein Geldautomat.

ZENTRAL-ASERBAIDSCHAN

Außer der sich rasch immer weiter ausbreitenden Stadt Gəncə sollte man sich, um wirklich viel von einem Besuch in Zentralaserbaidschan zu haben, Richtung Süden in die schönen Ausläufer des Kleinen Kaukasus wagen. Dort gibt es einige malerische Bergseen und eindrucksvolle Ausblicke auf den schnabelförmigen Berg Kyapaz (Kəpəz Dağı). Mehrere Städte, von denen Göygöl am bekanntesten ist, haben ein deutsches Erbe, das bis ins frühe 19. Jh. zurückreicht. Allerdings durchquert die monotone Hauptverkehrsachse Baku–Ələt–Gəncə–Qazax eine scheinbar endlose landwirtschaftlich genutzte Ebene, die nur wenig vom wahren Zauber der Region wiedergibt, außer an außergewöhnlich klaren Tagen, wenn in der Ferne sowohl am nördlichen als auch südlichen Horizont die hohen Berge wie geisterhafte Schemen aufragen.

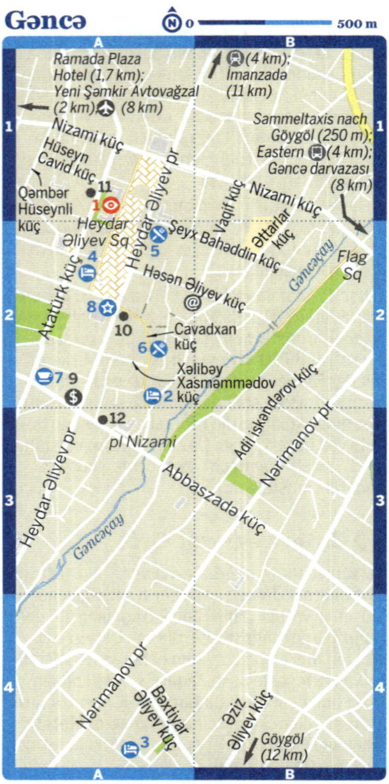

Gəncə

☎022 / 335 000 EW.

Die langen Jahre der Restaurierung und Verschönerung der zweitgrößten Stadt Aserbaidschans beginnen nun allmählich Früchte zu tragen. Jahrhundertealte Backsteinbauten wurden sorgfältig auf „Vordermann" gebracht, es gibt ein skurriles Kunstcafé, einige ansprechende neue Speiselokale und sogar mehrere Hostels.

Die fantasievolle neue **Filarmoniya (Philharmonie)** (Fikrət Əmirov adına Gəncə Dövlət Filarmoniyası; ☎022-2565321; Cavadxan küç) verleiht dem ohnehin schon eindrucksvollen zentralen Platz einen prachtvollen Anstrich, und am Rande der Stadt befindet sich ein prächtiges islamisches Heiligtum und einer der größten Parks des Landes – der Heydar-Əliyev-Park – mit Gəncəs ureigenstem „Arc de Triomphe".

Sehenswertes

Die interessantesten Sehenswürdigkeiten von Gəncə liegen außerhalb der Stadt, allerdings ist das Stadtzentrum in den letzten Jahren verschönert worden und daher auch einen Bummel wert (S. 321). Die Abenddämmerung eignet sich besonders gut dafür, weil dann das Licht sehr schön ist.

Aus Richtung Osten nach Gəncə kommend sieht man an der Abzweigung der

Gəncə

Sehenswertes
1 Rathaus A1

Schlafen
2 Cinema Boutique Hotel A2
3 Ganja Homestay A4
4 Vego Hotel A2

Essen
5 Epikur Bağı A2
6 Zeqa A2

Ausgehen & Nachtleben
7 Art Garden A2

Unterhaltung
8 Filarmoniya (Philharmonie) A2

Information
9 Amrahbank A2
10 Globus Travel A2

Transport
11 AZAL A1
12 Turkish Airlines A3

R51 von der M2 (Umgehungsstraße) **Gəncə Darvazası**, zwei gigantische Backsteintore. Sie wurden 2014 erbaut, sollen aber den Eindruck des lange verloren geglaubten Portals zur Zitadelle erwecken, deren eiserne Tore im Zuge eines Angriffs der Georgier im Jahre 1139 geraubt und nach Gelati (S. 93) versetzt wurden. Die lange Prachtstraße in die Stadt hinein besteht aus 2 km unechten Festungsmauern und Mosaiken mit Motiven aus der Literatur und führt unter dem raumschiffförmigen **Nizami-Mausoleum** hindurch, das an den großen Dichter der Stadt aus dem 12. Jh. erinnert.

★ İmamzadə ISLAMISCHE STÄTTE

(Tatlı Yolu; 🚌33) Das İmamzadə am Nordrand Gəncəs ist eins der eindrucksvollsten islamischen Bauwerke Aserbaidschans und ein Meisterwerk aus Backstein und blauen Majolika-Kacheln im zentralasiatischen Stil. Obwohl es nur unzureichende Hinweise gibt, gilt die Stätte als Grabstelle von Maulana Ibrahim, dem Sohn des fünften schiitischen Imams Muhammad Al Baqir.

Der überwiegende Teil des heutigen Bauwerks stammt jedoch aus dem Jahr 2016 und schließt eigenartigerweise ein weitaus schlichteres Pendant aus dem 19. Jh. mit einer aufragender Kuppel ein.

Der Minibus Nr. 33 bringt Besucher in rund 25 Minuten ab dem Univermaq hierher. Alternativ fährt, allerdings sehr selten, Bus 19 (kein Minibus) vor dem Bahnhof von Gəncə ab. Vom Bahnhof aus ist aus diesem Grund ein Taxi (5 AZN hin & zurück) durchaus eine Überlegung wert.

Heydar-Əliyev-Park PARK

(P; 🚌11) Den inoffiziellen Wettbewerb unter den Städten Aserbaidschans um den schönsten Park gewinnt unbestritten Gəncəs riesiger Heydar-Əliyev-Park. Außer einer Kirmes, einem modernen Kunstmuseum, einem Kulturzentrum und einem Amphitheater, für gelegentlich kostenlos stattfindende Konzerte, sticht ein Bauwerk ganz besonders hervor – ein Triumphbogen, der nachts wunderschön beleuchtet wird. Der Park liegt unweit der R50 am westlichen Stadtrand.

Schlafen

Ganja Homestay PRIVATUNTERKUNFT $

(☎050-2310121; www.facebook.com/GanjaHomeStay; Aydın Məmmədov küç 23; 2BZ ohne Bad 15 US$; 📶; 🚌4, 14, 25) Der große Vorteil dieser authentischen Privatunterkunft ist echtes Familienleben, ein Innenhof unter Weinreben, ein Obstgarten und nur an Wochenenden die Gesellschaft des fürsorglichen, immer höflichen Gastgebers Afgan Mehtikhanov. Afgan spricht hervorragend Englisch und hilft gerne, einen wirklich persönlichen Einblick in diese oftmals so unterschätzte Stadt zu bekommen.

Das Haus ist in wenigen Busminuten von der Innestadt in Richtung Süden erreichbar und liegt an einer Straße, deren alter Name Qacaq Nabi küç noch immer auf den meisten Stadtplänen zu finden ist. Die Ankunftszeit bitte vorher telefonisch besprechen.

Cinema Boutique Hotel HOTEL $$

(☎050-5607001, 022-2566999; Cavadxan küç 2; EZ/DZ ab 50/70 AZN) So manche Ausstattungsgegenstände zeigen schon einige wenige Gebrauchsspuren, und auch die Einrichtung ist nicht besonders geschmackvoll, aber insgesamt sind die Zimmer recht geräumig und komfortabel. Außerdem ist die Lage des Hotels sehr gut, nämlich unweit des Flusses am oberen Ende der sehr ansprechenden Geschäftsstraße von Gəncə. Es liegt oberhalb vom Café Kolorit, in dem ein einfaches Frühstück serviert wird.

Vego Hotel BOUTIQUEHOTEL $$$

(☎050-2711448, 022-2640182; www.vegohotel.com; Cavadxan küç 50; EZ/DZ 100/120 AZN; ❄📶) Das beste Hotel im Zentrum Gəncəs mit dem Standard eines komfortablen Businesshotels und zusätzlich einigen Dingen im Retrolook aus den 1960er-Jahren. Die Gäste zahlen für die Benutzung des großen Hamams aus dem 17. Jh., der mit dem Hotel mit einem gemauerten Tunnel verbunden ist, den halben Preis (nur 15 AZN).

Essen & Trinken

Die Auswahl an Essensmöglichkeiten ist in der Innenstadt von Gəncə eher bescheiden. In den Sommermonaten fährt fast ein jeder, der einen fahrbaren Untersatz sein Eigen nennt, aus der Stadt hinaus, um in einem der Waldlokale, die auf dem Weg nach Hacikənd liegen, zu essen.

Zeqa INTERNATIONAL $

(☎055-5217172; Həsənli Qardəşləri küç; Hauptgerichte 3,50–7,50 AZN, Steak 13,50 AZN, Espresso 1,50 AZN; 📶) Dieses jugendlich frisch wirkende Haus ist bunt geschmückt mit Fensterrahmen, Weckern und bemalten Schlüsseln und bietet Pizzas, Salate und eine Auswahl an russischen, türkischen und heimischen Schnellgerichten an; besonders das *lahmacun* (hauchdünner türkischer Pizzawrap, ab 1,70 AZN) schmeckt exzellent.

Zentralaserbaidschan

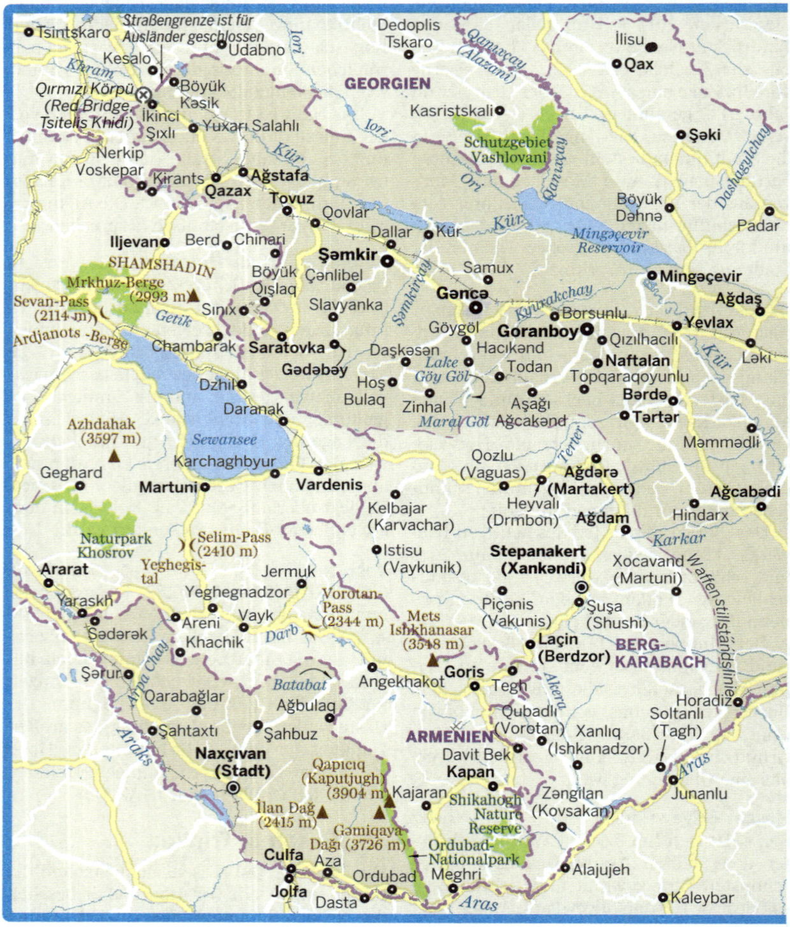

Epikur Bağı INTERNATIONAL $$
(☎ 022-2662070, 070-6439090; www.facebook.com/epikurbagi; Heydar Əliyev pr 157; Hauptgerichte 5–13 AZN, Sushi ab 4 AZN; ⏲ 11–23 Uhr) Gəncəs vielfältigstes Angebot an internationaler Küche kommt in einem kitschigen, palastartigen Raum auf den Tisch, so wie man es im Märchen von der Schneekönigin kennt. Zudem ist die Decke mit einer riesigen Reproduktion von Michelangelo geziert. Der Eingang ist an der Şeyx Bahəddin küç.

★ **Art Garden** CAFÉ
(Xoyski Cafe & Brasserie; ☎ 055-991 0290, 050-341 9504; www.facebook.com/xoyskicafe; Atatürk küç 553; Espresso/türkischer Kaffee/Bier 2,40/2/1,80 AZN; ⏲ 12.30–21.30 Uhr; 📶) Grafitti und Hängepflanzen, ein abgenutztes altes Klavier und viele ungewöhnliche Gemälde tragen zu einer heiteren, alternativen Atmosphäre in Gəncəs skurrilsten Café bei. Der Eingang führt durch einen kleinen „Kunstgarten", nachdem das Café auch benannt ist. Wein aus der Region und Fassbier sind hier zu haben, aber auch guter Kaffee.

ℹ Praktische Informationen

Es gibt mehrere Banken an der Cavadxan küç, in der auch Geld gewechselt wird; bessere Kurse

bekommt man in der **Amrahbank** (Abbaszadə küç 49; ⌚ Mo–Fr 9–18 Uhr). Die **Touristeninformation** (☎ 022-2662383; Hasan Əliyev küç; ⌚ 9–18 Uhr) stellt gute und kostenlose Stadtpläne zur Verfügung und übernimmt auch die Aufgaben eines Reisebüros.

ℹ An- & Weiterreise

BUS

Die Busse nach Baku und zu allen Zielen im Osten erreicht man ab Yeni (oder „Yevlax") **Avtovağzal** (Yevlax Avtovağzal, Gəncə Beynəlxalq Avtovağzal; Nizami pr), ein Busbahnhof, der mit den Buslinien 2, 17, 23 oder 29 aus dem Zentrum von Gəncə zu erreichen ist. Von diesem Bahnhof fahren auch Minibusse zu den folgenden Orten:

Lənkəran (10 AZN) 8 und 9.30 Uhr.

Qəbələ (4,10 AZN, 3 Std.) 10.30, 13 und 15.30 Uhr.

Şəki (4 AZN, 2½ Std.) 8.20, 12, 16.30 und 17.30 Uhr.

Tbilisi (10 AZN, 5 Std.) 9, Buchungen unter ☎ 055-3648611.

Busse nach Krasny Most (Rote Brücke, georgische Grenze; 2½ Std.) nehmen ihre Fahrgäste an der Abzweigung nach Neu Gəncə gegenüber des Ramada-Plaza-Hotels auf.

Der **Neue Busbahnhof Shamkir** (28. Mai küç), 300 m südwestlich der Ramada Plaza, ist mit Buslinie 4 zu erreichen; er ist auch der Ausgangspunkt für Minivans nach Daşkəsən (1 AZN, letzte Fahrt 18.30 Uhr), Şəmkir, Gədəbəy und Qazax (2 AZN, letzte Abfahrt 19.30 Uhr).

FLUGZEUG

Globus Travel (☎ 022-2521121, 070-2562240; www.safar.az; Cavadxan küç 63e; ⌚ 9–18 Uhr) verkauft Flugtickets. Der **Flughafen** von Gəncə (KVD; Gəncə Beynəlxalq Hava Limanı) liegt etwa 8 km nordwestlich des Stadtzentrums und kann in rund 15 Minuten per Taxi erreicht werden (7 AZN).

Zu den möglichen Flugzielen gehören:

Baku Dreimal die Woche (AZN61) mit **AZAL** (☎ 044-2220325, 022-2665800; www.azal.az; Atatürk küç 420; ⌚ 9–18 Uhr).

İstanbul Flüge mit **Turkish Airlines** (www.thy.com; Abbaszadə küç 55; ⌚ Mo–Fr 9.30–17.30 Uhr), an manchen Tagen über Naxçivan.

Moskau Viermal die Woche mit AZAL, dreimal mit Ural Airlines.

ZUG

Der Bahnhof liegt 4 km nördlich des Stadtzentrums und ist mit der Buslinie 1 oder 4 erreichbar. Nach Baku fährt um 18 Uhr ein Expresszug (nur Sitzplätze; 10 AZN) ab und kommt um 22.15 Uhr an. Es gibt auch drei Nachtzüge mit Schlafwagen (*platskart/kupe* 8/13 AZN) – der beste Zug ist die Nummer 97 ab Qazax, der gegen Mitternacht abfährt (6½ Std.). Man sollte den Zug ab Böyük-Kəsik (Zug Nr. 665, Abfahrt 23.22 Uhr) meiden, da die Waggons veraltet sind, u. a.funktioniert die Klimaanlage schlecht.

Unterwegs vor Ort

Es gibt ein gutes öffentliches Verkehrsnetz (Fahrten 0,30 AZN), aber die Strecken können verwirrend sein, weil es ein Einbahnstraßensystem gibt und die Zählung der Linien seltsam ist. Minibus- und (Klein)buslinien mit offenbar gleichen Nummern fahren unter Umständen auf ganz unterschiedlichen Strecken.

SÜDLICHES ASERBAIDSCHAN

Der Küstenstreifen im Südlichen Aserbaidschan ist der üppige Brotkorb des Landes, wo Teeplantagen die Straßen säumen und Zitrusfrüchte schwer an den Bäumen hängen. Im Binnenland locken idyllische Bergtäler zu Ausflügen, es gibt Radfahrmöglichkeiten in den moosigen Wäldern des Hirkan-Nationalparks und weitere Gelegenheiten zum Erkunden in den weiter oben gelegenen Grasländern. Das Gebiet ist die Heimat der Talyschen; die Volksgruppe ist berühmt für ihre Gastfreundschaft, für ihre Küche und für das hohe Lebensalter, das viele von ihnen erreichen. Abgesehen von einigen Hotels am Meer und in Kurorten (im Umkreis der Stadt Lənkəran) sowie Landhäuser (an den Landstraßen nach Lerik und Yardımlı) ist diese Gegend für Touristen, vor allem Ausländer, absolutes Neuland.

Lənkəran

☎ 025 / 52 530 EW.

Die größte Stadt des Südens, das liebenswerte Lənkəran (Lenkoran), ist berühmt für Blumen, Tee und die charakteristische *Ləvəngi*-Küche. Es gibt in der Stadt zwar nicht viele Sehenswürdigkeiten, aber sie strahlt einen legeren Charme aus, bietet einige Unterkünfte mit gutem Preis-Leistungs-Verhältnis, ist voller sehr gastfreundlicher Menschen und dient als Sprungbrett für eine Tour ins Talysch-Gebirge.

Sehenswertes

Ein markantes, aber stark restauriertes Herrenhaus, das 1913 für den Enkel des Talyschen-Khans Mir Mustafa erbaut wurde, beherbergt heute das örtliche **Geschichtsmuseum** (Tarix Diyarşünaslıq Muzeyi; Ş Axundov küç; AZN5; ⌚ Di–So 10–13 & 14–18 Uhr). Es liegt am gepflegten Dosa-Park, in dem sich ein imposantes Weltkriegsmonument befindet, ebenso das wunderbar klimatisierte **Heydar Əliyev Mərkəzi** (Dosa Park; ⌚ Mo–Sa 10–13 & 14–18 Uhr) GRATIS, ein Kulturzentrum mit Fotos, die das Leben und die Zeit von Aserbaidschans „Nationalem Führer" feiern. Den nächstgelegenen (etwas kargen) Strand erreicht man über die Fußgängerbrücke beim Bahnhof.

★ **Bazaar** MARKT
(Mir Mustafaxan küç; ⌚ 6–18 Uhr, So geringere Aktivitäten) Im Zentrum von Lənkərans ausgedehntem Basar erhebt sich eine wenig attraktive Betonhalle, im Inneren jedoch finden sich reichlich farbenprächtige Produkte und bunte interessante Charaktere. Ausgesprochen freundlich.

Imam Ali Məscidi MOSCHEE
(Koroğlu küç 102) Diese Backsteinmoschee von 1876 ist mit ihren Buntglasfenstern in großen Spitzbögen typisch für die Region. Zwei getrennt voneinander stehende Gebäude liegen um einen friedlichen offenen Hof, direkt südlich vom hektischen Basar.

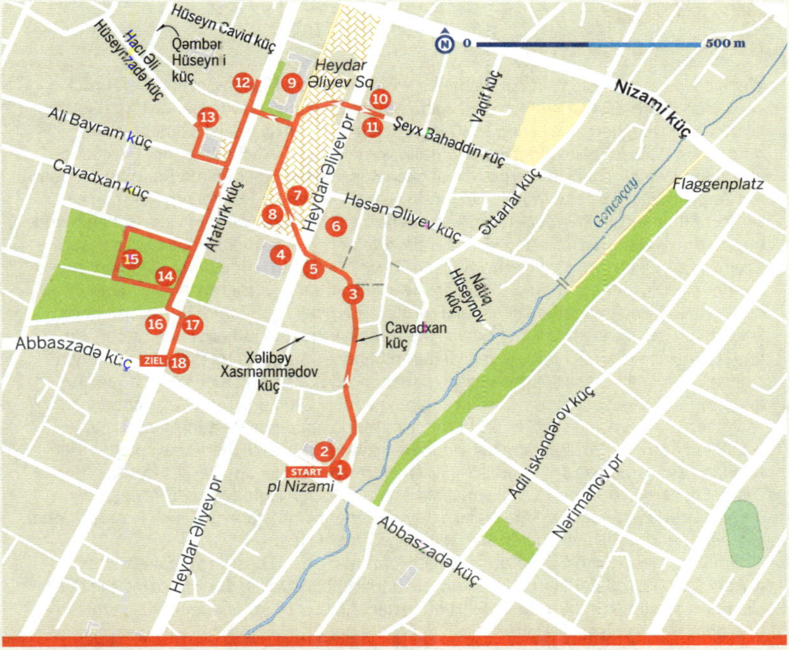

Stadtspaziergang
Bummel durch die Innenstadt von Gəncə

START NIZAMI-STATUE
ZIEL CAFÉ ART GARDEN
LÄNGE/DAUER 2 KM, CA. 90 MINUTEN

Die Innenstadt von Gəncə sieht sehr schön in der Abenddämmerung aus, wenn die Straßenlaternen leuchten. Ausgangspunkt für einen Rundgang ist die 1 **Statue Nizamis**, des aserbaidschanischen Nationaldichters, der in Gəncə geboren wurde. Dahinter ragt das 2 **Kəpəz Hotel** auf, eine Monstrosität sowjetischer Architektursünden. Ganz im Gegensatz dazu stehen nordwärts an der Əttarlar küç majestätische Steingebäude. Viele Statuen und lebendige Cafés und Teehäuser an der Fußgängerstraße 3 **Cavadxan küç** wecken zusätzlich Interesse. Beachtenswert ist der verbreitete Einsatz des aserbaidschanischen Symbols, der *buta* (eine Flamme in arabeskem Paisleymuster), das bei der Gestaltung der Straßenmöbel an der Cavadxan küç verwendet wird. Am Nordende der Straße nimmt man die Unterführung, um zu einer Stelle zu gelangen, von der man die 4 **Filarmoniya**, die 5 **Ziraat-Bank**, die 6 **Gəncə Mall** und die 7 **Cümə-Moschee** erblicken kann. In der Nähe befindet sich ein alter 8 **Hamam** und das Turmgrab Cavad Xans, der Gəncə als unabhängiges Khanat (1786–1804) beherrscht hatte.

Wenn man von hier aus nordwärts geht, gelangt man zum stalinistischen Hauptteil des 9 **Rathauses** und dem mit Säulen versehenen 10 **Hotel Gəncə**. Als Nächstes schaut man noch kurz in das 11 **Karvansaray-Hotel**. In einer Schleife geht es nun zurück südwestwärts, vorbei am 12 **Geschichtsmuseum** und der 13 **Russisch-orthodoxen Newksi-Kirche**. Nun führt der Rundgang in den 14 **Xan-Bağı-Parks** mit einem kleinen Rest der ehemaligen 15 **Stadtmauer**. Auf dem Weg an der Atatürk küç südwärts kommt man an der 16 **Agrawissenschaftlichen Fakultät der Universität** vorbei. 1918 beherbergte das Gebäude das erste unabhängige Parlament des Landes, an dessen Geschichte das 17 **Parlamentsmuseum** erinnert. Zum Abschluss besucht man das Café 18 **Art Garden** (S. 318).

ABSTECHER

GÖYGÖL – STADT & SEE

Wer sich in die surreale Welt der nach hier verlagerten deutschen Geschichte zurückversetzen möchte, fährt einfach eine halbe Autostunde südlich von Gəncə nach Göygöl, ein nettes Städtchen, das in den 1830er-Jahren unter dem Namen Helenendorf von deutschen Winzern gegründet wurde. Stalin verbannte die Nachfahren der Deutschen im Zweiten Weltkrieg ins dauerhafte Exil nach Kasachstan, aber im mit Bäumen gesäumten Zentrum stehen noch immer Dutzende älterer deutscher Häuser. Im Rahmen einer schlecht überlegten Restaurierungskampagne im Jahre 2015 wurden viele Gebäude mit unpassend wirkenden lasierten Holzfassaden versehen. Allerdings hat sich die gesamte Szenerie dennoch einen idyllisch zeitlosen Touch bewahren können. Vom kleinen Busbahnhof in Göygöl geht man die HeydarƏliyev küç entlang, vorbei an einem Museumshaus (Nr. 22) und besonders schönen Frontfassaden der Nr. 36 und 38, dann geht es links durch den kleinen Park mit der in rotem Stein erbauten lutherischen Kirche. Dort findet sich eine Übersichtskarte mit weiteren Sehenswürdigkeiten. Die Informationen sind in Deutsch und Aserbaidschanisch gehalten, aber auch mit einem QR-Code und anderen Tafeln versehen, die Hintergrundinfos auf Englisch und Russisch geben.

Weiter südlich von Göygöl befinden sich im Wald zahlreiche Restaurants. Hinter Hacikənd führt die Straße dann auf einen Bergkamm mit herrlicher Aussicht über den Kleinen Kakausus, gekrönt mit dem schnabelförmigen Gipfel des Berges Kyapaz (Kəpəz Dağı). Etwas weiter entfernt und von Wäldern und einigen Hotels umsäumt, liegt dann der viel gepriesene Bergsee, nach dem Göygöl benannt ist. Maral Göl, ein kleinerer, höher gelegener und wohl hübscherer See, liegt rund 7 km weiter.

Um von Gəncə nach Göygöl zu gelangen, nimmt man am besten ein Sammeltaxi (1 AZN, 20 Min.) ab der Nərimanov küç, die unmittelbar südlich der Kreuzung mit der Nizami prospekti liegt. Alternativ fährt auch der Minibus 14 gegenüber der Nizami-Statue (oder Bus 4 von einer Haltestelle in der Nähe der Cümə-Moschee) ab, den man allerdings bereits an der **Bushaltestelle Gülüstan** (Vazeh pr 50; 🚌 4, 5, Minibus 14) zum Umsteigen in einen anderen Minibus wieder verlassen muss. Jede Fahrt kostet 0,30 AZN und dauert rund 20 Minuten.

Ein Taxi von Göygöl zum Göy-Göl-See kostet rund 30 AZN hin und zurück (1 Std. pro Strecke) oder 40 AZN, wenn man auch zum Maral Göl möchte.

In diesem noch aktiven Gotteshaus sind besonders einfühlsame und zurückhaltende Besucher herzlich willkommen.

Fischerstrand STRAND

Die graufarbigen Sandstrände von Lənkəran sind keine große Attraktion für Sonnenanbeter und Badegäste; viele Abschnitte sind von Unrat übersät. Trotzdem ist der Küstenbereich etwa 1 km nördlich des Bahnhofs ein faszinierender Ort, um in einem der vielen einfachen Cafés einen Tee zu trinken und die einheimischen Angler beim Auswerfen ihrer Leinen zu beobachten.

Stalins Gefängnis SEHENSWÜRDIGKEIT

(Dairəvi Qala; Fikrət Məmmədov küç) In diesem gedrungenen und runden Backsteinturm, ehemals ein Gefängnis, saß einst Josef Stalin in seinen frühen Tagen als Revolutionär ein. Doch an diese Tatsache wird nicht erinnert; das Gebäude ist halb verfallen, das Dach fehlt teilweise.

Həzi-Aslanov-Statue STATUE

(H. Aslanov xiyabanı) Die Figur, die stolz vor dem Bahnhof steht, ist dem örtlichen Held aus dem Zweiten Weltkrieg, Həzi Aslanov, gewidmet. Der Sockel befindet sich auf einem stylisierten Betonpanzer.

Schlafen

Im Zentrum von Lənkəran gibt es ein halbes Dutzend preiswerte Unterkünfte, darunter das **Hostel Forrest** (☎055-5090511, 025-2550511; forrest042@gmail.com; Səmədzadə küç 54a; B/DZ/3BZ 12/24/36 AZN; ⏲ rund um die Uhr; ❄📶), dessen Zielgruppe die Markthändler sind, dass aber auch für männliche Backpacker gut ist. Einige Kilometer außerhalb der Stadt gibt es einige schickere Plätze an der Küste. Es sind keine richtigen Strandhotels, den die meisten sind durch die Bahngleise vom Kaspischen Meer getrennt. Zudem kann laute Musik im Sommer eine wahre Tortur für die Gäste sein.

Südliches Aserbaidschan

Luxe Lankaran HOTEL **$**
(☎025-2551663, 051-4914196; www.luxelankaran.az/lang; Qala xiyabanı 11 EZ/DZ 35/55 AZN; P❄📶) Wunderbar zentral an Lənkərans Hauptbummelstraße gelegen, bietet dieses renommierte Hotel gut ausgestattete Zimmer mit Wasserkocher, Kühlschrank, Toilettenartikeln und Duschen mit großem Duschkopf, aus denen warmes Wasser sprudelt, wenn die Gäste ein wenig Geduld bewahren. Ein Frühstück mit Honig und Sahne ist im Preis inbegriffen; für die Benutzung des Wellnessbereichs (Juni–Aug. geschl.) werden nur 10 AZN in Rechnung gestellt. WLAN gibt es nicht in allen Zimmern.

★ **Xan Lənkəran** TRADITIONSHOTEL **$$**
(☎070-3905446, 050-3905446; www.xanlankaran.com; Ləvəngi-Bushaltestelle; EZ/2BZ/DZ ab 40/60/70 AZN; P❄📶) Wenn es doch nur mehr Hotels wie dieses gäbe! Wer sich nicht daran stört, etwas außerhalb bei der Bushaltestelle zu übernachten, findet im Xan Lənkəran einen herrlichen Komplex vor, mit wunderschönen Antiquitäten und mit allen modernen Annehmlichkeiten kombiniert, darunter Grohe-Armaturen im Bad, mollige Bademäntel und Fußbodenheizung.

Es gibt einen Speisesaal in dörflichem Stil, einen Garten, der irgendwie an Tolkien erinnert, und eine Rezeption, die aus zwei großen Baumstämmen gestaltet wurde. Einige Wände sind aus Flechtwerk mit Lehm errichtet und in einem Loungebereich kann man wie ein Khan auf Kissenstapeln und *mutəkə* (Ellbogenkissen) sitzen. Regale aus Baumstämmen sind an Ketten aufgehängt, Lampen sind wie Laternen aus dem 19. Jh. gestaltet und selbst das Reinigungspersonal trägt traditionelle Dorftrachten.

In dem **Restaurant** (☎050-6323430; Hauptgerichte/Snacks ab 5/1 AZN, Bier 1,50 AZN; ⏲8–23.30 Uhr) werden Mahlzeiten zu einem guten Preis-Leistungs-Verhältnis angeboten.

Lankaran Springs Wellness Resort WELLNESSHOTEL **$$$**
(051-235 9600; www.lankaransprings.az; Sultan Aliyev küç 1, Haftoni; EZ/DZ 150/165 AZN, Wochenende 170/185 AZN;) Lənkərans stylishstes zeitgenössisches Hotel bietet medizinisch ausgerichtete Wellness mit dem natürlich heißen Quellwasser, das reich an Salzen ist. Für Eltern, die im Spa sind, gibt es kostenlose Kinderbetreuung. Alle Zimmer besitzen große Balkone, eigens angefertigte Kunstwerke und viele Kissen auf superbequemen Betten. Es gibt ein ausgezeichnetes Fitnessstudio und schöne Blicke zu den İbadi-Bergen aus der Sky-Lounge-Bar im neunten Stock. Das Personal spricht gutes Englisch; südostasiatische Experten bieten Thai- oder balinesische Massagen (pro Std. 70 AZN) an. Vom Basar in Lənkəran nimmt man den İstisu-Bus (30 q) oder bezahlt 5 AZN für ein Taxi (rund 20 Min.).

Essen

★ **Borani** CAFÉ **$$**
(Qala xiyabanı; Hauptgerichte 5–12 AZN; 9–24 Uhr;) Das Borani bringt eine zeitgenössisch-städtische Atmosphäre nach Lənkəran mit gut aussehenden hippen Bedienungen und einem luftigen modernen Stil des 21. Jhs. Die Pizzas mit dünner Kruste sind fantastisch (vor allem die Calzone), aber es gibt auch verschiedene Kebabs, russische Gerichte, georgisches *khachapuri* (eine Art überbackenes Käsebrot) und Salate. Suppen kosten nur ab 2 AZN, einschließlich köstlichem frischem Brot.

Deniz Hotel & Restaurant ASERBAIDSCHANISCH **$$**
(051-4220101, 025-2550101; Sahil küç; Hauptgerichte 4–14 AZN, Fisch 10–40 AZN, Ente 18 AZN;) Das Deniz hat, auch als Lieferservice, eine großartige Speisekarte, auf der u. a. eine breite Palette von *Ləvəngi*-Gerichten (örtliches gefülltes Geflügel), Fisch aus dem Kaspischen Meer, Salate, gebratene Pilze und unzählige Kebabs zu finden sind. Es ist das einzige Strandrestaurant, das aus dem Zentrum von Lənkəran bequem zu Fuß zu erreichen ist; Tische säumen einen bunt beleuchteten (wenn auch nicht sehr sauberen) Swimmingpool am Strand. Die Portionen mit einem guten Preis-Leistungs-Verhältnis sind groß, doch leider übertönt die laute Musik oft den Klang der Wellen.

Ausgehen & Nachtleben

Dəniz Ulduzu (Strand von Lənkəran; Bier 1 AZN; 9–23.30 Uhr) ist ein preiswerter, aber sehr schlichter Platz für ein Bier direkt am Strand. Im von Bäumen beschatteten Bereich um den Bahnhof gibt es einen überteuerten Pub, außerdem ein halbes Dut-

Lənkəran

zend von Männern dominierte Teehäuser, in manchen wird ein leichtes heimisches Hefebier serviert. Frauen gehen besser ins **a'love** (Qala xiyabanı 17; Tee/Kuchen ab 0,20/0,60 AZN; ⏲9–24 Uhr; 📶) für einen Tee oder ins sehr moderne Borani (S. 324) für einen Illy-Espresso oder frische Säfte.

Shoppen

Die Gegend rund um Lənkəran ist berühmt für Tee, der an der Hazı Aslanov xiyabanı in mehreren Läden gekauft werden kann.

Praktische Informationen

Einige Banken im Zentrum wechseln Geld. Die **Bank of Baku** (H. Aslanov xiyabanı; ⏲Mo–Fr 9–17 Uhr) hat ordentliche Kurse für den US-Dollar und auch erstaunlich günstige für den Euro und das britische Pfund.

An- & Weiterreise

Fernverbindungen starten an derLəvəngi-Bushaltestelle, 3 km nordwestlich des Stadtzentrums. Ein „Dairəsi"-Bus fährt von hier zum Stadtzentrum/Basar.

Busse verbinden Lənkəran mit folgenden Destinationen:

Baku (7 AZN, 4 Std.) Bis 17.30 Uhr mindestens einmal in der Stunde.

Biləsuvar (4 AZN, 2½ Std.) und/oder **Masallı** (3 AZN, 1 Std.) Bis 17 Uhr zweimal stündlich.

Gəncə (10 AZN, 7 Std.) 7 und 9 Uhr.

Mingəçevir (8 AZN, 6½ Std.) 8.30 Uhr. Mit diesem Bus bis zur Xaldan-Kreuzung fahren und dort nach Şəki umsteigen. Abfahrtspunkt der Minibusse nach **Astara** (1 AZN, 1 Std.) ist die Kreuzung von Koroğlu- und Sabir-Straße.

Nach Lerik starten Taxis (pro Person/Auto 5/20 AZN, 1¼ Std.) am **Dört Yol** (Old M3 Hwy Km 203/40), der Kreuzung beim Flughafen. Die Fahrt zum Dört Yol kostet mit dem Taxi 2 AZN und dauert weniger als zehn Minuten ab dem **Taxistand** (Koroğlu küç) bei der Imam-Ali-Moschee. Alternativ nimmt man ab dem Basar den Minibus nach Ləj.

Der Nachtzug nach Baku (*platskart/kupe* 6,65/10,20 AZN, 7½ Std., Abfahrt 22.15 Uhr) ist wesentlich langsamer als die Busse; dafür kann man, da die Fahrt über Nacht geht, ein wenig schlafen.

Bis auf einen Flug nach Moskau pro Woche ist der Flugplatz keine Erwähnung wert.

Unterwegs vor Ort

Von der lokalen Bushaltestelle im Basarbereich verkehren Minibusse mit der Aufschrift „Dairəsi" zur Fernbushaltestelle und dem Hotel Xan Lənkəran; Busse mit der Aufschrift „Ləj" halten im Dört Yol, wo man in Gemeinschaftstaxis nach Lerik umsteigen kann; Liman-Busse fahren zum Fischerstrand, İstisu-Busse zum Kurort Lankaran Springs.

Das Talysch-Gebirge

Es gibt mehrere attraktive Wege, um von der Küste landeinwärts zu fahren – an hübschen Bächen entlang, durch dichte Wälder bis zum Hochland, das von Schafen beweidet wird. Rustikale Refugien für Familien aus Baku liegen verstreut an einigen Straßen, doch ansonsten gibt es kaum touristische Infrastruktur. Hier findet man kaum Leute, die Englisch sprechen. Zur iranischen Grenze sollte man am besten einen Abstand von einigen Kilometern halten.

Lənkəran–Lerik

Die 55 km lange Straße Lənkəran–Lerik führt hinauf durch ausgedehnte Laubwälder und dann weiter durch das kahle Talysch-Gebirge. Hinter Piran gibt es sehr viele idyllische Grünflächen mit vielerlei Rastplätzen, die bei den vorwiegend aserbaidschanischen Touristen die Hauptattraktion

Lənkəran

Highlights
1 Bazaar A3

Sehenswertes
2 Heydar Əliyev Mərkəzi B2
3 Həzi-Aslanov-Statue C1
4 Geschichtsmuseum C2
5 Imam Ali Məscidi A3
6 Stalins Gefängnis C3

Schlafen
7 Hostel Forrest A3
8 Luxe Lankaran C2

Essen
9 Borani B1

Ausgehen & Nachtleben
10 a'love B1

Information
11 Bank of Baku C1

Transport
12 Lokale Bushaltestelle A3
13 Minibus nach Astara A3
14 Taxi nach Dört Yol A3

der Region um Lerik sind. Sie reichen von einfachen Essplätzen über ländliche Unterkünfte bis zu schönen Familienresorts. Während einige als Ausgangspunkte für Spaziergänge oder auch längere Wanderungen dienen können, werden die meisten nur als Erholungsstätten betrachtet. Als „Adressen“ dienen die Kilometersteine (aus Richtung Lənkəran kommend).

Schlafen & Essen

Cənub Resort RESORT **$$**
(050-4333636, 050-4093535; www.cenub.com.az; Straße Lənkəran–Lerik, Km 36; DZ/4BZ 80/100 AZN;) Die gut gebauten Holzhütten von Cənub sind ein Stück besser als die meisten anderen Unterkünfte an der Straße Lənkəran–Lerik, mit kleinen steinernen Patios oder erhöhten Miniterrassen im Schatten der Bäume; allerdings wirkt alles ein bisschen zu überladen.

Relax RESORT **$$**
(050-2508464; www.relax.az; Straße Lənkəran–Lerik, Km 34; DZ/Suite 100/130 AZN, Hütten 120–300 AZN;) Die Anlage sieht beinahe wie ein Dorf aus. Das Relax bietet Familien aus Baku, die hier Urlaub machen, elegante Zimmer und einen großen Wasserpark (Mitte Juni–Mitte Sept., Nichtgäste Erw./Kind 20/10 AZN) in einem einst idyllischen ländlichen Tal. Für manchen Geschmack ist das Resort zu groß und zu laut, mit elektrischen Buggys, die Gäste übers Gelände transportieren. Dafür wurden die meisten Hütten mit den traditionellen Ziegeldächern geschmackvoll aus heimischen Materialien erbaut. Etwas Englisch wird gesprochen.

Təbəssüm RESTAURANT **$**
(050-2263027; Straße Lənkəran–Lerik, Km 27; Kebabs/Tee ab 4/3 AZN;) Təbəssüm ist ein besonders ansprechendes kleines Landrestaurant und -resort, das stolz darauf ist, dass dafür keine Bäume gefällt wurden. Und in der Tat reichen einige Äste bis in das Küchengebäude hinein. Lange Fußgängerstege verbinden die Speisepavillons, die sich mit Blick auf einen kleinen Wasserfall zwischen die bemoosten Felsen schmiegen. Die Preise für Kebabs und Tee sind in Ordnung.

ABSEITS DER ÜBLICHEN PFADE

WEITERE EXKURSIONEN IM LAND DER TALYSCHEN

Zusätzlich zur Straße nach Lerik führen noch drei weitere befestigte Straßen durch herrliche Waldgebiete ins kaum besuchte Talysh-Gebirge.

Yardımlı

Die Masallı-Yardımlı-Arvana-Straße ist verhältnismäßig leicht zu befahren. Nach etwa 13 km finden sich unterwegs heiße Quellen, bei Kilometer 15 eine kleine Stelle mit Erdfeuern des Yanar Dağ und am Kilometerstein 27 erblickt man einen Wasserfall. Im kleinen Yardımlı gibt es ein gutes, preisgünstiges Hotel und einige kleine Resorts in Masallı.

Sım

Das sagenumwobene Dorf Sım besitzt einen eigenen, sehr eindrucksvollen Wasserfall, eine kleine Wassermühle und verschiedene Rätselsteine, die angeblich aus einer kulturell bedeutsamen Zeit um das 7. Jh. stammen sollen. Wer einen Guide findet, kann eine märchenhafte Wanderung durch die Wälder mit ihren struppigen, knorrigen Bäumen im Nationalpark Hirkan von Astara Istisu nach Sım unternehmen. Hier leben die letzten Kaukasus-Leoparden in Asebaidschan.

Toradi

Im Jahr 2017 wurde eine neue Straße nach Toradi gebaut, die unweit des historischen Dorfes Pensar mit seinen beiden typisch talyschischen Moscheen beginnt. Sie führt durch Dörfer, in denen man vielleicht der erste Fremde seit einer Generation ist. Bei Toradi, wo es ein kleines, aber regional berühmtes Heiligtum gibt, hört der asphaltierte Teil der Straße auf. Wer jedoch einen einheimischen Fahrer mit robustem Geländewagen findet, sollte die lohnende 7 km lange Bergstrecke bis Gəlindaşları weiterfahren. Auf dieser hohen Bergkuppe hat man von einer Felsnase eine märchenhafte Aussicht. Dieser Felsen soll laut einem alten Mythos eine Hochzeitsgesellschaft darstellen, die einstmals von einem Felsendrachen versteinert wurde.

Es gibt auch einige nach Kiefern duftende **Hütten** (30–80 AZN, je nach Größe). Sie sind attraktiv, aber nicht luxuriös, mit eigener Toilette (ohne Papier) und Dusche, aus der vielleicht nur kaltes Wasser fließt. WLAN gibt es eventuell im Restaurantbereich.

Lerik

☎025 / 7100 EW. / HÖHE 1096 M

Das überwachsene Bergdorf Lerik, das bekannt dafür ist, dass seine Bewohner sehr alt werden, bietet viele Aussichtspunkte. Den zentralsten erreicht man über die lange Treppe hinter dem Flaggenplatz zum örtlichen Bergkamm. Wer noch weiter schauen möchte, fährt bzw. wandert zum Fernsehturm auf der anderen Seite des Tals. Weiter nach Westen geht es durch ein wunderschönes Gebiet von Felsen und Schluchten zu blühenden Dörfern im Tal inmitten von Felder, die oft in der Sonne liegen, wenn Lerik sich im Nebel versteckt.

Lerik ist im Sommer angenehm kühl, im Winter sehr kalt. In dem Ort gibt es zwei sehr schlichte, aber sehr zentrale Unterkünfte: das im Garten versteckte **Gussein Baba's Cafe** (☎050-5387474; Heydar Əliyev Sq 4; B/2BZ/3BZ 5/14/21 AZN; 📶) und die etwas schlichten Zimmer im leichter zu findenden **Nur** (☎Balarzar 055-6761211; Heydar Əliyev Sq 8/14; 2BZ ohne Bad 14 AZN). Es gibt ländliche Unterkünfte, die nur in den Sommermonaten geöffnet haben, in Kalaxan und Qosmalion an der Straße nach Kəlvəz.

Sehenswertes

Museum der Hundertjährigen MUSEUM

(Uzunömürlüler Muzeyi; Ausländer/Einheimischer 2/1 AZN; ⏲8–17 Uhr) Dieses bescheidene Museum feiert den statistisch betrachtet hohen Anteil an Hundertjährigen beim Bergvolk der Talyschen. Am bekanntesten war Şirəli Müslümov (alias Shirali Muslimov), der bei seinem Tod im Jahr 1973 als ältester Mensch der Welt galt, mit vermuteten 168 Jahren (!) – es soll noch viele andere Beispiele geben. Das Museum liegt versteckt an der kurzen, aber kurvigen Straße, die vom Flaggenplatz zum Kulturzentrum führt. Ein kleiner Teil der Information ist auf Französisch.

An- & Weiterreise

Zwischen 3 und 9 Uhr starten Minibusse nach Baku (12 AZN, 5 Std.) am *avtovağzal*, einem Bereich mit Läden und Teehäusern, vom Basar von Lerik (Km 55) 800 m steil bergab.

Am frühen Morgen fahren auch Sammeltaxis nach Lənkəran (pro Person/Auto 5/20 AZN, 1¼ Std.) hier ab; ab ca. 11 Uhr warten Passagiere an dem schmalen Unterstand nahe dem Osttor der Stadt (*arka*).

Astara

☎025 / 16 800 EW.

Verhältnismäßig breite Strände geben Astara die Atmosphäre eines Badeortes, außerdem gibt es ein paar schöne Waldgebiete im **Hirkan-Nationalpark**, der sich einige Kilometer westlich der Stadt erstreckt. Allerdings fahren die meisten Reisenden durch Astara, wenn sie in den Iran wollen.

Der **Grenzübergang für Fußgänger** (Azərbaycan küç; ⏲rund um die Uhr) besteht aus einer etwas einschüchternden Folge unmarkierter grauer Metallgitter, fünf Minuten Fußweg südlich von Astaras Hauptplatz. Auf diesem Platz finden sich im **Hotel Şindan** (☎050-4257282; Azərbaycan küç 11; DZ/Suite 30/50 AZN; ❄📶) die besten Zimmer der Stadt. Zwei Minuten Fußweg weiter nordöstlich bietet das **Hotel Xəzər** (☎070-7976373, 055-7976373; 1 Stock, Heydar Əliyev pr 69; 2BZ ohne Bad 10 AZN; ❄) eine einfache Alternative, es liegt gegenüber der **Kapital Bank**, die über einen internationalen 24-Stunden-Geldautomaten verfügt.

Etwa 9 km nördlich von Astara an der alten Straße nach Lənkəran befindet sich **Yanar Bulağ** (Brennende Quelle; Km 234,6, Alter Highway M3, Dorf Arçivan); dort kann man Wasser brennen sehen. Das Wasser, das aus dem Trinkwasserbrunnen blubbert, ist durch teilweise gelöstes Methan „brennbar". Streichhölzer nicht vergessen!

An- & Weiterreise

Wer mit dem Nachtzug von Baku kommt (*platskart/kupe* 7/11 AZN, 8½ Std.), sollte rasch aussteigen – der einsame kleine Bahnhof liegt mehrere Kilometer nördlich vom Zentrum von Astara und es gibt nur eine begrenzte Anzahl wartender Taxis. Diese berechnen 1 AZN pro Kopf bis zum *gömrük* (Grenzübergang).

Wer mit dem Zug nach Baku reisen möchte, sollte besser zuerst nach Lənkəran fahren, da dort der Bahnhof zentraler liegt. Minibusse nach Lənkəran (1 AZN, 50 Min.) starten regelmäßig bis 15 Uhr von einem Platz, der zwei Minuten Fußweg nördlich von Astaras Hotel Sindan liegt. Einige andere starten an der Oğur-Tankstelle, einen Block nördlich des Grenzübergangs. Eine Taxifahrt von Astara nach Lənkəran (30 Min.) über die neue Straße sollte 10 AZN kosten. Die Fahrer verlangen mehr, wenn die Fahrgäste über die alte Straße fahren und einen kurzen Stopp in Yanar Bulağ einlegen wollen.

NAXÇIVAN

Naxçivan (ausgesprochen Nachitschewan) ist eine der faszinierendsten Regionen, von der manch einer noch nie etwas gehört hat. Hier befindet sich Noahs Grab, das „Machu Picchu von Eurasien“ (die Festung Alinja), ein sowjetisches Salzbergwerk, in dem man schlafen kann (Duzdağ) und eine unwirklich ordentliche, aber historische Hauptstadt (Naxçivan Stadt), in der die zahlreichen Museen gratis sind. Alte, aber stark restaurierte Monumente und Oasendörfer sind in einer faszinierend vielfältigen Landschaft relativ gut zugänglich. Einst war hier eine Wiege der Kulturen, ein Kreuzungspunkt wichtiger Handelswege – aber durch die Geopolitik endete die Region als abgetrennt vom aserbaidschanischen Gebiet, eingekeilt zwischen dem feindlichen Armenien und dem ambivalenten Iran. Das behindert den Handel mit Naxçivan, aber für Reisende bietet sich dadurch die Chance, eine Ecke Aserbaidschans von der Türkei aus zu besuchen, vieleicht als Transitroute in den Iran. Von Baku aus muss man allerdings fliegen.

Geschichte

Die Bibel berichtet, dass Noah nach der Sintflut Wein anbaute, sich betrank und weitere 350 Jahre lebte, während seine Nachkommenschaft wuchs. Die heimische Legende erzählt, dass all dies in Naxçivan geschah. Im 10. Jh. blühte die Region als eigenständiges Königreich auf, vor allem nach 1139, als es kurzfristig Hauptstadt der Atabey-Dynastie war. Naxçivan erlebte 1747 als unabhängiges Khanat seine Wiedergeburt, es war das letzte Gebiet, das vom Russischen Reich im 19. Jh. geschluckt wurde. Erst in den 1920er-Jahren wurde die Provinz Sangesur der Sowjetrepublik Armenien angegliedert, sodass Naxçivan geopolitisch vom restlichen Aserbaidschan abgetrennt wurde. Nach der Unabhängigkeit 1991 blockierte Armenien die Exklave, indem es die Bahngleise von Baku her kappte. Unterstützung und Versorgung aus der Türkei halfen zu verhindern, dass der Krieg aus Bergkarabach sich nach Naxçivan ausbreitete.

An- & Weiterreise

AZAL-Flüge (www.azal.az) zwischen Baku und Naxçivan (70 AZN) gibt es mehrmals täglich; die Häufigkeit richtet sich nach der Nachfrage. In manchen Jahren gab es auch Verbindungen nach Gəncə, doch zur Zeit dieser Recherche waren sie ausgesetzt.

Turkish Airlines bedient zweimal wöchentlich die Strecke Naxçivan–İstanbul für etwa 150 US$. UTAir fliegt wöchentlich nach Moskau.

Busse verkehren mehrmals täglich zwischen Naxçivan und Iğdır (Türkei, 5 AZN, 4 Std.), und von dort aus weiter zu Zielen bis hin nach İstanbul. Für Fahrten von Iğdır aus sind die bequemen Acht-Personen-Vans eine gute Alternative, die in der Regel Fahrgäste vor dem Iğdırli-Turizm-Büro am *meydan* (Hauptplatz) aufsammeln.

Es gibt einige Nachtbusse von Naxçivan nach Baku (25 AZN, 13 Std.), doch um mitfahren zu dürfen, benötigen die meisten Ausländer ein iranisches Transitvisum und ein doppeltes Visum für Aserbaidschan.

Naxçivan (Stadt)

036 / 92 100 EW.

Naxçivan ist die Hauptstadt der Autonomen Republik Naxçivan, es ist der wichtigste Verkehrsknotenpunkt sowie der kulturelle und wirtschaftliche Mittelpunkt dieser aserbaidschanischen Exklave.

Anders als der schönste Begräbnisturm von Aserbaidschan – der Möminə Xatun von 1186 – lässt die Architektur hier nur wenig von der alten Geschichte des Ortes erahnen. Dafür sind die breiten, ruhigen Boulevards gepflegt und gesäumt von glitzernden neuen Verwaltungsgebäuden, die so wirken, als kämen sie aus der Zukunft. Etwas unheimlich ist die geisterhaft weiße Erscheinung des Ararat (Ağrı Dağı), der an klaren Tagen in der Ferne am nordwestlichen Horizont zu schweben scheint. Etwas näher erhebt sich der **İlan Dağ**, ein fotogener, eindrucksvoller und 2415 m hoher Felsgipfel, der die Landschaft östlich der Stadt beherrscht. Die Einheimischen glauben, dass der gespaltene Gipfel während der Sintflut durch die vorbeifahrende Arche zerschnitten wurde. Naxçivan bedeutet „Ort der Landung“, gemeint ist die Landung von Noahs Arche am Berg Ararat. Noah soll auch in Naxçivan begraben worden sein. Ihm zu Ehren wurde vor einigen Jahren ein Grabmal errichtet.

Sehenswertes & Aktivitäten

Die Stadt besitzt viele kleine Museen (Eintritt kostenlos), in denen es um historische Themen oder um bekannte aserbaidschanische Persönlichkeiten geht, die hier geboren wurden oder einst hier lebten, vor allem um den „nationalen Führer“ **Heydər Əliyev** (www.aliyev-museum.nakhchivan.az; Bektaşı küç; 10–13 & 14–17 Uhr) GRATIS.

★ Mömin Xatun MONUMENT

(İstirahət Parkı; ⌚ Park rund um die Uhr, Inneres Di–So 9–13 & 14–18 Uhr) GRATIS Naxçivans architektonisches Symbol, ein etwa 26 m hoher Backsteinturm aus dem Jahr 1186, perfekt in seinen Proportionen, aber dennoch leicht schief. Der Bau ist mit geometrischen Mustern und kufischer Schrift (einer stilisierten, geometrischen Form des Arabischen) in türkisfarbener Glasur verziert. Das Äußere des Turms ist interessanter als das Innere. Der umgebende Park ist ein wahres Freilichtmuseum mit historischen Grabsteinen.

Einen kurzen Bummel in südliche Richtung befindet sich der **Xan Sarayı** (Möminə Xatun Parkı; ⌚ Di–So 10–13 & 14–18 Uhr) GRATIS, der wunderbar restaurierte ehemalige Palast der Khane von Naxçivan.

Teppichmuseum MUSEUM

(Xalça Muzey; 2. Stock, Heydər Əliyev pr 21; ⌚ Di–So 10–13 & 14–18 Uhr) GRATIS Eine großartige Sammlung von Teppichen aus der Region Naxçivan, die mit deutlichen Erläuterungstafeln versehen sind und die eine Vielzahl von Stilen repräsentieren. Zwischen den diversen Teppichen finden sich alte Spinn-, Kardier- und Webutensilien.

Noahs Grab MONUMENT

(Nuh Peyğəmbər türbəsi) Ein achteckiger Bestattungsturm mit vergoldetem Dach steht vor dem kleinen Tor an der Südecke der Naxçivanqala. Er wurde 2008 erbaut; die Ziegelmauern sind jedoch im alten Stil gehalten, die Fundamente älteren Datums. Ob sich hier tatsächlich das Grab Noahs befunden haben soll, ist allerdings eine Glaubensfrage. Dahinter erhebt sich eine gigantische **Moschee** mit vielen Kuppeln. Wer sich umdreht, kann an klaren Tagen die dreieckigen Umrisse des Ararat (Ağrı Dağı) neben dem Bestattungsturm am Horizont sehen ... ein symbolisch wirkender Anblick.

Naxçivanqala FESTUNG

(Cəlil Məmmədquluzadə küç; ⌚ Festung Morgen- bis Abenddämmerung, Museum Di–So 10–13 & 14–17 Uhr) GRATIS Bis 2006 gab es hier an Naxçivans Zitadelle (7. Jh.) lediglich einige Erdhügel, die sich kaum vom benachbarten Friedhof unterschieden. Inzwischen wurde eine große rechteckige „Festung" umgeben von Mauern mit Zinnen „rekonstruiert". Allerdings sieht das Ganze mehr nach Vergnügungspark als nach einer historischen Stätte aus. Aber es gibt viele schöne Aussichtspunkte und im kreisförmigen Gebäude in der Mitte werden einige faszinierende archäologische Funde gezeigt.

Yeni Şərq Hamamı HAMAM

(☎ 036-550 8446; Azadlıq pr; 4 AZN; ⌚ 9–23 Uhr) Dieser große attraktive Bäderkomplex im türkischen Stil bietet ein sehr gutes Preis-Leistungs-Verhältnis, da im Preis die Benutzung der Sauna und die Möglichkeit eines privaten Raums eingeschlossen sind. Es ist kein historischer Komplex, aber die Form entspricht der Tradition.

Schlafen & Essen

In der Stadt gibt es nur ein beschränktes Angebot an Unterkünften. Das zentrale **Hotel Tabriz** (Mehmanxana Təbriz; ☎ 036-5447701; Təbriz meydanı; EZ/DZ/3BZ/Suite 80/120/160/180 AZN; ❄📶🍴) ist ein Business-Hotel mit Englisch sprechendem Personal an der Rezeption und schönen Ausblicken aus dem Restaurant, das sich im 13. Stockwerk befindet. Für etwa den halben Preis bietet das **Hotel Qrand** (Grand Hotel Nakhchivan; ☎ 036-544 5930; grandhotel@neqsicahan.az; Cəlil Məmmədquluzadə küç; P❄📶), das in günstiger Lage hinter dem Naxcivanqala steht, trotz fleckiger Teppiche ein gutes Preis-Leistungs-Verhältnis. Ein neues Luxushotel am nahen Saat Meydanı wurde erst vor Kurzem eröffnet.

Hier ist auch ein gutes Restaurant für internationale Küche ansässig. Weitere gastronomische Einrichtungen gibt es im Vergnügungspark Əyləncə Adası am Südrand der Stadt – in einem grünen Glasgebäude warten zwei Cafés mit Baristas und einige Speiselokale auf Gäste; das exzentrische **Bullet Steakhouse** (www.facebook.com/bulletsteakhouse; Gonuş Yeri, Əyləncə Adası Parkı; Kebab-Teller 3,50–8 AZN, Steakmahlzeiten 10–25 AZN; ⌚ 9–23 Uhr; 📶; 🍴6) ist beispielsweise eine gute Wahl.

Im Stadtzentrum finden sich zwei Lokale in der Nizami küç, ebenso Cafés am Bootsteich gegenüber der Jame-Moschee sowie Restaurants neben und im Hotel Tabriz. Unterhalb der Naxçivanqala kann man an einem weiteren künstlichen Teich essen oder in einem ehemaligen Eiskeller im witzigen **Buzxana** (Milli Yeməklər; Azadlıq pr; Hauptgerichte 5 AZN; ⌚ 9–22.30 Uhr).

Qədim Dunya GRILL $

(Nizami küç 29a; Kebabs 3,50–5 AZN, Salat 1,50 AZN, Bier 1,40 AZN; ⌚ 9.30–24 Uhr) Dieses nur mäßig attraktive Kebab-Lokal ist ziemlich zentral gelegen. Auffällig ist das historisierende Dekor. Neben Grillspezialitäten wird preiswertes Bier angeboten.

Moderner ist das Park Kafe im obersten Stock des benachbarten Einkaufszentrums.

Naxçivan Zentrum

★ **Saat Meydanı** MULTICUISINE $$

(www.facebook.com/saatmeydani; Cəlil Məmmədquluzadə küç; Hauptgerichte 5–20 AZN; ⌚unterschiedlich in den verschiedenen Lokalen) 2019 neu eröffnet, liegt dieser Komplex mit vielen Restaurants rund um einen großen steinernen Innenhof mit einem zentralen Brunnen und dem fotogenen Uhrturm, nach dem er benannt ist. In den schattigen Arkaden liegen die besten internationalen Lokale von Naxçivan, darunter das **Köşebaşı** (türkisch-anatolisch), das **Jasmine** (ostasiatisch) und das **Batum** mit georgischen Speisen (Saat Meydanı, Cəlil Məmmədquluzadə küç; Hauptgerichte 5–15 AZN; ⌚8–22 Uhr; 📶).

In dem Komplex befinden sich auch ein Kino sowie ein **Hotel** (Zi. ab 140 AZN) der gehobeneren Klasse.

🍷 Ausgehen & Nachtleben

Naxçivans Brauerei verwendet Gebirgswasser und tschechische Technik, um das leichte, süffige Prestij zu brauen. Das Bier wird preiswert in den Biergärten außerhalb des Zentrums ausgeschenkt, wie im einfachen **Dost Qapısı** (Lifan Zavodu dongası; ⌚9–24 Uhr) oder im exzentrischeren **Naxış Nərgiz** (Qəmküsər küç; ⌚12–23 Uhr). Am Saat Meydanı gibt es einen **English Pub** (Saat Meydanı, Cəlil Məmmədquluzadə küç; ⌚10–23 Uhr).

Şərq Hamamı Çay Evi TEEHAUS

(İsmayılxan Hamamı; Təbriz meydanı; ⌚9–23 Uhr) Dieses charmante Teehaus verbirgt sich in einem Badehaus aus dem 18. Jh., dessen Inneres stimmungsvoller ist, als die abblätternde Goldkuppel vermuten lassen würde. Hier ist es erfrischend kühl und meistens sehr ruhig; eine ganze Kanne Tee mit Zitrone kostet lediglich 2 AZN.

Das Lokal liegt am begrünten Platz direkt vor dem Hotel Tabriz. Keine Toiletten.

ℹ Praktische Informationen

Nar Merkezi (www.nar.az; Cəlilov küç; ⌚9–18 Uhr) Einer der wenigen Telefonläden in

Naxçivan Zentrum

Highlights
1 Möminə Xatun ... A2

Sehenswertes
2 Teppichmuseum ... B1
3 Heydar-Aliyev-Museum ... A1
4 Naxçivanqala ... B3
5 Noahs Grab ... B4
6 Xan Sarayı ... A2

Aktivitäten, Kurse & Touren
7 Yeni Şərq Hamamı ... B4

Schlafen
8 Hotel Qrand ... C3
9 Hotel Tabriz ... B1

Essen
10 Batum ... C3
11 Bullet Steakhouse ... D4
12 Buzxana ... B3
13 Qədim Dunya ... A2
14 Saat Meydanı ... C3

Ausgehen & Nachtleben
15 Dost Qapısı ... D4
16 English Pub ... C3
17 Naxış Nərgiz ... A4
18 Şərq Hamamı Çay Evi ... B2

Information
19 Nar Merkezi ... B2
20 Touristeninformation ... B2

Transport
21 Aviakassa ... B3

Naxçivan, in dem Touristen eine einheimische Sim-Card kaufen können. Er liegt schräg gegenüber der Touristeninformation auf der anderen Seite der Straße.

Touristeninformation (☎036-5457755; http://turizm.nakhchivan.az; Cəlilov küç; ⊙Mo–Sa 9–16 Uhr) Man spricht Englisch, allerdings gibt es keine Stadtpläne. Die Touristeninformation liegt einen Block südlich des Hotel Tabriz in einem angeblich historischen Gebäude mit Zwiebelkuppel.

An- & Weiterreise

Flugtickets kauft man online oder im oftmals überfüllten **Aviakassa** (Cəlil Məmmədquluzadə küç 1; ⊙8–20 Uhr).

Die Busse zu den meisten Destinationen, darunter jene in der Türkei, starten vom **Avtovağzal** (Bayraq meydanı) am Nordrand der Stadt. An derselben Kreuzung wird ein neuer Busbahnhof angelegt. Zu den für Touristen nützlichen Verbindungen gehören Culfa (1 AZN, 1 Std.) und Ordubad (2 AZN, 2 Std.) – beide verkehren stündlich (9–16 Uhr); und um 13 Uhr ist ein Bus nach Qarabağlar (1 AZN) unterwegs, der etwa 20 Minuten nach der Ankunft wieder die Rückfahrt antritt.

Eine Taxifahrt nach Ordubad und zurück kostet etwa 35 AZN je nach Wartezeit, und beträchtlich mehr, wenn man ein paar Zwischenstopps auf der Strecke einlegt.

Züge nach Culfa (80 q, 90 Min.) fahren um 10.30 ab und kehren um 12.15 Uhr zurück sowie um 15 Uhr (zurück am nächsten Morgen). Die faszinierende Strecke führt am Fluss Araz entlang – malerisch und mit der Möglichkeit einen Blick über die Grenze in den Iran zu werfen. Wer ein Visum für den Iran hat, kann in Culfa die Grenze am einfachsten überqueren.

Unterwegs vor Ort

Bus 2 fährt von der Bushaltestelle Richtung Süden zum Bahnhof, Bus 3 bedient die gleiche Strecke in umgekehrter Richtung. Bus 6 setzt die Fahrt bis zum Flugplatz fort, der 4 km östlich des Stadtzentrums von Naxçivan liegt; die Taxifahrt dorthin dauert etwa zehn Minuten (7 AZN).

Umgebung von Naxçivan

Die Straßen sind gut und die Entfernungen nicht allzu groß. Für eine zufriedenstellende Tagestour mit dem Taxi kann man einen Besuch der Festung Alinca Castle mit Fahrten nach Əshabi-Kəhf und Ordubad verbinden. Wer einen Englisch sprechenden Fahrer/Führer sucht, wendet sich an die vertrauenswürdige Agentur **Nakhchivan Travel** (Natig Travel; ☎070-5672506; www.nakhchivantravel.com), die auch spezielle Vogelbeobachtungs- und Klettertouren anbietet.

Sehenswertes & Aktivitäten

Im Winter macht der Schnee es schwierig, Batabat zu besuchen oder zur Festung Alinja hinaufzuklettern. Aber andererseits ist der Schnee in Ağbulaq ein Segen, da sich dort ein kleines neues Skizentrum in einer frühen Entwicklungsphase befindet. Die Sommermonate können im Gegensatz sehr heiß werden. März, April und Oktober sind die idealen Monate für eine Erkundung.

★ **Festung Alinja** AUSSICHTSPUNKT
(Əlincəqala) Wer bereit ist mehr als 1500 Stufen auf einen Felsvorsprung hinaufzuklet-

tern, kommt zu einem der großen Highlights von Naxçivan und kann den großartigen Blick von den kargen mittelalterlichen Ruinen der Festung Alinja genießen, die manchmal als „Machu Picchu Aserbaidschans" bezeichnet wird.

Historische Wandreste wurden teilweise wieder aufgebaut, um zu zeigen, wie der Grundriss der Stätte im 12. Jh. ausgesehen haben könnte. Die wichtigsten Befestigungen stammen aus den 1140er-Jahren, als Naxçivan unter dem Eldegyz (Eldəniz) genannten Führer am mächtigsten war. Sie boten so viel Schutz, dass Alinja ab 1386 rund 14 Jahre lang einer Belagerung standhielt. Außer einem moscheeähnlichen **Museum** gibt es keine intakten Gebäude – und auch keinen Schatten: also einen Hut und viel Trinkwasser mitbringen. Um die sehr anstrengende Hitze zu meiden, ist es am besten, früh am Morgen oder einige Stunden vor Sonnenuntergang hochzusteigen.

Die Stufen hinauf beginnen an der Straße nach Qazançı, etwa 33 km nordöstlich der Stadt Naxçivan. Die seltenen Minibusse nach Xanəgah fahren in einer Entfernung von 1 km vorbei. Taxis kosten je nach Wartezeit 30 bis 50 AZN.

Duzdağ — MINE

(☎036-544 4901; www.duzdag.com; Duzdağ şaxtası yolu; Eintritt/Übernachtung gratis/30 AZN; P) GRATIS In vergangenen Jahrzehnten bedeutete es den absoluten Horror, wenn jemand in ein sowjetisches Salzbergwerk geschickt wurde. In Duzdağ wurde eine frühere Mine in ein heilsames Refugium für Asthmakranke umgewandelt. Tagsüber können Neugierige gratis 300 m weit in den schön beleuchteten Zugangstunnel mit der glitzernden Decke und einem Teehaus in einer Höhle hineinspazieren.

Die Mine liegt 10 km nordwestlich der Stadt Naxçivan. Die Taxifahrt kostet 8 AZN. Wer über Nacht bleiben möchte, wendet sich an das Duzdağ Resort Hotel, 1,3 km in Richtung Stadt. Dort gibt es auch ein kostenloses **Salzmuseum** und einen kleinen **Aquapark** mit Swimmingpool und Wasserrutsche, zu dem Nichtgäste für 10 AZN (nur 14–19 Uhr) Zugang haben.

Cahan Kudi Xatun — MONUMENT

(Qarabağlar Türbəsi; Dorf Qarabağlar) Nur der mittelalterliche Bestattungsturm von Möminə Xatun (S. 329) ist beeindruckender; das Mausoleum von 1320 ist ein gerippter Zylinder, der mit „Allah-Allah"-Kalligrafie in blauer Glasur verziert ist. 2018 gründlich restauriert, ist der Turm flankiert von einem doppelten Minarett und einem kleinen **Museum**. Der Komplex liegt in Qarabağlar, einer kleinen, fast vergessenen landwirtschaftlichen Gemeinde, 40 km nordwestlich der Stadt Naxçivan. Es liegt etwa 7 km abseits der Hauptstraße Richtung Türkei (neben der NP3-Tankstelle abbiegen). Ein Minibus aus der Stadt Naxçivan fährt um 13 Uhr (1 AZN), aber man muss sich mit der Besichtigung des Turms sehr beeilen, da der Bus 20 Minuten später schon wieder zurückfährt. Man kann den Fahrer bitten, zu warten, oder man läuft zur Hauptstraße nach Qıvraq/Kəngirli zurück und versucht dort, ein vorbeifahrendes Auto anzuhalten.

Ordubad — DORF

Naxçivans attraktivste Siedlung wirkt wie eine Oase inmitten felsiger Wüstenlandschaft. Am Hauptplatz findet sich ein klassisches, von Männern bestimmtes Teehaus unterhalb eines riesigen *çinar*; in den engen Straße verstecken sich viele alte Gebäude hinter Ziegelmauern. Es gibt eine Reihe kleiner Museen, eines direkt gegenüber einer charakteristischen Ziegelmoschee in einer früheren *zorkhana* (Stätte für eine typisch persische meditative Kampfkunst).

Der letzte Minibus fährt etwa um 16 Uhr in die Stadt Naxçivan (2 AZN, 90 Min.) zurück; die Bushaltestelle liegt rund 400 m südlich des zentralen Bereichs.

Batabat — VOGELSCHUTZGEBIET

GRATIS Ganz anders als die Halbwüsten im Tiefland von Naxçivan liegen die Seen von Batabat im Hochland inmitten von weiten Grasflächen. Hier gibt es im Sommer erfrischende Plätze für Familienpicknicks; als Neuheit bekannt sind die „schwimmenden Inseln". Für Vogelbeobachter ist aber die Vogelwelt (Pirol, Steinbraunelle etc.) die Hauptattraktion hier. Achtung: Niemals weiter als bis zum oberen See vordringen! Obwohl es keine Hinweise gibt, ist es militärisches Gebiet und die Anwesenheit von Ausländern könnte zu einem internationalen Vorfall führen. Das Gebiet liegt 60 km nördlich der Stadt Naxçivan, Hin- und Rückfahrt kostet mit dem Taxi 35 AZN.

Əshabi-Kəhf — ISLAMISCHE STÄTTE

(www.ashabikahf.nakhchivan.az) Əshabi-Kəhf sind mehrere heilige Höhlen, die der Schauplatz eines Wunders gewesen sein sollen: Sieben frommen Männern gelang es, ihren Feinden zu entkommen, indem sie 300 Jahre lang schliefen. Für einige muslimische

Besucher ist dies die Topattraktion von Naxçivan, allerdings besitzt diese attraktive Felsenkulisse einen friedlichen Charme für Besucher jeden Glaubens.

Əshabi-Kəhf liegt 20 km östlich der Stadt Naxçivan, etwa 5 km südöstlich des Flugplatzes biegt man vom Highway nach Ordubad Richtung Nordosten ab. Busse (2 AZN) fahren um 8.30 und 14 Uhr vom Busbahnhof der Stadt Naxçivan ab, die Rückfahrt wird um 12 und 17 Uhr angetreten.

ASERBAIDSCHAN VERSTEHEN

Aserbaidschan aktuell

Der Absturz des Ölpreises zwischen 2014 und 2016 riss ein tiefes Loch in die Haushaltsplanungen des Landes, und nach zwei Anpassungen hat der Manat mittlerweile nur noch knapp die Hälfte seines vorherigen Wertes. Immerhin konnte die Regierung auf Ersparnisse aus dem Ölgeschäft zurückgreifen und damit die fiskalischen Probleme überbrücken, um einer tiefergehenden Unzufriedenheit im Land vorzubeugen. Tatsächlich hat die Krise das Land wachgerüttelt und eine nötige wirtschaftliche Diversifizierung angestoßen, die Aserbaidschan von seiner großen Abhängigkeit vom Ölexport befreien soll.

Im Rahmen dieser Strategie fiel der Blick auch auf den Tourismus: Die Visaregeln wurden deutlich vereinfacht, und der abermals abgewertete Manat hatte zur Folge, dass die glamourösen Hotels und Spas, die eigentlich für eine wohlhabende Oberschicht bestimmt waren, nun für einen größeren, erweiterten Besucherkreis erschwinglich wurden. Diese neuen Besucher kamen vornehmlich aus den Ländern des Golfkooperationsrates; sie schätzten die Möglichkeit, um den glühend heißen arabischen Sommern zu entkommen. Der Besucherzustrom wächst seither schneeballartig an; und da der Ölpreis 2018 wieder anstieg, konnten ausgesetzte Bauprojekte in der Folgezeit fortgeführt werden, sodass vor allem in Baku eine optimistische Grundstimmung mit Händen zu greifen war.

Im Juni 2019 richtete Baku das Finale der Europa League aus, eines der Großereignisse der europäischen Fußballszene und eines von mehreren hochkarätigen Sport-Events im Lande. Ein weiterer Höhepunkt in Bakus Festivalkalender ist der Große Preis von Aserbaidschan. Dieses Formel-1-Rennen wird auf dem Baku City Circuit veranstaltet.

Geschichte

Frühgeschichte

Seit dem 6. Jh. v. Chr. und während eines großen Teils seiner Geschichte war das Land, das später einmal zu Aserbaidschan werden sollte, Teil des Persischen Reiches. Damals entwickelte sich der von Zarathustra gestiftete Zoroastrismus zur vorherrschenden Religion. Im 4. Jh. v. Chr. entstand der Staat Albania, ein kaukasisches Königreich (das mit dem heutigen Albanien nichts zu tun hatte). Ab dem Jahr 325 nahmen die Bewohner Albanias das Christentum an, sie errichteten zahlreiche Kirchen, von denen immer noch einige Ruinen erhalten sind. Dieses „kaukasische Albania" ist für das heutige Aserbaidschan immer noch von großer Bedeutung, „beweist" es doch, dass die Aserbaidschaner keinesfalls Armenier waren.

Der Islam

Seit die Araber im 7. Jh. ins kaukasische Albania vordrangen, ist der Islam die vorherrschende Religion des Landes. Später gelangten berittene Hirten aus der heutigen Türkei bis hierher; die weiten Steppenlandschaften der Region boten ihnen ideale Weidegründe. Deshalb ließen sich türkische Volksgruppen in diesem Teil des Kaukasus nieder, während sich die ursprünglich im Lande heimischen Christen in das Vorland der Gebirge zurückzogen.

Eine heute als klassisch geltende kulturelle Blütezeit entwickelte sich im 12. Jh. in den (alten) Städten Qəbələ, Bərdə und Naxçivan. Şamaxı wurde zur Hauptstadt von Şirvan, die regionale Vormachtstellung von Gəncə wird auch vom klassischen „Nationaldichter" Nizami Gəncəvi besungen. All diese Pracht aber ging dahin – niedergerissen von dem Mongolensturm, den Heeren Timurs und diversen Erdbeben

Zwei Jahrhunderte später jedoch und dank eines verbesserten Karawanenhandels hatte Şirvan sich wieder erholt. Seinen Herren gelang ein wichtiger „Heimsieg" bei einer Schlacht gegen Arbadil (im Süden von Aserbaidschan, heute im Iran) im Jahr 1462; allerdings ging das „Rückspiel" 1501 verloren. Nach dieser Niederlage konvertierte man zum schiitischen Islam und verbündete sich mit den Safawiden-Herrschern im Süden, denen der Aufstieg zu Herrschern über das gesamte Persische Reich gelang.

Im frühen 18. Jh. entwickelten sich auf dem Gebiet des heutigen Aserbaidschan zahlreiche autonome muslimische Khanate. Um ihre Position gegenüber Persien zu stärken, verbündeten sich mehrere von ihnen und baten Russland um Hilfe. Diese erhielten sie dann auch – allerdings anders als ursprünglich gedacht: Das Russische Reich verleibte sich umgehend einige der nördlichen Khanate ein. Auf die Versuche Persiens, die Khanate zurückzugewinnen, reagierte Russland mit weiteren Annexionen – von Şirvan, Karabach, Naxçıvan, Talysch und Jerewan. Durch den Vertrag von Gulistan (1813) und den Frieden von Turkmantschai (1828) wurden die Annexionen zu schwer erträglichen Bedingungen festgeschrieben.

Unter russischer Herrschaft

Um ihre Herrschaft über die neu eroberten Gebiete zu festigen, förderte Russland die Zuwanderung von Christen, darunter vor allem Mitglieder nicht-orthodoxer Gruppierungen und Sekten. Diese kamen aus Russland selbst, aber auch aus dem deutschen Württemberg, außerdem immigrierten Armenier aus dem Osmanischen Reich. Mit dieser Vorgehensweise wurde der Boden für jene ethnischen Konflikte bereitet, die dann 1905, 1918 und 1989 ans Licht traten.

In den 1870er-Jahren stieg die Nachfrage nach Erdöl plötzlich rasant an, das kleine Baku verwandelte sich in in ein florierendes Zentrum dieses Booms. Im Jahr 1905 deckte Baku den Ölbedarf der halben Welt, die Stadt türmte enorme Reichtümer auf, das Kulturleben blühte auf – gleichzeitig jedoch wuchs eine immer größer werdende Unterschicht aus Arbeitern heran, deren Lebensbedingungen unerträglich zu sein schienen. Stalin machte sich diese prekäre Lage zunutze; das Leid der Arbeiter entlud sich in einem revolutionären Chaos, das ein Jahrzehnt währte und in schrecklichen ethnischen Massakern kulminierte.

Unabhängigkeit & Sowjetherrschaft

Als Folge der Russischen Revolution und noch weit vor dem Zweiten Weltkrieg erklärte Aserbaidschan sich zur ersten muslimischen „Demokratie“ der Welt. Baku konnte sich dieser Bewegung erst anschließen, nachdem man die prorussischen Revolutionsanhänger außer Landes geschafft hatte, und zwar mit Unterstützung einer türkischen Invasionsarmee. Die Türken zogen sich freilich rasch wieder zurück und entließen die Aserbaidschanische Demokratische Republik (ADR; Azərbaycan Xaiq Cümhuriyyəti) in die Unabhängigkeit. Die Aserbaidschaner blicken immer noch mit Stolz auf dieses moderne, säkulare Staatsgebilde zurück, das freilich nur knapp zwei Jahre Bestand hatte: Im Jahr 1920 marschierte die Rote Armee Russlands ins Land ein. Aserbaidschan wurde mit Georgien und Armenien zur Transkaukasischen Sozialistischen Föderativen Sowjetrepublik vereinigt, einer Art Modell für die spätere UdSSR.

Im Rahmen neuer Grenzziehungen musste Aserbaidschan Gebiete an Armenien abtreten; Naxçıvan wurde dabei komplett vom aserbaidschanischen Staatsgebiet abgetrennt. Nur dem leidenschaftlichen Einsatz des aserbaidschanischen „Vater des Kommunismus“, Nəriman Nərimanov, war es zu verdanken, dass Bergkarabach weiterhin dem aserbaidschanischen Volk zugerechnet wurde; Nərimanov starb allerdings im Jahr 1925 nach einem Giftanschlag. Sein Nachfolger, Mir Jafar Bağirov, organisierte Stalins brutale Säuberungen, in deren Verlauf mehr als 100 000 Aserbaidschaner erschossen oder in Internierungslager gesperrt wurden, aus denen sie nie wieder zurückkehrten. In der von Chruschtschow eingeleiteten „Tauwetterperiode“ wurde Bağirov dann ebenfalls verhaftet und hingerichtet.

Während des Zweiten Weltkriegs plante Hitler, sich den Ölreichtum Bakus zunutze zu machen. Allerdings scheiterte der Feldzug beim Versuch, unterwegs Stalingrad einzunehmen. Um sich nicht permanent in Abhängigkeit von Baku zu begeben, erschlossen sowjetische Ingenieure später neue Ölfelder im fernen Sibirien.

Die Zeit der sowjetischen „Perestroika“ Ende der 1980er-Jahre brachte Spannungen in die nachbarschaftlichen Beziehungen zu Armenien. Zunächst kleine ethnische Streitigkeiten zwischen Armenien und Aserbaidschan über den Status von Bergkarabach führten zu regelrechten „ethnischen Säuberungen“, da die Minderheiten im jeweils anderen Staat aus Angst vor Übergriffen aus ihren Heimatorten flohen. Am 20. Januar 1990 intervenierte die Rote Armee in Baku; dabei kamen Dutzende Zivilisten ums Leben – und die öffentliche Meinung kehrte sich schließlich gegen die UdSSR. 1991 erklärte Aserbaidschan seine Unabhängigkeit und verließ die Sowjetunion.

Wieder unabhängig

Der Höhepunkt des Konflikts war erreicht, als armenische Truppen am 26. Februar 1992 in Xocalı mehr als 600 aserbaidschanische Zivilisten töteten. Präsident Ayaz Mütəllibov verlor daraufhin sein Amt; sein Nachfolger, Əbülfəz Elçibəy, ergriff nur ein Jahr später angesichts eines drohenden Militärputsches die Flucht. In dieser Situation schlug die Stunde des Heydər Əliyev, einst Mitglied im Politbüro der UdSSR und in den 1970er-Jahren Vorsitzender der Kommunistischen Partei von Aserbaidschan. Əliyev führte das zerrissene Land wieder zusammen, er warb um internationale Investitionen in die Ölindustrie und unterzeichnete im Mai 1994 ein Waffenstillstandsabkommen mit Armenien und Bergkarabach. Trotz allem war und ist der Status von rund 16 Prozent des aserbaidschanischen Staatsgebiets bis heute umstritten. Der nicht beigelegte, sondern nur „auf Eis gelegte" Konflikt hat dazu geführt, dass rund 800 000 Aserbaidschaner vertrieben wurden und fern ihrer Heimat leben. Der Ölboom des Landes im 21. Jh. hat zwar – recht spät – Wohnungsbauprojekte für die Vertriebenen ermöglicht, das Geld wurde allerdings auch für eine deutliche Aufstockung der Militärausgaben verwendet. So gibt man den Nachbarn ein unmissverständliches Signal, dass man sich eines Tages zumindest einen Teil des „verlorenen Landes" zurückholen werde.

Aserbaidschans wachsender Reichtum hängt vor allem mit der Fertigstellung der Transkaukasischen Pipeline (Baku-Tiflis-Ceyhan-Pipeline) zusammen; seit 2006 fließt kaspisches Öl in die Türkei. Zunächst in Baku und dann auch in vielen anderen Zentren des Landes setzte ein regelrechter Bauboom ein. Heydər Əliyev wird deshalb immer noch als „Führer der Nation" verehrt, auch wenn er bereits 2003 verstorben ist. Seine Porträts sind bis heute allgegenwärtig, in jeder Stadt wurden ein Kulturzentrum und ein Park nach ihm benannt. Das Präsidentenamt hat heute sein Sohn İlham inne.

Kunst & Kultur

Die bedeutendsten Vertreter aserbaidschanischer Kunst werden im ganzen Land verehrt. Ihre Büsten schmücken die Gebäude von Baku, nach ihnen wurden Straßen benannt, und ihre Häuser wurden nach ihrem Tod nicht selten in „Hausmuseen" (*ev-muzeyi*) und Gedenkstätten umgewandelt.

Literatur

Aserbaidschan blickt auf eine lange und hervorragende Literaturtradition zurück. Am bekanntesten ist der „aserbaidschanische Shakespeare", Nizami Gəncəvi (1141–1209), dessen omnipräsente Statuen fast noch häufiger zu finden sind als die des Heydər Əliyev. Nizami verwendete persische Paarreime; ein umfangreiches Werk in aserbaidschanischem Türkisch hinterließ Mehmed bin Suleyman Füzuli (1495–1556). Seine Fassung von Nizamis Klassiker *Leyli und Majnun* (eine religiöse Parabel in Form einer Liebesgeschichte) beeinflusste zahlreiche Autoren, darunter den Dichter Khurshudbanu Natavan (1830–1897), den Dramatiker Mirza Fatali Axundov (1812–1878) und den Satiriker Mirza Sabir (1862–1911), aber beispielsweise auch Werke wie Eric Claptons Song „Layla". Bekanntester Autor des 20. Jhs. ist Səmət Vurğun, insbesondere in seinem Heimatbezirk Qazax. Ein ganz aktuelles Beispiel ist Ella Leyas 2015 erschienener Roman *The Orphan Sky* (in englischer Übersetzung), dessen Handlung zur Sowjetzeit in Baku angesiedelt ist.

Musik

Aserbaidschans *Muğam*-Musik wurde von der Unesco in die Liste des Immateriellen Kulturerbes aufgenommen. Westliche Ohren erkennen oft nur Klagelaute anstelle eines Gesangs, diese Musik kann aber sehr emotional und unmittelbar wirken. Der derzeit bekannteste *Muğam*-Superstar ist Alim Qazimov. Traditionelle Musik war aber auch die Spezialität wandernder Barden, *aşıqlar* genannt (Singular: *aşıq*); manche von ihnen nahmen an Wettkämpfen teil, die man den Barden-Wettkämpfen der keltischen Kultur vergleichen kann. Eine sehr moderne Form namens *meyxana* verknüpft heitere Texte mit Synthesizer-Begleitung.

Im Baku der 1950er- und 1960er-Jahre erfreute sich Jazz zunehmender Beliebtheit; Vaqif Mustafazadeh (1940–1979) verlieh dieser Musik ein sehr spezifisches Lokalkolorit, indem er amerikanischen Jazz mit Elementen der traditionellen *Muğam*-Improvisation zusammenführte. Seine talentierte Tochter hat mittlerweile diesen *Muğam*-Jazz mit Formen klassischer Musik verknüpft. Vertreter dieser aserbaidschanischen Jazz-Form sind außerdem die Pianisten Shahin Novrasli und Isfar Sarabski, beide haben schon beim Jazz-Festival von Montreux ihre Zuhörer begeistert.

SPEISEKARTE

antreqot	Lammrippchen
aş	Fruchtiges Reispilaw, auf riesigen Platten für mehrere Personen serviert, auch plov
badımcan	Aubergine
balıq	Fisch, Stör
borş	Herzhafte Kohlsuppe
bozbaş	Suppenähnlicher Eintopf, in der Regel mit einem Fleischknödel, der mit einer Pflaume gefüllt ist
buğlama	Hammel-Kartoffel-Eintopf, langsam gegart, um den richtigen Geschmack auszubilden
çığırtma	Halbfestes Omelette mit Hähnchenfleisch, Tomate und Knoblauch (aber nicht als Suppe wie in Georgien)
cız-bız	Gebratene Kutteln mit Kartoffeln
çörək	Brot
doğrama	Eine kalte Suppe aus Sauermilch, Kartoffeln, Zwiebeln und Gurken
dolma	Verschiedene, mit Hackfleisch gefüllte Gemüsesorten
dovğa	Eine warme, dickflüssige Joghurtsuppe
düşbərə	Leicht minzige Brühe mit winzigen, bohnengroßen Ravioli, die typischerweise mit saurer Sahne und Knoblauch serviert wird
düyü	Reis
Gürcü xingalı	Gewürzte Teigtaschen nach georgischer Art
kabab(lar)	Kebab(s)
kotlet	Fleischplätzchen
küftə	Fleischbällchen
kükü	Dickes Omelette, in Stücke geschnitten
lahmajun	Türkische, hauchdünne Version des *pide*, die mit Salat gefüllt wird und dann mit Zitronensaft beträufelt werden sollte
lavaş	Hauchdünne Brotscheiben
ləvəngi	*Toyuq* (Hähnchenfleisch) oder *balıq* (Fisch) nach Art der Talyschen, gefüllt mit einer Paste aus Kräuern und gehackten Walnüssen
qızıl balıq	Lachs
qovurma	Hammelfleisch, in Butter gebraten mit verschiedenen Früchten
qreçka	Gekochter Buchweizen oder ein Gericht, das mit Buchweizen als wichtigstem sättigendem Bestandteil serviert wird
qutab	Dünne, mit Spinat *(göyərti)* oder Fleisch *(ətlə)* gefüllte Pfannkuchen
pide	Lange türkische „Pizza", aber nicht unbedingt mit Käse belegt
piti	Suppenartiger Eintopf aus zwei Teilen, die nacheinander gegessen werden: Man zerstampft die nach dem Verzehr der Suppe übrig gebliebenen Festteile selbst und erhält so den Eintopf
püre	Kartoffelpüree
sac	Auf einer heißen Platte gegartes Gericht, in der Regel für mehrere Personen
sosiska	Wurst, die an Frankfurter Würstchen erinnert
tabaka	Teures, ganzes Hähnchen, das jedoch geplättet serviert wird
xama	Saure Sahne
xaş	Stark knoblauchlastige Suppe aus Teilen vom Schaf, die viele Westeuropäer eher meiden würden; spült man mit einem Schluck starkem Wodka hinunter
xinqal, xəngəl	Fleischstücke, die mit lasagneartigen Nudelplatten serviert werden
yağ	Butter

Die Popmusik des Landes folgt weitgehend türkischen Vorbildern. Daneben gibt es noch eine kleine Rap-, R&B- und Rock-Szene und viele aufstrebende DJs.

Maler & Bildhauer

Gegen Ende der Sowjetzeit blühte die Kunst in Aserbaidschan auf, und die Arbeiten des neoimpressionistischen Stars Səttar Bəhlulzadə werden heute für Hunderttausende US-Dollar gehandelt. Die Arbeiten des ebenfalls hochgeschätzten Tahir Salaxov decken das Spektrum vom bedachtsamen sowjetischen Realismus über farbenfrohe Porträts bis zu kubistischen Landschaften ab. Viele ausdrucksstarke Statuen im öffentlichen Raum, die aus der Zeit vor der Unabhängigkeit stammten, wurden inzwischen entfernt und durch Springbrunnen ersetzt – oder durch Darstellungen des Präsidenten Heydər Əliyev. Einige bedeutende Arbeiten blieben trotzdem erhalten, vor allem die von Omar Eldarov, dessen originelle Darstellung des Hüseyn Cavid den Platz vor der Elmlər Akademiyası von Baku beherrscht. Im 21. Jh. ist ein starkes Interesse an zeitgenössischer Kunst zu beobachten, aber auch eine Wiederentdeckung moderner Genres der Zeichenkunst; gerade in Baku findet man viele innovative Galerien.

Speisen & Getränke

Die besondere Qualität der Landesküche liegt in fruchtigen Soßen, wunderbar frischem Gemüse und Suppen auf Lammfleischbasis. Grillfleisch steht oft im Mittelpunkt, diverse Reis-Pilaws werden vor allem im Rahmen von Banketten gereicht.

Viele Restaurants auf dem Land verfügen über keine Speisekarte. Fast alle verlangen 5 bis 7 AZN für ein Kebab, doch Größe und Qualität variieren stark – in manchen Lokalen bestellt man besser zwei Portionen für eine Person. Brot, Salat, Käse und andere Beilagen führen leicht zu einer Verdopplung des Rechnungsbetrags.

Grundnahrungsmittel & Spezialitäten

In den Restaurants von Baku ist die Auswahl an internationalen Gerichten groß, doch außerhalb der Hauptstadt beschränkt sich das Angebot oft auf aserbaidschanische und türkische Gerichte. Viele ländliche Lokale, *istirahət güşəsi* oder *istirahət mərkəzi* genannt, begnügen sich mit Kebabs vom Holzkohlegrill. Ein übliches *tikə kəbab* besteht aus Fleischstücken am Spieß, oft mit einem Stückchen vom Schwanz des Tiers, das bei Einheimischen als besondere Delikatesse gilt. *Lülə kəbab* ist Hackfleisch vom Lamm mit Kräutern und Gewürzen. Zu den teureren Arten von Kebab zählen *antreqot* (Rippchen) und *dana bastırma* (marinierte Rindfleischstreifen). Auch Gemüse vom Grill ist leicht zu bekommen, wobei strenge Vegetarier sich möglicherweise an den Stückchen aus Lammfett stoßen mögen, die man in die Auberginen steckt, damit sie etwas saftiger schmecken.

Was auch immer man bestellt – man sollte sich nicht wundern, wenn zum Gericht auch frisches Gemüse, Obst, Salate, Käse und Brot auf den Tisch kommen. In den meisten Lokalen werden diese Beigaben zusätzlich berechnet; wenn man so etwas gar nicht wünscht, sollte man es zurückweisen. Wer preiswerte einfache Gerichte ohne Kebab bevorzugt, sollte in Städten nach einem *yeməkxana* Ausschau halten. Dort bekommt man in der Regel *qazan-yeməkləri* (Tellergerichte), darunter verschiedene Kartoffel- und Hammelfleisch-Eintöpfe, etwa *buğlama, bozbaş* (mit *küftə*-Fleisch plus der üblichen Kirsche) und *piti* (mit Kichererbsen, die man zerdrücken muss). Der Klassiker unter den Nicht-Kebab-Gerichten heißt Dolma. Ein normales Dolma besteht aus einem gebackenen ‚Gemüse-Dreiklang" (Tomate, Paprika und Mini-Aubergine), gefüllt mit einer Mischung aus Reis und Lammhackfleisch, die mit Kräutern gewürzt wurde. Man findet aber auch Varianten, in denen die Umhüllung aus Kohlblättern (*kələm*) oder *yarpaq* (Weinblättern, wie man sie aus griechischen Restaurants kennt) besteht; die Füllung ist immer recht ähnlich. Unter *Şəki dolma* versteht man einen Topf voller kleiner gefüllter Weinblätter, also eine spezielle Dolma-Variante.

Eher selten findet man Fisch auf der Karte – *sudak* (Zander) oder *farel* (Forelle) –, wobei Fisch am besten mit einer würzigen Soße schmeckt, die aus säuerlichen Pflaumen *(alça)* oder Granatapfelsaft *(narşərab)* zubereitet wurde. Die fruchtige Talyschen-Küche ist typisch für das südliche Aserbaidschan; hier schätzt man vor allem *ləvəngi* (Hähnchen oder Fisch, gefüllt mit Walnüssen und Kräutern). *Çoban* (Schäfer-Salat) besteht aus Tomatenscheiben, Gurken, rohen Zwiebeln, Dill und Koriander und wird häufig als Vorspeise serviert.

Ein aserbaidschanisches Frühstück *(səhər yeməkləri)* umfasst Brot *(çörək)*, Butter *(yağ)* und Käse *(pendir)*, dazu kommen vielleicht noch Honig *(bal)* oder saure Sahne *(xama)*; getrunken wird gesüßter Tee. Auf Wunsch bekommt man vielleicht auch Rührei *(qayğana)* oder gekochte Eier *(qlazok)*.

Getränke

Nationalgetränk ist der *çay* (Tee); er wird für gewöhnlich in birnenförmigen *Armudi*-Gläsern gereicht und der Süße wegen durch einige Brocken Zucker hindurch geschlürft, außerdem isst man zum Tee gern Marmeladen oder Bonbons. In der Hauptstadt Baku liebt man Kaffee und ähnliche Getränke so sehr wie in den meisten Großstädten der Welt, in der Provinz sieht es aber schon ganz anders aus, und in kleineren Städten besitzen allenfalls die teuren Hotels eine Espresso-Maschine.

Aserbaidschan hat lange Zeit einen ganz akzeptablen *konjak* (Kognak, Weinbrand) produziert, inzwischen macht das Land aber auch große Fortschritte was *şərab* (Wein) betrifft. Die Marken Savalan, Chabiant und Fireland sind wirklich recht verlässlich, unschlagbar gut ist jedoch der Qaragöz Saperavi (mit schwarzem Etikett) von Az-Granata für weniger als 5 AZN pro Flasche. Aber Achtung: Sehr viele Einheimische lieben ihren Wein *kəmşirin* (lieblich) oder *şirin* (sehr süß). Die als *kəmturş* (halbtrocken) oder *turş* (trocken) klassifizierten Weine entsprechen eher westlichen Geschmäckern. Eine interessante regionale Spezialität ist übrigens ein Granatapfel-Wein. Mittlerweile öffnen immer mehr Weingüter ihre Tore für Besucher (www.azerbaijanwine.com) – und seit 2019 richtet man sogar ein Weinfestival aus (www.winefest.az).

Unter den einfachen Bieren *(pivə)* ist das untergärige Xırdalan am bekanntesten. Gut schmecken aber auch Naxçıvan's Prestij und Aysberq aus dem Norden des Landes. In Baku gibt es sogar eine Kneipe mit eigener Brauerei, sogar eine Paulaner-Bierhalle im deutschen Stil ist vorhanden.

Einander mit Wodka *(arak)* zuzuprosten ist bis heute ein wichtiges gesellschaftliches Ritual, vor allem unter älteren Herren in gehobener Stellung (und mit entsprechendem Bauchumfang). Allerdings geschieht dies weniger formell als in Georgien und weniger impulsiv als in Russland.

Wasser *(su)* aus dem Hahn zu trinken ist in Bergdörfern relativ sicher, in den Städten des Flachlands aber nicht zu empfehlen. Wasser in Flaschen ist überall erhältlich – mit *(qazlı)* oder ohne *(qazsız)* Kohlensäure.

PRAKTISCHE INFORMATIONEN

Allgemeine Informationen

AKTIVITÄTEN

Wer gern wandert, Vögel beobachtet, Wassersport treibt, sich in einem Badeort entspannt, Golf spielt oder Ski fährt, findet in Aserbaidschane mittlerweile durchaus ein reichhaltiges Angebot vor. Allerdings ist das Konzept eines „Aktivurlaubs" hier relativ neu, und viele Hoteliers auf dem Lande reagieren immer noch etwas irritiert, wenn Gäste mehr wünschen als zu essen, zu trinken und ihren Tag im Swimmingpool zu vertrödeln – und zwischendurch vielleicht ein paar Selfies zu schießen.

Golf

Eindrucksvolle Golfplätze gibt es in der Nähe von Quba (S. 287) und in Dreamland (www.dreamlandgolfclub.com), nicht weit vom Flughafen Baku entfernt.

Ski fahren

Die wichtigsten Ski-Resorts des Landes befinden sich in Şahdağ/Laza und Tufandağ/Qəbələ, auch wenn die Saison dort nur kurz ist und die meisten Besucher eher zum Fotografieren als zum tatsächlichen Skifahren anreisen. Einen Überblick bietet https://skiazerbaijan.com. Bei Redaktionsschluss stand ein neues kleineres Skigebiet (Ağbulaq Xizək Mərkəzi) nahe Ağbulaq in Naxçıvan kurz vor der Fertigstellung.

Spas, Schwimmen & Wassersport

Ölbäder in Naftalan, schwefelhaltige Quellen in Qalaaltı (S. 284) und Unterkünfte in einer Salzmine in Duzdağ (S. 332) bei Naxçıvan (Stadt) sind echte Attraktionen, vor allem für Einheimische und Besucher aus Russland und Asien. Ein ungewöhnliches Erlebnis besteht in einem medizinischen Petroleumbad im Qafqaz Thermal Resort (S. 300) in Yengicə bei Qəbələ, vorausgesetzt, die vorgeschriebene ärztliche Untersuchung lässt diese Therapie zu.

Wegen der Umweltverschmutzung bietet die Küste des Kaspischen Meeres nicht gerade die ideale Naturkulisse für einen Badeausflug, vor allem nicht bei Şixov, wo man vom Strand aus auf Bohrinseln blickt. Im Sommer versammeln sich die Einheimischen an den etwas besseren Stränden von Nabran und auf der Halbinsel Abşeron im Norden, wo man immerhin Jetskis mieten kann. Kitesurfen ist bei Blue Planet (S. 284) möglich, und zwar auf einer hübschen Lagune südöstlich von Şuraabad.

Vögel beobachten

Für Ornithologen ist Aserbaidschan ein reizvolles Land, denn die große Vielfalt and Landschaftsformen und Habitaten garantiert eine entsprechende Artenvielfalt. *Birdwatching in Azerbaijan* ist als Buch wie als Online-Quelle sehr hilfreich (http://birdingaze.blogspot.com). Birdwatching Azerbaijan (www.facebook.com/birdwatchingazerbaijan2019) organisiert ökologisch nachhaltige Touren innerhalb des gesamten Landes, während Nakhchivan Travel (S. 331) sich auf ornithologische Expeditionen in Naxçıvan spezialisiert hat.

Wandern & Bergsteigen

Vor allem in den Regionen Quba–Shahdag und Lahıc gibt es einige fantastische Möglichkeiten, von Dorf zu Dorf zu wandern; weiter ins Hochland gelangt man von Zaqatala aus. Einrichtungen wie **Camping Azerbaijan** (☎ 051-8868380, 051-4009091; www.facebook.com/campingazerbaijan2014) und **BagBaku** (Karte S. 258; ☎ 051-3703111; www.facebook.com/bagbakutour; Əliyarbəyov küç 26/14) bieten regelmäßig Wanderabenteuer zu annehmbaren Preisen unter der Leitung Englisch sprechender Führer an. Bergsteiger kommen vor allem im Nationalpark Shahdag auf ihre Kosten. Momentan verbieten die aserbaidschanischen Behörden noch den Zugang zu den höchsten Gipfeln, doch das bürokratische System steckt mitten in einem Veränderungsprozess, in den kommenden Jahren mag die Lage sich also deutlich verbessern.

FEIERTAGE

Neujahr 1. Januar

Novruz Bayramı 20.–26. März

Tag des Genozids 31. März (Trauertag zum Gedenken an die Ermordeten in Baku beim Massaker von 1918)

Ramazan Bayram (April/Mai, variables Datum) Eid al-Fitr, der Feiertag am Ende des Ramadan

Tag des Sieges 9. Mai

Tag der Republik 28. Mai (Gründungstag der ersten demokratischen Republik 1918)

Tag der nationalen Rettung 15. Juni (das Parlament übertrug Heydər Əliyev 1993 die Rettung des Landes)

Tag der Streitkräfte 26. Juni (Gründung der aserbaidschanischen Armee 1918)

Gurban Bayramı (Juni/Juli, variables Datum) Eid al-Adha, das Opferfest

Tag der Unabhängigkeit 18. Oktober (Datum der Loslösung Aserbaidschans aus der UdSSR)

Flaggentag 9. November (erinnert an die Aufrichtung des damals weltgrößten Flaggenmasts im Jahr 2010)

Verfassungstag 12. November (zu Ehren der Verfassung von 1995)

Tag der Nationalen Wiedergeburt 17. November (erinnert an den ersten antisowjetischen Aufstand im Jahr 1988)

Solidaritätstag 31. Dezember (erinnert an das Niederreißen der Grenzzäune zwischen Aserbaidschan und dem Iran im Jahr 1989)

Das aserbaidschanische Alphabet

ASER.	LATEINISCH	AUSSPRACHE
A a	a	lang, wie in „Ware"
B b	b	wie in „Bitte"
C c	c	wie das „J" in „Jazz"
Ç ç	ch	wie das tsch in „Matsch"
D d	d	wie in „Danke"
E e	e	wie in „Bett"
Ə ə	a	kurz, wie in „Äpfel"
F f	f	wie in „Faden"
G g	g	wie „gj"
Ğ ğ	gh	weit hinten im Rachen gebildet (wie das frz. „r")
H h	h	wie in „hier"
X x	kh	wie in „Loch"
I ı	ı	neutral; wie das „a im engl. „ago"
İ i	i	wie in „Wiese"
J j	zh	stimmhaft wie im engl. „measure"
K k	k	wie in „Kitt"
Q q	q	wie in „Gans"
L l	l	wie in „lachen"
M m	m	wie in „mit"
N n	n	wie in „nett"
O o	o	kurz wie in „Pott"
Ö ö	er	wie in „Mörder"
P p	p	wie in „Paket"
R r	r	als gerolltes „r"
S s	s	stimmlos wie in „Sissi"
Ş ş	sh	wie in „Schuhe"
T t	t	wie in „tun"
U u	u	wie in „Muße"
Ü ü	ew	wie das „Ju" in „Jugend"
V v	v	stimmhaft wie in „Weg"
Y y	y	wie in „jetzt"
Z z	z	stimmhaft wie in „super"

Aserbaidschanische Wörter tragen normalerweise eine leichte Betonung auf der letzten Silbe. In vielen Teilen des Landes wird das harte **k** eher wie „tsch" ausgesprochen; Bakı klingt dann wie „ba-tschuh" und Şəki wie „schä-tschih".

GELD

Der Aserbaidschan-Manat wird „AZN" abgekürzt oder auch mit einem speziellen „M", das einem um 90 Grad gedrehten Euro-Symbol ähnelt. 1 AZN besteht aus 100 *qəpiq* (100 q).

Meistens bezahlt man mit Bargeld, Kreditkarten von Visa und Mastercard werden aber immer beliebter, und auch Geldautomaten sind mittlerweile in allen größeren Städten und Mittelzentren zu finden.

PREISE

Unterkunft

Die folgenden Preise beziehen sich auf eine Übernachtung für zwei Personen in einer typischen Unterkunft einschließlich Steuern, aber ohne Mahlzeiten.

$ unter 70 AZN

$$ 70–150 AZN

$$$ über 150 AZN

Essen

Die folgenden Preise beziehen sich auf ein typisches Hauptgericht mit Beilage.

$ unter 7 AZN

$$ 7–15 AZN

$$$ über 15 AZN

SICHER REISEN

Von Reisen in die Region Bergkarabach und in die von armenischen Streitkräften besetzten Bezirke wird dringend abgeraten. Wie immer gelten hier die aktuellen Sicherheitshinweise der Regierung im eigenen Land, also z. B. in Deutschland die Hinweise auf der Website des Auswärtigen Amtes.

TELEFONIEREN

- Prepaid-SIM-Karten kosten in Aserbaidschan 5 AZN und mehr, wobei für eine SMS 4 q berechnet werden, für Anrufe 4 q pro Minute und für die Datenübertragung etwa 6 AZN für 1,5 GB. Beim Kauf einer SIM-Karte muss man seinen Ausweis vorlegen; häufig ist der Kauf der SIM-Karte eines der drei Provider (AzerCell, Bakcell oder Nar) nur im Hauptbüro der jeweiligen Stadt möglich.
- Mobiltelefone, die nicht in Aserbaidschan erworben wurden, darf man 30 Tage lang nutzen; anschließend muss man den IMEI-Code des Gerätes anmelden, und zwar unter www.imei.az oder bei einem Postamt. Das kann zwischen 5 und 90 AZN kosten, je nach Wert des Telefons. Den eigenen IMEI-Code kann man sich anzeigen lassen, wenn man folgende Zeichen eintippt: *#06#

TOURISTENINFORMATION

Das neue Fremdenverkehrsamt von Aserbaidschan unterzieht die Touristeninformationsstellen des Landes gerade einer gründlichen „Renovierung“. So arbeitet man an Konzepten für themenorientierte Touren etwa zum Wein (www.azerbaijanwine.com), Golf (www.golfazerbaijan.com) und Skifahren (www.skiazerbaijan.com).

UNTERKUNFT

Aserbaidschans Angebot an Hotels wächst in hohem Tempo, sodass günstige Angebote leicht zu finden sind, vor allem bei Resorts im höheren Preissegment. Dort sind die Preise oft sehr reell, gerade auch mit Blick auf den vergleichsweise hohen Standard. Zudem findet man in den meisten Mittelstädten ein oder zwei einfache, aber akzeptable Budget-Hotels. Zusätzliche Unterkünfte in Privatwohnungen und ländliche Nachtquartiere bieten lohnende Einblicke ins Alltagsleben. Seit etwa 2016 sind in den meisten größeren Städten inzwischen auch Hostels hinzugekommen.

VISA

E-Visa

Bei einem geplanten Aufenthalt von weniger als 30 Tagen kann man sich online um ein einmaliges Einreisevisum bewerben. Den Beginn der Gültigkeit kann man auswählen; ab dann sollte das Visum innerhalb von 90 Tagen in Anspruch genommen werden. Auf der amtlichen Website (https://evisa.gov.az) kostet das Visum 24 US$, die Bearbeitung dauert drei Tage. Wer 51 US$ bezahlt, wird innerhalb von drei Stunden bedient. Aber Achtung: Es gibt zahlreiche Nachahmer-Websites kommerzieller Anbieter, die verwirrend ähnliche Adressen verwenden; dort zahlt man oft deutlich höhere Beträge, oder man muss dort auch gleich eine Tour buchen. Auf der amtlichen Website gibt es keinerlei Tourenangebote! Reisepässe müssen noch mindestens drei Monate über das Ende der Geltungsdauer des Visums hinaus gültig sein.

Sonstige Visa

Ein Visum bei der Einreise über internationale Flughäfen ist für die Staatsbürger mancher Länder erhältlich, darunter sind auch die Türkei und Israel. Für Deutsche und andere EU-Bürger gilt diese Regelung jedoch nicht.

Entscheidet man sich nicht für ein e-Visum, wendet man sich an die aserbaidschanische Botschaft oder ein Konsulat im Heimatland. In der Regel muss dabei auch ein „Letter of Invitation“ (LOI), also eine schriftliche Einladung vorgelegt werden, die ein Geschäftspartner in Aserbaidschan, aber auch ein Reisebüro ausstellen können.

Meldepflicht

Bleibt man länger als 15 Tage im Land, ist die polizeiliche Anmeldung *(müveqqəti qeydiyat)* zwingend vorgeschrieben. Kosten entstehen dadurch normalerweise nicht. Gute Hotels übernehmen diesen Vorgang in der Regel, in kleinen Häusern sollte man allerdings sicherheitshalber nachfragen und notfalls darauf bestehen. Einige Hostels erheben offenbar Gebühren für die polizeiliche Anmeldung.

Theoretisch kann man sich entweder in einem Einwanderungsbüro vor Ort oder auch online unter https://eservice.migration.gov.az anmelden. Die Website ist in englischer Sprache verfügbar. Allerdings muss man dort Dokumente hochladen und eine einheimische Mobiltelefonnummer angeben, sodass eine telefonische Bestätigung erfolgen kann. Einfacher ist es also auf jeden Fall, wenn man wenigstens eine Nacht in einem Hotel verbringt und die Anmeldung dort erledigen lässt. Versäumt man die Meldepflicht, wird bei der Ausreise eine Strafe von 350 AZN fällig.

ZOLL

Das Einfuhr von Fahrzeugen ist teuer. Auch für den Export von Gütern gelten strenge Regeln:

Kunstwerke & andere Artefakte Die Ausfuhr solcher Gegenstände könnte sich als ziemlich schwierig erweisen, denn häufig ist eine spezielle schriftliche Genehmigung des Kulturministeriums erforderlich.

Teppiche Wer einen Teppich ausführen möchte, der mehr als zwei Quadratmeter misst, muss eine Bescheinigung des Baku Carpet Museum (Teppichmuseum; 46/26 AZN bei Ausstellung innerhalb eines Tages/einer Woche) vorweisen können. Elaborierte Teppichläden in Baku bieten diesen nützlichen Service gleich mit an. Achtung: Ist ein Teppich jedoch älter als 50 Jahre, darf dieser auf keinen Fall außer Landes gebracht werden.

Kaviar Maximal 125 g pro Person.

Bergkarabach

Inhalt ➔

Gut zu wissen

- Größte Stadt: Stepanakert
- Vorwahl: 374
- Einwohner: 147 906
- Währung: Dram (AMD)
- Amtssprache: Armenisch
- Status: umstrittenes Gebiet im südlichen Kaukasus
- Umstritten seit: 1988

Infos im Internet

Auswärtiges Amt der Republik Arzach (international nicht anerkannt; www.nkr.am)

Office of the NKR, Washington D. C. (www.nkrusa.org)

Global Conflict Tracker (www.cfr.org)

Einleitung

Bergkarabach (Nagorny Karabach; in Armenien: Arzach) ist eines von drei international nicht anerkannten Territorien im Südkaukasus, die nach dem Zerfall der UdSSR ihre Unabhängigkeit erklärten. In Bergkarabach tobte zwischen 1990 und 1994 ein blutiger Krieg; völkerrechtlich gehört das Gebiet immer noch zu Aserbaidschan. Schon der Name ist ein Indiz für vielfältige Prägungen: *nagorno* ist Russisch und bedeutet „gebirgig", *kara* ist das türkische Wort für „schwarz" und *bach* das persische Wort für „Garten".

Der aktuelle Konflikt um Bergkarabach entzündete sich 1988 und verschärfte sich, nachdem Armenien und Aserbaidschan 1991 ihre Unabhängigkeit erlangt hatten. Als 1994 ein Waffenstillstand in Kraft trat, befand sich die Region bereits in den Händen von Separatisten, die von Armenien aus unterstützt wurden. Bis heute ist der politische Status von Bergkarabach fraglich und international umstritten; unumstritten sind die Schönheit und der kulturelle Reichtum dieser abgelegenen Bergregion.

Reisewarnung

Der Waffenstillstand von 1994 wird weitgehend eingehalten, allerdings kommt es entlang der Waffenstillstandslinie und entlang der international anerkannten Grenze zwischen Aserbaidschan und Armenien immer wieder zu kleineren Gefechten. Über den endgültigen Status von Bergkarabach wird eine internationale Vermittlung entscheiden, die in den Händen der Organisation für Sicherheit und Zusammenarbeit in Europa (OSZE) im Rahmen des Minsk-Prozesses liegt; Ziel ist eine friedliche Beilegung des Konflikts. Sollte diese Vermittlung scheitern, droht ein Aufflammen der militärischen Konflikte zwischen Armenien und Aserbaidschan, das den südlichen Kaukasus erneut destabilisieren könnte.

Das Auswärtige Amt der Bundesrepublik Deutschland warnt ähnlich wie andere zuständige Behörden westlicher Staaten vor einer Reise nach Bergkarabach. Wegen der höchst kritischen Sicherheitslage in der Region kann auch

Bergkarabach

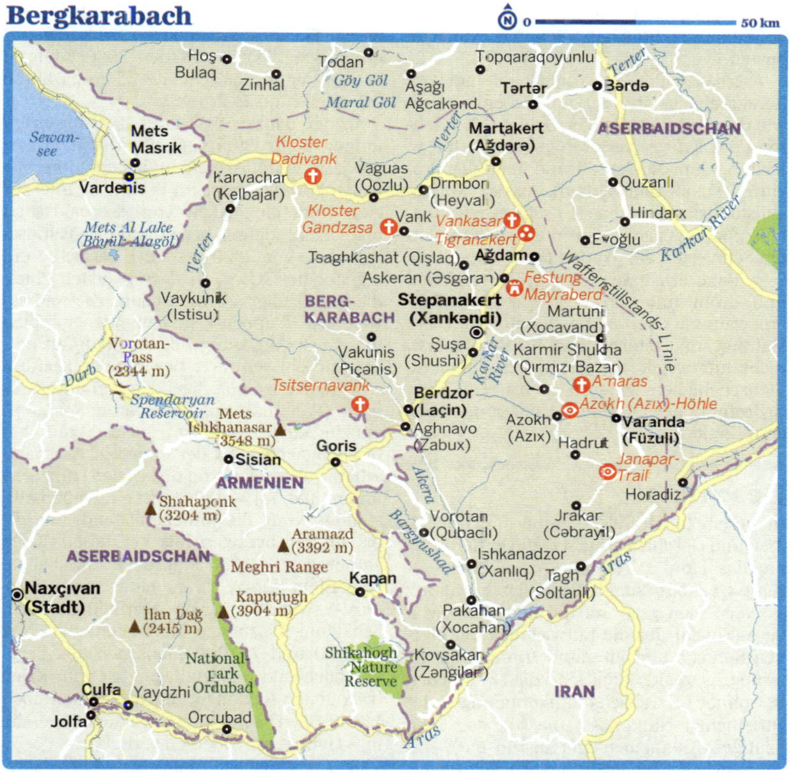

Lonely Planet derzeit nur von einer Reise nach Bergkarabach abraten. Wer sich einen solchen Ausflug trotzdem vorgenommen hat, sollte auch bedenken, dass man sich bei einer Einreise ohne ausdrückliche Genehmigung aus Baku nach aserbaidschanischem Recht strafbar macht: Man darf anschließend nicht mehr nach Aserbaidschan einreisen und muss strafrechtliche Konsequenzen befürchten. Schließlich sollte man sich natürlich stets auch die Reisewarnungen der eigenen Regierung vor Augen führen (und, falls man das Risiko tatsächlich eingehen muss, kontinuierlich die örtlichen Nachrichten verfolgen).

Bergkarabach aktuell

Fast allen internationalen Protokollen zufolge gehört das Gebiet Bergkarabach (Arzach) völkerrechtlich immer noch zu Aserbaidschan. Es wurde nie als souveräner Staat anerkannt, und auch wir weichen nicht von dieser Bewertung ab. Ein eigenständiger Staat ist Bergkarabach nur nach dem Wortlaut der eigenen Unabhängigkeitserklärung; besuchen kann man die Region nur von Armenien aus. Und damit ist auch schon das Hauptproblem Bergkarabachs benannt, eben die fehlende Anerkennung als Staat, selbst durch den Geldgeber Armenien.

Armenien sowie ins Ausland emigrierte Bewohner Bergkarabachs sind praktisch die einzigen Investoren in dieser Region. Die heimische Wirtschaft ist dementsprechend unterentwickelt, die meisten Menschen außerhalb der wenigen größeren Städte arbeiten in der Landwirtschaft. Stepanakert und sein Umland profitieren durchaus von den genannten Auslandsinvestitionen; darüber hinaus leidet die Region aber unter hoher Arbeitslosigkeit und Armut. Von Armenien militärisch besetzte Orte wie Ağdam sind heute verlassene Geisterstädte, die allmählich zu Ruinen verfallen. Nach Auffassung der nicht anerkannten Regierung liegt der Schlüssel zum wirtschaftlichen Erfolg im

Bevölkerungswachstum; man zahlt hier hohe Prämien für Eheschließungen und Geburten.

Aserbaidschan hat die Unabhängigkeit Bergkarabachs nie anerkannt, ebenso wenig wie den Verlust sonstiger Gebiete, die während des Krieges verloren gingen (Kelbajar, Lachin, Gubadli, Jebrail und Teile der Provinzen Fuzuli und Ağdam). An der Waffenstillstandslinie stehen sich schwerbewaffnete Truppen gegenüber, von einem kompletten Schweigen der Waffen kann keine Rede sein. Baku erhält seine Ansprüche aufrecht und droht unterschwellig mit der Rückeroberung der verlorenen Territorien. Diese Haltung sorgt international für Besorgnisse, nicht nur wegen der möglichen Opfer an Menschenleben, sondern auch wegen einer Bedrohung der Öl- und Gaslieferungen aus dem Kaukasus.

Geschichte

In diesem Teil der Welt kämpft man um Namen und Geschichte nicht weniger heftig als um das Land selbst. Für Aserbaidschaner zählt *Qarabaq* zum kulturellen Kernland; sie verweisen gern auf die Bedeutung von Şuşa (Shushi) für die Entwicklung der eigenen Sprache und Literatur. In der Überlieferung Aserbaidschans sind die christlichen Bewohner Karabachs Abkömmlinge der christlichen Nation Albania (die mit dem heutigen Albanien nichts zu tun hat). Das kaukasische Albania verlor seine Selbstständigkeit allerdings schon nach der arabischen Invasion im 7. Jh.; damals konvertierten die meisten Einwohner zum Islam, die verbliebenen Mitglieder der Kirche von Albania wurden schließlich der armenischen Kirche zugeschlagen.

Während des Mittelalters stand die Region unter persischer Herrschaft; vor Ort lag die Verantwortung in den Händen fünf armenischer Prinzen, der sogenannten Meliks. 1805 fiel das Khanat Karabach mit der Hauptstadt Panahabad (Shushi) an Russland. Im 19. Jh. verließen viele Muslime die Region und emigrierten in den heutigen Iran, während sich Armenier aus Persien und aus dem Osmanischen Reich in Karabach niederließen, kräftig unterstützt von Russland.

Stalin liebte die Taktik des „Teilens und Herrschens"; in den 1920er-Jahren löste er Karabach aus Armenien heraus und verwandelte es in eine autonome Region innerhalb Aserbaidschans. Die aserbaidschanische Bevölkerung wuchs deutlich schneller als die armenische, und viele aserbaidschanische Siedler verteilten sich bald auch auf armenische Dörfer. In den 1980er-Jahren betrug der armenische Bevölkerungsanteil nur noch rund 75 Prozent.

In den Jahren 1987 umd 1988 forderten immer mehr Stimmen einen Beitritt zur Sowjetrepublik Armenien, bis auch die örtlichen Volksvertreter im Dezember 1989 für eine Unabhängikgkeit von Aserbaidschan plädierten; damit begannen die Feindseligkeiten. Von 1990 bis 1994 herrschte ein regelrechter Krieg, in dessen erster Phase die Karabacher aserbaidschanische und sowjetische Truppen gegeneinander ausspielten. Nach Auflösung der Sowjetunion entbrannte ein schwerer bewaffneter Konflikt – zwischen armenischen Truppen und *fedayeen* (Freischärlern, irregulären Soldaten) auf der einen Seite und der aserbaidschanischen Armee auf der anderen; Aserbaidschan wurde dabei von türkischen Offizieren unterstützt. Im Mai 1994 trat ein Waffenstillstand in Kraft; die Waffenstillstandslinie gilt bis auf den heutigen Tag. Bei diesem Krieg kamen rund 30 000 Menschen ums Leben. Außerdem führte er zu einer massenhaften Auswanderung von Aserbaidschanern: Schätzungen zufolge flüchteten zwischen 500 000 und 750 000 Menschen aus Bergkarabach und den umliegenden vom Krieg betroffenen Regionen; hinzu kommen noch 150 000 aserbaidschanische Flüchtlinge, die ihre Heimat in Armenien verließen.

Im vergangenen Jahrzehnt haben Artilleriebeschuss und kleinere Scharmützel zwischen armenischen und aserbaidschanischen Truppen Hunderte von Opfern gefordert. Im April 2016 war der Zusammenstoß der beiden Konfliktparteien besonders heftig; es kam zu den intensivsten Gefechten seit 1994. Nach viertägigen Kampfhandlungen erklärten beide Seiten, man habe sich auf eine Waffenruhe geeinigt. Im Oktober 2017 trafen sich die Präsidenten von Armenien und Aserbaidschan in Genf; es ging um einen Auftakt für Gesprächsrunden über eine Beilegung des Bergkarabach-Konflikts.

Bako Sahakyan, seit 2007 Präsident von Bergkarabach, wurde 2012 im Amt bestätigt. Im Rahmen eines Verfassungsreferendums votierten die Bürger der abtrünnigen Region 2017 für die Einführung eines Präsidialsystems. Am 19. Juli verlängerte das Parlament die Amtszeit des Präsidenten Sahakyan. Bei den Präsidentschaftswahlen im April 2020 gab es einen Wechsel: Ins Amt gewählt wurde Arayik Harutyunyan, der letzte Premierminister von Bergkarabach, bevor dieses

Amt 2017 abgeschafft wurde. Der 1973 geborene Wirtschaftswissenschaftler hatte seine Karriere in den 1990er-Jahren im Finanz- und Wirtschaftsministerium begonnen.

Praktische Informationen

GEFAHREN & ÄRGERNISSE

Blindgänger und sonstige nicht explodierte Munition aus Kriegszeiten führen gelegentlich zu Verletzungen von Mensch und Weidetieren; deshalb sollte man in der Nähe der Waffenstillstandslinie keinesfalls offenes Weideland betreten. Entlang der Hauptstraßen sind entsprechende Warnhinweise nicht zu übersehen.

Was die sonstige persönliche Sicherheit der Reisenden betrifft: Von kriminellen Übergriffen gegenüber Gästen wurde praktisch noch nie etwas berichtet. Man sollte sich allerdings immer vor Augen halten, dass man sich auf nicht anerkanntem Gebiet befindet und dass in Bergkarabach deshalb auch keinerlei internationale Vertretungen zu finden sind. Wer konsularische Hilfe benötigt, muss deshalb nach Armenien zurückkehren.

VISUM

Wer nach Bergkarabach einreisen will, sollte einen international gültigen Pass oder ein vergleichbares Reisedokument mit sich führen, außerdem ein Einreisevisum für die – nicht anerkannte – Republik Arzach (Bergkarabach) sowie einen Beleg über die Zahlung der entsprechenden Gebühren.

Ausländische Gäste erhalten solche Einreisevisa bei der Botschaft der Republik Arzach (vormals Republik Bergkarabach) in Armenien. Außerdem sind Visa in der Konsularabteilung Bergkarabachs im **Außenministerium** (☎ 95 07 68, 94 14 18; www.nkr.am/en/; 28 Azatamartikneri Poghota; ⌚ Mo–Fr 9–13 & 14–18, Sa 12–15 Uhr) in Stepanakert erhältlich. Alle Ausländer benötigen bei der Ankunft ein Visum. Dazu füllt man ein Formblatt aus, auf dem die Orte verzeichnet sind, die man in Karabach besuchen möchte. Ein an Ort und Stelle ausgestelltes 21-Tage-Visum kostet 3000 AMD. Daneben gibt es Visa, die bis zu 90 Tage gültig bleiben und mit denen man mehrfach ein- und ausreisen kann. Das Verfahren ist insgesamt recht unkompliziert und schnell, und man kann sich auf Englisch verständigen.

Wie oben schon erwähnt, darf niemand nach Aserbaidschan einreisen, in dessen Pass sich ein Visum von Bergkarabach befindet. Möchte man also später noch nach Aserbaidschan fahren, sollte man darum bitten, dass das Visum außerhalb des Reisepasses verbleibt: Das entspricht der gängigen Praxis, ist aber trotzdem illegal, und wenn man sich später um ein aserbaidschanisches Visum bemüht, hat man schriftlich und mit Unterschrift zu versichern, dass man niemals in Bergkarabach gewesen ist. Unterwegs in Bergkarabach wird man die Dokumente vermutlich nie vorlegen müssen, doch bei der Ausreise über einen der beiden Grenzübergänge nach Armenien findet eine Visumskontrolle statt, die Papiere sollten also in Ordnung sein.

Georgien, Armenien & Aserbaidschan verstehen

Geschichte

Das kaukasische Bergland zwischen Schwarzem und Kaspischem Meer erstreckt sich im Grenzland zwischen Europa und Asien und bildet gleichzeitig eine Region, in der Islam und Christentum aufeinander stoßen. Hier, am uralten Kreuzungspunkt der Kulturen, ist die Geschichte ein ewiges Auf und Ab von Königreichen und Khanaten, Republiken und Fürstentümern, Emiraten und Provinzen, die allesamt im Laufe der Jahrhunderte erblühten und wieder verwelkten. Hinter der Fassade der Unabhängigkeit waren diese Gebilde oftmals nicht mehr als Pfänder im Machtspiel der Großen – der Römer, Perser, Byzantiner, Araber, Osmanen, Russen und anderer.

Frühe Reiche

Etwa 1,8 Mio. Jahre alt sind die Überreste eines Frühmenschen, die 2005 in Dmanisi, rund 80 km südwestlich von Tbilisi, entdeckt wurden; es handelt sich um die ältesten Zeugnisse dieser Menschenform außerhalb von Afrika. Zudem haben Archäologen in Georgien etwa 8000 Jahre alte Beweise für Weinbau gefunden – und damit offenbar eine Bestätigung für die in Georgien schon immer verbreitete Überzeugung, dieses Land habe den ersten Wein der Welt gekeltert.

In den 1000 Jahren vor Ankunft des Christentums brachten Griechen, Perser und Römer ihre klassischen Religionen und ihre Philosophie in die Gegend, wo sich diese Einflüsse zu reichen Regionalkulturen entfalteten. Bereits im 8. Jh. v. Chr. gründeten die Griechen erste Kolonien in Kolchis (im Westen von Georgien). Die Armenier führen ihre Ursprünge auf das Königreich Urartu zurück, das zwischen 1000 und 600 v. Chr. am Vansee im Osten der Türkei blühte. Nacheinander wurden sie ins altpersische Achämenidenreich übernommen, ins Königreich Makedonien und später ins hellenistische Seleukidenreich. Nach dem Sieg der Römer über die Seleukiden begründete Tigranes der Große (reg. 95–55 v. Chr.) ein Armenisches Reich, das sich vom Kapischen Meer bis zum Mittelmeer erstreckte. Als Tigranes allerdings den Fehler beging, sich mit Mithridates von Pontus (im Norden der Türkei) gegen Rom zu verbünden, marschierte Rom kurzerhand ins heutige Armenien und

Lektüretipps zur Geschichte

- *The Caucasus* (Thomas de Waal)
- *The Ghost of Freedom* (Charles King)
- *Black Dog of Fate* (Peter Balakian)
- *The Oil and the Glory* (Steve LeVine)

ZEITACHSE

1. Jh. v. Chr.

Tigranes der Große begründet ein armenisches Reich, das sich vom Südwestrand des Kaspischen Meeres bis zum Ostufer des Mittelmeers erstreckt; Hauptstadt ist Tigranakert.

301 n. Chr.

König Trdat III. konvertiert zum Christentum, Armenien wird zum ersten offiziell christlichen Staat der Welt. Das Königreich Kartli (Iberien) im Osten Georgiens folgt 327.

642–661

Arabische Muslime erobern den Südkaukasus; 642 erreichen sie Aserbaidschan, 654 gründen sie ein Emirat in Tbilisi, 661 herrschen sie über Armenien.

Georgien ein. Armenien blieb nur die Rolle einer Pufferzone zwischen den Römern und Persern, die sich immer wieder Schlachten um den Einfluss in dieser Region der Welt lieferten.

Erste christliche Königreiche

Christliche Missionare erreichten den südlichen Kaukasus bereits in den Jahrzehnten nach dem Tod Jesu. Im Jahr 301 n. Chr. trat der Armenierkönig Trdat III. (250–330 n. Chr.) zum Christentum über; damit wurde Armenien das erste Land, das sich ganz offiziell zum Christentum bekannte. Innerhalb der nächsten Jahrzehnte folgten das ostgeorgische Königreich Kartli (Iveria) sowie Albania im heutigen Aserbaidschan (das nichts mit dem Albanien auf dem Balkan zu tun hat).

Als sich das christliche Byzantinische Reich von Konstantinopel in Richtung Osten ausdehnte, gerieten der Westen von Armenien und Georgien in diesen Einflussbereich, während die östlichen Teile der Länder von Persien kontrolliert wurden.

Der Islam & Eroberer aus Asien

Nach dem Tod des Propheten Mohammed im Jahr 632 verbreiteten die Araber den Islam über die Grenzen der arabischen Halbinsel hinaus und erreichten 661 den Südkaukasus. Für das 9. Jh. ist die Anerkennung eines Prinzen aus der Dynastie der Bagratiden, Aschot I., als König von Armenien verzeichnet. Im 11. Jh. herrschte ein anderer Zweig der Bagratiden über den größten Teil des heutigen Georgien.

Hirten aus nomadisch lebenden Turkvölkern drangen im 9. Jh. in die Region vor; vermutlich sind sie die Ahnen der heutigen Aserbaidschaner. Eine andere Volksgruppe, die Seldschuken, verwüsteten und plünderten die Länder des Kaukasus im 11. und 12. Jh. Dem georgischen König Davit Aghmashenebeli (David der Erbauer; reg. 1089–1125) gelang es, die Seldschuken wieder aus Georgien zu vertreiben; unter seiner Führung kam es zu einem mittelalterlichen Goldenen Zeitalter. Davits Urenkelin, Königin Tamar (reg. 1184–1213), herrschte sogar über ein Territorium, das vom Westen Aserbaidschans bis zur Ostgrenze der heutigen Türkei reichte und viele armenisch besiedelte Gebiete einschloss.

Dies alles brach unter dem nächsten großen Ansturm auseinander: dem Einfall der Mongolen in den 30er-Jahren des 13. Jhs. Den Mongolen folgte Ende des 14. Jhs. ein weiterer skrupelloser Eroberer aus Asien, genannt Timur oder Tamerlan. Schirwan, eine muslimische Region im heutigen Aserbaidschan, konnte sich jahrhundertelang eine gewisse Autonomie bewahren; ihre Herrscher waren die Shirvanshahs. Shirvan profitierte erheblich vom kaukasischen Teilstück der asiatischen Seidenstraße. Im Jahr 1501 eroberte ein anderes aserbaidschanisches Herrschergeschlecht das Land – die Safawiden aus dem heutigen Iran.

Ein Held unserer Zeit (1840), Michail Lermontovs Meisterwerk über einen gelangweilten und zynischen russischen Offizier im Kaukasus war der erste – und kürzeste – unter den großen russischen Romanen. Ein ganz anderes fiktionales Erlebnis bietet *The Girl King* (2011) von Meg Clothier. Es geht darin um die große mittelalterliche georgische Königin Tamar.

11.–13. Jh.	13. & 14. Jh.	16. Jh.	1783
Georgien erlebt unter Davit Aghmashenebeli (David der Erbauer; 1089–1125) und Tamar (1184–1213) ein Goldenes Zeitalter.	Mongolen verwüsten ab 1230 den südlichen Kaukasus, im 14. Jh. folgen der Schwarze Tod (1340) und der gefürchtete asiatische Eroberer Timur.	Die Osmanen übernehmen fast das gesamte Armenien; Safawiden aus Aserbaidschan und Persien beherrschen Aserbaidschan und das Khanat Jerewan. Osmanen und Safawiden teilen Georgien unter sich auf.	Im Vertrag von Georgijewsk erkennt der ostgeorgische König Erekle II. Russlands Vorherrschaft an. Im 19. Jh. beherrscht Russland fast den gesamten Südkaukasus.

Unter ihrem mächtigen Einfluss wandte sich ein großer Teil Persiens dem schiitischen Islam zu.

Im Westen hatten die osmanischen Türken im Jahr 1453 Konstantinopel eingenommen und das Byzantinische Reich aufgelöst. Ab 1514 übernahmen die Osmanen den größten Teil Armeniens – und behielten ihn beinahe 400 Jahre lang. In Persien wurden die Safawiden 1722 von Nader Schah abgelöst, einem rücksichtslosen und erfolgreichen Eroberer. Er wurde im Jahr 1747 ermordet; anschließend entstand ein Machtvakuum, das den Bagratidenreichen im Osten Georgiens zugute kam, während sich in Aserbaidschan eine Art Flickenteppich autonomer muslimischer Khanate herausbildete.

Russland kommt – und bleibt

Während der Expansionsbestrebungen unter Peter dem Großen in den 1720er-Jahren annektierte Russland einen großen Teil der kaspischen Küste. Im Jahr 1723 wurde Baku beschossen; die Russen zogen aber rasch wieder ab, als die Perser unter Nader Schah anrückten. Erst gegen Ende des 18. Jhs. kehrte Russland militärisch in die Region zurück. In den nun folgenden zwei Jahrzehnten besetzte Russland nacheinander viele der Khanate im Norden Aserbaidschans (darunter auch Jerewan, Karabach und Naxçivan). Nach mehreren gescheiterten Gegenoffensiven akzeptierte Persien 1828 schließlich den Status quo.

Im Rahmen der Befriedung dieser neu erworbenen Gebiete im Kaukasus förderte Russland den Zustrom christlicher Siedler. Einige von ihnen kamen aus Russland, wo sie als Abweichler galten, andere stammten aus Teilen Deutschlands, die besonders schwer unter den napoleonischen Kriegen gelitten hatten. Eine besonders große Gruppe bestand aus Armeniern, die unter persischer oder osmanischer Herrschaft gelebt hatten und sich unter christlichen Herren sicherer fühlten. Trotzdem blieben die Hälfte des damaligen armenischen Staatsgebiets und möglicherweise 2,5 Mio. Armenier bis in die 1870er-Jahre hinein unter der Herrschaft des Osmanischen Reiches.

Unruhen führten in den 1890er-Jahren zu Massakern an Armeniern, und 1915 ordnete die von der Bewegung der Jungtürken kontrollierte Regierung in Istanbul die Enteignung und Deportation praktisch aller Armenier an, die innerhalb des Osmanischen Reiches lebten. Diese Deportation bestand aus einem Fußmarsch in die syrische Wüste. Schätzungen zufolge kamen dabei etwa 1,5 Mio. Armenier ums Leben.

Die Russische Revolution von 1917 und die komplizierten Verhältnisse am Ende des Ersten Weltkriegs ermutigen die Länder des südlichen Kaukasus, sich zu einer unabhängigen Föderation zusammenzuschließen. Allerdings hatte diese Einheit angesichts nationaler und religiöser Differenzen keinen Bestand: Schon bald trennte man sich in drei

Kriege und Politik in postsowjetischer Zeit

Black Garden: Armenia and Azerbaijan through Peace and War (Thomas de Waal)

Azerbaijan Diary (Thomas Goltz)

Georgia Diary (Thomas Goltz)

The Guns of August 2008 (Svante E. Cornell und S. Frederick Starr)

1915

Die Jungtürken-Regierung in Istanbul ordnet die Enteignung und Vertreibung aller im Osmanischen Reich lebenden Armenier an. Rund 1,5 Mio. Armenier werden bis 1922 ermordet oder in die syrische Wüste getrieben.

1918–1921

Nach der russischen Oktoberrevolution existieren Georgien, Armenien und Aserbaidschan eine kurze Zeit lang als unabhängige Staaten, bevor die Rote Armee die Länder besetzt und 1922 in die UdSSR integriert.

1930er-Jahre

Unter Stalin, Beria und Ordschonikidse kommt es zu einer Schreckensherrschaft, bei der auch im Kaukasus Hunderttausende Menschen getötet oder in Gefängnisse gesperrt werden.

1989–1994

Eine Kette aus Mordanschlägen und Vergeltungen erhöht die Spannungen zwischen Armeniern und Aserbaidschanern und gipfelt im Bergkarabach-Konflikt.

VERWOBEN WIE EIN NETZ

Wie eng die Schicksale der unterschiedlichen Völker im Südkaukasus miteinander verwoben waren, lässt sich auch am Leben des berühmten armenischen Dichters des 18. Jhs. Sayat Nova ablesen. Als Armenier gehörte er zum Hof des georgischen Königs Erkle II. in Tbilisi (Tiflis). Weil er die Tochter des Königs liebte, musste Sayat Nova das Land verlassen; er schlug sich als wandernder Troubadour durch und lebte als Mönch in armenischen Klöstern. Er verfasste über 200 Lieder, von denen viele noch heute gesungen werden – in Armenisch, Georgisch, Persisch und – vor allem – in Aserbaidschanisch, das damals von der großen muslimischen Bevölkerungsgruppe Armeniens gesprochen wurde und lange Zeit als eine Art Lingua franca des Südkaukasus galt. Sayat Nova starb bei der Verteidigung von Tiflis gegen einen Angriff der Perser im Jahr 1795; sein Grabmal befindet sich draußen vor der armenischen Georgskathedrale von Tiflis. Sein Leben schildert einer der großen Filme aus Sowjetzeiten, *Die Farbe des Granatapfels* (1969); Regisseur war Sergei Parajanov, ebenfalls ein Armenier aus Tiflis.

Nationen: Georgien, Armenien und Aserbaidschan. Nachdem Lenin seine Position in Moskau gefestigt hatte, schickte er die Rote Armee 1920/21 kurzerhand Richtung Süden, um den Kaukasus zurückzugewinnen. Bereits im Jahr 1922 sahen die drei Länder sich wieder vereint – in der Transkaukasischen Sozialistischen Föderativen Sowjetrepublik, einem der Gründungsmitglieder der Sowjetunion. Im Jahr 1936 teilte man die Republik dann wieder auf, sodass Georgien, Armenien und Aserbaidschan erneut auf der Landkarte erschienen.

Nach Stalins Tod 1953 entspannte sich zusehends die Lage in den jeweiligen Ländern, nur die Korruption griff in den folgenden Jahrzehnten immer weiter um sich. Doch je mehr die sowjetische Wirtschaft stagnierte und je schneller Michail Gorbatschow das Ruder mittels *glasnost* (Offenheit) und *perestroika* (Neustrukturierung) herumzureißen versuchte, desto deutlicher traten die alten nationalistischen Spannungen wieder zutage – die am Ende nicht nur die Kaukasusregion, sondern auch die gesamte Sowjetunion zerstören sollten.

Unabhängigkeit

Die drei Kaukasus-Staaten erlangten 1991 ihre Unabhängigkeit zurück – nicht als Ergebnis langfristiger politischer Strategien, sondern einfach durch den Zusammenbruch der Sowjetunion. Einige Historiker vertreten sogar die Ansicht, die heftigen Konflikte jener Jahre seien bewusst geschürt worden – gewissermaßen als letzter verzweifelter Versuch, eine Taktik des „Teilens und Herrschens" anzuwenden, die in der ehemaligen Sowjetunion bereits vollkommen gescheitert war.

1991

Georgien, Armenien und Aserbaidschan erklären ihre Unabhängigkeit von der UdSSR, die sich im Dezember auch formell auflöst. Allerdings flammen nun auch die ethnischen Konflikte wieder auf.

1991–1993

Ethnische Spannungen in den georgischen Regionen Südossetien (1991/92) und Abchasien (1992/93) führen zur deren De-facto-Unabhängigkeit. Abchasien vertreibt alle Georgier (etwa 230 000 Menschen).

1990er-Jahre

Bürgerkriege, Flüchtlingsströme, Korruption, ein Zusammenbruch der Infrastruktur und das Ende der sowjetischen Subventionierung führen zu einem Zusammenbruch der Wirtschaft.

1994

Ein Waffenstillstand führt zu einem „Einfrieren" des Bergkarabach-Konflikts, in dessen Verlauf 30 000 Menschen den Tod fanden. Bergkarabach wird faktisch unabhängig, aber von niemandem anerkannt.

In Georgien starben 19 Menschen bei einem Hungerstreik, als sowjetische Truppen 1989 einen Protest in Tbilisi (Tiflis) gewaltsam unterdrückten. Die Folge war ein großer Zulauf zur Unabhängigkeitsbewegung. Die Freude währte allerdings nur kurze Zeit, denn beim neu entfachten Bürgerkrieg spalteten sich Abchasien und Südossetien mit russischer Hilfe ab. Für Armenien und Aserbaidschan sah es sogar noch schlimmer aus: Ehemalige Nachbarn kehrten sich gegeneinander, und beide Völker beklagten Massaker, die möglicherweise von interessierter Seite provoziert worden waren. Eine Spirale der Gewalt führte de facto zu „ethnischen Säuberungen", da Armenier aus ihren Heimatregionen in Aserbaidschan fliehen mussten – und umgekehrt.

Auf dem Höhepunkt des ersten Ölbooms Anfang des 20. Jhs. versorgte Baku die halbe Welt mit dem kostbaren Rohstoff.

Ein Hauptstreitpunkt war und ist die autonome Region Bergkarabach, völkerrechtlich nach wie vor ein Teil Aserbaidschans, aber – in den 1980er-Jahren – mit mehrheitlich armenischer Bevölkerung. Diese Mehrheit wünschte sich damals einen Anschluss an Armenien, den Baku allerdings entschieden ablehnte; 1990 führte der Konflikt zu einem unerklärten Krieg zwischen beiden Ländern. Die schweren Gefechte endeten erst 1994 mit einem Waffenstillstand, dessen Bestimmungen vorsahen, dass die Truppen Armeniens und Bergkarabachs die Region weiterhin kontrollierten – und dazu noch weitere Gebiete Aserbaidschans, darunter die inzwischen verlassene Stadt Ağdam und der Latschin-Korridor, eine Gebirgsregion zwischen Karabach und Armenien.

Diese kriegerischen Auseinandersetzungen der frühen 1990er-Jahre kosteten ungefähr 40 000 Menschen das Leben; hinzu kommen mehr als eine Million Vertriebene, von denen die meisten bis heute nicht in ihre Heimat zurückkehren konnten, da die verschiedenen, ungelösten Konflikte lediglich „eingefroren" wurden.

Das 21. Jahrhundert

Die Wirtschaft aller Länder im Kaukasus erlebte in den 1990er-Jahren einen Absturz, im ersten Jahrzehnt des 21. Jhs. folgte dann die allmähliche Besserung. In Georgien gelang Präsident Schewardnadse, einst unter Gorbatschow Außenminister der Sowjetunion, die Stabilisierung der politischen Verhältnisse; Kriminalität und Korruption bekam er allerdings nicht in den Griff. Die friedliche Rosenrevolution von 2003 zwang ihn schließlich zum Rücktritt. Angeführt wurde diese „Revolution" vom modernen, prowestlichen Micheil Saakaschwili. Saakaschwili machte tatsächlich Schluss mit Korruption und kriminellen Strukturen, er deregulierte die Wirtschaft und holte ausländische Investoren ins Land, die bei der Modernisierung der georgischen Infrastruktur mithalfen. Als Fehler erwies sich allerdings 2008 der Versuch, das von Russland abhängige Südossetien unter Einsatz des Militärs wieder zurückzugewinnen. Es folgte eine kurze, sehr demütigende Besetzung Georgiens durch den

2003

In Georgien bringt die friedliche Rosenrevolution einen prowestlichen, antirussischen Modernisierer an die Macht – Micheil Saakaschwili, der dort Eduard Schewardnadse zum Rücktritt zwingt.

2008

In einem kurzen Konflikt um Südossetien erleidet Georgien eine demütigende Niederlage. Russland erkennt anschließend Südossetien und Abchasien als unabhängige Staaten an und ist seither dort militärisch präsent.

2016

Baku veranstaltet das erste Formel-1-Rennen im Kaukasus.

2018

Straßenproteste gegen Korruption führen in Armenien zur Purpur-Revolution. Sersch Sargsjan wird nach einem Jahrzehnt zum Rücktritt vom Präsidentenamt gezwungen.

russischen Nachbarn. Nach diesem „Fünf-Tage-Krieg" verstärkte Russland seine Präsenz in Südossetien und Abchasien, Georgiens zweiter abtrünniger Provinz. Saakaschwilis Glanz verblasste, je autokratischer und intoleranter gegenüber der Opposition er sich gebärdete; als besonders inakzeptabel empfanden die Georgier das Justizwesen ihres Landes, das praktisch keine Freisprüche kannte. Saakaschwilis politische Karriere endete, als die Opposition mit ihrem Parteienbündnis „Georgischer Traum" die Wahlen von 2012 und 2013 für sich entschied.

In Aserbaidschan war Heydar Əliyev, dem ehemaligen Ersten Sekretär des Zentralkomitees der Kommunistischen Partei Aserbaidschans, 1993 die Rückkehr an die Macht geglückt. Er entschärfte den Konflikt mit Armenien und handelte lukrative Verträge mit westlichen Ölgesellschaften aus, um das kaspische Öl zu vermarkten. Diese Verträge leiteten eine Zeit des wirtschaftlichen Wachstums ein, von der auch İlham Əliyev profitiert, Heydars Sohn, der nach dem Tod seines Vaters im Jahr 2003 die Amtsgeschäfte übernahm. Den Boom nutzte man zu erheblichen Investitionen in die Infrastruktur, sodass Aserbaidschan bis 2015 eine sehr stetige Aufwärtsentwicklung des Lebensstandards verzeichnen konnte – allerdings unter der Herrschaft eines Regimes, das Opposition und abweichende Meinungen kaum toleriert.

Als Vergeltung für die militärische Unterstützung Bergkarabachs schlossen Aserbaidschan und die verbündete Türkei ihre Grenzen zu Armenien, das damit isoliert wurde und nun wirtschaftlich und militärisch von Russland abhängt. Armeniens Verhältnis zur Türkei wird zusätzlich durch die Debatte darüber erschwert, ob die Ermordung unzähliger Armenier durch Türken in den Jahren 1915 bis 1922 nun als Völkermord klassifiziert werden sollte oder nicht. 2009 bahnte sich eine vorsichtige Normalisierung an; die Außenminister unterzeichneten Vereinbarungen, um die diplomatischen Beziehungen wieder zu normalisieren und die gemeinsamen Grenzen zu öffnen. Die Annäherung wurde allerdings von Nationalisten auf beiden Seiten sabotiert; zu einer Ratifizierung durch die Parlamente ist es nie gekommen. 2013 beugte Armenien sich russischem Druck und lehnte die Unterzeichnung eines wahrscheinlich sehr lukrativen Assoziationsabkommens mit der EU ab; stattdessen trat das Land der von Russland dominierten Eurasischen Wirtschaftsunion bei. Im Sommer 2015 kam es in Jerewan zu großen Straßendemonstrationen. Unmittelbarer Anlass waren zwar Preiserhöhungen, die Proteste spiegelten aber auch die Wut über wirtschaftliche Stagnation und Korruption wider. Viele Armenier haben die Hoffnung auf Besserung allerdings aufgegeben und ihr Glück im Ausland gesucht: Die Bevölkerung ist seit 1990 um etwa 20 Prozent geschrumpft.

Die Menschen in Georgien, Armenien & Aserbaidschan

Weil im Kaukasus so viele Völker mit unterschiedlichen Idiomen leben, gilt er den Arabern auch als „Berg der Sprachen". In diesem schwer zugänglichen Gebirgsland, in dem jedes Tal von seinen Nachbartälern abgetrennt ist, konnten zwischen Schwarzem und Kaspischem Meer mehr als 40 eigenständige Sprachen überleben. Und jeder Sprache entspricht ein eigenes Volk. Allein am Südrand des Kaukasus zählt man mindestens 16 Sprachen. Einige davon werden nur noch von wenigen Tausend Menschen verwendet, die isoliert in entlegenen Bergtälern wohnen.

Wiedergeburt der Religionen

Sieben Jahrzehnte lang, bis 1991, gehörte der südliche Kaukasus zu einem offiziell atheistischen Staat, der UdSSR. Religion war freilich tief in der Bevölkerung verwurzelt und nie wirklich verschwunden; sie bildete sogar ein wichtiges Bindeglied innerhalb der Unabhängigkeitsbewegungen, die in den letzten Jahren der Sowjetherrschaft sichtbarer wurden. Heutzutage sind das Christentum in Georgien und Armenien allgegenwärtig, in Aserbaidschan verhält es sich mit dem Islam nicht anders. Nur sehr wenige Menschen bekennen sich noch offen zum Atheismus, und religiöse Autoritäten gelten inzwischen als politisch einflussreiche (und konservative) Kräfte. Kirchen und Moscheen, von denen viele erst kürzlich errichtet oder renoviert wurden, werden regelmäßig von zahlreichen Gläubigen aufgesucht; in Klöstern leben wieder Mönche und Nonnen nach den Gelübden ihrer Ordensgemeinschaften. Auch sind alte Bräuche nach wie vor sehr lebendig – das Befestigen kleiner Stoffstücke an Wunschbäumen, der Besuch von Gräbern und Kapellen oder die sehr großzügige und aufwendige Gestaltung von Beerdigungen.

Die Armenische Apostolische Kirche war die erste reguläre christliche Staatskirche der Welt; sie geht auf das Jahr 301 n. Chr. zurück. Als zweite folgte ihr die Orthodoxe Kirche Georgiens in den 20er-Jahren des 4. Jhs. Die georgische Kirche steht damit im Kreis der orthodoxen Kirchen, wie es sie auch in Russland und Griechenland gibt. Die armenische Kirche hingegen gehört einem eigenen „altorientalischen" Zweig der christlichen Kirchen an, vergleichbar der koptischen Kirche in Ägypten und Äthiopien. Von der Orthodoxie trennte sich die armenische Kirche bereits nach dem Konzil von Chalcedon im Jahr 451. Dort kam es zum Streit um die wahre Natur Jesu Christi: Die armenische Kirche blieb damals und bis heute bei der Lehre des Monophysitismus, wonach in Jesus Christus göttliche und menschliche Natur zu einer einzigen verschmolzen sind; die vom Konzil angenommene Lehre geht von zwei getrennt nebeneinander bestehenden Naturen aus.

In Aserbaidschan gehört die Mehrheit der Bevölkerung dem schiitischen Islam an. Das Land ist stolz auf seine religiöse Toleranz; es gibt dort kaum fundamentalistische Bestrebungen, und man pflegt enge Beziehungen zu Israel. Frauen müssen ihr Haar nicht bedecken, Kopftücher sieht man daher selten. Zwar wird eine explizit islamische Mode unter manchen jüngeren Frauen zunehmend beliebter, doch wenn einem Frauen im Hidschab begegnen, handelt es sich in der Regel um Touristinnen aus den Golfstaaten und nicht um Einheimische. Während des Fastenmonats Ramadan bleiben sogar die Restaurants geöffnet; einige verzichten in dieser Zeit allerdings auf den Ausschank von Alkohol.

Angespannte Beziehungen

Georgier, Armenier und Aserbaidschaner stellen zusammen mehr als 90 Prozent der Bevölkerung im Südkaukasus – nämlich fast 17 Mio. Menschen. Die Völker unterscheiden sich hinsichtlich ihrer Religion, ihrer Sprachen und Alphabete, der Landesnatur und vieler anderer Dinge, sie leben aber trotz allem seit Jahrhunderten in einer sehr eng verwobenen Beziehung. Umso trauriger erscheint es deshalb, dass die Region heute unter so vielen alten und unentwirrbaren ethnischen und territorialen Streitigkeiten leidet. Bis in die 1990er-Jahre haben muslimische Aserbaidschaner und armenische Christen jahrhundertelang gemeinsam unter persischen, osmanischen und russischen Herrschern in einem Gebiet gelebt, aus dem dann Armenien und Aserbaidschan als selbstständige Staaten hervorgingen. Vor dem Ersten Weltkrieg stellten Muslime in der heutigen armenischen Hauptstadt Jerewan sogar die Mehrheit der Bevölkerung – und Armenier bildeten die größte Bevölkerungsgruppe in der georgischen Hauptstadt Tbilisi (Tiflis).

Heute sind Armenien und Aserbaidschan über den Bergkarabach-Konflikt miteinander zerstritten; Armenien und Georgien misstrauen einander zutiefst; lediglich Georgier und Aserbaidschaner kommen einigermaßen miteinander aus, haben allerdings mit den jeweils anderen auch nicht besonders viel zu tun .

Kurban Saids Roman *Ali und Nino* (1937) erzählt die turbulente Liebesgeschichte zwischen einem Muslim aus Aserbaidschan und einer Christin aus Georgien. Die Geschichte spielt zur Zeit des Ersten Weltkriegs und vermittelt viele Einblicke in die Lebenswelt im Grenzland zwischen Europa und Asien vor hundert Jahren. Durch die Filmfassung von 2016 sollte man sich nicht abschrecken lassen!

Urspünge

Die Armenier sind eine sehr alte Nation; ihre Ursprünge sehen sie im Urartäischen Reich, das ungefähr zwischen 1000 und 600 v. Chr. am Vansee im Osten der heutigen Türkei bestand. Armenien war einstmals viel ausgedehnter als heute, das Land bedeckte große Teile der östlichen Türkei und den Nordwesten des heutigen Iran.

Die Ursprünge Georgiens liegen im Dunkel einer fernen Vergangenheit verborgen. Die Menschen identifizieren sich immer noch sehr stark mit ihrer jeweiligen Heimatregion (Mingrelien, Adscharien, Swanetien, Kachetien etc.), sind aber verbunden durch eine gemeinsame bzw. durch sehr eng miteinander verwandte Sprachen, durch eine gemeinsame Kultur und – zumindest während der letzten rund 1500 Jahre – eine gemeinsame Geschichte.

Die Aserbaidschaner sind ein Turkvolk, dessen Vorfahren vermutlich als Hirten von Mittelasien aus hierherzogen und die Südwestküste des Kaspischen Meeres etwa im 9. Jh. erreichten. In den Bergregionen des Großen Kaukasus leben darüber hinaus noch einige kleine Minderheiten, darunter die Lesgier, die Awaren und die Udinen; Letztere sind sprachlich mit den Bewohnern des „kaukasischen Albanien" verwandt, die vor dem Turkvolk der Aserbaidschaner in diesem Gebiet lebten.

Gemeinsame Traditionen

Trotz ethnischer Unterschiede verläuft das Leben in den drei Ländern der Region eigentlich gar nicht so unterschiedlich. In den drei großen Hauptstädten lebt ein Viertel der Gesamtbevölkerung; es handelt sich um kosmopolitische Großstädte (insbesondere bei Baku mit seinem Ölreichtum). In allen drei Hauptstädten überdeckt ein westlicher Lebensstil des 21. Jhs. tiefere und traditionellere Schichten, die ihrerseits durch 70 Jahre sowjetischer Reglementierungen beeinflusst wurden.

Jedenfalls genießen die Großstädter das Angebot an Kneipen und Clubs und aktueller Mode und unterscheiden sich nicht wesentlich von den Bewohnern von London oder Paris; trotzdem achten sie ihre alten gesellschaftlichen Traditionen, was man zum Beispiel am hohen Stellenwert der patriarchalischen Familie und familiärer Loyalitäten erkennt. Selbst im besonders liberalen Georgien gelten Frauen als gescheitert oder verschroben, wenn sie mit 26 Jahren noch immer nicht verheiratet sind, und die Idee eines Zusammenlebens ohne Trauschein ist vollkommen unbekannt. Die meisten Stadtbewohner haben ihre Wurzeln immer noch auf dem Land, wo das Leben geruhsamer und sehr konservativ verläuft. In den Familien wohnen dort häufig drei oder mehr Generationen zusammen. Von Frauen wird nach wie vor erwartet, dass das Essen pünktlich auf dem Tisch steht, sobald der Ehemann erscheint, und in Aserbaidschan würde eine Frau niemals ein Teehaus betreten, denn dort bleiben die Männer von alters her unter sich. Auch die Hochzeits- und Begräbnisbräuche und die Rituale, die 40 Tage nach dem Tod von den Angehörigen zu vollziehen sind, ähneln sich in der gesamten Region.

Ähnlich stark verankert sind die Gastfreundschaft und das traditionelle Zuprosten (Wein und Weinbrand werden in allen drei Ländern hergestellt). Es ist ein alter Brauch, aber auch ein großes Vergnügen, Gäste zu bewirten. Die Menschen lieben die Gemeinschaft, man hilft einander und beherbergt gern Gäste aus der Fremde: Als Besucher wird man die Einheimischen jedenfalls von ihrer besten und freundlichsten Seite kennenlernen, und diese Begegnungen zählen sicherlich zu den schönsten Erlebnissen in diesem Teil der Erde.

Nach Jahrhunderten der Emigration leben mehr Armenier außerhalb ihres Landes als innerhalb der Landesgrenzen (möglicherweise 10 Mio.). Bekannte Exil-Armenier sind u. a. Cher, Andre Agassi, Charles Aznavour, Herbert von Karajan, Kim Kardashian und der US-Milliardär Kirk Kerkorian (einer der großen Wohltäter in seiner alten Heimat).

Die Landschaft

Der Südkaukasus ist eine Landschaft, die Naturliebhaber begeistert. Grün und dünn besiedelt, wird noch ein Viertel der Region als natürlicher Lebensraum eingestuft, der eine bemerkenswerte landschaftliche Vielfalt bietet. Herausragend ist die Bergregion des Großen Kaukasus. Länger und höher als die Alpen reicht er vom Schwarzen bis zum Kaspischen Meer mit einer Reihe schneebedeckter Gipfel, schroffen Felsformationen, tiefen grünen Tälern und rasch fließenden Flüssen. Und weiter südlich bietet der Kleine Kaukasus weitere dramatische Gebirgslandschaften.

Die Lage der Region

Großer Kaukasus

Der Große Kaukasus trennt Russland von Georgien und Aserbaidschan. Es gibt die Meinung, dass er auch Europa von Asien trennt, doch das würden die Länder an seiner Südseite abstreiten. Einige seiner Gipfel erreichen rund 5000 m Höhe, seine Gesamtlänge beträgt etwa 700 km. Durch den Kaukasus führen lediglich drei Autostraßen. Seine raue Topografie mit Tälern, die nur durch hohe, oftmals tief verschneite Pässe verbunden sind, hat zu einer faszinierenden ethnischen Vielfalt geführt. Doch Füße und Hufe kommen auch voran, wo Räder nicht mehr weiterfahren können: Die Bergvölker zu beiden Seiten des Kaukasus besitzen in ihren Kulturen einige gemeinsame Züge und waren im Verlauf der wechselhaften Geschichte stets in Kontakt.

Halbnomadische Hirten treiben ihre Herden je nach Jahreszeit immer noch zwischen dem Tiefland und den Bergen hin und her, aber einige der traditionellen Routen sind blockiert, vor allem in Karabach, weil die oberen und die unteren Weiden auf zwei verschiedenen Seiten der Waffenstillstandslinie liegen.

Die Ebenen

Die fruchtbaren unteren Berghänge des Großen Kaukasus laufen in breite Ebenen aus, die in west-östlicher Richtung durch Zentral-Georgien und Aserbaidschan verlaufen. Und in diesen tiefer gelegenen Gebieten (zusammen mit den Tälern Armeniens) befinden sich die meisten wichtigen landwirtschaftlichen Gebiete der Region. Der größte Teil von Zentral-Aserbaidschan besteht aus eintöniger Steppe, Halbwüste und Salzmarschen, sie wird aber für den einträglichen Anbau von Baumwolle und Getreide intensiv bewässert.

Der Fluss Rioni entwässert die westlichen Ebenen Georgiens ins Schwarze Meer. Der Mtkvari fließt nach Osten durch Tbilisi und nach Aserbaidschan, wo er zur Kür (Kura) wird und ins Kaspische Meer mündet. Der Fluss Araz (Araks, Araxes) bildet auf seinem Weg aus der Osttürkei auf einer weiten Strecke die West- und Südgrenze von Armenien und Aserbaidschan, bevor er in Aserbaidschan in die Kür fließt.

Kleiner Kaukasus

Südlich der Ebenen erhebt sich der Kleine Kaukasus, der sich vom Südwesten Georgiens durch Armenien nach Karabach erstreckt. Obwohl der Kleine Kaukasus weniger hoch aufragt als die Hauptkette, gibt es auch dort eine spektakuläre Berg-, Schluchten- und Waldkulisse.

Viele Berggipfel erreichen mehr als 3000 m Höhe. West-Armenien und die aserbaidschanische Exklave Naxçivan befinden sich am Rand

AUF IN DIE NATUR!

Wandern

Die landschaftlich wohl reizvollsten Wanderungen im Großen Kaukasus gibt es in Georgien in Swanetien, Tuschetien, Chewsuretien und um Stepantsminda sowie in Aserbaidschan im Umland von Quba und Zaqatala. Auch Georgiens Bordschomi-Charagauli Nationalpark und in Armenien die Gebiete rund um den Berg Aragaz, um Dilidschan, Idschewan und Tatev sowie das Jeghegis-Tal bieten ausgezeichnet Wandermöglichkeiten. Am besten gekennzeichnet sind die Wege im Borjomi-Kharagauli, in Swanetien und Tuschetien. Wer die Landschaft lieber vom Sattel aus genießen– oder wenigstens beim Wandern das Gepäck von einem Pferd tragen lassen – möchte, findet Pferde in denselben Gegenden Georgiens und in Ortschaften wie Lahıc (Aserbaidschan) sowie in Zaghkadzor und dem Jeghegis-Tal (Armenien).

Bergsteigen

Der Kasbek (5047 m) an der georgisch-russischen Grenze ist der beliebteste hohe Gipfel bei Bergsteigern – eine echte Herausforderung, aber technisch unkompliziert. Außerdem ist die Besteigung vor Ort leicht zu organisieren. Der Chaukhi, östlich von Stepantsminda, bietet einige große technische Schwierigkeiten. Der Doppelgipfel des Ushba in Swanetien ist die größte und gefährlichste Herausforderung von allen.

Skifahren

Skiläufer können unter vier Skigebieten in Georgien sowie zwei schicken Orten in Aserbaidschan – Qəbələ und Shahdag – wählen, ein kleineres Gebiet ist in Ağbulaq (Tetrizqaro) in Nachitschewan. Armenien verfügt über ein kleineres Skigebiet im Kurort Dschermuk und eine größere Anzahl Pisten in Zaghkadzor.

Andere Aktivitäten

Am Oberlauf von Georgiens Mtkvari und auf den Seitenarmen des Aragvi nördlich von Tbilisi, außerdem in der Region Lori in Armenien wird Rafting immer populärer. Auf den meisten Flüssen ist von April bis Juli die beste Zeit. An einer Bucht des Kaspischen Meeres bei Shuraabad, eine Stunde nördlich von Baku, gibt es ein spezialisiertes Kitesurfing-Center. Paragleiten ist bei Tbilisi oder im Kaukasus um Stepantsminda möglich. Ornithologen können bis zu 380 Vogelarten beobachten.

der Anatolischen Hochebene. Der auf türkischem Staatsgebiet gelegene, schneebedeckte Gipfel des Ararat (Ağrı Dağ; 5137 m) ist manchmal über die Grenze hinweg zu sehen.

Mehr über die speziellen Arten der Kaukasus-Region und ihren ökologischen Wert findet sich unter http://caucasus-naturefund.org.

Tiere der Berge und Wälder

Der Südkaukasus ist ein Hotspot der Biodiversität, da die Lebensräume hier Wüsten und Gletscher, Berg- und subtropische Wälder, Steppen und Feuchtgebiete umfassen. In den Bergen leben Braunbären (weniger als 3000 in der gesamten Kaukasusregion einschließlich Russland), Wölfe, Luchse, Hirsche, Gämsen und viele andere.

Viele der interessantesten Arten sind leider in ihrem Bestand bedroht. Eine kleine Zahl Persischer Leoparden überlebt in Schutzgebieten wie dem Nationalpark Hirkan und dem Sangesur-Reservat sowie vermutlich im Chosrow-Reservat in Armenien. Bis zur Wende zum 21. Jh. hatte die elegante Kropfgazelle (auch Persische Kropfgazelle) ihr letztes Refugium im Südkaukasus in Armeniens Nationalpark Shirvan. Aber die jahrelangen erfolgreichen Schutzmaßnahmen haben dazu geführt, dass die Populationen wieder wuchsen und Tiere auch im Nationalpark Vashlovani in Südost-Georgien und im Nationalpark Ag-Göl in Aserbaidschan ausgewildert werden konnten.

Parks & Schutzgebiete

Nationalparks und Naturschutzgebiete nehmen etwa 8 % der gesamten Landfläche ein. Die tatsächliche Schutzfunktion dieser Gebiete nimmt stetig zu. Georgien besitzt das besucherfreundlichste Netzwerk mit einer guten Infrastruktur (einschließlich hilfreicher Besucherzentren) etwa im Nationalpark Borjomi-Kharagauli und in den Schutzgebieten Tuscheti-en, Lagodekh und Vashlovani.

In Aserbaidschan müssen die Eintrittskarten für manche National-parks im Voraus erworben werden; das frustriert Besucher mitunter. In einigen höher gelegenen Gebieten des Nationalparks Shahdag im Kaukasus führen komplexe Vorschriften dazu, dass es wenigstens einige Wochen dauern kann, die nötigen Genehmigungen zu bekommen, was eine Wanderung auf Aserbaidschans beliebtestem Fernwanderweg (Laza–Xınalıq–Vandəm) fast unmöglich macht. Doch ein Tourismusplan soll 2020 diese Unannehmlichkeiten in Angriff nehmen.

Architektur

Der Charme des Alten und der Schock des Neuen – Baumeister im Südkaukasus haben seit dem 4. Jh. die Welt immer wieder verblüfft. Von den Kirchen mit ihren kegelförmigen Türmen, die auf georgischen und armenischen Hügeln liegen, bis zu den verblüffenden Türmen des 21. Jhs. in Baku – die Architektur der Region ist ein Fest für die Augen.

Zeitgenössische Tendenzen

In den vergangenen rund zehn Jahren sprossen in der Skyline Bakus, einer durch Erdöl reich gewordenen Stadt, Dutzende von Beton-, Stahl- und Glasstürmen empor, von denen einige zu den überwältigendsten Werken zeitgenössischer Architektur zählen. Die drei Flame Towers (ein Hotel, Büros und Apartments) aus blauem Glas winden sich bis zu ihren Spitzen auf 28 oder mehr Stockwerken hoch. Nachts bieten sie dank einer wunderbaren Light-Show ein fantastisches Schauspiel. Viele weitere stylishe neue Wolkenkratzer säumen den Highway zum Flughafen, doch noch bemerkenswerter ist das niedrigere, von Zaha Hadid entworfene Heydar Aliyev Center, dessen kurvige Silhouette entfernt an eine riesige weiße Muschel erinnert. Das 21. Jh. beschert Aserbaidschan auch seine beeindruckendsten islamischen Gebäude – den İmamzadə-Komplex in Gəncə, die rekonstruierte alte Moschee in Şamaxı und das riesige fast fertiggestellte Bauwerk in Naxçivan.

Ein Großteil der architektonischen Energie im nachsowjetischen Georgien und Armenien ging in den Bau neuer und die Restaurierung alter Kirchen. Tbilisis Tsminda Sameba (2004) und Jerewans Surb Grigor Lussaworitsch (2001) sind die größten Kathedralen ihres jeweiligen Landes. Unter Georgiens auf die Moderne bedachte Regierung Saakashvili entstanden auch spektakuläre weltliche Bauten, wie die elegante Friedensbrücke in Tbilisi, die fantasievollen Türme, die Batumi so einzigartig machen und die avantgardistischen Stadthallen, die in einem Dutzend Städte im ganzen Land errichtet wurden. Die Umwandlung eines Verlagshauses aus der Sowjetzeit in Georgiens schickstes Hotel, das Stamba in Tbilisi, ist eine atemberaubende Errungenschaft.

Welterbestätten in Georgien & Armenien

- *Etschmiadsin, Kathedrale, und die Ruinen von Swartnoz (Armenien)*
- *Geghard, Kloster (Armenien)*
- *Gelati, Kloster (Georgien)*
- *Haghpat und Sanahin, Klöster (Armenien)*
- *Mtskheta (Georgien)*
- *Ushguli (Georgien)*

Georgien & Armenien

Armenien und Georgien waren die beiden ersten christlichen Königreiche der Welt und ihre einzigartigen Kirchen und Klöster, oftmals wunderbar gelegen, sind architektonische Highlights in beiden Ländern. Bis vor ein paar Jahrhunderten wurden die meisten anderen Gebäude aus nicht sehr haltbaren Materialien errichtet und haben deshalb nicht die Zeiten überstanden. Ausnahmen sind Verteidigungsanlagen wie die mächtigen Festungen von Amberd (Armenien) und Akhaltsikhe (Georgien), dazu die sehr malerischen Turmhäuser, die den Tälern im Großen Kaukasus in Georgien ihren Charakter geben.

Frühchristliche Architektur

Die frühesten Kirchen im Kaukasus waren Basiliken, rechteckige Bauwerke, oft in drei Längsschiffe gegliedert, eine Bauform, die bei den Römern für Versammlungshallen verwendet wurde. Basiliken hatten meist steinerne Gewölbe und schon im 6. Jh. wurden Kuppeln gebaut.

Kirchenentwürfe wandelten sich schon bald von rechteckigen Basiliken zu symmetrischen Konstruktionen mit einer zentralen Kuppel. Solche Kirchen konnten quadratisch sein oder die Form eines gleicharmigen Kreuzes oder eines vierblättrigen Kleeblatts (Vierpass) haben. Hohe, von Fenstern durchbrochene Tamboure, auf denen die Kuppeln ruhen, lassen das Sonnenlicht in die Kirchen.

Bei manchen Kirchenbauten liegt ein kleeblattförmiges Inneres in einem rechteckigen oder quadratischen Äußeren, so etwa die sehr typische und architektonisch einflussreiche Kirche Surb Hripsime in Wagharschapat (Armenien) und die Jvari-Kirche in Mtskheta (Georgien), beide im frühen 7. Jh. fertiggestellt. Perfektion erreichte die symmetrische Form mit Armeniens runder Kathedrale von Swartnoz (641–661), die ebenso hoch wie breit war (etwa 45 m).

Beinahe alle Charakteristika der armenischen und georgischen Kirchenarchitektur hatten sich bereits lange vor der arabisch-islamischen Invasion im 7. Jh. entwickelt und neue Kirchen imitieren bis heute diese ursprünglichen Formen.

Spätere christliche Architektur

Der Kirchenbau lebte unter der Bagratiden-Dynastie sowohl in Armenien als auch in Georgien ab dem 9. Jh. wieder auf. Viele dieser neuen Bauten, vor allem die armenischen, wurden auf dem Gebiet der heutigen Türkei errichtet, etwa die Kirche zum Heiligen Kreuz auf der Insel Akdamar im Vansee (nach dem Vorbild von Hripsime), und die Kathedrale der in Ruinen liegenden armenischen Hauptstadt Ani.

In Georgien entwickelte sich die alte Basilika zur Form mit Längs- und Querschiff, bei der über der Vierung ein Tambour mit Kuppel aufragte, so bei den sehenswerten Kathedralen von Alaverdi, Svetitskhoveli (Mtskheta) und Bagrati (Kutaisi). In dieser Zeit wurden auch die meisten Klöster in Georgien und Armenien gebaut.

Die Invasionen der Mongolen und der Timuriden führten zu einer Unterbrechung der christlichen Bautätigkeit. Doch unter der Herrschaft der persischen Safawiden ging es ab dem 16. Jh. wieder weiter.

Welterbestätten in Aserbaidschan

Ummauerte Altstadt (Baku)

Felsbilder (Gobustan)

Altstadt und Khanspalast (Şəki)

Aserbaidschan

Wegen Erdbeben und der Invasionen von Mongolen und Timur ist nur wenig frühe Architektur in Aserbaidschan erhalten geblieben. Die wenigen Kirchen, die aus frühchristlicher Zeit bestehen blieben, an Orten wie Nic, Oğuz und Kiş, besitzen große Ähnlichkeit mit georgischen und armenischen Kirchen. Herausragend unter Aserbaidschans mittelalterlichen muslimischen Bauten sind einige turmförmige Mausoleen, wie das etwa 26 m hohe Möminə Xatun in Naxçivan mit türkisfarbenen Ornamenten, und einige von Bakus alten Steingebäuden, vor allem der Jungfrauenturm von unbestimmtem Alter und der Palast des Shirvanshah aus dem 15. Jh.

Zu den schöneren Gebäuden aus späteren Jahrhunderten zählen die doppeltürmige Cümə-Moschee in Gəncə, die Persiens Schah Abbas (17. Jh.) zugeschrieben wird, und der schöne Xan Sarayı (Khanspalast) und die Karavansaray in Şəki (18. Jh.). Bakus erster Erdölboom vor mehr als 100 Jahren ließ zahlreiche Herrenhäuser in verschiedenen europäischen Stilen entstehen. Viele davon wurden elegant restauriert, während neuere Gebäude der Stadt ebenfalls mit Mansardendächern und steinernen Ornamenten verziert werden und dadurch eine Pariser Atmosphäre schaffen, die im totalen Gegensatz zum „New-Dubai"-Schwung von Bakus innovativeren Bauten steht.

Praktische Informationen

Allgemeine Informationen

Botschaften & Konsulate

➡ Wer sich Sorgen darüber macht, ob seine Reise in potenziell gefährliche Gebiete führt, sollte sich zur Sicherheit bei der eigenen Heimatbotschaft anmelden, denn vor Ort wird es kaum Botschaften geben, die im Notfall helfen können. Die Bürger mancher Länder können sich online registrieren, so z. B. US-amerikanische Bürger bei STEP (www.travelregistration.state.gov).

➡ In Bergkarabach, Abchasien and Südossetien ist man ganz auf sich allein gestellt: Hilfe von der eigenen Botschaft ist nicht möglich, da diese Territorien de facto unabhängig sind und außerhalb jeglicher Kontrolle durch ihre nominalen Staatsregierungen stehen.

➡ Einige Länder haben nur eine einzige Botschaft in der gesamten Region. Das gilt z. B. für Australien, Kanada, Irland und Südafrika. Andere haben gar keine. Die Verantwortung für konsulatorische Belange werden somit oft von Vertretungen in Moskau, Ankara, Sofia (Bulgarien) oder Kiew (Ukraine) aus geregelt.

➡ Deutschland, Österreich und die Schweiz haben diplomatische Vertretungen in den Hauptstädten in allen drei Ländern:

➡ **Deutschland** (Tiflis: ☎ 032-243 53 99;Jerewan: ☎ 010-52 32 79 und Baku: ☎ 012-465 41 00)

➡ **Österreich** (Tiflis: ☎ 032-32 243 44 02; Baku: ☎ 012-465 99 33 und ein Konsulat in Jerewan: ☎ 010-10 547 547)

➡ **Schweiz** (Tiflis: ☎ 032-275 30 01; Jerewan: ☎ 010-52 98 60 und Baku: ☎ 012 437 38 50)

Essen

Infos zu Essen und Trinken im Südkaukasus siehe S. 36.

Feiertage

Neujahr 1. Januar

Weihnachten 6. bis 7. Januar (Armenien und Georgien)

Epiphanias 19. Januar (Georgien)

Noruz Bayramı 20. bis 26. März (Aserbaidschan)

Völkermordgedenktag 31. März (Aserbaidschan), 24. April (Armenien)

Karfreitag/Ostern* April oder Anfang Mai (verschiedene Daten in Armenien und Georgien)

Ramazan Bayram/Eid al-Fitr* Mai oder Ende April (Aserbaidschan)

Gurban Bayramı/Eid al-Adha* Juli oder Ende Juni (Aserbaidschan)

Mariamoba 28. August (Georgien)

Giorgoba 23. November (Georgien)

Die religiösen Festtage, die mit * markiert sind, sind veränderliche Feiertage.

Fotografieren

In der Nähe einer Grenze, einer Waffenstillstandslinie oder Militärbasis sollte man die Kamera gar nicht erst auspacken. Polizei oder Sicherheitspersonal in Aserbaidschan könnten schnell Verdacht schöpfen, wenn jemand ein Regierungsgebäude, „nicht schmeichelhafte“ oder „unangemessene“ Orte (Fabriken, Verkehrsinfrastruktur, U-Bahnstationen etc.) fotografiert. Wer Menschen fotografieren möchte, sollte die übliche Höflichkeit wahren – besonders Männer

ONLINE BUCHEN

Auf http://lonelyplanet.com/hotels/ besprechen Lonely-Planet-Autoren verschiedene Unterkünfte. Es gibt neutrale Beschreibungen, aber auch Empfehlungen für die besten Häuser. Und das Beste: Man kann direkt online buchen.

bringen sich oft gerne in Pose, wenn man sie nach einem Schnappschuss fragt. So wird auch schnell das Eis für eine kleine Unterhaltung gebrochen. An religiösen Stätten sollte man ebenfalls umsichtig und einfühlsam beim Fotografieren sein.

Lonely Planets *Travel Photography* ist ein umfassender Führer, der angenehm frei von Fachjargon ist und Tipps gibt, wie man die besten Urlaubsfotos macht.

Frauen unterwegs

- Die Hauptstädte in den drei Ländern sind relativ liberal, aber in einigen Provinzgebieten sollte frau sich unauffällig kleiden und ihre Schultern in der Öffentlichkeit bedeckt halten. Obligatorisch ist das in Moscheen und Kirchen, wo man normalerweise auch ein Kopftuch tragen muss.
- Außerhalb von Moscheen liegt es ganz in der Entscheidungsfreiheit der Frau, ob sie ihr Haar bedeckt oder nicht. Das Kopftuch ist hier ein Ausdruck der Frömmigkeit (anders als im benachbarten Iran ist es alles andere als eine gesetzliche Vorschrift).
- Mäßiger Alkoholkonsum ist in den Hauptstädten in der Regel in Ordnung, aber unbegleiteten Frauen, die alkoholische Getränke bestellen oder öffentlich rauchen, wird in eher konservativen Städten wie Zaqatala oder Şəki mit Naserümpfen begegnet.
- Wer in preiswerten, überwiegend von Männern besuchten Restaurants alleine sitzt, fühlt sich garantiert eher unwohl. Eine aserbaidschanische *çayxana* (Teehaus) ist in der Regel eine reine Männerdomäne. Es gibt jedoch jede Menge Familienrestaurants und Cafés, die frauenfreundlich sind.
- Einige preiswerte Unterkünfte, die besonders für LKW-Fahrer sind, werden ebenfalls von Männern dominiert.
- In der georgischen Bergregion Tuschetien ist es Frauen nicht gestattet, sich den traditionellen Animistenheiligtümern zu nähern (*khatebi*.).

Geld

Geldautomaten, Büros des Finanzdienstleisters Western Union und Wechselstuben sind in der Region weit verbreitet. Außerhalb der wichtigsten Großstädte werden Kreditkarten nur zögerlich oder gar nicht angenommen. Deshalb sollte man immer genügend Bargeld dabei haben.

Geldautomaten

Die einfachste Methode, an Bargeld zu kommen, ist der Einsatz einer Visa- oder MasterCard an einheimischen Geldautomaten. Sie gibt es in den Großstädten und fast in jeder anderen Stadt, aber für ausländische Transaktionen werden oft hohe Gebühren abgezogen, sodass dies ein recht teures Vergnügen ist. Am besten erkundigt man sich bei der jeweiligen Kreditkartengesellschaft, um böse Überraschungen zu vermeiden.

Geldwechsel

Gebührenfreie Wechselbüros sind in Städten und Großstädten zu finden. Für US-Dollar und Euros sind mögliche Kommissionsgebühren sehr niedrig – oft weniger als 1 %; Ausnahmen bilden Flughäfen und gehobene Hotels.

Geldwechsel anderer Währungen kann außerhalb der Hauptstädte recht problematisch sein. Dort, wo sie überhaupt genommen werden, werden britische Pfund, australische und kanadische Dollar und Schweizer Franken zu einem weitaus schlechteren Kurs als US-Dollar getauscht. Dennoch lohnt es sich meist nicht, diese Währungen im Heimat and in US-Dollar zu wechseln, weil die Kosten dafür vergleichsweise hoch sind.

Vor Verlassen eines dieser kaukasischen Länder ist es in der Regel klüger, die verbleibene Landeswährung zurück in US-Dollar zu tauschen, als die eine Landeswährung in die andere tauschen zu wollen. Also niemals georgische Lari in armenische Dram oder aserbaidschanische Manat in Lari tauschen! Manat in Dram zu tauschen oder umgekehrt ist gar nicht möglich.

Kreditkarten

Kreditkarten werden im Vergleich zu anderen Teilen Europas nur sehr zögerlich angenommen. Man kann sie in besseren Hotels, Restaurants und einigen Geschäften in den Hauptstädten einsetzen, aber andernorts eher selten.

Trinkgeld

Restaurants Trinkgeld ist in einfachen Restaurants zwar geschätzt, aber es wird nicht wirklich erwartet; in schickeren Häusern sind 10 % angemessen. Der Aufschlag eines Bedienungsgeldes auf der Rechnung heißt nicht notwendig, dass man ein Trinkgeld gegeben hat.

Taxis Bei Taxis mit Taxameter ist es höflich, den Fahrpreis aufzurunden; bei Taxifahrern, die eine App zur Anforderung ihres Taxis bereitstellen, sollte man besonders großzügig sein, weil ihr Einkommen oft sehr niedrig ist.

Wechselkurse

Georgien siehe S. 45, Armenien siehe S. 161 und Aserbaidschan S. 253. Aktuelle Wechselkurse auf www.xe.com.

Internet

Faktisch stellt jede Unterkunft heutzutage freies WLAN für ihre Gäste bereit. Gleiches gilt für eine wachsende Zahl von Cafés und

Klima

Baku

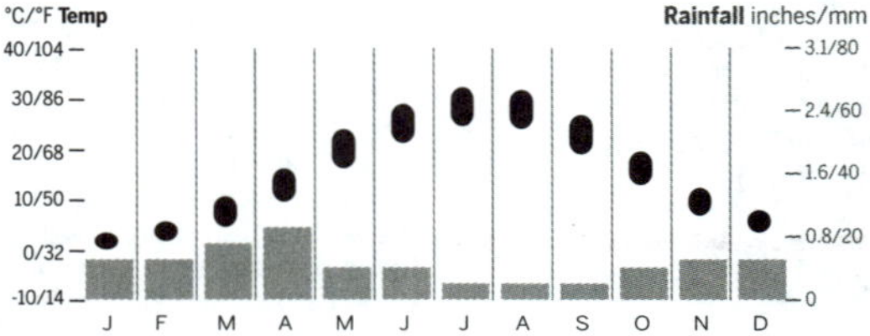

Tbilisi

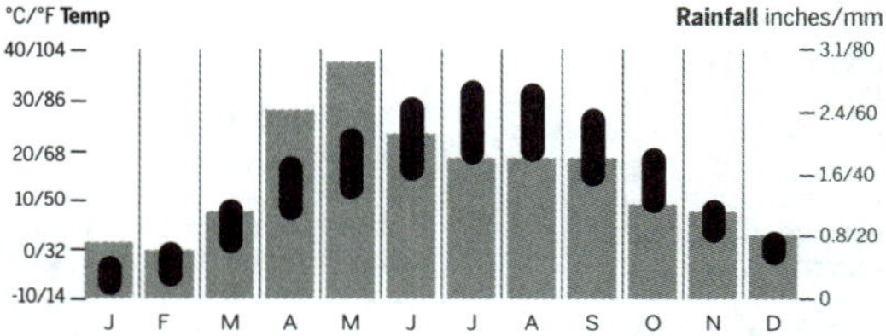

Yerevan

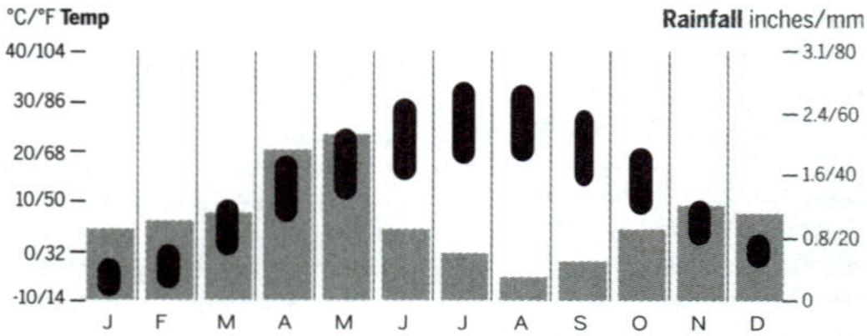

Restaurants. Internetcafés sind nicht mehr verbreitet und dort, wo sie noch sind, haben sie sich eher auf Internetspiele für junge Männer spezialisiert.

Wer sich eine SIM-Karte für das Smartphone kauft, hat damit dann auch in den meisten Teilen der Region gute 4G-Verbindungen. In ländlichen Gebieten gibt es dann vielleicht nur noch 3G, und ganz entlegene Gebiete haben dann hin und wieder Funklöcher, aber in der Regel vergleichbar weniger als z. B. in Großbritannien.

Kinder

Familie ist im Südkaukasus ganz wichtig. Kinder gelten als liebevoll gehütetes Geschenk Gottes. Die Einheimischen lieben Kinder und gehen ganz entspannt mit ihnen um. Für Fremde ist es ganz normal, ein Gespräch über Kinder anzufangen, und die meisten Leute sind extrem entgegenkommend gegenüber Reisenden mit Kindern.

- Kinder mögen diese Region nur, wenn sie das mitmachen, was man als Reisender hier so tut: Wandern, Reiten und Sehenswürdigkeiten anschauen.
- Reisen in drückend heißen, überfüllten Minibussen kann eine Herausforderung sein, und Verspätungen und kleinere Unannehmlichkeit können einem das Leben echt schwer machen, wenn man sparsam reisen möchte.
- Touristische Gegenden wie Batumi (Georgien) und Qəbələ (Aserbaidschan) bieten ein paar Attraktionen für Kinder.
- In den meisten aserbaidschanischen Waldunterkünften gibt es Spielplätze für Kleinkinder.
- Lonely Planets *Travel with Children* ist voller praktischer Tipps zur Reiseplanung und zum Reisen mit Kindern.

Praktisch & Konkret

- Wegwerfwindeln werden in größeren Städten verkauft, sind aber andernorts nur schwer zu bekommen.
- Für Kinder in einem Elternzimmer werden oft extra Betten aufgestellt, die entweder gar nichts oder nur sehr wenig kosten; Gitterbetten sind keine Option.
- In manchen besseren Restaurants gibt es Hochstühle.
- Die meisten Leihwagenfirmen sind nur kleine Unternehmen und haben in der Regel keine Kindersitze zur Verfügung. Größere Ketten können dagegen vielleicht welche zur Verfügung stellen.
- Es gibt in Armenien und Georgien nachweislich kaum Vorbehalte gegen das Stillen an Bahnhöfen oder Flughäfen, wenn es dringend ist, aber ansonsten wird man stillende Mütter nur selten antreffen, denn die Privatsphäre wird doch weitgehend vorgezogen.

Landkarten & Stadtpläne

Google Maps und regionale Webseiten wie gomap.az sind super für Städte, aber nahezu nutzlos für kleine Siedlungen auf dem Lande. Maps.me ist eine nützliche App; man lädt sich das Gebiet, das man gerade braucht, herunter und nutzt die App dann offline. Mit der App ViewRanger kann man die eigenen Wanderungen aufzeichnen und kartografieren.

Öffnungszeiten

Büros Montag bis Freitag 9 oder 10–17 oder 18 Uhr; die Mittagspause dauert eine Stunde oder länger

Geschäfte 10–19 Uhr, oft viel länger

Museen 10–17 Uhr oder länger; viele haben Montag geschlossen

Restaurants auf dem Lande: 8–21 Uhr, in großen Städten: 11–23 Uhr oder noch länger

Theater Aufführungen beginnen oft gegen 18 Uhr; viele Theater sind von Juni bis Anfang September geschlossen

Post

Die Postdienste sind vergleichsweise preiswert, aber niemand sollte sich wundern, wenn seine Postkarte in die Heimat bis zu einem Monat lang unterwegs ist.

Rechtsfragen

Polizei oder Soldaten fragen manchmal, ob man militärisch sensible Gebiete rund um militärische Einrichtungen, Grenzgebiete oder Waffenstillstandslinien bereisen möchte. In Aserbaidschan gehören auch einige Regierungsgebäude und wirtschaftlich wichtige Einrichtungen wie Ölfelder zu solchen sensiblen Bereichen.

- Nach aserbaidschanischem Recht ist es illegal, von Armenien aus nach Bergkarabach zu reisen. Ein Beleg, dass man dort war, wie z. B. ein Visum von Bergkarabach im Pass, führt dazu, dass man nicht nach Aserbaidschan einreisen darf.
- Die Einreise nach Abchasien oder Südossetien von Russland aus gilt nach georgischem Recht als illegal und wird mit einer Strafe von maximal fünf Jahren Gefängnis geahndet. Wer Abchasien doch von Russland aus bereist hat, sollte nicht versuchen, über die Südgrenze Abchasiens nach Georgien einzureisen.
- Es empfiehlt sich, mindestens eine Kopie des Ausweises und Visums bei sich zu haben. Das Original sollte man auch immer dann mit sich führen, wenn man irgendwohin geht, wo man vielleicht danach gefragt werden könnte.
- In allen drei Ländern darf man keinen Tropfen Alkohol beim Autofahren im Blut haben. Wer Drogen, darunter auch Cannabis, konsumiert, riskiert eine lange Gefängnisstrafe.

PRAKTISCH & KONKRET

Maße & Gewichte In Georgien, Armenien und Aserbaidschan gilt das metrische System.

Ermäßigungen Ein Internationaler Studentenausweis (International Student Identity Card; ISIC) ist sinnvoll, um sich als Student ausweisen zu können und somit Ermäßigungen bei Unterhaltungsveranstaltungen und Museen, in einigen Geschäften, Restaurants und sogar Unterkünften zu bekommen. Siehe www.isic.org.

Rauchen Rauchen ist bei einheimischen Männern sehr verbreitet, bei Frauen erheblich weniger. 2018 wurde ein Gesetz in Kraft gesetzt, das das Rauchen in öffentlichen Gebäuden in Georgien und Aserbaidschan verbietet. In Hotels und Restaurants funktioniert das sehr gut, aber weniger gut in Bars und Clubs. Armenien hat ein ähnliches Gesetz auf die Tagesordnung gebracht, hat es aber noch nicht verabschiedet, sodass vielerorts noch geraucht wird.

Reisen mit Behinderung

Einrichtungen für Reisende mit Behinderung sind sehr begrenzt vorhanden, auch wenn sich die Lage langsam bessert. Rissige, mit Schlaglöchern versehene Straßenbeläge, Kopfsteinpflaster und andere Hindernisse sind Herausforderungen für Menschen mit Bewegungs- oder Seheinschränkungen. Die meisten Hotelaufzüge sind nicht für Rollstühle geeignet, aber mittlerweile werben einige bessere Hotels mit Barrierefreiheit.

Öffentliche Verkehrsmittel können problematisch werden, denn selbst rollstuhlgerechte Busse sind oft so voll, dass diese Möglichkeiten nicht wirklich genutzt werden können. Als Pluspunkt ist jedoch zu vermerken, dass die Kosten für einen Leihwagen mit Fahrer nicht halsabschneiderisch hoch sind. In Jerewan haben sich Wheels on Wheels (www.facebook.com/wheelsonwheels) auf rollstuhlgerechte Taxis spezialisiert. Im August 2019 wurde in Batumi ein Strand mit schwimmenden Rollstühlen eröffnet.

Schwule & Lesben

Homosexualität ist in allen drei Ländern erlaubt, aber die soziale Akzeptanz ist minimal: Traditionelle und religiöse Wertvorstellungen in diesen patriarchalischen Gesellschaften führen dazu, dass dieses Thema tabu ist. Homophobie ist und bleibt selbst im vergleichsweise toleranten Georgien verbreitet. 2013 wurde in Tiflis die Pride Parade von extrem rechten Gruppen angegriffen. Der Versuch, sie 2019 erneut abzuhalten, führte zu Drohungen von religiösen

Extremisten, wenngleich ein wenig gedämpfter. Dennoch verändern die Schwulenclubs von Tiflis, besonders die Clubs Bassiani und Khidi, die Einstellung junger Leute.

Die Szene in Baku bleibt fast völlig im Untergrund. Die Bürger amüsieren sich eher über das bunte internationale Volk, das kurz zum ESC 2012 anreiste, als dass sie sich beleidigt fühlen. Trotz der besten Versuche des Minority Magazine (https://minorityaze.org) und anderer gilt Aserbaidschan noch immer als der schlimmste Ort Europas für Schwule. Die Presse berichtet über Antischwulen- und -lesbenrazzien im Jahre 2017, und 2019 rief ein TV-Moderator in den sozialen Medien dazu auf, Menschen mit anderer sexueller Neigung umzubringen.

In Jerewan gibt es einige schwulen- und lesbenfreundliche Nachtclubs. 2017 stimmte Armenien für eine Gleichstellung gleichgeschlechtlicher Ehen, was nur auf solche zutrifft, die außerhalb des Landes geheiratet haben. Armenier fühlen sich dennoch nicht sicher genug, ihre sexuelle Orientierung zu zeigen oder konservativen Familienmitgliedern zu eröffnen.

In der Regel werden Schwule und Lesben, Trans- und Bisexuelle keine Probleme haben, wenn sie sich unauffällig verhalten. Zwei Männer oder Frauen, die sich ein Bett teilen, werden nicht automatisch als Schwule oder Lesben angesehen. Wenn ein unverheiratetes Paar sich ein Bett teilt, gilt das als größerer Skandal.

Sicher reisen

In den drei Ländern ist die Kriminalitätsrate niedrig.

➡ Man sollte die normale Vorsicht walten lassen, insbesondere an überfüllten, dunklen und einsamen Orten.

➡ Grenzgebiete sind sensible Bereiche. Man sollte die Waffenstillstandslinie in Bergkarabach und die Grenzen zwischen Armenien und Aserbaidschan meiden. An den Grenzen von Abchasien und Südossetien ist die Lage auch angespannt. Hier können Konflikte aufflackern.

➡ Wer in den Bergen klettern oder wandern möchte, sollte sich Rat von Einheimischen holen, als Gruppe unterwegs sein oder einen Guide anheuern, insbesondere in einsamen Gegenden. Um Hütehunde sollte man einen großen Bogen machen, denn sie sind dazu ausgebildet, Wölfe zu verjagen.

➡ In höher gelegenen Wäldern leben Bären.

Reisehinweise

Die Websites der Behörden geben Informationen zu potenziell gefährlichen Regionen sowie Sicherheitstipps. Manchmal sind ihre Warnungen allerdings übertrieben.

Deutschland (www.auswaertiges-amt.de)

Österreich (www.bmeia.gv.at)

Schweiz (www.eda.admin.ch)

USA (https://travel.state.gov)

Strom

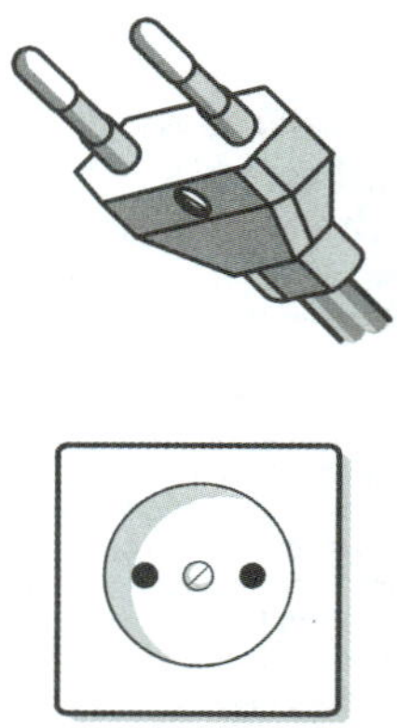

Type C
220V/50Hz

Telefon

Das Festnetz ist in vielen Teilen der Region relativ eingeschränkt verfügbar.

Toiletten

➡ Öffentliche Toiletten sind selten und haben meist kein Toilettenpapier. Daher sollte man immer eigenes dabei haben.

➡ Außer in Spitzenhotels gehört es zum schlechten Benehmen, wenn man das Toilettenpapier mit der Spülung abspült, weil dadurch die Abflüsse leicht verstopfen – stattdessen sollte man den kleinen aufgestellten Eimer dafür benutzen.

➡ In einigen einfacheren Privatunterkünften und Gästehäusern gibt es manchmal nur eine einfache Hocktoilette im Hof.

➡ An größere Busbahnhöfen und Bahnhöfen gibt es in der Regel Toiletten, aber sie bieten oftmals auch nur die Hockvariante. Obwohl normalerweise eine kleine Toilettengebühr fällig ist, heißt das nicht automatisch, dass die Toiletten gut gepflegt sind.

Touristeninformation

In Georgien ist das Netz an Touristeninformationen im gesamten Land hervorragend ausgebaut. Das ist ein riesiges Plus, besonders wenn es um sprachliche Probleme etc. geht. Die Mitarbeiter rufen gerne jemanden an oder regeln irgendwelche Absprachen für ihre Kunden. In Armenien und Aserbaidschan gibt es nicht so viele Touristeninformationen, aber so langsam wird die Lage besser: In Jerewan gibt es nun mehr Infostände, in Dilija ein neues Zentrum und seit 2019 werden auch in Aserbaidschan mehrere Regionalbüros mit dynamischen, mehrsprachigen Mitarbeitern auf den Weg gebracht.

Unterkunft

In den Hauptstädten sind die Hotelpreise erheblich höher als in den entsprechenden Pendants in anderen Orten. Dagegen entstehen in größeren Städten immer neue preiswerte Hostels. Außerhalb der Monate Juli und August sind Reservierungen selten nötig.

➜ **Hotels** Hotels jedweder Preislage finden sich in allen einigermaßen großen Städten in der Region.

➜ **Hostels** Schießen überall im Südkaukasus aus dem Boden. Hostels im westlichen Stil bieten preiswerte Schlafsaalbetten, aber auch einzelne Zimmer.

➜ **Gästehäuser** Oft die einzige Übernachtungsmöglichkeit in entlegenen Bergdörfern.

➜ **Camping** Campingplätze sind eher selten, aber viele Übernachtungshäuser erlauben auf Nachfrage Camping im Garten.

Preise

Die folgenden Preise beziehen sich auf ein Doppelzimmer.

**$** unter 30 US$

**$$** 30–70 US$

**$$$** über 70 US$

Versicherung

Es ist wichtig, sich ordentlich gegen Diebstahl, Verlust und Krankheiten zu versichern. Die Krankenversicherung sollte im Notfall Krankentransporte per Luft und Behandlungen in den Privatkliniken der Hauptstädte abdecken. Hier bekommen Patienten in der Regel die beste medizinische Versorgung, die jedoch teuer sein kann. Auch sollte die Versicherung außergewöhnliche Aktivitäten abdecken, so wie Reiten, Bergwandern, Skifahren und sogar Wandern, denn manche Versicherungen knüpfen ihre Leistungen an eine bestimmte Obergrenze bei der Höhe der Berge, und die wird im Kaukasus leicht erreicht. Die Kontaktdaten sollte man immer parat haben, denn in vielen Policen ist vermerkt, dass man den Versicherer sofort informieren muss, bevor eine größere erstattungsfähige Ausgabe wie z.B ein Krankenhausaufenthalt eintritt.

Eine weltweit geltende Reiseversicherung ist auf www.lonelyplanet.com/travel-insurance erhältlich. Man kann sie jederzeit – selbst, wenn man schon unterwegs ist – online abschließen, verlängern oder Ansprüche geltend machen.

Visa

Für Reisen nach Georgien und Armenien benötigt man kein Visum.

Wer in Aserbaidschan einreisen möchte, benötigt dagegen ein Visum; die Wartezeit beträgt etwa 24 Stunden..

Visa für die Weiterreise

Eine gute aktuelle Quelle zu den neuesten Regularien ist www.caravanistan.com.

Zentralasien Kirgisistan, Kasachstan und seit 2019 auch Usbekistan können alle von den meisten reicheren Nationen der Welt ohne ein Visum besucht werden. Im Gegnsatz dazu ist es ein frustrierendes Verfahren, ein turkmenisches Visum zu bekommen, das man sich am besten durch ein renommiertes turkmenisches Reiseunternehmen besorgen lässt.

Iran Die meisten Nationalitäten der Welt bekommen bei Einreise an einem der größeren iranischen Flughäfen ein Visum ausgestellt, allerdings gibt es einige Bedingungen, die erfüllt werden müssen. Auch muss für ein E-Visum vorab auf http://e_visa.mfa.ir/en ein Fragebogen ausgefüllt und die Bestätigung des Bewerbungsstatus ausgedruckt werden. Zu den zehn National täten, die sich lange vorab um ein Visum bewerben müssen, gehören die Bürger Großbritanniens, der USA und Kanadas, die oft nur im Rahmen einer anerkannten Rundreise einreisen dürfen. Israelis werden überhaupt nicht ins Land hineingelassen. Theoretisch gilt dies auch für alle, die jemals in Israel waren. Siehe https://caravanistan.com/visa/iran.

Türkei Die Bürger der meisten Länder müssen sich online auf www.evisa.gov.tr/en um ein elektronisches Visum kümmern. Das ist ein ganz einfaches Verfahren und kostet 20 US$. Das E-Visum wird fast unmittelbar ausgestellt. Man muss es noch nicht einmal ausdrucken.

Russland Bürger aus der Gemeinschaft unabhängiger Staaten (der GUS, also der ehemaligen UDSSR), Südafrikaner, die meisten Südamerikaner und einige Asiaten dürfen ohne Visum einreisen, aber die meisten Bürger anderer Länder brauchen ein Visum, für das eine Einladung erforderlich ist, und das man in der Regel im Heimatland beantragen muss.

Zeit

Alle drei Länder sind im Winter drei Stunden weiter als die meisten westeuropäischen Länder (MEZ plus drei Stunden). Dieser Zeitunterschied verringert sich im Sommer um eine Stunde, da in keinem dieser Länder die Uhr zur Sommerzeit umgestellt wird.

Verkehrsmittel & -wege

AN- & WEITERREISE

Drei größere und mehrere kleinere internationale Flughäfen warten auf Urlauber, die in die Region fliegen möchten. Man kann natürlich auch mit dem Auto einreisen, so etwa vom Iran, aus Russland und der Türkei (aber nicht Türkei–Armenien). Die Einreise mit dem Zug ist ebenfalls möglich (Russland–Aserbaidschan und ab 2020 Türkei–Georgien–Aserbaidschan). Weniger verlässlich sind die Fähren über das Schwarze und das Kaspische Meer.

Das Hin- und Herreisen zwischen den Ländern des Südkaukasus ist eher kompliziert, weil sowohl die Grenze zwischen Armenien und der Türkei als auch zwischen Armenien und Aserbaidschan komplett geschlossen ist. Außerdem gibt es keine Flüge zwischen Armenien und Aserbaidschan.

Einreise

Die Abfertigung bei der Ankunft an den verschiedenen Flughäfen verläuft in der

KLIMAWANDEL & REISEN

Der Klimawandel stellt eine ernsthafte Bedrohung für unsere Ökosysteme dar. Zu diesem Problem tragen Flugreisen immer stärker bei. Lonely Planet sieht im Reisen grundsätzlich einen Gewinn, ist sich aber der Tatsache bewusst, dass jeder seinen Teil dazu beitragen muss, die globale Erwärmung zu verringern.

Fliegen & Klimawandel

Fast jede Art der motorisierten Fortbewegung erzeugt CO_2 (die Hauptursache für die globale Erwärmung), doch Flugzeuge sind mit Abstand die schlimmsten Klimakiller – nicht nur wegen der großen Entfernungen und der entsprechend großen CO_2-Mengen, sondern auch, weil sie diese Treibhausgase direkt in den hohen Schichten der Atmosphäre freisetzen. Die Zahlen sind erschreckend: Zwei Personen, die von Europa in die USA und wieder zurückfliegen, erhöhen den Treibhauseffekt in demselben Maße wie ein durchschnittlicher Haushalt in einem ganzen Jahr.

Emissionsausgleich

Die englische Website www.climatecare.org und die deutsche Internetseite www.atmosfair.de bieten sogenannte CO_2-Rechner. Damit kann jeder Einzelne ermitteln, wie viel Treibhausgase seine Reise produziert. Das Programm errechnet den zum Ausgleich erforderlichen Betrag, mit dem Reisende nachhaltige Projekte zur Reduzierung der globalen Erwärmung unterstützen können, beispielsweise Projekte in Indien, Honduras, Kasachstan und Uganda.

Lonely Planet unterstützt gemeinsam mit Rough Guides und anderen Partnern aus der Reisebranche das CO_2-Ausgleichsprogramm von climatecare.org.

Alle Reisen von Mitarbeitern und Autoren von Lonely Planet werden ausgeglichen. Auf der Homepage des Verlages – www.lonelyplanet.com – gibt es weitere wichtige Informationen zu diesem Thema.

Regel unkompliziert und schnell. Die Grenzabfertigung auf dem Landweg kann auch schon mal ein bis zwei Stunden dauern, insbesondere dann, wenn man in einem durchgehenden Bus sitzt und auf Mitreisende warten muss.

Flugzeug

Flughäfen & Fluglinien

Tbilisi International Airport (Georgien; www.airport-tbilisi.com) und Bakus Heydar Əliyev International Airport (Aserbaidschan; www.airport.az) sind internationale Verkehrsknotenpunkte. Jerewans Zvartnots Airport (Armenien; www.zvartnots.aero) weist dagegen weniger Start- und Landeverkehr auf.

David the Builder Kutaisi International Airport (www.kutaisi.aero) in Kutaisi, Georgien, ist der Hauptflughafen für Billigfluglinien.

Batumi International Airport (www.batumiairport.com) in Georgien wird zur bestimmten Saison insbesondere von Chartermaschinen angeflogen.

Die wichtigsten Fluglinien sind AZAL (Azerbaijan Airlines; www.azal.az) und Georgian Airways (www.georgian-airways.com).

Turkish Airlines (www.turkishairlines.com) bietet oft einen guten Service bei der Gepäckmitnahme und dem Catering an Bord. Sie fliegen fünf kaukasische Flughäfen an (Baku, Batumi, Gəncə, Naxçivan und Tiflis), bieten viele Verbindungen über Istanbul und gute Gabelflüge.

Die ultra Billigairline Wizz Air (www.wizzair.com) verbindet Kutaisi mit vielen europäischen Städten und außerdem auch Baku mit Budapest. Die Preise bei WizzAirkönnen wirklich extrem niedrig sein, aber man sollte auf jeden Fall das Kleingedruckte lessen: Selbst Handgepäck kostet meistens extra.

Flugtickets

Bei den großen Fluglinien ein Ticket zu Destinationen im Südkaukasus zu buchen, ist relativ leicht. Aber es gibt einige Alternativen beim Ticketkauf, an die sicherlich nicht jeder sofort denkt.

EUROPA

Die Auswahl an europäischen Flügen mit Georgian Airways von Tiflis und mit der Billigfluglinie WizzAir von Kutaisi, Georgien, wird stetig größer. AZAL bietet zahlreiche Verbindungen von Baku, Air France (www.airfrance.com) fliegt nach Tiflis und Jerewan, Lufthansa (www.lufthansa.com) nach Baku und Tiflis, Austrian Airlines (www.austrian.com) und Brussels Airlines (www.brusselsairlines.com) nach Jerewan. Außerdem gibt es noch viele Optionen nach Polen, Lettland, in die Ukraine, nach Weißrussland und Russland. Flüge über die Türkei sind oft auch eine gute Möglichkeit, besonders für Gabelflüge.

GOLFLÄNDER & OSTASIEN

Zur Auswahl stehen Qatar Airways (www.qatarairways.com), Etihad (www.etihad.com), China Southern (www.flychinasouthern.com; über Urumqi), FlyDubai (www flydubai.com) und AirArabia (www.airarabia.com). AZAL bietet einen Non-Stop-Nachtflug Baku–Peking.

IRAN

Von Teheran fliegt Iran Air (www.iranair.com) in jede Hauptstadt. Mahan Air (www.mahan.aero) und Iran Aseman (www.iaa.ir) steuern beide Jerewan an.

ISRAEL

Von Tel Aviv fliegt Arkia (www.arkia.com) nach Batumi, Tiflis und Jerewan, El Al (www.elal.com) nach Batumi, Georgian Airways nach Tiflis und AZAL nach Baku.

NORDAMERIKA

AZAL bietet den einzigen direkten transatlantischen Direktflug Baku–New York. Verschiedene andere Airlines legen Zwischenstopps in Europa oder in einem der Golfstaaten ein.

> **ABFLUGSTEUER**
>
> Die Abflugsteuer ist im Ticketpreis enthalten.

RUSSLAND

Verschiedene russische Airlines fliegen in den Kaukasus, darunter Aeroflot (www.aeroflot.com), S7 Airlines (www.s7.ru), Ural Airlines (www.uraluirlines.com) und UTair (www.utair.ru).

ZENTRALASIEN

Es gibt praktische Verbindungen mit Uzbekistan Airways (www.uzairways.com) nach/über Taschkent und mit Air Astana (www.airastana.com), SCAT (www.scat.kz) und AZAL (www.azal.az) nach Kasachstan. Lufthansa (www.lufthansa.com) fliegt die Strecke Baku–Aşgabat, der einzige Flug übers Kaspische Meer mit Ziel Turkmenistan.

Auf dem Landweg

Mit dem nötigen Visum kann man die Region vom Iran, von Russland oder der Türkei aus auch auf dem Landweg bereisen.

Grenzübergänge

IN DEN/AUS DEM IRAN

ARMENIEN

Der einzige Grenzübergang (24 Std. geöffnet) ist in Agarak bei Jolfa. Zwischen Jerewan und Teheran verkehrt täglich ein einziger Bus.

ASERBAIDSCHAN

Die besten Grenzübergänge (24 Std. geöffnet) befinden sich in Astara (nach Teheran, Rascht oder Ardabil) und bei Biləsuvar (nach Täbris). Wer von Naxçivan kommt, sollte den nur wenig benutzten

Grenzübergang Culfa–Jolfa nehmen. In Jolfa fahren Sammeltaxis, die unmittelbar südlich des Einwanderungspostens für Fußgänger abfahren, nach Täbris weiter.

Man sollte jedoch aufpassen, dass man nicht einfach den Massen nachläuft und aus Versehen in ein Auto nach Bileh Savar einsteigt – die meisten Leute aus Aserbaidschan nutzen nämlich diese Route, um über Biləsuvar nach Baku zu gelangen und dabei den Iran zu umgehen.

NACH/VOM RUSSLAND

ASERBAIDSCHAN

Zwei 24 Stunden geöffnete Grenzübergänge mit Straßenanbindung sind für Ausländer, sofern sie das passende Visum haben, ideal. Gleiches gilt für die Bahnstrecke. Der Grenzübergang Samur-SDK wird besonders von Bussen genutzt, allerdings kann es hier wegen der LKW-Schlangen sehr lange dauern. Rund 4 km nördlich von Yalama gibt es in Xanoba eine ruhigere Alternative. Hier geht es schneller, aber um hierher zu gelangen, benötigt man entweder ein Taxi oder ein eigenes Auto. Der Zuxul-Grenzübergang ist für Nicht-Einheimische geschlossen. Vorsicht, das Gebiet nördlich dieser Grenzposten ist das russische Dagestan, für das man unter Umständen eine spezielle Einreiseerlaubnis benötigt. Einige westliche Regierungen raten von Besuchen in Dagestan komplett ab. Das britische Foreign and Commonwealth Office weist das Gebiet als Sicherheitszone Rot aus.

GEORGIEN

Der Grenzübergang Verkhny Lars/Kazbegi ist im Sommer 24 Stunden geöffnet, aber von Oktober bis Mai nur in der Zeit von 7 bis 19 Uhr. Man kann auch durchs Niemandsland laufen, aber das sind 3 km. Es gibt keinen Bus von Stepantsminda (Kabegi). Ein Taxi von Stepantsminda nach Vladikavkaz kostet 150 GEL. Alternativ könnte man eins der Fahrzeuge nehmen, die von Tiflis nach Vladikavkaz fahren, darunter ein Bus, der um 5 Uhr morgens ab Didube fährt.

IN DIE/AUS DER TÜRKEI

ASERBAIDSCHAN

Der einzige Grenzübergang liegt am nordwestlichen Zipfel von Naxçivan. Er ist für Fahrzeuge 24 Stunden geöffnet, aber zu Fuß darf man nicht einfach über die Brücke ins Niemandsland gehen. Die Grenzübergänge sind auch weit von jeglicher Zivilisation weg, sodass man lieber den Bus von Naxçivan nach Iğdır nehmen sollte, der ohnehin nur 5 AZN kostet.

Aber Achtung: Die einzige Möglichkeit, um von Naxçivan aus Baku zu erreichen, ohne Aserbaidschan zu verlassen, ist ein Flug.

GEORGIEN

Drei Grenzübergänge sind offen. Nur der Übergang Sarpi–Sarp an der Straße von Batumi nach Hopa ist täglich 24 Stunden geöffnet. Das ist auch die Route, die die Busse aus Baku, Tiflis und Batumi nehmen, um in die Türkei zu gelangen, aber es ist in der Regel schneller, etappenweise zu reisen: erst die *marshrutka* (öffentlicher Minibus) Batumi–Sarpi, dann zu Fuß über die Grenze und schließlich in einen dort wartenden Bus nach Hopa, Rize oder Trabzon.

Die beiden anderen Grenzübergänge sind Türgözü zwischen Vale und Posof, und Aktaş zwischen Kartsakhi and Çıldır. Sie sind von 7 bis 19 Uhr georgischer Zeit geöffnet. Außer einem dreimal in der Woche fahrenden Bus Kars–Akhaltsikhe–Tiflis über Posof gibt es jedoch keine öffentlichen Verkehrsmittel zu einem dieser Grenzübergänge. Ab 2020 soll jedoch die Bahnlinie Baku–Tiflis–Kars über Aktaş ihren Betrieb aufnehmen.

Bus

Internationale Busse nutzen verschiedene Grenzübergänge, aber einige Hauptrouten, besonders Batumi–Trabzon und Baku–Ardabil, können schneller, billiger und fast genauso einfach bewältigt werden, wenn man für die gesamte Strecke nacheinander Regionalbusse und Taxis nimmt.

ARMENIEN–IRAN

Busse für die Strecke Jerewan–Täbris–Teheran fahren täglich (53 US$/ 25 000 AMD, 24 Std.) um die Mittagszeit vom Busbahnhof Kilikya ab. Fahrscheine sollte man im Voraus durch **Tatev Travel** (☎010-524401; www.tatev.com; 19 Nalbandyan St; ⏲Mo–Fr 9.30–18, Sa bis 15 Uhr) buchen. Für den Rückweg starten die Busse vom Busbahnhof West in Teheran um 13 Uhr und kommen etwa um 22 Uhr in Täbris an. Fahrscheine gibt es in Agenturen an der zentral gelegenen Imam-Khomeini-Straße in Täbris.

ASERBAIDSCHAN–IRAN

Mehrere Busgesellschaften befahren die Strecke Baku–Teheran (40 AZN, rund 16 Std., 15 Uhr) und Baku–Täbris (30 AZN, rund 11 Std., tgl. 22 Uhr plus Freitag 9 Uhr). Nach Täbris bietet sich auch ein Bus an, der um 9 oder 21 Uhr Richtung Naxçivan startet (25 AZN, 14 Std.), den man allerdings in Julfa (Iran) verlässt. Ab dort geht es dann mit einem preiswerten Sammeltaxi weiter.

ASERBAIDSCHAN–RUSSLAND

Vom Hauptbusbahnhof in Baku fahren Busse in verschiedenste Orte Russlands. Auch von Zaqatala ist das möglich. Wer nach Dagestan möchte, kann auch einen Minibus von Xaçmaz nach Samur-SDK nehmen.

Aber Vorsicht: Dagestan wird auf der roten Liste vieler westlicher Regierungen als ein Land eingestuft, das man besser nicht bereisen sollte.

GEORGIEN–RUSSLAND

Ein Bus verlässt um 5 Uhr morgens im Bereich des Hotels Okriba den Busbahnhof Didube in Tiflis und fährt nach Vladikavkaz. Hier fahren auch siebensitzige Minibusse ab, allerdings starten sie erst wenn sie voll sind (30 US$, 4 Std.). Ein Taxi von Stepantsminda nach Vladikavkaz kostet 150 GEL. Fernbusse verbinden Tiflis mit verschiedensten Städten in Russland.

TÜRKEI–ASERBAIDSCHAN

➜ Busse verschiedener Busgesellschaften verkehren mindestens täglich zwischen İstanbul–Trabzon–Baku (60–70 US$, 32–40 Std.) Zu den Busfirmen gehören z. B. Metro (www.metroturizm.com.tr) und Luxistanbul (www.luksistanbul.com), die vom Busbahnhof Eminiyet Otogar an der Küçük Langa Caddesi im Istanbuler Stadtviertel Aksaray abfahren. Manche Busse fahren über Ankara und sind somit länger unterwegs. Alle fahren auch durch Georgien.

➜ Busse der Busgesellschaft İğdiriTurizm (www.igdirliturizm.com.tr) verkehren mehrmals täglich zwischen İstanbul–İğdır–Naxçivan (35 US$, 30 Std.) Wer in Iğdır einsteigt, muss wegen des Zeitzonenwechsels, der Grenzformalitäten und des Transfers zwischen verschiedenen Busbahnhöfen für die kurze Reise nach Naxçivan (5 AZN) mehrere Stunden einplanen. Schneller geht es, wenn man einen der klimatisierten Minibusse nimmt, die vor dem Büro der Busgesellschaft am *meydan* (Hauptplatz) warten und 20 AZN pro Kopf nehmen. Man muss bei der Auswahl aber bedenken, dass die Weiterreise von Naxçivan nach Baku nur per Flugzeug geht, wenn man im Inland bleiben möchte.

TÜRKEI–GEORGIEN

➜ Internationale Busse in/aus verschiedenen türkischen Städten fahren über den 24 Stunden geöffneten Grenzübergang Sarp–Sarpi, wo die Fahrgäste in der Regel den Bus samt ihrem Gepäck verlassen müssen, um durch den Zoll zu gehen. Mindestens fünf Busse befahren täglich die Strecke İstanbul–Batumi–Tiflis (40 bis 50 US$, rund 26 Std.).

➜ Busse auf der Strecke Trabzon–Batumi und auch Minibusse fahren fast rund um die Uhr, allerdings enden die meisten der sogenannten „Batumi"-Busse an der Grenze Richtung Osten, sodass die Fahrgäste ab hier einen regionalen Bus oder ein Taxi für 10 US$ in die Stadt nehmen müssen. Wer diese Grenze etappenweise überqueren möchte, kann das in der Regel ganz leicht über Hopa tun.

➜ **Kars Vipturizm** (☎0474-444 9188; www.facebook.com/KarsVipTurizm; Faikbey Caddesi 72; ⊙5–18 Uhr) betreibt Busse vom Busbahnhof Ortachala in Tiflis, die sonntags, mittwochs und freitags über Posof nach Kars fahren und dienstags, donnerstags und samstags um 9 Uhr türkischer Zeit zurückkehren. (100 ₺, 6 Std.).

Auto & Motorrad

Fahrer, die mit einem Fahrzeug in die Region kommen, benötigen die Zulassungspapiere für das Fahrzeug und eine Haftpflichtversicherung. In jedem Land muss man eine für das Land geltende Versicherung abschließen (in der Regel kostet sie um die 25 US$ im Monat). Man bezahlt sie an der Grenze, wenn man nach Georgien oder Aserbaidschan einreist. In Aserbaidschan werden noch einmal 20 US$ als Straßensteuer fällig. Für Armenien besorgt man sich die Versicherung online auf https://aswa.am, weil das in der Regel die beste Option ist.

Achtung: Fahrzeuge, die vor 2006 zugelassen wurden, dürfen unter Umständen nicht nach Aserbaidschan fahren, müssen eine Emissionssteuer bezahlen und/oder dürfen nur drei Tage bleiben.

Zug

Bei Redaktionsschluss hieß es, dass die Eisenbahnstrecke İstanbul–Kars–Tiflis–Baku endgültig im Jahr 2020 in Betrieb genommen werden soll.

Ansonsten sind die einzigen internationalen Verbindungen in den Südkaukasus die wöchentlich fahrenden Züge zwischen Baku und Moskau sowie Baku und Kiew. Die Fahrt auf beiden Strecken dauert mehr als 50 Stunden. Auf ihrem Weg Richtung Süden überqueren beide Züge die Grenze zwischen Russland und Aserbaidschan um Mitternacht herum. Die Grenzbeamten können sehr pedantisch bei der Einstellung des Datums auf ihren Einreisestempeln sein: Wenn Punkt Mitternacht gestempelt wird, hat bereits ein neuer Tag begonnen, sodass man auf jeden Fall darauf achten sollte, dass das Visum einen Tag Spiel hat.

Auf dem Seeweg

Georgien

Von Batumi nach Sotschi verkehrt ein Tragflügelboot der Reederei Express Batumi (100 US$ ein Weg), das von Anfang Juni bis Mitte September montags um 11 Uhr in Batumi ablegt und um 16 Uhr in Sotschi anlegt. Von Sotschi aus fährt das Boot dienstags um 11 Uhr zurück und kommt um 16 Uhr in Batumi an.

Wer sich gerne 50 Stunden auf einer Fähre im Schwarzen Meer aufhält, fährt mit UkrFerry (www.ukrferry.com) oder der weniger komfortablen Navi-Bulgar (www.navbul.com), die mehrere Fähren im Monat zwischen Batumi und Tschernomorsk (ehemals Ilyichevsk, Ukraine) betreiben. Eine Zweibettkabine kostet zwischen 150 und 250 US$ pro Person. NaviBulgar legt auch in Warna in Bulgarien an. Die Fahrt von Batumi nach Warna dauert 4½ Tage, von Warna nach Batumi rund 2½ Tage. Die Fahrkarten gibt es über die Webseiten der Reedereien.

Aserbaidschan

Alle paar Tage verlassen Fähren den Hafen Ələt 75 km südlich von Baku, um über das Kaspische Meer nach Türkmenbaşi (Turkmenistan) und Aqtau (Kasachstan) überzusetzen, aber dann kann auch durchaus mal eine Woche Pause dazwischen sein. Die Fähren sind primär eigentlich Lastschiffe für Bahnfrachtgut, sodass private Passagiere nur so nebenbei befördert werden. Daher handelt es sich um nicht sehr komfortable Fähren. Es gibt auch keinen festen Fahrplan: Sie fahren los, wenn sie ihre Ladekapazität erreicht haben.

Im Fahrpreis sind theoretisch eine Schlafkoje und einfache Mahlzeiten inbegriffen, aber wer zu spät kommt, muss auf manchen Schiffen irgendwo im öffentlichen Bereich schlafen. Fahrräder werden gegen den Preis eines normalen Passagiertickets mitgenommen, Motorräder kosten das doppelte und Autos werden nach ihrer Länge berechnet (d. h. 500 bis 800 US$ pro Fahrzeug). Um den surreal anmutenden Vorgang des Ticketkaufs durchzuführen, ruft man zunächst bei **Caspian Shipping** (☎012-4043900, Kasachstan Fähr-Info 055-9999124, Turkmenistan Fähr-Info 055-9999061; https://asco.az/en; 🚇) an, lässt Name und Handynummer auf eine Abfahrtsliste setzen und wartet auf einen Rückruf.

Selbst wenn man dann endlich an Bord ist, kann es sein, dass es am Zielhafen kein Anlegedock gibt, sodass man noch Stunden (oder gar Tage) warten muss. Konkret heißt das, eine Überfahrt von Baku nach Türkmenbaşi mag etwa 12 Stunden dauern, kann aber am Ende sogar 30 bis 50 Stunden in Anspruch nehmen. Man sollte zusätzliches Essen und Trinken mitnehmen, falls die Verzögerung dazu führt, dass die Vorräte des Schiffes zu Ende gehen. Wer nicht mit einem Fahrzeug unterwegs ist, sollte vielleicht besser fliegen.

UNTERWEGS VOR ORT

Auto & Motorrad

In den Hauptstädten Auto zu fahren, kann sehr anstrengend sein, denn es gibt verworrene Einbahnstraßensysteme, Staus in den Stoßzeiten und schlechte Parkbedingungen. Andernorts ist das Parken in der Regel unkompliziert, und es ist wenig Verkehr. Eine Herausforderung ist allerdings der manchmal chaotische Fahrstil der Einheimischen.

In den Hauptstädten gibt es Niederlassungen der wichtigsten internationalen Mietwagenfirmen, aber auch einheimische Verleiher, die in der Regel viel preiswerter sind (ab ungefähr 20 US$ pro Tag). Meist darf man Leihwagen nicht über die Grenzen mitnehmen (außer in einigen Fällen über die Grenze zwischen Georgien und Armenien). Es lohnt sich manchmal auch, einen einheimischen Fahrer für Fahrten von Stadt zu Stadt oder sonstige Ausflüge anzuheuern. Dazu ist es am kostengünstigsten, einen Taxistand für ein Sammeltaxi zum gewünschten Ziel zu finden. Dort bietet man dem Fahrer dann den vierfachen Preis plus einiges mehr für Umwege, Abstecher und Fotostopps. Hostels können auch einen Fahrer organisieren, und das oft zu Preisen, die man bei Taxis an der Straße nicht finden kann.

Wenig befahrene Bergstraßen sind oft nur schlecht befestigt und können auch mal durch Erdrutsche gesperrt oder durch Springfluten weggespült sein. Hier benötigt man ein Allradfahrzeug, das bei Mietwagenfirmen in der Regel mindestens 80 US$ pro Tag kostet. Wer in solchen Regionen selbst fahren will, sollte im Konvoi von wenigstens zwei Fahrzeugen mit Seilwinden und Abschleppseilen unterwegs sein, um sich auf matschigen Abschnitten gegenseitig helfen zu können. Oft ist es besser, einen einheimischen Fahrer mit einem alten Lada Niva oder UAZ am Ausgangsort eines jeden Querfeldeinabenteuers anzuheuern. Wenn man allerdings die jeweilige Landessprache (oder Russisch) nicht beherrscht, kann die Organisation echt schwierig werden.

➡ Fahrzeuge aller Art fahren auf der rechten Straßenseite.

➡ Das gesetzlich verankerte Maximum an Alkohol im Blut liegt in allen drei Ländern bei Null.

➡ Die Vorfahrtsregeln in Kreisverkehren sind grundsätzlich genau umgekehrt als im restlichen Europa (man gewährt den einfahrenden Fahrzeugen Vorfahrt).

➡ Grundsätzlich reicht ein nationaler Führerschein aus einem westlichen Land, aber ein Internationaler Führerschein ist manchmal auch sehr hilfreich, vor allem wenn der nationale kein Foto hat.

An den Hauptstraßen gibt es genügend Tankstellen, aber in entlegenen Gebieten wird es schwieriger. Also vor solchen Fahrten vorher volltanken!

Bus

Fast jede Stadt oder jedes Dorf hat so etwas wie einen

Bus- oder Minibusservice. Letzterer ist gemeinhin unter dem Begriff *marshrutka* (Plural *marshrutky*) bekannt.

Zwischen größeren Städten pendeln die Busse meist etwa stündlich hin und her, aber in Dörfern auf dem Land fährt oft nur einmal am Morgen ein Minibus in das nächste Regionalzentrum und kehrt dann nach dem Mittagessen vom Basar wieder zurück.

Die Fahrpreise bewegen sich um die 1,50 US$ pro Stunde. Die Ausstattung der Busse kann sehr unterschiedlich ausfallen. Regionalbusse werden oftmals nicht nur mit Personen beladen, sondern auch mit unterschiedlichsten Frachtgütern (z. B. mit Kartoffelsäcken oder Getränkekisten). Es ist außer für einige internationale Strecken selten nötig, vorher zu reservieren (und oftmals auch gar nicht möglich).

Marshrutky haben meist ein Schild mit der Zielangabe hinter der Windschutzscheibe, aber leider nur in einheimischen Schriftzeichen. Um eine *marshrutka* auf der Straße anzuhalten, streckt man den Arm aus und winkt. Wer aussteigen möchte, sagt laut in Richtung des Fahrers „Stopp" in der jeweiligen Landessprache (*kangnek* in Armenien, *sakhla* in Aserbaidschan oder *gaacheret* in Georgien).

Fahrrad

Radfahren wird im Südkaukasus immer beliebter als Teil einer Reise durch Asien. Der Fahrstil der Einheimischen ist jedoch weniger vorhersehbar als in westlichen Ländern. Außerdem ist es recht bergig, und der Zustand der Straßen ist oft sehr schlecht. Andererseits ist abseits der wenigen viel befahrenen Autobahnen nur wenig Verkehr unterwegs, und die Landschaft ist traumhaft schön. In vielen Teilen der Region ist wildes Campen erlaubt.

Flugzeug

Es gibt nur wenige Inlandsflüge oder Flüge von einem Land zum anderen. Zwischen Armenien und Aserbaidschan gibt es keine direkten Flugverbindungen. Fliegen ist praktisch, wenn man von Baku nach Naxçivan möchte, ohne dabei Aserbaidschan verlassen zu müssen. Winzige Flugzeuge, die nach Mestia (Georgien) fliegen, bieten eine umwerfende Aussicht auf die Berge; die Flüge werden aber auch oft abgesagt.

Flüge innerhalb der Region

Tiflis und Batumi haben mit AZAL/Buta Airways Flugverbindungen nach Baku, und nach Jerewan geht es mit Georgian Airways. Qatar Airways versorgen ebenfalls die Route Tiflis–Baku.

Inlandsflüge

Georgien Georgian Airways fliegt von Tiflis nach Batumi. Bei gutem Wetter betreibt Vanilla Sky eine 19-Sitzer-Propellermaschine von Kutaisi und/oder dem Natakhtari Airfield in Tiflis nach Mestia, aber solche Flüge fallen oft auch aus.

Aserbaidschan AZAL fliegt auf den Strecken Baku–Naxçivan und Baku–Gəncə.

Öffentlicher Nahverkehr

In allen drei Hauptstädten gibt es ein preiswertes, leicht zu nutzendes U-Bahnsystem. Andere Verkehrsmittel in der Stadt bestehen aus einem Mix aus *marshrutky* und Bussen. *Marshrutky* halten überall an ihrer Strecke; Busse tun dies meist nur an festen Haltestellen. Beide Verkehrsmittel können sehr voll werden.

Die Fahrpläne sind oft nur in heimischen Schriftzeichen gehalten.

Es gibt Unmengen Taxis. Die meisten in Jerewan und einige in Baku fahren mit Taxameter. Bei den anderen gilt: immer vorher einen Preis aushandeln. Eine Fahrt von etwa 3 km kostet rund 3 US$ oder weniger. In den Hauptstädten sind die Fahrten am billigsten, wenn man sie vorher telefonisch oder per App (möglich z. B. bei Taxi Yandex, taxi.yandex.com; in Aserbaidschan als Uber bekannt), Bolt (bolt.eu) und GG (ggtaxi.com) bucht.

Trampen

In ländlichen Gebieten mit nur wenigen öffentlichen Verkehrsmitteln winken Einheimische oft nahende Fahrzeuge heran. Wer das als Urlauber auch macht, sollte dem Fahrer etwas Geld anbieten (etwa so viel wie die Fahrt mit dem Bus oder der *marshrutka* auch gekostet hätte). Das Trampen an Hauptstraßen zwischen den großen Städten ist nicht so verbreitet, aber durchaus möglich. Einheimische halten in der Regel an, weil sie sich gerne interessiert mit Fremden unterhalten.

Das Trampen ist nie völlig sicher und deshalb auch nicht empfehlenswert. Tramper müssen wissen, dass sie sich immer in Gefahr begeben, sei das Risiko auch noch so gering. Niemals mit angetrunkenen Fahrern mitfahren!

Zug

Züge fahren langsamer und weniger häufig als Busse und Minibusse. Die Fahrscheine sind jedoch preiswerter, und bei Nachtfahrten ist ein Schlafwagenplatz im Preis inbegriffen. Somit ist Zugfahren weitaus komfortabler als Busfahren.

Für den Fahrkartenkauf und das Einsteigen in einen Nachtzug wird der Ausweis benötigt, auch wenn man Einheimischer ist. Für Vorstadtzüge oder Regionalzüge (*elektrichka*) ist kein Ausweis erforderlich, auch nicht für andere Inlandszüge in Armenien.

Nachtzüge

In Nachtzügen gibt es drei Klassen, von denen alle mit Schlafplätzen ausgestattet sind:

1. Klasse (*luks* oder *SV*) Gepolsterte Liegen, zwei Personen pro Abteil; nur in einigen Zügen vorhanden.

2. Klasse *(kupe)* – vier Personen pro Abteil, härtere Bettstellen mit darüberliegenden herausklappbaren Liegen. Gut für das, was geboten wird: selten über 10 US$ für eine nächtliche Inlandsfahrt.

3. Klasse *(platskart)* – offene Liegen ohne Abteiltür. Zwei der sechs Betten befinden sich längs im Korridor und sind nicht geeignet für große Menschen. Wenn der Zug dann unterwegs ist und die Schlafenszeit naht, teilt ein Schaffner die Bettlaken aus, damit sich jeder dann sein eigenes Bett machen kann. In besseren Zügen gibt es einen Samowar mit kochendem Wasser für Tee oder Instantnudeln. Ansonsten sollte man aber die eigene Verpflegung dabei haben, denn es gibt in der Regel keinen Speisewagen.

Gesundheit

Der Südkaukasus ist grundsätzlich eine recht gesunde Region, aber man kann wie überall das Risiko deutlich minimieren, wenn man weder zweifelhaftes Essen noch unsauberes Wasser zu sich nimmt und vorsorglich Schutzmaßnahmen gegen Insektenstiche und Tierbisse trifft.

REISEPLANUNG

Versicherung

EU-Bürger dürfen in Georgien, Armenien und Aserbaidschan das öffentliche Gesundheitssystem und einige zahnärztliche Behandlungen umsonst in Anspruch nehmen, wenn ein aktuell gültiges wechselseitiges Abkommen mit dem Heimatland vorliegt.

Der Standard der medizinischen Versorgung in der Region ist jedoch sehr uneinheitlich. Wer die besseren, dem westlichen Standard verpflichteten Kliniken in den größeren Städten aufsuchen will, muss bei einer Behandlung oder gar einer anstehenden Operation tief in die Tasche greifen, sodass eine gute Krankenversicherung unbedingt erforderlich ist.

Bei der Wahl der Versicherung sollte man sich im Vorfeld der Reise gut informieren. Idealerweise schließt man eine Versicherung ab die direkt mit der Klinik abrechnet anstatt in Vorleistung gehen zu müssen.

EMPFOHLENE IMPFUNGEN

Reisende sollten mit den normal üblichen Impfungen ihres Heimatlands auf dem neuesten Stand sein; das gilt für: Diphterie, Tetanus, Masern, Mumps, Röteln, Kinderlähmung und Typhus. Für Kinder und ältere Menschen können jedoch weitere Impfungen vor Antritt der Reise empfehlenswert sein.

Hepatitis A Das Risiko gilt für die Region als mittelmäßig: Impfungen können für Reisende sinnvoll sein, die sich längere Zeit in Gebieten mit schlechten sanitären Einrichtungen aufhalten wollen.

Hepatitis B Hat eine hohe Verbreitung: Impfungen können für einige Personengruppen sehr sinnvoll sein, darunter für Menschen, die ungeschützten Sex nicht ausschließen.

Tuberkulose (TB) Impfungen sind zu empfehlen für junge Leute, die in Risikogebieten wie beispielsweise Flüchtlingscamps arbeiten wollen.

Tollwut Tollwut kann in allen drei Ländern vorkommen. Eine Impfung kommt immer dann in Betracht, wenn man Aktivitäten plant, die einen möglicherweise in Kontakt mit Haus- oder wilden Tieren bringt, so beispielsweise beim Radfahren, Wandern oder Campen, und das besonders in entlegenen Regionen, wo eine Impfung innerhalb von 24 Stunden nach einem Biss nicht gewährleistet werden kann.

Websites

Online gibt es für Reisende viele Gesundheitsratgeberseiten. Die nachfolgend aufgeführten Websites geben landesspezifische Informationen:

UK Travel Health Network (https://travelhealthpro.org.uk)

US Centers for Disease Control and Prevention (wwwnc.cdc.gov/travel)

LEITUNGSWASSER

In den meisten Regionen ist es in der Regel unbedenklich, Leitungswasser zu trinken. In Baku und den Tiefebenen von Aserbaidschan ist es jedoch besser, sich mit gereinigtem Flaschenwasser einzudecken. Es ist fast überall erhältlich. Wer sich nicht sicher ist, welche Qualität das Leitungswasser hat, sollte es zehn Minuten abkochen, Wasserreinigungstabletten oder einen Filter benutzen. Im Südkaukasus sind auch einige regional berühmte Mineralwässer beheimatet, von denen das georgische Sprudelwasser Borjomi am bekanntesten ist. Leere Flaschen können an Brunnen wieder aufgefüllt werden, die man oft an Landstraßen und in höher gelegenen Gebieten findet. Die meisten sind sauber und sogar gesund, aber besser, man erkundigt sich bei den Einheimischen, besonders wenn der Brunnen wenig benutzt aussieht.

IN GEORGIEN, ARMENIEN & ASERBAIDSCHAN

Verfügbarkeit & Kosten der medizinischen Versorgung

In den Hauptstädten gibt es einige teurere Kliniken mit westlichem Standard.

Eine öffentliche medizinische Versorgung gibt es in allen Städten, allerdings sind Kliniken und Krankenhäuser unter Umständen schlecht ausgestattet, und das Krankenpflegepersonal fehlt oft ganz (die Pflege muss dann von Familienangehörigen und Freunden übernommen werden).

In Georgien sind einige einst öffentliche Krankenhäuser nun privatisiert worden und nehmen die volle Summe für eine Behandlung, aber die Kosten sind im Vergleich zu westlichen Krankenhäusern noch bescheiden.

In der Vergangenheit war es an der Tagesordnung, dass man Krankenschwestern und Ärzten ein Trinkgeld für die Versorgung gab. Das ist mittlerweile nicht mehr verbreitet, aber in manchen Häusern wird es doch noch erwartet. Ausländern, die davon nichts wissen, wird man es allerdings verzeihen, wenn sie nichts geben. Wer dennoch ein Trinkgeld für besondere Pflege geben möchte, macht das bitte unauffällig, in dem er das Geld in einen Umschlag steckt und eine Karte mit Worten wie „für Kaffee und Kuchen im Schwesternzimmer“ beilegt.

Reisediarrhöe

In der Regel sind die Regionen im Südkaukasus keine gesundheitsgefährdenden Länder. Verdauungsprobleme kommen hier nicht häufiger vor als in anderen Teilen Europas. Wer jedoch eine Diarrhöe entwickelt, sollte auf jeden Fall genügend trinken, besonders in Form einer trinkbaren Rehydrationslösung wie z. B. Gastrolyte. Sollte die Diarrhöe blutig sein, mehr als 72 Stunden anhalten oder von Fieber, Zittern, Schüttelfrost oder starken Bauchschmerzen begleitet sein, sollte man unbedingt ärztlichen Rat einholen.

Reisen mit Kindern

- Kinder sollten ohnehin immer mit ihren Impfungen auf dem aktuellen Stand sein. Mögliche Impfungen sollten lange vor Antritt der Reise mit dem Arzt besprochen werden, denn manche sind für Kinder gar nicht geeignet.
- Besondere Vorsicht ist bei kontaminierten Nahrungsmitteln und Wasser geboten. Sollte das Kind erbrechen oder Durchfall haben, müssen verlorene Flüssigkeit und Salze ersetzt werden.
- Kindern sollte beigebracht werden, sich von unbekannten Hunden oder anderen Säugetieren fernzuhalten, denn die Tiere könnten Tollwut oder eine andere Krankheit haben. Hütehunde sind keine Haustiere und können gefährlich sein.

Umweltgefahren

Höhenkrankheit

Jeden Wanderer, der schnell auf eine Höhe von über 2500 m ansteigt, kann die Höhenkrankheit ereilen. Bei 3500 m ist sie weit verbreitet und bei schnellem Anstieg auf 5000 m sehr wahrscheinlich. Das Risiko steigt bei schnellen Anstiegen, größeren Höhen und größerer Anstrengung. Zu den Symptomen zählen Kopfschmerzen, Übelkeit, Erbrechen, Schwindel, Erschöpfung, Schlaflosigkeit, übermäßige Atemlosigkeit oder Appetitverlust.

In schlimmeren Fällen kann sich Wasser in der Lunge ansammeln (die häufigste Todesursache bei der Höhenkrankheit) oder das Gehirn anschwellen. Jeder, der Anzeichen von Höhenkrankheit bei sich verspürt, sollte nicht weiter aufsteigen, bis die Symptome vergangen sind. Werden die Symptome gar schlimmer, sollte man sofort absteigen.

Eine Akklimatisierung und ein langsamer Anstieg sind ganz wesentlich, um das Risiko der Höhenkrankheit zu reduzieren: Durchtrainierte, schnelle Bergwanderer sind oft am anfälligsten – weniger dynamische Wanderer gehen bei steilen Anstiegen ohnehin eher langsam. Man sollte am Tag mindestens 4 l Wasser trinken, um eine Dehydrierung zu vermeiden. Eine praktische Art, den eigenen Wassergehalt zu überwachen, ist es, dafür zu sorgen, dass der Urin klar ist und in ausreichenden Mengen fließt. Niemals Tabak oder Alkohol konsumieren. Manche Bergwanderer schwören auf Minze, Ingwer und Knoblauch, aber das ist recht zweifelhaft.

Diamox (Acetazolamide) hilft gegen die von der Höhenkrankheit verursachten Kopfschmerzen und unterstützt den Körper bei der Gewöhnung an den wenigen Sauerstoff. Es wird normalerweise nur gegen Rezept ausgegeben und ist als vorbeugende Maßnahme nicht empfehlenswert.

Insektenbisse & -stiche

In den meisten Gebieten des Kaukasus finden sich Moskitos, aber obwohl sie lästig sein können, sind seit 2013 keine Fälle mehr von Malariainfektionen berichtet worden. Insektenschutzmittel, die DEET beinhalten, sind in der Regel sehr wirksam und schützen länger als Pflanzenextrakte (Öle). Allerdings sollte man sich nach dem Gebrauch von DEET sorgfältig die Hände waschen, denn es kann Gummi zerfressen und bestimmte Plastiksorten beschädigen, darunter viele Arten von Sonnenbrillen.

Unterkühlung

Unterkühlung tritt immer dann ein, wenn der Körper schneller Wärme verliert, als er produziert. Selbst an einem heißen Tag kann das Wetter in den Bergen schnell umschlagen. Deshalb sollte man immer wasserfeste Kleidung, warme Unterbekleidung und eine Mütze dabei haben. Auch sollten andere über den Verlauf der geplanten Route informiert werden. Unterkühlung beginnt mit Zittern, Verlust des Urteilsvermögens und mit Schwerfälligkeit. Wenn die betreffende Person nicht wieder aufgewärmt wird, gleitet sie in Apathie, Verwirrung und Koma ab. In dem Fall sollte man zumindest verhindern, dass der Körper noch mehr Wärme verliert, indem man Schutz sucht, warme trockene Kleidung anzieht, heiße, süße Getränke zu sich nimmt oder man wärmt sich gegenseitig.

Sprachen

Das Kapitel vermittelt einen Grundwortschatz, der bei der Orientierung im Südkaukasus von Nutzen ist. Ausspracheinweise sind in Rot gehalten. Wo dort ein z steht, entspricht der Laut einem stimmhaften „s" (wie in „Susanne").

RUSSISCH

In allen drei Ländern ist Russisch weit verbreitet, und nur eine Minderheit schätzt es nicht besonders, auf Russisch angesprochen zu werden. Wer also ein passables Russisch spricht, wird auf jeden Fall gut zurecht kommen. Das ch wird wie in „ach" gesprochen, zh stimmhaft wie in „Journalist" (ohne „d" im Anlaut), das r wird gerollt und der Apostroph (') deutet ein leichtes i an. Betonte Silben sind kursiviert.

Grundlegendes

Hallo.	Здравствуйте.	*zdrast*·wuyt·ye
Auf Wiedersehen.	До свидания.	da swih·*dan*·ya
Entschuldigung./ Tut mir leid.	Извините, пожалуйста.	ihz·wih·*niht*·ye pa·*zhal*·sta
Bitte.	Пожалуйста.	pa·*zhal*·sta
Danke.	Спасибо.	spa·*sih*·ba
Ja./Nein.	Да./Нет.	da/nyet

Wie heißen Sie?
Как вас зовут? — kak waz za·*wut*

Ich heiße ...
Меня зовут … — mihn·*ya* za·*wut* ...

Sprechen Sie Englisch?
Вы говорите по-английски? — wi ga·wa·*riht*·ye pa·an·*glih*·skih

Ich verstehe nicht.
Я не понимаю. — ya nye pa·nih·*ma*·yu

> **NOCH MEHR RUSSISCH**
>
> Weitere Details und nützliche Wendungen findet man im *Russian Phrasebook* von Lonely Planet. Man bekommt es unter **shop.lonelyplanet.com**, oder man besorgt sich die iPhone-Version im Apple App Store.

Unterkunft

Zeltplatz	кемпинг	*kyem*·pihng
Pension	пансионат	pan·sih·a·*nat*
Hotel	гостиница	ga·*stih*·niht·sa
Jugendherberge	общежитие	ap·schih·*zhi*·tih·ye

Haben Sie ein ... Zimmer?	У вас есть …?	u was yest' ...
einfach	одноместный номер	ad·nam·*yes*·ni *no*·mihr
doppelt	номер с двуспальней кроватью	*no*·mihr z dwu·*spaln*·yey kra·*wat*·yu

Was kostet das ...?	Сколько стоит за …?	*skol'*·ka *sto*·iht za ...
für zwei Personen	двоих	dwa·*ihch*
pro Nacht	ночь	noch'

Essen & Trinken

Was würden Sie empfehlen?
Что вы рекомендуете? — schto wi rih·ka·mihn·*du*·iht·ye

Haben Sie vegetarische Gerichte?
У вас есть овощные блюда? — u was yest' a·waschch·*ni*·ye *blyu*·da

Ich hätte gern ...
…, пожалуйста. — ... pa·*zhal*·sta

Prost!
Пей до дна! — pyey da dna

Ich hätte gern ..., bitte.	Я бы хотел/ хотела … (m/f)	ya bi chat·*yel*/ chat·*ye*·la ...
Rechnung	счёт	schot
Speisekarte	меню	mihn·*yu*

(eine Flasche) Bier	(бутылка) пива	*(bu·til·ka) pih·wa*
(eine Tasse) Kaffee/Tee	(чашка) кофе/чаю	*(chasch·ka) kof·ye/cha·yu*
Wasser	вода	wa·*da*
(ein Glas) Wein	(рюмка) вина	*(ryum*·ka) wih·*na*

Notfall

Hilfe!	Помогите!	pa·ma·*gih*·tye
Hau ab!	Идите отсюда!	ih·*diht*·ye at·*syu*·da
Rufen Sie ...!	Вызовите ...!	*wi*·za·wiht·ye ...
einen Arzt	врача	wra·*cha*
die Polizei	милицию	mih·*liht*·si·yu

Ich habe mich verlaufen.
Я потерялся/потерялась. (m/f) — ya pa·tihr·*yal*·sa/ pa·tihr·*ya*·las'

Ich bin krank.
Я болею. — ya bal·*ye*·yu

Wo sind die Toiletten?
Где здесь туалет? — gdye zdyes' tu·a·*lyet*

Shoppen & Dienstleistungen

Ich hätte gern ...
Я бы хотел/хотела ... (m/f) — ya bi chat·*yel*/ chat·*ye*·la ...

Was kostet das?
Сколько стоит? — *skol'*·ka *sto*·iht

Das ist zu teuer.
Это очень дорого. — e·ta o·chihn' *do*·ra·ga

Bank	банк	bank
Markt	рынок	*ri*·nak
Post	почта	*poch*·ta
Touristen-information	туристическое бюро	tu·rihs·*tih*·chih·ska·ye byu·*ro*

Verkehr

Wo ist ...?
Где (здесь) ...? — gdye (zdyes') ...

Wie lautet die Adresse?
Какой адрес? — ka·*koy* a·drihs

Können Sie mir das (auf der Karte) zeigen?
Покажите мне, пожалуйста (на карте)? — pa·ka·*zhi*·tye mnye pa·*zhal*·sta (na *kart*·ye)

Eine ... Fahrkarte, bitte.	Билет ...	bihl·*yet* ...
einfach	в один конец	w a·*dihn* kan·*yets*
hin & zurück	в оба конца	w *o*·ba kant·*sa*

Zahlen – russisch

1	один	a·*dihn*
2	два	dwa
3	три	trih
4	четыре	chih·*ti*·rih
5	пять	pyat'
6	шесть	schest'
7	семь	syem'
8	восемь	*vo*·sihm'
9	девять	*dye*·viht'
10	десять	*dye*·siht'

Bus	автобус	af·*to*·bus
Flugzeug	самолёт	sa·mal·*yot*
Schiff	пароход	pa·ra·*chot*
Zug	поезд	*po*·yihst

ARMENISCH

Das Armenische ist eine indoeuropäische Sprache mit eigener Schrift und deutlichen Einflüssen des Persischen aufs Vokabular. Hinzu kommen viele Lehnwörter und Wendungen aus dem Russischen, Türkischen, Französischen und Hindi. Die ostarmenische Hochsprache basiert auf dem Sprachgebrauch in Aschtarak bei Jerewan. In der Provinz Lori ist das Armenische klangvoller und wird langsamer gesprochen, der Akzent in Gegharkunik und Karabach ist für Außenstehende kaum verständlich, und der Wortschatz wechselt von einem Tal zum nächsten.

Wir verzichten auf eine Transkription armenischer Wörter und beschränken uns auf die Aussprachehilfe. Das zh ist stimmhaft wie in „Journalist" (ohne „d" im Anlaut), ch wird wie in „ach" gesprochen, dz ist ein stimmhaftes „ds", gh ist ein kehliger Laut und das r wird gerollt. Das Alphabet steht auf S. 245.

Grundlegendes

Guten Tag.	barew dzez (höfl.)
Hallo.	barew (inf.)
Auf Wiedersehen.	tsetesutyun (höfl.) hajogh (inf.)
Ja.	ayo/ha (höfl./inf.)
Nein.	woch/che (höfl./inf.)
Bitte.	chuntrem
Danke.	schnorhakalutyun
Kein Problem.	problem chihka
Wie geht es Ihnen?	wonts ek/es? (höfl./inf.)
Danke, gut.	law em schnorhakalutyun

Und selbst?	ihsk' duk?
Wie heißen Sie?	anunut ihnch eh?
Ich heiße …	anuns … e
Sprechen Sie Englisch?	chosum es angleren?
Ich verstehe nicht.	chem haskanum

Unterkunft

Haben Sie ein Zimmer?	unek senyak?
Pension	pansihonat
Hotel	hyuranots

Notfall

Wo ist die Toilette?	wortegh e zugarane?
Mir ist übel.	hihwand em
Arzt	bjhihschk
Krankenhaus	hihwandanots
Polizei	wostihgan

Shoppen & Dienstleistungen

Wie teuer?	ihnch arjhey?
Bank	bank
Drogerie/Apotheke	deghatun/apteka
Geldwechsel	dramih bochanagum
teuer	tang
Markt	schuka
offen	bats
Post	post
Laden	chanut
Telefon	herachos

Uhrzeit & Datum

Wann?	yerp?
gestern	yerek
heute	aysor
morgen	waghe
Montag	yerkuschaptih
Dienstag	yerekschaptih
Mittwoch	chorekschaptih
Donnerstag	hihngschaptih
Freitag	urpat
Samstag	schapat
Sonntag	kihrakih

Zahlen – armenisch

1	mek
2	yerku
3	yerek
4	chors
5	heeng
6	vets
7	yot
8	ut
9	eenuh
10	tas

Verkehr

Wann fährt … ?	yerp jampa gelle …?
Wann kommt … an?	yerp gih hasne …?
Halt!	kangnek!
Auto	mekena
Benzin	petrol/benzihn
Bus	awtobus
Busbahnhof/ -haltestelle	awtokayan/gankar
Fahrkarte	doms
Flughafen	otanawakayan
Flugzeug	ihnknatihr/otanow
Minibus	marschrutny/marschrutka
Taxi	taksih
Wo?	ur/wortegh?
hier	aystaihgh
links	dzach
rechts	ach

ASERBAIDSCHANISCH

Aserbaidschanisch gehört zur Familie der Turksprachen; Grammatik und ein Teil des Wortschatzes sind eng mit dem Türkischen verwandt. Geschrieben wurde Aserbaidschanisch zunächst in modifizierter arabischer Schrift, zu Sowjetzeiten in Kyrillisch und heute in einem modernen aserbaidschanisch-lateinischen Alphabet (s. S. 339).

Das *r* wird gerollt, *ğ* ist ein im Kehlkopf gebildeter Laut, *g* ist ein „gj" wie in „Magyaren", *ç* klingt wie ein stimmloses „tsch", *x* steht für das „ch" in „ach ", das *j* klingt wie das „j" in „Journalist", aber ohne „d" im Anlaut; *q* ist ein „g", *ş* ein „sch", *ı* ist ein sehr schwaches „ä" wie im englischen „ago", *ə* ist ein kurzes „ä" wie in „Äpfel", *ö* ähnelt dem „Ö"-Laut im englischen „her", und das *ü* entspricht einem „iu" wie im englischen „pew". In vielen Teilen des Landes wird das harte „k" eher als „ch" gesprochen. Eine leichte Betonung liegt auf der letzten Silbe eines Wortes.

Grundlegendes

Hallo./Guten Tag.	*Salam.*
Auf Wiedersehen.	*Sağ olun/ol.* (höfl./inf.)
Wie geht es Ihnen?	*Necəsiniz?* (höfl.) *Necəsən?* (inf.)
Ja.	*Bəli./Hə.* (höfl./inf.)
Nein.	*Xeyr./Yox.*
Bitte.	*Lutfən.*
Danke.	*Təşəkkür edirəm.*
Gern geschehen.	*Buyurun.*
Entschuldigen Sie./Tut mir leid.	*Bağışlayın.*
Sprechen Sie Englisch?	*Siz ingiliscə danışırsınız?*
Ich verstehe nicht.	*Mən anlamıram.*
Prost!	*Deyilən sağlığa!*

Unterkunft

Hotel	*mehmanxana*
Zimmer	*otaq*
Toilette	*tualet*

Notfall

Arzt	*hakim*
Krankenhaus	*xastaxana*
Krankenwagen	*tacili yardım maşını*

Shoppen & Dienstleistungen

Wie viel?	*Nə qədər?*
Apotheke	*aptek*
Bank	*bank*
Geldwechsel	*walyuta dayışma*
Laden	*dukan/mağaza*
Markt	*bazar*
offen	*açıq*
Post	*poçt*
Telefon	*telefon*
teuer	*baha*

Uhrzeit & Datum

Wann?	*Nə waxt?*
gestern	*dünən*
heute	*bu gün*
morgen	*sabah*
Montag	*Bazar ertəsi*
Dienstag	*Çərşənbə axşamı*
Mittwoch	*Çərşənbə*
Donnerstag	*Cümə axşamı*
Freitag	*Cümə*
Samstag	*Şənbə*
Sonntag	*Bazar*

Verkehr

Wann fährt ...?	*... nə zaman gedir?*
Wann kommt ... an?	*... nə zaman gəlir?*
Halt!	*Saxla!*
Auto	*maşın*
Bahnhof	*damir yolu stansiyası*
Benzin	*benzin*
Bus	*awtobus*
Busbahnhof	*awtowağzal*
Bushaltestelle	*awtobus dayanacağı*
Fahrkarte	*bilet*
Flughafen	*hawa limanı*
Flugzeug	*təyyarə*
Fähre	*bərə*
Hafen	*liman*
Minibus	*mikroawtobus*
Taxi	*taksi*
Zug	*qatar*
Wo?	*Hara?/Harada?* (bei Verben/Subst.)
Allee	*prospekt*
Fahrbahn	*xiyaban*
Platz	*meydan*
Straße	*küçə*

GEORGISCH

Das Georgische oder Grusinische gehört zu den südkaukasischen Sprachen. Die alte

Zahlen – aserbaidschanisch

1	bir
2	iki
3	üç
4	dörd
5	beş
6	altı
7	yeddi
8	səkkiz
9	doqquz
10	on

Zahlen – georgisch

1	erti
2	ori
3	sami
4	otchi
5	khuti
6	ekwsi
7	schwidi
8	rwa
9	tschra
10	ati

Sprache hat ihre eigene traditionelle Schrift (s. das Alphabet auf S. 155).

Auch hier verwenden wir die Aussprachehilfe (in Rot) anstelle der georgischen Schriftzeichen. Das q steht für ein „k" wie in „König", wird aber weiter hinten im Rachen gebildet; ch entspricht dem „ch" in „ach". Ein zh entspricht dem stimmhaften „sch" bzw. „s" im englischen Wort „pleasure", dz ist ein stimmhaftes „ds", gh ein kehliger Laut, fast wie beim Gurgeln; das r wird gerollt. Georgische Wörter tragen einen leichten Akzent auf der ersten Silbe.

Grundlegendes

Hallo./Guten Tag.	gamarjobat
Auf Wiedersehen.	nachwamdis
Ja.	diach/ho (höfl./inf.)
Nein.	ara
Bitte.	tu scheidzleba
Danke.	madlobt
Wie geht es Ihnen?	rogor chart?
Entschuldigen Sie.	ukatsrawad
Keine Ursache.	ara uschaws
Sprechen Sie Englisch?	inglisuri itsit?
Ich verstehe nicht.	ar mesmis
Prost!	gaumarjos!

Unterkunft

Hotel	sastumro
Zimmer	otachi
Toilette	tualeti

Notfall

Arzt	eqimi
Krankenhaus	saawadmq'opo
Polizei	politsia

Shoppen & Dienstleistungen

Wie viel?	ramdeni?
Bank	banki
Drogerie/Apotheke	aptiaqi
Laden	maghazia
Markt	bazari/bazroba
offen	ghiaa
Post	posta
Telefon	teleponi
teuer	dzwiri

Uhrzeit & Datum

Wann?	rodis?
gestern	guschin
heute	dghes
morgen	chwal
Sonntag	kwira
Montag	orschabati
Dienstag	samschabati
Mittwoch	otchschabati
Donnerstag	chutschabati
Freitag	paraskewi
Samstag	schabati

Verkehr

Wann fährt er ab?	romel saatze gadis?
Wann kommt er an?	romel saatze chamodis?
Hier anhalten!	gaacheret!
Auto	manqana
Bahnhof	(rkinigzis) sadguri
Benzin	benzini
Bus	awtobusi/troleibusi
Busbahnhof	awtosadguri
Bushaltestelle	gachereba
Fahrkarte	bileti
Flughafen	aeroporti
Flugzeug	twitmprinawi
Hafen	porti
Minibus	marschrutka
Schiff	gemi
Taxi	taksi
Zug	matarebeli
Wo?	sad?
Allee	gamziri
Platz	moedani
Straße/Weg	gza

GLOSSAR

Hier eine Auswahl geläufiger Wörter aus Georgien (Geo), Armenien (Arm) und Aserbaidschan (Asb). Ein ge Worte aus dem Russischen (Rus) und Türkischen (Tur) sind im Kaukasus ebenfalls weit verbreitet.

abour (Arm) – Suppe
ajika (Geo) – Chilipaste
alaverdi (Geo) – für einen Trinkspruch verantwortliche Person
Amenaprkich (Arm) – Hl. Erlöser
aptek/apteka/aptiaqi (Asb/Rus & Arm/Geo) – Apotheke
Arakelots (Arm) – die Apostel
ARF (Arm) – Armenische Revolutionäre Föderation
aşig (ashug) (Asb) – fahrender Musikant
astodan (Asb) – Beinhaus
Astvatsatsin (Arm) – Heilige Gottesmutter
aviakassa (Rus) – Schalter für Flugtickets
avtokayan (Arm) – Busbahnhof
avtosadguri (Geo) – Busbahnhof
avtovağzal (Asb) – Busbahnhof

baklava – Honiggebäck mit gehackten Walnüssen
baliq (Asb) – Fisch, meist Stör, oft vom Grill
basturma (Arm) – gepökeltes Rindfleisch mit rotem Pfeffer
berd (Arm) – Festung
bulvar (Asb) – Boulevard

caravanserai – historische Herberge für Reisende, oft um einen Innenhof
Catholicos – Patriarch der Armenischen und Georgischen Kirchen
çay (Asb) – Tee
çayxana (Asb) – Teehaus
chacha (Geo) – starker grappaähnlicher Likör
chakapuli (Geo) – Lamm mit Pflaumen in Kräutersoße
Tschurtschchela (Geo) – eine Kette von Nüssen mit einem Überzug aus Traubensaft-Kuvertüre
chvishdari (Geo) – Gericht aus Swanetien: Maisbrot gefüllt mit gekochtem Käse
CIS – Gemeinschaft Unabhängiger Staaten; Zusammenschluss ehemaliger Staaten der UdSSR (ohne Georgien und die baltischen Staaten)
çörək (Asb) – Brot

dacha (Rus) – Bungalow, Ferienhaus auf dem Land
darbazi (Geo) – traditionelles Haus mit Öffnung im Dach
doğrama (Asb) – kalte Suppe aus Sauermilch, Kartoffeln, Zwiebeln und Gurken
dolma (Arm, Asb) – Weinblätter mit Reisfüllung
domik (Rus) – Hütte oder einfacher Bungalow
dram – armenische Währung
duduk (Arm) – armenisches Blasinstrument; auch: *tutak* (Asb)
dzor (Arm) – Schlucht

elektrichka (Rus) – ein Nahverkehrszug
eristavi (Geo) – Herzog

gavit (Arm) – Eingangshalle einer Kirche
ghomi (Geo) – Maisbrei
glasnost (Rus) – Offenheit

halva (Asb) – süßes Gebäck, häufig mit Nüssen
hraparak (Arm) – Platz

IDP – Binnenflüchtling, Vertriebener
Intourist (Rus) – Tourismusorganisation der Sowjetzeit
ishkhan (Arm) – Forelle aus dem Sevansee
istirahət zonası (Asb) – ländliches Bungalow-Resort

jvari (Geo) – religiöses Kreuz; sakrale Stätte in Bergregionen
kamança (Asb) – ein Streichinstrument
kartuli – Georgisch
Kartvelebi – das georgische Volk
kassa (Rus) – Ladentheke, Schalter
katoghike (Arm) – Kathedrale
khachapuri (Geo) – herzhaftes Brot oder Gebäck, meist mit Käsefüllung
khachkar (Arm) – mittelalterlicher Grabstein
khamaju (Arm) – Fleischpastete
khash/khashi (Arm/Geo) – Suppe mit Knoblauch und Innereien; auch: *xaş* (Asb)
khashlama (Arm) – Lamm- oder Rindfleischeintopf
khati/khatebi (Geo) – animistischer Schrein in Tuschetien, Georgien
khevi (Geo) – Schlucht
khidi (Geo) – Brücke
khinkali (Geo) – Knödel aus würzigem Fleisch, Kartoffeln und Pilzen
khoravats (Arm) – Essen vom Grill
kişi (Asb) – Herren (deshalb das „K" vor Herrentoiletten)
köfte/kyufta/küftə (Tur/Arm/Asb) – Bällchen aus Rinderhackfleisch mit Zwiebeln und Gewürzen
körpü (Asb) – Brücke
koshki/koshkebi (Geo) – Verteidigungsturm in den georgischen Bergen
kubdari (Geo) – würzige Fleischpastete aus Swanetien
küçəsi (Asb) – Straße
kupe/kupeyny (Rus) – 2.-Klasse-Abteil in Zügen
kvas (Rus) – Getränk aus fermentiertem Roggenbrot
lahmacun/lahmajoon (Tur/Arm) – kleine Pizzas mit Lammfleisch und Gewürzen
lari – georgische Währungseinheit
lavash/lavaş (Arm/Asb) – ein dünnes Brot
ləvəngi (Asb) – Hähnchen, gefüllt mit Walnüssen und Kräutern

lich (Arm) – See

lobio/lobiya/lobya (Geo/ Rus/Asb) – Bohnen, oft mit Kräutern und Gewürzen

luks (Rus) – Luxus; oft bei Hotelsuiten und 1.-Klasse-Abteilen in Zügen

manat – aserbaidschanische Währungseinheit

marani (Geo) – Weinkeller

marshrutka/marshrutky (Rus) – Minibus im ÖPNV

marz (Arm) – Provinz, Region

matagh (Arm) – Tieropfer

matenadaran (Arm) – Bibliothek

matsoni (Geo) – Joghurtgetränk

mayrughi (Arm) – Schnellstraße

mehmanxana (Asb) – Hotel

merikipe (Geo) – derjenige, der bei einem Bankett Wein ausschenkt

meydan (Asb) – Platz

mədrəsə (Asb) – muslimische Schule

moedani (Geo) – Platz

most (Rus) – Brücke

mtsvadi (Geo) – Grillspieß, *shashlyk*

muğam (Asb) – traditionelle Musikrichtung

mushuri (Geo) – Lieder, die zur Arbeit gesungen werden

muzhskoy (Rus) – Herrentoilette

nagorny (Rus) – gebirgig

nard, nardi (Asb/Arm) – Brettspiel, ähnlich wie Backgammon

obshchy (Rus) – Sitzplatzkategorie (ohne Reservierung) im Zug

oghee (Arm) – Obstbranntwein; manchmal auch *vatsun* oder *aragh*

OSCE – Organisation für Sicherheit und Zusammenarbeit in Europa

OVIR (Rus) – Abteilung für Visa und Einreiseregistrierung

paneer (Arm) – Käse

paxlava (Asb) – Gebäck mit Nüssen und Honig

pendir (Asb) – Käse

perestroika (Rus) – Neustrukturierung

pir (Asb) – Schrein, hl. Ort

piti (Asb) – Fleisch-Eintopf mit Kichererbsen und Safran

pivo (Rus) – Bier

pkhali/mkhali (Geo) – Paste aus Rote Bete, Spinat oder Auberginen mit Walnüssen, Knoblauch und Kräutern

platskart/platskartny (Rus) – Liegewagen in Zügen

plov – Reisgericht

poghota (Arm) – Boulevard

poghots (Arm) – Straße

prospekti (Asb) – Boulevard

qadım (Asb) – Damen (daher das „Q" vor Damentoiletten)

qala, qalasi (Asb) – Burg oder Festung

qəpiq – aserbaidschanische Währungseinheit (100 *qəpiq* ergeben ein *manat*)

qucha (Geo) – Straße

qutab (Asb) – gefüllter Pfannkuchen

rabiz (Rus) – armenische Arbeiterkultur; Partymusik

rtveli (Geo) – Traubenernte

sagalobeli (Geo) – Kirchenlieder

sagmiro (Geo) – balladenartige Lieder

sakhachapure (Geo) – Café mit *khachapuri* im Angebot

sakhinkle (Geo) – Café, das *khinkali* anbietet

saxlama kamera (Asb) – Gepäckaufbewahrung

satrap – persischer Provinz-Gouverneur

satrpialo (Geo) – Liebeslieder

satsivi (Geo) – kalter Truthahn oder Hähnchen in Walnusssoße

şəbəkə (Asb) – raffiniert gestaltetes Glasfenster im Holzrahmen

shashlyk – Grillspieß

shirvan – alte aserbaidschanische Währungseinheit, entspricht zwei *manat*

shkmeruli (Geo) – Hühnchen in Knoblauchsoße

shuka (Arm) – Markt

soorch (Arm) – Kaffee

spalny vagon/SV (Rus) – Schlafwagenabteil für zwei Personen

suchush (Arm) – Dessert mit Pflaumen und Walnüssen

sulguni (Geo) –Räucherkäse aus Samegrelo

supra (Geo) – festliches Abendessen; wörtlich: „Tischdecke"

supruli (Geo) – Tafellieder

surp (Arm) – heilig, Heiliger

tabouleh (Arm) – Grüner Salat mit Grieß

tamada (Geo) – der für den Trinkspruch Verantwortliche

tan (Arm) – Joghurt

tetri – georgische Währungseinheit (100 *tetri* sind ein *lari*)

tikə kəbab (Asb) – Grillspieß; auch: *shashlyk*

tqemali (Geo) – Wildpflaumen, Wildpflaumensoße

tonir (Arm) – traditioneller Brotofen

tsikhe (Geo) – befestigter Platz

tufa – armenischer Vulkanstein

tur – der bedrohte kaukasische Steinbock

tutak (Asb) – traditionelles Blasinstrument; auch: *duduk* (Arm)

vank (Arm) – Kloster

virap (Arm) – Brunnen

vishap (Arm) – beschnitzter *dragon stone*

xaş (Asb) – Suppe mit Knoblauch und Innereien; auch: *khash/khashi* (Arm/ Geo)

xəzri (Asb) – Sturm (in Baku)

yeməkxana (Asb) – einfaches Speiselokal

zhensky (Rus) – Damentoiletten

Hinter den Kulissen

WIR FREUEN UNS ÜBER EIN FEEDBACK

Post von Reisenden zu bekommen ist für uns ungemein hilfreich – Kritik und Anregungen halten uns auf dem Laufenden und helfen, unsere Bücher zu verbessern. Unser reiseerfahrenes Team liest alle Zuschriften genau durch, um zu erfahren, was an unseren Reiseführern gut und was schlecht ist. Wir können solche Post zwar nicht individuell beantworten, aber jedes Feedback wird garantiert schnurstracks an die jeweiligen Autoren weitergeleitet, rechtzeitig vor der nächsten Nachauflage.

Wer Ideen, Erfahrungen und Korrekturhinweise zum Reiseführer mitteilen möchte, hat die Möglichkeit dazu auf **www.lonelyplanet.com/contact/guidebook_feedback/new**. Unter **www.lonelyplanet.de/kontakt** erreichen uns Anmerkungen speziell zur deutschen Ausgabe.

Hinweis: Da wir Beiträge möglicherweise in Lonely-Planet-Produkten (Reiseführern, Websites, digitale Medien) veröffentlichen, ggf. auch in gekürzter Form, bitten wir um Mitteilung, falls ein Kommentar nicht veröffentlicht oder ein Name nicht genannt werden soll. Wer Näheres über unsere Datenschutzpolitik wissen will, erfährt das unter www.lonelyplanet.com/privacy

DANK VON LONELY PLANET

Vielen Dank an alle Reisenden, die mit der letzten Ausgabe unterwegs waren und uns nützliche Hinweise, gute Ratschläge und interessante Begebenheiten übermittelt haben:

Aina Margalef, Alessandra Martina, Alex Jones, Alice Jacobs, Ana Louro, Anna Schappert, Ariel Jacob, Bernard Kosto, Caroline Peters, Christian Huegel, Dave Vassar, David Haseler, Ewa Stachura, Faissal Sharif, Floor Molenaar, G Keller, JA de Roo, Jan Sebastiaan Nutma, Jan Vilis Haanes, Jennifer Armstrong, Johnny Gere, Judith Weiss, Lauren Wolfe, Lene Hansen, Leyla Rasulzade, Maggie Webb, Mary Rose-Miller, Mengzhu Wang, Michal Struk, Mireille Grosjean, Nuria Pérez Oreja, Olof Tilly, Paul Berman, Pay Cargill, Peter Geczi, Peter Voelger, Petr Kratochvíl, Quan Wen, Riccarda Kirwald, Ruth Schopenhauer, Ryan Sturgill, Suren Adamyan, Tina Tamman, Tommy Bay Smidt, Ton Trijssenaar, Torje Sunde, Victoria Bainbridge, Willem Bakker, WJ Underwood, Yuji Fujimoto

DANK DER AUTOREN

Tom Masters

Didi madloba an meine Freunde in Saqartvelo, ganz besonders aber an: Zurab Zaalishvili, Dato Imnadze, Davit Gogshelidze und Levan Berulava. Danke auch an Moritz Estermann, Sadia Belhadi, Josa Glück und Michelle Gurevich, die mich auf einigen wunderbaren Ausflügen begleitet haben, an Gianluca Pardelli und Emily Sherwin für wertvolle Kontakte, an Gemma Graham für ihr Vertrauen und an John Noble, der über die Jahre hinweg so hart an diesem Projekt gearbeitet und den Text in einem so hervorragenden Zustand übergeben hat.

Joel Balsam

Ich danke meiner Partnerin und Teamkollegin Stephanie Foden, die all die vielen Kirchen gemeinsam mit mir besichtigt und mir beim Verspeisen riesiger Dolma-Mengen geholfen hat. *Merci* an meine hilfreichen Kontakte in Armenien: Carine Tomassian, Ardag Kosian, Ruzik Gasparyan, Armen Hovsepyan, Sashka Avanyan und Ara Arasunts. Und natürlich danke ich meiner und Stephanies Familie, die sich damit abfinden mussten, dass ich den gesamten Juli an meinem Beitrag geschrieben haben – meinem ersten für Lonely Planet, dem hoffentlich noch viele folgen werden.

Jenny Smith

Ein großes Dankeschön an die vielen freundlichen Menschen, die meine Recherchen erfolgreich und erfreulich werden ließen. Und natürlich gilt mein Dank Gemma Graham bei Lonely Planet, die mir dieses faszinierende Projekt anvertraut hat.

QUELLENNACHWEIS

Die Daten in der Klimatabelle stammen von Peel MC, Finlayson BL & McMahon TA (2007), Aktualisierte Weltkarte der Köppen-Geiger-Klimaklassifikation, *Hydrology and Earth System Sciences*, 11, 1633–44.

Abbildungen auf dem Umschlag: Dreifaltigkeitskathedrale, Tbilisi (Tiflis), Georgien; Christian Kober/AWL Images ©

ÜBER DIESES BUCH

Dies ist die 1. deutsche Auflage von *Georgien, Armenien & Aserbaidschan*, basierend auf der mittlerweile 6. englischen Auflage von *Georgia, Armenia & Azerbaijan*. Autoren dieses Reiseführeres sind Tom Masters, Joel Balsam und Jenny Smith. Die vorhergehende englische Auflage stammte von Alex Jones, Tom Masters, Virginia Maxwell und John Noble. Im Verlag wurde der Band betreut von:

Programmleitung Gemma Graham

Redaktionsleitung Sandie Kestell, Genna Patterson

Leitung der Kartografie Valentina Kremenchutskaya

Projektredaktion Carolyn Boicos

Layout Jessica Rose

Redaktionsassistenz Jennifer Hattam, Jodie Martire, Anne Mulvaney, Kristin Odijk, Charlotte Orr, Monique Perrin, James Smart, Amanda Williamson

Assistenz der Kartografie James Leversha

Bildredaktion für den Umschlag Meri Blazevski

Dank an William Allen, Imogen Bannister, Piotr Czajkowski, Melanie Dankel, Sasha Drew, Karen Henderson, Chris LeeAck, Jenna Myers, Zurab Zaalishvili

Register

ABKÜRZUNGEN
Arm – Armenien
Asb– Aserbaidschan
Geo – Georgien

Karten **000**
Abbildungen **000**

Karten **000**
Abbildungen **000**

L

M

Karten **000**
Abbildungen **000**

Kartenlegende

Sehenswertes

- Strand
- Vogelschutzgebiet
- Buddhistisch
- Burg/Schloss/Palast
- Christlich
- Konfuzianisch
- Hinduistisch
- Islamisch
- Jainistisch
- Jüdisch
- Denkmal
- Museum/Galerie/Hist. Gebäude
- Ruine
- Shintoistisch
- Sikh-Religion
- Taoistisch
- Weingut/Weinberg
- Zoo/Naturschutzgebiet
- andere Sehenswürdigkeit

Aktivitäten, Kurse & Touren

- Bodysurfen
- Tauchen
- Kanu/Kajak
- Kurse/Touren
- Sento-Bad/Onsen
- Skifahren
- Schnorcheln
- Surfen
- Schwimmbad/Pool
- Wandern
- Windsurfen
- andere Aktivität

Schlafen

- Schlafen
- Camping

Essen

- Essen

Ausgehen & Nachtleben

- Ausgehen & Nachtleben
- Café

Unterhaltung

- Unterhaltung

Shoppen

- Shoppen

Praktisches

- Bank
- Botschaft/Konsulat
- Krankenhaus/Arzt
- Internet
- Polizei
- Post
- Telefon
- Toilette
- Touristeninformation
- andere Information

Landschaft

- Strand
- Hütte
- Leuchtturm
- Aussichtspunkt
- Berg/Vulkan
- Oase
- Park
- Pass
- Picknickplatz
- Wasserfall

Bevölkerung

- Hauptstadt (National)
- Hauptstadtl (Staat/Provinz)
- Stadt/Großstadt
- Ort/Dorf

Verkehrsmittel

- Flughafen
- Grenzübergang
- Bus
- Cable Car/Seilbahn
- Radfahren
- Fähre
- Metrohaltestelle/-station
- Monorail
- Parkplatz
- Tankstelle
- S-Bahn-Haltestelle
- Taxi
- Bahnhof/Zugstrecke
- Tram/Straßenbahn
- U-Bahn-Station
- anderes Verkehrsmittel

Hinweis: Nicht alle hier aufgeführten Symbole sind auf den Karten dieses Buches zu finden

Verkehrswege

- Mautstraße
- Autobahn
- Hauptstraße
- Landstraße
- Nebenstraße
- Weg
- Piste/unbefestigter Weg
- Straße in Bau
- Platz/Fußgängerzone/Mall
- Treppe
- Tunnel
- Fußgängerbrücke
- Wanderung/Wanderweg
- Wanderung mit Abstecher
- Wanderpfad

Grenzen

- Internationale Grenze
- Bundesstaat/Provinz
- umstrittene Grenze
- Regional/Vorort
- Gewässergrenze
- Klippen
- Mauer

Gewässer

- Fluß, Bach
- periodischer Fluss
- Kanal
- Wasserfläche
- Trocken-/Salz-/period. See
- Riff

Fläche

- Flughafen/Flugpiste
- Strand/Wüste
- Friedhof (christlich)
- Friedhof (andere Religion)
- Gletscher
- Watt
- Park/Wald
- Sehenswertes (Gebäude)
- Sportanlage/-platz
- Sumpf/Mangroven

DIE AUTOREN

Tom Masters

Georgien Tom wollte schon seit frühester Jugend die entlegensten Orte der Erde erkunden und ins Unbekannte aufbrechen. So ergriff er den Beruf eines Reisejournalisten und ist inzwischen tatsächlich überall gewesen – in Nordkorea ebenso wie in der Arktis, im Kongo und in Sibirien. Aufgewachsen ist er im ländlichen England, als Erwachsener hat er in London, Paris und Berlin gelebt; momentan wohnt er in Berlin. In diesem Band war er auch für die „Reiseplanung", für das „Verstehen"-Kapitel und die Praktischen Informationen verantwortlich.

Joel Balsam

Armenien Wer steckt eigentlich hinter diesem blumengeschmückten Bart? Ich bin freiberuflicher Journalist aus Kanada, Rucksackreisender und moderner Nomade, und ich bin seit 2015 fast ununterbrochen auf der Welt unterwegs (meine Zählung steht gerade bei 50 Ländern). Meine Beiträge erscheinen in *National Geographic Travel*, *Time*, im *Guardian*, *Travel + Leisure*, *ESPN* und *Vice*. Für Lonely Planet habe ich bislang an zwei Reiseführern mitgearbeitet: an diesem Band und an *Marokko*. Autor von Reiseführern zu sein war für mich immer ein Traumjob (denn mit der Hockey-Karriere hat es ja nicht so recht geklappt ...).

Jenny Smith

Aserbaidschan Das Kapitel über Aserbaidschan wurde von einer erfahrenen Lonely-Planet-Autorin verfasst, die seit 1995 mehr als ein Dutzend Mal durch Aserbaidschan und Georgien gereist ist. Mit Rücksicht auf kulturelle und politische Empfindlichkeiten in der Region hat sie sich für ein Pseudonym entschieden.

Beiträge von ...

Jenna Myers hat das Kapitel über Bergkarabach zusammengestellt.

DIE LONELY PLANET STORY

Ein uraltes Auto, ein paar Dollar in den Hosentaschen und Abenteuerlust, mehr brauchten Tony und Maureen Wheeler nicht, als sie 1972 zu der Reise ihres Lebens aufbrachen. Diese führte sie quer durch Europa und Asien bis nach Australien. Nach mehreren Monaten kehrten sie zurück – pleite, aber glücklich –, setzten sich an ihren Küchentisch und verfassten ihren ersten Reiseführer *Across Asia on the Cheap*. Binnen einer Woche verkauften sie 1500 Bücher und Lonely Planet war geboren. Heute unterhält der Verlag Büros in Melbourne (Australien), London und Oakland (USA) mit über 600 Mitarbeitern und Autoren. Sie alle teilen Tonys Überzeugung, dass ein guter Reiseführer drei Dinge tun sollte: informieren, bilden und unterhalten.

Lonely Planet Global Limited
Digital Depot
The Digital Hub
Dublin D08 TCV4
Ireland

Verlag der deutschen Ausgabe:
MAIRDUMONT, Marco-Polo-Str. 1, 73760 Ostfildern,
www.lonelyplanet.de, www.mairdumont.com,
lonelyplanet-online@mairdumont.com

Chefredakteurin deutsche Ausgabe: Birgit Borowski

Redaktion und technischer Support: CLP Carlo Lauer & Partner, Valley

Übersetzung: Matthias Eickhoff, Christiane Gsänger, Dr. Annegret Pago, Dr. Thomas Pago, Renate Weinberger, Linde Wiesner

Georgien, Armenien & Aserbaidschan
1. deutsche Auflage Januar 2021, übersetzt von *Georgia, Armenia & Azerbaijan 6th edition*, Juni 2020, Lonely Planet Global Limited

Printed in Poland